Python

斯文◎著

金融实战案例精粹 第2版

Hands-On Python for Finance (2nd Edition)

人民邮电出版社

北京

图书在版编目（CIP）数据

Python金融实战案例精粹 / 斯文著. -- 2版. -- 北京：人民邮电出版社，2022.12
（金融科技系列）
ISBN 978-7-115-59898-1

Ⅰ. ①P… Ⅱ. ①斯… Ⅲ. ①软件工具－程序设计－应用－金融－分析 Ⅳ. ①F830.49-39

中国版本图书馆CIP数据核字(2022)第151878号

内 容 提 要

本书作为《基于 Python 的金融分析与风险管理（第 2 版）》一书的姊妹篇，整合了源于现实金融市场和日常实务的 119 个原创案例，涉及 403 项编程任务。本书囊括了丰富多样的金融场景，涵盖利率、汇率、债券、股票、基金、信托、资管、远期、互换、期货、期权等金融产品，还涉及商业银行、证券公司、期货公司、保险公司、信托公司、资产管理公司、基金管理公司、金融控股公司等不同业态的金融机构，尽可能覆盖金融实战中涉及 Python 编程的各种场景。

本书着眼于从业者可能涉及的金融实战案例，并结合具体的职场角色给出了基于 Python 的高性能解决方案。通过阅读本书，读者能够全方位地了解金融市场的运作，深刻洞察处理各类金融工作的实战技能。

◆ 著　　　　斯　文
责任编辑　胡俊英
责任印制　王　郁　焦志炜
◆ 人民邮电出版社出版发行　　北京市丰台区成寿寺路 11 号
邮编　100164　电子邮件　315@ptpress.com.cn
网址　https://www.ptpress.com.cn
北京盛通印刷股份有限公司印刷
◆ 开本：787×1092　1/16
印张：28　　　　　　　　2022 年 12 月第 2 版
字数：791 千字　　　　　2025 年 7 月北京第 5 次印刷

定价：129.80 元

读者服务热线：(010)81055410　印装质量热线：(010)81055316
反盗版热线：(010)81055315

业界推荐语

如果金融人士需要一种编程语言作为量化分析工具，那就是 Python。然而众多金融人士不是专业的程序员，要想娴熟地应用 Python，最优的路径就是实战，本书正是为实战而著。全书 119 个案例带来的不仅是对 Python 的编程运用，而且是对金融的独到理解，因此本书非常值得一读。

——康国君 永诚财产保险股份有限公司常务副总裁、首席风险官、合规负责人
永诚保险资产管理公司董事长

这是一本难得一见的好书。从宏观层面而言，本书将助推我国金融行业的数智化转型；就微观层面而论，本书将帮助金融从业者从定性分析转为定量分析，实现职业生涯的跨跃。

——王海平 信达期货有限公司副总经理、原首席技术官

本书短期内得以升级，足见其受欢迎程度。这不仅是因为 Python 在金融领域的运用日益广泛，更重要的是作者凭借深厚的理论功底、丰富的从业经历和卓越的驾驭能力，构建了 Python 金融实战场景应用体系。本书覆盖面广、实用性强、体验感佳，值得深入研究与阅读。

——徐其瑞 中信银行国际（中国）有限公司总行行长助理兼风险管理部总经理

主观投资的对岸是客观投资，世间并不存在纯粹的客观投资方法。借助量化工具开展投资，其特色是运用计算机、大数据、概率统计等工具，试图发现价格在某个维度上的统计规律，并逼近价格运动的因果关系，熟练掌握计算机编程语言恰好是与价格规律发起对话的前提。本书结合不同角色、不同金融场景下的实战案例，由浅入深地讲解如何运用 Python 进行有效的金融数据分析，简洁清晰地阐释了如何运用 Python 实现金融策略与建模。

——邹伟 长江证券股份有限公司证券投资部总经理

作者简介

斯文，浙江湖州人，经济学博士，注册会计师（CPA）、特许金融分析师（CFA）、金融风险管理师（FRM）。目前在一家交易所担任风险管理部总经理，拥有在中外资银行及证券公司、信托公司、金融控股集团等机构超过 17 年的金融与风险管理从业经历。

斯文博士担任中国人民大学、上海财经大学、中南财经政法大学、华东政法大学等高校的硕士研究生合作导师或业界导师；公开发表学术论文 50 余篇，出版了《基于 Python 的金融分析与风险管理（第 2 版）》《Python 金融实战案例精粹》等多本金融科技图书。

斯文博士还曾为中国工商银行、中国人民保险集团等金融机构以及中国人民大学、浙江大学、上海财经大学、中南财经政法大学等近 10 所高校讲授 Python 在金融领域的实战，并参与发起"上财杯"风险管理与 Python 编程实战大赛，致力于推进金融的数智化。

前言

亲爱的读者，在你接触金融的过程中，或许会认为金融是一串串冰冷的数字，也或许会认为金融是一组组乏味的公式，还或许会认为金融是一个个枯燥的概念。然而，假使你遇见了一个个真实的且融入了 Python 编程的金融实战案例，相信你定会发现金融原来如此充满"温度"，如此富有乐趣，又如此灵动鲜活，这就是我致力于创作这本关于 Python 金融实战案例图书的根本原因。

本书在第 1 版的基础上，经过一年多的重新创作与打磨，最终呈现在读者面前。此外，本书还是《基于 Python 的金融分析与风险管理（第 2 版）》（人民邮电出版社 2021 年出版）的姊妹篇。

一、本书的创新与结构安排

相比第 1 版，本书提供的案例数量从 88 个增加至 119 个，增幅超过 35%；编程任务数量从 308 个增加至 404 个，增幅超过 30%。本书的案例涵盖利率、汇率、债券（包括可转债）、股票、基金、利率远期、外汇远期、利率互换、货币互换、信用违约互换、权益互换、股指期货、外汇期货、国债期货、股票期权、利率期权以及期货期权等更加丰富的金融产品与更加多元的实战场景，能让读者与现实金融世界展开全方位的"亲密"接触，助力读者在数字金融时代实现敏捷转型。

同时，本书几乎对第 1 版的全部案例进行了重写，主要包括对案例涉及的金融场景进行重新构思，对读者扮演的职业角色进行重新塑造，对需要完成的编程任务进行重新安排，对所提供的参考代码进行全面的优化，对涉及的 Python 和第三方模块的版本进行全新的升级，案例涉及的基础数据也更新至 2021 年。通过这些全新的案例，相信读者能够更清晰地洞察全球金融市场的迅猛发展与最新变化，更真切地体会到金融实战的纷繁复杂却又妙趣横生。

为了能够让读者对本书的内容有全局性了解，表 0-1 梳理出了本书的整体结构安排。

表 0-1 本书的整体结构安排

章	案例数量	编程任务数量	学习目标
第 1 章	11 个	40 个	掌握金融实战场景下 Python 的数据类型、数据结构以及语法等编程知识
第 2 章	13 个	44 个	掌握金融实战中 NumPy 模块、numpy_financial 模块的常用函数与代码编写
第 3 章	10 个	40 个	掌握金融实战中 pandas 模块的常用函数与代码编写
第 4 章	8 个	26 个	掌握金融实战中 Matplotlib 模块的常用函数与代码编写
第 5 章	9 个	30 个	掌握金融实战中 SciPy、statsmodels、arch 以及 datetime 等模块的常用函数与代码编写
第 6 章	9 个	28 个	掌握运用 Python 分析利率与汇率
第 7 章	8 个	25 个	掌握运用 Python 分析债券定价、利率风险以及违约风险

续表

章	案例数量	编程任务数量	学习目标
第 8 章	9 个	30 个	掌握运用 Python 分析股票定价、交易策略以及绩效评估
第 9 章	8 个	29 个	掌握运用 Python 分析利率互换、货币互换、信用违约互换以及权益互换
第 10 章	8 个	28 个	掌握运用 Python 分析期货定价以及套期保值
第 11 章	8 个	27 个	掌握运用 Python 分析期权定价、度量风险并构造特殊的期权
第 12 章	11 个	35 个	掌握运用 Python 构造期权策略，建立默顿模型，以及对可转债、期货期权、利率期权等进行定价
第 13 章	7 个	22 个	掌握运用 Python 为市场风险价值和信用风险价值建模
合计	119 个	404 个	

二、本书的定位

为了能够让读者更加清晰地了解本书的定位，有必要将本书与《基于 Python 的金融分析与风险管理（第 2 版）》进行比较。

这两本书有着不同的逻辑体系和内容特点。《基于 Python 的金融分析与风险管理（第 2 版）》的写作风格和逻辑结构更类似于一本教材。它的逻辑结构是"它是什么→如何实现"，也就是首先告诉读者 Python 以及常用的第三方模块（如 NumPy、pandas、Matplotlib、SciPy 等）的函数和参数是什么，然后指导读者如何在金融领域用这些函数和参数实现相应的分析功能和风险管理。

相比之下，本书则更加聚焦于实战，是包含 119 个原创金融实战案例的集合体。它的逻辑结构是"该做什么→如何去做"，也就是首先营造一个个真实的金融场景，让读者身临这些场景并扮演各种职业角色；然后，案例中的金融机构或者实体企业会向读者布置具体的编程任务并提出细节要求，以任务驱动与沉浸体验的方式让读者最终实现使用 Python 为金融赋能。

如果将 Python 在金融实战场景中的运用比作金字塔，《基于 Python 的金融分析与风险管理（第 2 版）》就好比金字塔的塔基，它提供了必要的知识储备与技能铺垫；本书则好比金字塔的塔尖，是知识、技能转化为现实生产力的最后一环，标志着雄伟金字塔的最终落成。

三、本书案例的特色

案例是本书的核心。归纳而言，本书中的案例具有以下 3 个特征。

一是实战性。金融最大的特点就是它的实战性，金融的理论与模型只有通过实战的检验才能显现价值。因此，本书的全部案例以及相关的基础数据均来源于现实的金融市场和行业，案例的内容最大化地还原日常金融工作，读者扮演的每一个职业角色均对应于金融职场的现实岗位，从而帮助读者彻底打通"技能端"到"运用端"的"最后一公里"。

二是全面性。本书的案例涵盖丰富的金融产品和业务，同时涉及商业银行、证券公司、期货公司、保险公司、信托公司、基金公司、资产管理公司、金融控股公司等各类业态的金融机构，覆盖包括中国在内的新兴市场以及欧美成熟金融市场，尽可能地囊括金融实战中涉及 Python 编程的各种场景。

三是层次性。每个案例均由 5 部分组成：第一，案例标题，以简洁的语言提炼出学习目标以及涉及的金融市场、产品或业务；第二，案例详情，这是案例的主干，包括金融机构的引出、金融业务或产品的描述、相关数据的展示以及读者角色的设定等；第三，编程任务，提出需要具体完成的 Python 编程任务，每个案例的编程任务控制在 3～5 个，编程难度逐步递增，前后任务之间往往存在相关性；第四，编程提示，给出便于读者完成编程任务的有益提示或线索；第五，参考代码与说明，为读者提供可参考的代码以及针对代码的必要解读和说明。

四、如何高效地学习本书

不同的读者由于个体的差异性，学习本书的过程也会有所差别。这里，仅针对 Python 零基础和金融零基础的读者，给出以下关于高效学习本书的建议。

第一，先后顺序。建议先学习《基于 Python 的金融分析与风险管理（第 2 版）》的相关内容，然后有针对性地选择本书对应章节的相关案例进行训练。同时，在单个案例的学习中，当阅读完"案例详情"和"编程任务"这两个部分以后就可以尝试着编写代码，如确有困难，可以阅读"编程提示"部分，最后将自己的代码与参考代码进行比较，你的代码完全有可能更加优越。

第二，举一反三。由于篇幅限制，本书中的每个案例只能通过有限数量的编程任务开展练习。但是读者完全不必拘泥于此，可以充分发挥自己的想象力和创造力，运用这些已有的案例和数据，演化出更多全新的案例，在实现对相关金融知识和编程技术反复操练的同时，完成编程技能的快速进化。

第三，延伸思考。一名优秀的金融从业者应当具备独立且发散的思维能力。希望读者在完成案例的练习以后，认真思考以下问题：假定你作为案例中的最高决策者，在做出最终决策后会使金融机构或企业面临怎样的风险以及风险会有多大？这些风险你能够承受住吗？如何才能有效应对和管理这些风险？如果能把这些问题想清楚、弄明白，相信你不仅能拥有一名优秀金融从业者的职业素养，而且还能具备金融工作中的卓越领导力。

五、本书提供的资料

为了让读者的学习效果最大化，阅读体验最优化，本书提供以下资料供下载。

一是 86 个 Excel 数据表。这些 Excel 数据是本书案例的基础数据，来自各国和地区的中央银行、证券交易所、期货交易所、银行间市场以及万德、同花顺等财经金融信息服务商，并且这些数据均是公开数据。

二是 88 张用 Python 绘制的彩图。在本书多数案例的参考代码与说明部分中，生成了共计 88 张彩图，但由于纸质图书黑白印刷所限，为了给读者带来最佳的阅读体验，提供全部彩图供下载。

三是与章节配套的 PPT 讲稿。如果你是学校的老师或培训机构的讲师，希望这部分资料对你有所帮助。

以上的资料均已上传至异步社区，读者可以到异步社区的本书页面下载。

六、本书的约定

本书提供的参考代码都是在 Spyder 上输入并实现的，运用的 Python 及第三方模块的版本号参见表 0-2。

表 0-2 本书运用的 Python 及第三方模块的版本号

软件或模块	Python	IPython	NumPy	numpy_financial	pandas	Matplotlib	SciPy	statsmodels	arch
版本号	3.8.3	7.16.1	1.18.5	1.0.0	1.0.5	3.2.2	1.5.0	0.11.1	5.0.1

为了将代码与书中的其他内容相区分，凡是涉及代码输入与输出的部分均用灰色标亮。以下的代码作为示例：

```
In [1]: name='中芯国际'          #以字符串型输入中芯国际的证券名称
   ...: type(name)
Out[1]: str
```

为了提升阅读体验，本书在不改变内容的前提下，对部分代码的输出结果做了一定的排版格式优化。针对运算的数值结果运用文字描述时，依据金融领域的惯例，保留小数点后 2 位；针对价格的结果通常保留小数点后 4 位，特殊情况下（如股票的行情价格）会保留小数点后 2 位；针对利率、收益率、涨跌幅或权重的结果通常在有百分号的情形下保留小数点后 4 位，特殊情况下也会保留小数点后 2 位或 5 位。

同时，本书涉及在 Python 中导入存放数据的 Excel 文件，为了演示方便，这些 Excel 文件全部存放于我的个人计算机 C 盘的"桌面"（Desktop）文件夹，因此在代码中文件导入的路径显示为"C:/Desktop/文件名称.xlsx"。读者可以自由选择合适的位置来存放这些 Excel 文件，只需要在导入文件时输入正确的路径即可。

此外，本书每个案例中的人物及所在的机构均是虚构的，如与现实雷同，则纯属巧合。

七、致谢

针对本书案例的一些细节处理，我得到了众多业界人士的帮助，由于篇幅所限而无法一一列出这些人的姓名，在这里向每一位帮助者表达诚挚的谢意。

同时，我在中国人民大学、上海财经大学、中南财经政法大学等高校讲授 Python 金融实战课程时，运用了本书的部分案例初稿，在此感谢学生们提出的建设性意见，这些意见确实让我受益良多。

此外，感谢人民邮电出版社一如既往的鼎力支持，感谢编辑胡俊英女士的敬业与细心。

由于本人的能力所限，书中的内容难免会有欠妥之处，欢迎将意见和建议发送至我的电子邮箱 siwen1980@126.com。

最后，希望本书是你所阅读的金融书籍中非常有趣的一本，也是你所阅读的 Python 书籍中非常特别的一本。

斯文
于上海陆家嘴
2022 年 8 月 28 日

资源与支持

本书由异步社区出品，社区（https://www.epubit.com/）可为你提供相关资源和后续服务。

配套资源

本书提供配套资源，请在异步社区本书页面中单击 ，跳转到下载页面，按提示进行操作即可。注意：为保证购书读者的权益，该操作会给出相关提示，要求输入提取码进行验证。

提交勘误

作者和编辑已尽最大努力来确保书中内容的准确性，但难免会存在疏漏。欢迎你将发现的问题反馈给我们，帮助我们提升图书的质量。

当你发现错误时，请登录异步社区，按书名搜索，进入本书页面，单击"提交勘误"，输入勘误信息，单击"提交"按钮即可。本书的作者和编辑会对你提交的勘误进行审核，确认并接受后，你将获赠异步社区的 100 积分。积分可用于在异步社区兑换优惠券、样书或奖品。

扫码关注本书

扫描下方二维码，你将会在异步社区微信服务号中看到本书信息及相关的服务提示。

与我们联系

我们的联系邮箱是 contact@epubit.com.cn。

如果你对本书有任何疑问或建议，请发邮件给我们，并请在邮件标题中注明本书书名，以便我们更高效地做出反馈。

如果你有兴趣出版图书、录制教学视频，或者参与图书翻译、技术审校等工作，可以发邮件给我们。有意出版图书的作者也可以到异步社区在线投稿。

如果你代表学校、培训机构或企业，想批量购买本书或异步社区出版的其他图书，也可以发邮件给我们。

如果你在网上发现有针对异步社区出品图书的各种形式的盗版行为，包括对图书全部或部分内容的非授权传播，请你将怀疑有侵权行为的链接发邮件给我们。你的这一举动是对作者权益的保护，也是我们持续为你提供有价值内容的动力之源。

关于异步社区和异步图书

异步社区是人民邮电出版社旗下 IT 专业图书社区，致力于出版精品 IT 图书和相关学习产品，为作/译者提供优质出版服务。异步社区创办于 2015 年 8 月，提供大量精品 IT 图书和电子书，以及高品质技术文章和视频课程。更多详情请访问异步社区官网 https://www.epubit.com。

异步图书是由异步社区编辑团队策划出版的精品 IT 专业图书的品牌，依托于人民邮电出版社近 40 年的计算机图书出版积累和专业编辑团队，相关图书在封面上印有异步图书的 LOGO。异步图书涉及的领域包括软件开发、大数据、AI、测试、前端网络技术等。

异步社区

微信服务号

目录

01

第1章
Python 基础编程的金融案例

本章导言

　　"基础不牢，地动山摇。"在金融领域开展 Python 编程工作，首先需要扎实掌握 Python 的数据类型、数据结构、运算符、编程语句、常用内置函数、自定义函数以及 math 模块的常用函数等基本的编程知识和基础的编程技能，否则用 Python 构建的"金融大厦"必将摇摇欲坠，这绝非危言耸听！

　　本章包含 11 个原创案例，共计 40 个编程任务，通过这些案例的训练，读者能熟练掌握金融实战中基本的 Python 编程技能。下面通过表 1-1 梳理出本章的结构安排。

表 1-1　第 1 章的结构安排

序号	案例标题	学习目标	编程任务数量	读者扮演的角色
1	数据结构之元组的编程——以科创板的中芯国际股票为案例	掌握 Python 的变量赋值、数据类型判断，以及元组的创建、访问等编程技术	3 个	量化分析师
2	数据结构之列表的编程——以全球股票指数为案例	掌握列表的创建、索引、新增与删除元素、元素大小排序等编程技术	4 个	产品经理
3	数据结构之集合的编程——以 A 股、港股和美股为案例	掌握集合的创建，并集、交集、差集的计算，以及新增与删除元素等编程技术	3 个	策略经理
4	数据结构之字典的编程——以人民币汇率为案例	掌握字典的创建、遍历、查询、修改、添加和删除等编程技术	4 个	风险经理
5	基本算数运算的编程——以特斯拉股票为案例	掌握加、减、乘、除、幂、模、整除等基本算数运算的编程技术	3 个	清算经理
6	高级赋值运算与成员运算的编程——以贵州茅台股票为案例	掌握"+="“-="“*="“/="等高级赋值运算符以及 in 和 not in 两类成员运算符的运用	3 个	基金经理
7	关系运算的编程——以四大国有银行财务与监管指标为案例	掌握等于、不等于、大于、大于等于、小于、小于等于等关系运算的编程技术	4 个	银行业分析师
8	Python 内置函数的编程——以券商股为案例	掌握 enumerate、int、len、max、min、sorted、sum、zip 等 Python 内置函数的运用	5 个	券商股分析师
9	Python 自定义函数和 for 语句的编程——以市场利率为案例	掌握运用 lambda 函数、def 语法自定义函数的方法，以及 for 语句的使用方法	3 个	金融市场分析师

续表

序号	案例标题	学习目标	编程任务数量	读者扮演的角色
10	条件语句和循环语句的编程——以全球科技股为案例	掌握条件语句、循环语句的语法结构、关键词以及相关运用	4 个	科技股分析师
11	math 模块的编程——以保险理赔为案例	掌握 math 模块中 exp、factorial、fsum、trunc 等函数的运用	4 个	精算师
	合计		40 个	

　　在开始练习本章的案例之前，建议读者先学习《基于 Python 的金融分析与风险管理（第 2 版）》第 1 章的内容。

1.1　数据结构之元组的编程——以科创板的中芯国际股票为案例

1.1.1　案例详情

　　A 公司是总部位于北京的一家大型全球性投资公司，以"建设成为稳健、专业、负责任和有声望的国际大型机构投资者"作为公司的发展目标，并且在日常的投资过程中坚持"组合投资理念、长期投资理念以及风险分散投资理念"。

　　2019 年 7 月 22 日，首批 25 家科创板公司的股票在上海证券交易所正式挂牌交易，科创版的推出进一步完善了多层次资本市场体系，提升了资本市场服务实体经济尤其是服务科技创新型企业的能力，截止到 2021 年 4 月末，科创板的上市公司共计 268 家。A 公司对科创板部分上市公司的未来发展持比较乐观的预期，并且通过新股申购的方式获得中芯国际集成电路制造有限公司（简称"中芯国际"）的 100 万股 A 股股票。

　　假定你是 A 公司的量化分析师，需要针对表 1-2 中的中芯国际 A 股股票的相关信息完成 Python 编程工作，具体的编程任务共计 3 个。

表 1-2　中芯国际 A 股股票的相关信息

变量的中文名称	变量的值	在 Python 中的数据类型
证券名称	中芯国际	字符串
证券代码	688981	字符串
上市日期	2020 年 7 月 16 日	字符串
注册地	开曼群岛	字符串
总股本（股）	7900011638	整型
A 股股本（股）	1938463000	整型
A 股发行价（元/股）	27.46	浮点型
A 股收盘价（元/股）（2021 年 5 月 20 日）	54.33	浮点型
A 股股价涨跌幅（2021 年 5 月 20 日）	−0.8396%	浮点型

数据来源：上海证券交易所。

1.1.2　编程任务

　　【任务 1】结合表 1-2 中第 1 列的变量的中文名称、第 2 列的变量的值以及第 3 列的数据类型信息，在 Python 中完成相应的变量赋值，变量的名称用英文字母表示。

　　【任务 2】针对任务 1 中创建的变量，将这些变量作为元素创建一个元组，并且依次访问该元组的首个元素、最后一个元素以及第 4 个至第 7 个元素。

　　【任务 3】中芯国际的 H 股股票于 2004 年 3 月 18 日在香港交易所上市，为了便于比较中芯国际 A 股与 H 股，需要在任务 2 创建的元组中，再增加 3 个新的元素，分别是中芯国际 H 股股本 5961548638 股、H 股在 2021 年 5 月 20 日的收盘价 22.25 港元/股和当日涨跌幅-3.2609%。

1.1.3　编程提示

- Python 的变量名称可以由英文字母、数字和下划线构成，建议针对金融变量的命名运用变量的英文全称、英文名缩写或者是英文名的首字母。同时，请牢记以下 3 点：一是可单独用英文字母或者下划线作为变量名，英文字母需区分大小写；二是数字不能单独用于表示变量；三是变量名不能以数字开头。
- 针对百分比的数据，在输入时不能出现百分比符号（%），这是因为在 Python 中%代表**模运算**（modulus operation）。
- 变量的数据类型可以通过 type 函数进行查看。
- 当元组创建后，元组中的元素是不可修改的，只能进行索引、截取。因此，如需为已创建的元组添加新的元素，只能删除原有的元组，重新创建一个包含新元素的元组。

1.1.4　参考代码与说明

1. 针对任务 1

```
In [1]: name='中芯国际'              #输入中芯国际 A 股的证券名称（字符串）
   ...: type(name)
Out[1]: str

In [2]: code='688981'              #输入中芯国际 A 股证券代码（字符串）
   ...: type(code)
Out[2]: str

In [3]: IPO_date='2020 年 7 月 16 日'  #输入中芯国际 A 股上市日期（字符串）
   ...: type(IPO_date)
Out[3]: str

In [4]: address='开曼群岛'           #输入中芯国际 A 股的注册地（字符串）
   ...: type(address)
Out[4]: str

In [5]: shares=7900011638           #输入中芯国际 A 股的总股本（整型）
   ...: type(shares)
Out[5]: int

In [6]: Ashares=1938463000          #输入中芯国际 A 股股本（整型）
   ...: type(Ashares)
Out[6]: int

In [7]: Aprice_IPO=27.46            #输入中芯国际 A 股发行价（浮点型）
   ...: type(Aprice_IPO)
Out[7]: float

In [8]: Aprice_May20=54.33          #输入中芯国际 A 股 5 月 20 日收盘价（浮点型）
   ...: type(Aprice_May20)
Out[8]: float

In [9]: Achange_May20=-0.008396     #输入中芯国际 A 股 5 月 20 日涨跌幅（浮点型）
   ...: type(Achange_May20)
Out[9]: float
```

在以上代码的输出中，str 代表字符串，int 代表整型，float 代表浮点型。

2. 针对任务 2

```
In [10]: tup=(name,code,IPO_date,address,shares,Ashares,Aprice_IPO,Aprice_May20, Achange_
May20)    #创建一个元组
    ...: print(tup)
('中芯国际', '688981', '2020 年 7 月 16 日', '开曼群岛', 7900011638, 1938463000, 27.46, 54.33, -0.008396)

In [11]: type(tup)
Out[11]: tuple

In [12]: tup[0]                              #访问元组的首个元素
Out[12]: '中芯国际'

In [13]: tup[-1]                             #访问元组的最后一个元素
Out[13]: -0.008396

In [14]: tup[3:7]                            #访问元组的第 4 个至第 7 个元素
Out[14]: ('开曼群岛', 7900011638, 1938463000, 27.46)
```

需要注意的是，在 Python 中，索引值从 0 开始，也就是索引值 0 代表第 1 个元素、1 代表第 2 个元素，以此类推；相反，索引值-1 代表最后一个元素、-2 代表倒数第 2 个元素，以此类推。

3. 针对任务 3

```
In [15]: Hshares=5961548638                  #输入中芯国际 H 股股本

In [16]: Hprice_May20=22.25                  #以浮点型输入中芯国际 H 股 5 月 20 日收盘价

In [17]: Hchange_May20=-0.032609             #以浮点型输入中芯国际 H 股 5 月 20 日涨跌幅

In [18]: del tup                             #删除任务 2 中创建的元组
    ...: tup                                 #查看是否已经删除
Traceback (most recent call last):

  File "<ipython-input-18-44fc90408078>", line 2, in <module>
    tup                                      #查看是否已经删除

NameError: name 'tup' is not defined
```

输出结果表明元组 **tup** 已经不存在了，这就意味着它被成功删除。

```
In [19]: tup_new=(name,code,IPO_date,address,shares,Ashares,Hshares,Aprice_IPO,
    ...:          Aprice_May20,Hprice_May20,Achange_May20,Hchange_May20) #创建新元组
    ...: print(tup_new)
('中芯国际', '688981', '2020 年 7 月 16 日', '开曼群岛', 7900011638, 1938463000, 5961548638, 27.46,
54.33, 22.25, -0.008396, -0.032609)
```

1.2 数据结构之列表的编程——以全球股票指数为案例

1.2.1 案例详情

随着资本市场的日益全球化，越来越多的投资者倾向于在全球范围配置资产，尤其是配置股票资产。B 公司作为总部位于上海的一家大型证券公司，在 2021 年初发布了"优势全球配置指数"，借此通过公司自主研发推出全球资产配置的"上海"方案。该指数的一大特色就是涵盖全球知名的股票指数。表 1-3 列出了 2021 年 5 月 21 日全球主要股票指数及其收盘价。

表 1-3　全球主要股票指数在 2021 年 5 月 21 日的收盘价

国家	指数名称	2021 年 5 月 21 日收盘价
美国	道琼斯工业平均指数	34207.8398
英国	富时 100 指数	7018.0500
德国	法兰克福 DAX 指数	15437.5100
法国	巴黎 CAC40 指数	6386.4100

续表

国家	指数名称	2021 年 5 月 21 日收盘价
日本	日经 225 指数	28317.8300
中国	恒生指数	28458.4400
中国	沪深 300 指数	5134.1483

数据来源：同花顺。

假定你是这家证券公司产品研发部的产品经理，负责日常维护并定期发布该指数。为了便于开展工作，你需要针对表 1-3 中的相关信息，完成 4 个 Python 编程任务。

1.2.2　编程任务

【任务 1】在 Python 中使用列表数据结构并向两个列表中分别输入表 1-3 中的指数名称和收盘价。同时，在包含指数名称的列表中，依次访问"富时 100 指数""沪深 300 指数"这两个元素；在包含收盘价的列表中，依次找出"15437.5100""28458.4400"这两个元素的索引值。

【任务 2】当完成任务 1 以后，你突然发现遗漏了表 1-4 中的 4 个重要股票指数，因此需要将表 1-4 中的这些新信息依次添加至任务 1 已创建的两个列表中，并且新增的元素依次放置在列表的尾部。

表 1-4　其他部分股票指数在 2021 年 5 月 21 日的收盘价

国家	指数名称	2021 年 5 月 21 日收盘价
加拿大	多伦多综指	19527.3008
新加坡	海峡时报指数	3117.8900
韩国	首尔综指	3156.4200
中国	台湾加权指数	16302.0596

数据来源：同花顺。

【任务 3】当完成任务 2 以后，B 公司出台针对"优势全球配置指数"的新编制指引，要求不再跟踪"法兰克福 DAX 指数"和"巴黎 CAC40 指数"，而改为跟踪"欧元区斯托克 50 指数"。对此，你需要在任务 2 的编程基础上，删除相应的指数名称与对应的收盘价，并且在两个列表中索引值均是 2 的位置分别插入"欧元区斯托克 50 指数"以及对应的收盘价 4025.7800 点。

【任务 4】你希望查看指数的大小关系，因此需要针对包含收盘价的列表，将元素先由小到大排列，然后由大到小排列。最后，你因一时疏忽删除了收盘价列表中的全部元素。

1.2.3　编程提示

- 在列表中找到相关元素的索引值需要运用 index 函数，并且索引值 0 代表第 1 个元素，1 代表第 2 个元素，以此类推。
- 在已有列表的尾部插入新的元素需要运用 append 函数；在列表中删除相应的元素需要运用 remove 函数；在列表指定位置增加新元素需要运用 insert 函数。
- 针对列表中的元素按照大小进行排序，可以运用 sort 函数并且通过参数 reverse 控制排序的规则，参数 reverse=True 表示将元素由大到小排序，参数 reverse=False 或者无参数则表示将元素由小到大排序。
- 将列表中的全部元素一次性删除，可以运用 clear 函数。

1.2.4　参考代码与说明

1. 针对任务 1

```
In [20]: name_index=['道琼斯工业平均指数','富时 100 指数','法兰克福 DAX 指数',
    ...:              '巴黎 CAC40 指数','日经 225 指数','恒生指数','沪深 300 指数'] #指数名称
```

```
In [21]: price_index=[34207.8398,7018.0500,15437.5100,6386.4100,28317.8300,
    ...:             28458.4400,5134.1483]              #指数收盘价

In [22]: name_index[1]                                  #访问"富时100指数"这个元素
Out[22]: '富时100指数'

In [23]: name_index[-1]                                 #访问"沪深300指数"这个元素
Out[23]: '沪深300指数'

In [24]: price_index.index(15437.5100)                  #找出收盘价15437.5100所在的索引值
Out[24]: 2

In [25]: price_index.index(28458.4400)                  #找出收盘价28458.4400所在的索引值
Out[25]: 5
```

2. 针对任务 2

```
In [26]: name_index.append('多伦多综指')                #列表末尾新增元素
    ...: name_index.append('海峡时报指数')
    ...: name_index.append('首尔综指')
    ...: name_index.append('台湾加权指数')

In [27]: print(name_index)
['道琼斯工业平均指数', '富时100指数', '法兰克福DAX指数', '巴黎CAC40指数', '日经225指数', '恒生指
数', '沪深300指数', '多伦多综指', '海峡时报指数', '首尔综指', '台湾加权指数']

In [28]: price_index.append(19527.3008)
    ...: price_index.append(3117.8900)
    ...: price_index.append(3156.4200)
    ...: price_index.append(16302.0596)

In [29]: print(price_index)
[34207.8398, 7018.05, 15437.51, 6386.41, 28317.83, 28458.44, 5134.1483, 19527.3008, 3117.89,
3156.42, 16302.0596]
```

需要注意的是，在运用 append 函数向列表中增加新元素时，每次新增的元素增加至列表的结尾，并且每次只能增加一个元素。

3. 针对任务 3

```
In [30]: name_index.remove('法兰克福DAX指数')           #删除"法兰克福DAX指数"这个元素
    ...: name_index.remove('巴黎CAC40指数')             #删除"巴黎CAC40指数"这个元素
    ...: print(name_index)
['道琼斯工业平均指数', '富时100指数', '日经225指数', '恒生指数', '沪深300指数', '多伦多综指',
'海峡时报指数', '首尔综指', '台湾加权指数']

In [31]: price_index.remove(15437.5100)                 #删除法兰克福DAX指数收盘价
    ...: price_index.remove(6386.4100)                  #删除巴黎CAC40指数收盘价
    ...: print(price_index)
[34207.8398, 7018.05, 28317.83, 28458.44, 5134.1483, 19527.3008, 3117.89, 3156.42, 16302.0596]

In [32]: name_index.insert(2,'欧元区斯托克50指数')      #括号中第1项代表元素的索引值，第2项代表元素的值
    ...: print(name_index)
['道琼斯工业平均指数', '富时100指数', '欧元区斯托克50指数', '日经225指数', '恒生指数', '沪深300指
数', '多伦多综指', '海峡时报指数', '首尔综指', '台湾加权指数']

In [33]: price_index.insert(2,4025.7800)
    ...: print(price_index)
[34207.8398, 7018.05, 4025.78, 28317.83, 28458.44, 5134.1483, 19527.3008, 3117.89, 3156.42,
16302.0596]
```

4. 针对任务 4

```
In [34]: price_index.sort()                             #将元素由小到大排序
    ...: print(price_index)
[3117.89, 3156.42, 4025.78, 5134.1483, 7018.05, 16302.0596, 19527.3008, 28317.83, 28458.44,
34207.8398]

In [35]: price_index.sort(reverse=True)                 #将元素由大到小排序
    ...: print(price_index)
```

```
[34207.8398, 28458.44, 28317.83, 19527.3008, 16302.0596, 7018.05, 5134.1483, 4025.78, 3156.42,
3117.89]

In [36]: price_index.clear()                              #删除列表中的全部元素
    ...: print(price_index)
[]
```

需要注意的是，在运用 clear 函数以后，得到的是一个空列表而不是将列表彻底删除。如果希望将整个列表删除，可以运用 del 命令，该命令已经在 1.1 节的案例中进行了讨论。

1.3 数据结构之集合的编程——以 A 股、港股和美股为案例

1.3.1 案例详情

C 公司是总部位于深圳的一家合资基金管理公司，以"打造一家综合性、全能型的资产管理公司"为目标。近期，该公司的投资研究部正在研发一款全新的投资策略，该策略的核心就是针对同一公司在不同交易所上市的股票开展跨市场套利。该策略基于这样的一个事实：由于不同的交易所在上市标准、交易规则以及股票估值等方面存在着差异，一些公司会选择在两家甚至更多家交易所进行挂牌上市。

假定你是该公司投资研究部的一位策略经理，为了配合上述策略的研发，按照以下的分类方式进行股票筛选：

第 1 类是同时发行 A 股和港股，但没有发行美股（纽约证券交易所发行的股票），简称"A+H"；

第 2 类是同时发行港股和美股，但没有发行 A 股，简称"H+N"；

第 3 类是同时发行 A 股、港股和美股，简称"A+H+N"。

表 1-5 列出了截止到 2021 年 5 月末，部分上市公司发行不同股票种类（A 股、港股和美股）的情况。

表 1-5 部分上市公司发行不同股票种类的情况（截止到 2021 年 5 月末）

序号	证券名称	是否发行A股	是否发行港股	是否发行美股
1	中国中铁	是	是	否
2	中国石油	是	是	是
3	中国人寿	是	是	是
4	中国平安	是	是	否
5	中国铝业	是	是	是
6	中国国航	是	是	否
7	中兴通讯	是	是	否
8	建设银行	是	是	否
9	汇丰控股	否	是	是
10	华能国际	是	是	是
11	海通证券	是	是	否
12	阿里巴巴	否	是	是

数据来源：上海证券交易所、深圳证券交易所、香港交易所、纽约证券交易所。

根据工作的要求，你需要依据表 1-5 中的信息完成 3 项 Python 编程任务。

1.3.2 编程任务

【任务 1】根据表 1-5 中的信息依次创建 3 个集合，第 1 个集合以发行 A 股的证券名称作为元素，第 2 个集合以发行港股的证券名称作为元素，第 3 个集合以发行美股的证券名称作为元素。

【任务 2】求出任务 1 创建的 3 个集合的交集，也就是生成一个同时发行 A 股、港股和美股的证券名称的集合。接着，求第 1 个集合与第 2 个集合的交集，并求该交集关于第 3 个集合的差集，也就是生成一个同时发行 A 股、港股但没有发行美股的证券名称集合。然后求第 2 个集合与第 3 个集合的交集，并求该交集关于第 1 个集合的差集，也就是生成一个同时发行港股、美股但没有发行 A 股的证券名称集合。

【任务 3】根据部门负责人的最新要求，你需要针对任务 1 中创建的 3 个集合，在第 1 个、第 2 个集合中均增加一个新的元素"上海电气"，因为上海电气既发行了 A 股又发行了港股；此外，在第 1 个、第 2 个集合中删除"中国平安"这个元素，在第 2 个、第 3 个集合中删除"阿里巴巴"这个元素。

1.3.3　编程提示

- 需要注意在 Python 中，集合不能被截取，也不能被索引，只能进行并集、差集、交集等集合运算，同时，可以添加和删除集合元素。
- 交集运算可以运用符号&，如果是求两个集合的交集也可以运用函数 intersection；差集运算需要运用数学中的减号−。
- 在集合中增加一个新元素可以运用函数 add；在集合中删除元素则运用函数 discard。

1.3.4　参考代码与说明

1. 针对任务 1

```
In [37]: set_A={'中国中铁','中国石油','中国人寿','中国平安','中国铝业','中国国航',
    ...:       '中兴通讯','建设银行','华能国际','海通证券'}        #A 股的证券名称
    ...: type(set_A)
Out[37]: set

In [38]: set_H={'中国中铁','中国石油','中国人寿','中国平安','中国铝业','中国国航',
    ...:       '中兴通讯','建设银行','汇丰控股','华能国际','海通证券','阿里巴巴'}  #港股的证券名称
    ...: type(set_H)
Out[38]: set

In [39]: set_N={'中国石油','中国人寿','中国铝业','汇丰控股','华能国际','阿里巴巴'}  #美股的证券名称
    ...: type(set_N)
Out[39]: set

In [40]: print(set_N)
{'华能国际', '汇丰控股', '中国人寿', '中国铝业', '阿里巴巴', '中国石油'}
```

在 Python 中集合的类型用 set 表示。此外，在集合中输入元素的顺序与输出元素的顺序往往存在差异，上方代码中对集合 set_N 的输入和输出就印证了这一点。

2. 针对任务 2

```
In [41]: set_AHN=set_A&set_H&set_N        #3 个集合的交集（同时发行 A 股、港股和美股）
    ...: print(set_AHN)
{'中国人寿', '中国石油', '华能国际', '中国铝业'}

In [42]: set_AH=set_A&set_H-set_N         #同时发行 A 股、港股但没有美股的集合
    ...: print(set_AH)
{'中国国航', '中国中铁', '中国平安', '海通证券', '中兴通讯', '建设银行'}

In [43]: set_HN=set_H.intersection(set_N)-set_A  #同时发行港股、美股但没有 A 股的集合
    ...: print(set_HN)
{'阿里巴巴', '汇丰控股'}
```

3. 针对任务 3

```
In [44]: set_A.add('上海电气')            #集合中增加新元素并且每次只能新增一个元素
    ...: set_H.add('上海电气')

In [45]: set_A.discard('中国平安')        #集合中删除已有元素并且每次只能删除一个元素
    ...: set_H.discard('中国平安')
```

```
In [46]: set_H.discard('阿里巴巴')
    ...: set_N.discard('阿里巴巴')

In [47]: print(set_A)
{'华能国际', '中国国航', '中国中铁', '中国人寿', '海通证券', '中国铝业', '中兴通讯', '上海电气',
'中国石油', '建设银行'}

In [48]: print(set_H)
{'华能国际', '汇丰控股', '中国国航', '中国中铁', '中国人寿', '海通证券', '中国铝业', '中兴通讯',
'上海电气', '中国石油', '建设银行'}

In [49]: print(set_N)
{'华能国际', '汇丰控股', '中国人寿', '中国铝业', '中国石油'}
```

1.4 数据结构之字典的编程——以人民币汇率为案例

1.4.1 案例详情

D 银行是总部位于美国纽约的一家全球性大型商业银行，为了构建缜密、完善的风险管理体系，该银行按照客户的不同类别以及风险的不同类型划分了若干个专项的风险管理部门，其中的市场风险管理部负责针对利率、汇率等市场风险变量进行动态监测与管理。

随着中国经济在全球经济中的重要性日益提升，人民币汇率不仅成为影响全球金融市场的一个重要变量，而且成为 D 银行日常经营中的重要风险因子。

假定你是该银行市场风险管理部的一位风险经理，日常的工作就是负责跟踪并分析人民币汇率。表 1-6 列出了 2021 年 5 月不同交易日美元兑人民币、欧元兑人民币、英镑兑人民币以及澳元兑人民币的汇率中间价和涨跌幅。

表 1-6　2021 年 5 月不同交易日人民币汇率的相关信息

汇率变量	日期	中间价	涨跌幅（%）
美元兑人民币	2021-05-20	6.4464	0.3253
欧元兑人民币	2021-05-18	7.8233	0.1600
英镑兑人民币	2021-05-25	9.0986	−0.1109
澳元兑人民币	2021-05-13	4.9951	−0.8062

数据来源：中国外汇交易中心。

根据部门的工作要求，你需要结合表 1-6 中的信息完成 4 个 Python 编程任务。

1.4.2 编程任务

【任务 1】根据表 1-6 中的信息创建字典，并且按照不同的汇率变量创建 4 个字典；同时，针对包含美元兑人民币的字典输出全部**键**（key），针对包含欧元兑人民币的字典输出全部**值**（value），针对包含澳元兑人民币的字典遍历全部元素。

【任务 2】针对任务 1 创建的字典，查询美元兑人民币汇率的具体日期，查询欧元兑人民币汇率的中间价，查询澳元兑人民币汇率的涨跌幅。

【任务 3】部门主管在复核你的工作时发现，要求输入的英镑兑人民币汇率信息应该是 2021 年 5 月 21 日而不是 5 月 25 日，因此在任务 1 创建的包含英镑兑人民币的字典中，你需要将日期调整为 2021-05-21、中间价变更为 9.1204、涨跌幅修改为 0.2572%。

【任务 4】部门主管对你的工作提出两项新的要求：一是针对欧元兑人民币汇率，要能够与前一个交易日的相关信息进行比较，因此在任务 1 创建的欧元兑人民币的字典中，需要新增加"前一日中间价""前一日涨跌幅"等键，以及对应的值 7.8108、0.2413%；二是在包含澳元兑人民币汇率信息的字典中，删除"涨跌幅"键以及对应的值-0.8062%。

1.4.3 编程提示

- 针对字典而言，输出字典的键运用 keys 函数，输出字典的值运用 values 函数，如需遍历字典的全部元素则可以通过 items 函数完成。
- 在字典中新增键和值，可以运用 update 函数；删除相应的键和值，则可以运用 del 命令。

1.4.4 参考代码与说明

1. 针对任务 1

```
In [50]: dict1={'汇率变量':'美元兑人民币','日期':'2021-05-20','中间价':6.4464,'涨跌幅':0.003253}
#用直接法创建字典
    ...: dict2={'汇率变量':'欧元兑人民币','日期':'2021-05-18','中间价':7.8233,'涨跌幅':0.001600}
    ...: dict3={'汇率变量':'英镑兑人民币','日期':'2021-05-25','中间价':9.0986,'涨跌幅':-0.001109}

In [51]: dict4={}                      #用间接法创建字典
    ...: dict4['汇率变量']='澳元兑人民币'
    ...: dict4['日期']='2021-05-13'
    ...: dict4['中间价']=4.9951
    ...: dict4['涨跌幅']=-0.008062

In [52]: dict1.keys()                  #输出字典 dict1 的全部键
Out[52]: dict_keys(['汇率变量', '日期', '中间价', '涨跌幅'])

In [53]: dict2.values()                #输出字典 dict2 的全部值
Out[53]: dict_values(['欧元兑人民币', '2021-05-18', 7.8233, 0.0016])

In [54]: dict4.items()                 #遍历字典 dict4 的全部元素
Out[54]: dict_items([('汇率变量', '澳元兑人民币'), ('日期', '2021-05-13'), ('中间价', 4.9951),
('涨跌幅', -0.008062)])
```

2. 针对任务 2

```
In [55]: dict1['日期']                  #查询美元兑人民币汇率的具体日期
Out[55]: '2021-05-20'

In [56]: dict2['中间价']                 #查询欧元兑人民币汇率的中间价
Out[56]: 7.8233

In [57]: dict4['涨跌幅']                 #查询澳元兑人民币汇率的涨跌幅
Out[57]: -0.008062
```

3. 针对任务 3

```
In [58]: dict3['日期']='2021-05-21'     #修改为新的日期
    ...: dict3['中间价']=9.1204          #修改为新的中间价
    ...: dict3['涨跌幅']=0.002572        #修改为新的涨跌幅

In [59]: print(dict3)
{'汇率变量': '英镑兑人民币', '日期': '2021-05-21', '中间价': 9.1204, '涨跌幅': 0.002572}
```

4. 针对任务 4

```
In [60]: dict2.update({'前一日中间价':7.8108,'前一日涨跌幅':0.002413})    #注意外面是圆括号，里面是花括号
    ...: print(dict2)
{'汇率变量': '欧元兑人民币', '日期': '2021-05-18', '中间价': 7.8233, '涨跌幅': 0.0016, '前一日中
间价': 7.8108, '前一日涨跌幅': 0.002413}

In [61]: del dict4['涨跌幅']             #删除涨跌幅以及对应的数值
    ...: print(dict4)
{'汇率变量': '澳元兑人民币', '日期': '2021-05-13', '中间价': 4.9951}
```

需要注意的是，Python 中的字典有 3 个特征：一是字典中的元素必须以键和值的形式成对出现，即通过"键-值"方式存储；二是键不能重复，值能重复；三是键不能修改，值则能够修改并且还可以是任意类型的数据。

1.5　基本算数运算的编程——以特斯拉股票为案例

1.5.1　案例详情

E 公司是总部位于美国旧金山的一家互联网证券经纪商，向美国居民提供在线的证券经纪交易服务，并且该公司从 2020 年开始推出了"零佣金"服务。马斯克太太（Mrs Musk）是该公司经纪业务的一位客户，她的证券账户就开立在 E 公司，并且偏好于投资新能源汽车公司的股票。2021年 5 月 17 日至 21 日期间，马斯克太太针对在纳斯达克（NASDAQ）挂牌的特斯拉股票（证券代码为 TSLA）进行了短线波段交易，并且均是按照交易日的收盘价买入或者卖出股票，具体的交易信息如表 1-7 所示。同时，她在 2021 年 5 月 17 日之前并未持有特斯拉股票。

表 1-7　2021 年 5 月 17 日至 21 日马斯克太太针对特斯拉股票的交易信息

交易日期	买入股数	卖出股数	收盘价（美元/股）
2021-05-17	300	0	576.83
2021-05-18	500	0	577.87
2021-05-19	800	0	563.46
2021-05-20	0	900	586.78
2021-05-21	0	400	580.88

数据来源（不包含股数）：纳斯达克。

假定你是 E 公司负责经纪业务日常清算工作的清算经理，针对马斯克太太的股票交易情况需要完成 3 个 Python 编程任务。

1.5.2　编程任务

【任务 1】计算马斯克太太在 5 月 21 日收盘以后按照最新收盘价所持有特斯拉股票的市值以及总盈亏额（含浮动盈亏）。

【任务 2】分别按照算术平均（arithmetic mean）、几何平均（geometric mean）方法计算特斯拉股价在 5 月 17 日至 21 日的平均日涨跌幅。

【任务 3】在 5 月 22 日（周六），马斯克太太参加了一场线上股票投资沙龙活动，活动中主讲嘉宾提到对特斯拉未来股价的走势持十分乐观的预期，这一判断与马斯克太太的预期吻合。在 5 月 24日（周一），马斯克太太将剩余的 90 万美元积蓄按照当天的股票开盘价 581.6 美元/股全部用于购买特斯拉股票。纳斯达克规定交易股票数量是 1 股的整数倍，你需要计算马斯克太太可购买的股票数量以及交易完成后账户的资金余额。

1.5.3　编程提示

- 需要注意的是，在 Python 中基本算数运算符的优先顺序与数学中的运算顺序是一致的，幂运算优先，其次是乘、除、模、整除，最后是加、减。如果存在括号，则括号内的运算优先于括号外的运算。

- 计算日涨跌幅算术平均值的表达式如下：

$$\bar{R} = \frac{\sum_{t=1}^{n} R_t}{n} \qquad （式 1-1）$$

- 计算日涨跌幅几何平均值的表达式如下：

$$\bar{R} = \sqrt[n]{\prod_{t=1}^{n}(1+R_t)} - 1 \qquad (式 1\text{-}2)$$

在（式 1-1）和（式 1-2）中，$\bar{R}$ 表示平均日涨跌幅，R_t 表示第 t 个交易日的日涨跌幅（当日收盘价÷前日收盘价-1），n 表示观察样本期间内交易日的天数。

1.5.4 参考代码与说明

1. 针对任务 1

```
In [62]: buy_May17=300              #2021 年 5 月 17 日买入股数
   ...: buy_May18=500              #2021 年 5 月 18 日买入股数
   ...: buy_May19=800              #2021 年 5 月 19 日买入股数
   ...: sell_May20=900             #2021 年 5 月 20 日卖出股数
   ...: sell_May21=400             #2021 年 5 月 21 日卖出股数

In [63]: price_May17=576.83        #2021 年 5 月 17 日股票收盘价
   ...: price_May18=577.87         #2021 年 5 月 18 日股票收盘价
   ...: price_May19=563.46         #2021 年 5 月 19 日股票收盘价
   ...: price_May20=586.78         #2021 年 5 月 20 日股票收盘价
   ...: price_May21=580.88         #2021 年 5 月 21 日股票收盘价

In [64]: value=(buy_May17+buy_May18+buy_May19-sell_May20-sell_May21)*price_May21  #5 月 21
日收盘后股票的市值
   ...: print('2021 年 5 月 21 日收盘后的股票市值',value)
2021 年 5 月 21 日收盘后的股票市值 174264.0

In [65]: cost=buy_May17*price_May17+buy_May18*price_May18+buy_May19*price_May19 #期间购买
股票的成本
   ...: revenue=sell_May20*price_May20+sell_May21*price_May21  #期间出售股票的收入

In [66]: profit=revenue+value-cost        #计算 5 月 21 日收盘后的总盈亏额
   ...: print('2021 年 5 月 21 日收盘后的总盈亏额',profit)
2021 年 5 月 21 日收盘后的总盈亏额 21966.0
```

根据输出的结果可以得出，在 2021 年 5 月 21 日收盘之后，马斯克太太股票投资的收益是正的，并且短短 5 个交易日的盈利就接近 2.2 万美元。

2. 针对任务 2

```
In [67]: R_May18=price_May18/price_May17-1    #计算 5 月 18 日的股价涨跌幅
   ...: R_May19=price_May19/price_May18-1     #计算 5 月 19 日的股价涨跌幅
   ...: R_May20=price_May20/price_May19-1     #计算 5 月 20 日的股价涨跌幅
   ...: R_May21=price_May21/price_May20-1     #计算 5 月 21 日的股价涨跌幅

In [68]: R_Amean=(R_May18+R_May19+R_May20+R_May21)/4  #计算股价日涨跌幅的算术平均值
   ...: print('股价日涨跌幅的算术平均值',round(R_Amean,6))
股价日涨跌幅的算术平均值 0.00205

In [69]: R_Gmean=((1+R_May18)*(1+R_May19)*(1+R_May20)*(1+R_May21))**(1/4)-1   #计算股价日涨
跌幅的几何平均值
   ...: print('股价日涨跌幅的几何平均值',round(R_Gmean,6))
股价日涨跌幅的几何平均值 0.001751
```

从以上的输出不难发现，按照算术平均计算得到的股价日涨跌幅要略高于几何平均的结果。

3. 针对任务 3

```
In [70]: cash=9e5                   #马斯克太太剩余的资金金额
   ...: price_May24=581.6           #5 月 24 日股票的开盘价

In [71]: share=cash//price_May24    #计算可购买的股票数量
   ...: print('可购买的股票数量',share)
可购买的股票数量 1547.0

In [72]: cash_residual=cash%price_May24    #计算剩余的资金金额
   ...: print('剩余的资金金额',round(cash_residual,2))
剩余的资金金额 264.8
```

根据以上的运算结果可以得到，按照 2021 年 5 月 24 日的开盘价，马斯克太太可以购买 1547 股特斯拉股票，账户中剩余的资金仅为 264.8 美元。

1.6　高级赋值运算与成员运算的编程——以贵州茅台股票为案例

1.6.1　案例详情

F 公司是总部位于广州的一家公募基金管理公司，以"发现价值、赢得未来"为目标，致力于打造"值得尊敬和托付的顶级资产管理公司"。该公司于 2021 年 4 月发行了"白酒主题行业股票型证券投资基金"，该基金的重仓股是贵州茅台（证券代码为 600519）。表 1-8 展示了该基金在 2021 年 5 月 10 日至 26 日期间交易贵州茅台股票的相关情况，并且均按照收盘价买入或卖出。同时，在 2021 年 5 月 10 日之前该基金并未持有贵州茅台股票。

表 1-8　2021 年 5 月 10 日至 26 日该基金关于贵州茅台股票的交易情况

交易日期	买入股数	卖出股数	收盘价（元/股）	涨跌幅
2021-05-10	10000	0	1879.03	−1.2596%
2021-05-11	20000	0	1959.00	4.2559%
2021-05-12	40000	0	1984.00	1.2762%
2021-05-13	60000	0	1971.50	−0.6300%
2021-05-14	30000	0	2009.85	1.9452%
2021-05-17	0	4000	2057.96	2.3937%
2021-05-18	0	8000	2059.31	0.0656%
2021-05-19	0	12000	2049.00	−0.5007%
2021-05-20	0	16000	2058.88	0.4822%
2021-05-21	0	9000	2042.10	−0.8150%
2021-05-24	0	0	2071.29	1.4294%
2021-05-25	0	0	2194.50	5.9485%
2021-05-26	0	0	2220.00	1.1620%

数据来源（不包括股数）：上海证券交易所。

假定你是 F 公司负责该只基金的基金经理，因为你的助理休产假，所以包括基金日常投资在内的交易数据统计工作也需要你亲力亲为。为此，结合表 1-8 中的信息运用 Python 完成 3 个编程任务。

1.6.2　编程任务

【任务 1】运用高级赋值运算符计算截止到 2021 年 5 月 21 日收盘后该基金持有的贵州茅台股票的数量。

【任务 2】结合 2021 年 5 月 21 日的股票收盘价以及 5 月 24 日至 26 日期间的股价日涨跌幅，运用高级赋值运算符计算在 5 月 26 日收盘后该基金持有贵州茅台股票的市值，并且验证计算结果的正确性。

【任务 3】F 公司督察长李女士突然给你打电话，并且在通话时李女士报出了 3 种价格，分别是 1965.75 元/股、2059.31 元/股以及 2055.08 元/股，要求马上确认这 3 种价格是否是 2021 年 5 月 10 日至 26 日期间的贵州茅台股票收盘价，要求你立刻运用成员运算符进行判断。

1.6.3　编程提示

- Python 中的高级赋值运算符是将不同的算数运算符与基本赋值运算符结合在一起而形成

的，常用的包括 "+=""−=""*=""/=" 等，以加法赋值运算符 "+=" 为例，y+=x 等价于 y=y+x，其余的以此类推。

- 成员运算符分为 in 和 not in 两大类，分别用于判断一个数值（变量）是否在、是否不在另一个数值（变量）中，并且输出的结果是布尔值（bool），即 True 或者 False。

1.6.4 参考代码与说明

1. 针对任务 1

```
In [73]: X_May10=1e4          #5月10日购买贵州茅台股票数量
    ...: X_May11=2e4          #5月11日购买贵州茅台股票数量
    ...: X_May12=4e4          #5月12日购买贵州茅台股票数量
    ...: X_May13=6e4          #5月13日购买贵州茅台股票数量
    ...: X_May14=3e4          #5月14日购买贵州茅台股票数量

In [74]: Y_May17=4e3          #5月17日出售贵州茅台股票数量
    ...: Y_May18=8e3          #5月18日出售贵州茅台股票数量
    ...: Y_May19=1.2e4        #5月19日出售贵州茅台股票数量
    ...: Y_May20=1.6e4        #5月20日出售贵州茅台股票数量
    ...: Y_May21=9e3          #5月21日出售贵州茅台股票数量

In [75]: Z=0                  #基金在5月10日之前持有的贵州茅台股票数量

In [76]: Z+=X_May10
    ...: Z+=X_May11
    ...: Z+=X_May12
    ...: Z+=X_May13
    ...: Z+=X_May14
    ...: Z-=Y_May17
    ...: Z-=Y_May18
    ...: Z-=Y_May19
    ...: Z-=Y_May20
    ...: Z-=Y_May21
    ...: print('在2021年5月21日收盘后基金持有的贵州茅台股票数量',Z)
在2021年5月21日收盘后基金持有的贵州茅台股票数量 111000.0
```

从以上的输出结果可以清楚地看到，在 2021 年 5 月 21 日收盘后，"白酒主题行业股票型证券投资基金" 持有的贵州茅台股票数量是 11.1 万股。

2. 针对任务 2

```
In [77]: P_May21=2042.10     #5月21日股票收盘价

In [78]: R_May24=0.014294    #5月24日股价涨跌幅
    ...: R_May25=0.059485    #5月25日股价涨跌幅
    ...: R_May26=0.011620    #5月26日股价涨跌幅

In [79]: V=Z*P_May21         #5月21日收盘后基金持有贵州茅台股票的市值

In [80]: V*=(1+R_May24)
    ...: V*=(1+R_May25)
    ...: V*=(1+R_May26)
    ...: print('2021年5月26日收盘后基金持有贵州茅台股票市值',round(V,2))
2021年5月26日收盘后基金持有贵州茅台股票市值 246420060.5

In [81]: V/=(1+R_May26)       #验证结果的正确性
    ...: V/=(1+R_May25)
    ...: V/=(1+R_May24)

In [82]: Z_new=V/P_May21      #计算5月21日收盘后的持股数量
    ...: print('2021年5月21日收盘后基金持有的贵州茅台股票数量',round(Z_new,2))
2021年5月21日收盘后基金持有的贵州茅台股票数量 111000.0
```

根据以上的输出结果，运用高级赋值运算符 "*=" 计算得到，在 2021 年 5 月 26 日收盘后该基金持有的贵州茅台股票市值超过 2.46 亿元；运用高级赋值运算符 "/=" 验证得到在 5 月 21 日收盘后该基金持有的贵州茅台股票数量为 11.1 万股，该数值与任务 1 计算得到的结果完全一致。

3. 针对任务3

```
In [83]: P_list=[1879.03,1959.00,1984.00,1971.50,2009.85,2057.96,2059.31,2049.00,
    ...:        2058.88,2042.10,2071.29,2194.50,2220.00] #5月10日至26日收盘价的列表

In [84]: P1=1965.75                    #李女士在电话中报出的第1种价格
    ...: P2=2059.31                    #李女士在电话中报出的第2种价格
    ...: P3=2055.08                    #李女士在电话中报出的第3种价格

In [85]: P1 in P_list                  #判断P1是否在价格列表中
Out[85]: False

In [86]: P2 in P_list                  #判断P2是否在价格列表中
Out[86]: True

In [87]: P3 not in P_list              #判断P3是否不在价格列表中
Out[87]: True
```

在以上的输出结果中，True 和 False 属于布尔值，用于判断"是"与"否"。因此，可以得出只有李女士报出的第 2 种价格（2059.31 元/股）是 5 月 10 日至 26 日期间的收盘价，其余的两种价格则不是。

1.7 关系运算的编程——以四大国有银行财务与监管指标为案例

1.7.1 案例详情

G 公司是总部位于北京的一家合资保险资产管理公司，由于外资股东对保险资金的管理始终强调稳健投资并严格控制风险，因此公司日常的权益类投资仅限于市值超过 1000 亿元的 A 股股票，这些股票中就包含银行股。为此，公司希望通过社会招聘引进一位银行业分析师以提升研究能力，你应聘了该岗位并且被公司顺利录用。

加入公司以后，你立即着手对四大国有银行（中国工商银行、中国建设银行、中国银行、中国农业银行）的基本情况开展分析和研究。表 1-9 列出了这 4 家银行在国内 A 股市场的股票信息以及 2020 年年报披露的部分财务与监管指标信息。

表 1-9　四大国有银行 2020 年年报的主要财务与监管指标信息

指标名称	工商银行	建设银行	中国银行	农业银行
证券代码	601398	601939	601988	601288
控股股东	中央汇金公司	中央汇金公司	中央汇金公司	中央汇金公司
上市日期	2006-10-27	2007-09-25	2006-07-05	2010-07-15
2020 年年报披露日期	2021-03-26	2021-03-26	2021-03-30	2021-03-30
每股收益（元/股）	0.86	1.06	0.61	0.59
不良贷款率	1.58%	1.56%	1.46%	1.57%
资本充足率	16.88%	17.06%	16.22%	16.59%
净息差	2.15%	2.19%	1.85%	2.20%
总资产收益率	1.00%	1.02%	0.87%	0.83%
净资产收益率	11.95%	12.12%	10.61%	11.35%

数据来源：各家银行对外公布的 2020 年年报。

为了便于比较并分析表 1-9 中的信息，你需要完成 4 个 Python 编程任务。

1.7.2 编程任务

【任务 1】以字典的形式存储表 1-9 中的信息，并且为每家银行单独创建一个字典。

【任务 2】针对任务 1 创建的字典，运用关系运算符做出如下判断：（1）工商银行、建设银行的

控股股东是否一致;(2)工商银行与中国银行的上市日期是否相同;(3)建设银行与农业银行2020年年报披露日期是否不同。

【任务3】针对任务1创建的字典,运用关系运算符做出如下判断:(1)建设银行的每股收益是否大于中国银行;(2)农业银行的不良贷款率、资本充足率是否均大于等于建设银行。

【任务4】针对任务1创建的字典,运用关系运算符做出如下判断:(1)工商银行的净息差是否小于农业银行;(2)工商银行的总资产收益率是否小于中国银行;(3)中国银行的净资产收益率是否小于等于建设银行。

1.7.3 编程提示

- 在 Python 中,双等号"=="表示数学中的等于符号,单等号"="则是赋值符号。
- 在 Python 中,"不等于"用符号"!="表示,"大于""大于或等于"分别用符号">"">="表示,"小于""小于或等于"则分别用符号"<""<="表示。

1.7.4 参考代码与说明

1. 针对任务1

```
In [88]: ICBC={'证券名称':'工商银行','证券代码':'601398','控股股东':'中央汇金公司',
    ...:     '上市日期':'2006-10-27','年报披露日期':'2021-03-26','每股收益':0.86,
    ...:     '不良贷款率':0.0158,'资本充足率':0.1688,'净息差':0.0215,
    ...:     '总资产收益率':0.01,'净资产收益率':0.1195}      #创建字典

In [89]: print(ICBC)
{'证券名称': '工商银行', '证券代码': '601398', '控股股东': '中央汇金公司', '上市日期': '2006-10-27', '年报披露日期': '2021-03-26', '每股收益': 0.86, '不良贷款率': 0.0158, '资本充足率': 0.1688, '净息差': 0.0215, '总资产收益率': 0.01, '净资产收益率': 0.1195}

In [90]: CCB={'证券名称':'建设银行','证券代码':'601939','控股股东':'中央汇金公司',
    ...:     '上市日期':'2007-09-25','年报披露日期':'2021-03-26','每股收益':1.06,
    ...:     '不良贷款率':0.0156,'资本充足率':0.1706,'净息差':0.0219,
    ...:     '总资产收益率':0.0102,'净资产收益率':0.1212}

In [91]: BOC={'证券名称':'中国银行','证券代码':'601988','控股股东':'中央汇金公司',
    ...:     '上市日期':'2006-07-05','年报披露日期':'2021-03-30','每股收益':0.61,
    ...:     '不良贷款率':0.0146,'资本充足率':0.1622,'净息差':0.0185,
    ...:     '总资产收益率':0.0087,'净资产收益率':0.1061}

In [92]: ABC={'证券名称':'农业银行','证券代码':'601288','控股股东':'中央汇金公司',
    ...:     '上市日期':'2010-07-15','年报披露日期':'2021-03-30','每股收益':0.59,
    ...:     '不良贷款率':0.0157,'资本充足率':0.1659,'净息差':0.0220,
    ...:     '总资产收益率':0.0083,'净资产收益率':0.1135}
```

2. 针对任务2

```
In [93]: ICBC['控股股东']==CCB['控股股东']        #判断工商银行与建设银行是否为相同的控股股东
Out[93]: True

In [94]: ICBC['上市日期']==BOC['上市日期']        #判断工商银行与中国银行的上市日期是否相同
Out[94]: False

In [95]: ICBC['上市日期']!=BOC['上市日期']        #判断工商银行与中国银行的上市日期是否不相同
Out[95]: True

In [96]: CCB['年报披露日期']!=ABC['年报披露日期']  #判断建设银行与农业银行的年报披露日期是否不相同
Out[96]: True
```

注意,关系运算输出的结果依然是布尔值的数据 False 和 True,这与1.6节成员运算输出的结果是一致的。

3. 针对任务3

```
In [97]: CCB['每股收益']>BOC['每股收益']          #判断建设银行的每股收益是否大于中国银行
Out[97]: True
```

```
In [98]: ABC['不良贷款率']>=CCB['不良贷款率']      #判断农业银行的不良贷款率是否大于等于建设银行
Out[98]: True

In [99]: ABC['资本充足率']>=CCB['资本充足率']      #判断农业银行的资本充足率是否大于等于建设银行
Out[99]: False
```

在金融领域，大于符号的判断结果在多数情况下与大于等于符号的判断结果是保持一致的。

4. 针对任务 4

```
In [100]: ICBC['净息差']<ABC['净息差']           #判断工商银行的净息差是否小于农业银行
Out[100]: True

In [101]: ICBC['总资产收益率']<BOC['总资产收益率']   #判断工商银行的总资产收益率是否小于中国银行
Out[101]: False

In [102]: BOC['净资产收益率']<=CCB['净资产收益率']   #判断中国银行的净资产收益率是否小于等于建设银行
Out[102]: True
```

同样，在金融领域，小于符号的判断结果在多数情况下与小于等于符号的判断结果是相同的。

1.8 Python 内置函数的编程——以券商股为案例

1.8.1 案例详情

H 公司是总部位于上海的一家合资理财公司，致力于通过整合股东的国际经验与本土智慧，以及多元化投资和创新驱动，帮助更多投资者打造更加美好的"财务未来"。公司近期发行了一款权益类理财产品，产品主要投资于 A 股市场的金融股。

该公司的研究团队在 2021 年 4 月末预计二季度和三季度依然是配置券商股的窗口期。假定你是这家公司的券商股分析师，负责对 A 股上市证券公司及其股票进行研究分析。表 1-10 中是你前期已经梳理的 2021 年一季度净利润排名前 10 位的证券公司的净利润数据、2021 年前 4 个月的股价涨跌幅以及在 2021 年 4 月 30 日的股票收盘价信息。

表 1-10 2021 年一季度净利润排名前 10 位的证券公司相关信息

证券名称	证券代码	2021 年一季度净利润（亿元）	2021 年前 4 个月股价涨跌幅	2021 年 4 月 30 日股票收盘价（元/股）
中信证券	600030	53.43	−18.88%	23.85
国泰君安	601211	45.87	−5.53%	16.56
海通证券	600837	39.28	−13.92%	11.07
华泰证券	601688	33.62	−11.60%	15.92
广发证券	000776	27.91	−8.78%	14.85
招商证券	600999	26.16	−19.79%	18.72
申万宏源	000166	24.52	−14.39%	4.52
中国银河	601881	20.02	−20.22%	9.98
中金公司	601995	18.78	−33.67%	49.93
国信证券	002736	16.86	−23.02%	10.50

数据来源：各公司 2021 年一季度报告、上海证券交易所、深圳证券交易所。

为了提升分析工作的效率，你需要结合表 1-10 中的信息运用 Python 完成 5 个编程任务。

1.8.2 编程任务

【任务 1】创建包含每家公司证券名称的列表，计算该列表中的元素个数，并将该列表转换为一个带有索引的列表，索引值从 1 开始。

【任务 2】创建包含每家公司 2021 年一季度净利润数据的列表，同时计算这 10 家公司净利润的总和以及平均值。

【任务 3】依次创建包含每家公司 2021 年前 4 个月股价涨跌幅的列表和 2021 年 4 月 30 日股票收盘价的列表，在包括股价涨跌幅的列表中找出最大涨值（即本案例中的最小跌幅）以及最小涨值（即本案例中的最大跌幅），同时在包含股票收盘价的列表中对价格由低到高进行排序。

【任务 4】创建包含每家公司 A 股证券代码的列表，并且将已创建的包含证券名称的列表、包含证券代码的列表、包含净利润的列表、包含股价涨跌幅的列表以及包含股票收盘价的列表共 5 个列表中对应各家公司的元素分别打包成一个个元组，并返回由这些元组组成的列表。

【任务 5】H 公司的投资决策委员会经过集体讨论最终达成一致意见，用 1000 万元资金购买中金公司的股票，并且以该股票 2021 年 5 月 6 日开盘价 48.04 元/股作为买入价，你需要计算购买的具体股票数量。根据 A 股交易规则，买入股票数量必须是 100 的整数倍。

1.8.3　编程提示

- 计算列表中元素的数量可以运用函数 len。创建带有索引的列表可以运用函数 enumerate 完成，该函数有两个参数：第 1 个参数是需要生成带索引的原列表；第 2 个参数 start 代表索引的起始值，默认从 0 开始，输入 start=1 则表示索引值从 1 开始。
- 计算一个列表中全部元素的和可以运用函数 sum，在一个列表中找到最大值和最小值可以分别运用函数 max、min，对列表中元素按照由低到高的顺序排序可以运用函数 sorted。
- 可以运用 zip 函数实现将两个或者更多个列表中对应的元素打包成元组。
- 运用函数 int 可以得到一个整型的输出结果，并且需要注意输出结果不适用小数位"四舍五入"的规则。

1.8.4　参考代码与说明

1.　针对任务 1

```
In [103]: stock=['中信证券','国泰君安','海通证券','华泰证券','广发证券','招商证券',
     ...:        '申万宏源','中国银河','中金公司','国信证券']    #创建包含证券名称的列表

In [104]: len(stock)                              #计算列表中元素的个数
Out[104]: 10

In [105]: list(enumerate(stock,start=1))          #创建带有索引的序列并且以列表形式输出
Out[105]:
[(1, '中信证券'),
 (2, '国泰君安'),
 (3, '海通证券'),
 (4, '华泰证券'),
 (5, '广发证券'),
 (6, '招商证券'),
 (7, '申万宏源'),
 (8, '中国银河'),
 (9, '中金公司'),
 (10, '国信证券')]
```

如果希望通过列表的形式输出结果就需要用到 list 函数。同时在 enumerate 函数中，参数 start=1 表示将索引的起始值设定为 1，以此类推可以设定任意索引起始值。

2.　针对任务 2

```
In [106]: profit=[53.43,45.87,39.28,33.62,27.91,26.16,24.52,20.02,18.78,16.86]    #创建包含
每家公司净利润（亿元）的列表

In [107]: profit_total=sum(profit)                       #计算净利润总和
     ...: print('2021年一季度净利润前10位证券公司的净利润总和（亿元）', round(profit_total,2))
2021年一季度净利润前10位证券公司的净利润总和（亿元） 306.45
```

```
In [108]: profit_average=profit_total/len(stock)        #计算平均净利润
     ...: print('2021年一季度净利润前10位证券公司的净利润平均值（亿元）', round(profit_average,2))
2021年一季度净利润前10位证券公司的净利润平均值（亿元） 30.65
```

3. 针对任务 3

```
In [109]: return_4M=[-0.1888,-0.0553,-0.1392,-0.1160,-0.0878,-0.1979,-0.1439,-0.2022,
     ...:            -0.3367,-0.2302]                    #创建包含2021年前4个月股价涨跌幅的列表

In [110]: return_max=max(return_4M)                       #找出最大的涨幅
     ...: return_min=min(return_4M)                        #找出最小的涨幅
     ...: print('2021年前4个月股价的最大涨幅（最小跌幅）',return_max)
     ...: print('2021年前4个月股价的最小涨幅（最大跌幅）',return_min)
2021年前4个月股价的最大涨幅（最小跌幅） -0.0553
2021年前4个月股价的最小涨幅（最大跌幅） -0.3367

In [111]: price=[23.85,16.56,11.07,15.92,14.85,18.72,4.52,9.98,49.93,10.50]    #创建包含股票
收盘价的列表

In [112]: price_sorted=sorted(price)                      #将股价由小到大排序
     ...: print(price_sorted)
[4.52, 9.98, 10.5, 11.07, 14.85, 15.92, 16.56, 18.72, 23.85, 49.93]
```

4. 针对任务 4

```
In [113]: code=['600030','601211','600837','601688','000776','600999','000166',
     ...:       '601881','601995','002736']
                                                          #创建包含证券代码的列表

In [114]: list(zip(stock,code,profit,return_4M,price))    #将多个列表中对应的元素打包为一个个元组
并以列表形式输出
Out[114]:
[('中信证券', '600030', 53.43, -0.1888, 23.85),
 ('国泰君安', '601211', 45.87, -0.0553, 16.56),
 ('海通证券', '600837', 39.28, -0.1392, 11.07),
 ('华泰证券', '601688', 33.62, -0.116, 15.92),
 ('广发证券', '000776', 27.91, -0.0878, 14.85),
 ('招商证券', '600999', 26.16, -0.1979, 18.72),
 ('申万宏源', '000166', 24.52, -0.1439, 4.52),
 ('中国银河', '601881', 20.02, -0.2022, 9.98),
 ('中金公司', '601995', 18.78, -0.3367, 49.93),
 ('国信证券', '002736', 16.86, -0.2302, 10.5)]
```

以上的输出结果与表 1-10 相似，只不过 Python 的输出结果以列表中嵌套元组的形式呈现，也就是列表中的每一个元素均是一个元组。

5. 针对任务 5

```
In [115]: fund=1e7                                        #投资金额
     ...: price_CICC=48.04                                #中金公司股票的开盘价
     ...: N=100                                           #买入A股股票的最少数量（100股）

In [116]: share_CICC=N*int(fund/(price_CICC*N))           #买入中金公司的股票数量
     ...: print('买入中金公司的股票数量',share_CICC)
买入中金公司的股票数量 208100
```

通过以上的分析可以得到，1000 万元的资金可以购买 20.81 万股中金公司的股票。

1.9 Python 自定义函数和 for 语句的编程——以市场利率为案例

1.9.1 案例详情

I 银行是总部位于德国法兰克福的一家商业银行，拥有强大的国际影响力，并且在超过 50 个国家设有分行或办事处。假定你是该银行的一名金融市场分析师，日常的工作就是跟踪并研判全球主要金融市场的基准市场利率走势。

在分析过程中，你运用波动率（标准差）衡量利率分布的离散程度，以此作为衡量利率风险的一个重要指标。假定某个利率变量在第 t 个交易日的取值为 x_t，并且共有 N 个交易日的样本，该变量波动率 σ 的表达式如下：

$$\sigma = \sqrt{\frac{1}{N-1}\sum_{t=1}^{N}(x_t - \bar{x})^2} \qquad （式 1\text{-}3）$$

其中，$\bar{x}$ 是 x_t 的均值，即

$$\bar{x} = \frac{1}{N}\sum_{t=1}^{N}x_t \qquad （式 1\text{-}4）$$

此外，在（式 1-3）中，分母 $N-1$ 在实际中也经常被替换为 N。

表 1-11 列出了 2021 年 5 月 10 日至 28 日期间的 3 个月期 Shibor（上海银行间同业拆放利率）、3 个月期美元 Libor（伦敦银行间同业拆借利率）以及 3 个月期 Euribor（欧元区银行间同业拆借利率）的数据。

表 1-11　2021 年 5 月 10 日至 28 日 Shibor、美元 Libor 以及 Euribor 的数据

日期	3 个月期 Shibor	3 个月期美元 Libor	3 个月期 Euribor
2021-05-10	2.5420%	0.1675%	−0.5330%
2021-05-11	2.5360%	0.1603%	−0.5330%
2021-05-12	2.5320%	0.1541%	−0.5390%
2021-05-13	2.5250%	0.1559%	−0.5410%
2021-05-14	2.5210%	0.1551%	−0.5490%
2021-05-17	2.5140%	0.1496%	−0.5480%
2021-05-18	2.5100%	0.1553%	−0.5530%
2021-05-19	2.5050%	0.1493%	−0.5520%
2021-05-20	2.4970%	0.1501%	−0.5450%
2021-05-21	2.4890%	0.1470%	−0.5430%
2021-05-24	2.4900%	0.1409%	−0.5420%
2021-05-25	2.4850%	0.1385%	−0.5380%
2021-05-26	2.4790%	0.1350%	−0.5370%
2021-05-27	2.4740%	0.1346%	−0.5400%
2021-05-28	2.4760%	0.1314%	−0.5430%

数据来源：同花顺。

根据工作的要求，你需要结合（式 1-3）、（式 1-4）以及表 1-11 中的数据，完成 3 个 Python 编程任务。

1.9.2　编程任务

【任务 1】运用 Python 中的 lambda 函数自定义一个计算变量样本的算术平均值的函数，并且运用该函数依次计算 2021 年 5 月 10 日至 28 日期间 3 个月期 Shibor、3 个月期美元 Libor 以及 3 个月期 Euribor 的平均值。

【任务 2】运用 Python 的 def 语法并结合 for 语句自定义一个计算变量波动率的函数，同时运用该函数分别计算 3 个月期 Shibor、3 个月期美元 Libor 以及 3 个月期 Euribor 的波动率。

【任务 3】比较 3 个月期 Shibor、3 个月期美元 Libor 以及 3 个月期 Euribor 的均值之间的大小关系，以及这 3 个利率的波动率之间的大小关系。

1.9.3　编程提示

* 在 Python 中，运用 lambda 函数自定义一个新的函数时，基本的格式如下：

```
函数名 = lambda 参数：表达式
```

- 在 Python 中，运用 def 语法自定义一个新的函数时，基本的格式如下：

```
def 函数名(参数):
    '''函数说明文档(可以对函数的用途、参数的含义等进行说明)'''
    函数主体
    return 返回对象
```

1.9.4　参考代码与说明

1. 针对任务 1

```
In [117]: f_mean=lambda x: sum(x)/len(x)    #运用 lambda 函数定义并且参数 x 以列表数据结构的形式输入

In [118]: Shibor=[0.025420,0.025360,0.025320,0.025250,0.025210,0.025140,0.025100,
     ...:         0.025050,0.024970,0.024890,0.024900,0.024850,0.024790,0.024740,
     ...:         0.024760]                  #包含 3 个月期 Shibor 的列表
     ...: Libor=[0.001675,0.001603,0.001541,0.001559,0.001551,0.001496,0.001553,
     ...:        0.001493,0.001501,0.001470,0.001409,0.001385,0.001350,0.001346,
     ...:        0.001314]                   #包含 3 个月期美元 Libor 的列表
     ...: Euribor=[-0.005330,-0.005330,-0.005390,-0.005410,-0.005490,-0.005480,
     ...:          -0.005530,-0.005520,-0.005450,-0.005430,-0.005420,-0.005380,
     ...:          -0.005370,-0.005400,-0.005430]   #包含 3 个月期 Euribor 的列表

In [119]: mean_Shibor=f_mean(x=Shibor)              #计算 3 个月期 Shibor 的平均值
     ...: mean_Libor=f_mean(x=Libor)               #计算 3 个月期美元 Libor 的平均值
     ...: mean_Euribor=f_mean(x=Euribor)           #计算 3 个月期 Euribor 的平均值
     ...: print('5 月 10 日至 28 日期间 3 个月期 Shibor 平均值',round(mean_Shibor,6))
     ...: print('5 月 10 日至 28 日期间 3 个月期美元 Libor 平均值',round(mean_Libor,6))
     ...: print('5 月 10 日至 28 日期间 3 个月期 Euribor 平均值',round(mean_Euribor,6))
5 月 10 日至 28 日期间 3 个月期 Shibor 平均值     0.02505
5 月 10 日至 28 日期间 3 个月期美元 Libor 平均值   0.001483
5 月 10 日至 28 日期间 3 个月期 Euribor 平均值    -0.005424
```

从以上的代码可以看到，通过 lambda 函数自定义一个计算变量均值的函数提升了对利率数据的分析效率。但是运用 lambda 函数存在一些缺点，比如无法详细撰写针对自定义函数的说明文档，进而降低了代码可读性。

2. 针对任务 2

```
In [120]: def f_sigma(x):
     ...:     '''通过 Python 定义计算变量波动率的函数
     ...:     x: 代表变量的样本值,可以用列表数据结构输入'''
     ...:     n=len(x)                        #计算样本数量
     ...:     u_mean=sum(x)/n                 #计算变量样本的均值
     ...:     z=[]                            #创建一个空列表
     ...:     for t in range(n):
     ...:         z.append((x[t]-u_mean)**2)
     ...:     sigma=(sum(z)/(n-1))**0.5       #计算波动率
     ...:     return sigma

In [121]: sigma_Shibor=f_sigma(x=Shibor)
     ...: sigma_Libor=f_sigma(x=Libor)
     ...: sigma_Euribor=f_sigma(x=Euribor)
     ...: print('5 月 10 日至 28 日期间 3 个月期 Shibor 波动率',round(sigma_Shibor,6))
     ...: print('5 月 10 日至 28 日期间 3 个月期美元 Libor 波动率',round(sigma_Libor,6))
     ...: print('5 月 10 日至 28 日期间 3 个月期 Euribor 波动率',round(sigma_Euribor,6))
5 月 10 日至 28 日期间 3 个月期 Shibor 波动率     0.000227
5 月 10 日至 28 日期间 3 个月期美元 Libor 波动率   0.000104
5 月 10 日至 28 日期间 3 个月期 Euribor 波动率    6.2e-05
```

在以上的输出结果中，e-05 代表 10^{-5}，也就是等于 0.00001。

3. 针对任务 3

```
In [122]: mean_Shibor>mean_Libor    #判断 3 个月期 Shibor 的平均值是否大于 3 个月期美元 Libor 的平均值
Out[122]: True

In [123]: mean_Libor>mean_Euribor   #判断 3 个月期美元 Libor 的平均值是否大于 3 个月期 Euribor 的平均值
Out[123]: True
```

```
In [124]: sigma_Shibor<sigma_Libor        #判断3个月期 Shibor 的波动率是否小于3个月期美元 Libor 的波动率
Out[124]: False

In [125]: sigma_Libor<sigma_Euribor       #判断3个月期美元 Libor 的波动率是否小于3个月期 Euribor 的波动率
Out[125]: False

In [126]: sigma_Shibor<sigma_Euribor      #判断3个月期 Shibor 的波动率是否小于3个月期 Euribor 的波动率
Out[126]: False
```

从以上的输出结果可以得出以下两个结论：一是针对平均值，2021 年 5 月 10 日至 28 日期间 3 个月期 Shibor 的平均值大于 3 个月期美元 Libor 的均值，3 个月期美元 Libor 的平均值又大于 3 个月期 Euibor 的均值；二是针对波动率，在该期间 3 个月期 Shibor 的波动率最大，3 个月期美元 Libor 的波动率次之，3 个月期 Euribor 波动率最小。

1.10 条件语句和循环语句的编程——以全球科技股为案例

1.10.1 案例详情

J 公司是一家总部位于英国伦敦的全球资产管理公司，公司以"注重基本面分析与研究品质"而闻名于世，奉行的投资哲学是"永远不会购买本公司分析师、基金经理未曾亲自调研过的上市公司股票"。公司发行了一只配置全球知名科技公司股票的基金，该基金的重仓股包括苹果（Apple）公司、亚马逊（Amazon）公司、国际商业机器（IBM）公司以及思科（Cisco）公司的股票。

假定你是该公司的一名科技公司股票分析师，日常工作就是研究科技公司股票的未来走势，为基金经理的投资决策提供依据。表 1-12 列出了 2021 年 5 月 10 日至 28 日期间该基金 4 只重仓股的日涨跌幅数据。

表 1-12 2021 年 5 月 10 日至 28 日期间 4 只重仓股的日涨跌幅

日期	苹果公司 （代码：AAPL）	亚马逊公司 （代码：AMZN）	国际商业机器公司 （代码：IBM）	思科公司 （代码：CSCO）
2021-05-10	−2.5804%	−3.0721%	0.4881%	−0.5053%
2021-05-11	−0.7410%	1.0475%	−1.3341%	−0.6208%
2021-05-12	−2.4938%	−2.2324%	−2.0247%	−2.3282%
2021-05-13	1.7920%	0.3024%	2.0311%	1.7248%
2021-05-14	1.9845%	1.9431%	0.3537%	0.7811%
2021-05-17	−0.9259%	1.4735%	0.2972%	0.0756%
2021-05-18	−1.1246%	−1.1653%	−0.8270%	−0.0189%
2021-05-19	−0.1282%	−0.0149%	−0.5003%	−0.8691%
2021-05-20	2.1012%	0.4914%	0.4819%	0.7242%
2021-05-21	−1.4767%	−1.3733%	0.5977%	−0.7947%
2021-05-24	1.3314%	1.3084%	−0.0138%	1.8310%
2021-05-25	−0.1574%	0.4333%	−0.6426%	−0.1498%
2021-05-26	−0.0394%	0.1875%	−0.2851%	−0.7503%
2021-05-27	−1.2377%	−1.0735%	0.3069%	0.0189%
2021-05-28	−0.5348%	−0.2179%	−0.0556%	−0.0378%

数据来源：纽约证券交易所、纳斯达克。

根据公司要求，你需要撰写一份科技股的分析报告，因此需要结合表 1-12 中的数据运用 Python 完成 4 个编程任务。

1.10.2 编程任务

【任务 1】创建包含每只科技股的日涨跌幅的列表，并且要求每只股票对应一个列表。

【任务 2】访问包含苹果公司股价日涨跌幅的列表，找出涨幅首次超过 2% 的交易日之前的全部交易日的涨跌幅数据，这就相当于首次访问到涨幅超出 2%时就立刻终止访问，并且输出已经访问过的全部数据。

【任务 3】访问包含亚马逊公司股价日涨跌幅的列表，找出交易日当天股票是下跌的全部数据。

【任务 4】访问包含 IBM 公司股价日涨跌幅的列表，找出日涨跌幅处于[-0.5%,0.5%]的数据并创建一个新列表；同时，访问包含思科公司股价日涨跌幅的列表，找出日涨幅超过 0.7%的数据并创建一个新列表。

1.10.3 编程提示

- 针对任务 2 的编程，可以运用 for、if 和 break 搭配的语法结构。
- 针对任务 3 的编程，可以运用 for、if、pass 和 else 搭配的语法结构，也可以运用 for、if 和 continue 搭配的语法结构。
- 针对任务 4 的编程，可以运用 for、if、elif、else 和 pass 搭配的语法结构。

1.10.4 参考代码与说明

1. 针对任务 1

```
In [127]: Apple=[-0.025804,-0.007410,-0.024938,0.017920,0.019845,-0.009259,
     ...:        -0.011246,-0.001282,0.021012,-0.014767,0.013314,-0.001574,
     ...:        -0.000394,-0.012377,-0.005348]          #苹果公司股价日涨跌幅

In [128]: Amazon=[-0.030721,0.010475,-0.022324,0.003024,0.019431,0.014735,
     ...:         -0.011653,-0.000149,0.004914,-0.013733,0.013084,0.004333,
     ...:         0.001875,-0.010735,-0.002179]          #亚马逊公司股价日涨跌幅

In [129]: IBM=[0.004881,-0.013341,-0.020247,0.020311,0.003537,0.002972,
     ...:      -0.008270,-0.005003,0.004819,0.005977,-0.000138,-0.006426,
     ...:      -0.002851,0.003069,-0.000556]             #IBM 公司股价日涨跌幅

In [130]: Cisco=[-0.005053,-0.006208,-0.023282,0.017248,0.007811,0.000756,
     ...:        -0.000189,-0.008691,0.007242,-0.007947,0.018310,-0.001498,
     ...:        -0.007503,0.000189,-0.000378]           #思科公司股价日涨跌幅
```

2. 针对任务 2

```
In [131]: for i in Apple:
     ...:     if i>0.02:
     ...:         break
     ...:     print('已经访问的苹果公司股价日涨跌幅数据', i)
已经访问的苹果公司股价日涨跌幅数据 -0.025804
已经访问的苹果公司股价日涨跌幅数据 -0.00741
已经访问的苹果公司股价日涨跌幅数据 -0.024938
已经访问的苹果公司股价日涨跌幅数据 0.01792
已经访问的苹果公司股价日涨跌幅数据 0.019845
已经访问的苹果公司股价日涨跌幅数据 -0.009259
已经访问的苹果公司股价日涨跌幅数据 -0.011246
已经访问的苹果公司股价日涨跌幅数据 -0.001282
```

在条件语句或者循环语句中，运用 break 就表示终止当前循环，并且跳出整个循环而不再继续执行该循环代码。

3. 针对任务 3

```
In [132]: for j in Amazon:
     ...:     if j>0:
     ...:         pass
     ...:     else:
     ...:         print('亚马逊公司股价的日下跌数据（负数）',j)
亚马逊公司股价的日下跌数据（负数） -0.030721
亚马逊公司股价的日下跌数据（负数） -0.022324
亚马逊公司股价的日下跌数据（负数） -0.011653
亚马逊公司股价的日下跌数据（负数） -0.000149
亚马逊公司股价的日下跌数据（负数） -0.013733
亚马逊公司股价的日下跌数据（负数） -0.010735
亚马逊公司股价的日下跌数据（负数） -0.002179
```

在条件语句或者循环语句中，运用 pass 就表示不执行任何操作。此外，针对本任务还可以采用如下代码得到一致的结果。

```
In [133]: for j in Amazon:
     ...:     if j>0:
     ...:         continue
     ...:     print('亚马逊公司股价的日下跌数据（负数）',j)
亚马逊公司股价的日下跌数据（负数） -0.030721
亚马逊公司股价的日下跌数据（负数） -0.022324
亚马逊公司股价的日下跌数据（负数） -0.011653
亚马逊公司股价的日下跌数据（负数） -0.000149
亚马逊公司股价的日下跌数据（负数） -0.013733
亚马逊公司股价的日下跌数据（负数） -0.010735
亚马逊公司股价的日下跌数据（负数） -0.002179
```

在条件语句或者循环语句中，continue 表示终止并跳出该次循环，直接执行下一次循环。

4. 针对任务 4

```
In [134]: IBM_new=[]          #创建一个存放 IBM 公司股价日涨跌幅的初始空列表

In [135]: for k in IBM:
     ...:     if k<-0.005:
     ...:         pass
     ...:     elif k>0.005:
     ...:         pass
     ...:     else:
     ...:         IBM_new.append(k)
     ...: print('IBM 公司股价的日涨跌幅处于-0.5%至 0.5%的列表\n',IBM_new)
IBM 公司股价的日涨跌幅处于-0.5%至 0.5%的列表
 [0.004881, 0.003537, 0.002972, 0.004819, -0.000138, -0.002851, 0.003069, -0.000556]

In [136]: Cisco_new=[]        #创建一个存放思科公司股价日涨跌幅的初始空列表

In [137]: for t in Cisco:
     ...:     if t<=0.007:
     ...:         pass
     ...:     else:
     ...:         Cisco_new.append(t)
     ...: print('思科公司股价的日涨幅超过 0.7%的列表\n',Cisco_new)
思科公司股票的日涨幅超过 0.7%的列表
 [0.017248, 0.007811, 0.007242, 0.01831]
```

1.11 math 模块的编程——以保险理赔为案例

1.11.1 案例详情

L 公司是总部位于杭州的一家经营财产保险的公司，公司自成立以来，依托于扎实的专业技术、卓越的风险管控能力和敬业的人才团队，保费收入稳步增长。伴随着保险产品同质化竞争的日益加剧，目前公司正在考虑向市场推出一款新的财产保险产品。假定你是该公司精算部的一名精算师，根据前期的广泛市场调研整理出了如下重要数据：

（1）预计在 1 年内将有 1.5 万人投保该保险产品，投保人每年需缴纳的保费是 220 元；

（2）当投保人满足保险赔付条件时，公司需要向该投保人支付保险理赔款 3 万元；

（3）在此项保险业务的投保人群中，假定获得理赔的人数服从**泊松分布**（Poisson distribution），并且保险理赔的概率是 0.8%（预期理赔人数/总投保人数），其他的成本和费用暂不考虑。

需要指出的是，泊松分布在保险行业应用广泛。假定随机事件发生的次数用 X 表示并且服从泊松分布，发生次数等于 k 的概率就满足如下的表达式：

$$P(X=k) = \frac{\lambda^k}{k!}e^{-\lambda} \qquad （式 1-5）$$

（式 1-5）中的参数 λ 是单位时间内随机事件的平均发生次数，并且泊松分布的期望和方差均为 λ；公式中的 $k! = k \times (k-1) \times (k-2) \times \cdots \times 1$，表示 k 的**阶乘**（factorial）。

　　现在，你需要准备一份推出该保险新产品的可行性报告，因此你需要结合（式 1-5）以及上述的相关数据，通过 Python 完成 4 个编程任务。

1.11.2　编程任务

　　【任务 1】结合 math 模块的相关函数，在 Python 中自定义一个当变量服从泊松分布时计算概率的函数。

　　【任务 2】运用任务 1 自定义的函数，计算 L 公司推出该项保险产品后在 1 年内恰好实现盈亏平衡的概率。

　　【任务 3】运用任务 1 自定义的函数，依次计算公司该项保险产品在 1 年内盈利 30 万元、60 万元和 90 万元的概率。

　　【任务 4】运用任务 1 自定义的函数，计算公司该项保险产品在 1 年内实现盈利的概率。

1.11.3　编程提示

- 针对任务 1，在自定义函数的过程中，可以运用 math 模块中的 exp、factorial 等函数，其中函数 factorial 用于计算阶乘。
- 针对任务 2，可以根据泊松分布与二项分布之间的关系，得到 $\lambda = 15000 \times 0.8\% = 120$；同时公司 1 年的保费收入是 $15000 \times 220 = 330$ 万元，由于触发保险理赔时公司赔付 3 万元/人，因此在 1 年内当需要理赔的人数等于 $330/3 = 110$ 时，公司恰好实现盈亏平衡。
- 针对任务 3，当 1 年内理赔的人数等于 $(330-30)/3 = 100$ 时，公司可以实现盈利 30 万元，可以按照这样的逻辑类推。
- 针对任务 4，相当于计算当理赔的人数小于盈亏平衡时理赔的人数时的累积概率，可以运用 for 语句进行编程。

1.11.4　参考代码与说明

1. 针对任务 1

```
In [138]: def poisson(k,Lambda):
     ...:     '''定义一个当变量服从泊松分布时计算概率的函数
     ...:     k:表示随机事件发生的次数
     ...:     Lambda:表示在单位时间内随机事件的平均发生次数'''
     ...:     from math import exp,factorial    #从 math 模块中导入 exp、factorial 函数
     ...:     P=pow(Lambda,k)*exp(-Lambda)/factorial(k)   #计算服从泊松分布的概率的式子
     ...:     return P
```

　　通过以上自定义的函数 poisson，只需要在函数中分别输入参数 k 和 Lambda 对应的数值，就可以计算得到相应的概率。

2. 针对任务 2

```
In [139]: n=1.5e4                    #预计投保人数
     ...: prob=0.008                 #每位投保人需要理赔的概率
     ...: premium=220                #每位投保人支付的每年保费
     ...: cost=3e4                   #保险公司给每位符合理赔要求的投保人支付理赔金额

In [140]: L=n*prob                   #计算得到 Lambda 数值（即 1 年内需要理赔的平均人数）

In [141]: K_breakeven=n*premium/cost              #实现盈亏平衡时的 k

In [142]: prob_breakeven=poisson(k=K_breakeven,Lambda=L)    #恰好实现盈亏平衡时的概率
     ...: print('L保险公司新保险业务恰好盈亏平衡的概率',round(prob_breakeven,6))
L保险公司新保险业务恰好盈亏平衡的概率 0.024756
```

　　从以上的输出可以看到，该款保险产品恰好实现盈亏平衡的概率仅为 2.48%左右。

3. 针对任务 3

```
In [143]: profit1=3e5               #公司盈利 30 万元
     ...: profit2=6e5               #公司盈利 60 万元
     ...: profit3=9e5               #公司盈利 90 万元
```

```
In [144]: K1=(n*premium-profit1)/cost          #实现盈利 30 万元时的 k
     ...: K2=(n*premium-profit2)/cost          #实现盈利 60 万元时的 k
     ...: K3=(n*premium-profit3)/cost          #实现盈利 90 万元时的 k

In [145]: prob1=poisson(k=K1,Lambda=L)         #实现盈利 30 万元时的概率
     ...: prob2=poisson(k=K2,Lambda=L)         #实现盈利 60 万元时的概率
     ...: prob3=poisson(k=K3,Lambda=L)         #实现盈利 90 万元时的概率
     ...: print('L 保险公司新保险产品实现盈利 30 万元的概率',round(prob1,6))
     ...: print('L 保险公司新保险产品实现盈利 60 万元的概率',round(prob2,6))
     ...: print('L 保险公司新保险产品实现盈利 90 万元的概率',round(prob3,6))
L 保险公司新保险产品实现盈利 30 万元的概率  0.006804
L 保险公司新保险产品实现盈利 60 万元的概率  0.00069
L 保险公司新保险产品实现盈利 90 万元的概率  2.3e-05
```

从以上的输出不难看出,对于 L 公司而言,实现盈利金额越大所对应的概率越小,这也符合普遍的商业规律。

4. 针对任务 4

```
In [146]: import math                          #导入 math 模块

In [147]: prob_list=[]                         #创建一个放置概率的初始空列表

In [148]: K_breakeven=math.trunc(K_breakeven)  #取整型

In [149]: for i in range(K_breakeven):         #依次取小于盈亏平衡时 k 值的自然数
     ...:     P=poisson(k=i,Lambda=L)          #计算概率
     ...:     prob_list.append(P)

In [150]: prob_profit=math.fsum(prob_list)     #将列表中的元素进行加总
     ...: print('L 保险公司新保险产品实现盈利的概率',round(prob_profit,6))
L 保险公司新保险产品实现盈利的概率 0.169141
```

从计算的结果可以看到,L 公司推出的这款保险产品在 1 年内就实现盈利的概率仅为 16.91%左右,这就意味着亏损的可能性较大,这也是金融机构推出新产品所需要经历的阵痛与承担的风险。

1.12 本章小结

"罗马不是一天建成的。"(Rome was not built in a day.)只有夯实了 Python 编程的操作基础,才有可能在金融领域中自如地运用 Python,因此针对本章的内容,无论怎么强调它的重要性都不过分。通过 11 个原创的金融案例共计 40 个 Python 编程任务,读者可以扎实掌握以下的 Python 编程技能。

(1)**变量赋值**。针对金融变量的赋值需要运用等号,变量命名可以用对应的英文单词或英文缩写。

(2)**数据类型**。整型、浮点型以及字符串等数据类型有各自的特征,整型数据与浮点型数据的最大差异在于是否有小数点,字符串数据需要运用引号。

(3)**数据结构**。元组、列表、集合、字典等数据结构有着相应的规则,不同数据结构之间的重要差异在于括号类型,元组用圆括号,列表用方括号,集合与字典均用花括号。

(4)**运算符**。基本算数运算符、关系运算符、赋值运算符以及逻辑运算符,这些运算符通常对应于数学中的相关运算符或者它们的组合。

(5)**内置函数**。Python 的内置函数有很多,其中在金融领域常用的内置函数包括 len、max、min、sum 等。

(6)**自定义函数**。构建自定义函数可以通过 def 语法或者运用 lambda 函数实现,def 语法往往用于自定义运算较复杂的函数并涉及多行代码,lambda 函数偏重自定义简单的函数并且通常只需一行代码。

(7)**循环语句与条件语句**。循环语句通常用于对重复的计算进行编程,条件语句则在对两个及以上的条件做判断时使用,这两个语句的结合可以有效满足金融场景的需要。

(8)**math 模块**。在金融领域,math 模块中常用的函数包括 exp、factorial、fsum、pow 等。

到这里,你已经完成了第 1 章全部案例的训练,想必你已经牢牢掌握了在金融领域应用 Python 编程的基础操作,下面就向第 2 章勇敢进发吧!

02

第 2 章
NumPy 模块编程的金融案例

本章导言

    NumPy（Numeric Python）是 Python 开源的数值计算扩展模块，用于存储并处理大型矩阵运算。在金融场景下的 Python 运用中，NumPy 是最常见的工具包之一，因此需要牢固掌握 NumPy 模块的 N 维数组结构，数组的索引、切片以及排序，数组和矩阵的运算，以及在不同分布中抽取随机数等知识。此外，脱胎于 NumPy 模块，目前已经独立出来的 numpy_financial 模块也经常用于建立各类现金流模型。

    本章包含 13 个原创案例共计 44 个编程任务，通过这些案例的训练，读者应能够结合金融实战娴熟运用 NumPy 模块。下面通过表 2-1 梳理出本章的结构安排。

表 2-1　第 2 章的结构安排

序号	案例标题	学习目标	编程任务数量	读者扮演的角色
1	N 维数组的编程——以亚洲主要股指为案例	掌握创建 N 维数组、查看数组性质、创建整数序列和等差序列，以及高效创建元素分别为 0 和 1 的数组等编程技术	4 个	股指研究主管
2	数组索引和切片的编程——以互联网公司港股为案例	掌握数组的索引、按规则找出索引值、切片（截取）以及排序等编程技术	4 个	证券投资主管
3	数组内部运算的编程——以保险公司股票为案例	掌握针对数组内部元素求最大值、最小值、均值、方差、标准差等编程技术	3 个	险资股分析师
4	数组内运算的编程——以上证五大行业指数为案例	掌握针对数组内部元素求和、乘积、对数、幂等编程技术	4 个	宏观策略分析师
5	数组间运算的编程——以银行股为案例	掌握针对数组之间元素的除法、乘法以及不同数组的对应元素取最大值、最小值等编程技术	4 个	风险经理
6	矩阵运算的编程之一——以全球存托凭证为案例	掌握矩阵的转置运算，计算协方差矩阵和相关系数矩阵，计算矩阵的对角线、上三角、下三角以及迹等编程技术	3 个	策略主管
7	矩阵运算的编程之二——以国产新能源汽车公司股票为案例	掌握计算矩阵内积、行列式，以及包括特征值分解、奇异值分解、正交三角分解和楚列斯基分解等矩阵分解在内的编程技术	3 个	量化模型经理
8	基于二项分布与几何分布随机抽样的编程——以家庭财产保险为案例	掌握二项分布、几何分布的性质，以及从这些分布中进行随机抽样的编程技术	4 个	精算师

续表

序号	案例标题	学习目标	编程任务数量	读者扮演的角色
9	基于正态分布和对数正态分布随机抽样的编程——以股票型基金为案例	掌握正态分布、对数正态分布的性质，以及从这些分布中进行随机抽样的编程技术	3 个	产品经理
10	基于伽马分布和贝塔分布随机抽样的编程——以债券违约率与回收率为案例	掌握贝塔分布、伽马分布的性质，以及从这些分布中进行随机抽样的编程技术	3 个	高级债券分析师
11	现金流模型的编程之一——以新能源汽车项目为案例	掌握构建投资项目现金流的终值、现值模型的编程技术	3 个	信托经理
12	现金流模型的编程之二——以芯片项目为案例	掌握构建投资项目现金流的净现值、内含报酬率模型的编程技术	3 个	投资总监
13	现金流模型的编程之三——以住房按揭贷款为案例	掌握在等额本息还款规则下测算住房按揭贷款本金、利息的编程技术	3 个	支行副行长
合计			44 个	

在开始练习本章的案例之前，建议读者先学习《基于 Python 的金融分析与风险管理（第 2 版）》第 2 章的内容。

2.1　N 维数组的编程——以亚洲主要股指为案例

2.1.1　案例详情

A 公司是一家总部位于韩国首尔的大型金融服务机构，公司荟萃东西、连通市场，为个人与机构客户提供资产管理、零售金融等专业金融服务。近期，公司对外发行了一只主要配置股票指数型基金的资管产品，从而追求在有效分散风险的前提下获得稳健、持续的投资回报。

假定你在该公司资产管理部担任股指研究主管，日常的工作就是分析亚洲地区重要股票指数的未来走势。表 2-2 列出了 2021 年 4 月 12 日至 16 日期间上证 50 指数、吉隆坡指数（KLSE）、胡志明指数（VNI）、雅加达综指（JKSE）、马尼拉综指（PSI）等 5 个股票指数在这一交易周的日收盘价数据。

表 2-2　2021 年 4 月 12 日至 16 日期间 5 个亚洲重要股票指数的收盘价

所在国家	指数名称	2021-04-12	2021-04-13	2021-04-14	2021-04-15	2021-04-16
中国	上证 50 指数	3477.0654	3461.4592	3469.1727	3431.4931	3448.1042
马来西亚	吉隆坡指数	1608.4200	1597.7100	1598.2800	1608.2500	1608.3800
越南	胡志明指数	1252.4500	1248.3300	1255.8700	1247.2500	1238.7100
印度尼西亚	雅加达综指	5948.5688	5927.4351	6050.2759	6079.5010	6086.2578
菲律宾	马尼拉综指	6518.6400	6457.7900	6523.2100	6539.9600	6494.8100

数据来源：上海证券交易所、吉隆坡证券交易所、胡志明证券交易所、印度尼西亚证券交易所、菲律宾证券交易所。

根据工作的需要，你将根据表 2-2 中的信息通过 Python 完成 4 个编程任务。

2.1.2　编程任务

【任务 1】在 Python 中导入 NumPy 模块，将表 2-2 中的上证 50 指数收盘价直接以一维数组的数据结构形式进行输入；同时，将雅加达综指收盘价先创建为列表，然后将其转换为一维数组。

【任务 2】为了提高效率，直接将表 2-2 中的 5 个股指的收盘价以二维数组的数据结构形式进行创建，并且查看该数组的形状、维度、元素个数以及元素类型。

【任务 3】快速创建一个包含整数数列的数组，该数列的初始值是 0，终止值等于任务 2 创建的数组中的元素个数；同时，针对雅加达综指，生成一个初始值是2021年4月12日收盘价、终止值是4月16日收盘价并且元素个数是50的等差数列。

【任务4】依次创建与任务1、任务2中已生成的数组同维度、同形状的0元素数组以及元素等于1的数组。

2.1.3 编程提示[1]

- 查看数组形状运用函数shape，查看数组维度运用函数ndim，查看数组的元素个数运用函数size，查看数组的元素类型运用函数dtype。
- 运用函数arange可以快速生成一个包括整数数列的数组，运用函数linspace生成一个包含等差数列的数组。
- 通过函数zeros_like可以快速创建与某个数组同维度、同形状并且元素均为0的数组，通过函数ones_like可以快速创建与某个数组同维度、同形状并且元素均为1的数组。

2.1.4 参考代码与说明

1. 针对任务1

```
In [1]: import numpy as np                    #导入NumPy模块并且用英文缩写np

In [2]: price_SH50=np.array([3477.0654,3461.4592,3469.1727,3431.4931,3448.1042])  #直接创建
一维数组
   ...: type(price_SH50)
Out[2]: numpy.ndarray

In [3]: price_JKSE=[5948.5688,5927.4351,6050.2759,6079.5010,6086.2578]    #先创建列表

In [4]: price_JKSE=np.array(price_JKSE)    #将列表转换为一维数组

In [5]: type(price_JKSE)
Out[5]: numpy.ndarray
```

2. 针对任务2

```
In [6]: price_array=np.array([[3477.0654,3461.4592,3469.1727,3431.4931,3448.1042],
   ...:                       [1608.4200,1597.7100,1598.2800,1608.2500,1608.3800],
   ...:                       [1252.4500,1248.3300,1255.8700,1247.2500,1238.7100],
   ...:                       [5948.5688,5927.4351,6050.2759,6079.5010,6086.2578],
   ...:                       [6518.6400,6457.7900,6523.2100,6539.9600,6494.8100]])#直接创建二维数组

In [7]: price_array                           #查看结果
Out[7]:
array([[3477.0654, 3461.4592, 3469.1727, 3431.4931, 3448.1042],
       [1608.42  , 1597.71  , 1598.28  , 1608.25  , 1608.38  ],
       [1252.45  , 1248.33  , 1255.87  , 1247.25  , 1238.71  ],
       [5948.5688, 5927.4351, 6050.2759, 6079.501 , 6086.2578],
       [6518.64  , 6457.79  , 6523.21  , 6539.96  , 6494.81  ]])

In [8]: price_array.shape                      #查看数组的形状
Out[8]: (5, 5)

In [9]: price_array.ndim                        #查看数组的维度
Out[9]: 2

In [10]: price_array.size                        #查看数组的元素个数
Out[10]: 25

In [11]: price_array.dtype                       #查看数组中元素的类型
Out[11]: dtype('float64')
```

---

1 本章案例的"编程提示"部分中提及的函数，如无特别说明，均默认是NumPy模块中的函数。

3. 针对任务 3

```
In [12]: n=price_array.size

In [13]: x=np.arange(n+1)                            #创建整数数列
   ...: x
Out[13]:
array([ 0,  1,  2,  3,  4,  5,  6,  7,  8,  9, 10, 11, 12, 13, 14, 15, 16,
       17, 18, 19, 20, 21, 22, 23, 24, 25])

In [14]: m=50                                        #等差数列的元素个数

In [15]: y=np.linspace(price_JKSE[0],price_JKSE[-1],m)   #生成初始值是雅加达综指 4 月 12 日收盘价、
终止值是 4 月 16 日收盘价且元素个数是 50 的等差数列
   ...: y
Out[15]:
array([5948.5688    , 5951.37877959, 5954.18875918, 5956.99873878,
       5959.80871837, 5962.61869796, 5965.42867755, 5968.23865714,
       5971.04863673, 5973.85861633, 5976.66859592, 5979.47857551,
       5982.2885551 , 5985.09853469, 5987.90851429, 5990.71849388,
       5993.52847347, 5996.33845306, 5999.14843265, 6001.95841224,
       6004.76839184, 6007.57837143, 6010.38835102, 6013.19833061,
       6016.0083102 , 6018.8182898 , 6021.62826939, 6024.43824898,
       6027.24822857, 6030.05820816, 6032.86818776, 6035.67816735,
       6038.48814694, 6041.29812653, 6044.10810612, 6046.91808571,
       6049.72806531, 6052.5380449 , 6055.34802449, 6058.15800408,
       6060.96798367, 6063.77796327, 6066.58794286, 6069.39792245,
       6072.20790204, 6075.01788163, 6077.82786122, 6080.63784082,
       6083.44782041, 6086.2578    ])
```

4. 针对任务 4

```
In [16]: zero_array1=np.zeros_like(price_SH50)       #创建元素为 0 的一维数组
   ...: zero_array1
Out[16]: array([0., 0., 0., 0., 0.])

In [17]: zero_array2=np.zeros_like(price_array)       #创建元素为 0 的二维数组
   ...: zero_array2
Out[17]:
array([[0., 0., 0., 0., 0.],
       [0., 0., 0., 0., 0.],
       [0., 0., 0., 0., 0.],
       [0., 0., 0., 0., 0.],
       [0., 0., 0., 0., 0.]])

In [18]: one_array1=np.ones_like(price_SH50)         #创建元素等于 1 的一维数组
   ...: one_array1
Out[18]: array([1., 1., 1., 1., 1.])

In [19]: one_array2=np.ones_like(price_array)        #创建元素等于 1 的二维数组
   ...: one_array2
Out[19]:
array([[1., 1., 1., 1., 1.],
       [1., 1., 1., 1., 1.],
       [1., 1., 1., 1., 1.],
       [1., 1., 1., 1., 1.],
       [1., 1., 1., 1., 1.]])
```

需要注意的是，数组与列表是具有关联性的，数组结构中方括号内的元素就是列表。因此，数组可以通过列表定义不同的维度。

2.2 数组索引和切片的编程——以互联网公司港股为案例

2.2.1 案例详情

B 公司是总部位于北京的一家信托公司，并且获得了中国国家外汇管理局发放的**合格境内机构**

投资者（Qualified Domestic Institutional Investor，QDII）投资额度，允许开展跨境资产的投资。为了有效满足国内高净值投资者配置优质港股资产的需求，公司在 2021 年初发行了一款集合资金信托管理计划（简称"信托计划"），该信托计划的投资范围集中于在香港交易所上市的互联网公司股票。截止到 2021 年 5 月末，该信托计划配置的重仓股包括腾讯控股、阿里巴巴、美团、京东集团以及小米集团等 5 家知名互联网公司发行的港股股票。表 2-3 列出了这些股票在 2021 年前 5 个月的月度涨跌幅数据。

表 2-3　2021 年前 5 个月 5 家互联网公司港股的月度涨跌幅数据

证券名称	证券代码	2021 年 1 月	2021 年 2 月	2021 年 3 月	2021 年 4 月	2021 年 5 月
腾讯控股	0700	20.8333%	−2.7880%	−7.9245%	2.1311%	−0.6421%
阿里巴巴	9988	6.1049%	−5.8347%	−5.3356%	2.2727%	−6.2222%
美团	3690	20.7739%	−4.4407%	−12.2941%	−0.0671%	−1.3423%
京东集团	9618	1.1111%	4.1064%	−10.5556%	−7.2050%	−2.5435%
小米集团	1810	−12.0482%	−13.3562%	1.7787%	−4.4660%	18.9024%

数据来源：香港交易所。

假定你是该信托公司组合投资部的证券投资主管，日常工作就是负责对公司已投资的股票进行跟踪分析。根据部门的工作安排，你需要结合表 2-3 的信息运用 Python 完成 4 个编程任务。

2.2.2　编程任务

【任务 1】创建包含表 2-3 中 5 只股票的月度涨跌幅数据的一个数组；同时针对该数组，分别索引阿里巴巴股票在 2021 年 2 月的涨跌幅、美团股票在 2021 年 4 月的涨跌幅以及小米集团股票在 2021 年 5 月的涨跌幅。

【任务 2】针对任务 1 创建的数组，依次找出股票的月度涨幅高于 15%、月度跌幅超过 10% 的数据及其在数组中的索引值。

【任务 3】针对任务 1 创建的数组，分别截取京东集团股票的全部月度涨跌幅数据、2021 年 3 月全部股票的涨跌幅数据，以及腾讯控股股票和阿里巴巴股票在 2021 年 2 月至 4 月期间的月度涨跌幅数据。

【任务 4】针对任务 1 创建的数组，分别按照行、列对月度涨跌幅数据由小到大进行排序。

2.2.3　编程提示

- 对二维数组的索引需要同时输入相关元素在数组中的行数与列数；按照某个特定规则对数组进行索引，可以运用 where 函数。
- 对数组内部的元素由小到大进行排序，可以运用 sort 函数，并且在函数中输入参数 axis=0 表示按列对元素进行排序，输入参数 axis=1 则表示按行对元素进行排序，不输入参数则默认按行对元素进行排序。

2.2.4　参考代码与说明

1. 针对任务 1

```
In [20]: R_stocks=np.array([[0.208333,-0.027880,-0.079245,0.021311,-0.006421],
    ...:                     [0.061049,-0.058347,-0.053356,0.022727,-0.062222],
    ...:                     [0.207739,-0.044407,-0.122941,-0.000671,-0.013423],
    ...:                     [0.011111,0.041064,-0.105556,-0.072050,-0.025435],
    ...:                     [-0.120482,-0.133562,0.017787,-0.044660,0.189024]])#以数组形式输入

In [21]: R_stocks                        #查看结果
Out[21]:
array([[ 0.208333, -0.02788 , -0.079245,  0.021311, -0.006421],
       [ 0.061049, -0.058347, -0.053356,  0.022727, -0.062222],
```

```
            [ 0.207739, -0.044407, -0.122941, -0.000671, -0.013423],
            [ 0.011111,  0.041064, -0.105556, -0.07205 , -0.025435],
            [-0.120482, -0.133562,  0.017787, -0.04466 ,  0.189024]])
```

```
In [22]: R_stocks[1,1]                    #索引阿里巴巴股票在 2021 年 2 月的涨跌幅
Out[22]: -0.058347
```

```
In [23]: R_stocks[2,3]                    #索引美团股票在 2021 年 4 月的涨跌幅
Out[23]: -0.000671
```

```
In [24]: R_stocks[-1,-1]                  #索引小米集团股票在 2021 年 5 月的涨跌幅
Out[24]: 0.189024
```

2. 针对任务 2

```
In [25]: index1=np.where(R_stocks>0.15)    #股票月度涨幅高于 15%的数据在数组中的索引值
    ...: print('股票月度涨幅高于 15%的数据在数组中的索引值\n',index1)
股票月度涨幅高于 15%的数据在数组中的索引值
 (array([0, 2, 4], dtype=int64), array([0, 0, 4], dtype=int64))
```

```
In [26]: index2=np.where(R_stocks<-0.1)      #股票月度跌幅超过 10%的数据在数组中的索引值
    ...: print('股票月度跌幅超过 10%的数据在数组中的索引值\n',index2)
股票月度跌幅超过 10%的数据在数组中的索引值
 (array([2, 3, 4, 4], dtype=int64), array([2, 2, 0, 1], dtype=int64))
```

需要提醒的是，由于在任务 1 中创建的数组 **R_stocks** 是二维数组，因此得到的索引值就依次有两个数组，第 1 个数组中的数字代表二维数组中的行索引值，第 2 个数组中的数字则代表二维数组中的列索引值。

```
In [27]: R_stocks[index1]                  #找出股票月度涨幅高于 15%的数据
Out[27]: array([0.208333, 0.207739, 0.189024])
```

```
In [28]: R_stocks[index2]                  #找出股票月度跌幅超过 10%的数据
Out[28]: array([-0.122941, -0.105556, -0.120482, -0.133562])
```

3. 针对任务 3

```
In [29]: R_stocks[3]                       #截取京东集团股票的全部月度涨跌幅数据
Out[29]: array([ 0.011111,  0.041064, -0.105556, -0.07205 , -0.025435])
```

```
In [30]: R_stocks[:,2]                     #截取 2021 年 3 月全部股票的涨跌幅数据
Out[30]: array([-0.079245, -0.053356, -0.122941, -0.105556,  0.017787])
```

```
In [31]: R_stocks[:2,1:4]                  #截取腾讯控股股票、阿里巴巴股票在 2021 年 2 月至 4 月的月度涨跌
幅数据
Out[31]:
array([[-0.02788 , -0.079245,  0.021311],
       [-0.058347, -0.053356,  0.022727]])
```

4. 针对任务 4

```
In [32]: np.sort(R_stocks,axis=1)          #按行对元素进行由小到大的排序
Out[32]:
array([[-0.079245, -0.02788 , -0.006421,  0.021311,  0.208333],
       [-0.062222, -0.058347, -0.053356,  0.022727,  0.061049],
       [-0.122941, -0.044407, -0.013423, -0.000671,  0.207739],
       [-0.105556, -0.07205 , -0.025435,  0.011111,  0.041064],
       [-0.133562, -0.120482, -0.04466 ,  0.017787,  0.189024]])
```

```
In [33]: np.sort(R_stocks,axis=0)          #按列对元素进行由小到大的排序
Out[33]:
array([[-0.120482, -0.133562, -0.122941, -0.07205 , -0.062222],
       [ 0.011111, -0.058347, -0.105556, -0.04466 , -0.025435],
       [ 0.061049, -0.044407, -0.079245, -0.000671, -0.013423],
       [ 0.207739, -0.02788 , -0.053356,  0.021311, -0.006421],
       [ 0.208333,  0.041064,  0.017787,  0.022727,  0.189024]])
```

需要注意的是，如果按行对数组中的元素进行由小到大的排序（每一行的元素由小到大排序），原先按照时间排序的涨跌幅数据就会被打乱；同样，如果按列对数组中的元素进行由小到大的排序（每一列的元素由小到大排序），则原先按照证券名称排序的数据就会被打乱。

2.3 数组内运算的编程——以保险公司股票为案例

2.3.1 案例详情

  C 公司是总部位于布鲁塞尔的一家欧洲知名资产管理公司，公司在产品创新和研发上具有独到的经验与技术，对于新兴市场业务发展也着力甚深，早在 2011 年就获得了中国国家外汇管理局颁发的**合格境外机构投资者**（Qualified Foreign Institutional Investor，QFII）资格及投资额度。

  在 2020 年底，公司面向欧洲投资者发行了精选全球保险公司股票的股票型基金，该基金运用 QFII 额度配置 A 股市场的保险公司股票（简称"险资股"），包括中国平安、中国人保、中国人寿、中国太保、新华保险在内的 5 家保险公司股票。表 2-4 列出了在 2021 年 5 月 27 日至 31 日期间这些股票每日的**市盈率**（Price Earnings ratio，PE）。

表 2-4　2021 年 5 月 27 日至 31 日期间 5 家 A 股上市保险公司股票的每日市盈率

证券名称	证券代码	2021-05-27	2021-05-28	2021-05-29	2021-05-30	2021-05-31
中国平安	601318	8.8627	9.1820	9.1719	9.2378	9.2466
中国人保	601319	11.7652	11.9955	11.9379	11.9187	11.9955
中国人寿	601628	15.9383	16.5926	16.7437	16.6796	16.7940
中国太保	601601	13.1146	13.7833	13.7833	13.6550	13.6278
新华保险	601336	9.8136	10.1809	10.1204	10.0520	10.1184

注：表中计算的市盈率采用了**滚动市盈率**或最近 12 个月市盈率（Trailing Twelve Months PE），具体是通过最近 4 个季度的每股盈利计算得到，从而有效剔除上市公司财务的季节性变化，使市盈率指标更加严谨。

数据来源：Wind。

  假定你是这家资产管理公司的险资股分析师，主要的工作职责就是跟踪并分析保险公司股票。现在，你需要结合表 2-4 的信息运用 Python 完成 3 个编程任务。

2.3.2 编程任务

  【任务 1】创建包含每日市盈率信息的一个数组；并且分别找出每只股票的最大市盈率和最小市盈率，然后找出在每个交易日的最大市盈率和最小市盈率，最后找出整个数组中的最大市盈率和最小市盈率。

  【任务 2】针对任务 1 创建的数组，分别计算期间每只股票的平均市盈率、在每个交易日 5 只股票的平均市盈率以及整个数组的平均市盈率。

  【任务 3】针对任务 1 创建的数组，分别计算期间每只股票市盈率的方差和标准差、在每个交易日 5 只股票市盈率的方差和标准差，以及整个数组的市盈率方差和标准差。

2.3.3 编程提示

- 针对数组内的元素求最大值需要运用函数 max，求最小值则需要运用函数 min，参数 axis=0 表示按列求最值，axis=1 则表示按行求最值，不输入参数默认对数组内的所有元素求最值。
- 针对数组内的元素求算术平均值要运用函数 mean，参数 axis=0 表示按列求均值，axis=1 表示按行求均值，不输入参数则表示对数组内的所有元素求均值。
- 对数组内的元素求方差需要运用函数 var，求标准差则要运用函数 std，参数 axis=0 表示按列计算，axis=1 则表示按行计算，不输入参数就对数组内的所有元素进行计算。

2.3.4 参考代码与说明

1. 针对任务 1

```
In [34]: PE=np.array([[8.8627, 9.1820, 9.1719, 9.2378, 9.2466],
    ...:             [11.7652,11.9955,11.9379,11.9187,11.9955],
```

```
        ...:             [15.9383,16.5926,16.7437,16.6796,16.7940],
        ...:             [13.1146,13.7833,13.7833,13.6550,13.6278],
        ...:             [9.8136,10.1809,10.1204,10.0520,10.1184]]])#创建包含表2-4中数据的一个数组

In [35]: PE                   #输出数组进行查看
Out[35]:
array([[ 8.8627,  9.182 ,  9.1719,  9.2378,  9.2466],
       [11.7652, 11.9955, 11.9379, 11.9187, 11.9955],
       [15.9383, 16.5926, 16.7437, 16.6796, 16.794 ],
       [13.1146, 13.7833, 13.7833, 13.655 , 13.6278],
       [ 9.8136, 10.1809, 10.1204, 10.052 , 10.1184]])

In [36]: PE.max(axis=1)       #找出每只股票在2021年5月27日至31日的最大市盈率
Out[36]: array([ 9.2466, 11.9955, 16.794 , 13.7833, 10.1809])

In [37]: PE.min(axis=1)       #找出每只股票在2021年5月27日至31日的最小市盈率
Out[37]: array([ 8.8627, 11.7652, 15.9383, 13.1146,  9.8136])

In [38]: PE.max(axis=0)       #找出2021年5月27日至31日每个交易日的最大市盈率
Out[38]: array([15.9383, 16.5926, 16.7437, 16.6796, 16.794 ])

In [39]: PE.min(axis=0)       #找出2021年5月27日至31日每个交易日的最小市盈率
Out[39]: array([8.8627, 9.182 , 9.1719, 9.2378, 9.2466])

In [40]: PE.max()             #找出整个数组中的最大市盈率
Out[40]: 16.794

In [41]: PE.min()             #找出整个数组中的最小市盈率
Out[41]: 8.8627
```

2. 针对任务2

```
In [42]: PE_mean_eachstock=PE.mean(axis=1)   #计算期间每只股票的平均市盈率
    ...: print('每只股票2021年5月27日至31日的平均市盈率\n',PE_mean_eachstock)
每只股票2021年5月27日至31日的平均市盈率
 [ 9.1402  11.92256 16.54964 13.5928  10.05706]
```

需要注意的是，针对一个数组，如果用函数 print 进行输出，则输出的结果在形式上与数列有些相似，但是元素之间不是用逗号而是用空格隔开。

```
In [43]: PE_mean_eachday=PE.mean(axis=0)        #计算每个交易日5只股票的平均市盈率
    ...: print('2021年5月27日至31日每个交易日的平均市盈率\n',PE_mean_eachday)
2021年5月27日至31日每个交易日的平均市盈率
 [11.89888 12.34686 12.35144 12.30862 12.35646]

In [44]: PE_mean=PE.mean()                      #计算整个数组的平均市盈率
    ...: print('整个数组的平均市盈率',PE_mean)
整个数组的平均市盈率 12.252452
```

3. 针对任务3

```
In [45]: PE_var_eachstock=PE.var(axis=1)        #计算期间每只股票市盈率的方差
    ...: PE_std_eachstock=PE.std(axis=1)         #计算期间每只股票市盈率的标准差
    ...: print('每只股票2021年5月27日至31日市盈率的方差\n',PE_var_eachstock)
    ...: print('每只股票2021年5月27日至31日市盈率的标准差\n',PE_std_eachstock)
每只股票2021年5月27日至31日市盈率的方差
 [0.02012102 0.00713057 0.09796857 0.06126992 0.01648185]
每只股票2021年5月27日至31日市盈率的标准差
 [0.14184858 0.08444273 0.31299931 0.24752761 0.12838167]

In [46]: PE_var_eachday=PE.var(axis=0)          #每个交易日市盈率的方差
    ...: PE_std_eachday=PE.std(axis=0)           #每个交易日市盈率的标准差
    ...: print('2021年5月27日至31日的每日市盈率方差\n',PE_var_eachday)
    ...: print('2021年5月27日至31日的每日市盈率标准差\n',PE_std_eachday)
2021年5月27日至31日的每日市盈率方差
 [6.27590821 6.98416868 7.32004008 7.11850243 7.22370011]
2021年5月27日至31日的每日市盈率标准差
 [2.50517628 2.64275778 2.70555726 2.66805218 2.6876942 ]

In [47]: PE_var=PE.var()                        #计算整个数组的市盈率方差
```

```
      ...: PE_std=PE.std()                              #计算整个数组的市盈率标准差
      ...: print('整个数组的市盈率方差',PE_var)
      ...: print('整个数组的市盈率标准差',PE_std)
整个数组的市盈率方差   7.016003336096
整个数组的市盈率标准差 2.648773930726441
```

从以上的输出结果中不难发现，针对单只股票而言，由于不同交易日的市盈率变化不大，因此期间的方差和标准差均比较小。相比之下，在同一个交易日，不同公司股票的市盈率存在着较大差异，这就导致了每个交易日市盈率的方差和标准差均比较高。

2.4 数组内运算的编程——以上证五大行业指数为案例

2.4.1 案例详情

D公司是总部位于上海的一家大型证券公司，秉承"务实、进取、稳健、卓越"的经营理念，跨越了A股市场发展的全部历程和多个周期，树立了"稳健乃至保守"的风控形象。假定你在该公司研究所担任宏观策略分析师，负责跟踪并分析A股市场的行业轮动效应，为此重点关注上证五大行业指数——工业指数、商业指数、地产指数、公用指数以及综合指数，这些指数可以反映不同行业的景气状况以及相关上市公司股价的整体变动状况。你收集了这些行业指数在2021年2月至5月期间的月度成交量以及成交量变动比例情况（见表2-5），其中，成交量变动比例的计算公式如下：

$$成交量变动比例 = \frac{当月的成交量}{上一个月的成交量} - 1 \qquad （式2-1）$$

表2-5 2021年2月至5月期间上证五大行业指数月度成交量及成交量变动比例

指数名称	指数代码	2021年2月		2021年3月		2021年4月		2021年5月	
		成交量（亿股）	成交量变动比例	成交量（亿股）	成交量变动比例	成交量（亿股）	成交量变动比例	成交量（亿股）	成交量变动比例
工业指数	000004	3087.07	−24.85%	4817.88	56.07%	3646.14	−24.32%	3697.57	1.41%
商业指数	000005	368.10	−28.20%	460.46	25.09%	355.27	−22.84%	442.39	24.52%
地产指数	000006	77.87	−37.42%	104.50	34.19%	95.32	−8.78%	92.36	−3.11%
公用指数	000007	327.76	−34.16%	748.98	128.52%	538.86	−28.05%	447.06	−17.04%
综合指数	000008	979.94	−29.85%	1308.81	33.56%	1059.67	−19.04%	1122.30	5.91%

注：表中2021年2月的成交量变动比例等于当月的成交量除以前一个月（2021年1月）的成交量再减去1。
数据来源：上海证券交易所。

为了后续分析工作的需要，你将根据表2-5的信息运用Python完成3个编程任务。

2.4.2 编程任务

【任务1】根据表2-5中的数据依次创建两个数组，一个数组以成交量数据作为元素，另一个数组以成交量变动比例数据作为元素。

【任务2】针对任务1创建的以成交量作为元素的数组，依次计算每个指数在2021年2月至5月期间的累积成交量、在每个月份全部指数的合计成交量以及整个数组的累积成交量。

【任务3】在金融量化建模（比如构建线性回归模型）过程中，通常会对成交量数据采用取对数的方式进行数值缩减。因此，为了后续建立量化模型的需要，针对任务1创建的以成交量数据作为元素的数组，分别计算每个成交量的自然对数、底数为10的对数、底数为2的对数；同时为了进行验证，针对以每个成交量的自然对数作为元素的新数组，进行以e为底的幂运算。

【任务4】针对以成交量变动比例数据作为元素的数组，计算每个指数在2021年2月至5月期间的累积变动比例。

2.4.3　编程提示

- 对数组内的元素求和需要运用函数 sum，参数 axis=0 代表按列求和，参数 axis=1 代表按行求和，不输入参数则默认对所有元素求和。
- 对数组中每个元素依次计算自然对数、底数为 10 的对数、底数为 2 的对数以及进行以 e 为底的幂运算时，需要分别运用函数 log、log10、log2 和 exp。
- 对数组内的元素求乘积可以运用函数 prod，参数 axis=0 代表按列求乘积，参数 axis=1 代表按行求乘积，不输入参数则默认对所有元素求乘积。

2.4.4　参考代码与说明

1. 针对任务 1

```
In [48]: volume=np.array([[3087.07,4817.88,3646.14,3697.57],
    ...:                   [368.10,   460.46,   355.27, 442.39],
    ...:                   [77.87,    104.50,    95.32,  92.36],
    ...:                   [327.76,   748.98,   538.86,447.06],
    ...:                   [979.94,  1308.81,1059.67,1122.30]])    #创建包含成交量的数组

In [49]: volume    #输出结果查看
Out[49]:
array([[3087.07, 4817.88, 3646.14, 3697.57],
       [ 368.1 ,  460.46,  355.27,  442.39],
       [  77.87,  104.5 ,   95.32,   92.36],
       [ 327.76,  748.98,  538.86,  447.06],
       [ 979.94, 1308.81, 1059.67, 1122.3 ]])

In [50]: volume_change=np.array([[-0.2485,0.5607,-0.2432,0.0141],
    ...:                         [-0.2820,0.2509,-0.2284,0.2452],
    ...:                         [-0.3742,0.3419,-0.0878,-0.0311],
    ...:                         [-0.3416,1.2852,-0.2805,-0.1704],
    ...:                         [-0.2985,0.3356,-0.1904,0.0591]])#创建包含成交量变动比例的数组

In [51]: volume_change
Out[51]:
array([[-0.2485,  0.5607, -0.2432,  0.0141],
       [-0.282 ,  0.2509, -0.2284,  0.2452],
       [-0.3742,  0.3419, -0.0878,  -0.0311],
       [-0.3416,  1.2852, -0.2805,  -0.1704],
       [-0.2985,  0.3356, -0.1904,  0.0591]])
```

2. 针对任务 2

```
In [52]: sum_index=volume.sum(axis=1)    #2021年2月至5月期间每个指数的累积成交量
    ...: print('2021年2月至5月期间每个指数的累积成交量（亿股）\n',sum_index)
2021年2月至5月期间每个指数的累积成交量（亿股）
 [15248.66 1626.22   370.05  2062.66  4470.72]
```

从输出的结果可以看到，在 2021 年 2 月至 5 月期间，工业指数的累积成交量是最高的，而地产指数的累积成交量是最低的。

```
In [53]: sum_month=volume.sum(axis=0)    #每个月份全部指数的合计成交量
    ...: print('2021年2月至5月每个月份全部指数的合计成交量（亿股）\n',sum_month)
2021年2月至5月每个月份全部指数的合计成交量（亿股）
 [4840.74 7440.63 5695.26 5801.68]
```

从输出的结果可以看到，2021 年 3 月全部指数的合计成交量是最大的，而前一个月（2021 年 2 月）的合计成交量则是最小的，原因是 2021 年 2 月正逢春节，股市因此经历了长达 1 周的休市。

```
In [54]: sum_all=volume.sum()              #2021年2月至5月期间全部指数的累积成交量
    ...: print('2021年2月至5月期间全部指数的累积成交量（亿股）',round(sum_all,2))
2021年2月至5月期间全部指数的累积成交量（亿股） 23778.31
```

3. 针对任务 3

```
In [55]: volume_log=np.log(volume)    #对数组中的每个成交量计算自然对数
    ...: volume_log
```

```
Out[55]:
array([[8.0349777 , 8.48008928, 8.20142435, 8.21543113],
       [5.90835464, 6.13222599, 5.87287806, 6.09219185],
       [4.35504077, 4.64918707, 4.55723965, 4.52569398],
       [5.79228163, 6.61871228, 6.2894558 , 6.10269281],
       [6.88749135, 7.17687361, 6.96571282, 7.02313543]])

In [56]: volume_log10=np.log10(volume)      #对数组中的每个成交量计算底数为10的对数
   ...: volume_log10
Out[56]:
array([[3.48954648, 3.68285598, 3.56183334, 3.5679164 ],
       [2.56596582, 2.66319191, 2.55055854, 2.6458053 ],
       [1.89137017, 2.01911629, 1.97918403, 1.96548392],
       [2.51555595, 2.87447022, 2.73147595, 2.65036581],
       [2.99119949, 3.1168766 , 3.02517064, 3.05010896]])

In [57]: volume_log2=np.log2(volume)        #对数组中的每个成交量计算底数为2的对数
   ...: volume_log2
Out[57]:
array([[11.59202248, 12.23418275, 11.83215424, 11.85236174],
       [ 8.52395394,  8.84693203,  8.47277206,  8.78917496],
       [ 6.28299572,  6.70735913,  6.57470705,  6.52919627],
       [ 8.35649594,  9.54878338,  9.07376669,  8.80432466],
       [ 9.93654961, 10.35403996, 10.04939934, 10.13224266]])

In [58]: volume_new=np.exp(volume_log)      #对数组中的每个元素进行以e为底的幂运算
   ...: volume_new
Out[58]:
array([[3087.07, 4817.88, 3646.14, 3697.57],
       [ 368.1 ,  460.46,  355.27,  442.39],
       [  77.87,  104.5 ,   95.32,   92.36],
       [ 327.76,  748.98,  538.86,  447.06],
       [ 979.94, 1308.81, 1059.67, 1122.3 ]])
```

经过验证发现，对成交量先计算自然对数然后以e为底进行幂运算所得到的结果，与任务1中创建的以成交量作为元素的数组是完全一致的。

4. 针对任务4

```
In [59]: volume_change_new=volume_change+1      #数组中的每个元素均加上1
   ...: volume_change_new
Out[59]:
array([[0.7515, 1.5607, 0.7568, 1.0141],
       [0.718 , 1.2509, 0.7716, 1.2452],
       [0.6258, 1.3419, 0.9122, 0.9689],
       [0.6584, 2.2852, 0.7195, 0.8296],
       [0.7015, 1.3356, 0.8096, 1.0591]])

In [60]: prod_index=volume_change_new.prod(axis=1)-1      #计算各指数在2021年2月至5月期间的累积
变动比例

In [61]: print('工业指数在2021年2月至5月期间的累积变动比例',round(prod_index[0],4))
   ...: print('商业指数在2021年2月至5月期间的累积变动比例',round(prod_index[1],4))
   ...: print('地产指数在2021年2月至5月期间的累积变动比例',round(prod_index[2],4))
   ...: print('公用指数在2021年2月至5月期间的累积变动比例',round(prod_index[3],4))
   ...: print('综合指数在2021年2月至5月期间的累积变动比例',round(prod_index[-1],4))
工业指数在2021年2月至5月期间的累积变动比例 -0.0999
商业指数在2021年2月至5月期间的累积变动比例 -0.1371
地产指数在2021年2月至5月期间的累积变动比例 -0.2578
公用指数在2021年2月至5月期间的累积变动比例 -0.1019
综合指数在2021年2月至5月期间的累积变动比例 -0.1966
```

以上的输出结果表明，在2021年2月至5月期间，工业指数的成交量变动比例是最小的，相比之下，地产指数的成交量变动比例最大。

2.5 数组间运算的编程——以银行股为案例

2.5.1 案例详情

E 公司是一家历史悠久、投资风格稳健并致力于帮助投资者实现长期资产增值的全球性投资管理公司，公司始终坚信风险管理能力是一家资产管理公司的核心竞争力。公司的亚太区总部设在我国香港地区，并且公司近年来一直对中资商业银行的经营前景保持乐观的预期，在海外发行的多只资管产品中均配置了在香港交易所上市的中资银行股（H 股）以及通过沪港通投资 A 股的银行股。这里的沪港通是指上海证券交易所和香港交易所允许两地投资者通过当地证券公司（或经纪商）买卖规定范围内的对方交易所上市的股票，是沪（上海）港（香港）股票市场交易互联互通的一种机制安排，沪港通下的股票交易于 2014 年 11 月 17 日正式开始。

邮储银行、交通银行、招商银行、中信银行以及光大银行这 5 家银行的股票是 E 公司资管产品的重仓股，表 2-6 列出了这 5 家银行 A 股和 H 股的相关信息。

表 2-6　邮储银行、交通银行、招商银行、中信银行以及光大银行 A 股和 H 股信息

指标名称	邮储银行	交通银行	招商银行	中信银行	光大银行
H 股的证券代码	1658	3328	3968	0998	6818
A 股的证券代码	601658	601328	600036	601998	601818
2021 年 5 月末 A 股收盘价（元/股）	5.60	4.90	58.19	5.26	3.83
2021 年 5 月末港股收盘价（港元/股）	5.59	5.23	71.75	4.24	3.29
总股本（亿股）	923.8397	742.6273	252.1985	489.3484	540.3191
A 股净资产（亿元）	6729.30	8786.28	7303.54	5600.38	4549.98
A 股净利润（亿元）	643.18	795.70	979.59	495.32	379.05
H 股净资产（亿港元）	8020.65	10472.37	8705.09	6675.09	5423.12
H 股净利润（亿港元）	766.61	948.39	1167.57	590.37	451.79
2021 年 6 月 1 日 H 股涨跌幅	−1.0733%	−0.1912%	−1.5331%	−0.7075%	−0.6079%

注：表中的净资产、净利润均是各银行 2020 年年报对外披露的数据。

数据来源：Wind。

假定你在 E 公司担任风险经理，日常的工作之一就是对中资银行股进行风险分析，你需要结合表 2-6 中的信息运用 Python 完成 4 个编程任务。

2.5.2 编程任务

【任务 1】依次创建包含总股本、A 股净资产和净利润、H 股净资产和净利润的 3 个数组，并且分别计算 A 股的**每股净资产**（Book Value Per Share，BVPS）和**每股收益**（Earnings Per Share，EPS）、H 股的每股净资产和每股收益。

【任务 2】依次创建包含 2021 年 5 月末 A 股收盘价、H 股收盘价的两个数组，分别计算 5 月末 A 股的**市净率**（Price to Book ratio，PB）和**市盈率**（Price to Earning ratio，PE）、H 股的市净率和市盈率。

【任务 3】比较每家银行 A 股和 H 股的市净率和市盈率，并且创建以市净率的最大值、市盈率的最大值作为元素的新数组，同时创建以市净率的最小值、市盈率的最小值作为元素的另一个新数组。

【任务 4】假定 E 公司的全部资管产品共持有这 5 家银行 H 股股票各 5000 万股，计算持有的每只股票 5 月末的市值情况；同时创建以 6 月 1 日 H 股涨跌幅作为元素的数组，并且以 5 月末的市值作为基准计算持有的每只股票在 6 月 1 日的盈亏情况，此外还需要计算 6 月 1 日 H 股收盘价数据。

2.5.3　编程提示

- 针对任务 1 提到的每股净资产以及每股收益，相关计算公式如下：

$$每股净资产 = \frac{净资产总额}{总股本} \tag{式2-2}$$

$$每股收益 = \frac{净利润总额}{总股本} \tag{式2-3}$$

- 针对任务 2 提到的市净率与市盈率，相关计算公式如下：

$$市净率 = \frac{股价}{每股净资产} \tag{式2-4}$$

$$市盈率 = \frac{股价}{每股收益} \tag{式2-5}$$

- 针对任务 1 和任务 2，需要运用两个数组之间的除法运算。
- 针对任务 3，可以运用函数 maximum、函数 minimum 分别创建新的数组。
- 针对任务 4，需要运用两个数组之间的乘法运算。

2.5.4　参考代码与说明

1. 针对任务 1

```
In [62]: share=np.array([923.8397,742.6273,252.1985,489.3484,540.3191])    #总股本的数组

In [63]: equity_profit1=np.array([[6729.30,8786.28,7303.54,5600.38,4549.98],
    ...:                          [643.18,795.70,979.59,495.32,379.05]])  #A股净资产和净利润的数组

In [64]: equity_profit2=np.array([[8020.65,10472.37,8705.09,6675.09,5423.12],
    ...:                          [766.61,948.39,1167.57,590.37,451.79]])  #H股净资产和净利润的数组

In [65]: BVPS_EPS1=equity_profit1/share          #A股的每股净资产和每股收益
    ...: BVPS_EPS1
Out[65]:
array([[ 7.28405588, 11.83134528, 28.95949024, 11.44456588,  8.42091275],
       [ 0.69620303,  1.07146613,  3.88420232,  1.01220317,  0.70152989]])

In [66]: BVPS_EPS2=equity_profit2/share          #H股的每股净资产和每股收益
    ...: BVPS_EPS2
Out[66]:
array([[ 8.68186331, 14.1017843 , 34.51681909, 13.6407721 , 10.03688376],
       [ 0.82980846,  1.27707398,  4.62956758,  1.20644106,  0.83615404]])
```

从以上的输出可以看到，由于人民币与港币之间的币值差异，5 家银行 H 股的每股净资产和每股收益均高于 A 股。

2. 针对任务 2

```
In [67]: price1=np.array([5.60,4.90,58.19,5.26,3.83])    #2021 年 5 月末 A 股的收盘价
    ...: price2=np.array([5.59,5.23,71.75,4.24,3.29])    #2021 年 5 月末 H 股的收盘价

In [68]: PB_PE1=price1/BVPS_EPS1                  #2021 年 5 月末 A 股的市净率和市盈率
    ...: PB_PE1
Out[68]:
array([[ 0.76880245,  0.41415409,  2.00935857,  0.45960677,  0.45482005],
       [ 8.04363059,  4.57317302, 14.98119694,  5.19658521,  5.45949651]])

In [69]: PB_PE2=price2/BVPS_EPS2                  #2021 年 5 月末 H 股的市净率和市盈率
    ...: PB_PE2
Out[69]:
array([[ 0.643871  ,  0.37087505,  2.07869676,  0.31083285,  0.32779098],
       [ 6.73649434,  4.09529917, 15.49820771,  3.51446926,  3.93468169]])
```

从以上的输出可以看到，无论是市净率还是市盈率，多数是 H 股的低于 A 股的，原因是香港资本市场比较成熟，相比之下虽然 A 股市场经过 30 余年的发展，但依然是新兴加转轨的市场，这导致 A 股股票估值普遍偏高。

3.　针对任务 3

```
In [70]: PB_PE_max=np.maximum(PB_PE1,PB_PE2)    #创建以市净率、市盈率的最大值作为元素的数组
    ...: PB_PE_max
Out[70]:
array([[ 0.76880245,  0.41415409,  2.07869676,  0.45960677,  0.45482005],
       [ 8.04363059,  4.57317302, 15.49820771,  5.19658521,  5.45949651]])
```

在输出的结果中，第 1 行代表每家银行 A 股与 H 股市净率的最大值，第 2 行代表每家银行 A 股与 H 股市盈率的最大值。

```
In [71]: PB_PE_min=np.minimum(PB_PE1,PB_PE2)    #创建以市净率、市盈率的最小值作为元素的数组
    ...: PB_PE_min
Out[71]:
array([[ 0.643871  ,  0.37087505,  2.00935857,  0.31083285,  0.32779098],
       [ 6.73649434,  4.09529917, 14.98119694,  3.51446926,  3.93468169]])
```

输出的结果中，第 1 行代表每家银行 A 股与 H 股市净率的最小值，第 2 行代表每家银行 A 股与 H 股市盈率的最小值。

4.　针对任务 4

```
In [72]: N=5e7                                    #持有的每家银行 H 股股票的数量

In [73]: value_H=price2*N                         #持有的每只 H 股股票在 2021 年 5 月末的市值情况
    ...: value_H
Out[73]: array([2.7950e+08, 2.6150e+08, 3.5875e+09, 2.1200e+08, 1.6450e+08])
```

输出的结果中，e+08 代表科学记数法 10^8，e+07 代表 10^7。就 E 公司持有的单只股票市值而言，招商银行是最高的，光大银行则是最低的。

```
In [74]: price_change=np.array([-0.010733,-0.001912,-0.015331,-0.007075,-0.006079])    #6 月
1 日 H 股涨跌幅的数组

In [75]: value_change=value_H*price_change        #每只 H 股在 6 月 1 日的盈亏金额
    ...: value_change
Out[75]: array([ -2999873.5,   -499988. , -54999962.5,  -1499900. ,   -999995.5])

In [76]: newprice=price2*(price_change+1)         #计算 6 月 1 日每只 H 股的收盘价
    ...: newprice.round(2)                         #输出结果保留至小数点后 2 位
Out[76]: array([ 5.53,  5.22, 70.65,  4.21,  3.27])
```

2.6　矩阵运算的编程之一——以全球存托凭证为案例

2.6.1　案例详情

F 公司是总部位于爱尔兰都柏林的一家财富管理公司，公司致力于成为客户最信赖、员工最钦佩的金融服务合作伙伴，同时公司的资本市场团队专注于英国和爱尔兰的资本市场。

2018 年 10 月，中国证监会发布了《关于上海证券交易所与伦敦证券交易所互联互通存托凭证业务的监管规定（试行）》，标志着上海证券交易所与伦敦证券交易所的互联互通机制（简称"沪伦通"）正式形成。在沪伦通的机制下，允许上海证券交易所 A 股上市公司在伦敦证券交易所主板发行上市**全球存托凭证**（Global Depository Receipt，GDR）。存托凭证是指由存托人签发，以境外证券为基础在境内市场发行，代表境外基础证券权益的证券。

截止到 2021 年 6 月，包括国投电力、长江电力、中国太保以及华泰证券在内的 4 家 A 股上市公司通过沪伦通机制发行了全球存托凭证。表 2-7 列出了这 4 只全球存托凭证在 2021 年 4 月 9 日至 6 月 4 日的周涨跌幅数据。

表 2-7　4 只全球存托凭证在 2021 年 4 月 9 日至 6 月 4 日的周涨跌幅

日期	国投电力 （代码：SDIC）	长江电力 （代码：CYPC）	中国太保 （代码：CPIC）	华泰证券 （代码：HTSC）
2021-04-09	0.0000%	0.9288%	−8.2192%	−5.2632%
2021-04-16	−3.7711%	1.2270%	−2.6119%	0.0000%
2021-04-23	3.3784%	0.0000%	0.3831%	2.3810%
2021-04-30	−1.3072%	0.0000%	0.0000%	−4.6512%
2021-05-07	0.0000%	0.0000%	0.0000%	0.0000%
2021-05-14	0.0000%	−7.5758%	−3.0534%	3.2520%
2021-05-21	0.0000%	0.6557%	5.1181%	−2.3622%
2021-05-28	−2.6490%	5.5375%	1.1236%	5.6452%
2021-06-04	0.0000%	−1.2346%	0.0000%	−1.5267%

数据来源：Wind。

假定你是 F 公司资本市场团队的策略主管，负责跟踪并分析伦敦证券交易所的全球存托凭证，并且向投资者提供基于存托凭证的投资套利策略。下面你需要结合表 2-7 的信息运用 Python 完成 3 个编程任务。

2.6.2　编程任务

【任务 1】根据表 2-7 中的全球存托凭证的周涨跌幅数据，首先按每个交易周依次创建相应的数组，然后将不同的数组进行拼接并转置，最终形成每一行代表某只全球存托凭证的周涨跌幅数据的 4 行 9 列（4×9）的一个数组。

【任务 2】针对任务 1 创建的数组，分别计算不同全球存托凭证的周涨跌幅之间的协方差矩阵以及相关系数矩阵。

【任务 3】针对任务 2 创建的相关系数矩阵，依次计算该矩阵的对角线、上三角矩阵、下三角矩阵以及迹。

2.6.3　编程提示

- 数组的拼接可以运用函数 concatenate，其中参数 axis=0 表示按列拼接，并且最终压缩成一个一维数组。
- 矩阵的转置需要运用函数 transpose 或者通过"数组名称.T"的方式实现。
- 计算协方差矩阵需要运用函数 cov，计算相关系数矩阵则要用到函数 corrcoef。
- 求矩阵的对角线用函数 diag，求矩阵的上三角矩阵用函数 triu，求矩阵的下三角矩阵用函数 tril，求矩阵的迹用函数 trace。

2.6.4　参考代码与说明

1. 针对任务 1

```
In [77]: GDR_Apr9=np.array([0,0.009288,-0.082192,-0.052632])   #创建4月9日这一周4只全球存托凭
证的周涨跌幅数组
    ...: GDR_Apr16=np.array([-0.037711,0.012270,-0.026119,0])
    ...: GDR_Apr23=np.array([0.033784,0,0.003831,0.023810])
    ...: GDR_Apr30=np.array([-0.013072,0,0,-0.046512])
    ...: GDR_May7=np.array([0,0,0,0])
    ...: GDR_May14=np.array([0,-0.075758,-0.030534,0.032520])
    ...: GDR_May21=np.array([0,0.006557,0.051181,-0.023622])
    ...: GDR_May28=np.array([-0.026490,0.055375,0.011236,0.056452])
    ...: GDR_Jun4=np.array([0,-0.012346,0,-0.015267])

In [78]: GDR_data=np.concatenate((GDR_Apr9,GDR_Apr16,GDR_Apr23,GDR_Apr30,GDR_May7,
```

```
            ...:                                    GDR_May14,GDR_May21,GDR_May28,GDR_Jun4),axis=0) # 将数组
按列拼接并将其压缩为一维数组
            ...: GDR_data                              #输出新数组进行查看
Out[3]:
array([[ 0.      ,  0.009288, -0.082192, -0.052632, -0.037711,  0.01227 ,
        -0.026119,  0.      ,  0.033784,  0.      ,  0.003831,  0.02381 ,
        -0.013072,  0.      ,  0.      , -0.046512,  0.      ,  0.      ,
         0.      ,  0.      ,  0.      , -0.075758, -0.030534,  0.03252 ,
         0.      ,  0.006557,  0.051181, -0.023622, -0.02649 ,  0.055375,
         0.011236,  0.056452,  0.      , -0.012346,  0.      , -0.015267]])
```

需要注意的是，若干个数组拼接之后形成的新数组是一个一维数组。

```
In [79]: GDR_data=GDR_data.reshape(9,4)        #生成 4 行 9 列的数组
    ...: GDR_data=GDR_data.T                    #将数组进行转置
    ...: GDR_data
Out[79]:
array([[ 0.      , -0.037711,  0.033784, -0.013072,  0.      ,  0.      ,
         0.      , -0.02649 ,  0.      ],
       [ 0.009288,  0.01227 ,  0.      ,  0.      ,  0.      , -0.075758,
         0.006557,  0.055375, -0.012346],
       [-0.082192, -0.026119,  0.003831,  0.      ,  0.      , -0.030534,
         0.051181,  0.011236,  0.      ],
       [-0.052632,  0.      ,  0.02381 , -0.046512,  0.      ,  0.03252 ,
        -0.023622,  0.056452, -0.015267]])
```

通过以上的输入、拼接、转置等一系列步骤，最终完成了 4 行 9 列（4×9）数组的创建工作，数组中的每一行代表每只全球存托凭证的周涨跌幅，每一列代表一个交易周 4 只全球存托凭证的周涨跌幅。

2. 针对任务 2

```
In [80]: GDR_cov=np.cov(GDR_data)              #计算各全球存托凭证的周涨跌幅之间的协方差矩阵
    ...: GDR_cov
Out[80]:
array([[ 4.03241473e-04, -2.43986635e-04,  5.82452128e-05,
        -2.56284017e-05],
       [-2.43986635e-04,  1.15444219e-03,  2.68735575e-04,
         2.42731132e-05],
       [ 5.82452128e-05,  2.68735575e-04,  1.31810995e-03,
         3.30724235e-04],
       [-2.56284017e-05,  2.42731132e-05,  3.30724235e-04,
         1.30812783e-03]])

In [81]: GDR_corr=np.corrcoef(GDR_data)        #计算各全球存托凭证的周涨跌幅之间的相关系数矩阵
    ...: GDR_corr
Out[81]:
array([[ 1.        , -0.35759986,  0.07989173, -0.03528693],
       [-0.35759986,  1.        ,  0.21785285,  0.01975215],
       [ 0.07989173,  0.21785285,  1.        ,  0.25186343],
       [-0.03528693,  0.01975215,  0.25186343,  1.        ]])
```

从以上的相关系数矩阵可以看出，这 4 只全球存托凭证的周涨跌幅之间的相关性是非常低的，其中，有正相关的，也有负相关的。

3. 针对任务 3

```
In [82]: np.diag(GDR_corr)                     #相关系数矩阵的对角线
Out[82]: array([1., 1., 1., 1.])

In [83]: np.triu(GDR_corr)                     #相关系数矩阵的上三角矩阵
Out[83]:
array([[ 1.        , -0.35759986,  0.07989173, -0.03528693],
       [ 0.        ,  1.        ,  0.21785285,  0.01975215],
       [ 0.        ,  0.        ,  1.        ,  0.25186343],
       [ 0.        ,  0.        ,  0.        ,  1.        ]])

In [84]: np.tril(GDR_corr)                     #相关系数矩阵的下三角矩阵
Out[84]:
array([[ 1.        ,  0.        ,  0.        ,  0.        ],
       [-0.35759986,  1.        ,  0.        ,  0.        ],
       [ 0.07989173,  0.21785285,  1.        ,  0.        ],
```

```
          [-0.03528693, 0.01975215, 0.25186343, 1.        ]])

In [85]: np.trace(GDR_corr)    #相关系数矩阵的迹
Out[85]: 3.9999999999999996
```

通常，对于相关系数矩阵仅需要查看其上三角矩阵或者下三角矩阵，这是因为相关系数矩阵是一个典型的对称矩阵（symmetric matrices）。其对角线上的元素均等于 1，这是因为一个变量与其自身之间的相关系数恒等于 1。

2.7　矩阵运算的编程之二——以国产新能源汽车公司股票为案例

2.7.1　案例详情

G 公司是总部位于新加坡的一家大型国际投资公司，致力于创造长期可持续的价值，努力成为着眼未来、值得信赖的资产管护者。拥有"活跃的经济、美丽的社会以及洁净的地球"已经成为全人类的共同目标，为此，G 公司对于新能源汽车行业的未来发展保持乐观的预期，于 2020 年 9 月初配置了中国 4 家新能源汽车公司的股票，分别是蔚来汽车、小鹏汽车、理想汽车以及比亚迪股份，初始投资金额为 2 亿美元。表 2-8 所示为这 4 家公司股票在 2020 年 9 月至 2021 年 5 月期间的每月涨跌幅情况及投资权重信息，其中，蔚来、小鹏汽车是在纽约交易所上市，理想汽车是在纳斯达克上市，比亚迪股份是在香港交易所上市。

表 2-8　4 家新能源汽车公司股票在 2020 年 9 月至 2021 年 5 月的月涨跌幅及投资权重

日期	蔚来汽车（代码：NIO）	小鹏汽车（代码：XPEV）	理想汽车（代码：LI）	比亚迪股份（代码：1211）
2020 年 9 月	11.5081%	−2.0976%	6.6871%	57.6623%
2020 年 10 月	44.1093%	−3.4380%	15.9862%	26.9357%
2020 年 11 月	65.2387%	203.1992%	78.4333%	18.1700%
2020 年 12 月	−3.5425%	−27.1103%	−19.8944%	11.5870%
2021 年 1 月	16.9471%	12.4912%	11.8626%	5.7915%
2021 年 2 月	−19.6842%	−29.2030%	−21.3333%	−16.9334%
2021 年 3 月	−14.8536%	7.0361%	−1.4584%	−16.3793%
2021 年 4 月	2.2063%	−18.0772%	−21.0400%	−2.7896%
2021 年 5 月	−3.0622%	7.4223%	18.0344%	12.2895%
投资权重	10%	25%	30%	35%

数据来源（不包括投资权重）：纽约证券交易所、纳斯达克、香港交易所。

假定你是 G 公司的一位量化模型经理，日常的工作就是负责针对公司投资的新能源汽车公司股票开展量化建模，现在需要结合表 2-8 中的数据通过 Python 完成 3 个编程任务。

2.7.2　编程任务

【任务 1】分别根据表 2-8 中股票涨跌幅以及每只股票投资权重创建数组，然后计算 2020 年 9 月至 2021 年 5 月整个新能源汽车股票投资组合的每月盈亏金额以及累积盈亏金额，假定每只股票的投资权重均保持不变。

【任务 2】计算 4 只股票月度涨跌幅的相关系数矩阵，计算该矩阵的行列式以及逆矩阵。

【任务 3】针对任务 2 得到的相关系数矩阵，进行特征值分解、奇异值分解、正交三角分解和楚列斯基分解。

2.7.3 编程提示

- 针对任务 1，在计算每月盈亏金额时可以运用函数 dot 计算两个或多个矩阵的内积。
- 计算矩阵的行列式需要运用 NumPy 子模块 linalg 中的函数 det，计算逆矩阵需要运用该子模块中的函数 inv。
- 针对矩阵的特征值分解和奇异值分解需要分别运用子模块 linalg 中的函数 eig 和函数 svd，正交三角分解和楚列斯基分解需要分别运用该子模块中的函数 qr 和函数 cholesky。

2.7.4 参考代码与说明

1. 针对任务 1

```
In [86]: change_month=np.array([[0.115081,-0.020976,0.066871,0.576623],
    ...:                         [0.441093,-0.034380,0.159862,0.269357],
    ...:                         [0.652387,2.031992,0.784333,0.181700],
    ...:                         [-0.035425,-0.271103,-0.198944,0.115870],
    ...:                         [0.169471,0.124912,0.118626,0.057915],
    ...:                         [-0.196842,-0.292030,-0.213333,-0.169334],
    ...:                         [-0.148536,0.070361,-0.014584,-0.163793],
    ...:                         [0.022063,-0.180772,-0.210400,-0.027896],
    ...:                         [-0.030622,0.074223,0.180344,0.122895]])  #股价月涨跌幅的数组

In [87]: weight=np.array([0.1,0.25,0.3,0.35])         #股票投资权重的数组

In [88]: value=2e8                                     #初始投资金额 2 亿美元

In [89]: value_change=value*np.dot(weight,change_month.T) #2020 年 9 月至 2021 年 5 月投资组合的月度盈亏
    ...: value_change
Out[89]:
array([ 4.5628690e+07,  3.5549570e+07,  1.7442632e+08, -1.8089390e+07,
        2.0806630e+07, -4.3191700e+07, -1.1793220e+07, -2.3174060e+07,
        2.2522000e+07])

In [90]: change_sum=value_change.sum()      #2020 年 9 月至 2021 年 5 月期间股票投资组合的盈亏合计
    ...: print('2020 年 9 月至 2021 年 5 月期间股票投资组合的总盈亏（美元）', round(change_sum,2))
    ...: print('2020 年 9 月至 2021 年 5 月期间股票投资组合的总盈亏比率', round(change_sum/value,6))
2020 年 9 月至 2021 年 5 月期间股票投资组合的总盈亏（美元） 202684840.0
2020 年 9 月至 2021 年 5 月期间股票投资组合的总盈亏比率    1.013424
```

从以上的计算结果可以看到，在 9 个月内投资就获利超过 2 亿美元，收益率高达 101.34%，投资中国新能源汽车公司股票的财富效应非常明显。

2. 针对任务 2

```
In [91]: change_corr=np.corrcoef(change_month.T)              #股票跌涨幅的相关系数矩阵
    ...: change_corr
Out[91]:
array([[1.        , 0.76388237, 0.83672212, 0.50274494],
       [0.76388237, 1.        , 0.93166399, 0.16326972],
       [0.83672212, 0.93166399, 1.        , 0.35449909],
       [0.50274494, 0.16326972, 0.35449909, 1.        ]])
```

从以上计算得到的相关系数矩阵可以看到，小鹏汽车与理想汽车的股价跌涨幅的相关系数大，超过 0.9，二者呈高度正相关，而比亚迪股份与小鹏汽车的股价跌涨幅的相关系数最小，约为 0.1633，属于弱正相关。

```
In [92]: import numpy.linalg as la              #导入 NumPy 子模块 linalg

In [93]: la.det(change_corr)                    #矩阵的行列式
Out[93]: 0.02150305324182362

In [94]: la.inv(change_corr)                    #计算逆矩阵
Out[94]:
array([[ 4.0702637 , -0.96409065, -2.10201845, -1.14373406],
       [-0.96409065, 10.21806686, -9.48559107,  2.1790241 ],
       [-2.10201845, -9.48559107, 12.20653607, -1.72171689],
       [-1.14373406,  2.1790241 , -1.72171689,  1.82958492]])
```

3. 针对任务 3

```
In [95]: la.eig(change_corr)                           #矩阵的特征值分解
Out[95]:
(array([2.87517468,  0.90206711,  0.17552341,  0.04723479]),
 array([[-0.55095079, -0.08504614,  0.82902399,  0.04404099],
        [-0.53259928,  0.39743217, -0.34830354,  0.66111294],
        [-0.56742833,  0.18476428, -0.31903199, -0.73627837],
        [-0.30135746, -0.89480556, -0.29937011,  0.1374199 ]]))

In [96]: la.svd(change_corr)                            #矩阵的奇异值分解
Out[96]:
(array([[-0.55095079,  0.08504614,  0.82902399,  0.04404099],
        [-0.53259928, -0.39743217, -0.34830354,  0.66111294],
        [-0.56742833, -0.18476428, -0.31903199, -0.73627837],
        [-0.30135746,  0.89480556, -0.29937011,  0.1374199 ]]),
 array([2.87517468,  0.90206711,  0.17552341,  0.04723479]),
 array([[-0.55095079, -0.53259928, -0.56742833, -0.30135746],
        [ 0.08504614, -0.39743217, -0.18476428,  0.89480556],
        [ 0.82902399, -0.34830354, -0.31903199, -0.29937011],
        [ 0.04404099,  0.66111294, -0.73627837,  0.1374199 ]]))

In [97]: la.qr(change_corr)                             #矩阵的正交三角分解
Out[97]:
(array([[-0.62790432,  0.37375348,  0.60023086, -0.32521903],
        [-0.47964504, -0.58817706,  0.20020372,  0.61960218],
        [-0.52538143, -0.30087959, -0.6275105 , -0.48956757],
        [-0.31567572,  0.6510204 , -0.45373115,  0.52023968]]),
 array([[-1.59259934, -1.50030933, -1.60953763, -0.89591019],
        [ 0.        , -0.47670012, -0.30534903,  0.63623003],
        [ 0.        ,  0.        , -0.09960874, -0.34173281],
        [ 0.        ,  0.        ,  0.        ,  0.28434847]]))

In [98]: la.cholesky(change_corr)                       #矩阵的楚列斯基分解
Out[98]:
array([[ 1.        ,  0.        ,  0.        ,  0.        ],
       [ 0.76388237,  0.6453555 ,  0.        ,  0.        ],
       [ 0.83672212,  0.45324897,  0.30734584,  0.        ],
       [ 0.50274494, -0.34208785,  0.28922545,  0.73930512]])
```

从以上的运算结果可以看到，楚列斯基分解的结果是一个下三角矩阵，而其他3类分解所得到的结果中均包括多个数组。

2.8 基于二项分布与几何分布随机抽样的编程——以家庭财产保险为案例

2.8.1 案例详情

H 公司是总部位于日本东京的一家全球性财产保险公司，以"提供安全与安心，为创造充满生机的社会而贡献心力"作为经营理念。近年来，该公司正在尝试一项针对家庭财产保险的新业务。假定你是该公司的一位精算师，通过采集此项业务已产生的数据，梳理并归纳出如下的核心数据信息。

一是投保与理赔人数。目前已有 20000 人对该项保险进行了投保并且每人仅购买了 1 份保单，每位投保人的理赔概率等于 5%，保险理赔人数服从**二项分布**（binomial distribution）。

二是保单理赔的约定。每份保单的有效期是 1 年，也就是从投保之日起 1 年内只要满足理赔条件就可以获得理赔，并且每份保单仅能获得 1 次理赔机会，理赔完成后保单就作废。此外，过了有效期的保单也无效。

三是月度理赔的概率。每份保单每月发生理赔的概率等于 0.9%，并且每份保单从生效到触发理赔所经历的时间长度服从**几何分布**（geometric distribution）。

近期公司管理层正在考虑是否需要扩大该保险业务，为此你需要为他们做一次详细汇报。为了充分做好汇报准备，你需要运用 Python 完成 4 个编程任务。

2.8.2 编程任务

【任务 1】由于保险理赔人数变量服从二项分布，因此结合案例详情中提到的信息，计算该家庭财产保险理赔人数的期望值和标准差。

【任务 2】针对保险理赔人数变量所服从的二项分布，进行 200 次随机抽样，计算抽样结果的平均值、标准差，并且与任务 1 中计算的结果进行比较。

【任务 3】由于保单从生效到触发理赔所经历的时间长度服从几何分布，因此结合案例详情中的信息，计算该时间长度变量的期望值和标准差。

【任务 4】针对保单从生效到触发理赔所经历的时间长度所服从的几何分布，进行 300 次随机抽样，计算抽样结果的平均值、标准差，并且与任务 3 中计算的结果进行比较。

2.8.3 编程提示

- 二项分布是用于描述在重复且独立的 n 次伯努利试验中发生或成功次数的概率分布，X 表示随机试验的结果，p 表示事件发生的概率（对应案例中理赔的概率），$1-p$ 表示事件不发生的概率（对应案例中不理赔的概率），在 n 次独立重复试验中发生 k 次事件的概率是

$$P(X=k) = C_n^k \, p^k \, (1-p)^{n-k} \qquad (式 2\text{-}6)$$

其中，$C_n^k = \dfrac{n!}{k!(n-k)!}$。二项分布的期望值（又称"均值"）是 $E(X) = np$，方差 $D(X) = np(1-p)$，标准差 $\sqrt{D(X)} = \sqrt{np(1-p)}$。

- 对二项分布进行随机抽样需要运用 NumPy 子模块 random 中的函数 binomial，该函数有 3 个关键参数需要输入：一是参数 n，表示二项分布中重复的伯努利试验次数；二是参数 p，表示事件发生的概率；三是参数 size，表示随机抽样的次数。

- 几何分布是二项分布的一种延伸，表示在 n 次伯努利试验中，试验 k 次才得到首次成功的概率，即从第 1 次试验至第 $k-1$ 次试验均失败、第 k 次试验才成功的概率。假定试验次数用 Y 表示，在试验中成功的概率是 p（对应案例中每月保单理赔的概率），不成功概率是 $1-p$（对应案例中每月保单不理赔的概率），则随机变量 $Y = k$ 的概率是

$$P(Y=k) = (1-p)^{k-1} p \qquad (式 2\text{-}7)$$

几何分布的期望值 $E(Y) = (1-p)/p$，方差 $D(Y) = (1-p)/p^2$，标准差 $\sqrt{D(Y)} = \sqrt{(1-p)/p^2}$。

- 对几何分布进行随机抽样需要运用 NumPy 子模块 random 中的函数 geometric，该函数有 2 个关键参数需要输入：一是参数 p，表示在伯努利试验中试验成功的概率；二是参数 size，依然表示随机抽样的次数。

2.8.4 参考代码与说明

1. 针对任务 1

```
In [99]: N=20000                                    #投保人数
   ...: prob1=0.05                                   #每位投保人的理赔概率

In [100]: claimer_mean=N*prob1                       #二项分布的期望值（保险理赔人数的期望值）
   ...: print('保险理赔人数的期望值',claimer_mean)
保险理赔人数的期望值 1000.0

In [101]: claimer_std=np.sqrt(N*prob1*(1-prob1))    #二项分布的标准差（保险理赔人数的标准差）
   ...: print('保险理赔人数的标准差',round(claimer_std,2))
保险理赔人数的标准差 30.82
```

从以上的输出结果可以看到，该项保险理赔人数的期望值是 1000，标准差约为 31。

2. 针对任务 2

```
In [102]: import numpy.random as npr          #导入 NumPy 子模块 random

In [103]: I1=200                              #随机抽样的次数

In [104]: claimer_random=npr.binomial(n=N,p=prob1,size=I1)   #从二项分布中进行随机抽样

In [105]: claimer_random_mean=claimer_random.mean()          #随机抽样结果的期望值
     ...: claimer_random_std=claimer_random.std()            #随机抽样结果的标准差
     ...: print('从二项分布中随机抽样的结果的期望值',claimer_random_mean)
     ...: print('从二项分布中随机抽样的结果的标准差',round(claimer_random_std,2))
从二项分布中随机抽样的结果的期望值  1002.065
从二项分布中随机抽样的结果的标准差  29.61
```

通过随机抽样得到的结果的期望值等于 1002.065，与任务 1 中按照二项分布均值表达式计算得到的结果 1000 非常接近；同时，通过随机抽样得到的结果的标准差等于 29.61，与按照二项分布标准差表达式计算得到的 31 的差异也不大。此外，需要注意的是每一次随机抽样的结果之间会存在一定差异，但是差异通常较小。

3. 针对任务 3

```
In [106]: prob2=0.009                         #每份保单每月理赔的概率

In [107]: period_mean=(1-prob2)/prob2   #几何分布的期望值（保单生效到触发理赔的时间的期望值）
     ...: period_std=np.sqrt((1-prob2)/pow(prob2,2))  #几何分布的标准差（保单生效到触发理赔的时间的标准差）
     ...: print('保单生效到触发理赔的时间的期望值（月）',round(period_mean,2))
     ...: print('保单生效到触发理赔的时间的标准差（月）',round(period_std,2))
保单生效到触发理赔的时间的期望值（月）  110.11
保单生效到触发理赔的时间的标准差（月）  110.61
```

从以上输出的结果来看，每份保单从生效到触发理赔的时间平均长达 110.11 个月（即约 9.2 年），但是标准差高达 110.61，这说明不同保单触发理赔的时间长度存在很大的差异。

4. 针对任务 4

```
In [108]: I2=300                              #新的随机抽样次数

In [109]: period_random=npr.geometric(p=prob2,size=I2)  #从几何分布中进行随机抽样

In [110]: period_random.min()                 #抽样结果中的最小值
Out[100]: 1

In [111]: period_random.max()                 #抽样结果中的最大值
Out[111]: 551

In [112]: period_random_mean=period_random.mean()       #随机抽样结果的期望值
     ...: period_random_std=period_random.std()         #随机抽样结果的标准差
     ...: print('从几何分布中随机抽样的结果的期望值',round(period_random_mean,2))
     ...: print('从几何分布中随机抽样的结果的方差',round(period_random_std,2))
从几何分布中随机抽样的结果的期望值  110.65
从几何分布中随机抽样的结果的方差    101.54
```

从以上的几何分布随机抽样结果可以看到，每份保单从生效到触发理赔所经历的时间长度存在很大的波动，最短的时间长度仅 1 个月，最长的时间长度则高达 551 个月（约 45.9 年）。此外，从抽样结果的期望值和标准差来看，与任务 3 中按照几何分布的期望值、标准差公式计算得到的结果比较接近。

2.9　基于正态分布和对数正态分布随机抽样的编程——以股票型基金为案例

2.9.1　案例详情

I 公司是一家总部位于广州的证券公司，该公司财富管理部从 2016 年开始就积极布局智能投顾

业务，并且自主开发了名为"万牛奔腾"的智能投顾系统，借助最新的金融科技为投资者提供智能化、个性化、精准化的投资服务。近期，该智能投顾系统积极推荐华夏能源革新股票型基金（代码 003834）和工银医疗保健股票型基金（代码 000831），并且这两只基金的净值涨幅在 2021 年上半年位于同类型基金的前列。表 2-9 列出了 2021 年 6 月 1 日至 11 日期间 9 个交易日两只股票型基金的每日净值和涨跌幅情况。

表 2-9　2021 年 6 月 1 日至 11 日期间两只股票型基金的净值与涨跌幅

交易日期	华夏能源革新股票型基金 （代码 003834）		工银医疗保健股票型基金 （代码 000831）	
	净值（元/份）	涨跌幅	净值（元/份）	涨跌幅
2021-06-01	3.1380	−0.5703%	4.3180	1.9117%
2021-06-02	3.1160	−0.7011%	4.2210	−2.2464%
2021-06-03	3.1460	0.9628%	4.1970	−0.5686%
2021-06-04	3.2430	3.0833%	4.2620	1.5487%
2021-06-07	3.1850	−1.7885%	4.3180	1.3139%
2021-06-08	3.1600	−0.7849%	4.2770	−0.9495%
2021-06-09	3.1710	0.3481%	4.2840	0.1637%
2021-06-10	3.2750	3.2797%	4.3460	1.4472%
2021-06-11	3.2640	−0.3359%	4.3260	−0.4602%

数据来源：上海证券交易所。

　　假定你是财富管理部的产品经理，日常工作涉及针对 A 股市场股票型基金的量化分析，从而进一步完善智能投顾系统涉及的基金精准推荐、最优投资组合等相关功能。为了更好地完成量化分析工作，在基金净值服从**对数正态分布**（logarithmic normal distribution）、基金净值涨跌幅服从**正态分布**（normal distribution）的假设前提下，结合表 2-9 中的数据运用 Python 完成 3 个编程任务。

2.9.2　编程任务

【任务 1】分别根据表 2-9 中的基金净值、涨跌幅创建数组，并且分别计算两只基金净值的均值和标准差，以及基金涨跌幅的均值和标准差。

【任务 2】结合任务 1 计算得到的两只基金涨跌幅的均值和标准差，基于涨跌幅所服从的正态分布开展 2 万次随机抽样，分别计算随机抽样结果的均值与标准差。

【任务 3】计算基金净值的自然对数所服从的正态分布的期望值和标准差，基于基金净值所服从的对数正态分布进行 2 万次随机抽样，分别计算随机抽样结果的均值与标准差。

2.9.3　编程提示

- 针对任务 1，假设基金净值的涨跌幅变量 x 服从正态分布，变量 x 的概率密度函数如下：

$$f(x) = \frac{1}{\sqrt{2\pi}\sigma} e^{-\frac{(x-\mu)^2}{2\sigma^2}} \qquad （式 2-8）$$

其中，μ 是变量 x 的期望值（均值），σ 是变量的标准差，σ^2 是变量的方差，通常记为 $x \sim N(\mu, \sigma^2)$。

- 针对任务 1，假设基金净值变量 y 服从对数正态分布，并且 y 的自然对数（$\ln y$）服从期望值为 μ、方差为 σ^2 的正态分布，对数正态分布的概率密度函数如下：

$$f(y) = \begin{cases} \dfrac{1}{\sqrt{2\pi}y\sigma} e^{-\frac{(\ln y-\mu)^2}{2\sigma^2}} & y > 0 \\ 0 & y \leq 0 \end{cases} \qquad （式 2-9）$$

变量 y 的期望值 $E(y) = \mathrm{e}^{\mu + \sigma^2/2}$，方差 $D(y) = (\mathrm{e}^{\sigma^2} - 1)\mathrm{e}^{2\mu + \sigma^2}$，标准差就是 $\sqrt{D(y)} = \sqrt{(\mathrm{e}^{\sigma^2} - 1)\mathrm{e}^{2\mu + \sigma^2}}$。

- 针对任务 3，需要根据对数正态分布的期望值、方差的表达式计算得出相对应的正态分布均值 μ 和标准差 σ 的表达式，具体的计算过程如下：

对期望值 $E(y) = \mathrm{e}^{\mu + \sigma^2/2}$ 两边取对数，得到

$$\mu + \sigma^2/2 = \ln E(y) \qquad \text{（式 2-10）}$$

对方差 $D(y) = (\mathrm{e}^{\sigma^2} - 1)\mathrm{e}^{2\mu + \sigma^2}$ 两边取对数，得到

$$2\mu + \sigma^2 + \ln(\mathrm{e}^{\sigma^2} - 1) = \ln D(y) \qquad \text{（式 2-11）}$$

根据（式 2-10）和（式 2-11），可以得到

$$\mu = \ln E(y) - \frac{\ln\left[D(y)/E^2(y) + 1\right]}{2} \qquad \text{（式 2-12）}$$

$$\sigma = \sqrt{\ln\left[D(y)/E^2(y) + 1\right]} \qquad \text{（式 2-13）}$$

- 从正态分布中进行随机抽样需要运用 NumPy 子模块 random 中的函数 normal，并且有如下 3 个关键参数需要输入：一是参数 loc，表示正态分布的期望值；二是参数 scale，表示正态分布的标准差；三是参数 size，表示随机抽样的次数。
- 从对数正态分布中进行随机抽样需要运用子模块 random 中的函数 lognormal，并且也有如下 3 个关键参数需要输入：一是参数 mean，表示变量的自然对数所服从的正态分布的期望值；二是参数 sigma，表示变量的自然对数所服从的正态分布的标准差；三是参数 size，表示随机抽样的次数。

2.9.4 参考代码与说明

1. 针对任务 1

```
In [113]: price=np.array([[3.1380,3.1160,3.1460,3.2430,3.1850,3.1600,3.1710,3.2750,3.2640],
     ...:                  [4.3180,4.2210,4.1970,4.2620,4.3180,4.2770,4.2840,4.3460,4.3260]])
#基金净值的数组

In [114]: change=np.array([[-0.005703,-0.007011,0.009628,0.030833,-0.017885,-0.007849,
     ...:                    0.003481,0.032797,-0.003359],
     ...:                   [0.019117,-0.022464,-0.005686,0.015487,0.013139,-0.009495,
     ...:                    0.001637,0.014472,-0.004602]])    #基金涨跌幅的数组

In [115]: price_mean=price.mean(axis=1)            #计算每只基金净值的均值
     ...: print('华夏能源革新股票型基金净值的均值',round(price_mean[0],4))
     ...: print('工银医疗保健股票型基金净值的均值',round(price_mean[-1],4))
华夏能源革新股票型基金净值的均值 3.1887
工银医疗保健股票型基金净值的均值 4.2832

In [116]: price_std=price.std(axis=1)              #计算每只基金净值的标准差
     ...: print('华夏能源革新股票型基金净值的标准差',round(price_std[0],6))
     ...: print('工银医疗保健股票型基金净值的标准差',round(price_std[-1],6))
华夏能源革新股票型基金净值的标准差 0.054667
工银医疗保健股票型基金净值的标准差 0.047123
```

从以上的输出结果可以看到，华夏能源革新股票型基金的净值均值低于工银医疗保健股票型基金。

```
In [117]: change_mean=change.mean(axis=1)          #计算每只基金涨跌幅的均值
     ...: print('华夏能源革新股票型基金涨跌幅的均值',round(change_mean[0],6))
     ...: print('工银医疗保健股票型基金涨跌幅的均值',round(change_mean[1],6))
华夏能源革新股票型基金涨跌幅的均值 0.003881
工银医疗保健股票型基金涨跌幅的均值 0.002401
```

```
In [118]: change_std=change.std(axis=1)          #计算每只基金涨跌幅的标准差
    ...: print('华夏能源革新股票型基金涨跌幅的标准差',round(change_std[0],6))
    ...: print('工银医疗保健股票型基金涨跌幅的标准差',round(change_std[1],6))
华夏能源革新股票型基金涨跌幅的标准差 0.016566
工银医疗保健股票型基金涨跌幅的标准差 0.013277
```

通过以上计算得到的基金涨跌幅标准差，表明华夏能源革新股票型基金的风险要略高于工银医疗保健股票型基金的风险。

2. 针对任务 2

```
In [119]: I=20000                               #随机抽样的次数
```

```
In [120]: Huaxia_random1=npr.normal(loc=change_mean[0],scale=change_std[0],size=I)    # 按照
华夏能源革新股票型基金涨跌幅服从的正态分布进行随机抽样
```

```
In [121]: Huaxia_random1.mean()      #华夏能源革新股票型基金涨跌幅随机抽样结果的均值
Out[121]: 0.0039304582669909763
```

```
In [122]: Huaxia_random1.std()       #华夏能源革新股票型基金涨跌幅随机抽样结果的标准差
Out[122]: 0.016611448513631787
```

```
In [123]: ICBC_random1=npr.normal(loc=change_mean[-1],scale=change_std[-1],size=I)    # 按照
工银医疗保健股票型基金涨跌幅服从的正态分布进行随机抽样
```

```
In [124]: ICBC_random1.mean()        #工银医疗保健股票型基金涨跌幅随机抽样结果的均值
Out[124]: 0.002351515422866343
```

```
In [125]: ICBC_random1.std()         #工银医疗保健股票型基金涨跌幅随机抽样结果的标准差
Out[125]: 0.013330458684356264
```

通过以上对正态分布随机抽样得到的样本均值和标准差，与任务 1 计算得到的基金涨跌幅均值和标准差是比较接近的。

3. 针对任务 3

```
In [126]: mu=np.log(price_mean)-0.5*np.log(pow(price_std,2)/pow(price_mean,2)+1)  #计算对应
正态分布的均值
    ...: print('对应正态分布的均值',mu)
对应正态分布的均值 [1.15945592 1.45464507]
```

```
In [127]: sigma=np.sqrt(np.log(pow(price_std,2)/pow(price_mean,2)+1))  #计算对应正态分布的标准差
    ...: print('对应正态分布的标准差',sigma)
对应正态分布的标准差 [0.01714279 0.01100153]
```

```
In [128]: Huaxia_random2=npr.lognormal(mean=mu[0],sigma=sigma[0],size=I)  #按照华夏能源革新
股票型基金净值服从的对数正态分布进行随机抽样
```

```
In [129]: Huaxia_random2.mean()      #华夏能源革新股票型基金净值随机抽样结果的均值
Out[129]: 3.1883477953161257
```

```
In [130]: Huaxia_random2.std()       #华夏能源革新股票型基金净值随机抽样结果的标准差
Out[130]: 0.054865205271359685
```

```
In [131]: Huaxia_random2.max()       #华夏能源革新股票型基金净值随机抽样结果的最大值
Out[131]: 3.422996227629721
```

```
In [132]: Huaxia_random2.min()       #华夏能源革新股票型基金净值随机抽样结果的最小值
Out[132]: 2.9761524386020595
```

```
In [133]: ICBC_random2=npr.lognormal(mean=mu[-1],sigma=sigma[-1],size=I)    #按照工银医疗保健
股票型基金净值涨跌幅服从的正态分布进行随机抽样
```

```
In [134]: ICBC_random2.mean()        #工银医疗保健股票型基金净值随机抽样结果的均值
Out[134]: 4.283398269216579
```

```
In [135]: ICBC_random2.std()         #工银医疗保健股票型基金净值随机抽样结果的标准差
Out[135]: 0.046967377453050886
```

```
In [136]: ICBC_random2.max()          #工银医疗保健股票型基金净值随机抽样结果的最大值
Out[136]: 4.463808056214967

In [137]: ICBC_random2.min()          #工银医疗保健股票型基金净值随机抽样结果的最小值
Out[137]: 4.113920178046077
```

以上对数正态分布随机抽样得到的均值和标准差，与任务 1 计算得到的基金净值的均值和标准差是非常接近的。

2.10　基于伽马分布和贝塔分布随机抽样的编程——以债券违约率与回收率为案例

2.10.1　案例详情

　　J 银行是总部位于加拿大多伦多的一家商业银行，致力于成为一家全球最值得信赖并且最成功的商业银行。该银行环球金融市场部下属的债券投资办公室负责整个银行的债券投资业务。假定你是该办公室的一名高级债券分析师，日常的工作之一就是协助交易团队分析债券的信用风险，并且重点参考全球最大的三家信用评级机构之一——穆迪（Moody's）定期发布的全球企业债券违约率与回收率。**违约率**（default probability）和**回收率**（recovery rate）是衡量债券信用风险或者偿付风险的重要评价指标，这两个指标的计算公式如下：

$$违约率 = \frac{当年发生违约的债券数量}{当年到期的债券数量} \qquad （式 2\text{-}14）$$

$$回收率 = \frac{实际偿付的本息金额}{违约时的本息金额} \qquad （式 2\text{-}15）$$

　　根据 2021 年 1 月 28 日穆迪发布的《年度违约研究：继 2020 年大幅上升后，2021 年企业违约率将下降》，列出 2005 年至 2020 年全部债券的违约率和违约发生后的回收率（简称"回收率"），如表 2-10 所示。

表 2-10　2005 年至 2020 年全部债券的违约率和违约发生后的回收率

年份	违约率	回收率
2005 年	0.64%	56.52%
2006 年	0.59%	55.02%
2007 年	0.36%	55.37%
2008 年	2.50%	34.12%
2009 年	4.98%	33.92%
2010 年	1.24%	51.14%
2011 年	0.94%	46.42%
2012 年	1.24%	44.51%
2013 年	1.25%	46.17%
2014 年	0.97%	48.52%
2015 年	1.75%	41.13%
2016 年	2.18%	36.74%
2017 年	1.71%	56.06%
2018 年	1.15%	51.36%
2019 年	1.53%	40.99%
2020 年	3.14%	37.80%

数据来源：穆迪发布的《年度违约研究：继 2020 年大幅上升后，2021 年企业违约率将下降》。

基于投资风险分散的原则，J 银行目前配置的债券投资组合中共有 150 只债券并且每只债券的配置权重均相同，投资的债券面值共计 130 亿加元。在分析风险时，假定债券违约金额服从**伽马分布**（gamma distribution），回收率服从**贝塔分布**（beta distribution）。

为了完成一份针对 J 银行债券投资组合的风险分析报告，你需要根据表 2-10 中的数据运用 Python 完成 3 个编程任务。

2.10.2　编程任务

【任务 1】分别创建包含表 2-10 中的违约率和回收率的 NumPy 数组，运用这些数据计算 J 银行目前债券投资组合的违约金额、回收率这两个变量的均值和标准差。

【任务 2】根据任务 1 计算得到的债券违约金额的均值和标准差，计算违约金额服从的伽马分布的形状参数 α、尺度参数 β 的值；然后，对满足这两个参数的伽马分布进行 20 万次随机抽样，用于模拟债券违约金额，计算随机抽样结果的均值与标准差。

【任务 3】根据任务 1 计算得到的回收率的均值和标准差，计算回收率服从的贝塔分布的参数 α、β；然后，对满足这两个参数的贝塔分布进行 20 万次随机抽样，用于模拟债券违约的回收率，计算随机抽样结果的均值与标准差。

2.10.3　编程提示

- 假设债券违约金额变量 x 服从伽马分布，其概率密度函数如下：

$$f(x)=\begin{cases} \dfrac{\beta^{\alpha}}{\Gamma(\alpha)}x^{\alpha-1}\mathrm{e}^{-\beta x} & x>0 \\ 0 & x\le 0 \end{cases} \qquad （式 2\text{-}16）$$

（式 2-16）中的 Γ 是一个伽马函数，伽马分布的期望值 $E(x)=\alpha\beta^{-1}$，方差 $D(x)=\alpha\beta^{-2}$，标准差是 $\sqrt{D(x)}=\sqrt{\alpha}\beta^{-1}$。其中，$\alpha$ 称为**形状参数**（shape parameter），β 称为**尺度参数**（scale parameter）。

由于伽马分布的期望值 $E(x)=\alpha\beta^{-1}$，方差 $D(x)=\alpha\beta^{-2}$，因此可以分别得到计算 α 和 β 的式子如下：

$$\alpha = E(x)^2/D(x) \qquad （式 2\text{-}17）$$
$$\beta = E(x)/D(x) \qquad （式 2\text{-}18）$$

- 假设回收率变量 y 服从贝塔分布（也称 B 分布），其概率密度函数如下：

$$f(y)=\frac{\Gamma(\alpha+\beta)}{\Gamma(\alpha)\Gamma(\beta)}y^{\alpha-1}(1-y)^{\beta-1} \qquad （式 2\text{-}19）$$

（式 2-19）中的 Γ 依然是伽马函数，此外，$0<y<1$，有两个参数 $\alpha>0$、$\beta>0$。

贝塔分布的期望值 $E(x)=\alpha/(\alpha+\beta)$，方差 $D(x)=\alpha\beta/[(\alpha+\beta)^2(\alpha+\beta+1)]$，标准差就是 $\sqrt{D(x)}=\sqrt{\alpha\beta/[(\alpha+\beta)^2(\alpha+\beta+1)]}$。在已知 $E(x)$、$D(x)$ 的情况下，需要运用迭代算法求解未知的参数 α、β，可以运用 SciPy 模块的 optimize 子模块中的 fsolve 函数进行求解，该函数会在本书 5.3 节中进行介绍和运用。

- 对伽马分布进行随机抽样需要运用 NumPy 子模块 random 中的函数 gamma，有以下 3 个关键参数需要输入：一是参数 shape，表示在伽马分布中的形状参数 α；二是参数 scale，表示在伽马分布中的尺度参数 β；三是参数 size，表示随机抽样的次数。

- 对贝塔分布进行随机抽样需要运用子模块 random 中的函数 beta，有 3 个关键参数需要输入：一是参数 a，表示贝塔分布中的 α 参数；二是参数 b，表示贝塔分布中的 β 参数；三是参数 size，依然表示随机抽样的次数。

2.10.4 参考代码

1. 针对任务 1

```
In [138]: default_prob=np.array([0.0064,0.0059,0.0036,0.0250,0.0498,0.0124,0.0094,
     ...:                         0.0124,0.0125,0.0097,0.0175,0.0218,0.0171,0.0115,
     ...:                         0.0153,0.0314])              #违约率数组

In [139]: par=130                                             #债券投资组合的面值（亿加元）

In [140]: default_value=default_prob*par                      #违约金额的数组
     ...: default_mean=default_value.mean()                    #计算违约金额的平均值
     ...: default_std=default_value.std()                      #计算违约金额的标准差
     ...: print('债券投资组合的违约金额平均值（亿元）',round(default_mean,2))
     ...: print('债券投资组合的违约金额的标准差（亿加元）',round(default_std,2))
债券投资组合的违约金额平均值（亿加元） 2.13
债券投资组合的违约金额的标准差（亿加元） 1.45

In [141]: recovery=np.array([0.5652,0.5502,0.5537,0.3412,0.3392,0.5114,0.4642,0.4451,
     ...:                     0.4617,0.4852,0.4113,0.3674,0.5606,0.5136,0.4099,0.3780]) #回收率数组
     ...: recovery_mean=recovery.mean()                        #计算回收率的平均值
     ...: recovery_std=recovery.std()                          #计算回收率的标准差
     ...: print('债券违约后回收率的平均值',round(recovery_mean,6))
     ...: print('债券违约后回收率的标准差',round(recovery_std,6))
债券违约后回收率的平均值 0.459869
债券违约后回收率的标准差 0.076396
```

2. 针对任务 2

```
In [142]: alpha_gamma=pow(default_mean,2)/pow(default_std,2)     #违约率服从伽马分布的 alpha
     ...: beta_gamma=default_mean/pow(default_std,2)             #违约率服从伽马分布的 beta
     ...: print('违约金额服从伽马分布的 alpha',alpha_gamma)
     ...: print('违约金额服从伽马分布的 beta',beta_gamma)
违约金额服从伽马分布的 alpha 2.155563598938063
违约金额服从伽马分布的 beta 1.0137567262281832

In [143]: I=200000                                             #随机抽样的次数

In [144]: random_gamma=npr.gamma(shape=alpha_gamma,scale=beta_gamma,size=I)   #按照违约率服
从的伽马分布进行随机抽样

In [145]: random_gamma.mean()                                   #输出随机抽样结果的均值
Out[145]: 2.183184963032493

In [146]: random_gamma.std()                                    #输出随机抽样结果的标准差
Out[146]: 1.4886948328951517
```

以上随机抽样得到的债券违约金额结果的均值和标准差，与任务 1 中计算得到的债券违约金额的均值 2.13、标准差 1.45 是十分接近的。

3. 针对任务 3

```
In [147]: import scipy.optimize as sco                          #导入 SciPy 子模块 optimize

In [148]: def f(x):                                             #需要定义一个函数
     ...:     a,b=x
     ...:     eq1=a/(a+b)-recovery_mean                          #期望值的表达式等于 0
     ...:     eq2=a*b/(pow(a+b,2)*(a+b+1))-pow(recovery_std,2)   #方差的表达式等于 0
     ...:     return [eq1,eq2]

In [149]: result=sco.fsolve(f,[0.5,0.5])
     ...: print('回收率服从贝塔分布的参数 alpha',result[0])
     ...: print('回收率服从贝塔分布的的参数 beta',result[1])
回收率服从贝塔分布的参数 alpha 19.11164441677468
回收率服从贝塔分布的参数 beta 22.44726650460165

In [150]: random_beta=npr.beta(a=result[0],b=result[1],size=I)   #按照回收率服从的贝塔分布进行
随机抽样
```

```
In [151]: random_beta.mean()                        #随机抽样的均值
Out[151]: 0.46013304866559646

In [152]: random_beta.std()                         #随机抽样的标准差
Out[152]: 0.07637884990479753
```

以上随机抽样得到债券违约回收率的均值和标准差，与任务 1 中计算得到的债券违约回收率的均值 0.459869、标准差 0.076396 也是非常接近的。

2.11 现金流模型的编程之一——以新能源汽车项目为案例

2.11.1 案例详情

K 公司是一家总部位于广州的信托公司，致力于成为"创新能力卓著、管理能力卓越"的资产管理与财富管理金融服务商。公司于 2022 年初发行一款聚焦于新能源汽车产业的信托计划——"新能源汽车产业链项目集合资金信托计划"，该信托计划拟投资以下两个项目。

项目 1：新能源汽车锂离子电池项目。该项目的工厂位于粤港澳大湾区，主要生产锂离子电池，从而为新能源汽车提供动力。项目的初始投资为 50 亿元（现金流出，表示支付现金），整个投资期为 4 年，在该项目投资期内，每年末均需要追加投入 2.5 亿元，资金成本是年化 8%并且按年复利，此外，在项目投资期内，不会产生现金流入（表示收到现金）。在项目到期日，一家 A 股上市公司承诺以 80 亿元作为对价收购该项目。

项目 2：新能源汽车超级充电站项目。该项目计划在东部沿海地区 48 个城市建造共计 200 个新能源汽车超级充电站，每个充电站均配备拥有全球领先科技的第四代（V4）超级充电桩。投资期是 10 年，预计在每年末均可以收回资金 4.5 亿元（现金流入），在项目的到期日还能一次性获得项目残值收入 8 亿元（不包括每年末固定的 4.5 亿元）。在该项目的初期需要一次性投入 30 亿元，要求的投资回报率是年化 12%并且也按年复利。

假定你是该信托计划的信托经理，为了评估这些拟投资项目是否可行，需要借助 Python 完成以下 3 个编程任务。

2.11.2 编程任务

【任务 1】针对拟投资的新能源汽车锂离子电池项目（项目 1），测算该项目在到期日的**终值**（Future Value，FV），从而评估在项目投资结束时，80 亿元的收购价格是否可以完全覆盖投资成本。

【任务 2】针对拟投资的新能源汽车超级充电站项目（项目 2），测算该项目的现金流在期初时的**现值**（Present Value，PV），从而判断初期投资额 30 亿元是否具备经济上的可行性。

【任务 3】针对以上两个拟投资项目，假定期间的固定金额现金流发生时点从每年末调整为每年初，重新计算针对项目 1 的终值和针对项目 2 的现值，并且重新判断针对项目 1 的收购价格和针对项目 2 的初始投资金额是否合理。

2.11.3 编程提示

1. 涉及的数学表达式

假定用 FV 代表终值，PV 代表现值，r 代表年化的投资回报率或者资金成本并且按年复利，T 代表项目的期限并且单位是年，V_1 代表项目在存续期间每年（每期）的固定金额现金流。针对测算项目的终值，V_0 代表项目的期初现金流；针对测算项目的现值，V_T 代表项目到期日的现金流。

表 2-11 中整理了测算项目终值和现值的公式，并且针对期间的固定金额现金流发生在每期期初还是期末也做了区分。

表 2-11 测算项目终值与项目现值的公式

类型	期间固定金额现金流发生时点	相关公式
测算终值	每期期初（每年初）	$FV = V_0(1+r)^T + \sum_{t=0}^{T-1} V_1(1+r)^{T-t}$
	每期期末（每年末）	$FV = V_0(1+r)^T + \sum_{t=1}^{T} V_1(1+r)^{T-t}$
测算现值	每期期初	$PV = \dfrac{V_T}{(1+r)^T} + \sum_{t=0}^{T-1} \dfrac{V_1}{(1+r)^t}$
	每期期末	$PV = \dfrac{V_T}{(1+r)^T} + \sum_{t=1}^{T} \dfrac{V_1}{(1+r)^t}$

2. 涉及的 Python 函数

当测算项目现金流终值金额时，可以运用 numpy_financial 模块中的函数 fv，该函数的参数设置如下：

```
fv(rate, nper, pmt, pv, when)
```

当测算项目现金流现值金额时，可以运用该模块中的函数 pv，该函数的参数设置如下：

```
pv(rate, nper, pmt, fv, when)
```

考虑到这两个函数有多个相同的参数，因此通过表 2-12 汇总并整理这两个函数的关键参数。

表 2-12 函数 fv 与 pv 的相关参数及其含义、输入要求

函数 fv 的参数	函数 pv 的参数	参数的含义及输入要求
rate		投资回报率或资金成本
nper		整体期限
pmt		期间发生的固定金额现金流，如果是现金流入用正数表示；相反，如果是现金流出则用负数表示
pv	无	期初的现金流，如果是现金流入用正数表示；相反，如果是现金流出则用负数表示
无	fv	期末的现金流，如果是现金流入用正数表示；相反，如果是现金流出则用负数表示
when		投资期间固定金额现金流的发生时点，如果在每期期初发生，输入 when='begin'或者 when=1；相反，如果在每期期末发生，则输入 when='end'或者 when=0

2.11.4 参考代码与说明

1. 针对任务 1

```
In [153]: import numpy_financial as npf    #导入 numpy_financial 模块

In [154]: npf.__version__                  #查看版本信息
Out[154]: '1.0.0 '

In [155]: invest_begin=5e9                  #项目 1 的初始投资金额
     ...: invest_annual=2.5e8             #项目 1 的每年固定金额投资
     ...: tenor1=4                        #项目 1 的投资期（年）
     ...: R1=0.08                         #项目 1 的年化资金成本
     ...: price=8e9                       #项目 1 的期末收购价格

In [156]: FV_end=npf.fv(rate=R1,nper=tenor1,pmt=-invest_annual,pv=-invest_begin,when='end')
#计算项目 1 的终值并且期间追加固定金额投资发生在每年末
     ...: print('测算项目 1 的终值（期间追加固定金额投资发生在每年年末）',round(FV_end,2))
测算项目 1 的终值（期间追加固定金额投资发生在每年年末） 7928972800.0
```

```
In [157]: FV_end<price                       #判断项目1的终值是否小于期末的收购价格
Out[157]: True
```

通过以上的输出可以看到,项目 1 在投资期末的终值约为 79.29 亿元,小于 80 亿元的收购价格,这表明收购价格可以覆盖包括资金成本在内的项目全部投资成本。

2. 针对任务 2

```
In [158]: cash_annual=4.5e8                   #项目2的期间每年固定现金流入
     ...: cash_end=8e8                        #项目2结束时的残值收入
     ...: tenor2=10                           #项目2的投资期(年)
     ...: R2=0.12                             #项目2的投资回报率
     ...: fund_begin=3e9                      #项目2的初期投资金额

In [159]: PV_end=npf.pv(rate=R2,nper=tenor2,pmt=cash_annual,fv=cash_end,when=0)   #计算项目
2的现值并且期间固定金额现金流发生在每年末
     ...: print('测算项目2的现值(期间固定金额现金流发生在每年年末)',round(PV_end,2))
测算项目2的现值(期间固定金额现金流发生在每年年末) -2800178952.06

In [160]: -PV_end>fund_begin                  #判断项目2的现值(取正数)是否大于期初投资
Out[160]: False
```

根据以上的运行结果,项目 2 的期初现值约为-28 亿元,这里的负号代表现金流出,显然项目的现值取整数以后低于期初投资 30 亿元,这就表明项目 2 产生的期间现金流将无法满足期初投资针对年化收益率 12%的要求,因此,项目 2 不具备经济上的可行性,不值得投资。

3. 针对任务 3

```
In [161]: FV_begin=npf.fv(rate=R1,nper=tenor1,pmt=-invest_annual,pv=-invest_begin, when='
begin')   #期间追加固定金额投资发生在每年初并重新计算项目1的终值
     ...: print('重新测算项目1的终值(期间追加固定金额投资发生在每年年初)', round(FV_begin,2))
重新测算项目1的终值(期间追加固定金额投资发生在每年年初) 8019095040.0

In [162]: FV_begin<price                      #重新判断项目1的终值是否小于期末的收购价格
Out[162]: False

In [163]: PV_begin=npf.pv(rate=R2,nper=tenor2,pmt=cash_annual,fv=cash_end,when=1)   #期间固
定金额现金流发生在每年初而并重新计算项目2的现值
     ...: print('重新测算项目2的现值(期间固定金额现金流发生在每年年初)', round(PV_begin,2))
重新测算项目2的现值(期间固定金额现金流发生在每年年初) -3105290995.59

In [164]: -PV_begin>fund_begin                #重新判断项目2的现值(取正数)是否大于期初投资
Out[164]: True
```

如果将两个项目期间固定金额现金流的发生时点调整为每年初(每期年初),则针对项目 1,80 亿元的收购价格将无法全部覆盖投资成本,项目 1 就变得不可行;针对项目 2,可以满足年化收益率 12%的要求,因此项目 2 变得可行了。

2.12　现金流模型的编程之二——以芯片项目为案例

2.12.1　案例详情

　　L 公司是一家总部位于美国纽约的全球知名股权投资基金公司,致力于为企业挖掘增长潜能、提升经营绩效。该公司的管理层近期将讨论是否参与投资一个芯片项目。项目位于亚利桑那州,将批量生产目前具备全球领先工艺的 3 纳米 CPU 芯片,项目于 2022 年初正式启动,整个项目运营周期为 12 年。

　　你是 L 公司负责该芯片项目的投资总监,在经过了广泛的市场调研与尽职调查以后,结合 3 纳米 CPU 芯片在技术稳定性与市场应用前景等方面的不确定性,针对该项目设定了"乐观""中性"和"悲观" 3 种不同情景,并且根据不同的情景预测了项目运营周期内每年的现金流净额数据,具体见表 2-13。

表 2-13 按照不同情景预测的项目每年现金流净额数据　　　　　　单位：亿美元

时点	乐观的情景	中性的情景	悲观的情景
第 1 年初	−60	−60	−60
第 1 年末	−15	−15	−15
第 2 年末	−6	−9	−13
第 3 年末	5	0	−6
第 4 年末	10	4	0
第 5 年末	20	13	5
第 6 年末	30	24	20
第 7 年末	30	24	20
第 8 年末	30	24	20
第 9 年末	25	20	16
第 10 年末	20	16	12
第 11 年末	14	10	6
第 12 年末	16	14	12

注 1：表中的负数代表现金净流出，即现金流入小于现金流出；正数则代表现金净流入，即现金流入大于现金流出。

注 2：最后一年末（第 12 年末）的现金流包含厂房、设备等固定资产的残值收入。

为了便于公司管理层的讨论和决策，你需要针对该项目撰写一份详细的分析报告，报告涉及现金流分析的内容，需要运用 Python 完成以下 3 个编程任务。

2.12.2 编程任务

【任务 1】假定芯片项目的投资回报率（贴现利率）是年化 8%，结合表 2-13 中的现金流净额数据，计算不同情景下项目的**净现值**（Net Present Value，NPV）。

【任务 2】为了能够与贴现利率进行对比分析，结合表 2-13 中的现金流净额数据，计算不同情景下项目的**内含报酬率**（Internal Rate of Return，IRR）。

【任务 3】公司领导在阅读完你提交的分析报告后，建议你针对不同的情景设定如下的发生概率："乐观"的情景发生概率为 30%，"中性"的情景发生概率为 40%，"悲观"的情景发生概率为 30%。以这些概率为权重计算该项目期间的加权平均现金流净额，并重新测算项目的内含报酬率。

2.12.3 编程提示

1. 净现值的表达式及 Python 函数

用 NPV 代表项目的净现值；T 代表项目的期限；NCF_t 代表在项目存续期内每期（每年）的现金流净额，现金流净额等于现金流入减去现金流出，$t = 0,1,\cdots,T$，并且 NCF_0 代表期初的现金流净额并且通常为负数；r 代表按年复利的年化投资回报率，也就是项目的贴现利率。项目净现值的数学表达式如下：

$$NPV = \sum_{t=0}^{T} \frac{NCF_t}{(1+r)^t} \qquad （式 2-20）$$

当净现值大于 0（NPV > 0）时，表明该项目具有财务上的可行性；相反，当净现值小于 0（NPV < 0）时，则说明项目在财务上是不具有可行性的。

运用 Python 计算项目净现值时，可以运用 numpy_financial 模块中的函数 npv，该函数的参数设置如下：

```
npv(rate, values)
```

其中，参数 rate 代表项目的投资回报率或者贴现利率，参数 values 则是列表、数组等数据结构形式的包括期初在内的每期现金流净额数据，其中，正数代表净流入，负数则代表净流出。

2. 内含报酬率的表达式及 Python 函数

用 IRR 表示内含报酬率，变量 T 和 NCF_t 的含义与前面保持一致，计算内含报酬率 IRR 就是求解以下的等式：

$$\sum_{t=0}^{T} \frac{NCF_t}{(1+IRR)^t} = 0 \qquad （式 2-21）$$

当项目的内含报酬率高于预期收益（在本项目中指项目的贴现利率）时，就表明该项目在财务上具有可行性；相反，当项目的内含报酬率低于预期收益率时，则说明项目在财务上不具有可行性。

运用 Python 计算内含报酬率时，可以运用 numpy_financial 模块中的函数 irr，该函数的参数只有一个，具体如下：

```
irr(values)
```

参数 values 是列表、数组等数据结构形式的包括期初在内的每期现金流净额数据。

3. 加权平均的现金流表达式

假定项目未来存在 N 种可能的情景，用 P_i 表示第 i 种情景发生的概率，$i=1,2,\cdots,N$；T 代表项目的期限，NCF_{ti} 代表在项目存续期内第 t 期并且在第 i 种情景发生时的现金流净额，$t=0,1,\cdots,T$；r 代表按年复利的年化投资回报率，也就是项目的贴现利率；用 $\overline{NPV}$ 代表项目的加权平均净现值，相关的数学表达式如下：

$$\overline{NPV} = \sum_{t=0}^{T} \frac{\sum_{i=0}^{N} P_i \times NCF_{ti}}{(1+r)^t} \qquad （式 2-22）$$

2.12.4 参考代码与说明

1. 针对任务 1

```
In [165]: NCF1=np.array([-60,-15,-6,5,10,20,30,30,30,25,20,14,16])    #乐观情景的期间现金流净额
     ...: NCF2=np.array([-60,-15,-9,0,4,13,24,24,24,20,16,10,14])      #中性情景的期间现金流净额
     ...: NCF3=np.array([-60,-15,-13,-6,0,5,20,20,20,16,12,6,12])      #悲观情景的期间现金流净额

In [166]: R=0.08                                           #年化的投资回报率（贴现利率）

In [167]: NPV1=npf.npv(rate=R,values=NCF1)                  #计算乐观情景下的项目净现值
     ...: NPV2=npf.npv(rate=R,values=NCF2)                  #计算中性情景下的项目净现值
     ...: NPV3=npf.npv(rate=R,values=NCF3)                  #计算悲观情景下的项目净现值
     ...: print('计算乐观情景下的项目净现值（亿美元）',round(NPV1,2))
     ...: print('计算中性情景下的项目净现值（亿美元）',round(NPV2,2))
     ...: print('计算悲观情景下的项目净现值（亿美元）',round(NPV3,2))
计算乐观情景下的项目净现值（亿美元） 32.64
计算中性情景下的项目净现值（亿美元） -0.46
计算悲观情景下的项目净现值（亿美元） -30.41
```

通过以上的输出可以看到，在乐观情景下，项目的净现值为正数，但是当情景变为中性和悲观时，净现值就是负数，说明项目只有在乐观情景下才具备可行性。

2. 针对任务 2

```
In [168]: IRR1=npf.irr(values=NCF1)                    #计算乐观情景下的内含报酬率
     ...: IRR2=npf.irr(values=NCF2)                    #计算中性情景下的内含报酬率
     ...: IRR3=npf.irr(values=NCF3)                    #计算悲观情景下的内含报酬率
     ...: print('计算乐观情景下的项目内含报酬率',round(IRR1,6))
     ...: print('计算中性情景下的项目内含报酬率',round(IRR2,6))
     ...: print('计算悲观情景下的项目内含报酬率',round(IRR3,6))
计算乐观情景下的项目内含报酬率 0.135198
计算中性情景下的项目内含报酬率 0.079174
计算悲观情景下的项目内含报酬率 0.022062
```

从以上的输出也可以看到，只有在乐观情景下，项目的内含报酬率才超过贴现利率 8%，其余两种情景的内含报酬率均低于贴现利率。这一结论与任务 1 根据净现值的判断结果是吻合的。

3. 针对任务 3

```
In [169]: prob_list=np.array([0.3,0.4,0.3])        #不同情景发生的概率

In [170]: NCF_list=np.concatenate(([NCF1],[NCF2],[NCF3]),axis=0)  #按列合并

In [171]: NCF_new=np.dot(prob_list,NCF_list)       #计算以发生概率为权重的每期加权平均现金流净额
     ...: NCF_new                                   #查看结果
Out[171]:
array([-60. , -15. ,  -9.3,  -0.3,   4.6,  12.7,  24.6,  24.6,  24.6,
        20.3,  16. ,  10. ,  14. ])

In [172]: IRR_new=npf.irr(values=NCF_new)          #按照每期加权平均现金流净额计算内含报酬率
     ...: print('按照每期加权平均现金流净额计算项目的内含报酬率',round(IRR_new,6))
按照每期加权平均现金流净额计算项目的内含报酬率  0.080869
```

从以上的输出可以看到，按照每期加权平均现金流净额计算得到的项目内含报酬率约等于 8.09%，略高于项目的贴现利率 8%。

需要注意的是，如果将任务 2 得到的 3 种不同情景下的内含报酬率按照概率进行加权平均，则得到的结果约为 7.88%，明显低于 8.09%。这就说明，将不同情景的内含报酬率按照情景发生概率进行加权平均的计算方法，会低估真实的内含报酬率，因此这种方法不科学、不合理。

2.13 现金流模型的编程之三——以住房按揭贷款为案例

2.13.1 案例详情

唐女士就职于一家专注于量子技术产业化应用的大型高新技术企业，并担任量子通信领域研发的首席科学家，工作地点在上海。近期，唐女士准备购置毗邻黄浦江、能够眺望江景的一套商品房，购买价格为 1688 万元，由于自有资金有限，她将向商业银行申请住房按揭贷款。

假定你是 M 银行黄浦江支行分管个人住房按揭贷款的副行长，在 2021 年 8 月 28 日与唐女士会面并且做了还款能力评估以后，唐女士随即向 M 银行提出了贷款申请并填写了《M 银行个人住房按揭贷款申请表》，相关内容见表 2-14。

表 2-14 M 银行个人住房按揭贷款申请表

要素	具体信息	备注或说明
申请人	唐女士	无
贷款本金	人民币 1000 万元	无
贷款期限	8 年	无
贷款利率	5.2%/年	5 年期以上贷款市场报价利率（Loan Prime Rate，LPR）上浮 55 个基点。其中，2021 年 8 月 22 日贷款市场报价利率：1 年期为 3.85%，5 年期以上为 4.65%
还款方式	等额本息还款	在贷款利率水平不变的情况下，借款人每月还款的本金与利息之和保持不变

同时，为了能够解答唐女士关于个人住房按揭贷款方面的相关疑问，充分展示 M 银行在客户服务方面的专业水平，你需要借助 Python 完成以下 3 个编程任务。

2.13.2 编程任务

【任务 1】唐女士希望知道在目前的贷款利率水平下，作为借款人每月需要偿还 J 银行本金与利息之和的具体金额。

【任务 2】唐女士希望你能够提供一份"贷款还款计划表"，该计划表需要分别列明每月还款的本金金额与利息金额。

【任务 3】唐女士预期在贷款存续期的第 3 年末，可以一次性提前偿还贷款本金 400 万元，剩余本金的贷款依然按照等额本息的规则进行偿还，需要你计算在剩余 5 年的贷款期间内新的每月偿还本金与利息之和的金额，同时假定贷款利率依然等于目前的利率。

2.13.3 编程提示

在住房按揭贷款等额本息还款规则下，可以运用 numpy_financial 模块中的函数 pmt 计算每期（每月）的还款金额，同时可以运用该模块中的函数 ppmt 与函数 ipmt，分别计算每期还款额中的利息金额与本金金额。这 3 个函数的关键参数设置如下：

```
pmt(rate, nper, pv, fv, when)
ppmt(rate, per, nper, pv, fv, when)
ipmt(rate, per, nper, pv, fv, when)
```

关于函数中不同参数的含义以及输入的要求，详见表 2-15。

表 2-15 函数 pmt、ppmt、ipmt 的关键参数及其含义和输入要求

pmt 的参数	ppmt 的参数	ipmt 的参数	含义和输入要求
		rate	住房按揭贷款月利率，因此年利率需要除以 12
无		per	逐次还款的期限长度并且用数组表示
		nper	贷款的整体期限并且单位是月
		pv	按揭贷款的本金金额
		fv	期末的现金流，默认值是 0
		when	每月还款的发生时点，如果在每月期初发生，输入 when='begin' 或者 when=1；相反，如果在每月期末发生，则输入 when='end' 或者 when=0，通常发生在期末

2.13.4 参考代码与说明

1. 针对任务 1

```
In [173]: par=1e7              #住房按揭贷款的本金
     ...: R=0.052/12           #住房按揭贷款的每月利率
     ...: tenor=8*12           #住房按揭贷款的期限（月）

In [174]: pay_month=npf.pmt(rate=R,nper=tenor, pv=par,fv=0,when='end')   #计算按揭贷款每月偿还金额
     ...: print('计算等额本息还款规则下的每月偿还金额',round(pay_month,2))
计算等额本息还款规则下的每月偿还金额 -127553.55
```

以上的输出就意味着，唐女士每月向 J 银行支付的还款金额约为 12.76 万元。

2. 针对任务 2

```
In [175]: tenor_list=np.arange(tenor)+1   #创建包含每次还款期限长度的数组
     ...: tenor_list                       #查看结果
Out[175]:
array([ 1,  2,  3,  4,  5,  6,  7,  8,  9, 10, 11, 12, 13, 14, 15, 16, 17,
       18, 19, 20, 21, 22, 23, 24, 25, 26, 27, 28, 29, 30, 31, 32, 33, 34,
       35, 36, 37, 38, 39, 40, 41, 42, 43, 44, 45, 46, 47, 48, 49, 50, 51,
       52, 53, 54, 55, 56, 57, 58, 59, 60, 61, 62, 63, 64, 65, 66, 67, 68,
       69, 70, 71, 72, 73, 74, 75, 76, 77, 78, 79, 80, 81, 82, 83, 84, 85,
       86, 87, 88, 89, 90, 91, 92, 93, 94, 95, 96])

In [176]: pay_par=npf.ppmt(rate=R,per=tenor_list,nper=tenor, pv=par,fv=0,when=0)   #计算每月偿还的本金金额
     ...: pay_par.round(2)                 #查看结果（保留至小数点后 2 位）
Out[176]:
array([ -84220.22,  -84585.18,  -84951.71,  -85319.84,  -85689.55,
        -86060.88,  -86433.81,  -86808.35,  -87184.52,  -87562.32,
        -87941.76,  -88322.84,  -88705.57,  -89089.96,  -89476.02,
        -89863.75,  -90253.16,  -90644.26,  -91037.05,  -91431.54,
        -91827.74,  -92225.66,  -92625.31,  -93026.69,  -93429.8 ,
```

```
                   -93834.66,   -94241.28,   -94649.66,   -95059.81,   -95471.73,
                   -95885.44,   -96300.95,   -96718.25,   -97137.36,   -97558.29,
                   -97981.05,  -98405.63,   -98832.06,   -99260.33,   -99690.46,
                  -100122.45, -100556.31, -100992.06,  -101429.69, -101869.22,
                  -102310.65, -102754.  ,  -103199.26, -103646.46, -104095.59,
                  -104546.68, -104999.71, -105454.71, -105911.68, -106370.63,
                  -106831.57, -107294.51, -107759.45, -108226.41, -108695.39,
                  -109166.4 , -109639.46, -110114.56, -110591.72, -111070.95,
                  -111552.26, -112035.66, -112521.14, -113008.73, -113498.44,
                  -113990.27, -114484.22, -114980.32, -115478.57, -115978.98,
                  -116481.55, -116986.31, -117493.25, -118002.38, -118513.73,
                  -119027.29, -119543.07, -120061.09, -120581.36, -121103.88,
                  -121628.66, -122155.72, -122685.06, -123216.69, -123750.63,
                  -124286.89, -124825.46, -125366.37, -125909.63, -126455.23,
                  -127003.21])

In [177]: pay_interest=npf.ipmt(rate=R,per=tenor_list,nper=tenor, pv=par,fv=0,when=0)   #
计算每月偿还的利息金额
     ...: pay_interest.round(2)                    #查看结果
Out[177]:
array([-43333.33, -42968.38, -42601.84, -42233.72, -41864.  , -41492.68,
       -41119.75, -40745.2 , -40369.03, -39991.23, -39611.8 , -39230.71,
       -38847.98, -38463.59, -38077.54, -37689.81, -37300.4 , -36909.3 ,
       -36516.51, -36122.01, -35725.81, -35327.89, -34928.25, -34526.87,
       -34123.75, -33718.89, -33312.27, -32903.9 , -32493.75, -32081.82,
       -31668.11, -31252.61, -30835.3 , -30416.19, -29995.26, -29572.51,
       -29147.92, -28721.5 , -28293.23, -27863.1 , -27431.11, -26997.24,
       -26561.5 , -26123.87, -25684.34, -25242.91, -24799.56, -24354.29,
       -23907.09, -23457.96, -23006.88, -22553.84, -22098.85, -21641.87,
       -21182.92, -20721.98, -20259.05, -19794.1 , -19327.15, -18858.17,
       -18387.15, -17914.1 , -17438.99, -16961.83, -16482.6 , -16001.29,
       -15517.9 , -15032.41, -14544.82, -14055.12, -13563.29, -13069.33,
       -12573.23, -12074.98, -11574.58, -11072.  , -10567.25, -10060.31,
        -9551.17,  -9039.83,  -8526.27,  -8010.48,  -7492.46,  -6972.2 ,
        -6449.68,  -5924.9 ,  -5397.84,  -4868.5 ,  -4336.86,  -3802.92,
        -3266.67,  -2728.09,  -2187.18,  -1643.93,  -1098.32,   -550.35])
```

从以上的输出结果不难看到,在等额本息的还款规则下,每月还款金额中的本金比重逐月递增、利息比重逐月递减。

3. 针对任务 3

```
In [178]: prepay=4e6                    #在第 3 年末一次性提前偿还的本金金额

In [179]: par_3Y=np.sum(pay_par[:36])   #计算贷款前 3 年累计偿还的本金金额

In [180]: par_new=par-abs(par_3Y)-prepay #计算贷款剩余的本金

In [181]: tenor_new=5*12                 #贷款剩余期限(月)

In [182]: pay_month_new=npf.pmt(rate=R,nper=tenor_new, pv=par_new,fv=0,when='end')   #计算
贷款剩余 5 年每月偿还金额
     ...: print('计算贷款剩余 5 年的每月偿还金额',round(pay_month_new,2))
计算贷款剩余 5 年的每月偿还金额 -51701.56
```

根据以上的输出不难得到,在第 3 年末一次性提前偿还 400 万元本金之后,每月贷款的偿还金额下降至约 5.17 万元,唐女士每月的还款压力得到有效降低。

2.14 本章小结

NuPy 模块是金融实战中 Python 编程必备的模块之一,同时该模块也起到承前启后的作用,本书后面涉及的 pandas、SciPy 等模块在某种程度上是 NumPy 模块的更高阶版本,因此掌握该模块的重要性不言而喻。本章通过 13 个原创金融案例共计 44 个编程任务,让读者能够结合金融实战充分掌握 NumPy 模块涉及的以下编程技能。

(1)数组的创建。数组其实就是列表的升级版,数组的维度可以由用户自由设定。可以通过

arange、zeros_like 等函数快速创建一些特殊的数组，通过 shape、size 等函数查看数组的形状。

（2）**数组的处理**。对数组的索引及切片等操作与列表非常类似，两个或两个以上的数组之间进行拼接可以运用函数 concatenate 完成。

（3）**数组的内部运算**。比如求和、求乘积、求最值、求均值、求标准差等，需要注意参数 axis 的设定，axis=0 表示按列运算，axis=1 表示按行运算，不输入参数 axis（默认状态）则表示对数组的所有元素运算。如果涉及对数运算和幂运算，则对所有元素进行运算。

（4）**数组间的运算**。二维数组与一维数组之间可以进行加、减、乘、除等运算，运算的规则是二维数组中第 i 列元素均与一维数组中第 i 个元素进行运算，并且二维数组的列数必须等于一组数组的元素个数。

（5）**矩阵运算**。针对单个数组可以进行转置、求协方差矩阵、求相关系数矩阵、进行各种分解等，针对两个及两个以上的数组可以实现求内积等矩阵运算。

（6）**随机抽样**。调用 NumPy 子模块 random 中的相关函数，可以开展基于不同分布的随机抽样，常用的分布类型包括正态分布、对数正态分布、二项分布、几何分布、伽马分布、贝塔分布等。

（7）**现金流模型**。通过 numpy_financial 模块中的函数 fv、pv、npv、irr 可以分别测算现金流的终值、现值、净现值以及内含报酬率，函数 pmt、ppmt 与 ipmt 则适用于测算住房按揭贷款等额本息还款规则下的每期还款金额、每期的本金以及利息金额。

到这里，你已经完成了第 2 章全部实战案例的训练，相信你已经掌握了在金融实战中运用 NumPy 模块的编程技术，下面就向第 3 章勇敢前进吧！

03

第 3 章
pandas 模块编程的
金融案例

本章导言

pandas 模块是运用 Python 开展金融时间序列分析的必备工具，只有扎实掌握 pandas 模块的序列、数据框这两大数据结构，熟练运用数据框的可视化、索引、截取、排序、缺失值处理、拼接以及统计分析等编程技能，才能胜任金融实战中的 Python 编程工作。

本章包含 10 个原创案例共计 40 个编程任务，通过这些案例的集中、反复训练，读者应能够在金融时间序列分析工作中娴熟地驾驭 pandas 模块。下面通过表 3-1 梳理出本章的结构安排。

表 3-1　第 3 章的结构安排

序号	案例标题	学习目标	编程任务数量	读者扮演的角色
1	创建序列和数据框的编程——以美元汇率为案例	掌握序列和数据框的特征与创建方法，以及将序列或数据框转化为列表、数组等编程技术	4 个	外汇分析师
2	导入外部数据和导出数据的编程——以 Euribor 为案例	掌握将外部 Excel 文件导入并生成数据框以及将数据框导出成为 Excel、CSV、TXT 文件等编程技术	4 个	利率报价师
3	数据框可视化的编程——以科创50 指数为案例	掌握运用 plot 函数绘制折线图、直方图、箱形图以及实现多图呈现等编程技术	4 个	证券分析师
4	数据框检索的编程——以原油价格为案例	掌握查看数据框的行索引名、列名和形状，并依据单一条件和多重条件对数据框进行截取等编程技术	4 个	原油分析师
5	数据框缺失值处理的编程——以金砖五国股指为案例	掌握查找是否存在缺失值以及缺失值处理等编程技术	4 个	数据科学家
6	数据框拼接的编程——以纳斯达克上市的中概股为案例	掌握运用于数据框拼接的函数 concat、merge 以及 join 等编程技术	4 个	中概股研究员
7	pandas 模块统计功能的编程之一——以 QDII 基金为分析案例	掌握查找数据框的最大值、最小值以及相关索引值，计算数据框的一阶差分以及百分比变化等编程技术	4 个	基金经理
8	pandas 模块统计功能的编程之二——以美国银行股为案例	掌握计算数据框的中位数、平均值、标准差、偏度、峰度、分位数等编程技术	4 个	风险经理

续表

序号	案例标题	学习目标	编程任务数量	读者扮演的角色
9	pandas 模块统计功能的编程之三——以创业板股票为案例	掌握计算数据框的协方差、相关系数以及求和等编程技术	4 个	投资顾问
10	移动窗口与动态统计的编程——以黄金合约为案例	掌握计算数据框的移动平均值、移动标准差、移动相关系数等编程技术	4 个	黄金市场分析师
	合计		40 个	

在开始练习本章的案例之前，建议读者先学习《基于 Python 的金融分析与风险管理（第 2 板）》第 3 章的相关内容。

3.1 创建序列和数据框的编程——以美元汇率为案例

3.1.1 案例详情

A 银行是总部位于美国纽约的一家历史悠久的商业银行，致力于为全球 130 多个国家和地区的核心企业、政府和机构提供全方位的金融解决方案。假定你是该银行环球金融市场部负责跟踪美元汇率的一位外汇分析师，为了对近期美元汇率的波动进行分析，进而为银行客户提供汇率风险管理的方案，你整理了 2021 年 6 月 1 日至 11 日期间美元与相关货币之间的汇率数据，具体详见表 3-2。

表 3-2　2021 年 6 月 1 日至 11 日的美元汇率数据

日期	欧元兑美元	英镑兑美元	澳元兑美元	美元兑加元	美元兑日元
2021-06-01	1.2241	1.4168	0.7765	1.2031	109.4300
2021-06-02	1.2213	1.4177	0.7752	1.2047	109.5900
2021-06-03	1.2122	1.4099	0.7652	1.2116	110.2800
2021-06-04	1.2173	1.4175	0.7742	1.2088	109.4200
2021-06-07	1.2200	1.4179	0.7765	1.2062	109.2500
2021-06-08	1.2180	1.4146	0.7741	1.2101	109.4700
2021-06-09	1.2184	1.4124	0.7731	1.2102	109.6100
2021-06-10	1.2173	1.4165	0.7752	1.2095	109.4900
2021-06-11	1.2101	1.4114	0.7696	1.2162	109.7500

数据来源：美联储。

根据部门的要求，你需要撰写一份汇率分析报告。为了完成相关的工作，你需要借助 Python 完成以下 4 个编程任务。

3.1.2 编程任务

【任务 1】针对表 3-2 中的数据，先依次创建包含 2021 年 6 月 1 日至 11 日期间欧元兑美元汇率数据的数组和包含相应交易日期的数组，然后通过数组创建包含该汇率的**序列**（series），要求序列的索引是交易日期。此外，创建包含 6 月 3 日这 5 种汇率数据的序列，要求序列的索引是汇率名称。

【任务 2】针对表 3-2 中的数据，先创建包含 2021 年 6 月 4 日至 9 日期间英镑兑美元、澳元兑美元以及美元兑加元这 3 种汇率数据的数组，然后通过数组生成一个**数据框**（dataframe）。

【任务 3】针对表 3-2 中的数据，创建包含 2021 年 6 月 1 日至 11 日期间 5 种汇率数据的数据框，要求该数据框的行索引是日期，列名是汇率名称。

【任务 4】将任务 1 创建的包含 2021 年 6 月 1 日至 11 日期间欧元兑美元汇率数据的序列转换为列表；然后，将包含 6 月 3 日 5 种汇率数据的序列转换为数组；最后，将任务 2 中创建的包含 2021

年6月4日至9日期间3种汇率的数据框转换为数组。

3.1.3 编程提示[1]

- 创建序列需要运用 Series 函数，并且需要输入序列中涉及的索引参数 index。
- 创建数据框需要运用 DataFrame 函数，并且输入 3 个关键参数：一是参数 data，表示数据或者变量；二是参数 index，表示行索引；三是参数 columns，表示列名。
- 将序列转换为列表，运用 Python 内置函数 list 即可完成；将序列转换为数组，仅需要运用 NumPy 模块中的函数 array；将数据框转变为数组，则需要运用函数 values。

3.1.4 参考代码与说明

1. 针对任务1

```
In [1]: import numpy as np          #导入 NumPy 模块
   ...: import pandas as pd          #导入 pandas 模块

In [2]: EUR_USD_array=np.array([1.2241,1.2213,1.2122,1.2173,1.2200,1.2180,1.2184,1.2173,
1.2101])   #2021年6月1日至11日欧元兑美元汇率数据的数组

In [3]: date=np.array(['2021-06-01','2021-06-02','2021-06-03','2021-06-04','2021-06-07',
   ...:               '2021-06-08','2021-06-09','2021-06-10','2021-06-11'])   #日期数组

In [4]: EUR_USD_series=pd.Series(data=EUR_USD_array,index=date)       #创建序列
   ...: EUR_USD_series
Out[4]:
2021-06-01    1.2241
2021-06-02    1.2213
2021-06-03    1.2122
2021-06-04    1.2173
2021-06-07    1.2200
2021-06-08    1.2180
2021-06-09    1.2184
2021-06-10    1.2173
2021-06-11    1.2101
dtype: float64

In [5]: type(EUR_USD_series)
Out[5]: pandas.core.series.Series

In [6]: FX_Jun5_array=np.array([1.2122,1.4099,0.7652,1.2116,110.2800]) #6月3日5种不同汇率的数组
   ...: name=np.array(['欧元兑美元','英镑兑美元','澳元兑美元','美元兑加元','美元兑日元']) #汇率名称数组

In [7]: FX_Jun5_series=pd.Series(data=FX_Jun5_array,index=name)
   ...: FX_Jun5_series
Out[7]:
欧元兑美元      1.2122
英镑兑美元      1.4099
澳元兑美元      0.7652
美元兑加元      1.2116
美元兑日元    110.2800
dtype: float64

In [8]: type(FX_Jun5_series)
Out[8]: pandas.core.series.Series
```

2. 针对任务2

```
In [9]: FX_array1=np.array([[1.4175,0.7742,1.2088],[1.4179,0.7765,1.2062],
   ...:               [1.4146,0.7741,1.2101],[1.4124,0.7731,1.2102]])  #3种汇率在6月4日至
9日的数组
```

1 本章案例的"编程提示"部分中提及的函数，如无特别说明，均默认是指 pandas 模块的函数。

```
In [10]: FX_data1=pd.DataFrame(data=FX_array1,index=date[3:-2],columns=name[1:4]) #转成一
个数据框
    ...: FX_data1
Out[10]:
            英镑兑美元    澳元兑美元    美元兑加元
2021-06-04   1.4175      0.7742     1.2088
2021-06-07   1.4179      0.7765     1.2062
2021-06-08   1.4146      0.7741     1.2101
2021-06-09   1.4124      0.7731     1.2102

In [11]: type(FX_data1)
Out[11]: pandas.core.frame.DataFrame
```

对比任务 1 创建的序列与任务 2 创建的数据框，可以发现两者之间存在两点显著差异：一是序列只有 2 列（1 列索引和 1 列数值），数据框则可以有多列，即 1 列索引和多列数值；二是序列没有列名，但是数据框可以有列名。

3. 针对任务 3

```
In [12]: FX_array2=np.array([[1.2241,1.4168,0.7765,1.2031,109.4300],
    ...:                     [1.2213,1.4177,0.7752,1.2047,109.5900],
    ...:                     [1.2122,1.4099,0.7652,1.2116,110.2800],
    ...:                     [1.2173,1.4175,0.7742,1.2088,109.4200],
    ...:                     [1.2200,1.4179,0.7765,1.2062,109.2500],
    ...:                     [1.2180,1.4146,0.7741,1.2101,109.4700],
    ...:                     [1.2184,1.4124,0.7731,1.2102,109.6100],
    ...:                     [1.2173,1.4165,0.7752,1.2095,109.4900],
    ...:                     [1.2101,1.4114,0.7696,1.2162,109.7500]])#全部汇率在6月1日至11日的数组

In [13]: FX_data2=pd.DataFrame(data=FX_array2,index=date,columns=name)   #转为数据框
    ...: FX_data2
Out[13]:
            欧元兑美元    英镑兑美元    澳元兑美元    美元兑加元    美元兑日元
2021-06-01   1.2241      1.4168      0.7765      1.2031      109.43
2021-06-02   1.2213      1.4177      0.7752      1.2047      109.59
2021-06-03   1.2122      1.4099      0.7652      1.2116      110.28
2021-06-04   1.2173      1.4175      0.7742      1.2088      109.42
2021-06-07   1.2200      1.4179      0.7765      1.2062      109.25
2021-06-08   1.2180      1.4146      0.7741      1.2101      109.47
2021-06-09   1.2184      1.4124      0.7731      1.2102      109.61
2021-06-10   1.2173      1.4165      0.7752      1.2095      109.49
2021-06-11   1.2101      1.4114      0.7696      1.2162      109.75
```

4. 针对任务 4

```
In [14]: EUR_USD_list=list(EUR_USD_array)    #6月1日至11日欧元兑美元汇率的序列转为列表
    ...: EUR_USD_list
Out[14]: [1.2241, 1.2213, 1.2122, 1.2173, 1.22, 1.218, 1.2184, 1.2173, 1.2101]

In [15]: FX_Jun5_new=np.array(FX_Jun5_series)       #6月3日5种汇率的序列转为数组
    ...: FX_Jun5_new
Out[15]: array([  1.2122,   1.4099,   0.7652,   1.2116, 110.28  ])

In [16]: FX_array1_new=FX_data1.values              #3种汇率6月4日至9日净值的数据框转为数组
    ...: FX_array1_new
Out[16]:
array([[1.4175, 0.7742, 1.2088],
       [1.4179, 0.7765, 1.2062],
       [1.4146, 0.7741, 1.2101],
       [1.4124, 0.7731, 1.2102]])
```

3.2 导入外部数据和导出数据的编程——以 Euribor 为案例

3.2.1 编程案例

B 银行是总部位于荷兰阿姆斯特丹的一家全球性商业银行，"为人们在生活和商业中抢占先机而赋能"是该银行的使命，同时该银行也是欧元区银行间同业拆借利率（Euribor）的报价团成员银

行之一，目前 Euribor 品种包括 1 周（1W）、1 个月（1M）、3 个月（3M）、6 个月（6M）及 12 个月（12M）共 5 个期限。

假定你是该银行专门负责 Euribor 的利率报价师，在每个交易日上午需要向 Euribor 的主管机构——欧洲货币市场研究所（The European Money Markets Institute，EMMI）提交报价数据。为了更好地开展 2021 年 6 月份 Euribor 的报价工作，你需要对 2021 年 5 月份 Euribor 不同期限品种的每日利率进行分析。这些数据存放在一个 Excel 文件中，表 3-3 列出了 2021 年 5 月 Euribor 的部分日数据。

表 3-3 2021 年 5 月份 Euribor 不同期限品种的部分日数据

日期	1W	1M	3M	6M	12M
2021-05-03	−0.5680%	−0.5590%	−0.5350%	−0.5180%	−0.4860%
2021-05-04	−0.5700%	−0.5620%	−0.5350%	−0.5160%	−0.4830%
2021-05-05	−0.5710%	−0.5530%	−0.5310%	−0.5150%	−0.4830%
……	……	……	……	……	……
2021-05-27	−0.5630%	−0.5570%	−0.5400%	−0.5090%	−0.4800%
2021-05-28	−0.5670%	−0.5580%	−0.5430%	−0.5120%	-0.4810%
2021-05-31	−0.5740%	−0.5630%	−0.5440%	−0.5130%	−0.4830%

数据来源：欧洲货币市场研究所。

为了做好数据分析的前期准备工作，你需要运用 Python 完成 4 个编程任务。

3.2.2 编程任务

【任务 1】在 Python 中导入包含 2021 年 5 月 Euribor 不同期限品种每日利率数据的 Excel 文件并且创建一个数据框，同时还要依次创建该数据框的最前面 5 行、末尾 5 行以及主要的统计指标等 3 个数据框。

【任务 2】你接到主管瑞吉克先生（Mr.Regik）的电话，需要提供 5 月最初 5 个交易日的 Euribor 数据并且要求以 Excel 文件格式存放，因此你需要将任务 1 已创建的包括前 5 行数据的数据框从 Python 中导出并生成 Excel 文件。

【任务 3】你的同事乔尔坦女士（Ms.Jortan）请求你提供 5 月最后 5 个交易日的 Euribor 数据并且用 CSV 文件格式存放，因此你需要将任务 1 已创建的包括末尾 5 行数据的数据框导出并生成 CSV 文件。

【任务 4】你的同事普达古先生（Mr.Pudagu）正在撰写 5 月欧元区货币市场的分析报告，希望你能提供 5 月 Euribor 不同期限品种的统计指标并且需要以 TXT 格式的文件存放，因此你需要将任务 1 已创建的统计指标数据框导出并生成 TXT 文件。

3.2.3 编程提示

- 导入 Excel 文件需要运用函数 read_excel，需要注意的是，在该函数中导入文件的路径必须手动输入。参数 sheetname 表示选择 Excel 文件中需要导入的工作表名称；参数 header 表示选择哪一行作为列名行，比如，header=0 表示选取工作表的第一行作为列名行；参数 index_col 表示选择哪一列作为索引列，比如，index_col=0 表示将第一列作为索引列。
- 从 Python 中导出数据并存放在 Excel 文件中需运用函数 to_excel；导出数据并存放在 CSV 文件中需要运用函数 to_csv；导出数据并存放在 TXT 文件中也需要运用函数 to_csv，但是要在函数中添加带 TXT 格式的文件名。
- 获取该数据框的前 5 行、后 5 行以及主要的统计指标需要分别用到函数 head、tail 以及 describe。

3.2.4　参考代码与说明

1.　针对任务 1

```
In [17]: Euribor_excel=pd.read_excel('C:/Desktop/2021 年 5 月份的 Euribor.xlsx', sheet_name=
"Sheet1", header=0, index_col=0)     #从外部导入数据

In [18]: Euribor_head=Euribor_excel.head()        #数据框的最前面 5 行
    ...: Euribor_head
Out[18]:
                  1W        1M        3M        6M        12M
日期
2021-05-03   -0.00568  -0.00559  -0.00535  -0.00518  -0.00486
2021-05-04   -0.00570  -0.00562  -0.00535  -0.00516  -0.00483
2021-05-05   -0.00571  -0.00553  -0.00531  -0.00515  -0.00483
2021-05-06   -0.00571  -0.00558  -0.00532  -0.00513  -0.00483
2021-05-07   -0.00560  -0.00553  -0.00529  -0.00514  -0.00483

In [19]: Euribor_tail=Euribor_excel.tail()     #数据框的末尾 5 行
    ...: Euribor_tail
Out[19]:
                  1W        1M        3M        6M        12M
日期
2021-05-25   -0.00568  -0.00557  -0.00538  -0.00505  -0.00476
2021-05-26   -0.00568  -0.00561  -0.00537  -0.00507  -0.00480
2021-05-27   -0.00563  -0.00557  -0.00540  -0.00509  -0.00480
2021-05-28   -0.00567  -0.00558  -0.00543  -0.00512  -0.00481
2021-05-31   -0.00574  -0.00563  -0.00544  -0.00513  -0.00483

In [20]: Euribor_describe=Euribor_excel.describe()     #数据框的主要统计指标
    ...: Euribor_describe
Out[20]:
              1W          1M          3M          6M          12M
count   21.000000   21.000000   21.000000   21.000000   21.000000
mean    -0.005653   -0.005579   -0.005401   -0.005130   -0.004806
std      0.000046    0.000045    0.000069    0.000032    0.000026
min     -0.005740   -0.005630   -0.005530   -0.005180   -0.004860
25%     -0.005680   -0.005620   -0.005440   -0.005150   -0.004830
50%     -0.005660   -0.005590   -0.005400   -0.005130   -0.004810
75%     -0.005630   -0.005530   -0.005350   -0.005130   -0.004790
max     -0.005580   -0.005480   -0.005290   -0.005050   -0.004760
```

需要注意的是，用函数 describe 输出的统计指标数值结果，在数据结构上也是数据框，只是索引列变成了统计指标的名称。

2.　针对任务 2

```
In [21]: Euribor_head.to_excel('C:/Desktop/2021 年 5 月前 5 个交易日 Euribor.xlsx')     #将数据导出
至计算机的桌面并且以 Excel 文件格式存放
```

导出的 Excel 工作表截图如图 3-1 所示。

	A	B	C	D	E	F	G	H
1	日期	1W	1M	3M	6M	12M		
2	2021/5/3	-0.00568	-0.00559	-0.00535	-0.00518	-0.00486		
3	2021/5/4	-0.0057	-0.00562	-0.00535	-0.00516	-0.00483		
4	2021/5/5	-0.00571	-0.00553	-0.00531	-0.00515	-0.00483		
5	2021/5/6	-0.00571	-0.00558	-0.00532	-0.00513	-0.00483		
6	2021/5/7	-0.0056	-0.00553	-0.00529	-0.00514	-0.00483		
7								
8								
9								
10								

图 3-1　导出的 Excel 工作表截图

3.　针对任务 3

```
In [22]: Euribor_tail.to_csv('C:/Desktop/2021 年 5 月最后 5 个交易日 Euribor.csv')     #将数据导出至
计算机的桌面并且以 CSV 文件格式存放
```

CSV 文件可以用 Excel 或记事本打开，由于用 Excel 打开可能会显示为乱码，因此这里就用记

事本打开 CSV 文件。此外，要提醒读者注意的是，由于浮点型数据在计算机内存中是以二进制表示的，因此会存在输入数据与显示数据之间的细微差异，例如输入的−0.00568，但在图 3-2 显示的却是−0.005679999999999999，然而该差异不会影响计算。

图 3-2　导出的 CSV 文件截图（文件用记事本打开）

4.　针对任务 4

```
In [23]: Euribor_describe.to_csv('C:/Desktop/2021年5月Euribor主要统计指标.txt')    #将数据导出
至计算机的桌面并且以 TXT 文件格式存放
```

图 3-3 显示的数据在小数点后的位数会存在一定差异，此外，需要注意的是，无论是导入外部文件还是导出为外部文件，文件存放的路径必须要手动输入，同时该路径代表文件存放在计算机中的具体位置。

图 3-3　导出的 TXT 文件截图

3.3　数据框可视化的编程——以科创 50 指数为案例

3.3.1　案例详情

C 公司是总部位于韩国首尔的一家资产管理公司，公司以"成为提供创新投资解决方案的全球资产管理公司"为使命。自上海证券交易所于 2019 年 7 月推出科创板以来，C 公司就始终高度关注科创板，并且通过 QFII 机制积极配置科创板股票。

假定你在该公司是负责跟踪科创板的证券分析师，日常的主要工作之一是研究科创 50 指数（代码 000688）的走势。现在，你需要向公司管理层提交一份针对 2020 年 7 月 23 日（指数上市首日）至 2021 年 9 月期间科创 50 指数的研究报告，你已经整理了这一期间该指数每个交易日的开盘价、最高价、最低价、收盘价、成交量以及换手率等数据，表 3-4 列出了部分交易日的相关数据，全部的数据按照不同工作表存放于 Excel 文件中。

表 3-4　科创 50 指数开盘价、最高价、最低价、收盘价等价格以及成交量、换手率等部分日数据
（2020 年 7 月 23 日至 2021 年 9 月期间）

日期	开盘价	最高价	最低价	收盘价	成交量（亿股）	换手率
2020-07-23	1487.1965	1512.4677	1459.7342	1494.1393	8.9478	14.3346%
2020-07-24	1467.1027	1474.4601	1389.3051	1389.3051	10.2544	16.4279%
2020-07-27	1396.4882	1403.1125	1361.9814	1374.5189	6.2068	9.9435%
……	……	……	……	……	……	……
2021-09-28	1362.3276	1379.5922	1350.7940	1354.0959	5.8583	4.1424%
2021-09-29	1344.8873	1356.6437	1336.5058	1345.7697	6.9037	4.8817%
2021-09-30	1348.6497	1371.4941	1348.6497	1368.7158	5.4859	3.8783%

数据来源：上海证券交易所。

为了能够让分析报告比较形象和生动，你需要运用 Python 完成 4 个可视化的编程任务。

3.3.2　编程任务

【任务 1】通过 Excel 文件导入 2020 年 7 月 23 日至 2021 年 9 月期间科创 50 指数每日的换手率数据并创建一个数据框，同时绘制一幅折线图。

【任务 2】通过 Excel 文件导入 2020 年 7 月 23 日至 2021 年 9 月期间科创 50 指数每日的成交量数据并创建一个数据框，针对该数据框绘制直方图。

【任务 3】针对任务 2 创建的科创 50 指数每日的成交量数据框，绘制一幅箱形图（box plot，也称盒须图或箱线图）。

【任务 4】通过 Excel 文件导入 2020 年 7 月 23 日至 2021 年 9 月期间科创 50 指数每日的开盘价、最高价、最低价、收盘价的数据并创建一个数据框，以 2×2 子图的方式依次将开盘价、最高价、最低价以及收盘价进行可视化。

3.3.3　编程提示

- 运用函数 plot 能将数据框中的数据便捷地绘制成折线图，可以针对参数 kind 输入 kind= 'line' 或者不输入，因为参数 kind 在默认情况下表示绘制折线图。
- 如需将数据框中的数据绘制成直方图，在运用函数 plot 时，针对参数 kind 就需要输入 kind='hist'。
- 如需将数据框中的数据绘制成箱形图，在运用函数 plot 时，针对参数 kind 需要输入 kind='box'。
- 运用 2×2 子图方式进行可视化，就需要在运用函数 plot 的过程中针对参数 subplots 输入 subplots=True，同时针对参数 layout 输入 layout=(2,2)。

3.3.4　参考代码与说明

1. 针对任务 1

```
In [24]: from pylab import mpl                              #从 pylab 导入子模块 mpl
    ...: mpl.rcParams['font.sans-serif'] = ['KaiTi']        #以楷体显示中文
    ...: mpl.rcParams['axes.unicode_minus']=False           #在图像中正常显示负号 "-"

In [25]: turnover=pd.read_excel('C:/Desktop/科创 50 指数的数据.xlsx',sheet_name= "Sheet1",
header=0, index_col=0)      #导入 Sheet1 工作表中的外部换手率数据

In [26]: turnover.head()                                    #数据框的前 5 行
Out[26]:
              换手率
日期
2020-07-23   0.143346
2020-07-24   0.164279
2020-07-27   0.099435
2020-07-28   0.087226
2020-07-29   0.117381

In [27]: turnover.tail()                                    #数据框的末尾 5 行
Out[27]:
              换手率
日期
2021-09-24   0.050702
2021-09-27   0.059415
2021-09-28   0.041424
2021-09-29   0.048817
2021-09-30   0.038783
```

```
In [28]: turnover.plot(kind='line',figsize=(9,6),title=u'2020 年 7 月 23 日至 2021 年 9 月科创 50
指数换手率', grid=True, fontsize=12)
Out[28]:
```

从图 3-4 可以看到，科创 50 指数上市以来的 1 年多时间内，指数的日换手率存在较大波动，最高的日换手率（超过 0.18%）是最低日换手率（约 0.3%）的 6 倍左右。

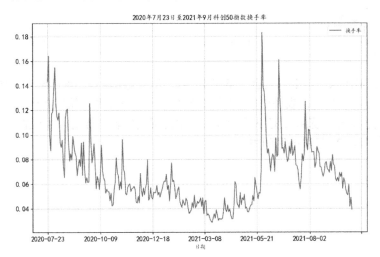

图 3-4　2020 年 7 月 23 日至 2021 年 9 月科创 50 指数的日换手率

2. 针对任务 2

```
In [29]: volume=pd.read_excel('C:/Desktop/科创 50 指数的数据.xlsx',sheet_name= "Sheet2", header=0,
index_col=0)   #导入 Sheet2 工作表中的外部成交量数据

In [30]: volume.plot(kind='hist',figsize=(9,6),title=u'2020 年 7 月 23 日至 2021 年 9 月科创 50 指
数成交量', grid=True, fontsize=13)
Out[30]:
```

图 3-5 中的横坐标代表科创 50 指数每个交易日的成交量，并且单位是亿股，纵坐标则代表频数，此外图中共有 10 根柱子（默认值），每根柱子的宽度是相同的（即代表区间的距离相同）。通过目测可以发现，科创 50 指数日成交量主要集中在 2.6 亿股至 7 亿股的区间中。

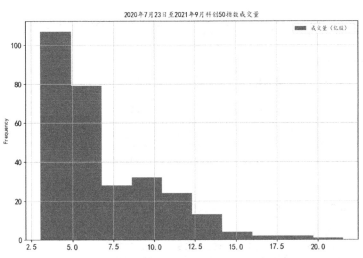

图 3-5　2020 年 7 月 23 日至 2021 年 9 月科创 50 指数日成交量的直方图

3. 针对任务 3

```
In [31]: volume.describe()                               #统计指标
Out[31]:
         成交量（亿股）
```

```
count   292.000000
mean      6.915225
std       3.265239
min       3.074009
25%       4.605288
50%       5.589118
75%       9.215385
max      21.565099
```

In [32]: volume.plot(kind='box',figsize=(9,6),title=u'2020 年 7 月 23 日至 2021 年 9 月科创 50 指数成交量', grid=True, fontsize=13)
Out[32]:

图 3-6 中的箱形图从上至下一共有 5 条横线，第一条是上边缘线，第二条代表 25% 的分位数（图内小长方形的上边），第三条代表中位数（小长方形内部的一条直线），第四条代表 75% 的分位数（图内小长方形的下边），第五条线则是下边缘线。图中的圆点代表异常值，并且通过目测发现异常值主要聚集在 16 亿股至 22 亿股的区间中。

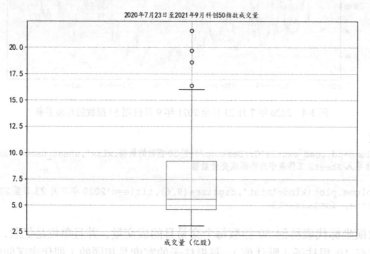

图 3-6　2020 年 7 月 23 日至 2021 年 9 月科创 50 指数成交量的箱形图

4. 针对任务 4

In [33]: price=pd.read_excel('C:/Desktop/科创 50 指数的数据.xlsx',sheet_name= "Sheet3", header=0, index_col=0)　#导入 Sheet3 工作表中的外部价格数据

In [34]: price.head()
Out[34]:
	开盘价	最高价	最低价	收盘价
日期				
2020-07-23	1487.1965	1512.4677	1459.7342	1494.1393
2020-07-24	1467.1027	1474.4601	1389.3051	1389.3051
2020-07-27	1396.4882	1403.1125	1361.9814	1374.5189
2020-07-28	1385.7933	1404.9026	1383.2842	1400.5353
2020-07-29	1400.9201	1476.9248	1395.9744	1476.9248

In [35]: price.tail()
Out[35]:
	开盘价	最高价	最低价	收盘价
日期				
2021-09-24	1362.9793	1390.5031	1359.8450	1374.9995
2021-09-27	1386.5235	1397.1804	1354.2019	1368.6905
2021-09-28	1362.3276	1379.5922	1350.7940	1354.0959
2021-09-29	1344.8873	1356.6437	1336.5058	1345.7697
2021-09-30	1348.6497	1371.4941	1348.6497	1368.7158

In [36]: price.plot(kind='line',subplots=True,sharex=True,sharey=True,layout=(2,2), figsize=(10,8), grid=True, fontsize=13)
Out[36]:

在绘制图 3-7 的过程中，为了便于进行不同子图之间的对比，针对不同的子图共用 x 轴刻度和标签以及 y 轴刻度和标签。

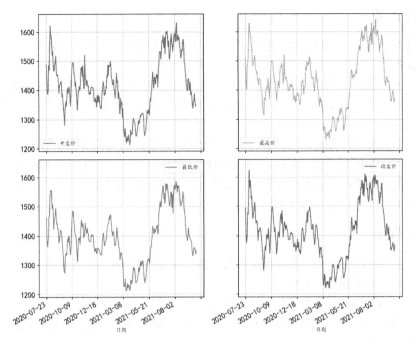

图 3-7 2020 年 7 月 23 日至 2021 年 9 月科创 50 指数走势（以子图方式展示）

3.4 数据框检索的编程——以原油价格为案例

3.4.1 案例详情

D 公司是总部位于北京的一家全球大型炼油公司，公司在日常生产经营中面临的一个重要风险就是全球原油价格的波动。目前，世界原油交易形成北美、欧洲、亚洲三大市场，各个市场均有作为价格基准的标准原油，分别是布伦特原油（Brent crude Oil）、西得克萨斯州中质原油（West Texas intermediate，简称"西得州中质原油"）以及迪拜原油（Dubai Crude Oil）。其中，全球三分之二以上的原油交易以布伦特原油价格作为定价基准。

假定你是该公司金融事业部的一位原油分析师，日常的主要工作就是动态跟踪并分析全球原油价格的变动。表 3-5 列出了 2000 年 1 月至 2021 年 9 月期间月末原油价格的部分数据，全部的价格数据存放于 Excel 文件中。

表 3-5 2000 年 1 月至 2021 年 9 月期间月末原油价格的部分数据 单位：美元/桶

日期	布伦特原油	西得州中质原油	迪拜原油	全球原油
2000-01-31	25.22	27.24	23.18	25.21
2000-02-29	27.63	29.21	24.62	27.15
2000-03-31	27.47	29.92	25.08	27.49
……	……	……	……	……
2021-07-31	74.39	72.58	72.88	73.28
2021-08-31	70.02	67.73	68.91	68.89
2021-09-30	74.60	71.46	72.24	72.77

注：表中的全球原油价格是布伦特原油、西得州中质原油以及迪拜原油这 3 种原油现货价格的简单平均值。

数据来源：国际货币基金组织。

为了提升工作效率，部门负责人要求每位员工学习并运用 Python 开展日常的分析工作。为了完成针对原油价格数据的分析，现在你需要完成 4 个编程任务。

3.4.2 编程任务

【任务 1】导入包含原油价格数据的 Excel 文件并且创建数据框，查看该数据框的行索引名、列名以及形状参数。

【任务 2】针对任务 1 创建的数据框，需要依次查看 2003 年 3 月 31 日、2008 年 7 月 31 日以及 2020 年 12 月 31 日的价格数据，此外也需要查看 2010 年 10 月 31 日至 2011 年 4 月 30 日期间的月末价格数据。

【任务 3】针对任务 1 创建的数据框，截取第 26 行至第 33 行、第 2 列至第 4 列的数据。

【任务 4】针对任务 1 创建的数据框，截取全球原油价格小于等于 20 美元/桶所对应的子数据框，此外截取同时满足布伦特原油价格小于 110 美元/桶、西得州中质原油价格大于 100 美元/桶以及迪拜原油价格大于 105 美元/桶这 3 个判断条件的子数据框。

3.4.3 编程提示

- 可以运用函数 index 查看数据框的行索引名，运用函数 columns 查看数据框的列名，运用函数 shape 查看数据框的形状。
- 可以运用函数 loc 查看数据框中的某个交易日或者若干个交易日的原油价格数据。
- 可以运用函数 iloc 对数据框进行截取，针对同时满足多个判断条件进行截取时，不同条件之间需要用&相连。

3.4.4 参考代码与说明

1. 针对任务 1

```
In [37]: price_oil=pd.read_excel('C:/Desktop/原油价格.xlsx',sheet_name= "Sheet1", header=0,
index_col=0)     #从外部导入原油价格数据

In [38]: price_oil.index             #查看数据框的行索引名
Out[38]:
DatetimeIndex(['2000-01-31', '2000-02-29', '2000-03-31', '2000-04-30',
               '2000-05-31', '2000-06-30', '2000-07-31', '2000-08-31',
               '2000-09-30', '2000-10-31',
               ...
               '2020-12-31', '2021-01-31', '2021-02-28', '2021-03-31',
               '2021-04-30', '2021-05-31', '2021-06-30', '2021-07-31',
               '2021-08-31', '2021-09-30'],
              dtype='datetime64[ns]', name='日期', length=261, freq=None)

In [39]: price_oil.columns            #查看数据框的列
Out[39]: Index(['布伦特原油', '西得州中质原油', '迪拜原油', '全球原油'], dtype='object')

In [40]: price_oil.shape             #查看数据框的形状参数
Out[40]: (261, 4)
```

根据以上输出的数据框形状参数，整个数据框有 261 行（不包含列名行）、4 列（不含索引列）。

2. 针对任务 2

```
In [41]: price_oil.loc['2003-03-31']     #查看 2003 年 3 月 31 日的价格数据
Out[41]:
布伦特原油      30.34
西得州中质原油    33.32
迪拜原油       27.42
全球原油       30.36
Name: 2003-03-31 00:00:00, dtype: float64
```

```
In [42]: price_oil.loc['2008-07-31']      #查看2008年7月31日的价格数据
Out[42]:
布伦特原油      133.90
西得州中质原油    133.90
迪拜原油       131.22
全球原油       133.01
Name: 2008-07-31 00:00:00, dtype: float64

In [43]: price_oil.loc['2020-12-31']      #查看2020年12月31日的价格数据
Out[43]:
布伦特原油      49.85
西得州中质原油    47.09
迪拜原油       49.32
全球原油       48.75
Name: 2020-12-31 00:00:00, dtype: float64

In [44]: price_oil.loc['2010-10-31':'2011-04-30']  #查看2010年10月31日至2011年4月30日的月
末价格数据
Out[44]:
                布伦特原油    西得州中质原油    迪拜原油    全球原油
日期
2010-10-31      82.92     81.90     80.34    81.72
2010-11-30      85.67     84.19     83.74    84.53
2010-12-31      91.80     89.22     89.18    90.07
2011-01-31      96.29     89.51     92.19    92.66
2011-02-28     103.96     89.37     99.88    97.73
2011-03-31     114.44    102.92    108.58   108.65
2011-04-30     123.15    110.04    115.76   116.32
```

3. 针对任务3

```
In [45]: price_oil.iloc[25:33,1:4]         #截取第26行至第33行、第2列至第4列的数据
Out[45]:
                西得州中质原油    迪拜原油    全球原油
日期
2002-02-28      20.72     18.91    19.98
2002-03-31      24.38     22.85    23.64
2002-04-30      26.24     24.41    25.43
2002-05-31      27.04     24.59    25.69
2002-06-30      25.51     23.83    24.49
2002-07-31      26.92     24.57    25.75
2002-08-31      28.37     25.32    26.78
2002-09-30      29.67     26.83    28.28
```

4. 针对任务4

```
In [46]: price_oil[price_oil['全球原油']<=20]  #截取全球原油价格小于等于20美元/桶对应的子数据框
Out[46]:
                布伦特原油    西得州中质原油    迪拜原油    全球原油
日期
2001-11-30      18.94     19.59     17.53    18.69
2001-12-31      18.60     19.31     17.64    18.52
2002-01-31      19.48     19.69     18.29    19.15
2002-02-28      20.29     20.72     18.91    19.98

In [47]: price_oil[(price_oil['布伦特原油']<110)&(price_oil['西得州中质原油']>100)&(price_oil
['迪拜原油']>105)]   #截取同时满足3个条件的子数据框
Out[47]:
                布伦特原油    西得州中质原油    迪拜原油    全球原油
日期
2013-10-31     109.48    100.50    106.39   105.46
2014-05-31     109.68    102.00    105.51   105.73
2014-07-31     106.98    102.99    105.71   105.22
```

需要提醒的是，虽然针对数据框的索引和截取有3个函数loc、iloc以及ix，但是在pandas 0.20.0以及更高版本中已经不建议运用函数ix，因此以上参考代码中未运用函数ix。

3.5 数据框缺失值处理的编程——以金砖五国股指为案例

3.5.1 案例详情

E 公司是总部位于阿联酋阿布扎比的一家全球性投资机构,该公司通过高度多元化的投资组合,涵盖不同地域与资产类别,进而在整个市场周期中努力获取长期、可持续的投资回报。公司非常重视新兴市场的投资,于 2021 年 5 月底对外新发行了一款专注于投资金砖五国(巴西、俄罗斯、印度、中国和南非,简称"BRICS")股票市场的基金产品,同时,该基金产品业绩的比较基准设定为这 5 个国家代表性股指的加权平均值,相关代表性股指包括 IBOVESPA 指数、RTS 指数、SENSEX30 指数、沪深 300 指数和 JSE 指数。

表 3-6 列出了 2021 年 6 月金砖五国代表性股指的日收盘价。由于不同国家节假日的差异性安排,造成各国股市在休市日期上的差别,从而导致部分交易日不同指数的收盘价数据缺失(缺失值在表 3-6 中用 N/A 表示),并且 6 月的全部数据也存放在 Excel 文件中。

表 3-6 2021 年 6 月金砖五国代表性股指的日收盘价数据

日期	IBOVESPA 指数 (巴西)	RTS 指数 (俄罗斯)	SENSEX30 指数 (印度)	沪深 300 指数 (中国)	JSE 指数 (南非)
2021-6-1	128267.10	1614.21	51934.88	5341.6798	68922.86
2021-6-2	129601.40	1643.66	51849.48	5289.9736	69049.04
2021-6-3	N/A	1636.51	52232.43	5255.2855	67791.38
2021-6-4	130125.8	1647.06	52100.05	5282.2772	67825.02
2021-6-7	130776.3	1652.99	52328.51	5277.6271	67575.42
2021-6-8	129787.1	1656.46	52275.57	5232.1165	67644.84
2021-6-9	129906.8	1674.75	51941.64	5236.4493	67681.47
2021-6-10	130076.2	1677.36	52300.47	5271.4661	67542.84
2021-6-11	129441.0	1678.57	52474.76	5224.7030	67723.91
2021-6-14	130208.0	1687.37	52551.53	N/A	67941.48
2021-6-15	130091.1	1665.31	52773.05	5166.5595	67310.57
2021-6-16	129259.5	1679.02	52501.98	5080.4909	N/A
2021-6-17	128057.2	1664.38	52323.33	5101.8924	66585.48
2021-6-18	128405.4	1646.72	52344.45	5102.4657	65635.23
2021-6-21	129265.0	1642.39	52574.46	5090.3854	65563.48
2021-6-22	128767.5	1645.59	52588.71	5122.1583	65551.73
2021-6-23	128428.0	1666.21	52306.08	5147.3938	65819.63
2021-6-24	129513.6	1664.94	52699.00	5155.9738	66263.49
2021-6-25	127255.6	1672.08	52925.04	5239.9684	66215.47

数据来源:圣保罗证券期货交易所、莫斯科交易所、孟买证券交易所、中证指数有限公司和约翰内斯堡证券交易所。

注:根据各交易所的报价规则,IBOVESPA 指数的价格保留至小数点后 1 位,沪深 300 指数的价格保留至小数点后 4 位,其他指数的价格保留至小数点后两位。

假定你是该公司新兴市场权益投资部的一位数据科学家,根据部门的工作安排将对表 3-6 中的数据进行处理从而为后续的深入分析做准备,下面就需要运用 Python 完成 4 个编程任务。

3.5.2 编程任务

【任务 1】导入包含表 3-6 中数据的 Excel 文件并且创建一个数据框,查看每一列是否存在缺失值,如有缺失值则需要找出存在缺失值的行。

【任务 2】针对任务 1 创建的数据框,直接删除存在缺失值这一整行(直接删除法)并生成一个新的数据框,查看新的数据框中每一列是否存在缺失值,并且比较原数据框与新数据框的形状参数。

【任务 3】针对任务 1 创建的数据框,用休市前最后一个交易日收盘价数据替代休市的价格缺失值,即采用缺失值所在列前一个非缺失值进行补齐(向前补齐法)并生成一个新的数据框,同时查看新的数据框。

【任务 4】针对任务 1 创建的数据框,用休市后首个交易日收盘价数据替代休市的价格缺失值,即采用缺失值所在列后一个非缺失值进行补齐(向后补齐法)并生成一个新的数据框,同时查看新的数据框。

3.5.3 编程提示

- 查看数据框中每一列是否存在缺失值,可以运用函数 isnull 或者函数 isna。
- 针对存在缺失值的数据框,如果采用直接删除法对存在缺失值的整行进行删除,可以运用函数 dropna。
- 针对数据框的向前补齐法,可以运用函数 fillna 对缺失值进行补充,并输入参数 method='ffill';向后补齐法,则依然运用函数 fillna 并输入参数 method='bfill'。

3.5.4 参考代码与说明

1. 针对任务 1

```
In [48]: BRICS=pd.read_excel('C:/Desktop/金砖五国代表性股指的数据.xlsx',sheet_name= "Sheet1",
header=0, index_col=0)    #从外部导入金砖五国股票指数的数据

In [49]: BRICS.isnull().any()          #查看每一列是否存在缺失值
Out[49]:
IBOVESPA 指数    True
RTS 指数         False
SENSEX30 指数    False
沪深 300 指数      True
JSE 指数         True
dtype: bool

In [50]: BRICS.isna().any()           #同样也是查看每一列是否存在缺失值
Out[50]:
IBOVESPA 指数    True
RTS 指数         False
SENSEX30 指数    False
沪深 300 指数      True
JSE 指数         True
dtype: bool
```

在上面的输出结果中,True 表示相关的列(IBOVESPA 指数、沪深 300 指数以及 JSE 指数)存在缺失值,False 则表示相关的列(SENSEX30 指数、RTS 指数)不存在缺失值,此外输出结果的数据类型是布尔型。

```
In [51]: BRICS[BRICS.isnull().values==True]    #查找存在缺失值所在的行
Out[51]:
              IBOVESPA 指数    RTS 指数    SENSEX30 指数    沪深 300 指数    JSE 指数
日期
2021-06-03         NaN       1636.51     52232.43      5255.2855   67791.38
2021-06-14      130208.0     1687.37     52551.53          NaN     67941.48
2021-06-16      129259.5     1679.02     52501.98      5080.4909       NaN
```

在以上查找存在缺失值所在的行的输出结果中,针对缺失值用 NaN 表示,并且将存在缺失值的整行进行输出。

2. 针对任务 2

```
In [52]: BRICS_dropna=BRICS.dropna()           #删除存在缺失值的行并创建一个新数据框

In [53]: BRICS_dropna.isnull().any()           #查看新数据框是否还存在缺失值
Out[53]:
IBOVESPA 指数    False
```

```
RTS 指数            False
SENSEX30 指数       False
沪深 300 指数        False
JSE 指数            False
dtype: bool
```

从以上输出结果可以发现，新的数据框中就不存在缺失值了。

```
In [54]: BRICS.shape                                    #查看原数据框的形状参数
Out[54]: (19, 5)

In [55]: BRICS_dropna.shape                             #查看新数据框的形状参数
Out[55]: (16, 5)
```

从两个数据框的形状参数可以看到，相比存在缺失值的原数据框，由于删除了缺失值所在的行，新数据框减少了 3 行。

3. 针对任务 3

```
In [56]: BRICS_ffill=BRICS.fillna(method='ffill')       #向前补齐

In [57]: BRICS_ffill.isnull().any()                     #查看新数据框是否还存在缺失值
Out[57]:
IBOVESPA 指数      False
RTS 指数           False
SENSEX30 指数      False
沪深 300 指数       False
JSE 指数           False
dtype: bool

In [58]: BRICS_ffill.loc['2021-06-02':'2021-06-17']     #查看部分缺失值的补齐情况
Out[58]:
             IBOVESPA 指数    RTS 指数    SENSEX30 指数    沪深 300 指数    JSE 指数
日期
2021-06-02      129601.4    1643.66      51849.48     5289.9736    69049.04
2021-06-03      129601.4    1636.51      52232.43     5255.2855    67791.38
2021-06-04      130125.8    1647.06      52100.05     5282.2772    67825.02
2021-06-07      130776.3    1652.99      52328.51     5277.6271    67575.42
2021-06-08      129787.1    1656.46      52275.57     5232.1165    67644.84
2021-06-09      129906.8    1674.75      51941.64     5236.4493    67681.47
2021-06-10      130076.2    1677.36      52300.47     5271.4661    67542.84
2021-06-11      129441.0    1678.57      52474.76     5224.7030    67723.91
2021-06-14      130208.0    1687.37      52551.53     5224.7030    67941.48
2021-06-15      130091.1    1665.31      52773.05     5166.5597    67310.57
2021-06-16      129259.5    1679.02      52501.98     5080.4909    67310.57
2021-06-17      128057.2    1664.38      52323.33     5101.8924    66585.48
```

从以上的输出结果不难发现，运用向前补齐法以后，2021 年 6 月 3 日 IBOVESPA 指数因休市而缺失的数据用前一个交易日（6 月 2 日）的收盘价进行补齐；同理，6 月 14 日沪深 300 指数因休市而缺失的数据用 6 月 11 日的收盘价补齐，6 月 16 日 JSE 指数缺失的数据用 6 月 15 日的收盘价补齐。

4. 针对任务 4

```
In [59]: BRICS_bfill=BRICS.fillna(method='bfill')       #向后补齐

In [60]: BRICS_bfill.isnull().any()                     #查看新数据框是否还存在缺失值
Out[60]:
IBOVESPA 指数      False
RTS 指数           False
SENSEX30 指数      False
沪深 300 指数       False
JSE 指数           False
dtype: bool

In [61]: BRICS_bfill.loc['2021-06-02':'2021-06-17']     #查看部分缺失值的补齐情况
Out[61]:
             IBOVESPA 指数    RTS 指数    SENSEX30 指数    沪深 300 指数    JSE 指数
日期
2021-06-02      129601.4    1643.66      51849.48     5289.9736    69049.04
```

2021-06-03	130125.8	1636.51	52232.43	5255.2855	67791.38
2021-06-04	130125.8	1647.06	52100.05	5282.2772	67825.02
2021-06-07	130776.3	1652.99	52328.51	5277.6271	67575.42
2021-06-08	129787.1	1656.46	52275.57	5232.1165	67644.84
2021-06-09	129906.8	1674.75	51941.64	5236.4493	67681.47
2021-06-10	130076.2	1677.36	52300.47	5271.4661	67542.84
2021-06-11	129441.0	1678.57	52474.76	5224.7030	67723.91
2021-06-14	130208.0	1687.37	52551.53	5166.5597	67941.48
2021-06-15	130091.1	1665.31	52773.05	5166.5597	67310.57
2021-06-16	129259.5	1679.02	52501.98	5080.4909	66585.48
2021-06-17	128057.2	1664.38	52323.33	5101.8924	66585.48

从以上的输出结果可以看到，在运用了向后补齐法以后，2021 年 6 月 3 日 IBOVESPA 指数的缺失数据用后一个交易日（6 月 4 日）的收盘价进行补齐；同理，6 月 14 日沪深 300 指数的缺失数据用 6 月 15 日的收盘价补齐，6 月 16 日 JSE 指数的缺失数据用 6 月 17 日的收盘价补齐。

3.6 数据框拼接的编程——以纳斯达克上市的中概股为案例

3.6.1 案例详情

F 公司是总部位于意大利米兰的一家资产管理公司，该公司是欧洲资产管理行业中的佼佼者。公司在 2020 年第四季度发行了一款投资于纳斯达克上市中概股的基金产品，该基金产品重仓的股票包括微博、拼多多、爱奇艺、哔哩哔哩以及前程无忧等 5 只股票，这些股票是中国互联网经济中具有影响力的公司所发行的股票。表 3-7 列出了 2021 年前 3 季度这些股票日收盘价的部分数据。

表 3-7   2021 年前 3 季度在纳斯达克上市的 5 只中概股部分日收盘价   单位：美元/股

日期	微博 （代码：WB）	拼多多 （代码：PDD）	爱奇艺 （代码：IQ）	哔哩哔哩 （代码：BILI）	前程无忧 （代码：JOBS）
2021-01-04	40.66	166.78	18.04	94.74	69.19
2021-01-05	41.09	187.20	18.64	102.46	69.55
2021-01-06	41.34	176.75	18.61	105.60	70.00
……	……	……	……	……	……
2021-09-28	46.59	89.00	8.03	66.54	70.59
2021-09-29	46.34	89.06	7.73	64.38	69.81
2021-09-30	47.49	90.67	8.03	66.17	69.53

数据来源：纳斯达克。

假定你是该公司的一位中概股研究员，日常的工作就是配合基金经理收集并分析相关的股票数据和信息。由于每次收集的数据仅是部分数据并且存放在 Excel 文件中，为了便于后续的分析，你需要通过 Python 完成 4 个编程任务。

3.6.2 编程任务

【任务 1】表 3-7 中这 5 只股票 2021 年上半年的日收盘价数据以及 2021 年第三季度的日收盘价数据依次存于同一个 Excel 文件中的 Sheet1、Sheet2 工作表，需要在 Python 中依次导入并创建 2 个数据框。

【任务 2】针对任务 1 创建的 2 个数据框，将这 2 个数据框按列名拼接成 1 个新数据框，新数据框包含 5 只股票 2021 年前 3 季度的日收盘价数据。

【任务 3】次日，你去外地出差并发现带错了笔记本电脑，幸好该电脑中有一个 Excel 文件，文件的 Sheet1 工作表存放了微博、拼多多和爱奇艺这 3 只股票 2021 年前 3 季度的日收盘价数据，Sheet2 工作表则包含哔哩哔哩和前程无忧这 2 只股票相同时期的日收盘价数据，你立刻将该 Excel 文件导入 Python 中并创建 2 个数据框。

【任务 4】将任务 3 创建的 2 个数据框按照行索引拼接成 1 个新数据框，新数据框也包含 5 只股票 2021 年前 3 季度的日收盘价数据。

3.6.3 编程提示

- 针对任务 2 的拼接任务，可以运用函数 concat，并且输入参数 axis=0，它表示按照列名进行拼接。
- 针对任务 4 的拼接任务，有 concat、merge 以及 join 等多个函数可供选择。

3.6.4 参考代码

1. 针对任务 1

```
In [62]: price_1H=pd.read_excel('C:/Desktop/纳斯达克上市的中概股(一).xlsx', sheet_name= "Sheet1",
header=0, index_col=0)    #导入存放在 Sheet1 工作表中的 5 只股票上半年的收盘价数据

In [63]: price_1H.head()              #数据框的开头 5 行
Out[63]:
            微博     拼多多    爱奇艺    哔哩哔哩    前程无忧
日期
2021-01-04  40.66  166.78  18.04   94.74   69.19
2021-01-05  41.09  187.20  18.64  102.46   69.55
2021-01-06  41.34  176.75  18.61  105.60   70.00
2021-01-07  41.99  180.12  18.82  111.40   70.32
2021-01-08  43.38  180.77  19.61  118.47   71.28

In [64]: price_1H.tail()              #数据框的末尾 5 行
Out[64]:
            微博     拼多多    爱奇艺    哔哩哔哩    前程无忧
日期
2021-06-24  51.22  127.72  15.60  121.59   77.90
2021-06-25  52.39  127.60  15.89  124.45   78.00
2021-06-28  52.29  124.91  15.69  126.85   78.90
2021-06-29  52.09  133.55  15.74  125.56   78.45
2021-06-30  52.62  127.02  15.58  121.84   77.77

In [65]: price_3Q=pd.read_excel('C:/Desktop/纳斯达克上市的中概股（一）.xlsx', sheet_name=
"Sheet2", header=0, index_col=0)   #导入存放在 Sheet2 工作表中的 5 只股票第 3 季度的收盘价数据

In [66]: price_3Q.head()
Out[66]:
            微博     拼多多    爱奇艺    哔哩哔哩    前程无忧
日期
2021-07-01  52.90  121.84  15.13  121.11   77.67
2021-07-02  54.31  119.20  14.97  119.58   77.71
2021-07-06  57.74  113.10  14.40  108.66   77.44
2021-07-07  59.52  110.29  13.49  103.98   77.47
2021-07-08  59.72  108.77  12.96  100.20   77.11

In [67]: price_3Q.tail()
Out[67]:
            微博    拼多多   爱奇艺   哔哩哔哩   前程无忧
日期
2021-09-24  46.91  94.55  7.95   70.73   71.64
2021-09-27  47.03  96.32  8.20   71.36   70.71
2021-09-28  46.59  89.00  8.03   66.54   70.59
2021-09-29  46.34  89.06  7.73   64.38   69.81
2021-09-30  47.49  90.67  8.03   66.17   69.53
```

2. 针对任务 2

```
In [68]: price_total=pd.concat([price_1H,price_3Q],axis=0)    #按照列名进行拼接

In [69]: price_total.head()
Out[69]:
              微博      拼多多      爱奇艺     哔哩哔哩     前程无忧
日期
2021-01-04   40.66   166.78   18.04    94.74    69.19
2021-01-05   41.09   187.20   18.64   102.46    69.55
2021-01-06   41.34   176.75   18.61   105.60    70.00
2021-01-07   41.99   180.12   18.82   111.40    70.32
2021-01-08   43.38   180.77   19.61   118.47    71.28

In [70]: price_total.tail()
Out[70]:
              微博      拼多多      爱奇艺     哔哩哔哩     前程无忧
日期
2021-09-24   46.91   94.55     7.95    70.73    71.64
2021-09-27   47.03   96.32     8.20    71.36    70.71
2021-09-28   46.59   89.00     8.03    66.54    70.59
2021-09-29   46.34   89.06     7.73    64.38    69.81
2021-09-30   47.49   90.67     8.03    66.17    69.53
```

3. 针对任务 3

```
In [71]: price_3stocks=pd.read_excel('C:/Desktop/纳斯达克上市的中概股（二）.xlsx', sheet_name=
"Sheet1", header=0, index_col=0)    #从外部导入 Sheet1 工作表中的 3 只股票前 3 季度的收盘价数据

In [72]: price_3stocks.head()
Out[72]:
              微博      拼多多      爱奇艺
日期
2021-01-04   40.66   166.78   18.04
2021-01-05   41.09   187.20   18.64
2021-01-06   41.34   176.75   18.61
2021-01-07   41.99   180.12   18.82
2021-01-08   43.38   180.77   19.61

In [73]: price_3stocks.tail()
Out[73]:
              微博      拼多多      爱奇艺
日期
2021-09-24   46.91   94.55    7.95
2021-09-27   47.03   96.32    8.20
2021-09-28   46.59   89.00    8.03
2021-09-29   46.34   89.06    7.73
2021-09-30   47.49   90.67    8.03

In [74]: price_2stocks=pd.read_excel('C:/Desktop/纳斯达克上市的中概股（二）.xlsx', sheet_name=
"Sheet2", header=0, index_col=0)    #从外部导入 Sheet2 工作表中的 2 只股票前 3 季度的收盘价数据

In [75]: price_2stocks.head()
Out[75]:
             哔哩哔哩    前程无忧
日期
2021-01-04    94.74   69.19
2021-01-05   102.46   69.55
2021-01-06   105.60   70.00
2021-01-07   111.40   70.32
2021-01-08   118.47   71.28

In [76]: price_2stocks.tail()
Out[76]:
             哔哩哔哩    前程无忧
日期
2021-09-24    70.73   71.64
2021-09-27    71.36   70.71
2021-09-28    66.54   70.59
```

```
          2021-09-29  64.38      69.81
          2021-09-30  66.17      69.53
```

4. 针对任务 4

```
In [77]: price_concat=pd.concat([price_3stocks,price_2stocks],axis=1)    #用函数 concat 按照行
索引进行拼接
    ...: price_concat.head()
Out[77]:
             微博     拼多多    爱奇艺    哔哩哔哩     前程无忧
日期
2021-01-04   40.66  166.78  18.04   94.74      69.19
2021-01-05   41.09  187.20  18.64  102.46      69.55
2021-01-06   41.34  176.75  18.61  105.60      70.00
2021-01-07   41.99  180.12  18.82  111.40      70.32
2021-01-08   43.38  180.77  19.61  118.47      71.28

In [78]: price_merge=pd.merge(left=price_3stocks,right=price_2stocks,left_index=True, right_
index=True)    #用函数 merge 按照行索引进行拼接
    ...: price_merge.head()
Out[78]:
             微博     拼多多    爱奇艺    哔哩哔哩     前程无忧
日期
2021-01-04   40.66  166.78  18.04   94.74      69.19
2021-01-05   41.09  187.20  18.64  102.46      69.55
2021-01-06   41.34  176.75  18.61  105.60      70.00
2021-01-07   41.99  180.12  18.82  111.40      70.32
2021-01-08   43.38  180.77  19.61  118.47      71.28

In [79]: price_join=price_3stocks.join(price_2stocks,on='日期')    #用函数 join 按照行索引进行拼接
    ...: price_join.tail()
Out[79]:
             微博    拼多多   爱奇艺   哔哩哔哩     前程无忧
日期
2021-09-24   46.91  94.55  7.95   70.73      71.64
2021-09-27   47.03  96.32  8.20   71.36      70.71
2021-09-28   46.59  89.00  8.03   66.54      70.59
2021-09-29   46.34  89.06  7.73   64.38      69.81
2021-09-30   47.49  90.67  8.03   66.17      69.53
```

需要注意的是，函数 concat 既可以将不同数据框按照列名进行拼接，也可以按照行索引进行拼接，并且通过参数 axis 进行控制，axis=0 表示按照列名进行拼接，axis=1 表示按照行索引进行拼接，默认情况下按照列名进行拼接。函数 merge 和 join 则主要用于按照行索引进行拼接，其中，在使用 merge 时，需要明确约定放置在左侧（left）与右侧（right）的数据框。

3.7 pandas 模块统计功能的编程之一——以 QDII 基金为案例

3.7.1 案例详情

G 公司是总部位于上海的一家公募基金管理公司，始终秉承"风险控制、价值投资"的投资理念，强调研究创造价值，在风险可控的前提下，追求风险调整后的超额收益。为了满足国内投资者配置海外资产的强烈需求，同时也为了尽可能分散投资风险，该公司计划发行一只配置多只 QDII 基金的 FOF（Fund of Fund，基金中的基金）基金。

假定你是该只 FOF 基金的基金经理，从国内众多的 QDII 基金中精选出了广发全球精选股票人民币基金、华安香港精选股票基金、嘉实美国成长股票基金以及华夏全球股票基金这 4 只开放式的 QDII 基金。表 3-8 列出了 2019 年 1 月至 2021 年 9 月期间这 4 只基金的部分每日累计净值信息，全部数据存放在 Excel 文件中，同时为了表述的简洁性，基金名称用了简写。

表 3-8   2019 年 1 月至 2021 年 9 月期间 4 只 QDII 基金的部分每日累计净值信息   单位：元/份

日期	广发全球股票基金（代码：270023）	华安香港股票基金（代码：040018）	嘉实美国股票基金（代码：000043）	华夏全球股票基金（代码：000041）
2019-01-02	1.3040	1.1790	1.6690	0.9000
2019-01-03	1.2960	1.1730	1.6260	0.8790
2019-01-04	1.3200	1.1870	1.6800	0.9010
……	……	……	……	……
2021-09-28	3.6200	2.4210	3.0990	1.1430
2021-09-29	3.5720	2.3720	3.0980	1.1340
2021-09-30	3.5920	2.4270	3.0810	1.1420

数据来源：Wind。

为了完成拟提交给公司投资决策委员会审议的投资建议报告，你需要通过 Python 完成相关的 4 个编程任务。

3.7.2   编程任务

【任务 1】导入包含 4 只 QDII 基金在 2019 年 1 月至 2021 年 9 月期间基金累计净值数据的 Excel 文件并创建一个数据框，然后将基金净值按首个交易日（2019 年 1 月 2 日）净值调整为 1 进行处理，同时绘制净值走势图。

【任务 2】针对任务 1 创建的基金净值数据框，查找数据框中每只基金净值的最大值、最小值以及最大值、最小值对应的行索引值（交易日期）。

【任务 3】针对任务 1 创建的基金净值数据框，计算每日基金净值的金额变化并生成一个新的数据框。

【任务 4】针对任务 1 创建的基金净值数据框，计算每日基金净值的变化百分比并生成一个新的数据框。

3.7.3   编程提示

- 针对任务 2 的编程，查找数据框每列中的最大值、最小值可以分别运用函数 max、min，查找最大值、最小值的索引值则可以运用函数 idxmax、idxmin。
- 针对任务 3 的编程，相当于计算数据框的一阶差分，可以运用函数 diff。
- 针对任务 4 的编程，可以直接运用函数 pct_change，也可以运用任务 3 生成的每日基金净值金额变化数据框除以每日基金净值数据框计算得出。

3.7.4   参考代码与说明

1. 针对任务 1

```
In [80]: value_QDII=pd.read_excel('C:/Desktop/4只QDII基金的净值数据.xlsx',sheet_name= "Sheet1",
header=0, index_col=0)        #导入 QDII 基金净值数据

In [81]: value_QDII=value_QDII.dropna()    #删除缺失值所在的行

In [82]: (value_QDII/value_QDII.iloc[0]).plot(figsize=(8,6),grid=True)    #将首个交易日基金净
值调整为 1 并进行可视化
    Out[82]:
```

从图 3-8 中可以发现，这 4 只 QDII 基金的净值走势具有一定的相似性。当然在不同的时期内，一些基金的净值走势也有一定的分化，比如在 2020 年 4 月以后，广发全球股票基金就是一枝独秀，而在 2021 年 2 月以后，华夏全球股票基金的走势就明显偏弱。

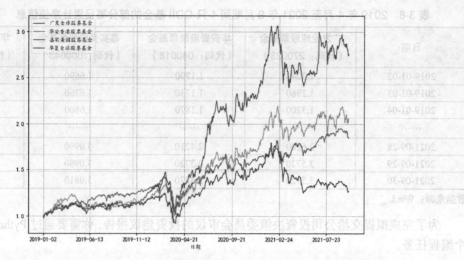

图 3-8 2019 年 1 月至 2021 年 9 月 QDII 基金净值走势（将首个交易日基金净值调整为 1）

2. 针对任务 2

```
In [83]: value_QDII.max()              #找出最大值
Out[83]:
广发全球股票基金    4.000
华安香港股票基金    2.586
嘉实美国股票基金    3.254
华夏全球股票基金    1.640
dtype: float64

In [84]: value_QDII.min()              #找出最小值
Out[84]:
广发全球股票基金    1.296
华安香港股票基金    1.173
嘉实美国股票基金    1.626
华夏全球股票基金    0.828
dtype: float64

In [85]: value_QDII.idxmax()           #最大值所在的行索引值
Out[85]:
广发全球股票基金    2021-02-19
华安香港股票基金    2021-02-19
嘉实美国股票基金    2021-08-30
华夏全球股票基金    2021-02-10
dtype: object

In [86]: value_QDII.idxmin()           #最小值所在的行索引值
Out[86]:
广发全球股票基金    2019-01-03
华安香港股票基金    2019-01-03
嘉实美国股票基金    2019-01-03
华夏全球股票基金    2020-03-23
dtype: object
```

由于数据框用交易日作为行索引，因此查找得到的最大值、最小值的行索引值也以日期格式显示。

3. 针对任务 3

```
In [87]: value_diff=value_QDII.diff()     #计算基金每日净值的变化金额

In [88]: value_diff.head()
Out[88]:
            广发全球股票基金   华安香港股票基金   嘉实美国股票基金   华夏全球股票基金
日期
2019-01-02        NaN          NaN          NaN          NaN
```

2019-01-03	-0.008	-0.006	-0.043	-0.021
2019-01-04	0.024	0.014	0.054	0.022
2019-01-07	0.006	0.014	0.015	0.010
2019-01-08	0.006	0.005	0.016	0.004

```
In [89]: value_diff.tail()
Out[89]:
            广发全球股票基金   华安香港股票基金   嘉实美国股票基金   华夏全球股票基金
日期
2021-09-24    -0.073          -0.060         -0.005         -0.011
2021-09-27    -0.003          -0.056         -0.016         -0.016
2021-09-28    -0.049           0.055         -0.092         -0.032
2021-09-29    -0.048          -0.049         -0.001         -0.009
2021-09-30     0.020           0.055         -0.017          0.008
```

由于计算得到的是一阶差分的数据框,因此数据框中的第一行(2019 年 1 月 2 日)是缺失数据的。

4. 针对任务 4

```
In [90]: value_pctchange1=value_QDII.pct_change()   #用函数 pct_change 计算基金每日净值百分比变化

In [91]: value_pctchange1.head()
Out[91]:
            广发全球股票基金    华安香港股票基金    嘉实美国股票基金    华夏全球股票基金
日期
2019-01-02       NaN             NaN              NaN             NaN
2019-01-03    -0.006135       -0.005089        -0.025764       -0.023333
2019-01-04     0.018519        0.011935         0.033210        0.025028
2019-01-07     0.004545        0.011794         0.008929        0.011099
2019-01-08     0.004525        0.004163         0.009440        0.004391

In [92]: value_pctchange1.tail()
Out[92]:
            广发全球股票基金    华安香港股票基金    嘉实美国股票基金    华夏全球股票基金
日期
2021-09-24    -0.019493       -0.024174        -0.001557       -0.009151
2021-09-27    -0.000817       -0.023121        -0.004989       -0.013434
2021-09-28    -0.013355        0.023246        -0.028831       -0.027234
2021-09-29    -0.013260       -0.020240        -0.000323       -0.007874
2021-09-30     0.005599        0.023187        -0.005487        0.007055

In [93]: value_pctchange2=value_diff/value_QDII.shift(1)   #运用任务 3 的结果计算基金每日净值百分
比变动

In [94]: value_pctchange2.head()
Out[94]:
            广发全球股票基金    华安香港股票基金    嘉实美国股票基金    华夏全球股票基金
日期
2019-01-02       NaN             NaN              NaN             NaN
2019-01-03    -0.006135       -0.005089        -0.025764       -0.023333
2019-01-04     0.018519        0.011935         0.033210        0.025028
2019-01-07     0.004545        0.011794         0.008929        0.011099
2019-01-08     0.004525        0.004163         0.009440        0.004391

In [95]: value_pctchange2.tail()
Out[95]:
            广发全球股票基金    华安香港股票基金    嘉实美国股票基金    华夏全球股票基金
日期
2021-09-24    -0.019493       -0.024174        -0.001557       -0.009151
2021-09-27    -0.000817       -0.023121        -0.004989       -0.013434
2021-09-28    -0.013355        0.023246        -0.028831       -0.027234
2021-09-29    -0.013260       -0.020240        -0.000323       -0.007874
2021-09-30     0.005599        0.023187        -0.005487        0.007055
```

显然,运用两种不同的方法得到并创建的每日基金净值百分比变化数据框是相同的。当然,从编写代码效率的角度而言,直接运用函数 **pct_change** 会更加高效。

3.8　pandas 模块统计功能的编程之二——以美国银行股为案例

3.8.1　案例详情

H 公司是总部位于美国加利福尼亚州的一家大型养老金管理公司，管理着约 4000 亿美元的养老金资产，公司的投资宗旨是"严格履行信托责任，为了 150 万会员的权益，最大限度地降低投资组合中的风险并抓住可能的投资机会。"

根据对外披露的信息，目前该公司的投资组合重仓了包括花旗、富国银行、美国银行、摩根大通以及纽约梅隆银行共 5 只银行股。表 3-9 列出了从 2016 年 1 月至 2021 年 9 月期间这些股票的部分日收盘价，并且全部数据存放在 Excel 文件中。

表 3-9　2016 年 1 月至 2021 年 9 月期间 5 只银行股部分日收盘价　　　　　单位：美元/股

日期	花旗 （代码：C）	富国银行 （代码：WFC）	美国银行 （代码：BAC）	摩根大通 （代码：JPM）	纽约梅隆银行 （代码：BK）
2016-01-04	51.130	52.91	16.43	63.62	39.97
2016-01-05	50.86	52.89	16.43	63.73	39.82
2016-01-06	50.12	51.88	16.08	62.81	38.82
……	……	……	……	……	……
2021-09-28	71.37	45.92	43.16	166.08	52.91
2021-09-29	71.53	47.03	43.07	165.95	52.63
2021-09-30	70.18	46.41	42.45	163.69	51.84

数据来源：纽约证券交易所。

假定你是这家公司的风险经理，日常工作是协助首席风险官对投资组合的银行股进行风险检测与分析。近期你正在撰写一份分析上述 5 只银行股投资风险的书面报告，为此你需要通过 Python 完成 4 个编程任务。

3.8.2　编程任务

【任务 1】导入包含 5 只股票 2016 年 1 月至 2021 年 9 月期间日收盘价数据的 Excel 文件并创建一个数据框，同时将每只股票收盘价均按首个交易日（2016 年 1 月 4 日）收盘价进行归一化处理并绘制走势图。

【任务 2】针对任务 1 创建的数据框，查找每只股票收盘价的中位数，并计算每只股票收盘价的平均值以及标准差等统计指标。

【任务 3】针对任务 1 创建的数据框，计算每只股票收盘价的偏度、峰度等统计指标。

【任务 4】针对任务 1 创建的数据框，在每只股票收盘价由小到大排序的情况下，依次查找出 1%、5%、10% 和 20% 的分位数。

3.8.3　编程提示

- 查找或计算数据框中每列的中位数、平均值以及标准差可以分别运用函数 media、mean 和 std，也可以直接运用函数 describe。
- 计算数据框中每列数据的偏度可以运用函数 skew，计算峰度则可以运用函数 kurt。
- **偏度**（skewness），也称偏态、偏态系数，是描述变量所服从的分布的非对称程度（即偏斜方向和程度）的统计指标。假定，μ 是变量 x 的期望值（均值），σ 是变量的标准差，E 代表期望算子，则变量的偏度表达式如下：

$$\text{skew}(x) = E\left[\left(\frac{x-\mu}{\sigma}\right)^3\right]$$ （式 3-1）

当偏度等于 0 时，分布就是对称的，最典型的就是正态分布。偏度小于 0 则表示分布表现为负偏离（也称左偏态），样本数据位于均值左边的数量比位于右边的少，呈现出左边的尾部比右边的尾部要更长。相反，偏度大于 0 则表示分布表现为正偏离（也称右偏态），样本数据位于均值右边的数量比位于左边的少，呈现出右边的尾部比左边的尾部要更长。

- **峰度**（kurtosis）是描述变量所服从分布形态陡缓程度的统计指标，具体的表达式如下：

$$\text{kurt}(x) = E\left[\left(\frac{x-\mu}{\sigma}\right)^4\right] - 3$$ （式 3-2）

（式 3-2）中相关参数的含义与（式 3-1）中的一致。峰度等于 0，表示变量服从的分布与正态分布在陡缓程度上是相同的；峰度大于 0 表示比正态分布陡峭；峰度小于 0 则表示比正态分布平坦。

- 查找数据框中每列的分位数可以运用函数 quantile，并且可以通过参数 q 设定具体的百分比，比如 q=0.2 就表示 20%的分位数。

3.8.4 参考代码与说明

1. 针对任务 1

```
In [96]: price_banks=pd.read_excel('C:/Desktop/5 只美国大型银行股收盘价数据.xlsx', sheet_name=
"Sheet1", header=0, index_col=0)                    #导入股价数据

In [97]: price_banks=price_banks.dropna()           #删除缺失值所在的行

In [98]: (price_banks/price_banks.iloc[0]).plot(figsize=(9,6),grid=True)   #将首个交易日股价
调整为1并进行可视化
Out[98]:
```

从图 3-9 中不难发现，在 2016 年 1 月至 2021 年 9 月期间，5 只银行股的走势具有一定的同步性，然而不同股票的具体涨跌也存在较大的分化，其中，美国银行、摩根大通的股价表现最为强劲并且走势也最接近，期间股价增长了近 2.5 倍，相比之下，富国银行的股价走势最不尽如人意。

图 3-9 2016 年 1 月至 2021 年 9 月期间 5 只银行股价格走势（将首个交易日股价调整为 1）

2. 针对任务 2

```
In [99]: price_banks.median()          #查找中位数
Out[99]:
花旗               64.66
富国银行            48.88
美国银行            27.68
摩根大通           104.66
纽约梅隆银行        47.18
dtype: float64

In [100]: price_banks.mean()           #计算平均值
Out[100]:
花旗               61.851679
富国银行            46.893621
美国银行            26.896275
摩根大通           104.874316
纽约梅隆银行        46.230695
dtype: float64

In [101]: price_banks.std()            #计算标准差
Out[101]:
花旗               11.435437
富国银行            10.058060
美国银行             7.227593
摩根大通            26.633111
纽约梅隆银行         6.521636
dtype: float64

In [102]: price_banks.describe()       #主要的统计指标
Out[102]:
                花旗        富国银行        美国银行        摩根大通       纽约梅隆银行
count    1447.000000  1447.000000  1447.000000  1447.000000  1447.000000
mean       61.851679    46.893621    26.896275   104.874316    46.230695
std        11.435437    10.058060     7.227593    26.633111     6.521636
min        34.980000    21.140000    11.160000    53.070000    27.490000
25%        51.620000    45.225000    23.260000    88.425000    40.660000
50%        64.660000    48.880000    27.680000   104.660000    47.180000
75%        71.115000    53.805000    30.715000   116.040000    51.740000
max        81.910000    65.930000    43.270000   166.980000    58.420000

In [103]: type(price_banks.describe())
Out[103]: pandas.core.frame.DataFrame

In [104]: type(price_banks.std())
Out[104]: pandas.core.series.Series
```

需要提醒的是，运用函数 describe 输出的结果是一个数据框，而运用函数 max、min、media、mean 和 std 输出的结果则是序列。

3. 针对任务 3

```
In [105]: price_banks.skew()           #计算偏度
Out[105]:
花旗               -0.480124
富国银行            -1.070941
美国银行            -0.055682
摩根大通            0.264034
纽约梅隆银行        -0.322453
dtype: float64

In [106]: price_banks.kurt()           #计算峰度
Out[106]:
花旗               -0.977728
富国银行             0.289394
美国银行            -0.171817
摩根大通           -0.277254
纽约梅隆银行        -0.886753
dtype: float64
```

从以上的偏度计算结果来看，摩根大通的股价分布表现为正偏离，其余 4 家银行的股价分布表现为负偏离。

从峰度计算结果来看，富国银行的股价峰度为正数，这就表明相比于正态分布（峰度为 0）而言，富国银行的股价分布显得更加陡峭或者说尾部更厚（尖峰厚尾）；其余 4 家银行的股价峰度均为负数，这说明相比正态分布，这些银行股的股价分布显得更加平缓或者说尾部更薄（宽峰薄尾）。

4. 针对任务 4

```
In [107]: price_banks.quantile(q=0.01)        #对应 1%的分位数
Out[107]:
花旗              38.8684
富国银行          22.8438
美国银行          12.6244
摩根大通          57.0400
纽约梅隆银行      32.8550
Name: 0.01, dtype: float64

In [108]: price_banks.quantile(q=0.05)        #对应 5%的分位数
Out[108]:
花旗              42.013
富国银行          24.712
美国银行          13.666
摩根大通          61.200
纽约梅隆银行      35.323
Name: 0.05, dtype: float64

In [109]: price_banks.quantile(q=0.10)        #对应 10%的分位数
Out[109]:
花旗              43.942
富国银行          27.574
美国银行          15.074
摩根大通          65.280
纽约梅隆银行      36.856
Name: 0.1, dtype: float64

In [110]: price_banks.quantile(q=0.2)         #对应 20%的分位数
Out[110]:
花旗              48.652
富国银行          42.718
美国银行          22.630
摩根大通          86.046
纽约梅隆银行      39.710
Name: 0.2, dtype: float64
```

从以上的输出结果不难发现，选择的百分比越小，对应的股票价格也就越低，这是因为股价是由小到大进行排序的。

3.9 pandas 模块统计功能的编程之三——以创业板股票为案例

3.9.1 案例详情

I 公司是总部位于深圳的一家证券公司，秉持"成就客户、服务社会、创造价值"的经营观念，致力于全力打造国际一流的证券经纪商。该公司成功吸引了一批热衷于投资创业板上市公司股票的经纪业务客户，张先生就是其中的一位代表。假定你于 2021 年 6 月加入了 I 公司并且担任投资顾问，根据公司统一安排，你服务的重点客户之一就是张先生。

为了能够充分掌握客户的风险偏好与投资习惯，进而为客户提供精准、优质的服务，你从公司的客户信息系统中调出了张先生的交易记录，发现 2019 年 1 月至 2021 年 9 月期间，张先生一直持有包括宁德时代、迈瑞医疗、华大基因以及欧普康视这 4 只创业板股票。表 3-10 列出了从 2019 年 1 月至 2021 年 9 月期间这 4 只股票日收盘价的部分数据,并且全部的数据存放于 Excel 文件中。

表 3-10   2019 年 1 月至 2021 年 9 月期间 4 只创业板股票日收盘价的部分数据   单位:元/股

日期	宁德时代 (代码:300750)	迈瑞医疗 (代码:300760)	华大基因 (代码:300676)	欧普康视 (代码:300595)
2019-01-02	73.6600	103.7800	61.0000	37.6000
2019-01-03	73.8300	101.3200	60.3700	38.0500
2019-01-04	76.9600	101.5800	60.3400	39.9000
……	……	……	……	……
2021-09-28	500.4300	380.0000	85.4600	81.2700
2021-09-29	502.5100	374.5000	84.2600	80.9300
2021-09-30	525.7300	385.4200	87.5100	81.6600

数据来源:深圳证券交易所。

你正在针对张先生的投资情况撰写一份专业的分析报告,从而帮助他充分了解过去投资的盈亏情况并且拟定新的投资策略,你需要通过 Python 完成 4 个编程任务。

3.9.2   编程任务

【任务 1】导入包含 4 只创业板股票 2019 年 1 月至 2021 年 9 月期间日收盘价数据的 Excel 文件并且创建一个数据框,同时计算每只股票每日的涨跌幅并且创建一个新的数据框。此外,计算 2019 年 1 月至 2021 年 9 月期间这 4 只股票累计涨跌幅的时间序列。

【任务 2】针对任务 1 创建的每日涨跌幅数据框,计算 2019 年 1 月至 2021 年 9 月期间这 4 只股票每日涨跌幅的协方差和相关系数。

【任务 3】由于张先生在 2019 年首个交易日(2019 年 1 月 2 日)按照收盘价买入每只股票的股数均为 1 万股(即 100 手),并且在 2019 年 1 月至 2021 年 9 月期间没有发生过买卖交易,即采用**买入持有**(buy and hold)策略。针对任务 1 创建的每日收盘价数据框,计算每个交易日张先生持有的每只股票的市值情况并进行可视化,同时计算每个交易日张先生的投资组合的整体市值并进行可视化。

【任务 4】你比较推崇**定投策略**并且也希望张先生在未来的投资中能够尝试这样的策略。为此,你需要模拟张先生采用定投策略的收益情况,具体就是假设从 2019 年首个交易日开始在每个交易日均按照当日收盘价买入这 4 只股票各 100 股(即 1 手),计算每个交易日持有每只股票的盈亏情况并进行可视化,同时计算每个交易日该策略投资组合的整体盈亏情况并进行可视化。

3.9.3   编程提示

- 针对任务 2 中计算数据框每列数据之间的协方差和相关系数,可以分别运用函数 cov 和 corr。
- 针对任务 3 中计算投资组合整体的每日市值,可以运用求和函数 sum,并且输入参数 axis=1,表示对每一行的数据求和。
- 针对任务 4 中采用定投策略时,计算每个交易日投资每只股票的累积成本以及每只股票的累积投资收益,均可以运用累积求和函数 cumsum,并且输入参数 axis=0,表示对每一列的数据逐一累加求和。

3.9.4   参考代码与说明

1. 针对任务 1

```
In [111]: price_stocks=pd.read_excel('C:/Desktop/4 只创业板股票收盘价数据.xlsx', sheet_name=
"Sheet1", header=0, index_col=0)          #导入创业板股价数据
```

```
In [112]: price_perchange=price_stocks.pct_change()          #计算股票每日的涨跌幅
     ...: price_perchange=price_perchange.dropna()           #删除缺失值所在的行

In [113]: price_perchange.head()
Out[113]:
                宁德时代      迈瑞医疗      华大基因      欧普康视
日期
2019-01-03    0.002308   -0.023704   -0.010328    0.011968
2019-01-04    0.042395    0.002566   -0.000497    0.048620
2019-01-07    0.005977    0.001477    0.014087    0.008271
2019-01-08    0.024671   -0.021921   -0.021082   -0.007954
2019-01-09   -0.017018    0.034975    0.009850    0.014783

In [114]: price_perchange.tail()
Out[114]:
                宁德时代      迈瑞医疗      华大基因      欧普康视
日期
2021-09-24    0.014179    0.018524   -0.000109   -0.001375
2021-09-27    0.027041    0.009600   -0.018494    0.019277
2021-09-28   -0.025453    0.003698   -0.052760   -0.001965
2021-09-29    0.004156   -0.014474   -0.014042   -0.004184
2021-09-30    0.046208    0.029159    0.038571    0.009020

In [115]: price_cumchange=price_stocks.iloc[-1]/price_stocks.iloc[0]-1  #股票 2019 年 1 月至
2021 年 9 月的累计涨跌幅
     ...: price_cumchange
Out[115]:
宁德时代      6.137252
迈瑞医疗      2.713818
华大基因      0.434590
欧普康视      1.171809
dtype: float64
```

从以上的输出结果可以看到，在 2019 年 1 月至 2021 年 9 月期间，每只股票均上涨，当然不同股票的累计涨幅差异较大。其中，宁德时代股票的累计涨幅最高，达到 613.73%，华大基因股票则最低，累计涨幅不足 44%。

2. 针对任务 2

```
In [116]: price_perchange.cov()          #计算 4 只股票涨跌幅的协方差
Out[116]:
               宁德时代     迈瑞医疗    华大基因     欧普康视
宁德时代    0.000969   0.00030   0.000273   0.000285
迈瑞医疗    0.000300   0.00072   0.000300   0.000440
华大基因    0.000273   0.00030   0.000911   0.000339
欧普康视    0.000285   0.00044   0.000339   0.001679

In [117]: price_perchange.corr()          #计算 4 只股票涨跌幅的相关系数
Out[117]:
               宁德时代     迈瑞医疗     华大基因     欧普康视
宁德时代    1.000000   0.358858   0.290170   0.223064
迈瑞医疗    0.358858   1.000000   0.370167   0.400355
华大基因    0.290170   0.370167   1.000000   0.274246
欧普康视    0.223064   0.400355   0.274246   1.000000
```

从相关系数的输出结果可以看到，这 4 只创业板股票之间的相关性较弱，最大的相关系数约为 0.40，最小则接近 0.22。

3. 针对任务 3

```
In [118]: share1=1e4                                          #张先生持有每只股票的股数

In [119]: value_stocks=price_stocks*share1                    #每个交易日张先生持有每只股票的市值
     ...: value_stocks.plot(figsize=(9,6),grid=True)          #持有每只股票市值的可视化
Out[119]:
```

从图 3-10 中可以看到，由于都是创业板公司的股票，因此每只股票的市值走势存在一定的趋同性。

图 3-10 2019 年 1 月至 2021 年 9 月期间张先生持有的每只股票的市值走势

```
In [120]: value_portfolio=value_stocks.sum(axis=1)        #每个交易日张先生投资组合的整体市值

In [121]: value_portfolio.max()                           #投资组合的整体市值的最大值
Out[121]: 12467900.0

In [122]: value_portfolio.min()                           #投资组合的整体市值的最小值
Out[122]: 2735700.0

In [123]: value_portfolio.plot(figsize=(9,6),grid=True)   #投资组合的整体市值的可视化
Out[123]:
```

从计算的结果以及图 3-11 中均不难看出，张先生的投资组合的整体市值在整个期间内几乎是一路走高的，期间内的最高整体市值达到 1246.79 万元，最低则是 273.57 万元。

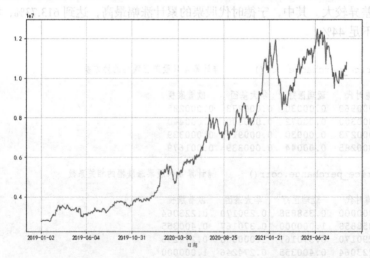

图 3-11 2019 年 1 月至 2021 年 9 月期间张先生投资组合整体市值的走势

4. 针对任务 4

```
In [124]: share2=100                                      #定投策略下每个交易日购买每只股票的股数

In [125]: cost_daily=price_stocks*share2                  #定投策略下每个交易日购买每只股票的成本

In [126]: cost_daily_cum=cost_daily.cumsum(axis=0)        #定投策略下每个交易日投资每只股票的累积成本

In [127]: share_daily_cum=(share2*np.ones_like(cost_daily_cum)).cumsum(axis=0)   #定投策略
下每个交易日持有每只股票累积股数的数组
```

```
In [128]: profit_stocks_cum=share_daily_cum*np.array(price_stocks)-np.array(cost_daily_cum)
#定投策略下每个交易日每只股票的盈亏数组

In [129]: profit_stocks_cum=pd.DataFrame(data=profit_stocks_cum,index=price_stocks.index,
columns=price_stocks.columns)    #将数组转为数据框

In [130]: profit_stocks_cum.plot(figsize=(9,6),grid=True)    #定投策略下每个交易日持有的每只股票
的盈亏的可视化
Out[130]:
```

上述代码的运行结果如图 3-12 所示。

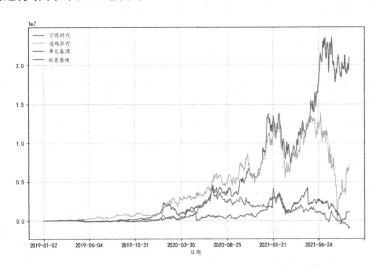

图 3-12 2019 年 1 月至 2021 年 9 月期间在定投策略下持有每只股票盈亏的走势

```
In [131]: profit_portfolio=profit_stocks_cum.sum(axis=1)  #定投策略下每个交易日投资组合的整体盈亏

In [132]: profit_portfolio.plot(figsize=(9,6),grid=True)  #定投策略下每个交易日投资组合的整体盈
亏的可视化
Out[132]:
```

通过图 3-13 可以得出，采用定投策略的投资组合的整体盈亏存在一定波动，但基本上是不断
攀升的，最终的收益逼近 4000 万元，这说明对于普通个人投资者而言，采用定投策略不失为一种
平滑股价波动的稳健投资策略。

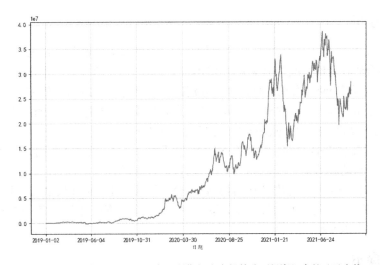

图 3-13 2019 年 1 月至 2021 年 9 月期间在定投策略下投资组合的盈亏走势

3.10 移动窗口与动态统计的编程——以黄金合约为案例

3.10.1 案例详情

J 公司是总部位于加拿大温哥华的一家全球知名的贵金属公司,拥有超过 20 个正在运营的矿山以及超过 10 个正在开发建设中的矿山。该公司非常重视中国市场,已经成为上海黄金交易所黄金现货实盘合约(如黄金 9995)以及现货延期交收合约(如黄金 T+D、黄金 T+N1、黄金 T+N2)的重要交易方。

黄金 T+D、黄金 T+N1、黄金 T+N2 的差异主要体现在延期费支付方式上。黄金 T+D 按自然日计算并逐日收取延期补偿费;黄金 T+N 的延期补偿费则是在延期费支付日集中支付,其中,黄金 T+N1 的延期费支付日为每年的 6 月 15 日,黄金 T+N2 的延期费支付日为每年的 12 月 15 日。

假定你是该公司的一名黄金市场分析师,日常工作就是负责跟踪上海黄金交易所黄金合约价格走势,近期正在撰写一份针对黄金合约价格的分析报告。该报告中涉及黄金 9995、黄金 T+D、黄金 T+N1 以及黄金 T+N2 这 4 类不同的黄金合约,表 3-11 列出了 2018 年 1 月至 2021 年 9 月期间这些合约的部分日收盘价数据,并且全部数据存放在 Excel 文件中。

表 3-11 2018 年 1 月至 2021 年 9 月期间不同黄金合约的部分日收盘价　　　　　单位:元/克

日期	黄金 9995 (代码:Au99.95)	黄金 T+D (代码:Au(T+D))	黄金 T+N1 (代码:Au(T+N1))	黄金 T+N2 (代码:Au(T+N2))
2018-01-02	275.0700	275.0200	279.1000	283.0000
2018-01-03	276.0200	276.0600	280.2000	284.1500
2018-01-04	275.2800	275.1800	279.1000	282.3000
……	……	……	……	……
2021-09-28	364.2000	364.0600	370.2000	365.2500
2021-09-29	363.4400	363.1100	367.0000	363.2500
2021-09-30	362.0700	362.5500	366.8000	363.5000

注:表中的黄金 9995 合约的交割品种是标准重量为 3 千克、成色不低于 99.95%的金锭。
数据来源:上海黄金交易所。

为了能够顺利完成这份分析报告,你需要运用 Python 完成 4 个编程任务。

3.10.2 编程任务

【任务 1】导入 2018 年 1 月至 2021 年 9 月期间黄金合约收盘价数据的 Excel 文件并且创建一个数据框,然后将合约收盘价按照首个交易日(2018 年 1 月 2 日)进行归一化处理并进行可视化。

【任务 2】针对黄金 9995 合约的收盘价,分别计算 5 日均值、20 日均值和 60 日均值,并且将这些均值数据与原始的收盘价数据放在一起创建一个新的数据框并进行可视化;此外,截取新数据框中 2020 年 1 月至 2021 年 9 月的数据进行可视化,以便于重点观测。

【任务 3】针对黄金 T+D 合约、黄金 T+N1 合约以及黄金 T+N2 合约等延期交收合约,生成 90 天时间窗口的收盘价移动波动率(移动标准差),并且进行可视化。

【任务 4】针对任务 1 生成的数据框,计算每个合约每日的涨跌幅并且生成一个新数据框,按照60 天时间窗口计算每个合约之间的移动相关系数并生成一个数据框,同时查看包含移动相关系数的数据框的前 5 行和末尾 5 行。

3.10.3 编程提示

- 计算移动平均值、移动标准差或移动相关系数等动态统计指标,均可以运用移动窗口函数 rolling。

- 针对计算移动平均值，相应的代码格式如下：

```
数据框.rolling(window=x).mean()
```

注意，在设定参数 window 时，window=5 表示移动窗口是 5 个交易日，window=10 表示移动窗口是 10 个交易日，以此类推。

- 针对计算移动标准差，相应的代码格式如下：

```
数据框.rolling(window=x).std()
```

- 针对计算移动相关系数，相应的代码格式如下：

```
数据框.rolling(window=x).corr()
```

3.10.4 参考代码与说明

1. 针对任务 1

```
In [133]: gold=pd.read_excel('C:/Desktop/上海黄金交易所黄金合约收盘价数据.xlsx', sheet_name="Sheet1",
header=0, index_col=0)        #导入黄金合约收盘价数据

In [134]: gold.columns                                    #查看列名
Out[134]: Index(['黄金 9995', '黄金 T+D', '黄金 T+N1', '黄金 T+N2'], dtype='object')

In [135]: (gold/gold.iloc[0]).plot(figsize=(9,6),grid=True) #按照首个交易日收盘价调整为 1 进行归一化
处理并进行可视化
Out[135]:
```

从图 3-14 中不难发现，这 4 只黄金合约的价格走势存在高度的趋同性，这说明无论是现货实盘交易还是现货延期交收，对于黄金价格的影响都比较有限。

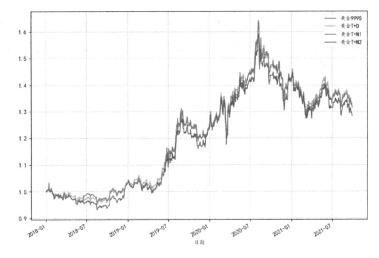

图 3-14　2018 年 1 月至 2021 年 9 月黄金合约走势（按照首个交易日价格归一化处理）

2. 针对任务 2

```
In [136]: Au9995_MA5=gold['黄金 9995'].rolling(window=5).mean() #创建黄金 9995 合约的 5 日均价序列
     ...: Au9995_MA20=gold['黄金 9995'].rolling(window=20).mean()#创建黄金 9995 合约的 20 日均价序列
     ...: Au9995_MA60=gold['黄金 9995'].rolling(window=60).mean()#创建黄金 9995 合约的 60 日均价序列

In [137]: Au9995=pd.concat([gold.iloc[:,0],Au9995_MA5,Au9995_MA20,Au9995_MA60],axis=1)   #
将黄金 9995 合约的收盘价和新生成的 3 个均价序列进行拼接

In [138]: Au9995.columns=['黄金 9995收盘价','黄金 9995的 5 日均价','黄金 9995的 20 日均价','黄金 9995
的 60 日均价']    #修改列名

In [139]: Au9995.plot(figsize=(9,6),grid=True)
Out[139]:
```

运行上方代码将生成图 3-15。

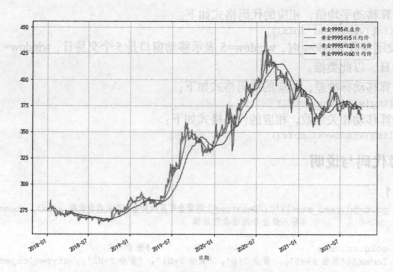

图 3-15　2018 年 1 月至 2021 年 9 月黄金 9995 合约走势

　　由于样本数据比较多，通过图 3-15 可能无法有效辨认出不同均线之间的差异，因此将观测期聚焦于 2020 年 1 月至 2021 年 9 月并且进行可视化，相关代码如下：

```
In [140]: Au9995.loc['2020-01-01':'2021-09-30'].plot(figsize=(9,6),grid=True)  # 针对 2020
年 1 月至 2021 年 9 月期间的数据进行可视化
   Out[140]:
```

　　从图 3-16 中不难发现，60 日均价的走势比 20 日均价更平缓，20 日均价的走势又比 5 日均价更平缓，5 日均价的走势则比日收盘价更平缓。据此，可以得出结论：均价走势的平缓程度与计算均价的交易日数量之间成正比。

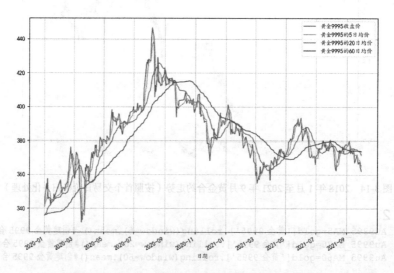

图 3-16　2020 年 1 月至 2021 年 9 月黄金 9995 合约走势

3. 针对任务 3

```
In [141]: AuTD_vol=gold['黄金 T+D'].rolling(window=90).std()          #创建黄金T+D合约90日移动
波动率序列
    ...: AuTN1_vol=gold['黄金 T+N1'].rolling(window=90).std()          #创建黄金 T+N1 合约 90 日
移动波动率序列
    ...: AuTN2_vol=gold['黄金 T+N2'].rolling(window=90).std()          #创建黄金 T+N2 合约 90 日
移动波动率序列
```

```
In [142]: gold_vol=pd.concat([AuTD_vol,AuTN1_vol,AuTN2_vol],axis=1)#将3个合约的移动波动率拼接

In [143]: gold_vol.plot(figsize=(9,6),grid=True)
Out[143]:
```

从图 3-17 中可以得出以下两个结论：一是 3 只黄金现货延期交收合约的移动波动率走势存在较高的同步性；二是移动波动率的变化较大，最低时不足 5 元，最高则突破 25 元，尤其是在 2019 年 9 月份波动率达到近期的高点。

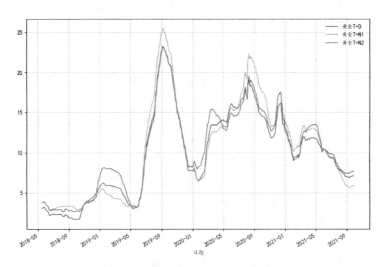

图 3-17　2018 年 1 月至 2021 年 9 月期间 3 只黄金现货延期交收合约的移动波动率走势

4. 针对任务 4

```
In [144]: gold_change=gold.pct_change()                      #计算每个合约每日的涨跌幅
     ...: gold_change=gold_change.dropna()                   #删除缺失值

In [145]: gold_corr=gold_change.rolling(window=60).corr()    #计算60日移动相关系数
     ...: gold_corr=gold_corr.dropna()                       #删除缺失值

In [146]: gold_corr.head()
Out[146]:
                    黄金 9995    黄金 T+D    黄金 T+N1   黄金 T+N2
日期
2018-04-03  黄金 9995  1.000000  0.827677  0.798517  0.793522
            黄金 T+D   0.827677  1.000000  0.961559  0.931751
            黄金 T+N1  0.798517  0.961559  1.000000  0.966590
            黄金 T+N2  0.793522  0.931751  0.966590  1.000000
2018-04-04  黄金 9995  1.000000  0.826754  0.797285  0.791770

In [147]: gold_corr.tail()
Out[147]:
                    黄金 9995    黄金 T+D    黄金 T+N1   黄金 T+N2
日期
2021-09-29  黄金 T+N2  0.874983  0.864155  0.868200  1.000000
2021-09-30  黄金 9995  1.000000  0.981339  0.888648  0.871815
            黄金 T+D   0.981339  1.000000  0.891107  0.863353
            黄金 T+N1  0.888648  0.891107  1.000000  0.870582
            黄金 T+N2  0.871815  0.863353  0.870582  1.000000
```

由于设定的时间窗口是 60 天，因此计算得到的第一个移动相关系数是在 2018 年 4 月 3 日。同时，仔细观察以上两个不同日期（2018 年 4 月 3 日和 2021 年 9 月 30 日）的相关系数，可以发现黄金现货实盘合约与现货延期交收合约之间的相关系数出现了上升，相反，不同延期交收合约之间的相关系数则下降了。

3.11 本章小结

pandas 模块是金融领域运用 Python 编程的必备工具包之一，尤其在金融时间序列分析方面，该模块拥有无与伦比的优势。本章通过 10 个原创案例共计 40 个编程任务，让读者充分掌握以下关于 pandas 模块的编程技术。

（1）**数据结构**。序列和数据框是两个非常重要的数据结构，也是 pandas 模块所独有的。序列与数据框的区别在于，序列仅能有一列数值，数据框可以有多列数值；序列无法设定列名，但数据框可以有列名。

（2）**数据导入**。在金融实战中，序列和数据框的构建通常是通过外部文件导入的方式完成的，相关的文件类型包括 Excel 文件、CVS 文件以及 TXT 文件，文件导入时最常用的是 read_excel 函数。

（3）**数据可视化**。无论是序列还是数据框，均可以运用内置函数 plot 实现数据的可视化，通过不同的参数设置可以满足特定的图形类型、字体大小、颜色种类等可视化需求。

（4）**数据处理**。针对序列和数据框，都可以实现索引、截取、排序等功能；此外，针对数据缺失值也可以有多种处理方法，常见的方法包括直接删除、向前补齐、向后补齐等。

（5）**拼接功能**。多个数据框之间可以实现拼接，有 concat、merge 以及 join 等多个函数可供选择。通过不同的参数设定和函数选择，既可以实现按照行索引进行拼接，又能够实现按照列名进行拼接。

（6）**统计分析**。金融时间序列的统计分析可以分为静态与动态两大类，针对动态统计分析，可以通过移动窗口函数 rolling 实现，而相应的统计函数通常能够在静态统计分析与动态统计分析之间共享。

到这里，你已经完成了第 3 章全部案例的练习，相信你已经掌握了在金融实战中运用 pandas 模块编程的技能，下面就勇往直前地迈入第 4 章吧！

04

第 4 章
Matplotlib 模块
编程的金融案例

本章导言

在第 3 章提到,pandas 模块针对序列和数据框有一个内置的可视化函数 plot,但该函数仅限于特定的数据结构,运用范围存在局限性。对此,Python 提供一个专业且功能强大的可视化工具包——Matplotlib 模块,并且在金融实战中常用该模块的 pyplot 子模块。

本章包含 8 个原创案例共计 26 个编程任务,通过这些案例的反复训练,可以使读者熟练掌握通过可视化方法展示金融数据的必备技能。下面通过表 4-1 梳理本章的结构安排。

表 4-1　第 4 章的结构安排

序号	案例标题	学习目标	编程任务数量	读者扮演的角色
1	绘制曲线图的编程——以国债到期收益率为案例	掌握运用 Matplotlib 子模块 pyplot 绘制单变量、多变量曲线图的编程技术	3 个	国债交易员
2	绘制垂直条形图和双轴图的编程——以货币政策为案例	掌握绘制垂直条形图、子图、双轴图的函数以及参数设置等编程技术	3 个	宏观分析师
3	绘制直方图的编程——以同时发行 A 股和美股的公司股票为案例	掌握绘制直方图的函数 hist 及参数设置,并通过堆叠和并排形式展示直方图等编程技术	4 个	基金经理
4	绘制条形图的编程——以欧猪四国股指为案例	掌握绘制垂直条形图的函数 bar 和绘制水平条形图的函数 barh 以及参数设置等编程技术	3 个	证券研究员
5	绘制雷达图的编程——以六大国有银行的财务与监管指标为案例	掌握绘制雷达图的函数 polar 和函数 thetagrids 以及参数设置等编程技术	3 个	风险经理
6	绘制散点图的编程——以 A 股和港股的股指为案例	掌握绘制散点图的函数 scatter 以及参数设置等编程技术	4 个	投资经理
7	绘制饼图的编程——以全球上市公司股票市值的地区分布为案例	掌握绘制饼图的函数 pie 以及参数设置等编程技术	3 个	人力资源总监
8	绘制 K 线图的编程——以沪深 300 指数与中证 500 指数为案例	掌握运用 mplfinance 模块绘制 K 线图,尤其需要掌握该模块中的函数 plot 以及参数设置等编程技术	3 个	高级投资顾问
		合计	26 个	

在开始练习本章的案例之前，建议读者先学习《基于 Python 的金融分析与风险管理（第 2 版）》第 4 章的内容。

4.1 绘制曲线图的编程——以国债到期收益率为案例

4.1.1 案例详情

A 银行是总部位于北京的一家大型国有商业银行，也是银行间债券市场重要的国债交易参与方。假定你在该银行的金融市场部担任国债交易员，日常的一项重要工作就是针对国债到期收益率进行分析，从而更精准地对国债定价。

表 4-2 中的就是你通过中国债券信息网整理得到的 2021 年 5 月 18 日主要期限的国债到期收益率数据。

表 4-2 2021 年 5 月 18 日主要期限的国债到期收益率

期限（年）	国债到期收益率
1	2.3532%
2	2.6333%
3	2.7722%
5	2.9515%
7	3.0808%
10	3.1457%
15	3.4887%
20	3.6102%
30	3.6301%
40	3.6473%
50	3.6650%

数据来源：中国债券信息网。

为了对不包含在表 4-2 中的其他各类期限国债进行定价，你需要借助 Python 并结合表中的数据，拟合出 1 年期至 50 年期且期限间隔为 1 年的国债到期收益率数据，同时进行可视化，具体涉及如下的 3 个编程任务。

4.1.2 编程任务

【任务 1】将国债到期收益率作为因变量（被解释变量），将期限作为自变量（解释变量），结合表 4-2 中的数据拟合出一元一次线性方程；同时，按照拟合的线性方程数值结果，绘制以国债到期收益率作为纵坐标、以期限作为横坐标的曲线图。

【任务 2】为了能够更好地进行拟合，依然将国债到期收益率作为因变量，将期限作为自变量，依次拟合出一元二次方程、一元三次方程。

【任务 3】针对任务 2 拟合出的两个非线性方程以及拟合的数值结果，绘制出国债到期收益率与期限的曲线图。

4.1.3 编程提示[1]

1. 数学表达式

针对国债到期收益率与期限这两个变量的样本数据，通常可以运用**最小二乘法多项式拟合**（least squares polynomial fitting）对变量之间的关系进行拟合。

---

1 本章案例的"编程提示"部分中提及的函数，如无特别说明，均默认是指 Matplotlib 模块的 pyplot 子模块的函数。

为了简要说明这种拟合方法，首先，假定两个不同金融变量的样本数据分别为 x_i 和 y_i，并且 $i = 1, 2, \cdots, M$，可以运用如下的 n 阶多项式进行拟合：

$$f(x) = a_0 + a_1 x + a_2 x^2 + \cdots + a_n x^n = \sum_{k=0}^{n} a_k x^k \qquad （式4-1）$$

其中，a_0 是常数项，$a_1, a_2, \cdots, a_n$ 代表系数，n 不仅是最高项的阶数（次数），也是这个多项式的阶数，因此，（式4-1）也称为 **n 次多项式或 n 阶多项式**。比如 $n = 1$ 就表示一次多项式或一阶多项式（即一元一次方程），$n = 2$ 就表示二次多项式或二阶多项式（即一元二次方程），以此类推。

其次，数据 y_i 与拟合值 $f(x_i)$ 之间的残差可以表示为

$$z_i = y_i - f(x_i) \qquad （式4-2）$$

最后，为了实现最优的拟合，令残差的平方和最小，也就是

$$\min \sum_{i=1}^{M} z_i^2 = \min \sum_{i=1}^{M} [y_i - f(x_i)]^2 \qquad （式4-3）$$

这种方法就是**最小二乘原则**，利用该原则确定的拟合多项式 $f(x)$ 的方法就是最小二乘多项式拟合。

2. Python 的函数

可以运用 NumPy 模块中的 polyfit 函数实现最小二乘法多项式拟合，该函数的格式与主要参数如下：

```
polyfit(x,y,deg)
```

其中，参数 x 和 y 分别代表因变量和自变量的样本值，通常用数组格式输入；参数 deg 代表多项式的阶数（次数）。

此外，polyfit 函数往往结合 NumPy 模块的 poly1d 函数共同使用，poly1d 函数有两个用途：

一是借助 print 函数可以输出拟合的多项式，并且按照多项式中每一项的阶数由高至低排列，即如下的输出形式；

$$a_n x^n + a_{n-1} x^{n-1} + \cdots + a_2 x^2 + a_1 x + a_0 \qquad （式4-4）$$

二是可以针对自变量的不同取值直接计算得出多项式的拟合函数值。

同时，在数据可视化的过程中，通常需要运用 pyplot 子模块的 figure 函数定义画布的大小。plot 函数用于绘制曲线，xticks 函数和 xlabel 函数用于定义 x 轴（横坐标）的刻度与标签，yticks 函数和 ylabel 函数则用于定义 y 轴（纵坐标）的刻度与标签，title 函数用于设定图标题。

4.1.4 参考代码与说明

1. 针对任务 1

```
In [1]: import numpy as np                                  #导入 NumPy 模块
   ...: import matplotlib.pyplot as plt                      #导入子模块 pyplot 并且缩写为 plt
   ...: from pylab import mpl                                #从 pylab 导入子模块 mpl
   ...: mpl.rcParams['font.sans-serif']=['FangSong']   #以仿宋字体显示中文
   ...: mpl.rcParams['axes.unicode_minus']=False        #解决保存图像时负号 "-" 显示为方块的问题

In [2]: rate=np.array([0.023532,0.026333,0.027722,0.029515,0.030808,0.031457,
   ...:                0.034887,0.036102,0.036301,0.036473,0.036650])  #国债到期收益率

In [3]: tenor=np.array([1,2,3,5,7,10,15,20,30,40,50])          #期限

In [4]: result1=np.polyfit(x=tenor,y=rate,deg=1)              #运用一阶多项式拟合

In [5]: func1=np.poly1d(result1)                             #生成一阶多项式
   ...: print(func1)                                         #输出一阶多项式的表达式

0.0002326 x + 0.02793
```

以上输出结果表明，运用一元一次方程（一阶多项式）拟合国债到期收益率与期限的表达式就是

$$f(x) = 0.0002326x + 0.02793 \qquad （式4-5）$$

```
In [6]: tenor_list=np.arange(1,51)                      #创建 1 到 50 的整数数组作为期限

In [7]: rate_list1=func1(tenor_list)                    #将期限变量代入一阶多项式求值

In [8]: plt.figure(figsize=(9,6))
   ...: plt.plot(tenor_list,rate_list1,'r-',label=u'拟合的国债到期收益率（一阶多项式）',lw=2.5)
   ...: plt.plot(tenor,rate,'o',label=u'实际的国债到期收益率',lw=2.5)
   ...: plt.xticks(fontsize=13)
   ...: plt.xlabel(u'期限（年）',fontsize=13)
   ...: plt.yticks(fontsize=13)
   ...: plt.ylabel(u'收益率',fontsize=13)
   ...: plt.title(u'国债到期收益率与期限拟合的线性关系', fontsize=13)
   ...: plt.legend(fontsize=13)
   ...: plt.grid()
   ...: plt.show()
```

从图 4-1 可以明显看到,运用一阶多项式拟合得到国债到期收益率与期限的关系是比较粗糙的,因此需要使用更高阶的多项式（即一元多次方程）进行拟合。

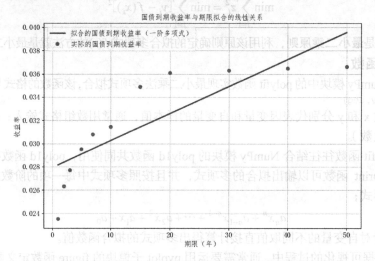

图 4-1　运用一阶多项式拟合国债到期收益率与期限的关系（线性关系）

2. 针对任务 2

```
In [9]: result2=np.polyfit(x=tenor,y=rate,deg=2)        #运用二阶多项式拟合

In [10]: func2=np.poly1d(result2)                       #生成二阶多项式
    ...: print(func2)                                   #输出二阶多项式的表达式
            2
-1.054e-05 x + 0.0007357 x + 0.02513
```

注意，在以上代码输出中，单独一行的数字 2 代表 x^2 的指数 2。

```
In [11]: rate_list2=func2(tenor_list)                   #将期限变量代入二阶多项式求值

In [12]: result3=np.polyfit(x=tenor,y=rate,deg=3)       #运用三阶多项式拟合

In [13]: func3=np.poly1d(result3)                       #生成三阶多项式
    ...: print(func3)                                   #输出三阶多项式的表达式
           3           2
3.516e-07 x - 3.655e-05 x + 0.001211 x + 0.02365
```

注意，在以上代码输出中，单独一行的数字 3 和 2 分别代表 x^3 的指数 3 和 x^2 的指数 2。

```
In [14]: rate_list3=func3(tenor_list)                   #将期限变量代入三阶多项式求值
```

从以上的输出结果可以得到，运用一元二次方程（二阶多项式）和一元三次方程（三阶多项式）拟合得到国债到期收益率与期限的表达式分别是

$$f(x) = -0.00001054x^2 + 0.0007357x + 0.02513 \tag{式 4-6}$$

$$f(x) = 0.0000003516x^3 - 0.00003655x^2 + 0.001211x + 0.02365 \tag{式 4-7}$$

3. 针对任务 3

```
In [15]: plt.figure(figsize=(9,6))
    ...: plt.plot(tenor_list,rate_list2,'r-',label=u'拟合的国债到期收益率（二阶多项式)',lw=2.5)
    ...: plt.plot(tenor_list,rate_list3,'m-',label=u'拟合的国债到期收益率（三阶多项式)',lw=2.5)
    ...: plt.plot(tenor,rate,'o',label=u'实际的国债到期收益率',lw=2.5)
    ...: plt.xticks(fontsize=13)
    ...: plt.xlabel(u'期限（年）',fontsize=13)
    ...: plt.yticks(fontsize=13)
    ...: plt.ylabel(u'收益率',fontsize=13)
    ...: plt.title(u'国债到期收益率与期限拟合的非线性关系', fontsize=13)
    ...: plt.legend(fontsize=13)
    ...: plt.grid()
    ...: plt.show()
```

从图 4-2 可以比较明显地看到，随着多项式阶数的提升，拟合的效果得到了有效的改善，也就是说一元三次方程的拟合程度要优于一元二次方程的拟合程度。

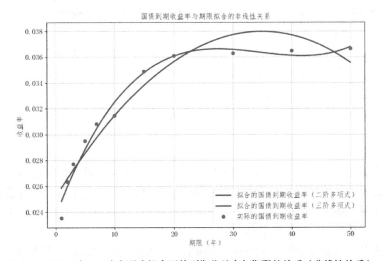

图 4-2　运用二阶、三阶多项式拟合国债到期收益率与期限的关系（非线性关系）

4.2　绘制垂直条形图和双轴图的编程——以货币政策为案例

4.2.1　案例详情

B 公司是一家总部位于美国纽约的全球知名对冲基金公司，该公司通过全球金融市场开展量化投资交易，并且通过严格遵循数学及统计方法为投资者创造非凡的基金回报。该公司擅长的对冲策略之一就是**全球宏观对冲**（global macro hedge），也就是指通过深度分析各国货币政策、财政政策等宏观经济政策以及宏观经济趋势来识别不同金融资产价格之间的失衡，以获取潜在的超额投资回报。

假定你是该公司宏观研究部的一位宏观分析师，目前正在分析中国的货币政策，并且主要运用 M0（流通中现金）、M1（货币）和 M2（货币和准货币）这 3 个指标以及金融机构发放的人民币贷款作为评估货币政策的核心参考变量。表 4-3 列出了 2018 年 1 月至 2021 年 6 月期间货币供应量及人民币贷款余额的部分月末数据，完整的数据存放在 Excel 文件中。

表 4-3　2018 年 1 月至 2021 年 6 月货币供应量及人民币贷款余额　　　　单位：万亿元

日期	M0	M1	M2	人民币贷款余额
2018-01-31	7.46	54.32	172.08	123.03
2018-02-28	8.14	51.70	172.91	123.86
2018-03-31	7.27	52.35	173.99	124.98
……	……	……	……	……

续表

日期	M0	M1	M2	人民币贷款余额
2021-04-30	8.58	60.54	226.21	181.88
2021-05-31	8.42	61.68	227.55	183.38
2021-06-30	8.43	63.75	231.78	185.50

数据来源：中国人民银行。

近期你准备向部门主管提交一份关于中国货币政策的书面研究报告，在报告中会涉及数据的可视化，因此需要运用 Python 完成 3 个编程任务。

4.2.2　编程任务

【任务 1】导入包含 2018 年 1 月至 2021 年 6 月货币供应量及人民币贷款余额数据的 Excel 文件并且创建相应的数据框，针对最近 12 个月每月末的数据绘制垂直条形图并且以 2×2 子图的形式呈现（每个变量用一张子图）。

【任务 2】针对任务 1 创建的数据框，计算 M0、M1 和 M2 以及人民币贷款余额的每月增长率并创建新的数据框，同时对该数据框进行可视化。

【任务 3】针对任务 1 和任务 2 创建的数据框，将 2018 年 1 月至 2021 年 6 月期间人民币贷款的月末余额以及每月增长率进行可视化，并且要求通过一张双 y 轴图进行展示。

4.2.3　编程提示

- 在显示垂直条形图时，针对数据框的行索引（比如日期）要求以字符串格式存放，否则可能会导致无法正确显示图形。可以通过 strftime 函数将非字符串格式的行索引转换为字符串格式，同时，相关的时间参数如下：'%Y' 表示年份，'%m' 表示月份，'%d' 表示日，'%H' 表示小时，'%M' 表示分，'%S' 表示秒。

- 绘制垂直条形图需要运用函数 bar，有两个关键参数需要输入：一是参数 x，表示条形图中 x 轴（横坐标轴）对应的相关数据，在本案例中就是日期；二是参数 height，表示每个条形图的高度，在本案例中对应货币供应量和人民币贷款余额数据。

- 以子图形式展示需要运用函数 subplot，有 3 个参数需要输入：一是参数 nrows，表示子图的行数；二是参数 ncols，表示子图的列数；三是参数 index，表示子图的序号（最小序号是 1，最大序号等于行数乘列数）。为了代码编写的简洁，针对这 3 个参数通常按照顺序直接输入数字。

- 针对绘制双 y 轴的图形需要采用以下的两个函数：一是函数 subplots，用于创建一个包含 figure（图案）、axes（轴域）对象的元组；二是函数 twinx，用于生成一个右侧纵坐标轴（右侧 y 轴），进而用于绘制双 y 轴图形。

4.2.4　参考代码与说明

1. 针对任务 1

```
In [16]: import pandas as pd                              #导入 pandas 模块

In [17]: data=pd.read_excel('C:/Desktop/货币供应量及人民币贷款余额数据.xlsx',sheet_name= "Sheet1",
header=0, index_col=0)    #导入数据

In [18]: data.index                                       #查看行索引
Out[18]:
DatetimeIndex(['2018-01-31', '2018-02-28', '2018-03-31', '2018-04-30',
               '2018-05-31', '2018-06-30', '2018-07-31', '2018-08-31',
               '2018-09-30', '2018-10-31', '2018-11-30', '2018-12-31',
               '2019-01-31', '2019-02-28', '2019-03-31', '2019-04-30',
```

```
                         '2019-05-31', '2019-06-30', '2019-07-31', '2019-08-31',
                         '2019-09-30', '2019-10-31', '2019-11-30', '2019-12-31',
                         '2020-01-31', '2020-02-29', '2020-03-31', '2020-04-30',
                         '2020-05-31', '2020-06-30', '2020-07-31', '2020-08-31',
                         '2020-09-30', '2020-10-31', '2020-11-30', '2020-12-31',
                         '2021-01-31', '2021-02-28', '2021-03-31', '2021-04-30',
                         '2021-05-31', '2021-06-30'],
                      dtype='datetime64[ns]', name='日期', freq=None)

In [19]: data.index=data.index.strftime('%Y-%m')    #将行索引转换为字符串格式并且是"年份-月份"的形式

In [20]: data.index                                  #查看新的行索引
Out[20]:
Index(['2018-01', '2018-02', '2018-03', '2018-04', '2018-05', '2018-06',
       '2018-07', '2018-08', '2018-09', '2018-10', '2018-11', '2018-12',
       '2019-01', '2019-02', '2019-03', '2019-04', '2019-05', '2019-06',
       '2019-07', '2019-08', '2019-09', '2019-10', '2019-11', '2019-12',
       '2020-01', '2020-02', '2020-03', '2020-04', '2020-05', '2020-06',
       '2020-07', '2020-08', '2020-09', '2020-10', '2020-11', '2020-12',
       '2021-01', '2021-02', '2021-03', '2021-04', '2021-05', '2021-06'],
      dtype='object', name='日期')

In [21]: plt.figure(figsize=(11,9))
    ...: plt.subplot(2,2,1)                          #第1行、第1列的子图
    ...: plt.bar(x=data.index[-12:],height=np.array(data.iloc[-12:,0]),label=u'M0 月末余额',
color='r')  #选取最近12个月的月末数据
    ...: plt.xticks(fontsize=13,rotation=27)
    ...: plt.yticks(fontsize=13)
    ...: plt.ylim(0,11)
    ...: plt.ylabel(u'金额（万亿元）',fontsize=13)
    ...: plt.legend(loc=9, fontsize=13)              #将图例放置在中上的位置
    ...: plt.grid()
    ...: plt.subplot(2,2,2)                          #第1行、第2列的子图
    ...: plt.bar(x=data.index[-12:],height=data.iloc[-12:,1],color='b',label=u'M1 月末余额')
    ...: plt.xticks(fontsize=13,rotation=27)
    ...: plt.yticks(fontsize=13)
    ...: plt.ylim(0,75)
    ...: plt.legend(loc=9, fontsize=13)
    ...: plt.grid()
    ...: plt.subplot(2,2,3)                          #第2行、第1列的子图
    ...: plt.bar(x=data.index[-12:],height=data.iloc[-12:,2],color='c',label=u'M2 月末余额')
    ...: plt.xticks(fontsize=13,rotation=27)
    ...: plt.xlabel(u'日期',fontsize=13)
    ...: plt.yticks(fontsize=13)
    ...: plt.ylim(0,270)
    ...: plt.ylabel(u'金额（万亿元）',fontsize=13)
    ...: plt.legend(loc=9, fontsize=13)
    ...: plt.grid()
    ...: plt.subplot(2,2,4)                          #第2行、第2列的子图
    ...: plt.bar(x=data.index[-12:],height=data.iloc[-12:,-1],color='y',label=u'人民币贷款
月末余额')
    ...: plt.xticks(fontsize=13,rotation=27)
    ...: plt.xlabel(u'日期',fontsize=13)
    ...: plt.yticks(fontsize=13)
    ...: plt.ylim(0,210)
    ...: plt.legend(loc=9, fontsize=13)
    ...: plt.grid()
    ...: plt.show()
```

从图 4-3 可以看到，M0 在 2021 年 2 月触及近期高点之后，出现了一定的回落；M1 也在 2021 年 2 月达到了近期的高点，但是随后的数月呈现缓慢恢复的态势；M2 和人民币贷款则基本保持逐月上升的势头。

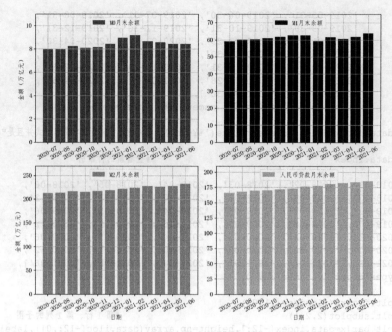

图 4-3　连续 12 个月每月末的货币供应量与人民币贷款余额

2. 针对任务 2

```
In [22]: data_growth=data/data.shift(1)-1          #计算每月的增长率

In [23]: plt.figure(figsize=(9,6))
    ...: for i in range(len(data.columns)):         #运用 for 语句高效绘制数据框每列数据的曲线
    ...:     plt.plot(data_growth.iloc[:,i],label=data.columns[i],lw=2.5)
    ...: plt.xticks(fontsize=13,rotation=90)
    ...: plt.xlabel(u'日期',fontsize=13)
    ...: plt.yticks(fontsize=13)
    ...: plt.ylabel(u'增长率',fontsize=13,rotation=90)
    ...: plt.legend(loc=0, fontsize=13)
    ...: plt.grid()
    ...: plt.show()
```

从图 4-4 中不难发现，M0 的月度增长率变化是最大的，尤其是在每年年初的时候变化最剧烈，主要的原因就是"春节效应"，也就是指在农历春节前后存在发放年终奖、派发红包等大额现金需求，但是到 2021 年"春节效应"有所减弱。相比之下，M2 的月度增长率和人民币贷款余额月度增长率变化相对比较平稳。

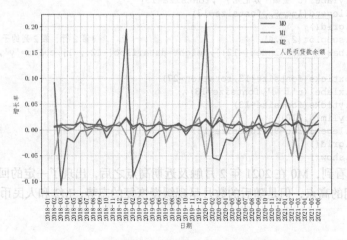

图 4-4　2018 年 2 月至 2021 年 6 月货币供应量与人民币贷款余额的月增长率

3. 针对任务 3

```
In [24]: fig, ax1 =plt.subplots(figsize=(9,6))    #运用左侧纵坐标绘制图形
    ...: plt.bar(x=data.index,height=data.iloc[:,-1],color='y',label=u'人民币贷款余额')
    ...: plt.xticks(fontsize=13,rotation=90)
    ...: plt.xlabel(u'日期',fontsize=13)
    ...: plt.yticks(fontsize=13)
    ...: plt.ylim(0,210)
    ...: plt.ylabel(u'金额（万亿元）',fontsize=13)
    ...: plt.legend(loc=2,fontsize=13)       #将图例的位置设置在左上
    ...: ax2=ax1.twinx()                     #运用右侧纵坐标绘制图形
    ...: plt.plot(data_growth.iloc[:,-1],label=u'人民币贷款余额增长率',lw=2.5)
    ...: plt.yticks(fontsize=13)
    ...: plt.ylabel(u'增长率',fontsize=13)
    ...: plt.legend(loc=1,fontsize=13)       #将图例的位置设置在右上
    ...: plt.grid()
    ...: plt.show()
```

图 4-5 中，左侧的 *y* 轴代表金额，右侧的 *y* 轴代表增长率，同时，图中的垂直条形代表每月末人民币贷款余额，曲线则代表每月人民币贷款余额增长率。从图中可以明显看到，在 2019 年 1 月、2020 年 1 月以及 2021 年 1 月，人民币贷款余额增长率相比当年其他月份要高出很多，可能的原因是每年初国内各大商业银行为了加快完成全年业绩目标而集中发放贷款，从而产生了贷款发放的"1月效应"。

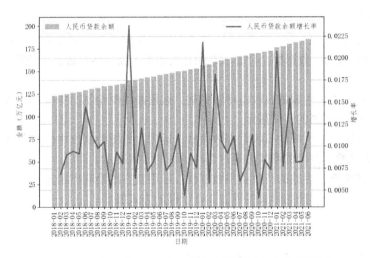

图 4-5　2018 年 2 月至 2021 年 6 月人民币贷款余额与月度增长率

4.3　绘制直方图的编程——以同时发行 A 股和美股的公司股票为案例

4.3.1　案例详情

C 公司是总部位于我国香港地区的一家全球性投资管理公司，通过发行公募基金、私募基金、专户管理等方式积极寻找全球资本市场的投资机会。近期，公司发行了一只新的股票型基金，其投资策略是配置同时在 A 股和美股市场挂牌交易且估值偏低的中资企业股票，从而积极把握中国经济长期增长的趋势性机会。

根据公司对外披露的基金持仓信息，中国人寿、南方航空这两家公司的 A 股和美股均列入十大重仓股名单中。表 4-4 列出了这 4 只股票在 2019 年 1 月至 2021 年 8 月期间的部分日收盘价，并且全部的数据存放于 Excel 文件中。

表 4-4   2019 年 1 月至 2021 年 8 月中国人寿、南方航空 A 股与美股部分日收盘价

日期	中国人寿（A 股） （代码：601628）	中国人寿（美股） （代码：LFC）	南方航空（A 股） （代码：600029）	南方航空（美股） （代码：ZNH）
2019-01-02	19.9500	10.4400	6.5800	30.3500
2019-01-03	20.1600	10.0900	6.7000	29.1200
2019-01-04	20.4900	10.5500	6.8400	29.9200
……	……	……	……	……
2021-08-27	29.4600	8.5100	5.6700	28.1200
2021-08-30	28.5900	8.4500	5.6700	28.5300
2021-08-31	28.8400	8.4100	5.7600	28.8200

数据来源：上海证券交易所、纽约证券交易所。

注：无论是中国人寿还是南方航空，都采用**存托凭证**（Depository Receipts，DR）的方式在美国纽约证券交易所上市，其中，中国人寿的 1 份存托凭证对应于 5 股 H 股股票，南方航空的 1 份存托凭证对应于 50 股 H 股股票。A 股的计价单位是"人民币元/股"，存托凭证的计价单位是"美元/份"。

假定你是该公司负责这只基金日常投资的基金经理，近期需要向公司的投资决策委员会详细汇报这 4 只股票的历史表现情况。为了充分准备这次汇报，你需要通过 Python 完成 4 个编程任务。

4.3.2　编程任务

【任务 1】导入包含 2019 年 1 月至 2021 年 8 月期间中国人寿、南方航空 A 股与美股日收盘价数据的 Excel 文件并且创建数据框，计算股票的日收益率（以自然对数方式计算）并且创建新的数据框。

【任务 2】针对任务 1 生成的日收益率数据框，运用曲线图绘制出中国人寿 A 股、美股的日收益率走势，并且以 2×1 子图的方式展示。

【任务 3】针对任务 1 生成的日收益率数据框，运用直方图绘制出中国人寿 A 股、美股的日收益率走势，分别以堆叠、并排的形式并通过 2×1 子图的方式展示。

【任务 4】针对任务 1 生成的日收益率数据框，运用直方图绘制出南方航空 A 股、美股的日收益率走势，依然以堆叠、并排的形式并通过 2×1 子图的方式展示。

4.3.3　编程提示

- 以自然对数方式计算股票日收益率 R_t 的公式如下：

$$R_t = \ln \frac{P_t}{P_{t-1}}　　　　（式 4-8）$$

其中，P_t 表示在第 t 个交易日的股票价格，P_{t-1} 表示在第 $t-1$ 个交易日的股票价格。在这里简单解释一下为什么金融量化分析往往采用自然对数收益率而不是传统的百分比收益率 $\left(\dfrac{P_t}{P_{t-1}}-1\right)$。举一个简单的例子，某只股票在 T 日的收盘价为 8 元/股，$T+1$ 日上升至 8.8 元/股，$T+2$ 日重新跌回至 8 元/股，采用百分比收益率可以得到：$T+1$ 日为+10%，$T+2$ 日为−9.09%，虽然 $T+1$ 日股票价格上涨的金额（0.8 元/股）与 $T+2$ 日股票下跌的金额（−0.8 元/股）之和等于 0，但两者百分比收益率之和却不等于 0，这就意味着使用百分比收益率拟合出的分布曲线不符合股票价格的实际变动情况。使用自然对数收益率就可以避免百分比收益率的这个问题。

- 绘制直方图可以运用函数 hist 完成，该函数中的参数 bins 用于控制直方图中的矩形数量；此外，如果两组或更多组样本以堆叠方式展示就需要输入参数 stacked=True，该参数在默认情况下表示以并排方式展示。

- 运用 pyplot 函数绘制曲线图，当数据量较大时，要求数据框的行索引以 datetime 格式存放。如果行索引采用字符串等其他格式存放就会造成图形的时间轴（x 轴）无法显示出日期。为此，可以运用 pandas 模块的 to_datetime 函数将数据框的行索引调整为 datetime 格式。

4.3.4 参考代码与说明

1. 针对任务 1

```
In [25]: P_stock=pd.read_excel('C:/Desktop/中国人寿和南方航空的A股与美股收盘价数据.xlsx', sheet_name=
"Sheet1",header=0,index_col=0)    #导入股票收盘价数据

In [26]: R_stock=np.log(P_stock/P_stock.shift(1))     #计算股票的日收益率
    ...: R_stock=R_stock.dropna()                      #删除缺失值所在的行

In [27]: R_stock.index                                #显示数据框的行索引
Out[27]:
Index(['2019-01-03', '2019-01-04', '2019-01-07', '2019-01-08', '2019-01-09',
       '2019-01-10', '2019-01-11', '2019-01-14', '2019-01-15', '2019-01-16',
       ...
       '2021-08-18', '2021-08-19', '2021-08-20', '2021-08-23', '2021-08-24',
       '2021-08-25', '2021-08-26', '2021-08-27', '2021-08-30', '2021-08-31'],
      dtype='object', name='日期', length=647)
```

从以上的输出可以看到，针对导入而创建的初始数据框，行索引是字符串格式（object）的，因此需要转换为 datetime 格式。

```
In [28]: R_stock.index=pd.to_datetime(R_stock.index)     #将行索引转换为 datetime 格式

In [29]: R_stock.index                                    #显示格式转换后的行索引
Out[29]:
DatetimeIndex(['2019-01-03', '2019-01-04', '2019-01-07', '2019-01-08',
               '2019-01-09', '2019-01-10', '2019-01-11', '2019-01-14',
               '2019-01-15', '2019-01-16',
               ...
               '2021-08-18', '2021-08-19', '2021-08-20', '2021-08-23',
               '2021-08-24', '2021-08-25', '2021-08-26', '2021-08-27',
               '2021-08-30', '2021-08-31'],
              dtype='datetime64[ns]', name='日期', length=647, freq=None)
```

通过运用 to_datetime 函数，数据框的行索引格式就被转换为 datetime 格式。

```
In [30]: R_stock.describe()                              #显示描述性统计指标
Out[30]:
       中国人寿（A股）   中国人寿（美股）    南方航空（A股）    南方航空（美股）
count   647.000000    647.000000     647.000000     647.000000
mean      0.000570     -0.000334      -0.000206      -0.000080
std       0.025843      0.022155       0.020049       0.028963
min      -0.123581     -0.111739      -0.104842      -0.121670
25%      -0.013524     -0.009807      -0.011069      -0.015040
50%      -0.000901      0.000000      -0.001505      -0.000598
75%       0.012643      0.008991       0.010308       0.014061
max       0.095450      0.164442       0.095027       0.141055
```

从以上统计指标的输出结果可以看到，每只股票日收益率的样本数据共 647 个。在 2019 年 1 月至 2021 年 8 月期间，中国人寿 A 股的平均日收益率为正，中国人寿美股、南方航空 A 股与美股的平均日收益率则为负。此外，就日收益率的波动率（标准差）而言，中国人寿 A 股要高于其美股，说明中国人寿 A 股的风险更高；相比之下，南方航空的 A 股则低于其美股，说明美股的投资风险更大一些。

2. 针对任务 2

```
In [31]: plt.figure(figsize=(9,9))
    ...: plt.subplot(2,1,1)                             #代表第 1 行的子图
    ...: plt.plot(R_stock['中国人寿（A股）'],'r-',label=u'中国人寿（A股）',lw=2.0)
    ...: plt.xticks(fontsize=13)
    ...: plt.yticks(fontsize=13)
    ...: plt.ylabel(u'收益率',fontsize=13)
    ...: plt.legend(loc=4, fontsize=13)                 #将图例放在右下位置
    ...: plt.grid()
```

```
    ...: plt.subplot(2,1,2)                          #代表第 2 行的子图
    ...: plt.plot(R_stock['中国人寿（美股）'],'b-',label=u'中国人寿（美股）',lw=2.0)
    ...: plt.xticks(fontsize=13)
    ...: plt.xlabel(u'日期',fontsize=13)
    ...: plt.yticks(fontsize=13)
    ...: plt.ylabel(u'收益率',fontsize=13)
    ...: plt.legend(loc=4, fontsize=13)
    ...: plt.grid()
    ...: plt.show()
```

通过对图 4-6 的观察可以发现，对于中国人寿而言，A 股的日最大涨幅不超过 10%，但是美股的日最大涨幅则超过 15%。A 股和美股的日最大跌幅都存在超过 10%的情形。

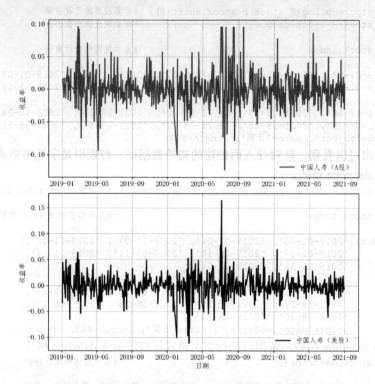

图 4-6　中国人寿 A 股和美股日收益率的走势（曲线图）

3．针对任务 3

```
In [32]: R_Chinalife=np.array(R_stock.iloc[:,:2])          #将中国人寿 A 股和美股日收益率转为数组格式

In [33]: plt.figure(figsize=(9,10))
    ...: plt.subplot(2,1,1)                                #代表第 1 行的子图
    ...: plt.hist(R_Chinalife,label=[u'中国人寿A股日收益率', u'中国人寿美股收益率'], stacked=True,
edgecolor='k', bins=30)    #以堆叠方式展示
    ...: plt.xticks(fontsize=13)
    ...: plt.yticks(fontsize=13)
    ...: plt.ylabel(u'频数',fontsize=13)
    ...: plt.legend(fontsize=13)
    ...: plt.grid()
    ...: plt.subplot(2,1,2)                                #代表第 2 行的子图
    ...: plt.hist(R_Chinalife,label=[u'中国人寿A股日收益率', u'中国人寿美股收益率'], edgecolor=
'k', bins=30)    #以并排方式展示
    ...: plt.xticks(fontsize=13)
    ...: plt.xlabel(u'股票日收益率',fontsize=13)
    ...: plt.yticks(fontsize=13)
    ...: plt.ylabel(u'频数',fontsize=13)
    ...: plt.legend(fontsize=13)
    ...: plt.grid()
    ...: plt.show()
```

在图 4-7 中，上方的子图表示以堆叠方式展示的直方图，下方的子图则表示以并排方式展示的直方图。此外，从下方的子图中不难发现，当股票日收益率处于 0 附近时（即涨跌幅较小），中国人寿美股的样本数量明显高于 A 股；相反，当股票日收益率越远离 0 时（即涨跌幅较大），A 股的样本数量就显著高于美股，这也进一步印证了前面得出的"中国人寿 A 股的风险比美股更高"的判断。

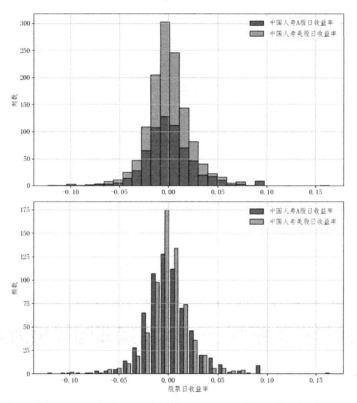

图 4-7　中国人寿 A 股与美股日收益率的直方图（以堆叠和并排的方式分别展示）

4. 针对任务 4

```
In [34]: R_CSair=np.array(R_stock.iloc[:,2:])        #将南方航空 A 股和美股日收益率转为数组形式

In [35]: plt.figure(figsize=(9,10))
   ...: plt.subplot(2,1,1)                    #代表第 1 行的子图
   ...: plt.hist(R_CSair,label=[u'南方航空 A 股收益率', u'南方航空美股日收益率'], stacked=True,
edgecolor='k', bins=30) #以堆叠方式展示
   ...: plt.xticks(fontsize=13)
   ...: plt.yticks(fontsize=13)
   ...: plt.ylabel(u'频数',fontsize=13)
   ...: plt.legend(fontsize=13)
   ...: plt.grid()
   ...: plt.subplot(2,1,2)                    #代表第 2 行的子图
   ...: plt.hist(R_CSair,label=[u'南方航空 A 股日收益率', u'南方航空美股日收益率'], edgecolor='k',
bins=30) #以并排方式展示
   ...: plt.xticks(fontsize=13)
   ...: plt.xlabel(u'股票日收益率',fontsize=13)
   ...: plt.yticks(fontsize=13)
   ...: plt.ylabel(u'频数',fontsize=13)
   ...: plt.legend(fontsize=13)
   ...: plt.grid()
   ...: plt.show()
```

观察图 4-8 的下方子图可以看到，当南方航空股票日涨跌幅较小时，A 股的样本数量明显多于美股；当股票日涨跌幅扩大时，美股的样本数量就会多于 A 股，这证实了投资南方航空美股的风险比 A 股要更高些。

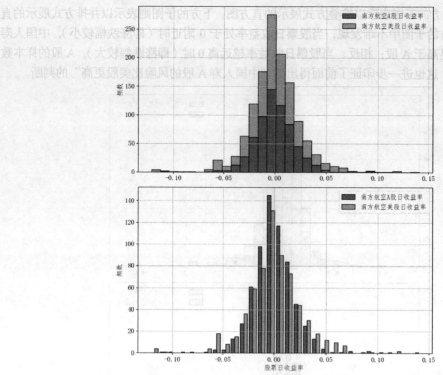

图 4-8　南方航空 A 股与美股日收益率的直方图（以堆叠和并排方式分别展示）

4.4　绘制条形图的编程——以欧猪四国股指为案例

4.4.1　案例详情

D 公司是总部位于葡萄牙里斯本的一家大型保险集团，公司的核心价值观之一就是创新。公司聚焦于创新产品的研发，致力于保护家庭、企业以至整个国家的未来。为了实现保险资金的增值，公司利用保险资金投资了欧猪四国[1]（PIGS）的股票市场。

假定你是该公司证券投资部的一名证券研究员，日常的工作就是负责跟踪和分析欧猪四国股指的变化情况，为投资团队的股票配置工作提供强有力的研究支持。在 2021 年 10 月初，你准备给投资团队分析近期相关股指的走势情况，其中需要展示 2021 年 5 月至 9 月期间欧猪四国代表性股指——PSI 指数（葡萄牙）、富时 MIB 指数（意大利）、ASE 综指（希腊）以及 IBEX35 指数（西班牙）每月的涨跌状况。表 4-5 列出了 2021 年 5 月至 9 月这 4 个指数的月末收盘价。

表 4-5　2021 年 5 月至 9 月欧猪四国代表性股指的月末收盘价

时间	PSI 指数 （葡萄牙）	富时 MIB 指数 （意大利）	ASE 综指 （希腊）	IBEX35 指数 （西班牙）
2021 年 5 月末	3857.85	25170.55	894.85	9148.90
2021 年 6 月末	3746.06	25102.04	884.89	8821.20
2021 年 7 月末	3758.17	25363.02	888.26	8675.70
2021 年 8 月末	4069.55	26009.29	923.15	8846.60
2021 年 9 月末	4037.63	25683.81	865.34	8796.30

数据来源：Wind。

---

1 欧猪四国又称金猪四国，指欧元区的葡萄牙（Portugal）、意大利（Italy）、希腊（Greece）、西班牙（Spain）这 4 个南欧国家，它们的首字母合称 PIGS。

为了能够达到预期的演示效果，提升工作成果的认可度，你需要运用 Python 完成 3 个编程任务。

4.4.2 编程任务

【任务 1】根据表 4-5 中的数据创建数据框，同时计算 2021 年 6 月至 9 月期间每个指数每月涨跌幅并且创建一个新的数据框。

【任务 2】针对任务 1 创建的每月涨跌幅数据框，依次绘制出展示 4 个股指每月涨跌幅情况的垂直条形图，并且以 2×2 子图的方式呈现。

【任务 3】针对任务 1 创建的每月涨跌幅数据框，运用水平条形图对比每个股指 2021 年 8 月与 9 月的每月涨跌幅。

4.4.3 编程提示

- 可以运用函数 bar 绘制垂直条形图，需要输入两个关键的参数：一是参数 x，表示条形图横坐标轴对应的相关数据，本案例中是股指名称；二是参数 height，表示每个条形的高度，本案例中是股指的每月涨跌幅。
- 可以运用函数 barh 绘制水平条形图，也需要输入两个关键的参数：一是参数 y，表示条形图纵坐标轴对应的相关数据，本案例中是股指名称；二是参数 width，表示每个条形的宽度，本案例中是股指的每月涨跌幅。

4.4.4 参考代码与说明

1. 针对任务 1

```
In [36]: date=['2021年5月','2021年6月','2021年7月','2021年8月','2021年9月']  #创建日期的列表

In [37]: name=['PSI 指数','富时 MIB 指数','ASE 综指','IBEX35 指数']              #创建指数名称的列表

In [38]: price=np.array([[3857.85,25170.55,894.85,9148.90],
   ...:                  [3746.06,25102.04,884.89,8821.20],
   ...:                  [3758.17,25363.02,888.26,8675.70],
   ...:                  [4069.55,26009.29,923.15,8846.60],
   ...:                  [4037.63,25683.81,865.34,8796.30]])                   #创建收盘价的数组

In [39]: data_index=pd.DataFrame(data=price,index=date,columns=name)  #创建月末收盘价的数据框

In [40]: R_index=data_index/data_index.shift(1)-1       #计算每月涨跌幅
   ...: R_index=R_index.dropna()                         #删除缺失值所在的行
   ...: R_index                                          #输出进行查看
Out[40]:
            PSI 指数  富时 MIB 指数   ASE 综指    IBEX35 指数
2021年6月  -0.028977  -0.002722   -0.011130   -0.035819
2021年7月   0.003233   0.010397    0.003808   -0.016494
2021年8月   0.082854   0.025481    0.039279    0.019699
2021年9月  -0.007844  -0.012514   -0.062623   -0.005686
```

2. 针对任务 2

```
In [41]: plt.figure(figsize=(11,10))
   ...: plt.subplot(2,2,1)                              #第1行、第1列子图
   ...: plt.bar(x=R_index.columns,height=R_index.iloc[0],width=0.5,label=u'2021年6月涨跌幅', facecolor='y')
   ...: plt.xticks(fontsize=13)
   ...: plt.yticks(fontsize=13)
   ...: plt.ylabel(u'涨跌幅',fontsize=13)
   ...: plt.legend(loc=9,fontsize=13)                   #将图例放置在中上位置
   ...: plt.grid()
   ...: plt.subplot(2,2,2,sharex=plt.subplot(2,2,1),sharey=plt.subplot(2,2,1)) #与第1个子图的x轴和y轴相同
   ...: plt.bar(x=R_index.columns,height=R_index.iloc[1],width=0.5,label=u'2021年7月涨跌幅', facecolor='c')
   ...: plt.xticks(fontsize=13)
```

```
    ...: plt.yticks(fontsize=13)
    ...: plt.legend(loc=9,fontsize=13)
    ...: plt.grid()
    ...: plt.subplot(2,2,3,sharex=plt.subplot(2,2,1),sharey=plt.subplot(2,2,1))    #与第 1 个
子图的 x 轴和 y 轴相同
    ...: plt.bar(x=R_index.columns,height=R_index.iloc[2],width=0.5,label=u'2021 年 8 月涨跌
幅', facecolor='b')
    ...: plt.xticks(fontsize=13)
    ...: plt.yticks(fontsize=13)
    ...: plt.ylabel(u'涨跌幅',fontsize=13)
    ...: plt.legend(loc=9,fontsize=13)
    ...: plt.grid()
    ...: plt.subplot(2,2,4,sharex=plt.subplot(2,2,1),sharey=plt.subplot(2,2,1))    #与第 1 个
子图的 x 轴和 y 轴相同
    ...: plt.bar(x=R_index.columns,height=R_index.iloc[-1],width=0.5,label=u'2021 年 9 月涨
跌幅',facecolor='g')
    ...: plt.xticks(fontsize=13)
    ...: plt.yticks(fontsize=13)
    ...: plt.legend(loc=9,fontsize=13)
    ...: plt.grid()
    ...: plt.show()
```

图 4-9 中的 4 幅子图具有完全相同的 x 轴刻度和 y 轴刻度，进而可以更加直观地对比每个指数不同月份的涨跌幅情况。此外，在 2021 年 8 月 4 个股票指数均呈现上涨趋势，6 月与 9 月全部下跌，7 月则仅有 1 个指数的走势与其他指数的走势不同，这说明欧猪四国的股票指数之间存在着一定程度的共振性。

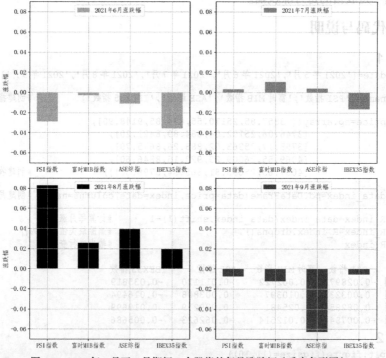

图 4-9 2021 年 6 月至 9 月期间 4 个股指的每月涨跌幅（垂直条形图）

3. 针对任务 3

```
In [42]: plt.figure(figsize=(9,6))
    ...: plt.barh(y=R_index.columns,width=R_index.iloc[-2],height=0.5,label=u'8 月涨跌幅')
    ...: plt.barh(y=R_index.columns,width=R_index.iloc[-1],height=0.5,label=u'9 月涨跌幅')
    ...: plt.xticks(fontsize=13)
    ...: plt.xlabel(u'涨跌幅',fontsize=13)
    ...: plt.yticks(fontsize=13)
    ...: plt.title(u'比较 4 个股指在 2021 年 8 月和 9 月的月度涨跌幅',fontsize=13)
    ...: plt.legend(loc=1,fontsize=13)                #将图例放置在右上位置
    ...: plt.grid()
    ...: plt.show()
```

观察图 4-10 可以得出一个明显的结论，2021 年 8 月欧猪四国的股票指数在走势方面显著强于 9 月。

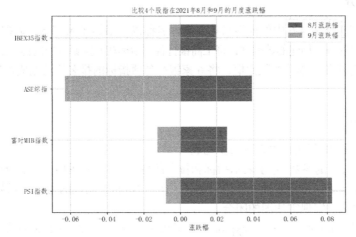

图 4-10　4 个股指在 2021 年 8 月和 9 月的每月涨跌幅对比（水平条形图）

4.5　绘制雷达图的编程——以六大国有银行的财务与监管指标为案例

4.5.1　案例详情

E 银行是我国六大国有银行（工商银行、农业银行、中国银行、建设银行、邮储银行和交通银行）的其中一家，并且在 2021 年 9 月召开银行的半年度董事会会议，会议的一项议程是由银行首席风险官做工作汇报，通过比较六大国有银行 2021 年上半年的主要财务指标和监管指标，从而找出 E 银行在经营管理尤其是风险管理上与其他银行的差距。

假定你是该银行风险管理部的一名风险经理，需要协助首席风险官准备相应的汇报材料，并且根据 2021 年 8 月底之前已对外披露的 2021 年半年报信息，整理这 6 家银行 2021 年 6 月末的主要财务与监管指标，同时还需要对这些指标由高到低进行排名，具体详见表 4-6。

表 4-6　六大国有银行 2021 年 6 月末主要财务与监管指标以及排名

指标名称		工商银行 （代码：601398）	农业银行 （代码：601288）	中国银行 （代码：601988）	建设银行 （代码：601939）	邮储银行 （代码：601658）	交通银行 （代码：601328）
不良贷 款率	数据	1.54%	1.50%	1.30%	1.53%	0.83%	1.60%
	排名	2	4	5	3	6	1
资本充 足率	数据	17.01%	16.23%	15.61%	16.58%	14.32%	15.29%
	排名	1	3	4	2	6	5
净资产 收益率	数据	5.95%	6.20%	5.99%	6.55%	6.65%	5.47%
	排名	5	3	4	2	1	6
市盈率	数据	4.9808	4.5165	4.3562	5.1009	6.6366	3.9175
	排名	3	4	5	2	1	6
净利润 增长率	数据	9.82%	12.49%	9.96%	10.92%	22.48%	15.88%
	排名	6	3	5	4	1	2

注：在计算市盈率时运用了 2021 年 8 月 31 日的 A 股收盘价。

数据来源：6 家银行对外公布的 2021 年半年报，上海证券交易所。

为了增强汇报的可视化效果，首席风险官要求用雷达图展示各家银行在这些指标方面的排名情况。对此，你需要结合表 4-6 中的数据运用 Python 完成 3 个编程任务。

4.5.2 编程任务

【任务 1】创建包含表 4-6 中的证券名称、指标名称以及指标排名信息的数据框。

【任务 2】针对任务 1 创建的数据框，将工商银行各项指标在 6 家银行中的排名绘制成一张雷达图。

【任务 3】针对任务 1 创建的数据框，将 6 家银行各项指标的排名均绘制成雷达图并且以 3×2 子图形式显示。

4.5.3 编程提示

● 绘制雷达图的编程通常由以下两步完成。

第 1 步是输入备用的参数。除了表示指标和排名的变量，还需要运用 NumPy 模块的函数 linspace 将整个圆按照需要显示的指标数量进行均匀切分，运用 NumPy 模块的另一个函数 concatenate 将相关数组进行首尾拼接以实现雷达图的闭合。

第 2 步是运用 Matplotlib 子模块 pyplot 中的函数 polar 和函数 thetagrids 完成雷达图绘制，其中 polar 用于绘制雷达图的坐标系，thetagrids 则用于填写图形中涉及的指标名称。具体的代码编写可以参见以下的"参考代码与说明"中针对任务 2 的代码。

● 针对任务 3 中的绘制子图，可以运用函数 add_subplot，并且针对关键参数 polar 设置 polar=True。

4.5.4 参考代码与说明

1. 针对任务 1

```
In [43]: bank=['工商银行','农业银行','中国银行','建设银行','邮储银行','交通银行']      #创建证券名称的列表

In [44]: indicator=['不良贷款率','资本充足率','净资产收益率','市盈率','净利润增长率']#创建指标名称的列表

In [45]: rank=np.array([[2,4,5,3,6,1],[1,3,4,2,6,5],[5,3,4,2,1,6],[3,4,5,2,1,6],[6,3,5,4,
1,2]]) #创建存放排名的数组

In [46]: bank_rank=pd.DataFrame(data=rank,index=indicator,columns=bank)   #创建数据框
    ...: bank_rank
Out[46]:
            工商银行  农业银行  中国银行  建设银行  邮储银行  交通银行
不良贷款率          2      4      5      3      6      1
资本充足率          1      3      4      2      6      5
净资产收益率         5      3      4      2      1      6
市盈率            3      4      5      2      1      6
净利润增长率         6      3      5      4      1      2
```

2. 针对任务 2

在绘制雷达图之前，需要先输入一些备用的参数，具体如下。

```
In [47]: N_indicator=len(indicator)                          #指标的个数

In [48]: ICBC_rank=np.array(bank_rank.iloc[:,0])             #工商银行各项指标排名

In [49]: ICBC_rank_new=np.concatenate([ICBC_rank, [ICBC_rank[0]]])#在工商银行各项指标排名的数
组末尾添加一个该数组首位数字以实现图形的闭合

In [50]: angles=np.linspace(0,2*np.pi,N_indicator,endpoint=False) #将整圆按照指标数量进行均分

In [51]: angles_new=np.concatenate([angles, [angles[0]]])     #在前面创建的 angles 数组末尾添加一
个该数组首位数字以实现图形的闭合
```

有了以上的参数，就可以绘制雷达图了。需要提醒的是，如果运用的是更高版本的 Matplotlib，则还需要增加一行代码 indicator_list=np.concatenate([indicator,[indicator[0]]])，该行代码的含义是在指标数组的末尾增加该数组的首个元素，从而实现图形的闭合。

```
In [52]: plt.figure(figsize=(6,6))
    ...: plt.polar(angles_new,ICBC_rank_new,'--')          #绘制雷达图
    ...: plt.thetagrids(angles_new*180/np.pi,indicator,fontsize=13)    #填写图形的指标名称
    ...: plt.ylim(0,6)
```

```
    ...: plt.yticks(range(len(bank)+1),fontsize=13)      #将刻度按照银行数量进行设置
    ...: plt.fill(angles_new,ICBC_rank_new, facecolor='b',alpha=0.2) #对图中相关部分用颜色填充
    ...: plt.title(u'工商银行各项指标在六大国有银行中的排名',fontsize=14)
    ...: plt.show()
```

如果运用的是更高版本的 Matplotlib，就需要将上面代码 plt.thetagrids 函数中的
indicator 参数改为 indicator_list。

在图 4-11 中，越靠近圆心表明排名越高，远离圆心则表明排名较低。从图中可以比较清楚地看
到工商银行各项指标的排名情况，只有资本充足率和不良贷款率的排名比较靠前，其他的指标排名
则比较靠后。但这里需要注意的是，不良贷款率越小表明信贷资产的质量越好，因此不良贷款率排
名靠前说明信贷资产质量不高。

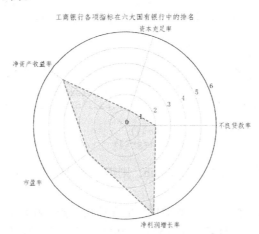

图 4-11　用雷达图显示工商银行的各项指标在六大国有银行中的排名

3. 针对任务 3

```
In [53]: ABC_rank=np.array(bank_rank.iloc[:,1])         #农业银行各项指标排名
    ...: ABC_rank_new=np.concatenate([ABC_rank, [ABC_rank[0]]])

In [54]: BOC_rank=np.array(bank_rank.iloc[:,2])         #中国银行各项指标排名
    ...: BOC_rank_new=np.concatenate([BOC_rank, [BOC_rank[0]]])

In [55]: CCB_rank=np.array(bank_rank.iloc[:,3])         #建设银行各项指标排名
    ...: CCB_rank_new=np.concatenate([CCB_rank, [CCB_rank[0]]])

In [56]: PSBC_rank=np.array(bank_rank.iloc[:,4])        #邮储银行各项指标排名
    ...: PSBC_rank_new=np.concatenate([PSBC_rank, [PSBC_rank[0]]])

In [57]: BoCom_rank=np.array(bank_rank.iloc[:,-1])      #交通银行各项指标排名
    ...: BoCom_rank_new=np.concatenate([BoCom_rank, [BoCom_rank[0]]])

In [58]: fig=plt.figure(figsize=(8,15))
    ...: ax1=fig.add_subplot(3,2,1,polar=True)          #设置第1行、第1列的子图为雷达图
    ...: ax1.plot(angles_new,ICBC_rank_new,'--')        #绘制工商银行各项指标排名的雷达图
    ...: ax1.fill(angles_new,ICBC_rank_new,facecolor='b',alpha=0.2)
    ...: ax1.set_thetagrids(angles_new*180/np.pi,indicator,fontsize=12)
    ...: ax1.set_ylim(0,6)                              #设置刻度的区间
    ...: ax1.set_yticks(range(len(bank)+1))
    ...: ax1.set_title(u'工商银行',fontsize=13)
    ...: ax2=fig.add_subplot(3,2,2,polar=True)          #设置第1行、第2列的子图为雷达图
    ...: ax2.plot(angles_new,ABC_rank_new,'--')         #绘制农业银行各项指标排名的雷达图
    ...: ax2.fill(angles_new,ABC_rank_new,facecolor='m',alpha=0.2)
    ...: ax2.set_thetagrids(angles_new*180/np.pi,indicator,fontsize=12)
    ...: ax2.set_ylim(0,6)
    ...: ax2.set_yticks(range(len(bank)+1))
    ...: ax2.set_title(u'农业银行',fontsize=13)
    ...: ax3=fig.add_subplot(3,2,3,polar=True)          #设置第2行、第1列的子图为雷达图
    ...: ax3.plot(angles_new,BOC_rank_new,'--')         #绘制中国银行各项指标排名的雷达图
    ...: ax3.fill(angles_new,BOC_rank_new,facecolor='c',alpha=0.2)
```

```
    ...: ax3.set_thetagrids(angles_new*180/np.pi,indicator,fontsize=12)
    ...: ax3.set_ylim(0,6)
    ...: ax3.set_yticks(range(len(bank)+1))
    ...: ax3.set_title(u'中国银行',fontsize=13)
    ...: ax4=fig.add_subplot(3,2,4,polar=True)          #设置第 2 行、第 2 列的子图为雷达图
    ...: ax4.plot(angles_new,CCB_rank_new,'--')          #绘制建设银行各项指标排名的雷达图
    ...: ax4.fill(angles_new,CCB_rank_new,facecolor='y',alpha=0.2)
    ...: ax4.set_thetagrids(angles_new*180/np.pi,indicator, fontsize=12)
    ...: ax4.set_ylim(0,6)
    ...: ax4.set_yticks(range(len(bank)+1))
    ...: ax4.set_title(u'建设银行',fontsize=13)
    ...: ax5=fig.add_subplot(3,2,5,polar=True)          #设置第 3 行、第 1 列的子图为雷达图
    ...: ax5.plot(angles_new,PSBC_rank_new,'--')          #绘制邮储银行各项指标排名的雷达图
    ...: ax5.fill(angles_new,PSBC_rank_new,facecolor='g',alpha=0.2)
    ...: ax5.set_thetagrids(angles_new*180/np.pi,indicator,fontsize=12)
    ...: ax5.set_ylim(0,6)
    ...: ax5.set_yticks(range(len(bank)+1))
    ...: ax5.set_title(u'邮储银行',fontsize=13)
    ...: ax6=fig.add_subplot(3,2,6,polar=True)          #设置第 3 行、第 2 列的子图为雷达图
    ...: ax6.plot(angles_new,BoCom_rank_new,'--')          #绘制交通银行各项指标排名的雷达图
    ...: ax6.fill(angles_new,BoCom_rank_new,facecolor='r',alpha=0.2)
    ...: ax6.set_thetagrids(angles_new*180/np.pi,indicator,fontsize=12)
    ...: ax6.set_ylim(0,6)
    ...: ax6.set_yticks(range(len(bank)+1))
    ...: ax6.set_title(u'交通银行',fontsize=13)
Out[58]:
```

同样，如果运用的是更高版本的 Matplotlib，则需要参考任务 2 中给出的修改方式对上方代码做出一定的调整。

根据图 4-12 不难发现，建设银行、邮储银行的多项指标排名在六大国有银行中处于领先地位，中国银行、交通银行的多项指标排名则比较靠后，其余两家银行在不同指标上的排名差别较大。这说明不同的银行在风险管理、业务发展等方面存在着一定的差异。

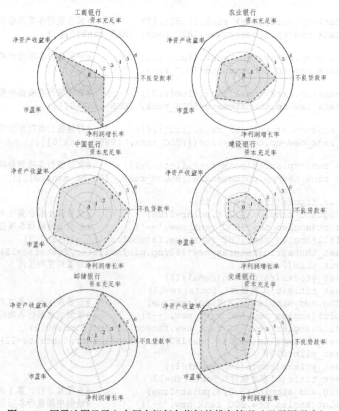

图 4-12　用雷达图显示六大国有银行各指标的排名情况（以子图形式）

4.6　绘制散点图的编程——以 A 股和港股的股指为案例

4.6.1　案例详情

　　F 公司是总部位于科威特的一家独立投资公司，管理着全球一流的主权财富基金。公司越来越意识到投资中国的重要性，因此进一步扩展了在中国资本市场配置资产的深度和广度，并且还在上海设立了投资办公室（investment office）。

　　假定你是该公司上海投资办公室的一名投资经理，正在分析 A 股市场的上证综指、深证成指与港股市场的恒生指数之间是否存在着较强的联动性，特别是在 2014 年 11 月推出沪港通、2016 年 12 月推出深港通以后，A 股与港股之间的联动性是否得到进一步提升，并且将分析结果形成一份书面报告提交给公司管理层，便于更好地开展 A 股、港股市场的套利投资。表 4-7 列出了 2010 年 1 月至 2021 年 10 月这 3 个股票指数的部分周收盘价数据，全部数据存放于 Excel 文件中。

表 4-7　2010 年 1 月至 2021 年 10 月上证综指、深证成指和恒生指数的部分周收盘价

日期	上证综指	深证成指	恒生指数
2010-01-08	3195.9970	13267.4360	22296.7500
2010-01-15	3224.1520	13264.3720	21654.1602
2010-01-22	3128.5880	12595.9350	20726.1797
……	……	……	……
2021-10-15	3572.3662	14415.9919	25330.9600
2021-10-22	3582.6036	14492.8214	26126.9300
2021-10-29	3547.3361	14451.3820	25377.2400

数据来源：上海证券交易所、深圳证券交易所、香港交易所。

　　在这份研究报告中，你希望运用散点图呈现不同股指之间的联动性，因此需要运用 Python 完成 4 个编程任务。

4.6.2　编程任务

　　【任务 1】导入包含 2010 年 1 月至 2021 年 10 月期间 3 个股票指数每周收盘价数据的 Excel 文件并且创建数据框，同时计算这 3 个股指的周收益率（对数收益率）并创建一个新数据框，此外计算 3 个股指周收益率之间的相关系数。

　　【任务 2】针对任务 1 创建的股指周收益率的数据框，分别绘制上证综指与恒生指数、深证成指与恒生指数的散点图，并且以 1×2 子图形式显示。

　　【任务 3】针对任务 1 创建的股指周收益率的数据框，以 2014 年 11 月正式推出沪港通作为"分水岭"，绘制 2010 年 1 月至 2014 年 10 月、2014 年 11 月至 2021 年 10 月这两个不同时期内，上证综指与恒生指数的散点图（以 1×2 子图形式显示），以查看沪港通的推出是否提升了上证综指与恒生指数的联动性，同时运用相关系数进行验证。

　　【任务 4】针对任务 1 创建的股指周收益率的数据框，以 2016 年 12 月正式推出深港通作为"分水岭"，绘制 2010 年 1 月至 2016 年 11 月、2016 年 12 月至 2021 年 10 月这两个不同时期内，深证成指与恒生指数的散点图（以 1×2 子图形式显示），以进一步查看深港通的推出是否提升了深证成指与恒生指数的联动性，同时运用相关系数进行验证。

4.6.3　编程提示

- 绘制散点图需要运用函数 scatter，并且输入两个关键参数：一是参数 x，表示对应 x 轴的数据；二是参数 y，表示对应 y 轴的数据。

- 针对任务 2 至任务 4，为了便于子图之间通过观察比较，可以设定子图之间共用 x 轴的刻度以及 y 轴的刻度。

4.6.4　参考代码与说明

1. 针对任务 1

```
In [59]: P_index=pd.read_excel('C:/Desktop/3 个股指的周收盘价数据.xlsx',sheet_name= "Sheet1",
header=0, index_col=0)    #导入股指周收盘价

In [60]: P_index.index=pd.DatetimeIndex(P_index.index)  #将数据框的行索引调整为 Datetime 格式

In [61]: R_index=np.log(P_index/P_index.shift(1))       #计算股指的周收益率
    ...: R_index=R_index.dropna()                        #删除缺失值

In [62]: R_index.corr()                                 #计算指数周收益率之间的相关系数
Out[62]:
             上证综指     深证成指     恒生指数
上证综指    1.000000  0.923305  0.552394
深证成指    0.923305  1.000000  0.505215
恒生指数    0.552394  0.505215  1.000000
```

从以上输出的相关系数来看，上证综指和深证成指的相关系数超过 0.92，说明它们的联动性非常高。同时，相比深证成指与恒生指数的联动性，上证综指与恒生指数的联动性略高一些。

2. 针对任务 2

```
In [63]: plt.figure(figsize=(11,6))
    ...: plt.subplot(1,2,1)    #第1行、第1列子图
    ...: plt.scatter(x=R_index.iloc[:,-1],y=R_index.iloc[:,0],c='b',marker='o')
    ...: plt.xlabel(u'恒生指数',fontsize=13)
    ...: plt.xticks(fontsize=13)
    ...: plt.ylabel(u'上证综指',fontsize=13)
    ...: plt.yticks(fontsize=13)
    ...: plt.title(u'恒生指数与上证综指的散点图',fontsize=14)
    ...: plt.grid()
    ...: plt.subplot(1,2,2,sharex=plt.subplot(1,2,1),sharey=plt.subplot(1,2,1))    #与第 1
个子图共用 x 轴和 y 轴
    ...: plt.scatter(x=R_index.iloc[:,-1],y=R_index.iloc[:,1],c='c',marker='o')
    ...: plt.xlabel(u'恒生指数',fontsize=13)
    ...: plt.xticks(fontsize=13)
    ...: plt.ylabel(u'深证成指',fontsize=13)
    ...: plt.yticks(fontsize=13)
    ...: plt.title(u'恒生指数与深证成指的散点图',fontsize=13)
    ...: plt.grid()
    ...: plt.show()
```

通过对图 4-13 的观察可以发现，左图中恒生指数与上证综指散点图中的圆点相对比较集中，右图中恒生指数与深证成指散点图中的圆点则更加离散，这也印证了任务 1 通过相关系数所得出的结论。

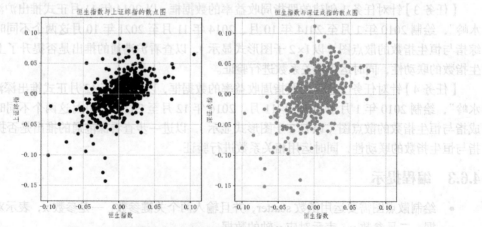

图 4-13　恒生指数与上证综指、深证成指周收益率的散点图

3. 针对任务 3

```
In [64]: data_list1=R_index.loc[ :'2014-10-31']    #截取 2014 年 10 月之前的数据（含 2014 年 10 月）
    ...: data_list2=R_index.loc['2014-11-01': ]    #截取 2014 年 11 月之后的数据（含 2014 年 11 月）

In [65]: plt.figure(figsize=(11,6))
    ...: plt.subplot(1,2,1)              #第 1 行、第 1 列子图
    ...: plt.scatter(x=data_list1.iloc[:,-1],y=data_list1.iloc[:,0],c='b',marker='o')
    ...: plt.xlabel(u'恒生指数',fontsize=13)
    ...: plt.xticks(fontsize=13)
    ...: plt.ylabel(u'上证综指',fontsize=13)
    ...: plt.yticks(fontsize=13)
    ...: plt.title(u'2010 年 1 月至 2014 年 10 月的散点图',fontsize=14)
    ...: plt.grid()
    ...: plt.subplot(1,2,2,sharex=plt.subplot(1,2,1),sharey=plt.subplot(1,2,1))    #与第 1
个子图共用 x 轴和 y 轴
    ...: plt.scatter(x=data_list2.iloc[:,-1],y=data_list2.iloc[:,0],c='c',marker='o')
    ...: plt.xlabel(u'恒生指数',fontsize=13)
    ...: plt.xticks(fontsize=13)
    ...: plt.yticks(fontsize=13)
    ...: plt.title(u'2014 年 11 月至 2021 年 10 月的散点图',fontsize=14)
    ...: plt.grid()
    ...: plt.show()
```

仅通过对图 4-14 的观察会发现，在沪港通推出之后（2014 年 11 月至 2021 年 10 月）上证综指与恒生指数周收益率散点图中的圆点比沪港通推出之前更加离散一些，据此可得出"沪港通推出以后上证综指与恒生指数的联动性减弱"的初步结论。下面需要通过相关系数进行验证。

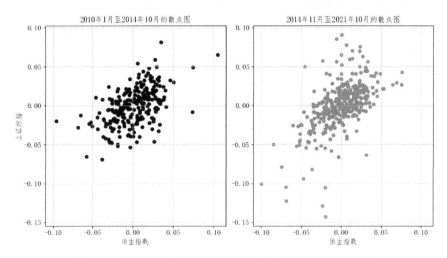

图 4-14 沪港通推出前后上证综指与恒生指数周收益率的散点图

```
In [66]: data_list1.corr()    #2010 年 1 月至 2014 年 10 月期间的相关系数
Out[66]:
          上证综指      深证成指      恒生指数
上证综指    1.000000   0.928703   0.520287
深证成指    0.928703   1.000000   0.447776
恒生指数    0.520287   0.447776   1.000000

In [67]: data_list2.corr()    #2014 年 11 月至 2021 年 10 月期间的相关系数
Out[67]:
          上证综指      深证成指      恒生指数
上证综指    1.000000   0.921061   0.575642
深证成指    0.921061   1.000000   0.542107
恒生指数    0.575642   0.542107   1.000000
```

从相关系数的输出结果则发现，在沪港通推出之后，上证综指与恒生指数之间的相关性是略有提高的，即相关系数从沪港通推出前的约 0.5203 提高至推出后的约 0.5756。因此，仅通过观察散点

图就做出结论性的判断是比较武断的。

4. 针对任务 4

```
In [68]: data_list3=R_index.loc[ :'2016-11-30']   #截取 2016 年 11 月之前的数据（含 2016 年 11 月）
    ...: data_list4=R_index.loc['2016-12-01': ]   #截取 2016 年 12 月之后的数据（含 2016 年 12 月）

In [69]: plt.figure(figsize=(11,6))
    ...: plt.subplot(1,2,1)     #第 1 行、第 1 列子图
    ...: plt.scatter(x=data_list3.iloc[:,-1],y=data_list3.iloc[:,1],c='b',marker='o')
    ...: plt.xlabel(u'恒生指数',fontsize=13)
    ...: plt.xticks(fontsize=13)
    ...: plt.ylabel(u'深证成指',fontsize=13)
    ...: plt.yticks(fontsize=13)
    ...: plt.title(u'2010 年 1 月至 2016 年 11 月的散点图',fontsize=14)
    ...: plt.grid()
    ...: plt.subplot(1,2,2,sharex=plt.subplot(1,2,1),sharey=plt.subplot(1,2,1))     #与第 1
个子图共用 x 轴和 y 轴
    ...: plt.scatter(x=data_list4.iloc[:,-1],y=data_list4.iloc[:,1],c='c',marker='o')
    ...: plt.xlabel(u'恒生指数',fontsize=13)
    ...: plt.xticks(fontsize=13)
    ...: plt.yticks(fontsize=13)
    ...: plt.title(u'2016 年 12 月至 2021 年 10 月的散点图',fontsize=14)
    ...: plt.grid()
    ...: plt.show()
```

　　观察图 4-15 可以发现，在深港通推出后（2016 年 12 月至 2021 年 10 月）深证成指与恒生指数周收益率散点图中的圆点比推出前更加聚集，据此得出"深港通的推出提升了深证成指与恒生指数的联动性"这一初步结论。下面依然需要通过相关系数进行验证。

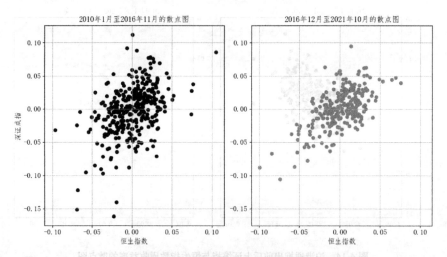

图 4-15　深港通推出前后深证成指与恒生指数周收益率的散点图

```
In [69]: data_list3.corr()     #2010 年 1 月至 2016 年 11 月期间的相关系数
Out[69]:
            上证综指     深证成指     恒生指数
上证综指   1.000000   0.929127   0.484932
深证成指   0.929127   1.000000   0.448519
恒生指数   0.484932   0.448519   1.000000

In [70]: data_list4.corr()     #2016 年 12 月至 2021 年 10 月期间的相关系数
Out[70]:
            上证综指     深证成指     恒生指数
上证综指   1.000000   0.912441   0.693927
深证成指   0.912441   1.000000   0.609633
恒生指数   0.693927   0.609633   1.000000
```

　　相关系数的输出结果印证了通过观察散点图所得出的结论，深港通推出以后深证成指与恒生指数周收益率的相关性大幅提高，即相关系数从约 0.4485 上升至约 0.6096，深证成指与恒生指数的联

动性明显增强。与此同时，还发现深港通推出以后也提高了上证综指与恒生指数之间的相关性，相关系数从约 0.4849 上升至约 0.6939。

4.7 绘制饼图的编程——以全球上市公司股票市值的国家分布为案例

4.7.1 案例详情

G 公司是总部位于日本东京的一家大型证券经纪商，为了迎接公司在 2024 年成立一百周年，公司管理层在 2021 年提出了"为了 2024 追求最佳的热情"（Passion for the Best 2024）战略规划，并且在日本、美国、中国、韩国、印度以及澳大利亚这 6 个国家重新整合了自身的证券研发与销售团队。

假定你是该公司的人力资源总监，在配置不同地域的研发与销售人员的过程中，大胆提出以该国上市公司股票市值规模作为重要依据的人力资源配置方案，也就是指股票市值越高的国家，相应配置的人力资源就应该越多，反之则配置少一些。为此，你通过世界银行的官网，收集 2017 年至 2020 年这 6 个国家上市公司股票市值的年度数据，并且列在表 4-8 中。

表 4-8 6 个国家上市公司股票市值年度数据   单位：万亿美元

年份	美国	中国	日本	印度	韩国	澳大利亚
2020 年	40.72	12.21	6.72	2.60	2.18	1.72
2019 年	33.89	8.52	6.19	2.29	1.48	1.49
2018 年	30.44	6.32	5.30	2.28	1.41	1.26
2017 年	32.12	8.71	6.22	2.56	1.77	1.51

数据来源：世界银行。

为了提升人力资源配置方案的可视化效果，你需要结合表 4-8 中的数据运用 Python 完成 3 个编程任务。

4.7.2 编程任务

【任务 1】根据表 4-8 中的年份、国家名称以及市值等创建数据框。

【任务 2】针对任务 1 创建的数据框，用饼图的方式绘制 2020 年不同国家上市公司股票市值的占比情况。

【任务 3】针对任务 1 创建的数据框，用饼图并且以 2×2 子图的形式绘制 2017 年至 2020 年期间每年不同国家上市公司股票市值的占比情况。

4.7.3 编程提示

- 绘制饼图可以运用函数 pie，有两个关键参数需要输入：一是参数 x，表示指标的具体数值，二是参数 labels，表示相关指标的名称。此外，可以通过设置参数 labeldistance 控制文字标签与饼图圆心之间的距离；通过参数 counterclock 控制饼图中指标的显示顺序是否为逆时针，默认为逆时针，counterclock=False 表示采用顺时针；通过字典格式输入参数 textprops 可以控制饼图中文字标签的字号大小，比如 textprops={'fontsize':12} 表示设置的字号大小是 12 磅。
- 同时，在函数 axis 中输入字符串 equal 可以将饼图显示成一个圆形。

4.7.4 参考代码与说明

1. 针对任务 1

```
In [71]: year=['2020年','2019年','2018年','2017年']          #创建年份的列表

In [72]: country=['美国','中国','日本','印度','韩国','澳大利亚']    #创建国家名称的列表
```

```
In [73]: value=np.array([[40.72,12.21,6.72,2.60,2.18,1.72],
    ...:                  [33.89,8.52,6.19,2.29,1.48,1.49],
    ...:                  [30.44,6.32,5.30,2.28,1.41,1.26],
    ...:                  [32.12,8.71,6.22,2.56,1.77,1.51]])        #创建市值的数组

In [74]: data=pd.DataFrame(data=value,index=year,columns=country)  #生成数据框
    ...: data                                                      #查看数据框
Out[74]:
          美国    中国   日本   印度   韩国   澳大利亚
2020 年   40.72  12.21  6.72  2.60  2.18   1.72
2019 年   33.89   8.52  6.19  2.29  1.48   1.49
2018 年   30.44   6.32  5.30  2.28  1.41   1.26
2017 年   32.12   8.71  6.22  2.56  1.77   1.51
```

2. 针对任务 2

```
In [75]: plt.figure(figsize=(9,6))
    ...: plt.pie(x=data.loc['2020 年'],labels=data.columns,textprops={'fontsize':13})    #绘
制 2020 年不同国家上市公司股票市值占比的饼图
    ...: plt.axis('equal')                                #使饼图显示成一个圆形
    ...: plt.legend(fontsize=12)
    ...: plt.title(u'2020 年不同国家上市公司股票市值的占比',fontsize=13)
    ...: plt.show()
```

　　从图 4-16（可通过异步社区网站获取彩图）可以看到，美国上市公司股票市值的占比超过了 50%，而中国上市公司股票市值的占比位列第 2，日本上市公司股票市值的占比约相当于印度、韩国和澳大利亚这 3 个国家占比的总和。

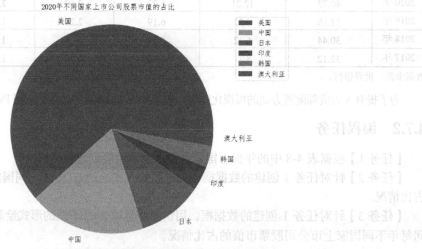

图 4-16　2020 年不同国家上市公司股票市值占比的饼图

3. 针对任务 3

```
In [76]: plt.figure(figsize=(11,11))
    ...: plt.subplot(2,2,1)      #第 1 行、第 1 列子图
    ...: plt.pie(x=data.loc['2017 年'],labels=data.columns,labeldistance=1.03,counterclock=False,
textprops={'fontsize':12})    #绘制 2017 年的饼图
    ...: plt.axis('equal')      #使饼图显示成一个圆形
    ...: plt.title(u'2017 年的占比',fontsize=13)
    ...: plt.subplot(2,2,2)      #第 1 行、第 2 列子图
    ...: plt.pie(x=data.loc['2018 年'],labels=data.columns,labeldistance=1.03,counterclock=False,
textprops={'fontsize':12})    #绘制 2018 年的饼图
    ...: plt.axis('equal')
    ...: plt.title(u'2018 年的占比',fontsize=13)
    ...: plt.subplot(2,2,3)      #第 2 行、第 1 列子图
    ...: plt.pie(x=data.loc['2019 年'],labels=data.columns,labeldistance=1.03,counterclock=False,
textprops={'fontsize':12})    #绘制 2019 年的饼图
    ...: plt.axis('equal')
    ...: plt.title(u'2019 年的占比',fontsize=13)
```

```
    ...: plt.subplot(2,2,4)      #第2行、第2列子图
    ...: plt.pie(x=data.loc['2020 年'],labels=data.columns,labeldistance=1.03,counterclock=False,
textprops={'fontsize':12})    #绘制 2020 年的饼图
    ...: plt.axis('equal')
    ...: plt.title(u'2020 年的占比',fontsize=13)
    ...: plt.show()
```

仔细观察图 4-17 中的子图可以看出，中国上市公司股票市值在 2018 年的占比是各年份中最低的，在 2020 年的占比则是各年份中最高的。此外，其他 5 个国家上市公司股票市值占比在这 4 年内基本保持稳定。

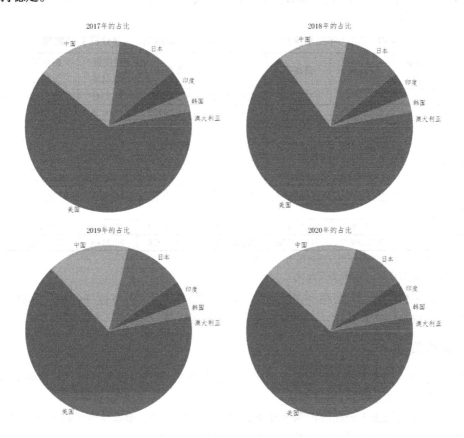

图 4-17　2017 年至 2020 年期间不同国家上市公司股票市值占比的饼图

4.8　绘制 K 线图的编程——以沪深 300 指数与中证 500 指数为案例

4.8.1　案例详情

H 公司是总部位于广州的一家证券公司，在财富管理业务方面励精图治。为了提升客户服务的精准度，公司构建了一套客户服务体系，所有客户被划分为黄金、白金、黑金、黑钻等不同等级并且为其提供定制化的证券服务。

假定你是该公司财富管理部的一名高级投资顾问，并且比较推崇技术分析，在向客户提供投资咨询服务时比较倾向于结合 K 线图进行讲解。

根据公司的安排，近期你需要给岭南地区的黑金客户深度讲解 2021 年三季度沪深 300 指数和中证 500 指数的走势情况。同时，为了进一步提升对指数的走势预判精确度，你引入**布林带（Bollinger** band，也称为**布林线指标**）这一技术分析的常用工具。布林带由**上轨线**（也称阻力线）与**下轨线**（也称支撑线）构成，具体表达式如下：

布林带上轨线 = N 个交易日收盘价的移动平均值 + 2×N 个交易日收盘价的标准差 （式 4-9）

布林带下轨线 = N 个交易日收盘价的移动平均值 - 2×N 个交易日收盘价的标准差 （式 4-10）

比较常见的是将上式中的 N 设定为 5、10 或 20。你在计算布林带时就将 N 设定为 20，即滚动运用 20 个交易日收盘价计算移动平均值和标准差。

表 4-9 列出了在该期间这两个指数的部分日交易数据，并且全部数据分别保存在一份 Excel 文件的两个工作表中。

表 4-9　2021 年三季度沪深 300 指数与中证 500 指数的部分日交易数据

日期	指数名称	开盘价	最高价	最低价	收盘价	成交量〔10 亿股〕	布林带上轨线	布林带下轨线
2021-07-01	沪深300指数	5241.2039	5252.2642	5190.8762	5229.6642	12.7241	5325.6076	5062.7147
2021-07-02		5186.6613	5186.6613	5074.3621	5081.1172	13.0426	5322.5052	5048.4003
……					……			
2021-09-29		4846.0212	4868.0678	4799.8770	4833.9281	18.8171	5019.1546	4763.7514
2021-09-30		4843.9531	4876.0728	4843.9531	4866.3826	14.6114	5016.6500	4772.3333
2021-07-01	中证500指数	6827.6968	6827.6968	6716.6658	6716.6658	13.8351	6850.1223	6587.7956
2021-07-02		6701.0642	6718.5052	6651.4849	6658.0451	13.6472	6850.4598	6586.4900
……					……			
2021-09-29		7142.7611	7161.2117	6996.5724	7010.2192	21.0571	7745.5278	7055.9070
2021-09-30		7034.6937	7116.0370	7034.6937	7103.6076	20.2483	7756.5753	7029.6861

注：表中的布林带上轨线和下轨线均滚动利用 20 个交易日的收盘价进行计算。
数据来源：上海证券交易所、深圳证券交易所。

从 2021 年初以来，H 公司一直鼓励财富管理部的员工学习并掌握 Python，因此你希望通过 Python 绘制指数走势的 K 线图，下面需要完成 3 个编程任务。

4.8.2　编程提示

【任务 1】导入包含沪深 300 指数、中证 500 指数 2021 年三季度每日交易数据的 Excel 文件并分别按照不同的指数创建 2 个数据框。

【任务 2】针对任务 1 创建的沪深 300 指数数据框，以蜡烛图形式绘制沪深 300 指数 2021 年三季度的 K 线图，该图需要同时包含 K 线、布林带和日成交量。

【任务 3】针对任务 1 创建的中证 500 指数数据框，分别以条形图和折线图形式绘制中证 500 指数 2021 年三季度的 K 线图，该图中需要包含 K 线、布林带、日成交量、5 日均线以及 10 日均线。

4.8.3　编程提示

在 Matplotlib 2.0 及更高阶版本中，绘制 K 线图需要运用独立的第三方模块 mplfinance。该模块需要另行安装，如果在 Anaconda 环境下运行 Python，通过打开 Anaconda Prompt，并且执行如下命令就能在线安装该模块的最新版本。

```
pip install mplfinance
```

在该模块中，函数 plot 可以用于绘制 K 线图。该函数的主要参数整理在表 4-10 中。

表 4-10　mplfinance 模块中 plot 函数的主要参数

参数名称	参数含义及输入方式
data	表示输入绘制图形的数据，数据需要以数据框格式存放。同时，数据框需要满足以下两个要求： 一是行索引必须是 datetime 格式的； 二是列名必须依次用 Open、High、Low、Close、Volume 等英文表示，分别代表开盘价、最高价、最低价、收盘价、成交量（交易额）等，因此，如果创建的数据框采用中文的列名，则需要转换为对应的英文

续表

参数名称	参数含义及输入方式
Type	表示图形的类型，一共有 5 种图形可供用户选择： 'ohlc'表示条形图，并且默认为此图； 'candle'表示蜡烛图； 'line'表示折线图； 'renko'表示砖型图； 'pnf'表示 OX 图或点数图（point and figure chart）。 需要注意的是，在金融实战中蜡烛图使用得较多，条形图与折线图次之，砖型图和 OX 图则很少运用
mav	表示均线，可以生成一条或若干条均线，如果输入 mav=5 就表示生成 5 日均线（以日 K 线为例），输入 mav=(5,10)就表示同时生成 5 日均线和 10 日均线
volume	用于绘制成交量，如果输入 volume=True 表示绘制成交量，不输入或者输入 volume=False 表示不绘制成交量
figratio	表示定义画布的尺寸，比如输入 figratio=(8,5)就代表宽是 8 英寸（1 英寸约为 2.54 厘米）、高是 5 英寸
style	用于设定 K 线图的图案风格，有 9 种风格可供选择，通常输入 style='classic'表示采用经典风格，也就是指阳线用白色表示，阴线用黑色表示。 此外，可以调用 mplfinance 模块的函数 make_marketcolors 和 make_mpf_style 自定义阳线、阴线等图案的颜色
addplot	用于绘制与 K 线图无关的其他数据，比如本案例中的布林带就是一个典型，通常需要调用 mplfinance 模块的 make_addplot 函数对数据进行处理
ylabel	y 轴的坐标标签，通常是输入价格变量，比如输入 ylabel='price'
ylabel_lower	对应绘制成交量图形的 y 轴坐标标签，也就是输入成交量变量，比如输入 ylabel_lower='volume'

此外，关于 mplfinance 模块可以访问 The Python Package Index （PyPI）官网做进一步了解。

4.8.4 参考代码与说明

1. 针对任务 1

```
In [77]: from pandas.plotting import register_matplotlib_converters    #导入注册日期时间转换器的函数
    ...: register_matplotlib_converters()                              #注册日期时间转换器

In [78]: import mplfinance as mpf                        #导入 mplfinance 模块
    ...: mpf.__version__                                  #查看版本信息
Out[78]: '0.12.7a17'

In [79]: HS300=pd.read_excel('C:/Desktop/沪深 300 指数和中证 500 指数的数据.xlsx', sheet_name="
沪深 300 指数",header=0,index_col=0)   #导入沪深 300 指数的数据
    ...: HS300.index=pd.DatetimeIndex(HS300.index)        #将数据框的行索引转换为 datetime 格式

In [80]: HS300.columns                                    #显示数据框的列名
Out[80]: Index(['开盘价', '最高价', '最低价', '收盘价', '成交量（10 亿股）', '布林带上轨线', '布林带
下轨线'], dtype='object')

In [81]: HS300=HS300.rename(columns={'开盘价':'Open','最高价':'High','最低价':'Low','收盘价
':'Close','成交量（10 亿股）':'Volume'})   #将数据框的部分列名改为英文

In [82]: CS500=pd.read_excel('C:/Desktop/沪深 300 指数和中证 500 指数的数据.xlsx', sheet_name="
中证 500 指数",header=0,index_col=0)   #导入中证 500 指数的数据
    ...: CS500.index=pd.DatetimeIndex(CS500.index)

In [83]: CS500=CS500.rename(columns={'开盘价':'Open','最高价':'High','最低价':'Low','收盘价
':'Close','成交量（10 亿股）':'Volume'})
```

2. 针对任务 2

```
In [84]: color=mpf.make_marketcolors(up='r',down='g')           #设置阳线用红色、阴线用绿色

In [85]: style_color=mpf.make_mpf_style(marketcolors=color)     #运用 make_mpf_style 函数

In [86]: HS300_bands=HS300[['布林带上轨线','布林带下轨线']]       #在数据框中取布林带上轨线与下轨线
```

```
In [87]: plot_band1=mpf.make_addplot(data=HS300_bands)#用 make_addplot 函数为绘制布林带做准备
```

```
In [88]: mpf.plot(data=HS300,type='candle',volume=True,figratio=(9,6),style=style_color,
addplot=plot_band1,ylabel='price',ylabel_lower='volume(billion)')   #以蜡烛图形式绘制 K 线图
```

在图 4-18 中，"蜡烛"上方的轨道就是布林带上轨线，下方的轨道则是布林带下轨线。按照技术分析的思路，当指数波动较小，处于盘整阶段时，布林带就会变窄，预示着股市的波动处于暂时的平静期；当指数波动超出布林带上轨线时，预示着股市异常激烈的向上波动即将开始；相反，当指数波动超出布林带下轨线时，则预示着股市异常激烈的向下波动即将展开。当然，在许多情况下股市并不会沿着这种分析预期的方向发展。此外，为了保持图形中的文字统一性，针对 y 轴的两个标签均采用了英文。

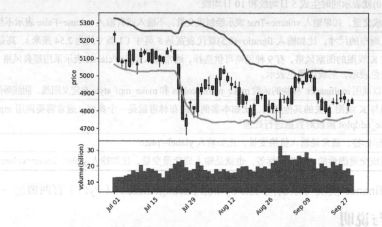

图 4-18   绘制沪深 300 指数 2021 年三季度的 K 线图（蜡烛图形式）

3. 针对任务 3

```
In [89]: CS500_bands=CS500[['布林带上轨线','布林带下轨线']]
```

```
In [90]: plot_band2=mpf.make_addplot(data=CS500_bands)
```

```
In [91]: mpf.plot(data=CS500,type='ohlc',mav=(5,10),volume=True,figratio=(9,6),style=style_
color, addplot=plot_band2,ylabel='price',ylabel_lower='volume(billion)')   #以条形图形式绘制 K 线图
```

从图 4-19 可以看到，当运用条形图形式绘制时，图形的形状类似于我国古代的兵器"戟"，开盘价与收盘价分别用短横线表示，而最高价与最低价则是竖线的上下两端。

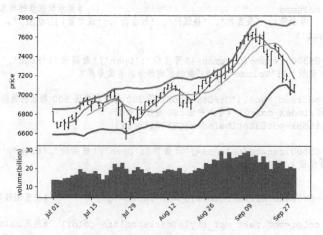

图 4-19   绘制中证 500 指数 2021 年三季度的 K 线图（条形图形式）

4.9　本章小结

　　无论是金融方面的学习者还是从业者，掌握针对金融数据的可视化编程都是一项必备且终身受益的技能。Python 拥有专业且功能十分强大的可视化 Matplotlib 模块。本章通过 8 个原创案例共计 26 个编程任务并绘制 19 幅图形，让读者掌握以下的可视化技能。

　　（1）绘制曲线图。主要运用 pyplot 子模块的 plot 函数，当然也涉及用 figure 函数定义画布大小，xticks、yticks、xlabel 和 ylabel 函数用于定义坐标轴的刻度与标签等绘图编程的细节。

　　（2）绘制条形图。绘制垂直条形图可以运用函数 bar，绘制水平条形图则可以运用函数 barh，同时要区分这两个函数的不同参数。

　　（3）绘制子图。为了更清晰地对比和展示不同的金融数据和变量，经常使用子图，可以通过函数 subplot 开启子图模式。

　　（4）绘制双轴图。双轴图包括双 x 轴图和双 y 轴图，通常需要同步使用函数 subplots 与函数 twinx 才能有效绘制双轴图。

　　（5）绘制直方图。直方图经常用于判断金融变量和数据的分布情况，可以通过函数 hist 绘制，针对两组或更多组样本可以根据需要选择堆叠或并排方式展示。

　　（6）绘制雷达图。雷达图的绘制相对复杂一些，需要通过两步完成，第 1 步是图形参数的准备，第 2 步则会涉及函数 polar 和函数 thetagrids 的运用。

　　（7）绘制散点图与饼图。散点图与饼图的绘制相对会简便一些，运用函数 scatter 可以实现散点图的绘制，而运用函数 pie 能完成饼图的绘制工作。

　　（8）绘制 K 线图。K 线图是金融领域特有的图形，在 Matplotlib 2.0 及更高阶版本中，绘制 K 线图需要运用独立的第三方模块 mplfinance，因此需要单独安装该模块。

　　到这里，你已经完成了第 4 章全部案例的练习，相信你已经掌握了在金融实战中运用 Matplotlib 模块进行可视化的编程技术，下面就向第 5 章大胆挺进吧！

05

第 5 章
SciPy 等模块编程的
金融案例

本章导言

在金融实战中，常用的 Python 第三方模块和内置模块还包括 SciPy（高级科学计算模块）、statsmodels（统计分析建模模块）、arch（波动率建模模块）和 datetime（处理时间模块）。这些模块各司其职，又能相互协同，为 Python 在金融领域的运用创造了更多的可能。

本章包含 9 个原创案例共计 30 个编程任务，通过这些案例的训练，读者可以在金融实战工作中熟练驾驭上述 4 个模块的编程技术。下面通过表 5-1 梳理出本章的结构安排。

表 5-1　第 5 章的结构安排

序号	案例标题	学习目标	编程任务数量	读者扮演的角色
1	SciPy 模块积分运算的编程——以全球飞机制造公司股票为案例	掌握 SciPy 模块用于求积分的函数 quad、fixed_quad、quadrature、romberg 等编程技术	3 个	金融工程师
2	SciPy 模块插值法的编程——以澳门银行同业拆息利率为案例	掌握 SciPy 模块用于插值计算的函数 interp1d 以及运用不同的插值方法等编程技术	3 个	利率分析师
3	SciPy 模块求解方程组的编程——以美国食品饮料公司股票为案例	掌握 SciPy 模块用于求解线性方程组的函数 solve 和函数 fsolve 等编程技术	3 个	投资顾问
4	SciPy 模块求解最优值的编程——以家族信托为案例	掌握 SciPy 模块求解最优解的步骤以及用于求解最小值的函数 minimize 等编程技术	3 个	信托经理
5	SciPy 模块统计功能的编程——以 Hibor 为案例	掌握 SciPy 模块计算统计指标以及正态性检验等编程技术	3 个	交易员
6	SciPy 模块随机抽样的编程——以印度金融变量为案例	掌握 SciPy 模块的分布函数、随机抽样以及计算概率密度函数、测度累计分布函数等编程技术	4 个	风险经理
7	statsmodels 模块构建回归模型的编程——以中国人寿股票为案例	掌握 statsmodels 模块用于构建普通最小二乘法线性回归模型的函数 OLS 及其参数设定等编程技术	3 个	基金经理
8	arch 模块构建波动率模型的编程——以全球重要创业板股指为案例	掌握运用 arch 模块构建 ARCH 模型与 GARCH 模型等波动率模型的编程技术	4 个	衍生产品经理
9	datetime 模块处理时间对象的编程——以银行理财产品为案例	掌握运用 Python 内置模块 datetime 创建时间对象并进行访问、运算等编程技术	4 个	运营经理
	合计		30 个	

在开始练习本章的案例之前，建议读者先学习《基于 Python 的金融分析与风险管理（第 2 版）》第 5 章的相关内容。

5.1 SciPy 模块积分运算的编程——以全球飞机制造公司股票为案例

5.1.1 案例详情

A 公司是总部位于美国康涅狄格州格林尼治的一家全球性投资管理公司，公司的"基因"是在技术、数据和行为科学的交叉领域寻求投资创新。假定你是该公司的一位金融工程师，正在运用统计方法对全球知名的两家飞机制造商——波音（Boeing）公司和空客（Airbus）集团的股票进行分析，并计算股价处于具体价格区间中的概率。其中，波音公司的股票在纽约证券交易所上市，空客集团的股票则在法兰克福证券交易所上市。

在分析过程中，你首先假设这两家公司的股价均服从对数正态分布，并且已计算得出 2019年 1 月至 2021 年 6 月期间波音公司股票日收盘价均值是 271.29 美元/股，股价标准差是 89.51，对应计算得到当股价取自然对数以后所服从正态分布的均值是 5.6008；标准差是 0.0349。此外，同期空客集团股票收盘价均值是 99.53 欧元/股，股价的标准差是 25.40，对应得到当股价取自然对数以后所服从正态分布的均值是 4.5953，标准差是 0.0506。表 5-2 整理了这两家公司股价的相关统计量。

表 5-2　2019 年 1 月至 2021 年 6 月期间波音公司和空客集团股价的统计量

公司名称	证券代码	股价均值（美元/股）	股价标准差	股价取自然对数后服从正态分布	
				均值	标准差
波音公司	BA	271.29	89.51	5.6008	0.0349
空客集团	AIR	99.53	25.40	4.5953	0.0506

注：波音公司股票日收盘价数据来源于纽约证券交易所，空客集团股票日收盘价数据来源于法兰克福证券交易所。

为了能够与投资团队有效沟通分析的结果，更好地展示分析的逻辑，你需要通过 Python 完成 3个编程任务。

5.1.2 编程任务

【任务 1】通过 Python 分别定义当随机变量是波音公司股价、空客集团股价并且服从对数正态分布时的两个概率密度函数，同时，假定波音公司股价处于 230 美元/股至 310 美元/股的区间，空客集团股价处于 75 欧元/股至 125 欧元/股的区间，对这 2 个概率密度函数的计算结果进行可视化（运用 1×2 子图形式）。

【任务 2】针对任务 1 定义的对数正态分布概率密度函数，计算波音公司股价落在区间 260 美元/股至 280 美元/股的概率。

【任务 3】针对任务 1 定义的对数正态分布概率密度函数，计算空客集团股价落在区间 90 欧元/股至 110 欧元/股的概率。

5.1.3 编程提示

- 假设变量 x 服从对数正态分布，并且 x 的自然对数（$\ln x$）是服从期望值为 μ、方差为 σ^2 的正态分布，则对数正态分布的概率密度函数就是

$$f(x)=\begin{cases}\dfrac{1}{\sqrt{2\pi}x\sigma}e^{-\frac{(\ln x-\mu)^2}{2\sigma^2}} & x>0\\[2mm] 0 & x\leq0\end{cases}\qquad(\text{式 5-1})$$

在计算变量 x 处于 $[a,b]$ 的概率时，需要分以下两种情况。

情况 1：假定 $a>0$，则对（式 5-1）求以下积分

$$\int_a^b f(x)\mathrm{d}x=\int_a^b\frac{1}{\sqrt{2\pi}x\sigma}e^{-\frac{(\ln x-\mu)^2}{2\sigma^2}}\mathrm{d}x\qquad(\text{式 5-2})$$

情况 2：假定 $a\leq0$，则是对（式 5-1）求如下积分

$$\int_0^b f(x)\mathrm{d}x=\int_0^b\frac{1}{\sqrt{2\pi}x\sigma}e^{-\frac{(\ln x-\mu)^2}{2\sigma^2}}\mathrm{d}x\qquad(\text{式 5-3})$$

- 计算概率的实质就是对对数正态分布的概率密度函数求积分，并且可以运用 SciPy 模块的 integrate 子模块中的相关积分函数 quad（自适应求积分）、fixed_quad（固定高斯求积分）、quadrature（自适应高斯求积分）、romberg（自适应龙贝格求积分）等。
- 需要注意的是，针对求解积分的函数 quad、fixed_quad 以及 quadrature，输出的结果依次是积分值和最大误差，函数 romberg 则直接输出积分值的结果。此外，在 romberg 函数中，表示被积函数的参数是 function；在其余函数中，被积函数的参数均用 func 表示。

5.1.4　参考代码与说明

1. 针对任务 1

```
In [1]: import numpy as np                              #导入 NumPy 模块
   ...: import pandas as pd                             #导入 pandas 模块
   ...: import matplotlib.pyplot as plt                 #导入 Matplotlib 的子模块 pyplot
   ...: from pylab import mpl                            #从 pylab 导入子模块 mpl
   ...: mpl.rcParams['font.sans-serif']=['FangSong']     #以仿宋字体显示中文
   ...: mpl.rcParams['axes.unicode_minus']=False         #在图中能够正常显示负号"-"

In [2]: def lognorm_Boeing(x):
   ...:     '''建立波音公司股价所服从对数正态分布的概率密度函数
   ...:     x: 代表服从对数正态分布的随机变量，并且大于 0
   ...:     mu: 代表 x 的自然对数所服从的正态分布的均值
   ...:     sigma: 代表 x 的自然对数所服从的正态分布的标准差'''
   ...:     from numpy import exp,log,sqrt,pi            #从 NumPy 模块中导入 4 个函数
   ...:     mu=5.6008                                    #均值
   ...:     sigma=0.0349                                 #标准差
   ...:     y=exp(-(log(x)-mu)**2/(2*sigma**2))/(sqrt(2*pi)*x*sigma)   #（式 5-1）当 x>0 时的表达式
   ...:     return y

In [3]: def lognorm_Airbus(x):
   ...:     '''建立空客集团股价所服从对数正态分布的概率密度函数
   ...:     x: 代表服从对数正态分布的随机变量，并且大于 0。
   ...:     mu: 代表 x 的自然对数所服从的正态分布的均值。
   ...:     sigma: 代表 x 的自然对数所服从的正态分布的标准差。'''
   ...:     from numpy import exp,log,sqrt,pi
   ...:     mu=4.5953
   ...:     sigma=0.0506
   ...:     y=exp(-(log(x)-mu)**2/(2*sigma**2))/(sqrt(2*pi)*x*sigma)
   ...:     return y

In [4]: price_Boeing=np.linspace(230.0,310.0,200)        #创建波音公司股价的数组
   ...: price_Airbus=np.linspace(75.0,125.0,200)          #创建空客集团股价的数组

In [5]: plt.figure(figsize=(9,6))
```

```
...: plt.subplot(1,2,1)                                #代表第1列子图
...: plt.plot(price_Boeing,lognorm_Boeing(x=price_Boeing),'r-',label=u'波音公司',lw=2.0)
...: plt.xticks(fontsize=13)
...: plt.xlabel(u'股票价格（美元/股）',fontsize=13)
...: plt.yticks(fontsize=13)
...: plt.ylabel(u'概率密度值',fontsize=13)
...: plt.legend(fontsize=13)
...: plt.grid()
...: plt.subplot(1,2,2,sharey=plt.subplot(1,2,1))      #代表第2列子图并且与第1个子图共用y轴
...: plt.plot(price_Airbus,lognorm_Airbus(x=price_Airbus),'b-',label=u'空客集团',lw=2.0)
...: plt.xticks(fontsize=13)
...: plt.xlabel(u'股票价格（欧元/股）',fontsize=13)
...: plt.yticks(fontsize=13)
...: plt.legend(fontsize=13)
...: plt.grid()
...: plt.show()
```

从图 5-1 可以看到，当股价服从对数正态分布时，相比波音公司而言，空客集团股价的分布显得更尖瘦，这表明空客集团的股价比较聚集，而波音公司的股价则相对离散。

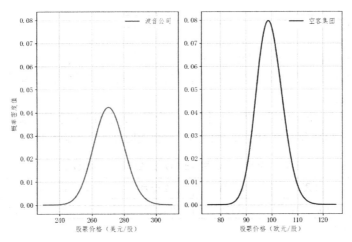

图 5-1　波音公司和空客集团股价服从的对数正态分布

2. 针对任务 2

```
In [6]: import scipy.integrate as sci        #从 SciPy 模块中导入子模块 integrate

In [7]: x1=260                               #波音公司股价区间的最小值
   ...: x2=280                               #波音公司股价区间的最大值

In [8]: Boeing_quad=sci.quad(func=lognorm_Boeing,a=x1,b=x2)              #运用自适应求积分
   ...: Boeing_fixed=sci.fixed_quad(func=lognorm_Boeing,a=x1,b=x2)       #运用固定高斯求积分
   ...: Boeing_quadra=sci.quadrature(func=lognorm_Boeing,a=x1,b=x2)      #运用自适应高斯求积分
   ...: Boeing_romberg=sci.romberg(function=lognorm_Boeing,a=x1,b=x2)    #运用自适应龙贝格求积分
   ...: print('自适应求积分计算波音公司股价为260至280美元/股的概率',Boeing_quad[0])
   ...: print('固定高斯求积分计算波音公司股价为260至280美元/股的概率',Boeing_fixed[0])
   ...: print('自适应高斯求积分计算波音公司股价为260至280美元/股的概率',Boeing_quadra[0])
   ...: print('自适应龙贝格求积分计算波音公司股价为260至280美元/股的概率', Boeing_romberg)
自适应求积分计算波音公司股价为260至280美元/股的概率          0.7097803135559894
固定高斯求积分计算波音公司股价为260至280美元/股的概率          0.7097807427154255
自适应高斯求积分计算波音公司股价为260至280美元/股的概率        0.7097803137259702
自适应龙贝格求积分计算波音公司股价为260至280美元/股的概率      0.7097803135559845
```

从以上的输出不难看出，运用不同的求解积分函数，得到的概率基本一致，也就是波音公司股价落在区间 260 美元/股至 280 美元/股的概率几乎达到 70.98%。

3. 针对任务 3

```
In [9]: y1=90                                #空客集团股价区间的最小值
   ...: y2=110                               #空客集团股价区间的最大值

In [10]: Airbus_quad=sci.quad(func=lognorm_Airbus,a=y1,b=y2)            #运用自适应求积分
```

```
...: Airbus_fixed=sci.fixed_quad(func=lognorm_Airbus,a=y1,b=y2)    #运用固定高斯求积分
...: Airbus_quadra=sci.quadrature(func=lognorm_Airbus,a=y1,b=y2)   #运用自适应高斯求积分
...: Airbus_romberg=sci.romberg(function=lognorm_Airbus,a=y1,b=y2) #运用自适应龙贝格求积分
...: print('自适应求积分计算空客集团股价为 90 至 110 欧元/股的概率',Airbus_quad[0])
...: print('固定高斯求积分计算空客集团股价为 90 至 110 欧元/股的概率',Airbus_fixed[0])
...: print('自适应高斯求积分计算空客集团股价为 90 至 110 欧元/股的概率',Airbus_quadra[0])
...: print('自适应龙贝格求积分计算空客集团股价为 90 至 110 欧元/股的概率',Airbus_romberg)
自适应求积分计算空客集团股价为 90 至 110 欧元/股的概率         0.9516064887893773
固定高斯求积分计算空客集团股价为 90 至 110 欧元/股的概率        0.9516789661517757
自适应高斯求积分计算空客集团股价为 90 至 110 欧元/股的概率       0.9516064890352843
自适应龙贝格求积分计算空客集团股价为 90 至 110 欧元/股的概率      0.95160648878660233
```

虽然在以上的输出结果中，运用固定高斯求积分的结果与其他 3 种函数得到的结果略有差异，但是空客集团股价落在区间 90 欧元/股至 110 欧元/股的概率超过 95%却是不争的事实，同时积分计算的结果与图 5-1 得出的结论也是吻合的。

5.2　SciPy 模块插值法的编程——以 Maibor 为案例

5.2.1　案例详情

B 银行是一家总部位于我国澳门地区的商业银行，秉持"生根澳门土壤、服务澳门建设、支持澳门发展"的经营理念，致力于金融产品创新与整合，同时该银行也是澳门银行同业拆息利率（Maibor）的报价行之一。

目前对外公布的 Maibor 包括 1 周、1 个月、2 个月、3 个月、6 个月以及 1 年共计 6 个期限品种。表 5-3 列出了在 2021 年 8 月 18 日，由澳门金融管理局对外公布的各期限的 Maibor 报价。

表 5-3　2021 年 8 月 18 日对外公布的 Maibor 报价

日期	1 周	1 个月	2 个月	3 个月	6 个月	1 年
2021 年 8 月 18 日	0.05572%	0.10125%	0.14996%	0.18461%	0.27241%	0.39976%

数据来源：澳门金融管理局。

假定你是该银行金融市场部的一位利率分析师，负责跟踪并分析 Maibor。为了更好地满足企业客户的需要，该银行准备开发期限为 2 周和 9 个月的利率产品，因此你需要通过 2021 年 8 月 18 日对外公布的各期限 Maibor（见表 5-3），运用插值法计算出 2 周以及 9 个月的新期限 Maibor，进而构建更加完整的 Maibor 期限结构，以支持银行新利率产品的开发工作。为此，你需要运用 Python 完成以下 3 个编程任务。

5.2.2　编程任务

【任务 1】根据表 5-3 中的 Maibor 和期限分别创建列表，同时创建一个在原有期限基础上新增 2 周和 9 个月的新期限列表。然后，依次运用最邻近插值法、阶梯插值法（0 阶样条曲线插值法）计算出 2 周和 9 个月 Maibor。

【任务 2】依次运用线性插值法（一阶样条曲线插值法）、二阶样条曲线插值法、三阶样条曲线插值法计算出 2 周和 9 个月 Maibor。

【任务 3】基于任务 1、任务 2 中运用不同插值法计算得到的包含新期限的 Maibor，绘制出包含 8 个期限品种的新 Maibor 曲线。

5.2.3　编程提示

可以运用 SciPy 子模块 interpolate 的函数 interp1d 进行插值计算，注意函数名称中的 1 是数字 1，并且可以通过参数 kind 选择不同的插值法。具体而言，kind='nearest'表示运用最邻近插值法，

kind='zero'表示运用阶梯插值法（0 阶样条曲线插值法），kind='slinear'表示运用线性插值法（一阶样条曲线插值法），kind='quadratic'表示运用二阶样条曲线插值法，kind='cubic'表示运用三阶样条曲线插值法。

5.2.4 参考代码与说明

1. 针对任务 1

```
In [11]: Maibor=[0.0005572,0.0010125,0.0014996,0.0018461,0.0027241,0.0039976]  #Maibor 对外报价的金额

In [12]: Tenor=[7/365,1/12,2/12,3/12,6/12,1]  #Maibor 现有的期限品种（以年为单位）
   ...: Tenor_new=[7/365,14/365,1/12,2/12,3/12,6/12,9/12,1]  #新的期限

In [13]: from scipy.interpolate import interp1d #从 SciPy 的子模块 interpolate 导入 interp1d 函数

In [14]: f_nearest=interp1d(x=Tenor,y=Maibor,kind='nearest')  #运用最邻近插值法

In [15]: Maibor_nearest=f_nearest(Tenor_new)  #用最邻近插值法计算新的全部期限 Maibor
   ...: Maibor_nearest  #输出全部结果
Out[15]:
array([0.0005572, 0.0005572, 0.0010125, 0.0014996, 0.0018461, 0.0027241,
       0.0027241, 0.0039976])

In [16]: print('用最邻近插值法计算 2 周 Maibor',Maibor_nearest[1])
   ...: print('用最邻近插值法计算 9 个月 Maibor',Maibor_nearest[-2])
用最邻近插值法计算 2 周 Maibor    0.0005572
用最邻近插值法计算 9 个月 Maibor 0.0027241

In [17]: f_zero=interp1d(x=Tenor,y=Maibor,kind='zero')  #运用阶梯插值法

In [18]: Maibor_zero=f_zero(Tenor_new)  #用阶梯插值法计算新期限的 Maibor
   ...: Maibor_zero  #输出全部结果
Out[18]:
array([0.0005572, 0.0005572, 0.0010125, 0.0014996, 0.0018461, 0.0027241,
       0.0027241, 0.0039976])

In [19]: print('用阶梯插值法计算 2 周 Maibor',Maibor_zero[1])
   ...: print('用阶梯插值法计算 9 个月 Maibor',Maibor_zero[-2])
用阶梯插值法计算 2 周 Maibor    0.0005572
用阶梯插值法计算 9 个月 Maibor 0.0027241
```

通过以上的输出可以看到，采用最邻近插值法、阶梯插值法计算得到的结果是完全相同的，并且 2 周 Maibor 与 1 周 Maibor 相同，9 个月 Maibor 与 6 个月 Maibor 相同。

2. 针对任务 2

```
In [20]: f_slinear=interp1d(x=Tenor,y=Maibor,kind='slinear')  #运用线性插值法
   ...: Maibor_slinear=f_slinear(Tenor_new)
   ...: print('用线性插值法计算 2 周 Maibor',Maibor_slinear[1].round(7))  #保留小数点后 7 位
   ...: print('用线性插值法计算 9 个月 Maibor',Maibor_slinear[-2].round(7))
用线性插值法计算 2 周 Maibor    0.0006933
用线性插值法计算 9 个月 Maibor 0.0033608

In [21]: f_quad=interp1d(x=Tenor,y=Maibor,kind='quadratic')  #二阶样条曲线插值法
   ...: Maibor_quad=f_quad(Tenor_new)
   ...: print('用二阶样条曲线插值法计算 2 周 Maibor',Maibor_quad[1].round(7))
   ...: print('用二阶样条曲线插值法计算 9 个月 Maibor',Maibor_quad[-2].round(7))
用二阶样条曲线插值法计算 2 周 Maibor    0.0007001
用二阶样条曲线插值法计算 9 个月 Maibor 0.0034414

In [22]: f_cubic=interp1d(x=Tenor,y=Maibor,kind='cubic')  #三阶样条曲线插值法
   ...: Maibor_cubic=f_cubic(Tenor_new)
   ...: print('用三阶样条曲线插值法计算 2 周 Maibor',Maibor_cubic[1].round(7))
   ...: print('用三阶样条曲线插值法计算 9 个月 Maibor',Maibor_cubic[-2].round(7))
用三阶样条曲线插值法计算 2 周 Maibor    0.0006985
用三阶样条曲线插值法计算 9 个月 Maibor 0.003455
```

为了便于将不同插值法计算的结果进行比较，表 5-4 整理了任务 1 和任务 2 根据不同插值法计算得到的新期限 Maibor。通过以上的输出结果以及表 5-4 可以清楚看到，运用线性插值法、二阶样条曲线插值法和三阶样条曲线插值法计算得到的新期限品种的 Maibor 在数值上均不相同。

表 5-4　运用不同插值法计算得到的新期限 Maibor

插值法	2 周 Maibor	9 个月 Maibor
最邻近插值法	0.05572%	0.27241%
阶梯插值法	0.05572%	0.27241%
线性插值法	0.06933%	0.33608%
二阶样条曲线插值法	0.07001%	0.34414%
三阶样条曲线插值法	0.06985%	0.34550%

3.　针对任务 3

```
In [23]: plt.figure(figsize=(9,6))
    ...: plt.plot(Tenor_new,Maibor_nearest,'o')          #用圆点呈现
    ...: plt.plot(Tenor_new,Maibor_zero,'o')
    ...: plt.plot(Tenor_new,Maibor_slinear,'o')
    ...: plt.plot(Tenor_new,Maibor_quad,'o')
    ...: plt.plot(Tenor_new,Maibor_cubic,'o')
    ...: plt.plot(Tenor_new,Maibor_nearest,'-',label='最邻近插值法')   #用曲线呈现
    ...: plt.plot(Tenor_new,Maibor_zero,'-',label='阶梯插值法')
    ...: plt.plot(Tenor_new,Maibor_slinear,'-',label='线性插值法')
    ...: plt.plot(Tenor_new,Maibor_quad,'-',label='二阶样条曲线插值法')
    ...: plt.plot(Tenor_new,Maibor_cubic,'-',label='三阶样条曲线插值法')
    ...: plt.xticks(fontsize=13)
    ...: plt.xlabel(u'期限（年）',fontsize=13)
    ...: plt.yticks(fontsize=13)
    ...: plt.ylabel('Maibor',fontsize=13)
    ...: plt.title(u'运用不同的插值法计算得到的 Maibor',fontsize=13)
    ...: plt.legend(loc=0,fontsize=13)
    ...: plt.grid()
    ...: plt.show()
```

从图 5-2 可以明显看到，不同的插值法对 Maibor 曲线拟合的平滑程度存在一定的差异，随着插值法阶数的上升，Maibor 曲线就越平滑，比如对比阶梯插值法（0 阶样条曲线插值法）与二阶样条曲线插值法所拟合的两条 Maibor 曲线，就可以验证这一结论。

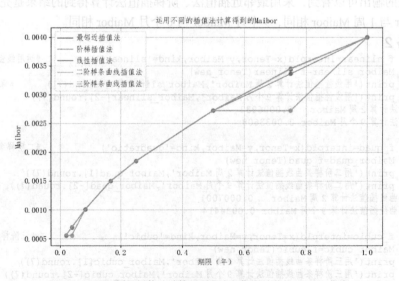

图 5-2　运用不同的插值法计算得到包含新期限品种的 Maibor 曲线

5.3 SciPy 模块求解方程组的编程——以美国食品饮料公司股票为案例

5.3.1 案例详情

C 公司是总部位于美国西雅图的一家证券经纪商，公司的经营理念是为客户提供先进的技术、高水准的服务以及收取更低廉的费用，让客户更简单、更流畅地执行投资策略，以低成本开展财富管理。

假定你是该公司的一位投资顾问，在服务的全部客户中有两位比较典型的客户，分别是博兰先生（Mr.Bolland）和盖尔小姐（Miss Gayle）。这两位投资者在股票选择方面具有非凡的相似理念，也就是选择拥有强大"护城河"的上市公司，并且均投资了具有悠久经营历史的美国知名食品饮料公司股票，分别是可口可乐（Coca-Cola）、百事（PepsiCo Inc）、星巴克（Starbucks）、百胜餐饮（Yum! Brands）、麦当劳（McDonald's）。在 2021 年第 2 季度和第 3 季度，这 2 位投资者持有的股票数量均保持不变。表 5-5 列出了 2021 年 5 月至 9 月期间这 5 只股票的月末收盘价以及这 2 位投资者的投资组合市值情况。

表 5-5　2021 年 5 月至 9 月 5 只股票月末收盘价以及个人的投资组合市值　　　单位：美元/股

时间	可口可乐（代码：KO）	百事（代码：PEP）	星巴克（代码：SBUX）	百胜餐饮（代码：YUM）	麦当劳（代码：MCD）	博兰德先生投资组合市值	盖尔小姐投资组合市值
2021 年 5 月末	55.29	147.94	113.88	119.97	233.89	254401.10	182606.20
2021 年 6 月末	54.11	148.17	111.81	115.03	230.99	249737.50	178902.20
2021 年 7 月末	57.03	156.95	121.43	131.39	242.71	268259.90	193742.20
2021 年 8 月末	56.31	156.39	117.49	131.03	237.46	263589.50	190031.60
2021 年 9 月末	52.47	150.41	110.31	122.31	241.11	258080.90	183112.60

数据来源：纽约证券交易所、纳斯达克交易所。

为了能够给客户提供更精准的服务，你需要计算得到博兰德先生和盖尔小姐持有这 5 只股票在各自投资组合中配置的具体股数，因此需要结合表 5-5 中的信息运用 Python 完成 3 个编程任务。

5.3.2 编程任务

【任务 1】根据表 5-5 中的股票名称、股票收盘价、博兰德先生投资组合市值、盖尔小姐投资组合市值分别创建数组。

【任务 2】基于任务 1 创建的数组并运用 SciPy 模块，计算出博兰德先生投资组合中每只股票的持股数量。

【任务 3】基于任务 1 创建的数组并运用 SciPy 模块，计算出盖尔小姐投资组合中每只股票的持股数量。

5.3.3 编程提示

针对任务 2 和任务 3 在已知股价和投资组合市值的前提下，计算投资组合中每只股票的股数，其实质就是求解以股数作为未知数的线性方程组，对此有如下两个函数可以运用。

一是 SciPy 的子模块 linalg 中的函数 solve，参数 a 表示包含每只股票收盘价的数组，参数 b 则表示投资组合市值的数组，计算的结果就是投资组合中每只股票的持股数量。

二是 SciPy 的子模块 optimize 中的函数 fsolve，运用该函数之前需要先自定义包含线性方程组的一个函数，并且在运用函数 fsolve 的过程中需要创建一个任意初始的每只股票持股数量列表。

5.3.4 参考代码与说明

1. 针对任务 1

```
In [24]: name=np.array(['可口可乐','百事','星巴克','百胜餐饮','麦当劳'])    #创建包含股票名称的数组

In [25]: price=np.array([[55.29,147.94,113.88,119.97,233.89],
   ...:                  [54.11,148.17,111.81,115.03,230.99],
   ...:                  [57.03,156.95,121.43,131.39,242.71],
   ...:                  [56.31,156.39,117.49,131.03,237.46],
   ...:                  [52.47,150.41,110.31,122.31,241.11]])    #创建包含股票收盘价的数组

In [26]: value_Bolland=np.array([254401.10,249737.50,268259.90,263589.50,258080.90])  #博兰
德先生投资组合市值

In [27]: value_Gayle=np.array([182606.20,178902.20,193742.20,190031.60,183112.60])   #盖尔
小姐投资组合市值
```

2. 针对任务 2

```
In [28]: import scipy.linalg as scl                     #导入 SciPy 的子模块 linalg

In [29]: shares_Bolland=scl.solve(a=price,b=value_Bolland)   #用函数 solve 计算博兰德先生投资组
合的持股数量

In [30]: for i in range(len(name)):
   ...:     print(name[i],round(shares_Bolland[i],0))
可口可乐 250.0
百事       130.0
星巴克     310.0
百胜餐饮   420.0
麦当劳     580.0
```

从以上的输出结果可以得到，博兰德先生每只股票的持股数量均不相同，持有百事公司的股票
数量最少，持有麦当劳公司的股票数量是最多的。下面运用 SciPy 的子模块 optimize 中的函数 fsolve
验证以上计算结果的准确性。

```
In [31]: import scipy.optimize as sco                    #导入 SciPy 的子模块 optimize

In [32]: def F(N):                                       #需要定义一个函数
   ...:     N1,N2,N3,N4,N5 = N
   ...:     shares=np.array([N1,N2,N3,N4,N5])             #创建包含每只股票持股数量的数组
   ...:     eq1=np.sum(price[0]*shares)-value_Bolland[0]    #第 1 个等于 0 的方程
   ...:     eq2=np.sum(price[1]*shares)-value_Bolland[1]    #第 2 个等于 0 的方程
   ...:     eq3=np.sum(price[2]*shares)-value_Bolland[2]    #第 3 个等于 0 的方程
   ...:     eq4=np.sum(price[3]*shares)-value_Bolland[3]    #第 4 个等于 0 的方程
   ...:     eq5=np.sum(price[-1]*shares)-value_Bolland[-1]  #第 5 个等于 0 的方程
   ...:     return [eq1,eq2,eq3,eq4,eq5]

In [33]: N_list=[100,100,100,100,100]                    #创建一个迭代的初始持股数量的列表

In [34]: result_Bolland=sco.fsolve(F,N_list)             #求方程组的解
   ...: print('博兰德先生投资组合的持股数量',result_Bolland)
博兰德先生投资组合的持股数量 [250. 130. 310. 420. 580.]
```

运用函数 fsolve 得到的结果与函数 solve 的计算结果保持一致。

3. 针对任务 3

```
In [35]: shares_Gayle=scl.solve(a=price,b=value_Gayle)   #用函数 solve 计算盖尔小姐投资组合的持股数量

In [36]: for i in range(len(name)):
   ...:     print(name[i],round(shares_Gayle[i],0))
可口可乐 180.0
百事       80.0
星巴克     520.0
百胜餐饮   340.0
麦当劳     260.0

In [37]: def G(N):                                       #定义一个函数
```

```
        ...:    N1,N2,N3,N4,N5 = N
        ...:    shares=np.array([N1,N2,N3,N4,N5])
        ...:    eq1=np.sum(price[0]*shares)-value_Gayle[0]
        ...:    eq2=np.sum(price[1]*shares)-value_Gayle[1]
        ...:    eq3=np.sum(price[2]*shares)-value_Gayle[2]
        ...:    eq4=np.sum(price[3]*shares)-value_Gayle[3]
        ...:    eq5=np.sum(price[-1]*shares)-value_Gayle[-1]
        ...:    return [eq1,eq2,eq3,eq4,eq5]

In [38]: result_Gayle=sco.fsolve(G,N_list)
        ...: print('盖尔小姐投资组合的持股数量',result_Gayle)
盖尔小姐投资组合的持股数量 [180. 80. 520. 340. 260.]
```

从以上输出的结果可以看到，在盖尔小姐的投资组合中，不同股票的持股数量也是存在差异的，其中，持有的百事公司股票数量最少，持有的星巴克公司股票数量最多。

5.4 SciPy 模块求解最优值的编程——以家族信托为案例

5.4.1 案例详情

D 公司是一家总部位于英国伦敦的信托公司，该公司在家族信托业务领域拥有广泛的影响力，并且该公司在针对个人的财富进行配置的过程中，采用金融学经典的个人效用函数作为量化依据。

假定每位投资者都有一个效用函数，通常情况下用预期效用函数表示，具体的数学表达式如下：

$$EU = \sum_{i=1}^{N} p_i \sqrt{w_i} \qquad （式 5-4）$$

其中，EU 表示投资者的预期效用，i 表示第 i 种情形并且 $i=1,2,\cdots,N$，p_i 表示出现第 i 种情形的概率以及 $\sum_{i=1}^{N} p_i = 1$，w_i 表示出现第 i 种情形时投资者的财富水平（即投资组合市值水平）。

同时，假定投资者的投资组合中配置 M 只证券，持有每只证券的数量为 x_j，其中 $j=1,2,\cdots,M$。据此，对于理性投资者做出的投资决策就可以用数学方法抽象为求解如下最优问题：

$$\max_{x_j}(EU) = \max_{x_j}\left(\sum_{i=1}^{N} p_i \sqrt{w_i} \right) \qquad （式 5-5）$$

其中，

$$w_i = \sum_{j=1}^{M} x_j S_{ij}$$

求最优值的约束条件如下：

$$w_0 \geq \sum_{j=1}^{M} x_j S_{0j}$$

$$x_j \geq 0$$

其中，S_{ij} 表示第 i 种情形时第 j 只证券的价格，w_0 表示初始投资金额，S_{0j} 表示投资者购买第 j 只证券的价格，$x_j \geq 0$ 表示不可以做空（也可以作为边界条件）。

近期有一位本地商人霍华德先生希望委托 D 公司设立一个家族信托从而更好地将财富传承给下一代。假定你是 D 公司负责这个家族信托的信托经理，在沟通的过程中了解到霍华德先生希望通过家族信托以 2021 年 9 月 28 日的收盘价配置在伦敦证券交易所挂牌交易的阿斯利康(AstraZeneca)、英国石油（BP Amoco）、汇丰控股（HSBC Holdings）、联合利华（Unilever）这 4 只绩优股，并且霍华德先生委托给信托公司的初始投资金额是 8000 万英镑。表 5-6 描述了这 4 只股票在 2021 年 9

月 28 日的收盘价以及你通过金融大数据预测 1 年后股票收盘价可能出现的 3 种情景（乐观、中性和悲观）。

表 5-6　2021 年 9 月 28 日 4 只股票收盘价与 1 年后股价的 3 种可能情景　　单位：英镑/股

公司名称	证券代码	2021 年 9 月 28 日收盘价	2022 年 9 月末收盘价		
			情景 1（乐观）	情景 2（中性）	情景 3（悲观）
阿斯利康	AZN	8474.00	9500	8500	7600
英国石油	BP	336.60	380	340	295
汇丰控股	HSBC	385.35	440	390	340
联合利华	ULVR	4012.50	4500	4050	3600
不同情景发生的概率			25%	40%	35%

数据来源：2021 年 9 月 28 日收盘价数据来源于伦敦证券交易所。

你希望通过投资者预期效用最大化（即（式 5-5））和表 5-6 中的信息计算霍华德先生家族信托配置的最优股票数量，需要运用 Python 完成 3 个编程任务。

5.4.2　编程任务

【任务 1】根据表 5-6 中关于收盘价的数据以及不同情景发生概率的数据分别创建数组，根据证券名称创建列表，同时输入求解最优值的约束条件和边界条件。

【任务 2】根据任务 1 创建的数组和列表，计算霍华德先生家族信托中配置 4 只股票的最优股票数量，并且需要满足伦敦证券交易所交易规则中购买单只股票必须是 1 股整数倍的要求。

【任务 3】霍华德先生希望了解股价变动对持有最优股票数量的影响，因此模拟在情景 1 条件下，联合利华股价从 4012.50 英镑/股逐步提高至 4500 英镑/股时，计算家族信托期望效用最大情况下持有联合利华的最优股票数量，并且对联合利华股价与股票数量之间的关系进行可视化。

5.4.3　编程提示

求解最优值通常需要通过以下 4 个步骤完成。

第一，通过 Python 自定义需要求解最大值或最小值的函数。

第二，以字典的格式创建约束条件，并且运用 lambda 函数将约束条件自定义为一个函数。

第三，以元组的格式创建变量的边界条件，由于本案例中每只股票的持有数量不为负数，因此下边界设为 0，上边界可以设置为初始的投资金额。

第四，运用 SciPy 子模块 optimize 中求最小值的函数 minimize，如果是求最大值则需在第一步自定义函数时加上负号进而转换为求最小值。

5.4.4　参考代码与说明

1. 针对任务 1

```
In [39]: price=np.array([[8474.00,9500,8500,7600],[336.60,380,340,295],
    ...:                 [385.35,440,390,340],[4012.50,4500,4050,3600]])   #创建股价的数组

In [40]: prob=np.array([0.25,0.4,0.35])                          #创建出现不同情景的概率数组
    ...: name=['阿斯利康','英国石油','汇丰控股','联合利华']         #创建股票名称的列表

In [41]: invest=8e7                                              #初始投资金额 8000 万英镑

In [42]: cons=({'type':'ineq','fun':lambda x:invest-np.sum(x*price[:,0])})   #约束条件

In [43]: bnds=((0,invest), (0,invest), (0,invest),(0,invest))    #边界条件
```

2. 针对任务 2

```
In [44]: def EU(x):                              #定义投资者预期效用函数
    ...:        x=np.array(x)                      #创建每只股票数量的数组
    ...:        w1=np.sum(x*price[:,1])            #计算情景 1 发生时投资者的财富水平
    ...:        w2=np.sum(x*price[:,2])            #计算情景 2 发生时投资者的财富水平
    ...:        w3=np.sum(x*price[:,3])            #计算情景 3 发生时投资者的财富水平
    ...:        w=np.array([w1,w2,w3])             #创建不同情景下投资者财富水平的数组
    ...:        return -np.sum(prob*np.sqrt(w))    #考虑到后面运用最小值函数，这里需要用负数

In [45]: share0=[1e5, 1e5, 1e5, 1e5]            #创建一个初始的每只股票持股数量的数组

In [46]: result=sco.minimize(fun=EU,x0=share0,method='SLSQP',bounds=bnds,constraints=cons)
#计算最优值
    ...: result
Out[46]:
     fun: -8918.508122296103
     jac: array([-0.47216797, -0.01867676, -0.02160645, -0.22412109])
 message: 'Optimization terminated successfully'
    nfev: 51
     nit: 8
    njev: 8
  status: 0
 success: True
       x: array([8.01420723e-16, 9.19269338e+04, 9.07736474e+04, 3.50847827e+03]))
```

最优值结果就是 x:后面的一个数组，该数组就是最终得到的投资组合中每只股票的最优数量数组，下面验证一下该结果。

```
In [47]: shares=result['x']        #最优股票数量的数组（暂不考虑个股投资必须是 1 股的整数倍）

In [48]: round(np.sum(shares*price[:,0]),2)      #计算是否能够满足初始投资金额
Out[48]: 80000000.0
```

显然，输出的结果表明计算得到的最优股票数量与初始投资金额吻合。

```
In [49]: for i in range(len(name)):
    ...:        print(name[i],int(shares[i]))     #遵循 1 股整数倍的交易规则
阿斯利康 0
英国石油 91926
汇丰控股 90773
联合利华 3508
```

最终，可以得到在满足预期效用最大化的条件下，并且在满足股票交易规则的情况下，霍华德先生家族信托中配置英国石油的股票数量最多并达到 91926 股，投资组合不配置阿斯利康的股票。

3. 针对任务 3

```
In [50]: price_Unilever=np.linspace(4012.50,4500,200)  #创建联合利华情景 1 的股价数组
    ...: shares_Unilever=np.zeros_like(price_Unilever)  #创建存放联合利华股票数量的初始数组

In [51]: for i in range(len(price_Unilever)):
    ...:        price[-1,1]=price_Unilever[i]             #替换股票收盘价格数组涉及联合利华情景 1 的价格
    ...:        def EU(x):                                #定义投资者预期效用函数
    ...:            x=np.array(x)                         #创建每只股票数量的数组
    ...:            w1=np.sum(x*price[:,1])               #计算情景 1 发生时投资者的财富水平
    ...:            w2=np.sum(x*price[:,2])               #计算情景 2 发生时投资者的财富水平
    ...:            w3=np.sum(x*price[:,3])  #计算情景 3 发生时投资者的财富水平
    ...:            w=np.array([w1,w2,w3])    #创建不同情景下投资者财富水平的数组
    ...:            return -np.sum(prob*np.sqrt(w)) #考虑到后面运用最小值函数，因此这里需要用负数
    ...:        cons= ({'type': 'ineq', 'fun': lambda x: invest-np.sum(x*price[:,0])}) #约束条件
    ...:        bnds= ((0, invest), (0, invest), (0, invest),(0, invest))    #边界条件
    ...:        result=sco.minimize(fun=EU,x0=share0,method='SLSQP',bounds=bnds, constraints=cons)
    ...:        shares_Unilever[i]=result['x'][-1]    #联合利华最优股票数量的数组

In [52]: plt.figure(figsize=(9,6))
    ...: plt.plot(price_Unilever,shares_Unilever,'o')
    ...: plt.xticks(fontsize=13)
    ...: plt.xlabel(u'股票价格',fontsize=13)
    ...: plt.yticks(fontsize=13)
    ...: plt.ylabel(u'股数',fontsize=13,rotation=90)
```

```
    ...: plt.title(u'情景 1 条件下联合利华的股价与最优持股数量',fontsize=14)
    ...: plt.grid()
    ...: plt.show()
```

图 5-3 中的点表示在情景 1 条件下联合利华的股价对应于该股票最优持股数量。从图中不难发现，1 年后联合利华的股价与配置该股票的最优持股数量之间存在着非线性关系并且存在一定的跃迁现象，比如股价接近 4400 英镑/股时股票的最优持股数量从原先的 0 股跃升至接近 3500 股，同时，当股价超过 4400 英镑/股以后，在少数情况下最优持股数量又突然骤降至 0。因此，需要特别关注这些跃迁现象。

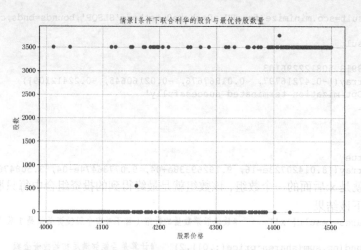

图 5-3　在情景 1（乐观）条件下联合利华的股价与该股票最优持股数量之间的关系

5.5　SciPy 模块统计功能的编程——以 Hibor 为案例

5.5.1　案例详情

E 银行是总部位于我国香港地区的一家国际商业银行，秉承"一心一意，始终做好"的品牌理念，积极为客户服务、为经济做贡献、为社会谋福祉。假定你在这家银行的资金管理中心工作，是负责香港市场日常资金拆借业务的一名交易员，十分关注香港银行同业拆借利率（Hibor）的走势。

伴随着香港逐步成为人民币离岸中心，香港财资市场公会从 2013 年 6 月开始公布人民币 Hibor（CNH Hibor）报价。因此，目前的 Hibor 包含人民币和港币两个币种，期限包含隔夜、1 周、2 周、1 个月、2 个月、3 个月、6 个月以及 12 个月共计 8 个品种，最常用的是 3 个月期限品种。

在 2021 年 10 月上旬，你需要针对近期 3 个月期人民币 Hibor 和港币 Hibor 走势向银行管理层做一次专题报告。表 5-7 列出了从 2017 年 1 月至 2021 年 9 月期间，3 个月期的人民币 Hibor 和港币 Hibor 的部分日数据，全部数据存放于 Excel 文件中。

表 5-7　3 个月期人民币 Hibor 和港币 Hibor 的部分日数据（2017 年 1 月至 2021 年 9 月期间）

日期	3 个月期人民币 Hibor	3 个月期港币 Hibor
2017-01-03	10.0175%	1.0275%
2017-01-04	9.8618%	1.0300%
2017-01-05	9.6948%	1.0243%
……	……	……
2021-09-28	3.2500%	0.1400%
2021-09-29	3.0732%	0.1407%
2021-09-30	3.0450%	0.1400%

数据来源：香港财资市场公会。

为了更好地完成报告工作，充分体现你的统计分析水平，你需要运用 Python 完成 3 个编程任务。

5.5.2 编程任务

【任务 1】导入包含 2017 年 1 月至 2021 年 9 月期间 3 个月期人民币 Hibor 和港币 Hibor 日数据的 Excel 文件并且创建数据框，计算该数据框的描述性统计量并且依次计算众数、峰度、偏度以及三阶矩的数值。

【任务 2】创建 3 个月期人民币 Hibor 和港币 Hibor 日利率涨跌幅的数据框，并且针对利率涨跌幅绘制直方图。

【任务 3】针对任务 2 创建的数据框，检验日利率涨跌幅样本数据是否服从正态分布。

5.5.3 编程提示

- 针对任务 1 计算相关统计指标，可以运用 SciPy 模块的 stats 子模块中的相关函数，具体如下：计算描述性统计量运用函数 describe，计算众数运用函数 mode，计算峰度运用函数 kurtosis，计算偏度运用函数 skew，计算 n 阶矩运用函数 moment。
- 针对任务中的样本值正态性检验，可以运用子模块 stats 中的 4 个函数，分别是 kstest、anderson、shapiro 和 normaltest。

5.5.4 参考代码与说明

1. 针对任务 1

```
In [53]: Hibor=pd.read_excel('C:/Desktop/人民币 Hibor 和港币 Hibor 的数据.xlsx', sheet_name=
"Sheet1",header=0,index_col=0)                                    #导入数据

In [54]: import scipy.stats as sct                        #导入统计子模块 stats

In [55]: sct.describe(Hibor)                              #计算描述性统计量
Out[55]: DescribeResult(nobs=1171, minmax=(array([0.020302, 0.001393]), array([0.106625,
0.026564])), mean=array([0.03666015, 0.01257558]), variance=array([1.00187441e-04, 5.84627303e-
05]), skewness=array([1.85742334, 0.04524088]), kurtosis=array([ 7.45150062, -1.41734131]))
```

以上用函数 describe 输出的描述性统计量结果是以数组的格式呈现的。相比之下，pandas 模块中函数 describe 输出的统计结果则以数据框的格式呈现，直观性会更强一些。

```
In [56]: sct.mode(Hibor)                                  #计算众数
Out[56]: ModeResult(mode=array([[0.030255, 0.001718]]), count=array([[ 4, 10]]))

In [57]: sct.kurtosis(Hibor)                              #计算峰度
Out[57]: array([ 7.45150062, -1.41734131])
```

以上的峰度计算结果中，2 个数值依次代表人民币 Hibor 和港币 Hibor，可以判断出人民币 Hibor 的分布比正态分布陡峭，而港币 Hibor 的分布则比正态分布平缓。关于峰度的含义和表达式可以参见 3.8 节中的"编程提示"部分。

```
In [58]: sct.skew(Hibor)                                  #计算偏度
Out[58]: array([1.85742334, 0.04524088])
```

根据以上的偏度计算结果，可以判断出无论是人民币 Hibor 还是港币 Hibor，均具有正偏离的特征，表现为右边的尾部比左边的尾部要更长。关于偏度的含义和表达式依然可以参见 3.8 节中的"编程提示"部分。

```
In [59]: sct.moment(Hibor,moment=3)                       #计算三阶矩
Out[59]: array([1.86026267e-06, 2.01972905e-08])
```

2. 针对任务 2

```
In [60]: Hibor_change=np.log(Hibor/Hibor.shift(1))        #创建日利率涨跌幅（取自然对数）的数据框

In [61]: Hibor_change=Hibor_change.dropna()               #删除缺失值

In [62]: Hibor_array=np.array(Hibor_change)               #将数据框转化为数组
```

```
In [63]: plt.figure(figsize=(10,6))
    ...: plt.subplot(1,2,1)                              #代表第1行、第1列的子图
    ...: plt.hist(Hibor_array[:,0],facecolor='c', edgecolor='k', bins=50)
    ...: plt.xticks(fontsize=13)
    ...: plt.xlabel(u'利率涨跌幅',fontsize=13)
    ...: plt.yticks(fontsize=13)
    ...: plt.ylabel(u'频数',fontsize=13)
    ...: plt.title(u'3 个月期人民币 Hibor 日利率涨跌幅的直方图',fontsize=14)
    ...: plt.grid()
    ...: plt.subplot(1,2,2)                              #代表第1行、第2列的子图
    ...: plt.hist(Hibor_array[:,-1], facecolor='y',edgecolor='k', bins=50)
    ...: plt.xticks(fontsize=13)
    ...: plt.xlabel(u'利率涨跌幅',fontsize=13)
    ...: plt.yticks(fontsize=13)
    ...: plt.title(u'3 个月期港币 Hibor 日利率涨跌幅的直方图',fontsize=14)
    ...: plt.grid()
    ...: plt.show()
```

通过对图 5-4 的观察可以大致判断出，无论是 3 个月期人民币 Hibor 还是 3 个月期港币 Hibor，日利率涨跌幅并不符合正态分布，下面就通过具体的正态性检验进行验证。

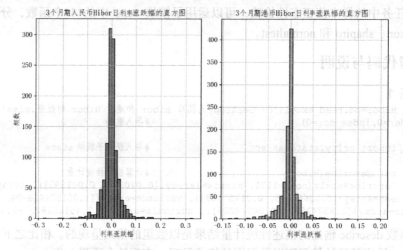

图 5-4　3 个月期人民币 Hibor 与 3 个月期港币 Hibor 的日利率涨跌幅直方图

3. 针对任务 3

```
In [64]: sct.kstest(rvs=Hibor_change.iloc[:,0],cdf='norm')     #用 kstest 检验人民币 Hibor 日利率
涨跌幅的正态性
Out[64]: KstestResult(statistic=0.452130464105719, pvalue=6.601956600103329e-219)

In [65]: sct.kstest(rvs=Hibor_change.iloc[:,-1],cdf='norm')    #用 kstest 检验港币 Hibor 日利率涨
跌幅的正态性
Out[65]: KstestResult(statistic=0.4673094750438126, pvalue=1.047465585257438e-234)

In [66]: sct.anderson(x=Hibor_change.iloc[:,0],dist='norm')    #用 anderson 检验人民币 Hibor 日利
率涨跌幅的正态性
Out[66]: AndersonResult(statistic=48.94578673570277, critical_values=array([0.574, 0.654,
0.784, 0.915, 1.088]), significance_level=array([15. , 10. ,  5. ,  2.5,  1. ]))

In [67]: sct.anderson(x=Hibor_change.iloc[:,-1],dist='norm')   #用 anderson 检验港币 Hibor 日利
率涨跌幅的正态性
Out[67]: AndersonResult(statistic=65.28369808355546, critical_values=array([0.574, 0.654,
0.784, 0.915, 1.088]), significance_level=array([15. , 10. ,  5. ,  2.5,  1. ]))

In [68]: sct.shapiro(Hibor_change.iloc[:,0])   #用 shapiro 检验人民币 Hibor 日利率涨跌幅的正态性
Out[68]: ShapiroResult(statistic=0.8231601715087891, pvalue=4.9509732799097156e-34)

In [69]: sct.shapiro(Hibor_change.iloc[:,-1]) #用 shapiro 检验港币 Hibor 日利率涨跌幅的正态性
```

```
Out[69]: ShapiroResult(statistic=0.8076437711715698, pvalue=3.7659389429521657e-35)

In [70]: sct.normaltest(Hibor_change,axis=0)   #用 normaltest 检验日利率涨跌幅的正态性
Out[70]: NormaltestResult(statistic=array([303.50131896, 272.22612376]), pvalue=array([1.
24602273e-66, 7.70634255e-60]))
```

从以上输出的结果不难发现，无论是 3 个月期人民币 Hibor 还是 3 个月期港币 Hibor，利率的日涨跌幅均不服从正态分布，这一结果也验证了我们对图 5-4 的观察判断。因此，在日常对利率的涨跌幅进行分析时，要警惕简单的正态性分析思维。

5.6 SciPy 模块随机抽样的编程——以印度金融变量为案例

5.6.1 案例详情

F 银行是总部位于印度孟买的一家大型商业银行，以"致力于提供简单、敏捷以及创新的金融解决方案"作为立身之本。然而，2021 年新冠肺炎疫情在印度全国范围内的迅速传播给整个印度经济带来了严重的负面影响，也对当地的银行业产生了巨大的冲击。

假定你是该银行总行的一位风险经理，负责风险敞口的量化分析和压力测试工作。近期，根据印度中央银行——印度储备银行（Reserve Bank of India）的最新监管要求，需要估计未来印度经济一旦出现大幅衰退时对银行自身风险的影响。对此，你负责收集包括 3 个月期孟买银行间利率（Mibor）、美元兑卢比汇率、SENSEX30 指数日收益率以及印度债券市场违约回收率这 4 个重要的金融变量并且计算了这些变量近期所服从的分布，详见表 5-8。

表 5-8　4 个印度金融变量以及近期所服从分布的情况

金融变量	服从的分布类型	分布的相关参数
3 个月期孟买银行间利率（Mibor）	正态分布	期望值 $\mu = 6.03\%$，标准差 $\sigma = 1.30\%$
美元兑卢比汇率	对数正态分布	取自然对数以后的正态分布期望值 $\mu = 4.2458$，标准差 $\sigma = 0.0545$
SENSEX30 指数日收益率	学生 t 分布	自由度等于 8
印度债券市场违约回收率	贝塔分布	$\alpha = 2.13$、$\beta = 3.46$

为了完成相应的风险模拟工作，你需要结合表 5-8 中的信息运用 Python 完成 4 个编程任务。

5.6.2 编程任务

【任务 1】分别从以下 4 个变量服从的分布中抽取随机数，抽取随机数的次数均为 10 万。

（1）模拟 3 个月期孟买银行间利率，也就是从期望值为 6.03%、标准差为 1.30%的对数正态分布中进行随机抽样。

（2）模拟美元兑卢比汇率，也就是从取自然对数以后的期望值为 4.2458、标准差为 0.0545 的对数正态分布中进行随机抽样。

（3）模拟 SENSEX30 指数日收益率，也就是针对服从自由度等于 8 的学生 t 分布中进行随机抽样。

（4）模拟印度债券市场违约回收率，也就是从 $\alpha = 2.13$、$\beta = 3.46$ 的贝塔分布中进行随机抽样。

【任务 2】针对任务 1 的抽样结果，运用直方图并采用 2×2 子图的方式进行可视化。

【任务 3】针对任务 1 生成的 4 组基于不同分布的随机样本值，运用最大似然估计法拟合样本并计算最优的概率密度函数系数。

【任务 4】基于任务 3 得到的最优概率密度函数系数，针对印度债券市场违约回收率变量，计算概率等于 15%所对应的变量值（相当于 15%的分位数）；针对 3 个月期孟买银行间利率变量，计算变量等于 5%对应的概率密度函数值；针对美元兑卢比汇率，计算变量高于 70 的概率值；针对 SENSEX30 指数日收益率，计算变量小于−3%的概率值。

5.6.3 编程提示

- 针对任务 1，在 SciPy 的子模块 stats 中，生成服从指定分布的随机数需要运用函数 rvs，此外，正态分布运用函数 norm、对数正态分布运用函数 lognorm、学生 t 分布运用函数 t、贝塔分布运用函数 beta。还需要注意的是，函数 lognorm 有两个参数需要输入，第 1 个参数 s 表示对应的正态分布标准差 σ，第 2 个参数 scale 则表示以 e 为底、正态分布期望值为幂的数值结果（即 e^{μ}）。
- 针对任务 3，运用最大似然估计法得出样本值并计算最优的概率密度函数系数，需要运用子模块 stats 中的拟合函数 fit。
- 针对任务 4，在子模块 stats 中，计算分布的 15% 分位数，需要运用分位点函数 ppf；计算概率密度函数值需要运用函数 pdf；计算变量的概率值就相当于计算变量累积概率密度函数值，需要运用函数 cdf。

5.6.4 参考代码与说明

1. 针对任务 1

```
In [71]: I=100000                          #设定随机抽样的次数为 10 万

In [72]: mean_Mibor=0.0603                 #3 个月期孟买银行间利率的期望值
    ...: std_Mibor=0.013                   #3 个月期孟买银行间利率的标准差
    ...: rand_norm=sct.norm(loc=mean_Mibor,scale=std_Mibor).rvs(size=I)    #从正态分布中随机抽样（模拟 3 个月期孟买银行间利率）

In [73]: mean_FX_log=4.2458                #美元对卢比汇率取自然对数的期望值
    ...: std_FX_log=0.0545                 #美元兑卢比汇率自然对数的标准差
    ...: rand_lognorm=sct.lognorm(s=std_FX_log,scale=np.exp(mean_FX_log)).rvs(size=I)
#从对数正态分布中随机抽样（模拟美元对卢比汇率）

In [74]: df_Sensex30=8                     #SENSEX30 指数日收益率服从学生 t 分布的自由度
    ...: rand_t=sct.t(df=df_Sensex30).rvs(size=I)    #从学生 t 分布中随机抽样（模拟 SENSEX30 指数日收益率）

In [75]: a_recovery=2.13                   #违约回收率服从贝塔分布的阿尔法值
    ...: b_recovery=3.46                   #违约回收率服从贝塔分布的贝塔值
    ...: rand_beta=sct.beta(a=a_recovery,b=b_recovery).rvs(size=I)    #从贝塔分布中随机抽样（模拟印度债券市场违约回收率）
```

在这里依然需要提醒的是，每一轮随机抽样的结果之间会存在一定差异，但是差异通常较小。

2. 针对任务 2

```
In [76]: plt.figure(figsize=(12,10))
    ...: plt.subplot(2,2,1)           #第 1 行、第 1 列的子图
    ...: plt.hist(rand_norm,label=u'正态分布',bins=20,facecolor='r',edgecolor='k')
    ...: plt.xticks(fontsize=13)
    ...: plt.yticks(fontsize=13)
    ...: plt.ylabel(u'频数',fontsize=13)
    ...: plt.legend(loc=0,fontsize=13)
    ...: plt.grid()
    ...: plt.subplot(2,2,2)           #第 1 行、第 2 列的子图
    ...: plt.hist(rand_lognorm,label=u'对数正态分布',bins=20,facecolor='m',edgecolor='k')
    ...: plt.xticks(fontsize=13)
    ...: plt.yticks(fontsize=13)
    ...: plt.legend(loc=0,fontsize=13)
    ...: plt.grid()
    ...: plt.subplot(2,2,3)           #第 2 行、第 1 列的子图
    ...: plt.hist(rand_t,label=u'学生 t 分布',bins=20,facecolor='y',edgecolor='k')
    ...: plt.xticks(fontsize=13)
    ...: plt.xlabel(u'样本值',fontsize=13)
    ...: plt.yticks(fontsize=13)
    ...: plt.ylabel(u'频数',fontsize=13)
    ...: plt.legend(loc=0,fontsize=13)
```

```
...: plt.grid()
...: plt.subplot(2,2,4)     #第2行、第2列的子图
...: plt.hist(rand_beta,label=u'贝塔分布',bins=20,facecolor='c',edgecolor='k')
...: plt.xticks(fontsize=13)
...: plt.xlabel(u'样本值',fontsize=13)
...: plt.yticks(fontsize=13)
...: plt.legend(loc=0,fontsize=13)
...: plt.grid()
...: plt.show()
```

上述代码的运行结果如图 5-5 所示。

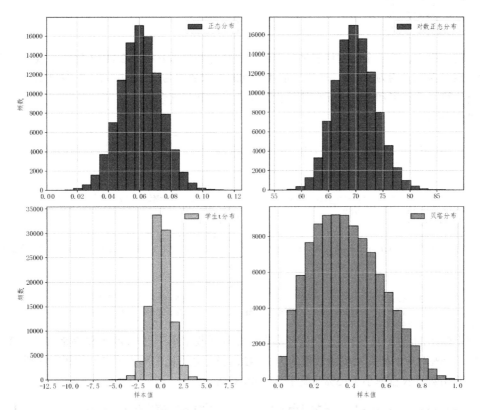

图 5-5   针对印度金融变量服从相关分布进行随机抽样的直方图

3. 针对任务 3

```
In [77]: sct.norm.fit(rand_norm)            #运用最大似然估计法估计正态分布的参数
Out[77]: (0.060413417516262904, 0.012980750794375068)
```

以上输出的结果是元组，元组中第 1 个元素代表估计得到的均值参数，第 2 个元素代表估计得到的标准差参数，这两个估计得到的参数与设定的均值 6.03%、标准差 1.30%（见表 5-8）非常接近。

```
In [78]: mean, std = sct.norm.fit(rand_norm)   #对最大似然估计法得到的结果进行赋值

In [79]: mean                                  #输出正态分布的期望值
Out[79]: 0.060413417516262904

In [80]: std                                   #输出正态分布的标准差
Out[80]: 0.012980750794375068

In [81]: sct.lognorm.fit(rand_lognorm)         #运用最大似然估计法估计对数正态分布的参数
Out[81]: (0.05572648565018826, 1.3564716456547017, 68.43575452058433)
```

输出的结果中，第 1 个元素代表对应于正态分布的标准差估计值，该估计值与表 5-8 中设定的标准差 0.0545 比较接近；第 2 个元素代表位置参数 location 的估计值，第 3 个元素代表以 e 为底、

正态分布期望值为幂（即 e^μ）的估计值。

```
In [82]: sct.t.fit(rand_t)                          #运用最大似然估计法估计学生 t 分布的参数
Out[82]: (8.328633158139574, 0.002370515196456112, 1.003371941301907)
```

输出的结果中，第 1 个元素代表估计得到的学生 t 分布的自由度，该估计的自由度与表 5-8 中设定的自由度 8 比较接近；第 2 个元素和第 3 个元素分别代表位置参数和尺度参数（scale），后面 2 个元素一般可以不考虑。

```
In [83]: sct.beta.fit(rand_beta)                    #运用最大似然估计法估计贝塔分布的参数
Out[83]:
(2.116538601685525,
 3.4449236999787947,
 0.0005109129374399387,
 0.9997562149359096)
```

输出的结果中，第 1 个元素代表估计得到的贝塔分布参数 α 约为 2.117（保留小数点后 3 位），第 2 个元素是参数 β 约为 3.445，这两个估计得到的参数数值与表 5-8 中设定的参数 2.13 和 3.46 均非常接近，第 3 个元素和第 4 个元素依然代表位置参数和尺度参数。

4. 针对任务 4

```
In [84]: prob=0.15                                       #印度债券市场违约回收率的概率
    ...: sct.beta(a=a_recovery,b=b_recovery).ppf(q=prob)   #贝塔分布的 15%分位数
Out[84]: 0.17436958622783144

In [85]: Mibor=0.05                                      #3 个月期孟买银行间利率
    ...: sct.norm(loc=mean_Mibor,scale=std_Mibor).pdf(x=Mibor)   #利率等于 5%对应的概率密度函数值
Out[85]: 22.42085715600895

In [86]: FX=70                                          #美元兑卢比汇率
    ...: 1-sct.lognorm(s=std_FX_log,scale=np.exp(mean_FX_log)).cdf(x=FX)   #美元兑卢比汇率大于 70
的概率
Out[86]: 0.48027875444773127

In [87]: R_Sensex30=-0.03                               #SENSEX30 指数日收益率
    ...: sct.t(df=df_Sensex30).cdf(x=R_Sensex30)        #SENSEX30 指数日收益率小于-3%的概率
Out[87]: 0.48840098667162374
```

从以上输出的结果可以看到，印度债券市场违约回收率小于 17.44%的概率是 15%，3 个月期 Mibor 等于 5%对应的概率密度函数值约为 22.42，美元兑卢比汇率大于 70 的概率达到 48.03%，SENSEX30 指数日收益率小于-3%的概率达到 48.84%。

5.7 statsmodels 模块构建回归模型的编程——以中国人寿股票为案例

5.7.1 案例详情

G 公司是总部位于英国伦敦的一家全球性资产管理公司，成立超过 100 年，具有丰富经验，致力于为全球投资者提供股票、固定收益、另类资产等领域的全方位投资服务。该公司在 20 世纪 90 年代进入中国市场，近期又顺利获得中国私募证券投资基金管理人资格，成功发行了多只主动管理的股票型基金。

假定你是该公司的一位基金经理，并且在你负责管理的基金投资组合中，中国人寿 A 股股票（代码 601628）是重仓股。为了提升股票的量化研究水平，在 2021 年 10 月上旬你需要对中国人寿 A 股日收益率进行归因分析并且构建相应的线性回归模型，以此作为基础而提交一份分析报告。

通过前期的理论分析以及因子筛选，你将影响中国人寿 A 股日收益率的因子逐步聚焦于中国人寿美股（代码 LFC）、沪深 300 指数以及衡量国内金融市场资金面宽裕紧张程度的 7 天期银行间回购定盘利率（FR007）等，表 5-9 列出了从 2017 年 1 月至 2021 年 9 月期间，中国人寿 A 股和美股

收盘价、沪深 300 指数收盘价以及 FR007 的部分日数据，全部数据存放于 Excel 文件中。

表 5-9　中国人寿 A 股和美股、沪深 300 指数以及 FR007 的部分日数据（2017 年 1 月至 2021 年 9 月期间）

日期	中国人寿（A 股）	中国人寿（美股）	沪深 300 指数	FR007
2017-01-03	25.2500	13.2900	3342.2272	2.7000%
2017-01-04	25.3200	13.3200	3368.3117	2.5600%
2017-01-05	25.3800	13.7300	3367.7892	2.4800%
……	……	……	……	……
2021-09-28	30.1600	8.1600	4883.8280	2.1000%
2021-09-29	30.4600	8.1700	4833.9281	3.1000%
2021-09-30	29.8000	8.1600	4866.3826	2.3700%

注：中国人寿通过存托凭证的方式在纽约证券交易所挂牌，1 份存托凭证相当于 5 股中国人寿 H 股股票。A 股的计价单位是
"人民币元/股"，存托凭证的计价单位是 "美元/份"。
数据来源：上海证券交易所、纽约证券交易所、中国货币网。

　　为了顺利完成建模工作并撰写分析报告，你需要运用 Python 完成 3 个编程任务。

5.7.2　编程任务

　　【任务 1】导入包含 2017 年 1 月至 2021 年 9 月期间中国人寿 A 股和美股收盘价、沪深 300 指数收盘价以及 FR007 日数据的 Excel 文件并且创建一个数据框，同时以 2017 年首个交易日价格作为基准进行归一化处理并进行可视化。

　　【任务 2】基于任务 1 创建的数据框，计算出每个变量的日收益率并创建一个新数据框，同时构建以中国人寿 A 股日收益率作为因变量，以沪深 300 指数日收益率作为自变量的普通最小二乘法一元线性回归模型。

　　【任务 3】以任务 2 创建的日收益率数据框作为基础，同时考虑到 A 股与美股之间交易的时差，也就是美股在 $T-1$ 日交易收盘以后 A 股的 T 日交易开盘，据此以中国人寿 A 股日收益率作为因变量，以沪深 300 指数日收益率、FR007 日收益率以及 $T-1$ 日中国人寿美股日收益率这 3 个变量作为自变量，构建普通最小二乘法的多元线性回归模型。

5.7.3　编程提示

- 构建普通最小二乘法的线性回归模型，可以运用 statsmodels 模块的 api 子模块中的函数 OLS，需要输入 2 个关键参数：一是参数 endog，代表因变量的样本值；二是参数 exog，代表自变量的样本值，可以由多个自变量构成并且需要添加常数项。
- 如果希望构建广义最小二乘法回归模型，则可以运用函数 GLS；如果希望构建加权最小二乘法回归模型，则可以运用函数 WLS。在这个案例中，运用函数 OLS、GLS 以及 WLS 所得到的回归模型结果均相同。

5.7.4　参考代码与说明

1. 针对任务 1

```
In [88]: data=pd.read_excel('C:/Desktop/中国人寿 A 股和美股、沪深 300 指数以及 FR007 数据.xlsx',
sheet_name= "Sheet1",header=0,index_col=0)   #导入数据

In [89]: (data/data.iloc[0]).plot(figsize=(9,6),grid=True,fontsize=12)
Out[89]:
```

　　从图 5-6 不难发现，无论是中国人寿 A 股还是美股，还是沪深 300 指数以及 FR007，都存在着一定的同步性，这就为后续的线性回归模型奠定了基础。

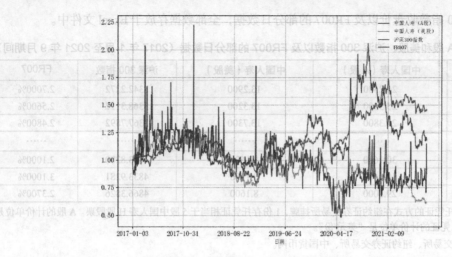

图 5-6　2017 年 1 月至 2021 年 9 月中国人寿 A 股和美股、沪深 300 指数及 FR007 走势（将 2017 年首个交易日价格归一化）

2. 针对任务 2

```
In [90]: import statsmodels.api as sm              #导入 statsmodels 的子模块 api

In [91]: data_change=np.log(data/data.shift(1))    #计算变量的日收益率
    ...: data_change=data_change.dropna()           #删除缺失值

In [92]: Y=data_change['中国人寿（A 股）']            #设定因变量的样本值

In [93]: HS300=data_change['沪深 300 指数']           #设定沪深 300 指数日收益率作为自变量
    ...: HS300_addcons=sm.add_constant(HS300)        #为自变量的样本值增加一列常数项

In [94]: model=sm.OLS(endog=Y,exog=HS300_addcons)   #构建普通最小二乘法的一元线性回归模型
    ...: result=model.fit()                          #生成线性回归的结果对象

In [95]: result.summary()                            #输出线性回归的结果
Out[95]:
<class 'statsmodels.iolib.summary.Summary'>
"""
                            OLS Regression Results
==============================================================================
Dep. Variable:           中国人寿（A 股）   R-squared:                       0.413
Model:                            OLS   Adj. R-squared:                  0.412
Method:                 Least Squares   F-statistic:                     808.5
Date:                Wed, 17 Nov 2021   Prob (F-statistic):          3.86e-135
Time:                        09:09:15   Log-Likelihood:                 3052.2
No. Observations:                1153   AIC:                            -6100.
Df Residuals:                    1151   BIC:                            -6090.
Df Model:                           1
Covariance Type:            nonrobust
==============================================================================
                 coef    std err          t      P>|t|      [0.025      0.975]
------------------------------------------------------------------------------
const         -0.0002      0.001     -0.471      0.638      -0.001       0.001
沪深 300 指数    1.1717      0.041     28.434      0.000       1.091       1.253
==============================================================================
Omnibus:                      129.579   Durbin-Watson:                   1.983
Prob(Omnibus):                  0.000   Jarque-Bera (JB):              328.115
Skew:                           0.617   Prob(JB):                     5.63e-72
Kurtosis:                       5.303   Cond. No.                         81.5
==============================================================================


"""

In [96]: result.params    #输出截距项和贝塔值
Out[96]:
```

```
const          -0.000238
沪深 300 指数    1.171652
dtype: float64
```

针对以上的输出结果不难看出，沪深 300 指数的日收益率对中国人寿 A 股日收益率的影响是非常显著的，并且系数等于 1.171652 表示从长期而言，当沪深 300 指数上涨（下跌）1%，中国人寿 A 股股价就上涨（下跌）1.171652%。

3. 针对任务 3

```
In [97]: Chinalife_NY=data_change['中国人寿（美股）'].shift(1)    #取中国人寿美股 T-1 日收益率数据

In [98]: X=pd.concat([data_change['沪深 300 指数'],data_change['FR007'],Chinalife_NY],axis=1)
#合并创建一个包括沪深 300 指数、FR007 以及 T-1 日中国人寿美股收益率的新数据框
    ...: X=X.dropna()                                        #删除缺失值

In [99]: X.head()                                           #查看新数据框前 5 行
Out[99]:
          沪深 300 指数    FR007     中国人寿（美股）
日期
2017-01-05  -0.000155  -0.031749   0.002255
2017-01-06  -0.005993  -0.032790   0.030317
2017-01-09   0.004838  -0.021053  -0.019861
2017-01-10  -0.001675   0.000000  -0.004468
2017-01-11  -0.007105   0.041673   0.016285

In [100]: X_addcons=sm.add_constant(X)                      #为自变量的样本值增加一列常数项

In [101]: model_new=sm.OLS(endog=Y[1:],exog=X_addcons)      #构建多元线性回归模型并且因变量取值从第 2
行（2017 年 1 月 5 日）开始
    ...: result_new=model_new.fit()                         #生成多元线性回归的结果对象

In [102]: result_new.summary()                              #输出多元线性回归结果信息
Out[102]:
<class 'statsmodels.iolib.summary.Summary'>
"""
                          OLS Regression Results
==============================================================================
Dep. Variable:       中国人寿（A股）   R-squared:                  0.421
Model:                      OLS      Adj. R-squared:             0.420
Method:           Least Squares      F-statistic:                278.8
Date:          Wed, 17 Nov 2021      Prob (F-statistic):     6.47e-136
Time:                 09:20:24      Log-Likelihood:            3057.9
No. Observations:          1152      AIC:                       -6108.
Df Residuals:              1148      BIC:                       -6088.
Df Model:                     3
Covariance Type:      nonrobust
==============================================================================
                    coef    std err        t      P>|t|     [0.025    0.975]
------------------------------------------------------------------------------
const            -0.0002     0.001     -0.372     0.710     -0.001     0.001
沪深 300 指数       1.1575     0.041     28.012     0.000      1.076     1.239
FR007             0.0114     0.006      1.913     0.056     -0.000     0.023
中国人寿（美股）     0.0956     0.026      3.689     0.000      0.045     0.146
==============================================================================
Omnibus:                 129.760      Durbin-Watson:              2.057
Prob(Omnibus):             0.000      Jarque-Bera (JB):         336.635
Skew:                      0.611      Prob(JB):               7.95e-74
Kurtosis:                  5.349      Cond. No.                   82.7
==============================================================================


"""

In [103]: result_new.params    #输出截距项和贝塔值
Out[103]:
const          -0.000187
沪深 300 指数    1.157540
FR007           0.011424
```

```
中国人寿（美股）  0.095622
dtype: float64
```

通过对比前面的一元线性回归模型结果，多元线性回归模型的判定系数 R^2 有所提高，这说明用多元线性回归模型进行归因分析更加合适。

此外，从多元线性回归模型的输出结果不难发现，沪深 300 指数的日收益率、中国人寿美股 $T-1$ 日的日收益率这 2 个变量对于 A 股日收益率的影响都在 1% 的显著水平上显著，这说明它们是非常重要的两个影响因子，并且影响方向均为正。其中，中国人寿美股的系数是 0.090382 就表示，从长期来看，当 $T-1$ 日中国人寿美股股价上涨（下跌）1%，T 日 A 股股价就会上涨（下跌）0.0904%。此外，FR007 在 10% 的显著水平上显著，也可以认为 FR007 是影响中国人寿 A 股收益率的一个重要因子。

5.8 arch 模块构建波动率模型的编程——以全球重要的创业板股指为案例

5.8.1 案例编程

H 公司是总部位于南非开普敦的一家投资公司，通过将企业家蕴涵的创新精神、投资经历沉淀的丰富智慧以及合伙人机制激发的强大力量相结合，经过 20 余年的发展，公司已经成长为在全球资本市场具有一定影响力的投资机构，业务遍及非洲、亚洲以及北美洲。

假定你是该公司衍生产品部的一位衍生产品经理，正参与设计一款以全球重要创业板股票指数作为标的变量的衍生产品。按照分工安排，你负责对 A 股创业板指、标普香港创业板指数以及纳斯达克综指这 3 只全球重要创业板股指构建波动率模型。表 5-10 列出了从 2015 年 1 月至 2021 年 9 月期间这些指数的部分周收盘价，完整的数据存放在 Excel 文件中。

表 5-10 A 股创业板指、标普香港创业板指数以及纳斯达克综指的部分周收盘价

（2015 年 1 月至 2021 年 9 月期间）

日期	A 股创业板指	标普香港创业板指数	纳斯达克综指
2015-01-02	1471.7640	472.5500	4726.8120
2015-01-09	1553.2390	479.4700	4704.0660
2015-01-16	1639.5550	481.4800	4634.3840
……	……	……	……
2021-09-17	3193.2610	81.0600	15043.9697
2021-09-24	3207.8166	77.1000	15047.7002
2021-09-30	3244.6455	79.0800	14566.7002

数据来源：同花顺。

为了高效地完成指数的波动率建模工作，你需要运用 Python 完成 4 个编程任务。

5.8.2 编程任务

【任务 1】导入包含 2015 年 1 月至 2021 年 9 月期间 A 股创业板指、标普香港创业板指数以及纳斯达克综指周收盘价的 Excel 文件并创建数据框。同时，计算这 3 个指数的周收益率（运用自然对数）并创建新的数据框以及对周收益率进行可视化。

【任务 2】基于任务 1 创建的周收益率数据框，针对 A 股创业板指的周收益率构建波动率模型，选用的模型是 ARCH(1) 模型和 GARCH(1,1) 模型，同时计算 A 股创业板指周收益率的长期波动率（运用 GARCH(1,1) 模型，下同）。

【任务 3】基于任务 1 创建的周收益率数据框，针对标普香港创业板指数的周收益率构建波动率模型，也运用 ARCH(1) 模型和 GARCH(1,1) 模型，并计算该指数周收益率的长期波动率。

【任务 4】基于任务 1 创建的周收益率数据框，针对纳斯达克综指的周收益率构建波动率模型，依然运用 ARCH(1)模型和 GARCH(1,1)模型，并计算该指数周收益率的长期波动率。

5.8.3 编程提示

- arch 模块是 Python 的第三方模块，并且未能集成在 Anaconda 3.0 中，需要进行独立安装。可以直接打开 Anaconda Prompt 界面执行 pip install arch 命令进行在线安装。
- 针对任务 2 至任务 4，可以运用 arch 模块的函数 arch_model，在该函数中针对参数 vol，vol='ARCH'表示运用 ARCH 模型，vol='GARCH'则表示运用 GARCH 模型。
- 针对 GARCH(1,1)模型，计算长期波动率的数学公式是 $\sqrt{V_L} = \sqrt{\omega/(1-\alpha-\beta)}$，其中，$V_L$ 代表长期平均方差率，ω、α 和 β 是 GARCH 模型需要估计的参数。

5.8.4 参考代码与说明

1. 针对任务 1

```
In [104]: P_index=pd.read_excel('C:/Desktop/全球重要的创业板股指的周收盘价数据.xlsx', sheet_name=
"Sheet1",header=0,index_col=0)    #导入数据

In [105]: R_index=np.log(P_index/P_index.shift(1))      #用自然对数计算周收益率
     ...: R_index=R_index.dropna()                       #删除缺失值

In [106]: R_index.index                                  #查看数据框的行索引
Out[106]:
Index(['2015-01-09', '2015-01-16', '2015-01-23', '2015-01-30', '2015-02-06',
       '2015-02-13', '2015-02-20', '2015-02-27', '2015-03-06', '2015-03-13',
       ...
       '2021-07-30', '2021-08-06', '2021-08-13', '2021-08-20', '2021-08-27',
       '2021-09-03', '2021-09-10', '2021-09-17', '2021-09-24', '2021-09-30'],
      dtype='object', name='日期', length=352)

In [107]: R_index.index=pd.to_datetime(R_index.index )  #行索引转为datetime格式

In [108]: plt.figure(figsize=(8,10))
     ...: plt.subplot(3,1,1)                             #代表第1行的子图
     ...: plt.plot(R_index['A股创业板指'],'b-',label=u'A股创业板指',lw=2.0)
     ...: plt.xticks(fontsize=13)
     ...: plt.yticks(fontsize=13)
     ...: plt.ylabel(u'周收益率',fontsize=13)
     ...: plt.legend(fontsize=13,loc=9)                  #将图例放置在中上方（下同）
     ...: plt.grid()
     ...: plt.subplot(3,1,2,sharex=plt.subplot(3,1,1),sharey=plt.subplot(3,1,1))    #代表第
2行的子图并且与第1个子图共用x轴和y轴
     ...: plt.plot(R_index['标普香港创业板指数'],'c-',label=u'标普香港创业板指数',lw=2.0)
     ...: plt.xticks(fontsize=13)
     ...: plt.yticks(fontsize=13)
     ...: plt.ylabel(u'周收益率',fontsize=13)
     ...: plt.legend(fontsize=13,loc=9)
     ...: plt.grid()
     ...: plt.subplot(3,1,3,sharex=plt.subplot(3,1,1),sharey=plt.subplot(3,1,1))   #代表第3
行的子图并且与第1个子图共用x轴和y轴
     ...: plt.plot(R_index['纳斯达克综指'],'m-',label=u'纳斯达克综指',lw=2.0)
     ...: plt.xticks(fontsize=13)
     ...: plt.xlabel(u'日期',fontsize=13)
     ...: plt.yticks(fontsize=13)
     ...: plt.ylabel(u'周收益率',fontsize=13)
     ...: plt.legend(fontsize=13,loc=9)
     ...: plt.grid()
     ...: plt.show()
```

从图 5-7 中不难看出，在 2015 年 1 月至 2021 年 9 月期间，相比纳斯达克综指而言，A 股创业板指、标普香港创业板指数的周涨跌幅波动相对较高，这在一定程度上体现出成熟资本市场与新兴

市场之间的差异。

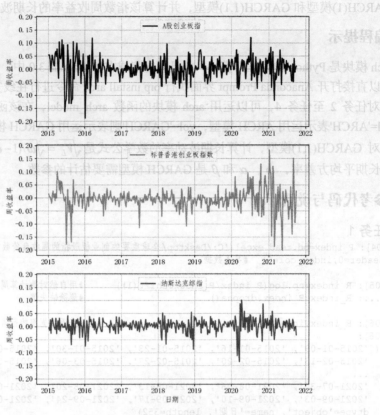

图 5-7　2015 年 1 月至 2021 年 9 月 3 只全球重要创业板股指周收益率

2. 针对任务 2

```
In [109]: from arch import arch_model            #从 arch 模块导入 arch_model 函数

In [110]: index1_arch=arch_model(R_index['A 股创业板指'],mean='Constant',lags=0,vol='ARCH',
p=1,o=0,q=0,dist='normal')   #针对 A 股创业板指周收益率构建 ARCH(1)模型
    ...: index1_arch_result=index1_arch.fit()    #对 ARCH 模型进行拟合
    ...: index1_arch_result.summary()            #对 ARCH 模型结果进行输出
Out[110]:
<class 'statsmodels.iolib.summary.Summary'>
"""
                     Constant Mean - ARCH Model Results
===============================================================================
Dep. Variable:              A 股创业板指    R-squared:                    0.000
Mean Model:              Constant Mean    Adj. R-squared:               0.000
Vol Model:                       ARCH    Log-Likelihood:             617.594
Distribution:                  Normal    AIC:                       -1229.19
Method:            Maximum Likelihood    BIC:                       -1217.60
                                         No. Observations:               352
Date:                Wed, Nov 17 2021    Df Residuals:                   351
Time:                        10:59:28    Df Model:                         1
                             Mean Model
===============================================================================
                coef    std err          t      P>|t|      95.0% Conf. Int.
-------------------------------------------------------------------------------
mu          2.8648e-03  2.122e-03      1.350      0.177   [-1.294e-03,7.023e-03]
                          Volatility Model
===============================================================================
                coef    std err          t      P>|t|      95.0% Conf. Int.
-------------------------------------------------------------------------------
omega       1.4260e-03  2.245e-04      6.353   2.111e-10   [9.861e-04,1.866e-03]
```

```
alpha[1]        0.2318   9.180e-02        2.525   1.156e-02   [5.189e-02, 0.412]
==============================================================================

Covariance estimator: robust
"""

In [111]: index1_garch=arch_model(R_index['A股创业板指'],mean='Constant',lags=0, vol='GARCH',p=1,
o=0,q=1,dist='normal')   #针对A股创业板指周收益率构建GARCH(1,1)模型
    ...: index1_garch_result=index1_garch.fit()     #对GARCH模型进行拟合
    ...: index1_garch_result.summary()          #对GARCH模型结果进行输出
Out[111]:
<class 'statsmodels.iolib.summary.Summary'>
"""
                     Constant Mean - GARCH Model Results
==============================================================================
Dep. Variable:              A股创业板指    R-squared:                     0.000
Mean Model:             Constant Mean    Adj. R-squared:                0.000
Vol Model:                      GARCH    Log-Likelihood:              648.116
Distribution:                  Normal    AIC:                        -1288.23
Method:            Maximum Likelihood    BIC:                        -1272.78
                                         No. Observations:                352
Date:               Wed, Nov 17 2021    Df Residuals:                    351
Time:                       10:59:55    Df Model:                          1
                              Mean Model
==============================================================================
                 coef     std err          t      P>|t|      95.0% Conf. Int.
------------------------------------------------------------------------------
mu           2.6825e-04  1.718e-03      0.156      0.876   [-3.099e-03,3.636e-03]
                           Volatility Model
==============================================================================
                 coef     std err          t      P>|t|      95.0% Conf. Int.
------------------------------------------------------------------------------
omega        3.7097e-05  1.762e-05      2.105   3.527e-02   [2.560e-06,7.164e-05]
alpha[1]         0.1000  2.791e-02      3.584   3.389e-04   [4.531e-02, 0.155]
beta[1]          0.8800  2.687e-02     32.752  2.821e-235   [  0.827,  0.933]
==============================================================================

Covariance estimator: robust
"""

In [112]: index1_vol=np.sqrt(index1_garch_result.params[1]/(1-index1_garch_result.params
[2]-index1_garch_result.params[3]))
    ...: print('利用GARCH(1,1)模型得到A股创业板指周收益率的长期波动率', round(index1_vol,4))
利用GARCH(1,1)模型得到A股创业板指周收益率的长期波动率 0.0431
```

从以上输出的结果可以得出，A股创业板指周收益率的长期波动率是4.31%。

3. 针对任务3

```
In [113]: index2_arch=arch_model(y=R_index['标普香港创业板指数'],mean='Constant',lags=0,
vol='ARCH',p=1,o=0,q=0,dist='normal')   #针对标普香港创业板指数周收益率构建ARCH(1)模型
    ...: index2_arch_result=index2_arch.fit()       #对ARCH模型进行拟合
    ...: index2_arch_result.summary()           #对ARCH模型结果进行输出
Out[113]:
<class 'statsmodels.iolib.summary.Summary'>
"""
                     Constant Mean - ARCH Model Results
==============================================================================
Dep. Variable:           标普香港创业板指数    R-squared:                     0.000
Mean Model:             Constant Mean    Adj. R-squared:                0.000
Vol Model:                       ARCH    Log-Likelihood:              643.542
Distribution:                  Normal    AIC:                        -1281.08
Method:            Maximum Likelihood    BIC:                        -1269.49
                                         No. Observations:                352
Date:               Wed, Nov 17 2021    Df Residuals:                    351
Time:                       11:07:02    Df Model:                          1
                              Mean Model
==============================================================================
                 coef     std err          t      P>|t|      95.0% Conf. Int.
```

```
--------------------------------------------------------------------------------
mu            -8.1370e-03   2.063e-03      -3.943   8.037e-05   [-1.218e-02,-4.093e-03]
                              Volatility Model
================================================================================

                  coef       std err          t      P>|t|       95.0% Conf. Int.
--------------------------------------------------------------------------------
omega       8.4344e-04    2.225e-04        3.791   1.498e-04   [4.074e-04,1.279e-03]
alpha[1]       0.8642        0.369        2.345   1.902e-02   [ 0.142,  1.586]
================================================================================

Covariance estimator: robust
"""

In [114]: index2_garch=arch_model(y=R_index['标普香港创业板指数'],mean='Constant',lags=0, vol='GARCH',
p=1,o=0,q=1,dist='normal')   #针对标普香港创业板指数周收益率构建 GARCH(1,1)模型
    ...: index2_garch_result=index2_garch.fit()        #对 GARCH 模型进行拟合
    ...: index2_garch_result.summary()                 #对 GARCH 模型结果进行输出
Out[114]:
<class 'statsmodels.iolib.summary.Summary'>
"""
                  Constant Mean - GARCH Model Results
================================================================================
Dep. Variable:          标普香港创业板指数   R-squared:                   0.000
Mean Model:              Constant Mean   Adj. R-squared:               0.000
Vol Model:                      GARCH   Log-Likelihood:             677.232
Distribution:                  Normal   AIC:                       -1346.46
Method:            Maximum Likelihood   BIC:                       -1331.01
                                        No. Observations:               352
Date:              Wed, Nov 17 2021     Df Residuals:                   351
Time:                      11:07:10     Df Model:                         1
                              Mean Model
================================================================================
                  coef       std err          t      P>|t|       95.0% Conf. Int.
--------------------------------------------------------------------------------
mu            -6.9801e-03   1.729e-03      -4.037   5.408e-05   [-1.037e-02,-3.591e-03]
                              Volatility Model
================================================================================
                  coef       std err          t      P>|t|       95.0% Conf. Int.
--------------------------------------------------------------------------------
omega       3.1999e-05    9.819e-06        3.259   1.118e-03   [1.275e-05,5.124e-05]
alpha[1]       0.0869     2.613e-02        3.326   8.821e-04   [3.568e-02,  0.138]
beta[1]        0.8967     2.252e-02       39.813     0.000   [ 0.853,  0.941]
================================================================================

Covariance estimator: robust
"""

In [115]: index2_vol=np.sqrt(index2_garch_result.params[1]/(1-index2_garch_result.params
[2]-index2_garch_result.params[3]))
    ...: print('利用 GARCH(1,1)模型得到标普香港创业板指数周收益率的长期波动率', round(index2_vol,4))
利用 GARCH(1,1)模型得到标普香港创业板指数周收益率的长期波动率  0.0442
```

通过以上的计算可以得到，标普香港创业板指数周收益率的长期波动率为 4.42%，略高于 A 股创业板指的长期波动率 4.31%，这说明从长期而言香港创业板市场的投资风险高于 A 股创业板市场。

4. 针对任务 4

```
In [116]: index3_arch=arch_model(y=R_index['纳斯达克综指'],mean='Constant',lags=0, vol='ARCH',
p=1,o=0,q=0,dist='normal')   #针对纳斯达克综指周收益率构建 ARCH(1)模型
    ...: index3_arch_result=index3_arch.fit()           #对 ARCH 模型进行拟合
    ...: index3_arch_result.summary()                   #对 ARCH 模型结果进行输出
Out[116]:
<class 'statsmodels.iolib.summary.Summary'>
"""
                  Constant Mean - ARCH Model Results
================================================================================
Dep. Variable:              纳斯达克综指   R-squared:                   0.000
Mean Model:              Constant Mean   Adj. R-squared:               0.000
```

```
Vol Model:                           ARCH   Log-Likelihood:                  804.552
Distribution:                      Normal   AIC:                            -1603.10
Method:             Maximum Likelihood      BIC:                            -1591.51
                                            No. Observations:                    352
Date:                  Wed, Nov 17 2021     Df Residuals:                        351
Time:                          11:12:42     Df Model:                              1
                                  Mean Model
==================================================================================
                 coef    std err          t      P>|t|        95.0% Conf. Int.
----------------------------------------------------------------------------------
mu          4.7859e-03  1.539e-03      3.110  1.869e-03   [1.770e-03,7.802e-03]
                               Volatility Model
==================================================================================
                 coef    std err          t      P>|t|        95.0% Conf. Int.
----------------------------------------------------------------------------------
omega       4.7705e-04  8.589e-05      5.554  2.792e-08   [3.087e-04,6.454e-04]
alpha[1]        0.2840      0.144      1.967  4.924e-02   [9.449e-04,   0.567]
==================================================================================

Covariance estimator: robust
"""
```

In [117]: index3_garch=arch_model(y=R_index['纳斯达克综指'],mean='Constant',lags=0, vol='GARCH',
p=1,o=0,q=1,dist='normal')   #针对纳斯达克综指周收益率构建 GARCH(1,1)模型
    ...: index3_garch_result=index3_garch.fit()   #对 GARCH 模型进行拟合
    ...: index3_garch_result.summary()   #对 GARCH 模型结果进行输出
Out[117]:
<class 'statsmodels.iolib.summary.Summary'>
"""

```
                     Constant Mean - GARCH Model Results
==================================================================================
Dep. Variable:                  纳斯达克综指   R-squared:                       0.000
Mean Model:              Constant Mean   Adj. R-squared:                  0.000
Vol Model:                       GARCH   Log-Likelihood:                  830.464
Distribution:                   Normal   AIC:                            -1652.93
Method:             Maximum Likelihood   BIC:                            -1637.47
                                         No. Observations:                    352
Date:                  Wed, Nov 17 2021  Df Residuals:                        351
Time:                          11:12:47  Df Model:                              1
                                  Mean Model
==================================================================================
                 coef    std err          t      P>|t|        95.0% Conf. Int.
----------------------------------------------------------------------------------
mu          3.7591e-03  1.018e-03      3.692  2.224e-04   [1.764e-03,5.755e-03]
                               Volatility Model
==================================================================================
                 coef    std err          t      P>|t|        95.0% Conf. Int.
----------------------------------------------------------------------------------
omega       6.6549e-05  2.426e-05      2.743  6.089e-03   [1.900e-05,1.141e-04]
alpha[1]        0.2023  5.592e-02      3.618  2.974e-04   [9.269e-02,   0.312]
beta[1]         0.6980  4.360e-02     16.011  1.067e-57   [  0.613,   0.783]
==================================================================================

Covariance estimator: robust
"""
```

In [118]: index3_vol=np.sqrt(index3_garch_result.params[1]/(1-index3_garch_result.params
[2]-index3_garch_result.params[3]))
    ...: print('利用 GARCH(1,1)模型得到纳斯达克综指周收益率的长期波动率', round(index3_vol,4))
利用 GARCH(1,1)模型得到纳斯达克综指周收益率的长期波动率 0.0258

从以上的输出结果可以看到，纳斯达克综指周收益率的长期波动率仅为 2.58%，不仅低于 A 股
创业板指，而且低于标普香港创业板指数，这也证实了通过观察图 5-7 所得出的结论。

5.9　datetime 模块处理时间对象的编程——以银行理财产品为案例

5.9.1　案例详情

　　I 银行是总部位于新加坡的一家大型商业银行，业务覆盖亚洲三大增长主轴，即大中华区、东南亚地区以及中东地区，财富管理业务是该银行的优势业务，可为个人客户提供量身定制的理财服务，并通过综合数字体验与客户保持紧密关系。

　　为了满足客户追求低风险、较高流动性、预期收益率又能高于普通定期存款的理财需求，该银行于 2021 年第 1 季度面向东南亚客户推出了两款期限均为 6 个月的"富盛系列"理财产品——"富盛 1 号"与"富盛 2 号"，两款产品的起始日期和到期日期均有所不同，具体详见表 5-11。此外，这两款理财产品的年化收益率均为 4.6%并且以新加坡元计价，但是给投资者的收益按照实际天数计算并且 1 年按照 365 天计算。

表 5-11　I 银行对外发行的两款理财产品的起始日期与到期日期

"富盛 1 号"		"富盛 2 号"	
起始日期	到期日期	起始日期	到期日期
2021 年 2 月 8 日	2021 年 8 月 8 日	2021 年 3 月 9 日	2021 年 9 月 9 日

　　假定你是这家银行的运营经理，负责理财产品日常的清算工作，下面需要运用 Python 完成 4 个编程任务。

5.9.2　编程任务

　　【任务 1】根据表 5-11 中的两款理财产品的起始日期和到期日期创建时间对象，并且针对包含"富盛 1 号"起始日期的时间对象，依次访问年份、月份、处于当月的日数以及星期几。

　　【任务 2】针对任务 1 创建的时间对象，比较"富盛 1 号"的起始日期与"富盛 2 号"起始日期的前后关系。

　　【任务 3】针对任务 1 创建的时间对象，按照天为单位计算每款产品的期限，并且比较两款理财产品期限的长短。

　　【任务 4】阿南德先生（Mr.Anand）是这家银行的高净值客户，并且购买了这两款理财产品，每款理财产品的投资金额均为 160 万新加坡元，需要计算每款理财产品到期时阿南德先生的收益金额以及这两款理财产品收益金额的差异额。

5.9.3　编程提示

- 创建时间对象需要运用 Python 的内置模块 datetime 中的 datetime 类。
- 针对时间对象，访问年份运用函数 year，访问月份运用函数 month，访问处于当月的日数运用函数 day，访问星期几运用函数 weekday。
- 比较两个日期的前后关系可以运用 datetime 模块中内置的函数，也可以运用 Python 的比较运算符，得到的结果均是相同的。
- 计算理财产品的期限实质就是针对时间间隔的计算，并且运用函数 days 计算天数。

5.9.4　参考代码与说明

1.　针对任务 1

```
In [119]: import datetime as dt              #导入 datetime 模块

In [120]: T0_product1=dt.datetime(2021,2,8)  #输入"富盛1号"的起始日期
     ...: T0_product1
Out[120]: datetime.datetime(2021, 2, 8, 0, 0)

In [121]: type(T0_product1)                  #查看类型
Out[121]: datetime.datetime

In [122]: T1_product1=dt.datetime(2021,8,8)  #输入"富盛1号"的到期日期

In [123]: T0_product2=dt.datetime(2021,3,9)  #输入"富盛2号"的起始日期
     ...: T1_product2=dt.datetime(2021,9,9)  #输入"富盛2号"的到期日期

In [124]: T0_product1.year                   #访问"富盛1号"起始日期的年份
Out[124]: 2021

In [125]: T0_product1.month                  #访问"富盛1号"起始日期的月份
Out[125]: 2

In [126]: T0_product1.day                    #访问"富盛1号"起始日期处于当月的日数
Out[126]: 8

In [127]: T0_product1.weekday()              #访问"富盛1号"起始日期处于星期几
Out[127]: 0
```

需要注意的是，针对星期几的输出结果，0 表示星期一，1 表示星期二，以此类推。

2.　针对任务 2

```
In [128]: T0_product1.__eq__(T0_product2)  #用 datetime 模块内置函数判断两个日期是否相同
Out[128]: False

In [129]: T0_product1.__gt__(T0_product2)  #用内置函数判断"富盛1号"起始日期是否晚于"富盛2号"起始
日期
Out[129]: False

In [130]: T0_product1.__lt__(T0_product2)  #用内置函数判断"富盛1号"起始日期是否早于"富盛2号"起
始日期
Out[130]: True

In [131]: T0_product1==T0_product2         #运用 Python 的关系运算符做判断
Out[131]: False

In [132]: T0_product1>T0_product2
Out[132]: False

In [133]: T0_product1<T0_product2
Out[133]: True
```

3.　针对任务 3

```
In [134]: tenor1=(T1_product1-T0_product1).days  #计算"富盛1号"的期限（天）
     ...: print('富盛1号产品的期限（天）',tenor1)
富盛1号产品的期限（天） 181

In [135]: tenor2=(T1_product2-T0_product2).days  #计算"富盛2号"的期限（天）
     ...: print('富盛2号产品的期限（天）',tenor2)
富盛2号产品的期限（天） 184

In [136]: tenor1>tenor2                     #判断"富盛1号"的期限是否大于"富盛2号"的期限
Out[136]: False

In [137]: tenor1==tenor2                    #判断"富盛1号"的期限是否等于"富盛2号"的期限
Out[137]: False
```

```
In [138]: tenor1<tenor2                      #判断"富盛 1 号"的期限是否小于"富盛 2 号"的期限
Out[138]: True
```

从以上的输出结果不难发现，按照天为单位进行计算，"富盛 1 号"的期限等于 181 天，小于"富盛 2 号"184 天的期限。

4. 针对任务 4

```
In [139]: invest=1.6e6                       #阿南德先生购买每款理财产品的金额
    ...: R=0.046                             #理财产品的年化收益率
    ...: days=365                            #1 年的天数

In [140]: return1=invest*R*tenor1/days       #投资"富盛 1 号"到期的收益金额
    ...: return2=invest*R*tenor2/days        #投资"富盛 2 号"到期的收益金额
    ...: return_diff=return2-return1         #两款理财产品收益金额的差异额
    ...: print('"富盛 1 号"到期时支付给阿南德先生的收益（新加坡元）', round(return1,2))
    ...: print('"富盛 2 号"到期时支付给阿南德先生的收益（新加坡元）', round(return2,2))
    ...: print('两款理财产品收益金额的差异（新加坡元）',round(return_diff,2))
"富盛 1 号"到期时支付给阿南德先生的收益（新加坡元） 36497.53
"富盛 2 号"到期时支付给阿南德先生的收益（新加坡元） 37102.47
两款理财产品收益金额的差异（新加坡元） 604.93
```

根据以上的计算不难发现，虽然两款理财产品均是 6 个月期限，但由于收益按照实际天数计算，鉴于"富盛 2 号"的实际天数比"富盛 1 号"的更多，因此"富盛 2 号"理财产品到期支付给阿南德先生的收益额更高，两款产品之间收益额相差 604.93 新加坡元。

5.10 本章小结

SciPy、statsmodels、arch 和 datetime 这 4 个模块也是金融实战中比较常用的 Python 模块。读者通过本章的 9 个原创金融案例共计 30 个编程任务，可以掌握以下的编程技能。

（1）SciPy 模块求积分。SciPy 模块的 integrate 子模块有若干个用于积分运算的函数，包括 quad、fixed_quad、quadrature 和 romberg 等，计算的结果基本能够保持一致。

（2）SciPy 模块计算插值。interpolate 子模块的 interp1d 函数可以进行插值计算，插值计算方法可以选择最邻近插值法、阶梯插值法、线性插值法、二阶样条曲线插值法以及三阶样条曲线插值法等。

（3）SciPy 模块求解方程组。linalg 子模块的 solve 函数以及 optimize 子模块的函数 fsolve 均可以实现对方程组的求解。

（4）SciPy 模块求解最优解。optimize 子模块拥有求最小值的 minimize 函数，如果是求最大值则需要做适当的变化，同时运用字典格式设置约束条件，运用元组格式设置边界条件。

（5）SciPy 模块的统计分析。stats 子模块拥有包括统计指标分析、正态性检验、随机抽样、分布函数运算等各类函数。

（6）statsmodels 模块构建回归模型。statsmodels 模块是一个功能非常强大的统计分析与建模的工具包，该模块的 api 子模块可以用于构建一元和多元的回归模型。

（7）arch 模块构建波动率模型。金融领域中常用的波动率模型包括 ARCH 模型和 GARCH 模型，这些模型可以通过 arch 模块高效地构建并使用。

（8）datetime 模块创建并处理时间对象。datetime 模块是一个 Python 内置并且专门用于处理时间对象的模块，通过该模块可以开展时间对象的创建、访问以及运算等编程。

到这里，你已经完成了第 5 章全部案例的练习，相信读者已经掌握了在金融实战中相关模块的编程技术，下面就向第 6 章勇敢进发吧，去充分体验 Python 在产品定价、策略构建以及风险管理方面的高效与便捷。

06

第6章

利率与汇率的 Python 编程案例

本章导言

无论是利率还是汇率，都是金融市场中的核心变量，也是影响诸多金融产品价格的重要风险因子。运用 Python 可以精准、高效地完成对利率和汇率的分析。

本章包含 9 个原创案例共计 28 个编程任务，通过这些案例的充分训练，读者可熟练掌握运用 Python 开展利息测算、远期利率测度、远期利率协议现金流的度量与定价、不同币种之间的汇兑、不同汇率之间的套利、远期汇率测算以及远期外汇合约定价等编程技术。下面通过表 6-1 梳理出本章的结构安排。

表 6-1 第 6 章的结构安排

序号	案例标题	学习目标	编程任务数量	读者扮演的角色
1	利息测算的编程——以卢布定期存款利息为案例	掌握不同复利频次下的利息模型、连续复利利率与每年 m 次复利利率的等价变换模型，以及相关 Python 编程技术	3个	理财规划经理
2	测算远期利率的编程——以日本国债远期利率为案例	掌握通过即期利率计算远期利率的模型以及相关 Python 编程技术	3个	产品担当
3	远期利率协议现金流的编程——以 Euribor 远期利率协议为案例	掌握远期利率协议现金流的模型以及相关 Python 编程技术	3个	交易经理
4	远期利率协议定价的编程——以 Libor 远期利率协议为案例	掌握远期利率协议的定价模型以及相关 Python 编程技术	3个	风险经理
5	不同币种之间汇兑的编程——以人民币与全球主要货币为案例	掌握不同币种之间的汇兑模型以及相关 Python 编程技术	3个	财务经理
6	汇率三角套利的编程——以英镑、加元和人民币汇率为案例	掌握汇率三角套利的思路、模型以及相关 Python 编程技术	3个	策略经理
7	测算远期汇率的编程——以人民币远期汇率为案例	掌握通过即期利率、即期汇率计算远期利率的模型以及相关 Python 编程技术	3个	外汇交易总监
8	抵补套利的编程——以欧元、日元、港元和人民币汇率为案例	掌握通过即期利率、即期汇率和远期汇率开展抵补套利的思路、模型以及相关 Python 编程技术	4个	首席外汇交易员
9	远期外汇合约定价的编程——以新台币远期外汇合约为案例	掌握远期外汇合约的定价模型以及相关 Python 编程技术	3个	衍生产品部协理
	合计		28个	

在开始练习本章的案例之前，建议读者先学习《基于 Python 的金融分析与风险管理（第 2 版）》第 6 章的内容。

6.1 利息测算的编程——以卢布定期存款利息为案例

6.1.1 案例详情

由于俄罗斯的通货膨胀水平显著高于预期，因此 2021 年 7 月 23 日俄罗斯中央银行（the Bank of Russia）决定将关键利率（key rate）上调 100 个基点至 6.5%。考虑到俄罗斯的银行存款利率允许各家银行自主对外报价，因此，A 银行、B 银行和 C 银行这 3 家俄罗斯商业银行也在第一时间对外公布了最新的 3 年期卢布定期存款利率以及不同的复利频次，具体详见表 6-2。这里的定期存款特指银行约定在该存款到期日支付给存款人全部的利息和本金，在存款期内的其他时点不支付任何利息和本金，并且也不允许存款人提前支取。

表 6-2　3 家银行对外公布的 3 年期卢布定期存款利率和复利频次

银行	总部所在地	3 年期卢布定期存款利率（年化）	计息的复利频次
A 银行	莫斯科	5.50%	根据存款本金灵活设定
B 银行	圣彼得堡	5.55%	半年 1 次
C 银行	叶卡捷琳堡	5.48%	连续复利

注：表中的"灵活设定"表示 A 银行可根据存款金额的大小为存款人量身定制复利频次。

假定你是当地的一位理财规划经理，什维佐夫先生（Mr.Shvetsov）是你长期服务的客户并且目前恰好有 1000 万卢布的闲置现金，希望在 2021 年 8 月 1 日选择这 3 家银行中的一家办理 3 年期的定期存款，从而实现利息收益的最大化。

为了能够帮助客户理性选择存款银行，使客户体验极致的服务，你需要运用 Python 完成 3 个编程任务。

6.1.2 编程任务

【任务 1】假定选择在 A 银行存款，并且依次设定复利频次为每年 1 次、每半年 1 次、每季度 1 次、每月 1 次、每周 1 次（1 年 52 周）、每日 1 次（1 年 365 天）以及连续复利情况下，分别计算什维佐夫先生 3 年期定期存款在到期时的本金与利息（下文简称本息）之和。

【任务 2】假定按照 A 银行的要求，什维佐夫先生的存款金额可以享受按照每周 1 次的复利频次计算利息，而 B 银行则按照每半年 1 次进行复利，为了便于比较，需要将 A 银行、B 银行的利率换算为等价的连续复利利率，最终建议什维佐夫先生应该去哪家银行存款可获得更高收益。

【任务 3】波利亚科娃女士（Ms.Polyakova）也是你的一位客户，目前有 300 万卢布，也希望办理期限为 3 年的定期存款，但是明确表示不愿意在 B 银行办理存款业务。按照 A 银行的要求，波利亚科娃女士的存款本金可以享受按照每季度 1 次的复利频次计算利息，同时 C 银行的利率是连续复利的，为了便于比较，计算 C 银行的利率等价于具体金额的按季度复利的利率，并且建议波利亚科娃女士应该去哪家银行存款可获得更高收益。

6.1.3 编程提示

- 针对任务 1，假设每年复利频次用 m 表示，3 年期定期存款到期日本息之和等于 $10^7 \times \left(1 + \dfrac{5.5\%}{m}\right)^{3 \times m}$，连续复利则对应的存款到期日本息和等于 $10^7 \times e^{3 \times 5.5\%}$，在 Python 编程中需要运用到这些式子。

- 针对任务 2，假设 R_c 代表连续复利利率，R_m 是与连续复利利率等价的每年 m 次复利利率，则就有 $R_c = m \times \ln\left(1 + \dfrac{R_m}{m}\right)$，在 Python 中需要运用到该式子。

- 针对任务 3，依然假设 R_c 代表连续复利利率，R_m 是与连续复利利率等价的每年 m 次复利利率，则就有 $R_m = m(e^{R_c/m} - 1)$，在 Python 中也需要运用到该式子。

6.1.4 参考代码与说明

1. 针对任务 1

```
In [1]: import numpy as np
   ...: import pandas as pd
   ...: import matplotlib.pyplot as plt
   ...: from pylab import mpl
   ...: mpl.rcParams['font.sans-serif']=['FangSong']
   ...: mpl.rcParams['axes.unicode_minus'] = False
   ...: from pandas.plotting import register_matplotlib_converters
   ...: register_matplotlib_converters()

In [2]: principle=1e7                                    #存款本金
   ...: r_A=0.055                                        #A 银行定期存款利率
   ...: T=3                                              #存款期限（年）

In [3]: FV_annual=principle*pow(1+r_A,T)                 #每年复利 1 次的本息和
   ...: FV_semiannual=principle*pow(1+r_A/2,T*2)         #每半年复利 1 次的本息和
   ...: FV_quarter=principle*pow(1+r_A/4,T*4)            #每季度复利 1 次的本息和
   ...: FV_month=principle*pow(1+r_A/12,T*12)            #每月复利 1 次的本息和
   ...: FV_week=principle*pow(1+r_A/52,T*52)             #每周复利 1 次的本息和
   ...: FV_day=principle*pow(1+r_A/365,T*365)            #每天复利 1 次的本息和
   ...: FV_continuous=principle*np.exp(T*r_A)            #连续复利的本息和
   ...: print('利率每年复利 1 次的到期存款本息和',round(FV_annual,2))   #保留小数点后 2 位
   ...: print('利率每半年复利 1 次的到期存款本息和',round(FV_semiannual,2))
   ...: print('利率每季度复利 1 次的到期存款本息和',round(FV_quarter,2))
   ...: print('利率每月复利 1 次的到期存款本息和',round(FV_month,2))
   ...: print('利率每周复利 1 次的到期存款本息和',round(FV_week,2))
   ...: print('利率每天复利 1 次的到期存款本息和',round(FV_day,2))
   ...: print('利率连续复利的到期存款本息和',round(FV_continuous,2))
利率每年复利 1 次的到期存款本息和    11742413.75
利率每半年复利 1 次的到期存款本息和  11767683.61
利率每季度复利 1 次的到期存款本息和  11780681.28
利率每月复利 1 次的到期存款本息和    11789486.02
利率每周复利 1 次的到期存款本息和    11792902.82
利率每天复利 1 次的到期存款本息和    11793784.59
利率连续复利的到期存款本息和        11793931.19
```

从以上的输出结果可以得到两个结论：一是利率的复利频次与存款本息和的金额正相关；二是复利频次对存款本息和的边际效应存在递减规律，比如，每天复利的存款本息和为 11793784.59 卢布，比每周复利的存款本息和高出 881.77 卢布，但是比连续复利的存款本息和仅少了 146.6 卢布。

2. 针对任务 2

```
In [4]: r_B=0.0555                                       #B 银行的存款利率
   ...: m_B=2                                             #B 银行利率的复利频次
   ...: r_B_conti=m_B*np.log(1+r_B/m_B)                   #计算得到 B 银行等价的连续复利利率
   ...: print('B 银行存款利率对应的等价连续复利利率',round(r_B_conti,6))
B 银行存款利率对应的等价连续复利利率  0.054744

In [5]: m_A=52                                            #A 银行利率的每周复利频次
   ...: r_A_conti=m_A*np.log(1+r_A/m_A)                   #计算得到 A 银行等价的连续复利利率
   ...: print('A 银行存款利率对应的等价连续复利利率',round(r_A_conti,6))
A 银行存款利率对应的等价连续复利利率  0.054971

In [6]: r_B_conti>r_A_conti                               #B 银行对应的等价连续复利利率是否高于 A 银行的利率
Out[6]: False
```

根据以上输出的结果不难发现，B 银行对应的等价连续复利利率低于 A 银行的利率，同时 A 银行的利率又高于 C 银行的利率（连续复利利率 5.48%）。因此，你应该建议什维佐夫先生选择去 A 银行办理 3 年期定期存款。

3. 针对任务 3

```
In [7]: r_C_conti=0.0548                    #C 银行的存款利率并且是连续复利
   ...: m_A_new=4                           #A 银行给波利亚科娃女士的复利频次

In [8]: r_C=m_A_new*(np.exp(r_C_conti/m_A_new)-1)  #C 银行连续复利利率等价的按季度复利的利率
   ...: print('C 银行连续复利利率对应等价的按季度复利 1 次的利率',round(r_C,6))
C 银行连续复利利率对应等价的按季度复利 1 次的利率 0.055177

In [9]: r_C>r_A                             #C 银行对应的等价按季度复利的利率是否高于 A 银行的利率
Out[9]: True

In [10]: r_C<r_A                            #C 银行对应的等价按季度复利的利率是否低于 A 银行的利率
Out[10]: False
```

根据以上的输出结果，你应该建议波利亚科娃女士选择去 C 银行而不应该去 A 银行办理 3 年期的定期存款。

6.2 测算远期利率的编程——以日本国债远期利率为案例

6.2.1 案例详情

D 银行是总部位于日本千叶县（Chiba-ken）的一家商业银行，银行的使命是"作为客户的紧密合作伙伴，运用最新的金融服务，为本地经济的可持续发展贡献力量"。为了更好地满足客户对冲利率风险的需求，银行近期开发了一款以国债远期利率作为标的变量的衍生产品。

假定你是该银行负责研发这款衍生产品的产品担当，为了满足产品的定价需要，将通过日本债券市场上观察到的国债零息利率（即期利率）推算得出国债远期利率。表 6-3 列出了在 2020 年下半年至 2021 年上半年每个季度末的 1 年期至 10 年期国债即期利率，同时假定利率是连续复利的，相关数据也存放于 Excel 文件中。

表 6-3 2020 年下半年至 2021 年上半年每个季度末 1 年期至 10 年期日本国债利率

日期	1 年期	2 年期	3 年期	4 年期	5 年期	6 年期	7 年期	8 年期	9 年期	10 年期
2020-09-30	−0.1490%	−0.1400%	−0.1350%	−0.1340%	−0.1100%	−0.1150%	−0.1040%	−0.0740%	−0.0240%	0.0270%
2020-12-30	−0.1190%	−0.1250%	−0.1350%	−0.1240%	−0.1020%	−0.1000%	−0.0930%	−0.0640%	−0.0180%	0.0350%
2021-03-31	−0.1290%	−0.1300%	−0.1360%	−0.1180%	−0.0830%	−0.0580%	−0.0330%	0.0170%	0.0560%	0.1040%
2021-06-30	−0.1090%	−0.1150%	−0.1280%	−0.1280%	−0.0980%	−0.0900%	−0.0700%	−0.0330%	0.0150%	0.0700%

注：由于没有对外公布 2020 年 12 月 31 日的数据，将 2020 年 12 月 30 日的数据作为当季度末的数据。
数据来源：日本财务省。

为了绘制不同交易日的国债远期利率曲线，你需要根据表 6-3 中的信息运用 Python 完成 3 个编程任务。

6.2.2 编程任务

【任务 1】导入存放表 6-3 中数据的 Excel 文件，根据远期利率的数学表达式，通过 Python 自定义一个计算远期利率的函数，并且测算 2020 年 9 月末的远期利率。

【任务 2】运用任务 1 导入的数据以及自定义的函数，测算 2020 年 12 月末的远期利率，同时依次绘制 2020 年 9 月末、12 月末远期利率与即期利率的曲线图（以 1×2 的子图方式展现）。

【任务 3】运用任务 1 导入的数据以及自定义的函数，分别计算 2021 年 3 月末、6 月末的远期利率，同时依次绘制这两个不同交易日远期利率与即期利率的曲线图（以1×2的子图方式展现）。

6.2.3 编程提示

针对任务1的编程，需要运用远期利率的数学表达式，下面给出相应的表达式。

假定 R_1 和 R_2 分别对应期限为 T_1 和 T_2 的即期利率，并且均为连续复利，其中，$T_1 < T_2$。R_F 表示从 T_1 至 T_2 期间的远期利率，可以得到计算远期利率的式子如下：

$$R_F = R_2 + (R_2 - R_1)\frac{T_1}{T_2 - T_1} \qquad （式6-1）$$

6.2.4 参考代码与说明

1. 针对任务1

```
In [11]: spot=pd.read_excel('C:/Desktop/日本国债利率数据.xlsx', sheet_name="Sheet1",header=0,
index_col=0)    #导入外部数据
    ...: spot                                  #查看导入的数据
Out[11]:
            1年期      2年期      3年期      ...   8年期      9年期      10年期
日期                                       ...
2020-09-30 -0.00149 -0.00140 -0.00135  ...  -0.00074 -0.00024  0.00027
2020-12-30 -0.00119 -0.00125 -0.00135  ...  -0.00064 -0.00018  0.00035
2021-03-31 -0.00129 -0.00130 -0.00136  ...   0.00017  0.00056  0.00104
2021-06-30 -0.00109 -0.00115 -0.00128  ...  -0.00033  0.00015  0.00070

[4 rows x 10 columns]

In [12]: def Forward_rate(R1,R2,T1,T2):
    ...:     '''定义计算远期利率的函数
    ...:     R1: 表示期限为 T1 的即期利率
    ...:     R2: 表示期限为 T2 的即期利率
    ...:     T1: 表示零息利率 R1 的期限长度
    ...:     T2: 表示零息利率 R2 的期限长度'''
    ...:     forward=R2+(R2-R1)*T1/(T2-T1)      #计算远期利率的表达式
    ...:     return forward
```

通过自定义函数 Forward_rate，只需要输入相关的即期利率以及期限长度共4个参数，就可以计算得到相应的远期利率。

```
In [13]: T_list=np.arange(1,11)                #创建从1到10的整数数列

In [14]: spot_3Q2020=np.array(spot.loc['2020-09-30'])    #取2020年9月末的数据并且转换为数组

In [15]: forward_3Q2020=Forward_rate(R1=spot_3Q2020[:-1],R2=spot_3Q2020[1:],T1=T_list[:-1],
T2=T_list[1:])    #第2年至第10年的远期利率，并且以2020年9月末作为计算时点
```

需要注意的是，第1年的远期利率与第1年的即期利率是相同的。因此，只需要将第1年的即期利率与从第2年至第10年的每个远期利率结合，就能得到第1年至第10年的每个远期利率。

```
In [16]: forward_3Q2020=np.append(spot_3Q2020[0],forward_3Q2020)  #将第1年的即期利率与从第2年至第10年的远期利率合成一个新的数组

In [17]: forward_3Q2020        #查看计算得到的2020年9月末国债远期利率结果
Out[17]:
array([-0.00149, -0.00131, -0.00125, -0.00131, -0.00014, -0.0014 ,
       -0.00038,  0.00136,  0.00376,  0.00486])
```

2. 针对任务2

```
In [18]: spot_4Q2020=np.array(spot.loc['2020-12-30'])    #取2020年12月末的数据并且据此创建数组

In [19]: forward_4Q2020=Forward_rate(R1=spot_4Q2020[:-1],R2=spot_4Q2020[1:],T1=T_list[:-1],
T2=T_list[1:])    #第2年至第10年的远期利率，并且以2020年12月末作为计算时点

In [20]: forward_4Q2020=np.append(spot_4Q2020[0],forward_4Q2020)

In [21]: plt.figure(figsize=(11,6))
```

```
        ...: plt.subplot(1,2,1)                          #第1行、第1列的子图
        ...: plt.plot(T_list,spot_3Q2020,'r-',label=u'即期利率曲线',lw=2.5)
        ...: plt.plot(T_list,spot_3Q2020,'bo',label=u'即期利率')
        ...: plt.plot(T_list,forward_3Q2020,'c-',label=u'远期利率曲线',lw=2.5)
        ...: plt.plot(T_list,forward_3Q2020,'mo',label=u'远期利率',lw=2.5)
        ...: plt.xticks(fontsize=13)
        ...: plt.xlabel(u'期限（年）',fontsize=13)
        ...: plt.yticks(fontsize=13)
        ...: plt.ylabel(u'利率',fontsize=13)
        ...: plt.title(u'2020年9月末日本国债即期与远期利率', fontsize=14)
        ...: plt.legend(fontsize=13,loc=2)                #将图例放置在左上的位置
        ...: plt.grid()
        ...: plt.subplot(1,2,2,sharey=plt.subplot(1,2,1))    #第1行、第2列的子图并且与第1个子图共用
y轴坐标
        ...: plt.plot(T_list,spot_4Q2020,'r-',label=u'即期利率曲线',lw=2.5)
        ...: plt.plot(T_list,spot_4Q2020,'bo',label=u'即期利率')
        ...: plt.plot(T_list,forward_4Q2020,'c-',label=u'远期利率曲线',lw=2.5)
        ...: plt.plot(T_list,forward_4Q2020,'mo',label=u'远期利率',lw=2.5)
        ...: plt.xticks(fontsize=13)
        ...: plt.xlabel(u'期限（年）',fontsize=13)
        ...: plt.yticks(fontsize=13)
        ...: plt.title(u'2020年12月末日本国债即期与远期利率', fontsize=14)
        ...: plt.legend(fontsize=13,loc=2)
        ...: plt.grid()
        ...: plt.show()
```

观察图 6-1 可以得出以下两个结论：一是相比即期利率，远期利率曲线显得更加陡峭；二是针对期限较短的利率（短端利率），即期利率与远期利率比较接近，针对期限较长的利率（长端利率），远期利率高于即期利率，并且随着期限的拉长，远期利率与即期利率之间的差异也变得愈发明显。

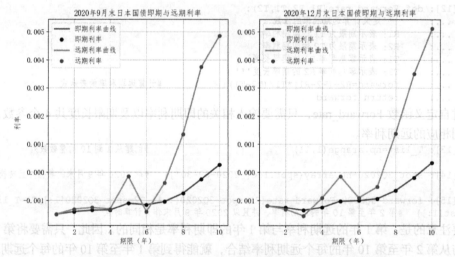

图 6-1   2020 年 9 月末和 12 月末日本国债即期利率与远期利率曲线

3. 针对任务 3

```
In [22]: spot_1Q2021=np.array(spot.loc['2021-03-31'])    #取2021年3月末的数据并据此创建数组

In [23]: forward_1Q2021=Forward_rate(R1=spot_1Q2021[:-1],R2=spot_1Q2021[1:],T1=T_list[:-1],
T2=T_list[1:])    #第2年至第10年的远期利率，并且以2021年3月末作为计算时点
        ...: forward_1Q2021=np.append(spot_1Q2021[0],forward_1Q2021)    #计算2021年3月末从第1年至
第10年的远期利率

In [24]: spot_2Q2021=np.array(spot.loc['2021-06-30'])    #取2021年6月末的数据并且据此创建数组

In [25]: forward_2Q2021=Forward_rate(R1=spot_2Q2021[:-1],R2=spot_2Q2021[1:],T1=T_list[:-1],
T2=T_list[1:])    #第2年至第10年的远期利率，并且以2021年6月末作为计算时点
        ...: forward_2Q2021=np.append(spot_2Q2021[0],forward_2Q2021)    #计算2021年6月末从第1年至
第10年的远期利率
```

```
In [26]: plt.figure(figsize=(11,6))
    ...: plt.subplot(1,2,1)                                  #第1行、第1列的子图
    ...: plt.plot(T_list,spot_1Q2021,'r-',label=u'即期利率曲线',lw=2.5)
    ...: plt.plot(T_list,spot_1Q2021,'bo',label=u'即期利率')
    ...: plt.plot(T_list,forward_1Q2021,'c-',label=u'远期利率曲线',lw=2.5)
    ...: plt.plot(T_list,forward_1Q2021,'mo',label=u'远期利率',lw=2.5)
    ...: plt.xticks(fontsize=13)
    ...: plt.xlabel(u'期限（年）',fontsize=13)
    ...: plt.yticks(fontsize=13)
    ...: plt.ylabel(u'利率',fontsize=13)
    ...: plt.title(u'2021年3月末即期与远期利率', fontsize=14)
    ...: plt.legend(fontsize=13,loc=2)
    ...: plt.grid()
    ...: plt.subplot(1,2,2,sharey=plt.subplot(1,2,1))   #第1行、第2列的子图并且与第1个子图共用
y轴坐标)
    ...: plt.plot(T_list,spot_2Q2021,'r-',label=u'即期利率曲线',lw=2.5)
    ...: plt.plot(T_list,spot_2Q2021,'bo',label=u'即期利率')
    ...: plt.plot(T_list,forward_2Q2021,'c-',label=u'远期利率曲线',lw=2.5)
    ...: plt.plot(T_list,forward_2Q2021,'mo',label=u'远期利率',lw=2.5)
    ...: plt.xticks(fontsize=13)
    ...: plt.xlabel(u'期限（年）',fontsize=13)
    ...: plt.yticks(fontsize=13)
    ...: plt.title(u'2021年6月末即期与远期利率', fontsize=14)
    ...: plt.legend(fontsize=13,loc=2)
    ...: plt.grid()
    ...: plt.show()
```

观察图 6-2 可以发现，无论是即期利率还是远期利率，走势都与图 6-1 比较相似。此外，仔细观察可以发现，相比 2021 年 3 月末的远期利率曲线，6 月末的远期利率曲线呈现出更加陡峭的特征。

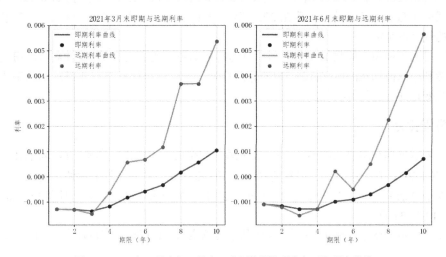

图 6-2　2021 年 3 月末与 6 月末日本国债即期利率与远期利率曲线

6.3　远期利率协议现金流的编程——以 Euribor 远期利率协议为案例

6.3.1　案例详情

E 银行是总部位于奥地利维也纳的一家商业银行，也是目前在中东欧地区具有极高影响力的金融机构之一。F 公司是与该银行长期合作的企业客户，公司在 2020 年第 4 季度制定下一年度财务资金安排计划时，预计在 2021 年 7 月 1 日将与 E 银行发生两笔贷款，贷款的相关要素信息如表 6-4 所示。

表 6-4　贷款的相关要素信息

贷款序号	贷款期限	贷款起始日	贷款到期日	贷款本金	贷款利率
第 1 笔贷款	3 个月	2021-7-1	2021-9-30	5600 万欧元	3 个月期 Euribor+280 个基点
第 2 笔贷款	6 个月	2021-7-1	2021-12-31	8300 万欧元	6 个月期 Euribor+350 个基点

为了对冲 Euribor 的利率波动风险，F 公司在 2021 年 1 月 4 日就与 E 银行签订了以下两份远期利率协议并且当日生效。

在第 1 份远期利率协议中，贷款本金为 5600 万欧元，固定利率是−0.45%，参考利率（浮动利率）是 3 个月期 Euribor，贷款到期日为 2021 年 9 月 30 日，参考利率确定日是 2021 年 7 月 1 日。

在第 2 份远期利率协议中，贷款本金为 8300 万欧元，固定利率是−0.36%，参考利率（浮动利率）是 6 个月期 Euribor，贷款到期日为 2021 年 12 月 31 日，参考利率确定日也是 2021 年 7 月 1 日。

此外，E 银行是以上两份远期利率协议的卖出方（空头），F 公司则是买入方（多头）。

假定你是 E 银行金融市场部负责各类远期利率协议的交易经理，需要测算这两份远期利率协议未来的现金流情况并通过 Python 完成 3 个编程任务。

6.3.2　编程任务

【任务 1】假定远期利率协议的双方需要在参考利率确定日（即 2021 年 7 月 1 日）支付经贴现后的利差现值，通过 Python 自定义计算此类远期利率协议现金流的函数，同时要求自定义函数的参数可以分别代表参考利率确定日和合约到期日的具体日期。

【任务 2】在 2021 年 7 月 1 日，3 个月期 Euribor 为−0.5400%，6 个月期 Euribor 为−0.5130%，同时运用任务 1 自定义的函数，测算在 2021 年 7 月 1 日这两份远期利率协议双方（E 银行与 F 公司）各自的现金流金额。

【任务 3】为了模拟不同数值的参考利率对远期利率协议现金流的影响，针对这两份远期利率协议中的参考利率取值均在[−1.0%,0.2%]中的等差数列，测算在 2021 年 7 月 1 日远期利率协议双方各自的现金流变化并且进行可视化。

6.3.3　编程提示

假定 L 表示远期利率协议的本金，R_K 表示远期利率协议中的固定利率，R_M 表示在参考利率确定日 T_1 时点（2021 年 7 月 1 日）观察到的$[T_1,T_2]$的 Euribor，T_2 是远期利率协议的到期日。如果参考利率是 3 个月期 Euribor，T_2 代表 2021 年 9 月 30 日；如果参考利率是 6 个月期 Euribor，则 T_2 代表 2021 年 12 月 31 日。

根据以上设定的变量，在 T_1 时刻，远期利率协议空头（E 银行）支付现金流 CF_{short} 具体表达式如下：

$$CF_{short} = -\frac{L(R_M - R_K)(T_2 - T_1)}{1 + (T_2 - T_1)R_M} \qquad （式 6-2）$$

根据零和原则，远期利率协议多头（F 公司）支付现金流 CF_{long} 恰好与空头相反，具体是：

$$CF_{long} = -CF_{short} = \frac{L(R_M - R_K)(T_2 - T_1)}{1 + (T_2 - T_1)R_M} \qquad （式 6-3）$$

6.3.4　参考代码与说明

1. 针对任务 1

```
In [27]: def FRA_cashflow(L,Rk,Rm,T1,T2,position):
    ...:     '''构建计算远期利率协议在参考利率确定日发生现金流的函数
    ...:     L: 表示远期利率协议的本金
```

```
    ...:     Rk: 表示远期利率协议的固定利率
    ...:     Rm: 表示在参考利率确定日（T1 时点）观察到的[T1,T2]的参考利率
    ...:     T1: 表示参考利率确定日，以时间对象格式输入
    ...:     T2: 表示远期利率协议到期日，以时间对象格式输入，并且 T2 大于 T1
    ...:     position: 表示头寸方向, position='long'表示多头，其他则表示空头'''
    ...:     tenor=(T2-T1).days/365                    #测算期限（年）
    ...:     cashflow_long=(Rm-Rk)*tenor*L/(1+tenor*Rm)   #测算多头的现金流
    ...:     if position=='long':                     #针对多头
    ...:         cashflow=cashflow_long               #多头的现金流
    ...:     else:                                    #针对空头
    ...:         cashflow=-cashflow_long              #空头的现金流
    ...:     return cashflow
```

在以上自定义的函数 **FRA_cashflow** 中，只需要输入本金、固定利率、参考利率、参考利率确定日、到期日以及头寸方向等参数，就可以计算得出远期利率协议的交易双方在参考利率确定日支付经贴现后的利差现值。

2. 针对任务 2

```
In [28]: import datetime as dt                #导入 datetime 模块

In [29]: t0=dt.datetime(2021,7,1)             #计算远期利率协议现金流的日期
    ...: t1=dt.datetime(2021,9,30)            #第 1 份远期利率协议的到期日
    ...: t2=dt.datetime(2021,12,31)           #第 2 份远期利率协议的到期日

In [30]: L1=5.6e7                             #第 1 份远期利率协议的本金
    ...: L2=8.3e7                             #第 2 份远期利率协议的本金
    ...: R1_fixed=-0.0045                     #第 1 份远期利率协议的固定利率
    ...: R2_fixed=-0.0036                     #第 2 份远期利率协议的固定利率
    ...: Euribor_3M=-0.0054                   #2021 年 7 月 1 日 3 个月期 Euribor
    ...: Euribor_6M=-0.005130                 #2021 年 7 月 1 日 6 个月期 Euribor

In [31]: CF1_short=FRA_cashflow(L=L1,Rk=R1_fixed,Rm=Euribor_3M,T1=t0,T2=t1, position='short')
#第 1 份远期利率协议空头的现金流
    ...: CF1_long=FRA_cashflow(L=L1,Rk=R1_fixed,Rm=Euribor_3M,T1=t0,T2=t1,position='long')
#第 1 份远期利率协议多头的现金流
    ...: CF2_short=FRA_cashflow(L=L2,Rk=R2_fixed,Rm=Euribor_6M,T1=t0,T2=t2,position='short')
#第 2 份远期利率协议空头的现金流
    ...: CF2_long=FRA_cashflow(L=L2,Rk=R2_fixed,Rm=Euribor_6M,T1=t0,T2=t2, position='long')
#第 2 份远期利率协议多头的现金流

In [32]: print('2021 年 7 月 1 日第 1 份远期利率协议空头（E 银行）现金流', round(CF1_short,2))
    ...: print('2021 年 7 月 1 日第 1 份远期利率协议多头（F 公司）现金流', round(CF1_long,2))
    ...: print('2021 年 7 月 1 日第 2 份远期利率协议空头（E 银行）现金流', round(CF2_short,2))
    ...: print('2021 年 7 月 1 日第 2 份远期利率协议多头（F 公司）现金流', round(CF2_long,2))
2021 年 7 月 1 日第 1 份远期利率协议空头（E 银行）现金流  12582.42
2021 年 7 月 1 日第 1 份远期利率协议多头（F 公司）现金流 -12582.42
2021 年 7 月 1 日第 2 份远期利率协议空头（E 银行）现金流  63833.14
2021 年 7 月 1 日第 2 份远期利率协议多头（F 公司）现金流 -63833.14

In [33]: CF_short=CF1_short+CF2_short         #第 1 份、第 2 份远期利率协议空头的现金流总和
    ...: CF_long=CF1_long+CF2_long            #第 1 份、第 2 份远期利率协议多头的现金流总和
    ...: print('2021 年 7 月 1 日两份远期利率协议空头（E 银行）现金流之和', round(CF_short,2))
    ...: print('2021 年 7 月 1 日两份远期利率协议多头（F 公司）现金流之和', round(CF_long,2))
2021 年 7 月 1 日两份远期利率协议空头（E 银行）现金流之和  76415.56
2021 年 7 月 1 日两份远期利率协议多头（F 公司）现金流之和 -76415.56
```

从以上的输出结果可以看到，无论是第 1 份还是第 2 份远期利率协议，E 银行作为空头均收到 F 公司作为多头支付的现金，合计金额超过 7.64 万欧元。

3. 针对任务 3

```
In [34]: Euribor_list=np.linspace(-0.01,0.002,200)          #模拟参考利率取值的数组

In [35]: CF1_short_list=FRA_cashflow(L=L1,Rk=R1_fixed,Rm=Euribor_list,T1=t0,T2=t1, position
='short')    #第 1 份远期利率协议空头的现金流数组
    ...: CF1_long_list=FRA_cashflow(L=L1,Rk=R1_fixed,Rm=Euribor_list,T1=t0,T2=t1, position
='long')     #第 1 份远期利率协议多头的现金流数组
    ...: CF2_short_list=FRA_cashflow(L=L2,Rk=R2_fixed,Rm=Euribor_list,T1=t0,T2=t2, position
='short')    #第 2 份远期利率协议空头的现金流数组
```

```
        ...: CF2_long_list=FRA_cashflow(L=L2,Rk=R2_fixed,Rm=Euribor_list,T1=t0,T2=t2, position
='long')      #第 2 份远期利率协议多头的现金流数组

In [36]: plt.figure(figsize=(9,6))
        ...: plt.plot(Euribor_list,CF1_short_list,'b--',label=u'第 1 份协议空头',lw=2.5)
        ...: plt.plot(Euribor_list,CF1_long_list,'r-',label=u'第 1 份协议多头',lw=2.5)
        ...: plt.plot(Euribor_list,CF2_short_list,'m--',label=u'第 2 份协议空头',lw=2.5)
        ...: plt.plot(Euribor_list,CF2_long_list,'c--',label=u'第 2 份协议多头',lw=2.5)
        ...: plt.plot(Euribor_list,CF1_short_list+CF2_short_list,'g-',label=u'合计两份协议空头',lw=2.5)
        ...: plt.plot(Euribor_list,CF1_long_list+CF2_long_list,'y-',label=u'合计两份协议多头',lw=2.5)
        ...: plt.xticks(fontsize=13)
        ...: plt.xlabel(u'参考利率',fontsize=13)
        ...: plt.yticks(fontsize=13)
        ...: plt.ylabel(u'现金流',fontsize=13)
        ...: plt.title(u'参考利率的不同取值对远期利率协议现金流的影响',fontsize=13)
        ...: plt.legend(fontsize=13,loc=9)     #将图例放置在中上方
        ...: plt.grid()
        ...: plt.show()
```

从图 6-3 中可以看到，当参考利率不断增大时，远期利率协议空头（E 银行）的现金流从流入变为流出，也就是从盈利变成亏损；与此相反，多头（F 公司）的现金流则从变出变为流入，即从亏损变为盈利。

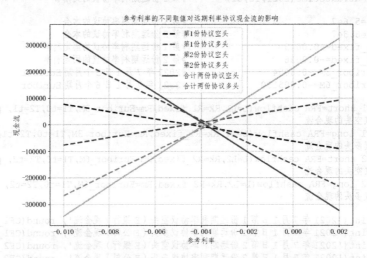

图 6-3　2021 年 7 月 1 日远期利率协议多头、空头的现金流与参考利率的关系

6.4　远期利率协议定价的编程——以 Libor 远期利率协议为案例

6.4.1　案例详情

G 公司是总部位于美国硅谷的一家高科技公司，该公司在云服务领域具有很强的市场竞争力。在 2021 年 6 月末，该公司与多家大型企业集中签订了云服务合同，根据合同约定的付款金额与付款期限，公司预期在 2021 年 12 月末收到 6800 万美元的资金，同时收到该资金后将有 3 个月的闲置期。为了提高资金收益率，G 公司会将该笔资金存放于当地的 H 银行做一笔期限为 3 个月的定期存款。

G 公司由于担心在未来 6 个月内银行的定期存款利率可能会下降，因此在 2021 年 7 月 1 日与 H 银行签署一份远期利率协议，该合约约定如下：

（1）协议的本金为 6800 万美元；

（2）约定的固定利率为 0.43%，参考的浮动利率为 3 个月期美元 Libor；

（3）参考利率的确定日为 2021 年 12 月 31 日，合约到期日为 2022 年 3 月 31 日；

（4）G 公司是合约的空头（收取固定利息、支付浮动利息），H 银行是合约的多头（支付固定利息、收取浮动利息）。

根据 H 银行内部针对远期合约的管理要求，在合约存续期的每个月末需要对合约进行一次估值。假定你是 H 银行风险管理部的风险经理，正在测算 2021 年 8 月末该笔远期利率协议的估值数据，需要运用 Python 完成 3 个编程任务。

6.4.2 编程任务

【任务 1】根据远期利率协议的定价公式，在 Python 中自定义一个计算远期利率协议价值的函数，并且该自定义函数的参数可以分别代表估值日、参考利率定价日以及合约到期日等具体日期。

【任务 2】在 2021 年 8 月 31 日，美元 Libor 的报价如表 6-5 所示，结合表中的数据，运用三阶样条曲线插值法计算出 4 个月、7 个月期限 Libor，然后计算在 2021 年 8 月 31 日推算出来的参考利率确定日（2021 年 12 月 31 日）3 个月期远期 Libor。

表 6-5　2021 年 8 月 31 日美元 Libor

日期	隔夜	1 周	1 个月	2 个月	3 个月	6 个月	12 个月
2021-08-31	0.0734%	0.0785%	0.0825%	0.0953%	0.1196%	0.1496%	0.2279%

数据来源：英国银行家协会。

【任务 3】针对远期利率协议的估值，无风险利率运用美国国债收益率，并且在 2021 年 8 月 31 日的国债收益率如表 6-6 所示，结合表中的数据，运用三阶样条曲线插值法计算出 7 个月期限的美国国债收益率，结合任务 1 的自定义函数、任务 2 得到的远期 Libor 以及任务 3 得到的国债收益率，测算 2021 年 8 月末远期利率协议多头（H 银行）的价值。

表 6-6　2021 年 8 月 31 日美国国债收益率

日期	1 个月	3 个月	6 个月	1 年	2 年	3 年	5 年
2021-08-31	0.03%	0.04%	0.06%	0.07%	0.20%	0.40%	0.77%

数据来源：美联储。

6.4.3 编程提示

- 针对任务 1，假定 T_0 是估值日，R_F 表示在 T_0 时点计算得到的介于未来时点 T_1 与 T_2 期间的远期参考利率，R_K 表示远期利率协议中的固定利率，R 表示期限长度为 T_2-T_0 的无风险利率（连续复利），L 代表合约本金远期利率协议多头价值，V_{long} 的表达式如下

$$V_{\text{long}} = L(R_F - R_K)(T_2 - T_1)e^{-R(T_2-T_0)} \qquad （式 6-4）$$

远期利率协议空头价值 V_{short} 恰好相反，也就是

$$V_{\text{short}} = -L(R_F - R_K)(T_2 - T_1)e^{-R(T_2-T_0)} \qquad （式 6-5）$$

- 针对任务 2，计算远期 Libor 可以运用在 6.2 节案例中计算远期利率的自定义函数 Forward_rate。

6.4.4 参考代码与说明

1. 针对任务 1

```
In [37]: def Value_FRA(L,Rk,Rf,R,T0,T1,T2,position):
    ...:     '''定义一个计算远期利率协议价值的函数
    ...:     L: 表示远期利率协议的本金
    ...:     RK: 表示远期利率协议中的固定利率
    ...:     Rf: 表示当前观察到的未来[T1,T2]期间的远期参考利率
```

```
    ...:        R: 表示期限长度为 T2-T0 的无风险利率（连续复利）
    ...:        T0: 表示合约的估值日，用时间对象格式输入
    ...:        T1: 表示参考利率确定日（T1），格式与 T0 一致
    ...:        T2: 表示合约到期日（T2），格式与 T0 一致，并且 T2 大于 T1
    ...:        position: 表示头寸方向，position='long'表示多头，其他表示空头'''
    ...:        from numpy import exp                      #从 NumPy 模块导入 exp 函数
    ...:        tenor1=(T2-T1).days/365                    #远期参考利率的期限（年）
    ...:        tenor2=(T2-T0).days/365                    #无风险利率贴现的期限（年）
    ...:        value_long=L*(Rf-Rk)*tenor1*exp(-R*tenor2) #远期利率协议多头的估值
    ...:        if position=='long':                       #针对多头
    ...:            value=value_long                        #针对多头
    ...:        else:                                      #针对空头
    ...:                value=-value_long
    ...:        return value
```

根据自定义的函数 Value_FRA，通过输入协议本金、固定利率、远期参考利率、无风险利率、估值日、参考利率确定日、合约到期日以及头寸方向等参数，就可以得到远期利率协议的价值。

2. 针对任务 2

```
In [38]: Libor_list1=[0.000734,0.000785,0.000825,0.000953,0.001196,0.001496,0.002279] # 已
有 Libor 的数据
    ...: tenor_list1=[1/365,7/365,1/12,2/12,3/12,6/12,1]            #已有 Libor 的期限

In [39]: import scipy.interpolate as sci                 #从 SciPy 模块中导入子模块 interpolate

In [40]: f1=sci.interp1d(x=tenor_list1,y=Libor_list1,kind='cubic')       #运用三阶样条曲线插值法

In [41]: tenor_list2=[1/365,7/365,1/12,2/12,3/12,4/12,6/12,7/12,1]#新增 4 个月和 7 个月的期限列表

In [42]: Libor_list2=f1(tenor_list2)                      #测算 Libor 的新数据

In [43]: Libor_4M=Libor_list2[5]                          #4 个月期 Libor
    ...: Libor_7M=Libor_list2[-2]                         #7 个月期 Libor

In [44]: Libor_3M_forward=Forward_rate(R1=Libor_4M,R2=Libor_7M,T1=tenor_list2[5], T2=tenor_
list2[-2])   #计算 3 个月期 Libor 远期利率
    ...: print('8 月 31 日计算得到 12 月 31 日的 3 个月 Libor 远期利率', round(Libor_3M_forward,6))
8 月 31 日计算得到 12 月 31 日的 3 个月期 Libor 远期利率  0.001688
```

通过以上的插值法以及远期利率的自定义函数，在 2021 年 8 月 31 日可以计算得到当年 12 月 31 日的 3 个月期 Libor 远期利率为 0.1688%。

3. 针对任务 3

```
In [45]: yield_list1=[0.0003,0.0004,0.0006,0.0007,0.0020,0.0040,0.0077] #已有美国国债收益率数据
    ...: tenor_list3=[1/12,3/12,6/12,1,2,3,5]            #已有美国国债收益率的期限

In [46]: f2=sci.interp1d(x=tenor_list3,y=yield_list1,kind='cubic')    #运用三阶样条曲线插值法

In [47]: tenor_list4=[1/12,3/12,6/12,7/12,1,2,3,5]        #新增 7 个月的期限列表

In [48]: yield_list2=f2(tenor_list4)                      #测算美国国债收益率的新数据

In [49]: yield_7M=yield_list2[3]                          #7 个月期的美国国债收益率

In [50]: t0=dt.datetime(2021,8,31)                        #远期利率协议估值日
    ...: t1=dt.datetime(2021,12,31)                       #浮动利率确定日
    ...: t2=dt.datetime(2022,3,31)                        #协议到期日

In [51]: R_fixed=0.0043                                   #远期利率协议的固定利率
    ...: par=6.8e7                                        #远期利率协议的面值

In [52]: Value_long=Value_FRA(Rk=R_fixed,Rf=Libor_3M_forward,R=yield_7M,L=par,T0=t0,
    ...:                 T1=t1,T2=t2,position='long')  #远期利率协议多头的价值
    ...: print('2021 年 8 月 31 日远期利率协议多头的价值（美元）',round(Value_long,2))
2021 年 8 月 31 日远期利率协议多头的价值（美元）  -43781.65
```

通过以上的计算可以得到，在 2021 年 8 月 31 日对于远期利率协议多头（H 银行）而言，远期利率协议带来了近 4.38 万美元的浮亏。

6.5 不同币种之间汇兑的编程——以人民币与全球主要货币为案例

6.5.1 案例详情

I 公司是一家总部位于苏州市并且从事国际贸易的大型企业，由于业务的特性，该公司在日常经营中与当地的 J 银行之间存在比较频繁的外汇兑换，以下是该公司近期发生的 4 笔大额外汇兑换业务。

第 1 笔：在 2021 年 8 月 8 日收到一家美国公司 1300 万美元（USD）的货款，需要在当天将全部美元现汇向 J 银行进行结汇，也就是将美元全部兑换为人民币。

第 2 笔：在 2021 年 8 月 16 日收到一家法国公司 2100 万欧元（EUR）的货款，也需要在当天向 J 银行结汇，也就是将欧元全部兑换为人民币。

第 3 笔：在 2021 年 9 月 2 日向一家英国公司支付 1050 万英镑（GBP）的商品采购款，因此需要当天向 J 银行购汇，也就是用人民币购买相应金额的英镑。

第 4 笔：在 2021 年 9 月 19 日向一家瑞士的商业银行偿还 3200 万瑞士法郎（CHF）的贷款，因此需要当天向 J 银行购汇，也就是用人民币购买相应金额的瑞士法郎。

表 6-7 整理了 J 银行针对相关汇率买入价（bid price）和卖出价（ask price）的对外报价信息。

表 6-7 J 银行针对相关汇率的对外报价

日期	汇率类型	J 银行买入价	J 银行卖出价
2021-8-8	美元兑人民币	6.4693	6.4967
2021-8-16	欧元兑人民币	7.6146	7.6708
2021-9-2	英镑兑人民币	8.8682	8.9335
2021-9-19	瑞士法郎兑人民币	6.8995	6.9479

需要说明的是，表 6-7 中的买入价是银行买入外汇的汇率，卖出价则是银行卖出外汇的汇率。通过上表不难发现，买入价低于卖出价。因此，当 I 公司将外币（如美元）兑换为人民币时，适用买入价；相反，当 I 公司用人民币兑换外币（如英镑）时，就适用卖出价。

假定你是 I 公司的财务经理，需要借助 Python 完成企业外汇兑换的相关金额计算，如以下 3 个编程任务。

6.5.2 编程任务

【任务 1】为了能够在日常工作中比较便捷地计算汇兑金额，需要运用 Python 自定义一个计算汇兑金额的函数。

【任务 2】分别计算 I 公司 2021 年 8 月 8 日和 8 月 16 日与 J 银行进行结汇以后收到的人民币金额。

【任务 3】分别计算 I 公司 2021 年 9 月 2 日和 9 月 19 日向 J 银行用于购汇而需要支付的人民币金额。

6.5.3 编程提示

为了便于 Python 编程，将企业的汇兑过程写成数学表达式。假定有 A 货币和 B 货币，E_a 代表银行对外报出的汇率卖出价，并且标价方式是若干单位的 A 货币代表 1 单位的 B 货币，E_b 代表银行对外报出的汇率买入价并且标价方式与 E_a 一致，$E_a > E_b$。

同时，假定企业需要将 M_A 单位的 A 货币向银行全部兑换为 B 货币，并且兑换后的 B 货币金

额用 N_B 表示，就有如下表达式：

$$N_{\mathrm{B}} = \frac{M_{\mathrm{A}}}{E_{\mathrm{a}}} \tag{式 6-6}$$

$$M_{\mathrm{A}} = N_{\mathrm{B}} E_{\mathrm{a}} \tag{式 6-7}$$

相反，如果企业需要将 M_B 单位的 B 货币向银行全部兑换为 A 货币，并且兑换后的 A 货币金额用 N_A 表示，则有如下表达式：

$$N_{\mathrm{A}} = M_{\mathrm{B}} E_{\mathrm{b}} \tag{式 6-8}$$

$$M_{\mathrm{B}} = \frac{N_{\mathrm{A}}}{E_{\mathrm{b}}} \tag{式 6-9}$$

6.5.4　参考代码与说明

1．针对任务 1

```
In [53]: def exchange(M,N,Ea,Eb,curr_A,curr_B,direction):
    ...:     '''定义一个计算汇兑金额的函数，并且两种货币分别是 A 货币和 B 货币
    ...:     M: 表示汇兑前的金额，如计算汇兑后的金额则输入 M='Na'
    ...:     N: 表示汇兑后的金额，如计算汇兑前的金额则输入 N='Na'
    ...:     Ea: 表示银行的汇率卖出价，标价方式是以若干单位 A 货币表示 1 单位 B 货币
    ...:     Eb: 表示银行的汇率买入价，标价方式与 Ea 相同
    ...:     curr_A: 表示 A 货币的名称，比如 curr_A='人民币'表示币种是人民币
    ...:     curr_B: 表示 B 货币的名称，比如 curr_B='美元'表示币种是美元
    ...:     direction: 表示货币兑换方向，direction='A to B'表示企业向银行用 A 货币
    ...:             兑换为 B 货币，其他就表示企业向银行用 B 货币兑换为 A 货币'''
    ...:     if direction=='A to B':          #企业向银行用 A 货币兑换为 B 货币
    ...:         if N=='Na':                  #当需要计算汇兑后的金额
    ...:             value=M/Ea               #计算兑换后的金额并且适用卖出价
    ...:             currency=curr_B          #取汇兑后的币种
    ...:         else:                        #当需要计算汇兑前的金额
    ...:             value=N*Ea               #计算兑换前的金额并且适用卖出价
    ...:             currency=curr_A          #取汇兑前的币种
    ...:     else:                            #企业向银行用 B 货币兑换为 A 货币
    ...:         if N=='Na':                  #当需要计算汇兑后的金额
    ...:             value=M*Eb               #计算兑换后的金额并且适用买入价
    ...:             currency=curr_A          #取汇兑后的币种
    ...:         else:                        #当需要计算汇兑前的金额
    ...:             value=N/Eb               #计算兑换前的金额并且适用卖出价
    ...:             currency=curr_B          #取汇兑前的币种
    ...:     return [value,currency]          #输出包含金额和相关币种的列表
```

在以上自定义函数 exchange 中，输入汇兑前或汇兑后的金额、汇率卖出价、买入价、相关币种以及货币兑换方向等参数，就可以便捷地计算得到汇兑前或汇兑后的金额与币种。

2．针对任务 2

```
In [54]: M_USD=1.3e7               #汇兑前的美元金额
    ...: USD_RMB_bid=6.4693        #美元兑人民币的银行买入价
    ...: USD_RMB_ask=6.4967        #美元兑人民币的银行卖出价

In [55]: value1=exchange(M=M_USD,N='Na',Ea=USD_RMB_ask,Eb=USD_RMB_bid,curr_A='人民币',curr_B=
'美元',direction='B to A')   #计算美元兑换为人民币
    ...: print('计算 2021 年 8 月 8 日兑换后的金额和币种',value1)
计算 2021 年 8 月 8 日兑换后的金额和币种 [84100900.0, '人民币']

In [56]: M_EUR=2.1e7               #汇兑前的欧元金额
    ...: EUR_RMB_bid=7.6146        #欧元兑人民币的银行买入价
    ...: EUR_RMB_ask=7.6708        #欧元兑人民币的银行卖出价

In [57]: value2=exchange(M=M_EUR,N='Na',Ea=EUR_RMB_ask,Eb=EUR_RMB_bid,curr_A='人民币',curr_B='欧
元',direction='B to A')   #计算欧元兑换为人民币
    ...: print('计算 2021 年 8 月 16 日兑换后的金额和币种',value2)
计算 2021 年 8 月 16 日兑换后的金额和币种 [159906600.0, '人民币']
```

从以上的输出结果可以看到，I 公司将美元和欧元兑换成为人民币的金额依次是 8410.09 万元

和约 1.60 亿元。

3. 针对任务3

```
In [58]: N_GBP=1.05e7                    #汇兑后的英镑金额
    ...: GBP_RMB_bid=8.8682              #英镑兑人民币的银行买入价
    ...: GBP_RMB_ask=8.9335              #英镑兑人民币的银行卖出价

In [59]: value3=exchange(M='Na',N=N_GBP,Ea=GBP_RMB_ask,Eb=GBP_RMB_bid,curr_A='人民币',curr_B=
'英镑',direction='A to B')   #计算英镑购汇的人民币
    ...: print('计算2021年9月2日用于英镑购汇的金额和币种',value3)
计算2021年9月2日用于英镑购汇的金额和币种 [93801750.0, '人民币']

In [60]: N_CHF=3.2e7                      #汇兑后的瑞士法郎金额
    ...: CHF_RMB_bid=6.8995               #瑞士法郎兑人民币的银行买入价
    ...: CHF_RMB_ask=6.9479               #瑞士法郎兑人民币的银行卖出价

In [61]: value4=exchange(M='Na',N=N_CHF,Ea=CHF_RMB_ask,Eb=CHF_RMB_bid,curr_A='人民币',curr_B='
瑞士法郎',direction='A to B')  #计算瑞士法郎购汇的人民币
    ...: print('计算2021年9月19日用于瑞士法郎购汇的金额和币种',value4)
计算2021年9月19日用于瑞士法郎购汇的金额和币种 [222332800.0, '人民币']
```

以上输出的结果表明，I 公司用于购买英镑需要支付的人民币金额约为 9380.18 万元，用于购买瑞士法郎而需要支付的人民币金额约为 2.22 亿元。

6.6　汇率三角套利的编程——以英镑、加元和人民币汇率为案例

6.6.1　案例详情

K 公司是一家总部位于我国香港地区并且从事全球金融市场套利业务的专业投资机构，公司的全部套利策略中就包含利用汇率开展的三角套利策略。

假定你是该公司的一位策略经理，主要负责分析全球主要商业银行的对外汇率报价以捕捉稍纵即逝的套利机会。

表6-8整理了2021年9月23日针对英镑兑人民币、加元兑英镑、加元兑人民币这3种汇率在不同商业银行的买入价与卖出价数据。

表6-8　2021年9月23日不同商业银行对外的汇率报价

报价银行	汇率类型	买入价	卖出价
M 银行	英镑兑人民币	8.7509	8.8021
N 银行	加元兑英镑	0.5715	0.5746
O 银行	加元兑人民币	5.0437	5.0570

数据来源：同花顺。

为了能够精准地分析潜在的三角套利机会，从而便于公司交易部门高效地完成套利交易，你需要借助 Python 完成以下 3 个编程任务。

6.6.2　编程任务

【任务1】为了便于迅速捕捉到三角套利的套利机会，你需要通过 Python 自定义一个计算汇率三角套利收益并显示套利路径的函数。

【任务2】K 公司在2021年9月23日拥有2亿元人民币的套利资金，同时，结合表6-8的汇率价格，分析是否存在三角套利的机会。

【任务3】鉴于 K 公司是 M 银行的优质客户，M 银行通过让利的方式给予 K 公司在汇率卖出价

上的优惠，因此，针对英镑兑人民币的卖出价降低至 8.7721。此外，N 银行和 O 银行的汇率报价均与表 6-8 保持一致，分析此时是否存在三角套利机会，如存在则计算套利收益以及套利的路径。

6.6.3　编程提示

三角套利针对即期汇率，并且涉及 3 类币种与 6 个价格，下面就运用数学表达式进行抽象的表达。假定有 A 货币、B 货币和 C 货币共计 3 种货币，涉及的汇率变量、含义以及标价方式见表 6-9。

表 6-9　三角套利涉及的汇率变量、含义以及标价方式

汇率变量	含义	标价方式
E_{1a}	A 货币与 B 货币的汇率卖出价	若干单位 A 货币表示 1 单位 B 货币
E_{1b}	A 货币与 B 货币的汇率买入价	若干单位 A 货币表示 1 单位 B 货币
E_{2a}	B 货币与 C 货币的汇率卖出价	若干单位 B 货币表示 1 单位 C 货币
E_{2b}	B 货币与 C 货币的汇率买入价	若干单位 B 货币表示 1 单位 C 货币
E_{3a}	A 货币与 C 货币的汇率卖出价	若干单位 A 货币表示 1 单位 C 货币
E_{3b}	A 货币与 C 货币的汇率买入价	若干单位 A 货币表示 1 单位 C 货币

同时假定有 L 金额的 A 货币作为套利的初始资金，具体的套利路径有以下两条。

套利路径 1：A 货币→B 货币→C 货币→A 货币。

第 1 步，将 L 金额的 A 货币，按照 A 货币与 B 货币的汇率卖出价 E_{1a} 全部兑换为 B 货币，兑换得到的 B 货币金额等于 L/E_{1a}。

第 2 步，将第 1 步得到的 B 货币金额 L/E_{1a}，按照 B 货币与 C 货币的汇率卖出价 E_{2a} 全部兑换为 C 货币，兑换得到的 C 货币金额等于 $L/(E_{1a}E_{2a})$。

第 3 步，将第 2 步得到的 C 货币金额 $L/(E_{1a}E_{2a})$，按照 A 货币与 C 货币的汇率买入价 E_{3b} 全部兑换为 A 货币，兑换得到的 A 货币金额等于 $E_{3b}L/(E_{1a}E_{2a})$。

如果满足（式 6-10）或（式 6-11）的不等关系式，则按照套利路径 1 的三角套利就是成功的，否则就是不成功的。

$$\frac{E_{3b}L}{E_{1a}E_{2a}} > L \qquad （式 6-10）$$

不等式两边消去 L，就可以得到

$$\frac{E_{3b}}{E_{1a}E_{2a}} > 1 \qquad （式 6-11）$$

最终的套利收益就等于 $\left(\dfrac{E_{3b}}{E_{1a}E_{2a}} - 1\right)L$。

套利路径 2：A 货币→C 货币→B 货币→A 货币。

第 1 步，将 L 金额的 A 货币，按照 A 货币与 C 货币的汇率卖出价 E_{3a} 全部兑换为 C 货币，兑换得到的 C 货币金额等于 L/E_{3a}。

第 2 步，将第 1 步得到的 C 货币金额 L/E_{3a}，按照 B 货币与 C 货币的汇率买入价 E_{2b} 全部兑换为 B 货币，兑换得到的 B 货币金额等于 $E_{2b}L/E_{3a}$。

第 3 步，将第 2 步得到的 B 货币金额 $E_{2b}L/E_{3a}$，按照 A 货币与 B 货币的汇率买入价 E_{1b} 全部兑换为 A 货币，兑换得到的 A 货币金额等于 $E_{1b}E_{2b}L/E_{3a}$。

如果满足（式 6-12）或（式 6-13）的不等关系式，则按照套利路径 2 的三角套利就是成功的，否则就是不成功的。

$$\frac{E_{1b}E_{2b}L}{E_{3a}} > L \qquad （式 6-12）$$

不等式两边消去 L，就可以得到

$$\frac{E_{1b}E_{2b}}{E_{3a}} > 1 \qquad\qquad （式6\text{-}13）$$

最终的套利收益就等于 $\left(\dfrac{E_{1b}E_{2b}}{E_{3a}}-1\right)L$。

为了更加清晰地展示三角套利的套利路径、套利成功条件、套利失败条件以及套利收益，通过表 6-10 整理了相关要点。

表 6-10　三角套利的套利路径、套利成功条件、套利失败条件以及套利收益

套利路径	套利成功条件	套利失败条件	套利成功后的收益
A货币→B货币→C货币→A货币	$\dfrac{E_{3b}}{E_{1a}E_{2a}} > 1$	$\dfrac{E_{3b}}{E_{1a}E_{2a}} \le 1$	$\left(\dfrac{E_{3b}}{E_{1a}E_{2a}}-1\right)L$
A货币→C货币→B货币→A货币	$\dfrac{E_{1b}E_{2b}}{E_{3a}} > 1$	$\dfrac{E_{1b}E_{2b}}{E_{3a}} \le 1$	$\left(\dfrac{E_{1b}E_{2b}}{E_{3a}}-1\right)L$

6.6.4　参考代码与说明

1．针对任务 1

```
In [62]: def tri_arbitrage(L,E1a,E1b,E2a,E2b,E3a,E3b,A,B,C):
    ...:     '''定义一个计算汇率三角套利收益并显示套利路径的函数,
    ...:     并且包括 A 货币、B 货币以及 C 货币共计 3 种货币
    ...:     M: 代表以 A 货币计价的初始套利本金
    ...:     E1a: 代表 A 货币兑换 B 货币的汇率卖出价,标价是以若干单位 A 货币表示 1 单位 B 货币
    ...:     E1b: 代表 A 货币兑换 B 货币的汇率买入价,标价方式与 E1a 相同
    ...:     E2a: 代表 B 货币兑换 C 货币的汇率卖出价,标价是以若干单位 B 货币表示 1 单位 C 货币
    ...:     E2b: 代表 B 货币兑换 C 货币的汇率买入价,标价方式与 E2a 相同
    ...:     E3a: 代表 A 货币兑换 C 货币的汇率卖出价,标价是以若干单位 A 货币表示 1 单位 C 货币
    ...:     E3b: 代表 A 货币兑换 C 货币的汇率买入价,标价方式与 E3a 相同
    ...:     A: 代表 A 货币的名称,例如 A='人民币'代表 A 货币是人民币
    ...:     B: 代表 B 货币的名称,例如 B='美元'代表 B 货币是美元
    ...:     C: 代表 C 货币的名称,例如 C='欧元'代表 C 货币是欧元'''
    ...:     if E3b/(E1a*E2a)>1:                  #套利路径 1 存在套利机会
    ...:         profit=(E3b/(E1a*E2a)-1)*L       #套利收益
    ...:         path=['套利路径: ',A,'→',B,'→',C,'→',A]   #套利路径
    ...:     elif E1b*E2b/E3a>1:                  #套利路径 2 存在套利机会
    ...:         profit=(E1b*E2b/E3a-1)*L
    ...:         path=['套利路径: ',A,'→',C,'→',B,'→',A]
    ...:     else:                               #不存在套利机会
    ...:         profit=0
    ...:         path=['不存在套利机会']
    ...:     return [profit,path]                #输出套利收益与套利路径
```

在以上自定义的函数 tri_arbitrage 中，只需要输入初始的套利资金、相应的汇率报价以及币种名称等参数，就可以迅速得出是否存在三角套利的结论。如果存在三角套利，就可以得出套利的收益以及开展套利的路径。需要注意的是，如果当拟输入的汇率在标价规则上与自定义函数需要输入的标价规则不一致时，就要对拟输入的汇率做出相应的调整（即取倒数）以后再输入。

2．针对任务 2

```
In [63]: value=2e8                    #初始用于套利的人民币金额

In [64]: GBP_RMB_bid=8.7509           #2021 年 9 月 23 日英镑兑人民币的买入价
    ...: GBP_RMB_ask=8.8021           #2021 年 9 月 23 日英镑兑人民币的卖出价
    ...: CAD_GBP_bid=0.5715           #2021 年 9 月 23 日加元兑英镑的买入价
    ...: CAD_GBP_ask=0.5746           #2021 年 9 月 23 日加元兑英镑的卖出价
    ...: CAD_RMB_bid=5.0437           #2021 年 9 月 23 日加元兑人民币的买入价
    ...: CAD_RMB_ask=5.0570           #2021 年 9 月 23 日加元兑人民币的卖出价

In [65]: result1=tri_arbitrage(L=value,E1a=GBP_RMB_ask,E1b=GBP_RMB_bid,
```

```
   ...:                    E2a=CAD_GBP_ask,E2b=CAD_GBP_bid,
   ...:                    E3a=CAD_RMB_ask,E3b=CAD_RMB_bid,
   ...:                    A='人民币',B='英镑',C='加元')

In [66]: result1                        #显示结果
Out[66]: [0, ['不存在套利机会']]
```

通过以上的分析不难发现，无法运用英镑兑人民币、加元兑英镑、人民币兑加元这 3 种汇率开展三角套利。

3. 针对任务 3

```
In [67]: GBP_RMB_new=8.7721            #2021 年 9 月 23 日英镑兑人民币的新卖出价

In [68]: result2=tri_arbitrage(L=value,E1a=GBP_RMB_new,E1b=GBP_RMB_bid,
   ...:                    E2a=CAD_GBP_ask,E2b=CAD_GBP_bid,
   ...:                    E3a=CAD_RMB_ask,E3b=CAD_RMB_bid,
   ...:                    A='人民币',B='英镑',C='加元')

In [69]: result2                        #显示新的结果
Out[69]: [129009.944126679, ['套利路径: ', '人民币', '→', '英镑', '→', '加元', '→', '人民币']]
```

从以上的运算结果可以看到，当 M 银行下调了英镑兑人民币的卖出价以后，K 公司就敏锐地捕捉到三角套利的机会，套利收益为 12.9 万元。套利路径是首先将人民币按照汇率卖出价兑换为英镑，接着将英镑按照汇率卖出价兑换为加元，最后，将加元按照汇率买入价兑换为人民币。

6.7 测算远期汇率的编程——以人民币远期汇率为案例

6.7.1 案例详情

P 银行是总部位于德国法兰克福的一家全球性商业银行，该银行始终视中国市场为重要的战略支撑点与业务增长点。假定你在该银行的环球金融市场部担任外汇交易总监，主要负责针对人民币的远期汇率交易业务。

2021 年 9 月 28 日，为了开展日常的远期外汇交易业务，你需要根据人民币即期汇率以及相应货币的无风险利率测算人民币远期汇率。表 6-11 整理了 2021 年 9 月 28 日 P 银行针对美元兑人民币、英镑兑人民币以及欧元兑人民币即期汇率的数据。

表 6-11　2021 年 9 月 28 日人民币即期汇率的买入价与卖出价

汇率类型	买入价	卖出价
美元兑人民币	6.4461	6.4706
英镑兑人民币	8.8214	8.8807
欧元兑人民币	7.5293	7.5799

数据来源：同花顺。

同时，运用 Shibor 作为人民币的无风险利率，用美元、英镑 Libor 分别表示美元、英镑的无风险利率，用 Euribor 作为欧元的无风险利率。表 6-12 整理了 2021 年 9 月 28 日全球金融市场上不同币种、不同期限的无风险利率。

表 6-12　2021 年 9 月 28 日不同币种、不同期限的无风险利率

利率类型	3 个月期	6 个月期	1 年期
Shibor	2.4170%	2.4850%	2.7130%
美元 Libor	0.1315%	0.1579%	0.2385%
英镑 Libor	0.0850%	0.1568%	0.3496%
Euribor	−0.5430%	−0.5230%	−0.4890%

数据来源：同花顺。

为了提升远期汇率定价的效率，促进外汇交易的快速完成，你需要运用 Python 完成以下的 3 个编程任务。

6.7.2 编程任务

【任务 1】为了能够快速地测算远期汇率，通过 Python 自定义一个计算远期汇率的函数，并且在该自定义函数中可以输入具体的定价日和远期汇率到期日（交割日）等日期参数。

【任务 2】Q 企业在 2021 年 9 月 28 日预计在当年的 12 月 31 日将发生 3 笔购汇业务，购汇的币种分别是美元、欧元和英镑，该企业的财务部总经理打来电话询问 P 银行的相关远期汇率卖出价情况，因此你需要结合表 6-12 中的 3 个月期不同币种的无风险利率，计算定价日是 2021 年 9 月 28 日、到期日是 2021 年 12 月 31 日的相关远期汇率卖出价。

【任务 3】R 企业在 2021 年 9 月 28 日预计在 2022 年 3 月 30 日将发生一次结汇业务，结汇的币种是英镑，同时预计在 2022 年 9 月 26 日又发生一次结汇业务，结汇的币种是欧元，该公司的财务总监以电子邮件的方式咨询 P 银行的相关远期汇率买入价报价信息。为此，你需要结合表 6-12 中的 6 个月期无风险利率和 1 年期无风险利率，计算定价日是 2021 年 9 月 28 日，到期日是 2022 年 3 月 30 日的英镑兑人民币远期汇率买入价，以及到期日是 2022 年 9 月 26 日的欧元兑人民币远期汇率买入价。

6.7.3 编程提示

假定有 A 货币与 B 货币这两种货币，r_A 代表 A 货币的无风险利率，r_B 代表 B 货币的无风险利率，这两种利率均每年复利 1 次，T 表示期限并且单位是年，通常 $T \leq 1$。汇率的变量一共有 4 个，分别是即期汇率卖出价、买入价以及远期汇率卖出价、买入价，相关的标记符号，含义及标价方式整理在表 6-13 中。

表 6-13　即期汇率与远期汇率变量、含义及标价方式

变量	含义	标价方式
E_a	A 货币兑换 B 货币的即期汇率卖出价	以若干单位 A 货币表示 1 单位 B 货币
E_b	A 货币兑换 B 货币的即期汇率买入价	
F_a	A 货币兑换 B 货币的远期汇率卖出价	
F_b	A 货币兑换 B 货币的远期汇率买入价	

基于以上设定的变量，远期汇率卖出价与即期汇率卖出价之间存在如下的等式关系：

$$F_a = E_a \frac{1 + r_A T}{1 + r_B T} \qquad (式 6-14)$$

远期汇率买入价与即期汇率买入价之间也存在如下的等式关系：

$$F_b = E_b \frac{1 + r_A T}{1 + r_B T} \qquad (式 6-15)$$

6.7.4 参考代码与说明

1. 针对任务 1

```
In [70]: import datetime as dt               #导入datetime模块

In [71]: def FX_forward(Ea,Eb,r_A,r_B,T0,T1,types):
    ...:     '''定义一个计算远期汇率的函数，并且两种货币分别是A货币和B货币
    ...:     Ea: 代表A货币兑换B货币的即期汇率卖出价，以若干单位A货币表示1单位B货币
    ...:     Eb: 代表A货币兑换B货币的即期汇率买入价，标价方式与Ea一致
    ...:     r_A: 代表A货币的无风险利率，并且每年复利1次
    ...:     r_B: 代表B货币的无风险利率，复利频次与r_A保持一致
    ...:     T0: 代表远期汇率的定价日，以datetime格式输入
    ...:     T1: 代表远期汇率的到期日（交割日），输入格式与T0一致
```

```
...:        types: 代表远期汇率价格类型,types='卖出价'代表远期汇率的卖出价,其他则代表买入价'''
...:        T=(T1-T0).days/365                    #计算定价日至到期日的期限（年）
...:        if types=='卖出价':                    #针对远期汇率的卖出价
...:            forward=Ea*(1+r_A*T)/(1+r_B*T)     #计算远期汇率
...:        else:                                  #针对远期汇率的买入价
...:            forward=Eb*(1+r_A*T)/(1+r_B*T)
...:        return forward
```

在以上的自定义函数 FX_forward 中，输入即期汇率、不同货币的无风险利率、相关日期以及远期汇率价格类型等参数，就可以迅速计算得到远期汇率。需要注意的是，由于函数中的日期参数需要以 datetime 格式输入，因此需要提前导入 datetime 模块。

2. 针对任务 2

```
In [72]: E1_ask=6.4706                    #2021年9月28日美元兑人民币的即期汇率卖出价
    ...: E2_ask=8.8807                    #2021年9月28日英镑兑人民币的即期汇率卖出价
    ...: E3_ask=7.5799                    #2021年9月28日欧元兑人民币的即期汇率卖出价

In [73]: E1_bid=6.4461                    #2021年9月28日美元兑人民币的即期汇率买入价
    ...: E2_bid=8.8214                    #2021年9月28日英镑兑人民币的即期汇率买入价
    ...: E3_bid=7.5293                    #2021年9月28日欧元兑人民币的即期汇率买入价

In [74]: Shibor_3M=0.024170              #3个月期 Shibor
    ...: Libor_USD_3M=0.001315           #3个月期美元 Libor
    ...: Libor_GBP_3M=0.000850           #3个月期英镑 Libor
    ...: Euribor_3M=-0.005430            #3个月期 Euribor

In [75]: T_pricing=dt.datetime(2021,9,28)      #定价日
    ...: T_mature=dt.datetime(2021,12,31)       #远期汇率到期日

In [76]: F1_ask=FX_forward(Ea=E1_ask,Eb=E1_bid,r_A=Shibor_3M,r_B=Libor_USD_3M, T0=T_pricing,
T1=T_mature,types='卖出价')    #计算美元兑人民币的远期汇率卖出价
    ...: F2_ask=FX_forward(Ea=E2_ask,Eb=E2_bid,r_A=Shibor_3M,r_B=Libor_GBP_3M, T0=T_pricing,
T1=T_mature,types='卖出价')    #计算英镑兑人民币的远期汇率卖出价
    ...: F3_ask=FX_forward(Ea=E3_ask,Eb=E3_bid,r_A=Shibor_3M,r_B=Euribor_3M, T0=T_pricing,
T1=T_mature,types='卖出价')    #计算欧元兑人民币的远期汇率卖出价
    ...: print('2021年12月31日到期的美元兑人民币远期汇率卖出价',round(F1_ask,4))
    ...: print('2021年12月31日到期的英镑兑人民币远期汇率卖出价',round(F2_ask,4))
    ...: print('2021年12月31日到期的欧元兑人民币远期汇率卖出价',round(F3_ask,4))
2021年12月31日到期的美元兑人民币远期汇率卖出价 6.5087
2021年12月31日到期的英镑兑人民币远期汇率卖出价 8.934
2021年12月31日到期的欧元兑人民币远期汇率卖出价 7.6378
```

根据以上的输出结果可以看到，远期汇率的价格均高于即期汇率，这表明汇率处于升水（premium）状态；相反，如果远期汇率低于即期汇率，则汇率处于贴水（discount）状态。此外，当远期汇率与即期汇率相等时，就称为平价（par）。当然，在现实外汇市场中，出现平价的情形比较少。

3. 针对任务 3

```
In [77]: Shibor_6M=0.024850              #6个月期 Shibor
    ...: Shibor_1Y=0.027130             #1年期 Shibor
    ...: Libor_GBP_6M=0.001568          #6个月期英镑 Libor
    ...: Euribor_1Y=-0.004890           #1年期 Euribor

In [78]: T_GBP=dt.datetime(2022,3,30)          #英镑兑人民币远期汇率到期日
    ...: T_Eur=dt.datetime(2022,9,26)           #欧元兑人民币远期汇率到期日

In [79]: F_GBP_bid=FX_forward(Ea=E2_ask,Eb=E2_bid,r_A=Shibor_6M,r_B=Libor_GBP_6M, T0=T_
pricing,T1=T_GBP,types='买入价')    #计算英镑兑人民币的远期汇率买入价
    ...: F_Eur_bid=FX_forward(Ea=E3_ask,Eb=E3_bid,r_A=Shibor_1Y,r_B=Euribor_1Y, T0=T_pricing,
T1=T_Eur,types='买入价')    #计算欧元兑人民币的远期汇率买入价
    ...: print('2022年3月30日到期的英镑兑人民币远期汇率买入价',round(F_GBP_bid,4))
    ...: print('2022年9月26日到期的欧元兑人民币远期汇率买入价',round(F_Eur_bid,4))
2022年3月30日到期的英镑兑人民币远期汇率买入价 8.9243
2022年9月26日到期的欧元兑人民币远期汇率买入价 7.7702
```

需要提醒的是，当汇率处于升水状态时，远期汇率的期限与汇率升水的程度存在正向关系，也就是期限越长，汇率升水越显著，反之则反。

6.8 抵补套利的编程——以欧元、日元、港元和人民币汇率为案例

6.8.1 案例详情

S 银行是一家总部位于日本东京的商业银行，在上海、香港、巴黎等地设有分行。假定你是该银行总行资金交易部的首席外汇交易员，主要工作是利用不同汇率的即期与远期价格并且结合不同币种的利率开展套利业务。

在 2021 年 10 月 12 日，你看到外汇交易系统的显示屏上出现了 U 银行针对欧元兑人民币、100 日元兑人民币以及港元兑人民币的即期与远期汇率报价（见表 6-14）。

表 6-14　2021 年 10 月 12 日 U 银行针对即期、远期汇率的买入价与卖出价数据

汇率类型	即期买入价	即期卖出价	6 个月期远期买入价	6 个月期远期卖出价	1 年期远期买入价	1 年期远期卖出价
欧元兑人民币	7.4294	7.4841	7.5552	7.6446	7.6800	7.7740
100 日元兑人民币	5.6742	5.7160	5.7529	5.8204	5.8375	5.9084
港元兑人民币	0.8278	0.8311	0.8384	0.8464	0.8488	0.8573

数据来源：同花顺。

同时，利率报价系统显示了上海银行间同业拆放利率（Shibor）、欧元区银行间同业拆借利率（Euribor）、东京银行同业拆借利率（Tibor）以及香港银行同业拆借利率（Hibor）的报价，具体见表 6-15。

表 6-15　2021 年 10 月 12 日 6 个月期和 1 年期的相关利率数据

期限	Shibor（人民币利率）	Euribor（欧元利率）	Tibor（日元利率）	Hibor（港元利率）
6 个月期	2.4920%	−0.5230%	0.1264%	0.2170%
1 年期	2.7160%	−0.4760%	0.1564%	0.3215%

数据来源：同花顺。

为了精准判断是否存在抵补套利机会，你需要结合 Python 完成以下的 4 项编程任务。

6.8.2 编程任务

【任务 1】为了能够快速捕捉稍纵即逝的抵补套利机会，通过 Python 自定义一个判断是否存在抵补套利机会并且能够给出抵补套利路径的函数。

【任务 2】在套利的期初 S 银行可以借入的资金分别是 7 亿元人民币、1 亿欧元、100 亿日元、8 亿港元，结合表 6-14 中的即期与远期汇率数据以及表 6-15 中的 6 个月期限的相关利率数据，分析是否存在抵补套利机会，如有则计算套利收益并给出套利路径。

【任务 3】在套利期初 S 银行可以借入的资金与任务 2 的相同，结合表 6-14 中的即期与远期汇率数据以及表 6-15 中的 1 年期限的相关利率数据，分析是否存在抵补套利机会，如有则同样计算套利收益并给出套利路径。

【任务 4】当天，你的一位同事东野先生打来电话，很兴奋地通知你有一笔低风险的港元资产，该资产的期限是 1 年，收益率是 1 年期的 Hibor 上浮 100 个基点。与此同时，你的另一位同事藤野先生却很忧伤地告诉你，由于金融市场上对港元的资金需求变得非常旺盛，S 银行如需拆借港元就需要按照 Hibor 上浮 100 个基点计算拆借利息，其他货币的利率保持不变，在套利初期借入的资金与任务 2 的相同。针对这一新的变化情况，你要重新分析港元兑人民币汇率是否存在抵补套利机会，如有则计算套利收益并给出套利路径。

6.8.3 编程提示

抵补套利将涉及两种货币、两种利率以及 4 种汇率价格。下面用数学表达式抽象地表达抵补套利。

假定有 A 货币与 B 货币这两种货币，R_A 代表 A 货币的利率（收益率），R_B 代表 B 货币的利率（收益率），这两种利率均每年复利 1 次。T 代表期限并且单位是年，通常 $T \leqslant 1$。L_A 代表用于套利的以 A 货币计价的初始本金，L_B 代表用于套利的以 B 货币计价的初始本金。汇率的变量一共有 4 个，分别是即期汇率卖出价、买入价以及远期汇率卖出价、买入价，相关的标记符号、含义及标价方式整理在表 6-16 中。此外，存在两种可能的抵补套利路径。

表 6-16　即期汇率与远期汇率变量、含义及标价方式

变量	含义	标价方式
E_a	A 货币兑换 B 货币的即期汇率卖出价	
E_b	A 货币兑换 B 货币的即期汇率买入价	以若干单位 A 货币表示 1 单位 B 货币
F_a	A 货币兑换 B 货币的远期汇率卖出价	
F_b	A 货币兑换 B 货币的远期汇率买入价	

注：表中的内容与表 6-13 相同。

套利路径 1：期初借入 A 货币，期末偿还 A 货币。分为以下 4 个交易步骤。

第 1 步，以利率 R_A 借入金额等于 L_A 的 A 货币，借款期限是 T。借款到期日的本金与利息之和就等于 $(1+R_A T)L_A$。

第 2 步，将借入的 A 货币金额 L_A 按照即期汇率卖出价 E_a 全部兑换为 B 货币，得到的 B 货币金额等于 L_A / E_a。

第 3 步，将第 2 步兑换得到的 B 货币金额 L_A / E_a 用于购买利率或收益率为 R_B 的 B 货币资产，资产期限也是 T。该资产到期日本金与收益之和就等于 $(1+R_B T)L_A / E_a$。

第 4 步，与交易对手（比如银行）签订一份期限为 T 的远期外汇合约，合约本金是 $(1+R_B T)L_A / E_a$，约定的远期汇率是买入价 F_b。

因此，在远期汇率合约到期日，也就是 B 货币资产到期日以及 A 货币借款到期日，得到的 A 货币金额就是 $F_b (1+R_B T)L_A / E_a$。

如果能够满足（式 6-16）或者（式 6-17），则说明抵补套利成功，否则套利就算失败。

$$\frac{F_b(1+R_B T)}{E_a}L_A > (1+R_A T)L_A \qquad （式 6-16）$$

不等式两边消去 L_A 并经过整理就可以得到

$$\frac{F_b(1+R_B T)}{E_a(1+R_A T)} > 1 \qquad （式 6-17）$$

此时，套利收益就等于 $\left[\dfrac{F_b(1+R_B T)}{E_a} - (1+R_A T) \right] L_A$。

套利路径 2：期初借入 B 货币，期末偿还 B 货币。分为以下 4 个交易步骤。

第 1 步，以利率 R_B 借入金额等于 L_B 的 B 货币，借款期限是 T。借款到期日的本金与利息之和就等于 $(1+R_B T)L_B$。

第 2 步，将借入的 B 货币金额 L_B 按照即期汇率买入价 E_b 全部兑换为 A 货币，得到的 A 货币金额等于 $E_b L_B$。

第 3 步，将第 2 步兑换得到的 A 货币金额 $E_b L_B$ 用于购买利率或收益率为 R_A 的 A 货币资产，资产期限也是 T。该资产到期日本金与收益之和就等于 $(1+R_A T)E_b L_B$。

第 4 步，与交易对手签订一份期限为 T 的远期外汇合约，合约本金是 $(1+R_A T)E_b L_B$，约定的远期汇率是卖出价 F_a。

因此，在远期汇率合约到期日，也就是 A 货币资产到期日以及 B 货币借款到期日，得到的 B 货币金额就是 $(1+R_A T)E_b L_B / F_a$。

如果能够满足（式 6-18）或者（式 6-19），则说明抵补套利成功，否则套利就算失败。

$$\frac{(1+R_A T)E_b}{F_a} L_B > (1+R_B T)L_B \qquad\text{（式 6-18）}$$

不等式两边消去 L_B 并经过整理就可以得到

$$\frac{E_b(1+R_A T)}{F_a(1+R_B T)} > 1 \qquad\text{（式 6-19）}$$

此时，套利收益就等于 $\left[\dfrac{E_b(1+R_A T)}{F_a} - (1+R_B T)\right]L_B$。

为了更加清晰地展示抵补套利的套利路径、套利成功条件、套利失败条件以及套利收益，通过表 6-17 整理了相关要点。

表 6-17　抵补套利的套利路径、套利成功条件、套利失败条件以及套利收益

套利路径	套利成功条件	套利失败条件	套利成功后的收益
期初借入 A 货币，期末偿还 A 货币	$\dfrac{F_b(1+R_B T)}{E_a(1+R_A T)}>1$	$\dfrac{F_b(1+R_B T)}{E_a(1+R_A T)}\le 1$	$\left[\dfrac{F_b(1+R_B T)}{(E_a)}-(1+R_A T)\right]L_A$
期初借入 B 货币，期末偿还 B 货币	$\dfrac{E_b(1+R_A T)}{F_a(1+R_B T)}>1$	$\dfrac{E_b(1+R_A T)}{F_a(1+R_B T)}\le 1$	$\left[\dfrac{E_b(1+R_A T)}{F_a}-(1+R_B T)\right]L_B$

6.8.4　参考代码与说明

1. 针对任务 1

```
In [80]: def cov_arbitrage(Ea,Eb,Fa,Fb,L_A,L_B,R_A,R_B,T,A,B):
   ...:     '''定义一个计算抵补套利收益并给出套利路径的函数，两种货币分别是 A 货币和 B 货币
   ...:     Ea: 代表 A 货币兑换 B 货币的即期汇率卖出价，以若干单位 A 货币表示 1 单位 B 货币
   ...:     Eb: 代表 A 货币兑换 B 货币的即期汇率买入价，标价方式与 Ea 相同
   ...:     Fa: 代表 A 货币兑换 B 货币的远期汇率卖出价，标价方式与 Ea 相同
   ...:     Fb: 代表 A 货币兑换 B 货币的远期汇率买入价，标价方式与 Ea 相同
   ...:     L_A: 套利初始时刻借入的 A 货币本金
   ...:     L_B: 套利初始时刻借入的 B 货币本金
   ...:     R_A: 代表 A 货币的利率（收益率），并且每年复利 1 次
   ...:     R_B: 代表 B 货币的利率（收益率），并且每年复利 1 次
   ...:     T: 套利的期限长度，单位是年
   ...:     A: 代表 A 货币的名称，例如 A='人民币'代表 A 货币是人民币
   ...:     B: 代表 B 货币的名称，例如 B='美元'代表 B 货币是美元'''
   ...:     if Fb*(1+R_B*T)/(Ea*(1+R_A*T))>1:  #期初借入 A 货币、期末偿还 A 货币的套利路径成功
   ...:         profit=(Fb*(1+R_B*T)/Ea-(1+R_A*T))*L_A    #计算套利收益
   ...:         sequence=['套利路径如下',
   ...:                   '第 1 步，初始借入的货币：',A,
   ...:                   '第 2 步，按即期汇率兑换后并投资的货币：',B,
   ...:                   '第 3 步，在投资结束时按远期汇率兑换后的货币：',A,
   ...:                   '第 4 步，偿还初始借入的本金和利息']  #用列表格式存放套利路径
   ...:     elif Eb*(1+R_A*T)/(Fa*(1+R_B*T))>1:  #期初借入 B 货币、期末偿还 B 货币的套利路径成功
   ...:         profit=(Eb*(1+R_A*T)/Fa-(1+R_B*T))*L_B
   ...:         sequence=['套利路径如下',
   ...:                   '第 1 步，初始借入的货币：',B,
   ...:                   '第 2 步，按即期汇率兑换后并投资的货币：',A,
   ...:                   '第 3 步，在投资结束时按远期汇率兑换后的货币：',B,
   ...:                   '第 4 步，偿还初始借入的本金和利息']
   ...:     else:                              #不存在套利机会
   ...:         profit='Na'
   ...:         sequence='套利机会不存在'
   ...:     return [profit,sequence]          #以列表格式输出套利收益和套利路径
```

在以上自定义的函数 cov_arbitrage 中，输入即期汇率、远期汇率、初始借入本金、不同货币利

率（收益率）、套利期限以及货币名称等参数，就可以迅速判断出是否存在抵补套利的机会，如果存在则可以给出套利收益以及套利路径。

2. 针对任务 2

```
In [81]: E1_ask=7.4841              #欧元兑人民币的即期卖出价
    ...: E1_bid=7.4294              #欧元兑人民币的即期买入价
    ...: F1_6M_ask=7.6446           #欧元兑人民币的 6 个月期远期卖出价
    ...: F1_6M_bid=7.5552           #欧元兑人民币的 6 个月期远期买入价

In [82]: E2_ask=5.7160              #100 日元兑人民币的即期卖出价
    ...: E2_bid=5.6742              #100 日元兑人民币的即期买入价
    ...: F2_6M_ask=5.8204           #100 日元兑人民币的 6 个月期远期卖出价
    ...: F2_6M_bid=5.7529           #100 日元兑人民币的 6 个月期远期买入价

In [83]: E3_ask=0.8311              #港元兑人民币的即期卖出价
    ...: E3_bid=0.8278              #港元兑人民币的即期买入价
    ...: F3_6M_ask=0.8464           #港元兑人民币的 6 个月期远期卖出价
    ...: F3_6M_bid=0.8384           #港元兑人民币的 6 个月期远期买入价

In [84]: Shibor_6M=0.024920         #6 个月期 Shibor
    ...: Euribor_6M=-0.005230       #6 个月期 Euribor
    ...: Tibor_6M=0.001264          #6 个月期 Tibor
    ...: Hibor_6M=0.002170          #6 个月期 Hibor

In [85]: L_RMB=7e8                  #套利初期借入的人民币本金
    ...: L_EUR=1e8                  #套利初期借入的欧元本金
    ...: L_JPY=1e10                 #套利初期借入的日元本金
    ...: L_HKD=8e8                  #套利初期借入的港元本金

In [86]: T1=0.5                     #期限 6 个月

In [87]: result1_6M=cov_arbitrage(Ea=E1_ask,Eb=E1_bid,Fa=F1_6M_ask,Fb=F1_6M_bid,
    ...:                 L_A=L_RMB,L_B=L_EUR,R_A=Shibor_6M,R_B=Euribor_6M,
    ...:                 T=T1,A='人民币',B='欧元')   #欧元兑人民币汇率的抵补套利

In [88]: result1_6M                 #输出结果
Out[88]: ['Na', '不存在套利机会']

In [89]: result2_6M=cov_arbitrage(Ea=E2_ask,Eb=E2_bid,Fa=F2_6M_ask,Fb=F2_6M_bid,
    ...:                 L_A=L_RMB,L_B=L_JPY,R_A=Shibor_6M,R_B=Tibor_6M,
    ...:                 T=T1,A='人民币',B='日元')   #日元兑人民币汇率的抵补套利

In [90]: result2_6M
Out[90]: ['Na', '不存在套利机会']

In [91]: result3_6M=cov_arbitrage(Ea=E3_ask,Eb=E3_bid,Fa=F3_6M_ask,Fb=F3_6M_bid,
    ...:                 L_A=L_RMB,L_B=L_HKD,R_A=Shibor_6M,R_B=Hibor_6M,
    ...:                 T=T1,A='人民币',B='港元')   #港元兑人民币汇率的抵补套利

In [92]: result3_6M
Out[92]: ['Na', '不存在套利机会']
```

从以上的输出结果可以看到，即期汇率与 6 个月期的远期汇率之间不存在抵补套利的机会。

3. 针对任务 3

```
In [93]: F1_1Y_ask=7.7740           #欧元兑人民币的 1 年期远期卖出价
    ...: F1_1Y_bid=7.6800           #欧元兑人民币的 1 年期远期买入价
    ...: F2_1Y_ask=5.9084           #100 日元兑人民币的 1 年期远期卖出价
    ...: F2_1Y_bid=5.8375           #100 日元兑人民币的 1 年期远期买入价
    ...: F3_1Y_ask=0.8573           #港元兑人民币的 1 年期远期卖出价
    ...: F3_1Y_bid=0.8488           #港元兑人民币的 1 年期远期买入价

In [94]: Shibor_1Y=0.027160         #1 年期 Shibor
    ...: Euribor_1Y=-0.004760       #1 年期 Euribor
    ...: Tibor_1Y=0.001564          #1 年期 Tibor
    ...: Hibor_1Y=0.003215          #1 年期 Hibor

In [95]: T2=1                       #期限 1 年

In [96]: result1_1Y=cov_arbitrage(Ea=E1_ask,Eb=E1_bid,Fa=F1_1Y_ask,Fb=F1_1Y_bid,
```

```
    ...:                    L_A=L_RMB,L_B=L_EUR,R_A=Shibor_1Y,R_B=Euribor_1Y,
    ...:                    T=T2,A='人民币',B='欧元')   #欧元兑人民币汇率的抵补套利

In [97]: result1_1Y                            #输出结果
Out[97]: ['Na', '不存在套利机会']

In [98]: result2_1Y=cov_arbitrage(Ea=E2_ask,Eb=E2_bid,Fa=F2_1Y_ask,Fb=F2_1Y_bid,
    ...:                    L_A=L_RMB,L_B=L_JPY,R_A=Shibor_1Y,R_B=Tibor_1Y,
    ...:                    T=T2,A='人民币',B='日元')   #日元兑人民币汇率的抵补套利

In [99]: result2_1Y
Out[99]: ['Na', '不存在套利机会']

In [100]: result3_1Y=cov_arbitrage(Ea=E3_ask,Eb=E3_bid,Fa=F3_1Y_ask,Fb=F3_1Y_bid,
    ...:                    L_A=L_RMB,L_B=L_HKD,R_A=Shibor_1Y,R_B=Hibor_1Y,
    ...:                    T=T2,A='人民币',B='港元')   #港元兑人民币汇率的抵补套利

In [101]: result3_1Y
Out[101]: ['Na', '不存在套利机会']
```

从以上的输出结果可以看到，即期汇率与1年期的远期汇率之间不存在抵补套利的机会。

4. 针对任务4

```
In [102]: R_HKD_1Y=Hibor_1Y+0.01      #港元资产或者拆借港元的新利率

In [103]: result4_1Y=cov_arbitrage(Ea=E3_ask,Eb=E3_bid,Fa=F3_1Y_ask,Fb=F3_1Y_bid,
    ...:                    L_A=L_RMB,L_B=L_HKD,R_A=Shibor_1Y,R_B=R_HKD_1Y,
    ...:                    T=T2,A='人民币',B='港元')   #港元兑人民币汇率的抵补套利

In [104]: print('运用港元兑人民币汇率开展的抵补套利收益',round(result4_1Y[0],2))
运用港元兑人民币汇率开展的抵补套利收益 5343461.92

In [105]: print('运用港元兑人民币汇率开展的抵补套利路径',result4_1Y[-1])
运用港元兑人民币汇率开展的抵补套利路径 ['套利路径如下', '第1步，初始借入的货币：', '人民币', '第2步，按
即期汇率兑换后并投资的货币：', '港元', '第3步，在投资结束时按远期汇率兑换后的货币：', '人民币', '第4步，偿还
初始借入的本金和利息']
```

从以上的输出结果可以看到，提高了港元资产的收益率和拆借港元的利率以后，就出现了针对港元兑人民币汇率开展抵补套利的机会，并且收益约为534.35万元。详细的套利路径如下：

第1步，在套利期初，S银行通过银行间市场按照1年期Shibor借入人民币7亿元，期限为1年；

第2步，立刻按照港元兑人民币的卖出价全部兑换为港元，并且投资期限为1年、收益率是Hibor上浮100个基点的港元资产；

第3步，同时与交易对手达成1年期的远期汇率外汇合约，约定按照目前的1年期远期汇率买入价在港元资产到期日将港元全部兑换为人民币；

第4步，全额偿还在第1步中借入的人民币本金7亿元以及相应的利息，剩余的资金就是抵补套利的收益。

6.9 远期外汇合约定价的编程——以新台币远期外汇合约为案例

6.9.1 案例详情

V银行是总部位于我国台湾地区的一家商业银行，致力于成为在亚太金融市场拥有广泛影响力的金融机构，并且从2020年开始积极拓展远期外汇合约等衍生产品业务。在这个时期，你通过社会招聘进入该银行，并且在总行衍生产品部担任协理，负责衍生产品的估值与风险监测。

2021年7月20日，V银行与W企业达成了以下的3笔期限均为6个月的远期外汇合约，具体的合约要素如下。

第1笔合约的本金是2500万美元，约定的6个月期美元兑新台币远期汇率是27.95，V银行是合约多头，W企业是合约空头，这意味着V银行在合约到期日（2022年1月20日）需要按照远期

汇率从 W 企业买入 2500 万美元并且支付给 W 企业相应金额的新台币。

第 2 笔合约的本金是新台币 3.8 亿元，约定的 6 个月期欧元兑新台币远期汇率是 33.423，V 银行是合约多头，W 企业是合约空头，这意味着 V 银行在合约到期日需要按照远期汇率购入新台币 3.8 亿元并且向 W 企业支付相应金额的欧元。

第 3 笔合约的本金是 1900 万英镑，约定的 6 个月期英镑兑新台币远期汇率是 38.485，V 银行是合约空头，W 企业是合约多头，这意味着 V 银行在合约到期日需要按照远期汇率向 W 企业支付 1900 万英镑并且收取相应金额的新台币。

需要在 2021 年 10 月 15 日和 10 月 26 日这两个交易日分别计算以上 3 笔远期外汇合约的价值，新台币的利率运用台北金融业拆款定盘利率（Taibor），美元、欧元以及英镑的利率则分别运用美元 Libor、欧元 Libor 以及英镑 Libor。此外，V 银行确定的远期汇率参考台湾银行的对外报价。表 6-18 汇总了相关期限的远期汇率、即期汇率以及不同币种的利率。

表 6-18　本案例涉及的远期汇率、即期汇率以及不同币种的利率

汇率与利率	2021 年 7 月 20 日	2021 年 10 月 15 日	2021 年 10 月 26 日
6 个月期美元兑新台币远期汇率（买入价）	27.950	—	—
6 个月期欧元兑新台币远期汇率（卖出价）	33.423	—	—
6 个月期英镑兑新台币远期汇率（卖出价）	38.485	—	—
3 个月期美元兑新台币远期汇率（买入价）	—	27.957	27.755
3 个月期欧元兑新台币远期汇率（卖出价）	—	32.828	32.576
3 个月期英镑兑新台币远期汇率（卖出价）	—	38.700	38.570
美元兑新台币即期汇率（买入价）	—	27.980	27.780
欧元兑新台币即期汇率（卖出价）	—	32.750	32.490
英镑兑新台币即期汇率（卖出价）	—	38.670	38.540
3 个月期 Taibor（新台币利率）	—	0.48044%	0.48044%
3 个月期美元 Libor	—	0.1236%	0.1359%
3 个月期欧元 Libor	—	−0.5706%	−0.5606%
3 个月期英镑 Libor	—	0.1344%	0.2040%

注：表中关于利率的复利频次是连续复利。
数据来源：台湾银行、台湾银行公会、伦敦同业拆借市场。

为了完成针对远期外汇合约的定价工作，你需要借助 Python 完成以下的 3 个编程任务。

6.9.2　编程任务

【任务 1】为了便于对远期外汇合约进行估值，你需要通过 Python 自定义一个计算远期外汇合约价值的函数，并且在该函数中可以输入具体的定价日和合约到期日等日期参数。

【任务 2】计算 V 银行 3 笔远期外汇合约在 2021 年 10 月 15 日的价值，并且均以新台币（本币）进行计价。

【任务 3】W 企业的财务部门希望测算 3 笔远期外汇合约在 2021 年 10 月 26 日的价值，同时合约价值是按照相应的外币进行计价，具体就是第 1 笔合约按照美元计价、第 2 笔合约按照欧元计价、第 3 笔合约按照英镑计价。然而，由于 W 企业的财务部门不具备相应的金融专业知识，因而求助 V 银行提供相应的合约价值数据，因此你需要计算合约在 2021 年 10 月 26 日以外币计价的价值。

6.9.3　编程提示

下面给出远期外汇合约定价的数学表达式。假定一份期限为 T 并且包含 A 货币和 B 货币的远期外汇合约，在合约初始日约定远期汇率为 F_T，汇率标价方式是以若干单位的 A 货币表示 1 单位的 B 货币，针对合约本金的设定是如下两种情形中的任意一种。

情形 1：合约的本金以 A 货币计价并且金额用 L_A 表示。这就意味着合约多头在合约到期日需

要按照远期汇率 F_T 向合约空头买入 L_A 金额的 A 货币并且支付相应金额的 B 货币，这等价于合约空头在合约到期日按照远期汇率 F_T 向合约多头卖出 L_A 金额的 A 货币并且收到相应金额的 B 货币。

情形 2：合约的本金以 B 货币计价并且金额用 L_B 表示。 这就意味着合约的多头在合约到期日需要按照远期汇率 F_T 向合约空头买入 L_B 金额的 B 货币并且支付相应金额的 A 货币，这等价于合约空头在合约到期日按照远期汇率 F_T 向合约多头卖出 L_B 金额的 B 货币并且收到相应金额的 A 货币。

在合约的定价日，合约的剩余期限是 τ，并且当天期限为 τ 的远期汇率用 F_τ 表示；定价日当天的即期汇率用 E 表示，R_A 代表 A 货币的无风险利率，R_B 代表 B 货币的无风险利率，合约的价值用 V 表示。

表 6-19 梳理了远期外汇合约价值表达式。需要注意的是，合约价值的表达式会因合约本金计价币种的不同、合约价值计价币种的不同以及合约方的不同（多头与空头）而不同。

表 6-19　不同合约本金计价币种、合约价值计价币种以及合约方的合约价值表达式

合约方	合约本金的计价货币	合约价值的计价币种	合约价值的表达式
多头	A 货币	A 货币	$V = E\left(\dfrac{L_A}{F_\tau} - \dfrac{L_A}{F_T}\right)e^{-R_B\tau}$
		B 货币	$V = \left(\dfrac{L_A}{F_\tau} - \dfrac{L_A}{F_T}\right)e^{-R_B\tau}$
	B 货币	A 货币	$V = (L_B F_\tau - L_B F_T)e^{-R_A\tau}$
		B 货币	$V = \dfrac{(L_B F_\tau - L_B F_T)e^{-R_A\tau}}{E}$
空头	A 货币	A 货币	$V = E\left(\dfrac{L_A}{F_T} - \dfrac{L_A}{F_\tau}\right)e^{-R_B\tau}$
		B 货币	$V = \left(\dfrac{L_A}{F_T} - \dfrac{L_A}{F_\tau}\right)e^{-R_B\tau}$
	B 货币	A 货币	$V = (L_B F_T - L_B F_\tau)e^{-R_A\tau}$
		B 货币	$V = \dfrac{(L_B F_T - L_B F_\tau)e^{-R_A\tau}}{E}$

6.9.4　参考代码与说明

1. 针对任务 1

```
In [106]: def Value_FXforward(F0,F1,E,L_A,L_B,R_A,R_B,T_price,T_end,vc,position):
     ...:     '''定义一个计算远期外汇合约价值的函数，两种货币分别是 A 货币和 B 货币
     ...:     F0: 代表合约约定的远期汇率，以若干单位 A 货币表示 1 单位 B 货币
     ...:     F1: 代表合约定价日的远期汇率，标价方式与 F0 相同
     ...:     E: 代表合约定价日的即期汇率，标价方式与 F0 相同
     ...:     L_A: 代表以 A 货币计价的合约本金，L_A='Na'代表合约本金不是以 A 货币计价的
     ...:     L_B: 代表以 B 货币计价的合约本金，L_B='Na'代表合约本金不是以 B 货币计价的
     ...:     R_A: 代表 A 货币的无风险利率（连续复利）
     ...:     R_B: 代表 B 货币的无风险利率（连续复利）
     ...:     T_price: 代表合约定价日的日期，用时间对象格式输入
     ...:     T_end: 代表合约到期日的日期，输入格式与 T_price 相同
     ...:     vc: 代表合约价值的计价币种，vc='A'代表选择 A 货币，其他则代表选择 B 货币
     ...:     position: 代表头寸方向，position='long'代表合约多头，其他代表空头'''
     ...:     from numpy import exp                #从 NumPy 模块导入 exp 函数
     ...:     t=(T_end-T_price).days/365           #计算合约的剩余期限（年）
     ...:     if position=='long':                 #针对合约多头
     ...:         if L_B=='Na':                    #当合约本金以 A 货币计价
     ...:             if vc=='A':                  #合约估值的币种选择 A 货币
     ...:                 value=E*(L_A/F1-L_A/F0)*exp(-R_B*t)   #计算合约价值
     ...:             else:                        #合约估值的币种选择 B 货币
     ...:                 value=(L_A/F1-L_A/F0)*exp(-R_B*t)
     ...:         else:                            #当合约本金以 B 货币计价
     ...:             if vc=='A':
```

```
      ...:                       value=(L_B*F1-L_B*F0)*exp(-R_A*t)
      ...:                   else:
      ...:                       value=(L_B*F1-L_B*F0)*exp(-R_A*t)/E
      ...:             else:                                    #针对合约空头
      ...:                   if L_B=='Na':
      ...:                       if vc=='A':
      ...:                           value=E*(L_A/F0-L_A/F1)*exp(-R_B*t)
      ...:                       else:
      ...:                           value=(L_A/F0-L_A/F1)*exp(-R_B*t)
      ...:                   else:
      ...:                       if vc=='A':
      ...:                           value=(L_B*F0-L_B*F1)*exp(-R_A*t)
      ...:                       else:
      ...:                           value=(L_B*F0-L_B*F1)*exp(-R_A*t)/E
      ...:       return value
```

在以上自定义函数 Value_FXforward 中，输入远期汇率、即期汇率、合约本金、不同币种的利率、日期、计价币种以及头寸方向等参数，就可以迅速计算得到远期外汇合约的价值。

2. 针对任务2

```
In [107]: T1=dt.datetime(2021,10,15)          #合约定价日是 2021 年 10 月 15 日
     ...: T_mature=dt.datetime(2022,1,20)      #合约到期日是 2022 年 1 月 20 日

In [108]: L_USD=2.5e7          #远期外汇合约的美元本金（第 1 笔合约）
     ...: L_TWD=3.8e8          #远期外汇合约的新台币本金（第 2 笔合约）
     ...: L_GBP=1.9e7          #远期外汇合约的英镑本金（第 3 笔合约）

In [109]: F0_USD_TWD=27.950    #2021 年 7 月 20 日的 6 个月期美元兑新台币远期汇率（初始远期汇率）
     ...: F0_EUR_TWD=33.423    #2021 年 7 月 20 日的 6 个月期欧元兑新台币远期汇率
     ...: F0_GBP_TWD=38.485    #2021 年 7 月 20 日的 6 个月期英镑兑新台币远期汇率

In [110]: F1_USD_TWD=27.957    #2021 年 10 月 15 日的 3 个月期美元兑新台币远期汇率
     ...: F1_EUR_TWD=32.828    #2021 年 10 月 15 日的 3 个月期欧元兑新台币远期汇率
     ...: F1_GBP_TWD=38.700    #2021 年 10 月 15 日的 3 个月期英镑兑新台币的远期汇率

In [111]: E1_USD_TWD=27.980    #2021 年 10 月 15 日美元兑新台币即期汇率
     ...: E1_EUR_TWD=32.750    #2021 年 10 月 15 日欧元兑新台币即期汇率
     ...: E1_GBP_TWD=38.670    #2021 年 10 月 15 日英镑兑新台币即期汇率

In [112]: Taibor1=0.0048044    #2021 年 10 月 15 日 3 个月期 Taibor
     ...: Libor1_USD=0.001236  #2021 年 10 月 15 日 3 个月期美元 Libor
     ...: Libor1_EUR=-0.005706 #2021 年 10 月 15 日 3 个月期欧元 Libor
     ...: Libor1_GBP=0.001344  #2021 年 10 月 15 日 3 个月期英镑 Libor

In [113]: V1_USD_TWD=Value_FXforward(F0=F0_USD_TWD,F1=F1_USD_TWD,E=E1_USD_TWD,
     ...:                    L_A='Na',L_B=L_USD,R_A=Taibor1,R_B=Libor1_USD,
     ...:                    T_price=T1,T_end=T_mature,vc='A',position='long')
     ...: print('2021 年 10 月 15 日 V 银行针对第 1 笔外汇远期合约的估值(新台币)', round(V1_USD_TWD,2))
2021 年 10 月 15 日 V 银行针对第 1 笔外汇远期合约的估值（新台币） 174776.71

In [114]: V1_EUR_TWD=Value_FXforward(F0=F0_EUR_TWD,F1=F1_EUR_TWD,E=E1_EUR_TWD,
     ...:                    L_A=L_TWD,L_B='Na',R_A=Taibor1,R_B=Libor1_EUR,
     ...:                    T_price=T1,T_end=T_mature,vc='A',position='long')
     ...: print('2021 年 10 月 15 日 V 银行针对第 2 笔外汇远期合约的估值(新台币)', round(V1_EUR_TWD,2))
2021 年 10 月 15 日 V 银行针对第 2 笔外汇远期合约的估值（新台币） 6758970.83

In [115]: V1_GBP_TWD=Value_FXforward(F0=F0_GBP_TWD,F1=F1_GBP_TWD,E=E1_GBP_TWD,
     ...:                    L_A='Na',L_B=L_GBP,R_A=Taibor1,R_B=Libor1_GBP,
     ...:                    T_price=T1,T_end=T_mature,vc='A',position='short')
     ...: print('2021 年 10 月 15 日 V 银行针对第 3 笔外汇远期合约的估值(新台币)', round(V1_GBP_TWD,2))
2021 年 10 月 15 日 V 银行针对第 3 笔外汇远期合约的估值（新台币） -4079787.66
```

从以上的输出可以看到，对于 V 银行而言，除了第 3 笔远期外汇合约（英镑兑新台币）出现浮亏以外，其他两笔远期外汇合约均处于浮盈状态。

3. 针对任务3

```
In [116]: T2=dt.datetime(2021,10,26)    #合约定价日 2021 年 10 月 26 日

In [117]: F2_USD_TWD=27.755    #2021 年 10 月 26 日的 3 个月期美元兑新台币远期汇率
     ...: F2_EUR_TWD=32.576    #2021 年 10 月 26 日的 3 个月期欧元兑新台币远期汇率
```

```
        ...: F2_GBP_TWD=38.570        #2021 年 10 月 26 日的 3 个月期英镑兑新台币远期汇率

In [118]: E2_USD_TWD=27.780           #2021 年 10 月 26 日美元兑新台币即期汇率
        ...: E2_EUR_TWD=32.490         #2021 年 10 月 26 日欧元兑新台币即期汇率
        ...: E2_GBP_TWD=38.540         #2021 年 10 月 26 日英镑兑新台币即期汇率

In [119]: Taibor2=0.0048044           #2021 年 10 月 26 日 3 个月期 Taibor
        ...: Libor2_USD=0.001359       #2021 年 10 月 26 日 3 个月期美元 Libor
        ...: Libor2_EUR=-0.005606      #2021 年 10 月 26 日 3 个月期欧元 Libor
        ...: Libor2_GBP=0.002040       #2021 年 10 月 26 日 3 个月期英镑 Libor

In [120]: V2_USD_TWD=Value_FXforward(F0=F0_USD_TWD,F1=F2_USD_TWD,E=E2_USD_TWD,
        ...:                          L_A='Na',L_B=L_USD,R_A=Taibor2,R_B=Libor2_USD,
        ...:                          T_price=T2,T_end=T_mature,vc='B',position='short')
        ...: print('2021 年 10 月 26 日 W 企业针对第 1 笔外汇远期合约的估值（美元）', round(V2_USD_TWD,2))
2021 年 10 月 26 日 W 企业针对第 1 笔外汇远期合约的估值（美元） 175287.42

In [121]: V2_EUR_TWD=Value_FXforward(F0=F0_EUR_TWD,F1=F2_EUR_TWD,E=E2_EUR_TWD,
        ...:                          L_A=L_TWD,L_B='Na',R_A=Taibor2,R_B=Libor2_EUR,
        ...:                          T_price=T2,T_end=T_mature,vc='B',position='short')
        ...: print('2021 年 10 月 26 日 W 企业针对第 2 笔外汇远期合约的估值（欧元）', round(V2_EUR_TWD,2))
2021 年 10 月 26 日 W 企业针对第 2 笔外汇远期合约的估值（欧元） -296003.92

In [122]: V2_GBP_TWD=Value_FXforward(F0=F0_GBP_TWD,F1=F2_GBP_TWD,E=E2_GBP_TWD,
        ...:                          L_A='Na',L_B=L_GBP,R_A=Taibor2,R_B=Libor2_GBP,
        ...:                          T_price=T2,T_end=T_mature,vc='B',position='long')
        ...: print('2021 年 10 月 26 日 W 企业针对第 3 笔外汇远期合约的估值（英镑）', round(V2_GBP_TWD,2))
2021 年 10 月 26 日 W 企业针对第 3 笔外汇远期合约的估值（英镑） 41857.11
```

从上述的运算结果可以看到，在 2021 年 10 月 26 日对于 W 企业而言，除了第 2 笔远期外汇合约（欧元兑新台币）带来一定的浮亏之外，其余两笔远期外汇合约均带来了浮盈。

6.10 本章小结

利率和汇率是学习整个金融体系的起点，并且利率与汇率也是息息相关的，掌握利率也是学习汇率的基础。利率和汇率涉及许多的量化模型，运用 Python 可以方便地将这些模型转化为计算机编程语言，显著提升分析利率和汇率的效率。读者通过本章的 9 个原创案例共计 28 个编程任务，应可以牢固掌握以下的实战知识点。

（1）利息与利率。利率的不同复利频次可以得到不同的利息结果，复利频次与利息金额呈现正相关，连续复利利率与不同复利频次的利率之间存在着等价关系。

（2）远期利率。金融活动涉及跨时间的资产配置，因此创设出各类远期金融变量和远期金融产品，远期利率就是一种重要的远期金融变量，通过即期利率并结合期限就可以测算出远期利率并且绘制出远期利率曲线。

（3）远期利率协议。远期利率协议是基于远期利率的一种金融合约，属于远期金融产品的范畴，无论是合约现金流还是合约定价的测算，合约本金、即期利率和远期利率都是关键的变量。

（4）汇率与汇兑。国际经济交往会涉及汇率，汇率的报价有直接标价法与间接标价法的区别，同时在与商业银行开展的不同币种兑换过程中，需要区分汇率买入价与卖出价。

（5）汇率的套利。汇率涉及不同的币种，在全球外汇市场中始终存在着借助汇率实现无风险套利的资金，常见的汇率套利策略包括三角套利、抵补套利等。

（6）远期汇率。远期汇率也是一种重要的远期金融变量，相比远期利率而言，测算远期汇率涉及即期汇率、不同币种的无风险利率等更多的变量。

（7）远期外汇合约。与远期利率协议相似，远期外汇合约就是基于远期汇率的一种金融合约，但是远期外汇合约的定价却更加复杂，涉及的变量包括不同币种的本金、即期汇率、远期汇率以及无风险利率等。

到这里，你已经完成了第 6 章全部案例的训练，相信你已经掌握了运用 Python 分析利率与汇率的编程技术，请不要停留，继续向第 7 章前进吧！

07

第 7 章
债券的 Python
编程案例

本章导言

债券作为融资工具和金融产品已经有超过 2000 年的悠久历史，债券市场也是当前全球金融市场的重要组成部分。根据国际清算银行（the Bank for International Settlement，BIS）的统计，截止到 2021 年 6 月末，全球债券市场的余额达到了 148.97 万亿美元。

本章包含 8 个原创案例共计 25 个编程任务，通过这些案例的训练，读者可以熟练掌握运用 Python 开展债券定价以及测算债券到期收益率、债券久期、债券凸性、债券违约概率等编程技术。下面通过表 7-1 梳理出本章的结构安排。

表 7-1　第 7 章的结构安排

序号	案例标题	学习目标	编程任务数量	读者扮演的角色
1	单一贴现利率债券定价模型的编程——以国债为案例	掌握基于单一贴现利率与不同支付频次票息的债券定价，以及相关 Python 编程技术	3 个	债券分析师
2	不同贴现利率债券定价模型的编程——以地方政府债为案例	掌握基于不同期限的零息利率与不同支付频次票息的债券定价，以及相关 Python 编程技术	3 个	运营经理
3	运用票息剥离法测算零息利率的编程——以国债收益率为案例	掌握票息剥离法的内在逻辑、计算公式以及相关 Python 编程技术	3 个	风险经理
4	麦考利久期的编程——以政策性金融债为案例	掌握麦考利久期的计算公式，运用麦考利久期计算债券价值变化的数学表达式，以及相关 Python 编程技术	3 个	债券投资总监
5	修正久期和美元久期的编程——以央企债券为案例	掌握修正久期、美元久期的计算公式，以及相关 Python 编程技术	4 个	首席债券分析师
6	债券凸性的编程——以中期票据为案例	掌握债券凸性的计算公式，运用凸性计算债券价值变化的数学表达式，以及相关 Python 编程技术	3 个	首席投资官
7	债券违约概率的编程之一——以国际机构债为案例	掌握债券违约概率的计算公式，以及相关 Python 编程技术	3 个	首席风险官
8	债券违约概率的编程之二——以发生违约的债券为案例	掌握创建违约概率的时间序列并进行可视化的 Python 编程技术	3 个	风险总监
合计			25 个	

注：在本章的案例中，如无特别说明，债券的价格均默认是债券的全价（dirty price）。

p 在开始练习本章的案例之前，建议读者先学习《基于 Python 的金融分析与风险管理（第 2 版）》第 7 章的内容。

7.1 单一贴现利率债券定价模型的编程——以国债为案例

7.1.1 案例详情

A 公司是总部位于北京的一家大型人寿保险公司，"成己为人，成人达己"是公司的核心价值观，在扎实推进保险主业发展的同时，努力提升投资业务的边际贡献。公司的自有资金偏好于配置低风险的国债。表 7-2 列出了公司在 2021 年 7 月 30 日（当月最后一个交易日）投资的国债品种、债券要素信息以及持有的债券面值，同时表中的到期收益率是连续复利的。

表 7-2 2021 年 7 月 30 日持有国债的相关信息

证券代码	证券名称	起息日	到期日	票面利率	付息频次	到期收益率（连续复利）	持有债券面值/亿元
219925	21 贴现国债 25	2021-06-07	2021-12-06	0	不适用	1.8356	1.64
200018	20 附息国债 18	2020-12-10	2022-12-10	2.93%	1	2.3461	2.91
050004	05 国债 04	2005-05-15	2025-05-15	4.11%	2	2.4354	4.72
120018	12 附息国债 18	2012-09-27	2032-09-27	4.10%	2	2.9629	5.68
合计							14.9

数据来源（不包括持有债券面值）：中国货币网。

假定你是该公司的一位债券分析师，负责对公司已投资和拟投资的债券进行分析、评估。下面基于表 7-2 中的信息运用 Python 完成 3 个编程任务。

7.1.2 编程任务

【任务 1】为了便于计算债券的价格，通过 Python 自定义一个基于单一贴现利率对债券定价的函数，在该函数中可以输入债券定价日、到期日等日期参数。

【任务 2】通过任务 1 自定义的函数，计算 21 贴现国债 25、20 附息国债 18 这两只债券在 2021 年 7 月 30 日的价格。

【任务 3】通过任务 1 自定义的函数，计算 05 国债 04、12 附息国债 18 这两只债券在 2021 年 7 月 30 日的价格，同时计算 A 公司持有 4 只国债的总市值。

7.1.3 编程提示

- 在本案例中，需要运用基于单一贴现利率的债券定价公式，具体是假设债券票息每年支付 m 次（$m \geq 1$），同时假定 P 代表债券价格，C 代表票面利率，M 代表债券本金，y 代表单一贴现利率并且是连续复利的，t_i 代表定价日距离第 i 期剩余票息支付日的期限并且以年为单位，其中 $i = 1, 2, \cdots, N$，则债券价格的表达式如下：

$$P = \frac{C}{m} M \sum_{i=1}^{N} e^{-y t_i} + M e^{-y t_N} \qquad （式 7-1）$$

如果票面利率等于 0，该债券就是一个零息债券，债券价格的表达式（即式 7-1）就可以简化为

$$P = M e^{-y t_N} \qquad （式 7-2）$$

（式 7-2）中的 t_N 代表零息债券的剩余期限。

- 针对任务 3，需要注意债券的票面利率是每年付息 2 次（即每半年付息 1 次）。

7.1.4 参考代码与说明

1. 针对任务 1

```
In [1]: import numpy as np
   ...: import pandas as pd
   ...: import matplotlib.pyplot as plt
   ...: from pylab import mpl
   ...: mpl.rcParams['font.sans-serif']=['FangSong']
   ...: mpl.rcParams['axes.unicode_minus'] = False
   ...: from pandas.plotting import register_matplotlib_converters
   ...: register_matplotlib_converters()

In [2]: import datetime as dt                      #导入 datetime 模块

In [3]: def Bondprice_onediscount(C,M,m,y,t0,t1):
   ...:     '''定义基于单一贴现利率计算债券价格的函数
   ...:     C：代表债券的票面利率，如果输入 0 就表示零息债券
   ...:     M：代表债券的本金（面值）
   ...:     m：代表债券票息每年的支付频次，年支付频次不超过 2 次
   ...:     y：代表债券的到期收益率（单一贴现利率）
   ...:     t0：代表债券定价日，以时间对象格式输入
   ...:     t1：代表债券到期日，输入格式与 t0 相同'''
   ...:     import math                             #导入 math 模块
   ...:     tenor=(t1-t0).days/365                  #计算债券剩余期限（年）
   ...:     if C==0:                                #针对零息债券
   ...:         price=M*np.exp(-y*tenor)            #零息债券的价格
   ...:     else:                                   #针对带票息债券
   ...:         if math.modf(tenor)[0]>0.5:         #小数部分大于 0.5
   ...:             N=m*math.ceil(tenor)            #剩余票息支付的次数
   ...:         else:                               #小数部分小于等于 0.5
   ...:             N=m*math.floor(tenor)+1         #剩余票息支付的次数
   ...:         T_list=np.arange(N)/m               #构建一个数组
   ...:         T_list=np.sort(tenor-T_list)        #债券定价日距离剩余每期票息支付日的期限数组
   ...:         price=M*(np.sum(np.exp(-y*T_list))*C/m+np.exp(-y*T_list[-1]))#带票息债券的价格
   ...:     return price
```

根据以上自定义计算债券价格的函数 Bondprice_onediscount，只需要输入票面利率、面值、每年支付票息次数、到期收益率（单一贴现利率）、债券定价日以及债券到期日 6 个参数，就可以方便地计算得到相关债券的价格。

2. 针对任务 2

```
In [4]: par=100                                    #债券面值 100 元

In [5]: t_price=dt.datetime(2021,7,30)             #债券定价日

In [6]: t1_TB2125=dt.datetime(2021,12,6)           #21 贴现国债 25 的到期日

In [7]: y_TB2125=0.018356                          #21 贴现国债 25 的到期收益率

In [8]: price_TB2125=Bondprice_onediscount(C=0,M=par,m=0,y=y_TB2125,t0=t_price, t1=t1_TB2125)
   ...: print('2021 年 7 月 30 日 21 贴现国债 25 的价格',round(price_TB2125,4))
2021 年 7 月 30 日 21 贴现国债 25 的价格  99.3534

In [9]: t1_TB2018=dt.datetime(2022,12,10)          #20 附息国债 18 的到期日
   ...: C_TB2018=0.0293                            #20 附息国债 18 的票面利率
   ...: m_TB2018=1                                 #20 附息国债 18 票面利率每年付息频次
   ...: y_TB2018=0.023461                          #20 附息国债 18 的到期收益率

In [10]: price_TB2018=Bondprice_onediscount(C=C_TB2018,M=par,m=m_TB2018,y=y_TB2018, t0=
t_price,t1=t1_TB2018)
    ...: print('2021 年 7 月 30 日 20 附息国债 18 的价格',round(price_TB2018,4))
2021 年 7 月 30 日 20 附息国债 18 的价格  102.5925
```

从以上的输出结果可以看到，按照单一贴现利率可以测算得到在 2021 年 7 月 30 日，21 贴现国债 25 的价格为 99.3534 元，20 附息国债 18 的价格为 102.5925 元。

3. 针对任务 3

```
In [11]: t1_TB0504=dt.datetime(2025,5,15)        #05国债04的到期日
   ...: C_TB0504=0.0411                          #05国债04的票面利率
   ...: m_TB0504=2                               #05国债04票面利率每年付息频次
   ...: y_TB0504=0.024354                        #05国债04的到期收益率

In [12]: price_TB0504=Bondprice_onediscount(C=C_TB0504,M=par,m=m_TB0504,y=y_TB0504, t0=
t_price,t1=t1_TB0504)
   ...: print('2021年7月30日05国债04的价格',round(price_TB0504,4))
2021年7月30日05国债04的价格 106.8205

In [13]: t1_TB1218=dt.datetime(2032,9,27)        #12附息国债18的到期日
   ...: C_TB1218=0.041                           #12附息国债18的票面利率
   ...: m_TB1218=2                               #12附息国债18票面利率每年付息频次
   ...: y_TB1218=0.029629                        #12附息国债18的到期收益率

In [14]: price_TB1218=Bondprice_onediscount(C=C_TB1218,M=par,m=m_TB1218,y=y_TB1218, t0=t_
price,t1=t1_TB1218)
   ...: print('2021年7月30日12附息国债18的价格',round(price_TB1218,4))
2021年7月30日12附息国债18的价格 111.8754

In [15]: par_TB2125=1.64e8                        #持有21贴现国债25的面值金额
   ...: par_TB2018=2.91e8                        #持有20附息国债18的面值金额
   ...: par_TB0504=4.72e8                        #持有05国债04的面值金额
   ...: par_TB1218=5.68e8                        #持有12附息国债18的面值金额

In [16]: value_TB2125=price_TB2125*par_TB2125/par      #持有21贴现国债25的市值
   ...: value_TB2018=price_TB2018*par_TB2018/par       #持有20附息国债18的市值
   ...: value_TB0504=price_TB0504*par_TB0504/par       #持有05国债04的市值
   ...: value_TB1218=price_TB1218*par_TB1218/par       #持有12附息国债18的市值

In [17]: value_portfolio=value_TB2125+value_TB2018+value_TB0504+value_TB1218   #计算持有国债
的市值合计
   ...: print('持有全部国债的市值合计数',round(value_portfolio,2))
持有全部国债的市值合计数 1601128907.22
```

从以上的输出结果可以看到，按照单一贴现利率可以测算得到在 2021 年 7 月 30 日，05 国债 04 的价格为 106.8205 元，12 附息国债 18 的价格为 111.8754 元，当天 A 公司持有国债的市值为 16.01 亿元左右。

7.2　不同贴现利率债券定价模型的编程——以地方政府债为案例

7.2.1　案例详情

　　B 公司是总部位于加拿大多伦多的一家国际性投资管理公司，公司的业务遍及北美洲、欧洲以及亚洲等地区，该公司获得了中国国家外汇管理局发放的 QFII 额度，并且通过 QFII 配置了低风险的地方政府债，表 7-3 列出了该公司截止到 2021 年 7 月 5 日持有的地方政府债情况。

表 7-3　持有地方政府债的相关信息

证券代码	证券名称	起息日	到期日	票面利率	付息频次	持有债券面值
1605370	16 河南债 15	2016-06-29	2023-06-29	3.08%	1	5700 万元
2105344	21 北京债 09	2021-06-29	2028-06-29	3.22%	1	8300 万元
2071116	20 山东债 74	2020-12-29	2030-12-29	3.48%	2	6500 万元
合计						2.05 亿元

数据来源（不包括持有债券面值）：中国货币网。

　　基于审慎的原则和风险管理的需要，该公司的运营管理部在每个交易日需要对每只债券进行独立估值，并且运用基于不同贴现利率的债券定价模型进行估值。

假定你是该部门的一位运营经理，日常负责债券资产的估值工作。针对地方政府债，贴现利率参考中国债券信息网发布的地方政府债收益率（信用评级为 AAA）数据，表 7-4 整理了 2021 年 7 月 5 日对外公布的地方政府债收益率数据。

表 7-4   2021 年 7 月 5 日对外公布的地方政府债收益率

序号	期限	地方政府债收益率（信用评级为 AAA）
1	1 天	1.6416%
2	1 个月	1.9646%
3	2 个月	1.9819%
4	3 个月	2.0730%
5	6 个月	2.3424%
6	9 个月	2.3913%
7	1 年	2.4810%
8	2 年	2.8052%
9	3 年	2.9314%
10	4 年	3.0018%
11	5 年	3.1871%
12	6 年	3.1999%
13	7 年	3.3428%
14	8 年	3.3581%
15	9 年	3.3985%
16	10 年	3.4009%

数据来源：中国债券信息网。

为了顺利完成估值工作，你需要运用 Python 完成 3 个编程任务。

7.2.2   编程任务

【任务 1】通过 Python 自定义一个基于不同期限贴现利率（零息利率）计算债券价格的函数，同时要求自定义函数的参数可以分别表示债券定价的日期以及债券到期的日期。

【任务 2】运用任务 1 自定义的函数并结合表 7-3 与表 7-4 中的数据，依次计算 2021 年 7 月 5 日 "16 河南债 15" "21 北京债 09" 的价格。

【任务 3】运用任务 1 自定义的函数并结合表 7-3 与表 7-4 中的数据，计算 2021 年 7 月 5 日 "20 山东债 74" 的价格。由于该债券的票息每半年支付 1 次，而表 7-4 中的地方政府债收益率（贴现利率）在期限超过 1 年的情况下仅给出整年数据而未给出半年（比如 1.5 年、2.5 年等）数据，因此需要运用三阶样条曲线插值法对缺失的地方政府债收益率进行插值处理。最终，还需要计算 B 公司持有地方政府债的价值总额。

7.2.3   编程提示

针对任务 1，需要运用基于不同期限零息利率的债券定价公式。假设债券票息是每年支付 m 次（$m \geqslant 1$），同时假定 P 代表债券价格，C 代表票面利率，M 代表债券本金，t_i 代表定价日距离剩余第 i 期票息支付日的期限并且以年为单位，其中 $i = 1, 2, \cdots, N$，y_i 代表对应于期限 t_i 的零息利率（连续复利），则债券价格的表达式如下：

$$P = \frac{C}{m} M \sum_{i=1}^{N} \mathrm{e}^{-y_i t_i} + M \mathrm{e}^{-y_N t_N} \tag{式 7-3}$$

如果票面利率等于 0，该债券就是一个零息债券，债券价格的表达式就与 7.1.3 小节的（式 7-2）

类似，也就是

$$P = M\,e^{-y_N t_N}$$ （式 7-4）

7.2.4　参考代码与说明

1.　针对任务 1

```
In [18]: def Bondprice_diffdiscount(C,M,m,y_list,t0,t1):
    ...:     '''定义不同期限零息利率作为贴现利率计算债券价格的函数
    ...:     C: 代表债券的票面利率，零息债券则直接输入0
    ...:     M: 代表债券的本金（面值）
    ...:     m: 代表债券票息每年的支付频次，并且年支付频次不超过2次
    ...:     y_list: 代表用于贴现的不同期限零息利率（数组格式输入），零息债券则直接输入数字
    ...:     t0: 代表债券定价日，以时间对象格式输入
    ...:     t1: 代表债券到期日，输入格式与t0相同'''
    ...:     import math                              #导入math模块
    ...:     tenor=(t1-t0).days/365                    #计算债券剩余期限（年）
    ...:     if C==0:                                  #针对零息债券
    ...:         price=M*np.exp(-y_list*tenor)         #零息债券的价格
    ...:     else:                                     #针对带票息债券
    ...:         if math.modf(tenor)[0]>0.5:           #小数部分大于0.5
    ...:             N=m*math.ceil(tenor)              #计算剩余票息支付次数
    ...:         else:                                 #小数部分小于等于0.5
    ...:             N=m*math.floor(tenor)+1           #计算剩余票息支付次数
    ...:         T_list=np.arange(N)/m                 #构建一个数组
    ...:         T_list=np.sort(tenor-T_list)          #债券定价日距离剩余每次票息支付日的期限数组
    ...:         PV_coupon=M*np.sum(np.exp(-y_list*T_list))*C/m  #计算剩余票息现值的合计数
    ...:         PV_par=M*np.exp(-y_list[-1]*T_list[-1])  #计算债券本金的现值
    ...:         price=PV_coupon+PV_par                #计算债券价值
    ...:     return price
```

根据以上自定义计算债券价格的函数 Bondprice_diffdiscount，只需要输入票面利率、面值、每年支付票息次数、不同期限的零息利率、债券定价日以及债券到期日这 6 个参数，就可以方便地计算得到相关债券的价格。

2.　针对任务 2

```
In [19]: tenor_list1=np.array([1/365,1/12,2/12,3/12,6/12,9/12,1,2,3,4,5,6,7,8,9,10])   # 已有期限的数组

In [20]: yield_list1=np.array([0.016416,0.019646,0.019819,0.020730,0.023424,0.023913,
    ...:                        0.024810,0.028052,0.029314,0.030018,0.031871,0.031999,
    ...:                        0.033428,0.033581,0.033985,0.034009])   #已有收益率的数据

In [21]: par=100                         #债券面值100元
    ...: t_price=dt.datetime(2021,7,5)    #债券定价日

In [22]: t1_Henan=dt.datetime(2023,6,29)  #16河南债15到期日
    ...: C_Henan=0.0308                    #16河南债15票面利率
    ...: m_Henan=1                         #16河南债15票息每年支付次数

In [23]: price_Henan=Bondprice_diffdiscount(C=C_Henan,M=par,m=m_Henan, y_list=yield_list1
[6:8],t0=t_price,t1=t1_Henan)
    ...: print('2021年7月5日"16河南债15"的价格',round(price_Henan,4))
2021年7月5日"16河南债15"的价格 100.5067

In [24]: t1_Beijing=dt.datetime(2028,6,29)  #21北京债09到期日
    ...: C_Beijing=0.0322                    #21北京债09票面利率
    ...: m_Beijing=1                         #21北京债09票息每年支付次数

In [25]: price_Beijing=Bondprice_diffdiscount(C=C_Beijing,M=par,m=m_Beijing, y_list=yield
_list1[6:13],t0=t_price,t1=t1_Beijing)
    ...: print('2021年7月5日"21北京债09"的价格',round(price_Beijing,4))
2021年7月5日"21北京债09"的价格 99.1134
```

根据以上的计算可以得到，2021 年 7 月 5 日 16 河南债 15、21 北京债 09 的价格分别为 100.5067 元和 99.1134 元。

3. 针对任务 3

```
In [26]: tenor_list2=np.array([[1/365,1/12,2/12,3/12,6/12,9/12,1,1.5,2,2.5,3,3.5,4,4.5,
    ...:                         5,5.5,6,6.5,7,7.5,8,8.5,9,9.5,10]])     #增加了新期限的数组

In [27]: import scipy.interpolate as si          #导入 SciPy 的子模块 interpolate

In [28]: func=si.interp1d(x=tenor_list1,y=yield_list1,kind="cubic")     #运用三阶样条曲线插值法

In [29]: yield_list2=func(tenor_list2)            #计算基于插值法的零息利率
    ...: yield_list2
Out[29]:
array([[0.016416  , 0.019646  , 0.019819  , 0.02073   , 0.023424  ,
        0.023913  , 0.02481   , 0.02671244, 0.028052  , 0.02888169,
        0.029314  , 0.02954154, 0.030018  , 0.03102203, 0.031871  ,
        0.03196535, 0.031999  , 0.03267358, 0.033428  , 0.03362446,
        0.033581  , 0.03372747, 0.033985  , 0.03414753, 0.034009  ]])

In [30]: yield_Shandong=yield_list2[5:-1]         #运用于 20 山东债 74 的贴现利率
    ...: yield_Shandong[0]=yield_list2[4]          #将第 1 个元素由 9 个月期利率改为 6 个月期限利率
    ...: yield_Shandong
Out[30]:
array([[0.023424  , 0.02481   , 0.02671244, 0.028052  , 0.02888169,
        0.029314  , 0.02954154, 0.030018  , 0.03102203, 0.031871  ,
        0.03196535, 0.031999  , 0.03267358, 0.033428  , 0.03362446,
        0.033581  , 0.03372747, 0.033985  , 0.03414753]])
```

需要注意的是，20 山东债 74 的剩余期限约等于 9.5 年，因此，最后一期的贴现利率对应于 9.5 年期限的零息利率。

```
In [31]: t1_Shandong=dt.datetime(2030,12,29)      #20 山东债 74 到期日
    ...: C_Shandong=0.0348                          #20 山东债 74 票面利率
    ...: m_Shandong=2                               #20 山东债 74 票息每年支付次数

In [32]: price_Shandong=Bondprice_diffdiscount(C=C_Shandong,M=par,m=m_Shandong, y_list=
yield_Shandong,t0=t_price,t1=t1_Shandong)
    ...: print('2021 年 7 月 5 日 "20 山东债 74" 的价格',round(price_Shandong,4))
2021 年 7 月 5 日 "20 山东债 74" 的价格 100.5908
```

从以上的输出结果可以得到，在 2021 年 7 月 5 日，20 山东债 74 的价格为 100.5908 元。

```
In [33]: par_Henan=5.7e7                            #持有的 16 河南债 15 面值
    ...: par_Beijing=8.3e7                           #持有的 21 北京债 09 面值
    ...: par_Shandong=6.5e7                          #持有的 20 山东债 74 面值

In [34]: value_portfolio=(price_Henan*par_Henan+price_Beijing*par_Beijing+ price_Shandong
*par_Shandong)/par
    ...: print('2021 年 7 月 5 日 B 公司持有的地方政府债价值（元）', round(value_portfolio,2))
2021 年 7 月 5 日 B 公司持有的地方政府债价值（元） 204936943.47
```

最终可以得到，2021 年 7 月 5 日 B 公司持有的地方政府债总价值约等于 2.05 亿元。

7.3　运用票息剥离法测算零息利率的编程——以国债收益率为案例

7.3.1　案例详情

C 公司是总部位于伦敦的一家专注于新兴市场的投资管理公司，该公司在新兴市场拥有超过 30 年的投资经验，并且通过不断的创新和丰富的策略为投资者提供参与新兴市场的机会。

该公司近期发行了新兴市场主权债券基金，该基金配置了部分中国国债。根据公司的管理规定，风险管理部需要根据新兴债券市场的相关国债价格信息，独立绘制国债零息收益率曲线，进而对配置的国债进行独立估值。假定你是该公司风险管理部的一位风险经理，根据公司的投资需要，依据当前中国国债市场存续的相关国债价格推算出在 2021 年 8 月 5 日期限分别是 1 个月、3 个月、6 个

月、1年、1.5年、2年的国债零息利率，从而构建出一条期限较短的国债零息利率曲线。

表 7-5 列出了在 2021 年 8 月 5 日可观察到的相关剩余期限国债信息，鉴于债券市场上没有完全等于以上期限的国债，按照"相近原则"选择最接近于上述期限的国债作为近似替代。

表 7-5　2021 年 8 月 5 日可观察到的相关剩余期限的国债信息

证券代码	证券名称	起息日	到期日	票面利率	付息频次	债券价格（元/张）
219910	21 贴现国债 10	2021-03-08	2021-09-06	不适用	不适用	99.8742
219920	21 贴现国债 20	2021-05-10	2021-11-08	不适用	不适用	99.5047
200002	20 附息国债 02	2020-02-13	2022-02-13	2.20%	1	101.0697
190011	19 附息国债 11	2019-08-08	2022-08-08	2.75%	1	103.2433
130005	13 附息国债 05	2013-02-21	2023-02-21	3.52%	2	103.5537
130018	13 附息国债 18	2013-08-22	2023-08-22	4.08%	2	105.7383

数据来源：中国货币网。

为了构建国债的零息利率（连续复利）曲线，你需要结合表 7-5 中的信息运用 Python 完成 3 个编程任务。

7.3.2　编程任务

【任务 1】运用表 7-5 中"21 贴现国债 10"和"21 贴现国债 20"的信息，分别计算 1 个月、3 个月的国债零息利率。

【任务 2】运用表 7-5 中"20 附息国债 02"和"19 附息国债 11"的信息，依次计算 6 个月和 1 年期的国债零息利率。需要注意的是，针对期限不足 1 个月的现金流，运用 1 个月的零息利率进行贴现。

【任务 3】运用表 7-5 中"13 附息国债 05"和"13 附息国债 18"的信息，分别计算 1.5 年期和 2 年期的国债零息利率。同样，针对期限不足 1 个月的现金流，运用 1 个月的零息利率进行贴现。最后，结合以上的计算结果，绘制出 1 个月至 2 年的国债零息利率曲线。

7.3.3　编程提示

- 针对零息债券，假定 P 表示债券价格，R 表示零息利率，T 表示债券的剩余期限，债券面值用 M 表示，则可以运用等式 $P = M\mathrm{e}^{-RT}$ 计算得到 R，经过变换可以得到零息利率 $R = -\dfrac{1}{T}\ln\left(\dfrac{P}{M}\right)$。

- 针对带票息债券，假定 C 表示票面利率，m 表示票面利率每年支付的频次，T_i 表示债券定价日距离剩余第 i 期票息支付日的期限（年），$i = 1, 2, \cdots, N$，R_i 表示对应期限 T_i 的零息利率，其中 $R_1, R_2, \cdots, R_{N-1}$ 已知，R_N 未知，其他的变量同上。通过求解以下的等式就可以求出零息利率 R_N：

$$\left(\frac{C}{m}\sum_{i=1}^{N}\mathrm{e}^{-R_i t_i} + \mathrm{e}^{-R_N t_N}\right)M = P \qquad （式 7\text{-}5）$$

7.3.4　参考代码与说明

1. 针对任务 1

```
In [35]: par=100                        #国债的面值
    ...: T0=dt.datetime(2021,8,5)        #计算零息利率的日期

In [36]: T1=dt.datetime(2021,9,6)       #21 贴现国债 10 的到期日
    ...: T2=dt.datetime(2021,11,8)      #21 贴现国债 20 的到期日

In [37]: tenor1=(T1-T0).days/365        #21 贴现国债 10 的剩余期限（年）
```

```
...:    tenor2=(T2-T0).days/365          #21 贴现国债 20 的剩余期限（年）
...:    tenor_list=np.array([tenor1,tenor2])      #构建剩余期限的数组

In [38]: P_list=np.array([99.8742,99.5047])       #包含 21 贴现国债 10、21 贴现国债 20 的价格数组

In [39]: R1_R2=-np.log(P_list/par)/tenor_list              #计算 1 个月和 3 个月的零息利率
...:    print('计算得到 1 个月的零息利率',R1_R2[0].round(6))        #输出的数值保留小数点后 6 位
...:    print('计算得到 3 个月的零息利率',R1_R2[-1].round(6))
计算得到 1 个月的零息利率 0.014358
计算得到 3 个月的零息利率 0.019077
```

从以上输出可以发现，通过票息剥离法得到 3 个月的零息利率为 1.9077%，该利率高于 1 个月的利率 1.4358%。

2. 针对任务 2

```
In [40]: C3=0.022                         #20 附息国债 02 的票面利率
...:    C4=0.0275                         #19 附息国债 11 的票面利率
...:    P3=101.0697                       #20 附息国债 02 的价格
...:    P4=103.2433                       #19 附息国债 11 的价格
...:    m3=1                              #20 附息国债 02 的每年票息支付次数
...:    m4=1                              #19 附息国债 11 的每年票息支付次数

In [41]: T3=dt.datetime(2022,2,13)        #20 附息国债 02 的到期日
...:    T4=dt.datetime(2022,8,8)          #19 附息国债 11 的到期日

In [42]: tenor3=(T3-T0).days/365          #20 附息国债 02 的剩余期限（年）
...:    tenor4=(T4-T0).days/365           #19 附息国债 11 的剩余期限（年）

In [43]: N4=m4*int(tenor4)+1              #19 附息国债 11 的剩余票息支付次数

In [44]: T_list4=np.arange(N4)/m4         #构建一个初始数组
...:    T_list4=np.sort(tenor4-T_list4)   #得到 19 附息国债 11 的剩余每次票息支付的期限数组

In [45]: R1=R1_R2[0]                      #1 个月的零息利率

In [46]: def zero_rate(R):                #自定义一个函数
...:        from numpy import exp         #从 NumPy 模块导入 exp 函数
...:        R3,R4=R
...:        eq1=par*(C3/m3+1)*exp(-R3*tenor3)-P3 #20 附息国债 02 的价格公式并且等于 0
...:        eq2=par*(C4/m4*exp(-R1*T_list4[0])+(C4/m4+1)*exp(-R4*T_list4[-1]))-P4  #19 附
息国债 11 的价格公式并且等于 0
...:        return np.array([eq1,eq2])

In [47]: import scipy.optimize as so               #导入 SciPy 的子模块 optimize

In [48]: R3_R4=so.fsolve(zero_rate,np.array([0.01,0.01]))
...:    print('计算得到 6 个月的零息利率',R3_R4[0].round(6))
...:    print('计算得到 1 年的零息利率',R3_R4[-1].round(6))
计算得到 6 个月期的零息利率 0.021142
计算得到 1 年期的零息利率 0.022024
```

同样，从以上计算的结果可以看到，1 年期的零息利率 2.2024% 高于 6 个月期的零息利率 2.1142%。

3. 针对任务 3

```
In [49]: C5=0.0352                        #13 附息国债 05 的票面利率
...:    C6=0.0408                         #13 附息国债 18 的票面利率
...:    P5=103.5537                       #13 附息国债 05 的价格
...:    P6=105.7383                       #13 附息国债 18 的价格
...:    m5=2                              #13 附息国债 05 的每年票息支付次数
...:    m6=2                              #13 附息国债 18 的每年票息支付次数

In [50]: T5=dt.datetime(2023,2,21)        #13 附息国债 05 的到期日
...:    T6=dt.datetime(2023,8,22)         #13 附息国债 18 的到期日

In [51]: tenor5=(T5-T0).days/365          #13 附息国债 05 的剩余期限（年）
...:    tenor6=(T6-T0).days/365           #13 附息国债 18 的剩余期限（年）

In [52]: N5=m5*(int(tenor5)+1)            #13 附息国债 05 的剩余票息支付次数
```

```
       ...: N6=m6*int(tenor6)+1              #13附息国债18的剩余票息支付次数

In [53]: T_list5=np.arange(N5)/m5
       ...: T_list5=np.sort(tenor5-T_list5)  #13附息国债05剩余每次票息支付的期限数组

In [54]: T_list6=np.arange(N6)/m6
       ...: T_list6=np.sort(tenor6-T_list6)  #13附息国债18剩余每次票息支付的期限数组

In [55]: R3=R3_R4[0]                         #6个月期零息利率
       ...: R4=R3_R4[-1]                      #1年期零息利率

In [56]: def zero_rate_new(R):              #自定义一个新函数
       ...:     from numpy import exp        #从NumPy模块导入exp函数
       ...:     R5,R6=R
       ...:     R_list=np.array([R1,R3,R4,R5,R6]) #构建1个月、6个月、1年、1.5年和2年零息利率的数组
       ...:     eq1=par*(np.sum(C5/m5*exp(-R_list[:-1]*T_list5))+exp(-R_list[-2]*T_list5[-1]))-
P5 #13附息国债05的价格公式并且等于0
       ...:     eq2=par*(np.sum(C6/m6*exp(-R_list*T_list6))+np.exp(-R_list[-1]*T_list6[-1]))-
P6    #13附息国债18的价格公式并且等于0
       ...:     return np.array([eq1,eq2])

In [57]: R5_R6=so.fsolve(zero_rate_new,np.array([0.01,0.01]))
       ...: print('计算得到1.5年期的零息利率',R5_R6[0].round(6))
       ...: print('计算得到2年期的零息利率',R5_R6[1].round(6))
计算得到1.5年期的零息利率 0.022116
计算得到2年期的零息利率   0.021146
```

从以上计算结果却发现，1.5年期的零息利率2.2116%略高于2年期的利率2.1146%。

```
In [58]: R_list=np.concatenate(([R1_R2],[R3_R4],[R5_R6]))  #构建零息利率的数组
       ...: R_list=R_list.ravel()                           #转为一维数组

In [59]: T_list=np.array([1/12,3/12,6/12,1,1.5,2])          #构建期限的数组

In [60]: plt.figure(figsize=(9,6))
       ...: plt.plot(T_list,R_list,'r-',label=u'零息利率曲线',lw=2.5)
       ...: plt.plot(T_list,R_list,'bo',label=u'零息利率',lw=2.5)
       ...: plt.xticks(fontsize=13)
       ...: plt.xlabel(u'期限（年）',fontsize=13)
       ...: plt.yticks(fontsize=13)
       ...: plt.ylabel(u'利率',fontsize=13)
       ...: plt.title(u'基于票息剥离法计算得到国债的零息利率曲线', fontsize=14)
       ...: plt.legend(fontsize=13)
       ...: plt.grid()
       ...: plt.show()
```

从图7-1中可以看到，国债零息利率曲线基本是一条向上倾斜的曲线，同时在1.5年期出现了拐点。此外，通过函数ravel可以将二维或更高维的数组转化为一维数组。

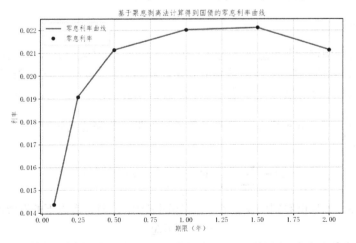

图7-1　2021年8月5日基于票息剥离法得到的国债零息利率曲线

7.4 麦考利久期的编程——以政策性金融债为案例

7.4.1 案例详情

D 公司是总部位于法国巴黎的一家全球资产管理集团，投资风格融入了"长期"（long-term）、"负责任"（responsible）以及"独立"（independent）的思维方式。该公司获得了中国国家外汇管理局发放的 QFII 额度，允许进入中国债券市场开展投资。

该公司的资金偏好于配置高信用等级的政策性金融债，其在 2021 年 8 月 25 日配置的相关债券信息如表 7-6 所示。

表 7-6 2021 年 8 月 25 日配置的政策性金融债的要素信息

证券代码	证券名称	发行人	到期日	票面利率	付息频次	估价收益率（连续复利）	持有面值
170415	17 农发 15	中国农业发展银行	2027-09-08	4.39%	1	3.1601%	2.73 亿元
170303	17 进出 03	中国进出口银行	2027-03-20	4.11%	1	3.0456%	3.16 亿元
060219	06 国开 19	国家开发银行	2026-09-05	4.18%	2	2.9966%	3.59 亿元
					合计		9.48 亿元

数据来源（不含持有面值）：上海清算所。

假定你是 D 公司的债券投资总监，日常负责政策性金融债的投资工作。目前收到了债券分析师提交的表 7-6 中这些债券在 2021 年 8 月 25 日的**麦考利久期**（Macaulay duration）等信息，你希望能够亲自核实这些信息的准确性，同时基于久期开展针对债券的敏感性分析，因此需要运用 Python 完成 3 个编程任务。

7.4.2 编程任务

【任务 1】根据债券的麦考利久期计算公式，通过 Python 自定义一个计算债券麦考利久期的函数，并且在自定义函数中可以输入定价日、到期日等具体日期的参数。

【任务 2】根据任务 1 自定义的计算债券麦考利久期的函数，依次计算表 7-6 中 3 只债券的麦考利久期。

【任务 3】假定在 2021 年 8 月 25 日这 3 只债券的到期收益率（连续复利）在表 7-6 中估价收益率的基础上均增加 0.15%（即 15 个基点），根据任务 2 计算得到的麦考利久期，近似计算出这 3 只债券价格的变动情况以及对公司持有债券价值的影响金额。

7.4.3 编程提示

- 针对任务 1，假定债券票息每年支付 m 次（$m \geq 1$），同时假定 P 代表债券价格，c 代表票面利率，M 代表债券本金，y 代表债券到期收益率（连续复利），t_i 代表定价日距离剩余第 i 期票息支付日的期限（用年表示），并且 $i = 1, 2, \cdots, N$。在 7.1.3 小节提到了债券价格 $P = \dfrac{C}{m} M \sum_{i=1}^{N} e^{-yt_i} + M e^{-yt_N}$，则债券的麦考利久期 D 的表达式如下：

$$D = \left[\sum_{i=1}^{N} t_i \left(\frac{c}{m} M e^{-yt_i} \right) + t_N M e^{-yt_N} \right] / P \qquad （式 7-6）$$

- 针对任务 3，如果债券到期收益率 y 存在微小变化 Δy 时，有以下的近似等式：

$$\Delta P = -PD\Delta y \qquad （式 7-7）$$

其中，ΔP 代表债券价格的变化，P 代表到期收益率变动前的债券价格，该价格可以通过 7.1

节任务 1 计算债券价格的自定义函数测算得出。

7.4.4 参考代码与说明

1. 针对任务 1

```
In [61]: def Macaulay_Duration(c,m,y,t0,t1):
    ...:     '''构建计算债券麦考利久期的函数
    ...:     c: 表示债券的票面利率
    ...:     m: 表示债券票息的每年支付次数,并且次数不超过 2 次
    ...:     y: 表示债券的到期收益率(连续复利)
    ...:     t0: 表示计算债券久期的时点,用时间对象格式输入
    ...:     t1: 表示债券到期日,用时间对象格式输入'''
    ...:     from numpy import exp,arange,sort       #导入 NumPy 模块的 exp、arange 和 sort 函数
    ...:     import math                             #导入 math 模块
    ...:     tenor=(t1-t0).days/365                  #计算债券剩余期限(年)
    ...:     if math.modf(tenor)[0]>0.5:             #小数部分小于 0.5
    ...:         N=m*math.ceil(tenor)                #计算得到剩余票息支付次数
    ...:     else:                                   #小数部分大于等于 0.5
    ...:         N=m*math.floor(tenor)+1             #计算得到剩余票息支付次数
    ...:     T_list=arange(N)/m                      #构建一个期限数组
    ...:     T_list=sort(tenor-T_list)               #定价日距离剩余每次票息支付日的期限数组
    ...:     par=100                                 #表示债券本金
    ...:     value=par*(sum(exp(-y*T_list)*c/m)+exp(-y*T_list[-1]))    #计算债券价值
    ...:     coupon_PV=sum(T_list*exp(-y*T_list)*par*c/m)  #计算债券剩余票息贴现值的期限加权平均
    ...:     par_PV=T_list[-1]*par*exp(-y*T_list[-1])     #计算债券本金贴现值乘期限
    ...:     duration=(coupon_PV+par_PV)/value
    ...:     return duration                         #输出债券的麦考利久期
```

根据以上自定义函数 Macaulay_Duration,只需要输入债券的票面利率、票息每年支付次数、债券到期收益率、测算债券久期的日期以及债券到期日等参数,就可以快速计算得到债券的麦考利久期。

2. 针对任务 2

```
In [62]: t_price=dt.datetime(2021,8,25)            #计算债券麦考利久期的日期

In [63]: t_ADB=dt.datetime(2027,9,8)               #17 农发 15 的到期日
    ...: c_ADB=0.0439                               #17 农发 15 的票面利率
    ...: m_ADB=1                                     #17 农发 15 的每年票息支付次数
    ...: y_ADB=0.031601                             #17 农发 15 的到期收益率

In [64]: duration_ADB=Macaulay_Duration(c=c_ADB,m=m_ADB,y=y_ADB,t0=t_price,t1=t_ADB)  #17
农发 15 的麦考利久期
    ...: print('2021 年 8 月 25 日 17 农发 15 的麦考利久期',round(duration_ADB,4))
2021 年 8 月 25 日 17 农发 15 的麦考利久期 5.2504

In [65]: t_EIB=dt.datetime(2027,3,20)              #17 进出 03 的到期日
    ...: c_EIB=0.0411                               #17 进出 03 的票面利率
    ...: m_EIB=1                                     #17 进出 03 的每年票息支付次数
    ...: y_EIB=0.030456                             #17 进出 03 的到期收益率

In [66]: duration_EIB=Macaulay_Duration(c=c_EIB,m=m_EIB,y=y_EIB,t0=t_price,t1=t_EIB)  #17
进出 03 的麦考利久期
    ...: print('2021 年 8 月 25 日 17 进出 03 的麦考利久期',round(duration_EIB,4))
2021 年 8 月 25 日 17 进出 03 的麦考利久期 5.0252

In [67]: t_CDB=dt.datetime(2026,9,5)               #06 国开 19 的到期日
    ...: c_CDB=0.0418                               #06 国开 19 的票面利率
    ...: m_CDB=2                                     #06 国开 19 的每年票息支付次数
    ...: y_CDB=0.029966                             #06 国开 19 的到期收益率

In [68]: duration_CDB=Macaulay_Duration(c=c_CDB,m=m_CDB,y=y_CDB,t0=t_price,t1=t_CDB)
#06 国开 19 的麦考利久期
    ...: print('2021 年 8 月 25 日 06 国开 19 的麦考利久期',round(duration_CDB,4))
2021 年 8 月 25 日 06 国开 19 的麦考利久期 4.5211
```

通过以上的输出结果可以看到,17 农发 15 债券久期最长并且达到 5.2504,表明该债券面临的利率风险是最高的。相比之下,06 国开 19 的债券久期最短并且仅为 4.5211,表明该债券面临的利

率风险最低。

3. 针对任务 3

```
In [69]: par=100                                    #1 张债券的面值（100 元）

In [70]: price_ADB=Bondprice_onediscount(C=c_ADB,M=par,m=m_ADB,y=y_ADB,t0=t_price, t1=t_
ADB) #计算 2021 年 8 月 25 日 17 农发 15 的债券价格（收益率变动之前）
    ...: price_EIB=Bondprice_onediscount(C=c_EIB,M=par,m=m_EIB,y=y_EIB,t0=t_price,t1=t_
EIB)  #计算 2021 年 8 月 25 日 17 进出 03 的债券价格（收益率变动之前）
    ...: price_CDB=Bondprice_onediscount(C=c_CDB,M=par,m=m_CDB,y=y_CDB,t0=t_price, t1=t_
CDB) #计算 2021 年 8 月 25 日 06 国开 19 的债券价格（收益率变动之前）

In [71]: y_chg=0.0015                               #到期收益率变动值（15 个基点）

In [72]: par_ADB=2.73e8                             #持有 17 农发 15 的债券面值
    ...: par_EIB=3.16e8                             #持有 17 进出 03 的债券面值
    ...: par_CDB=3.59e8                             #持有 06 国开 19 的债券面值

In [73]: value_chg_ADB=-duration_ADB*y_chg*price_ADB*par_ADB/par #收益率变动导致持有 17 农发 15
债券的价值变动金额
    ...: value_chg_EIB=-duration_EIB*y_chg*price_EIB*par_EIB/par   #收益率变动导致持有 17 进出
03 债券的价值变动金额
    ...: value_chg_CDB=-duration_CDB*y_chg*price_CDB*par_CDB/par   #收益率变动导致持有 06 国开
19 债券的价值变动金额
    ...: print('到期收益率上升 15 个基点导致 17 农发 15 的债券价值变动金额（元）', round(value_chg_ADB,2))
    ...: print('到期收益率上升 15 个基点导致 17 进出 03 的债券价值变动金额（元）', round(value_chg_EIB,2))
    ...: print('到期收益率上升 15 个基点导致 06 国开 19 的债券价值变动金额（元）', round(value_chg_CDB,2))
到期收益率上升 15 个基点导致 17 农发 15 的债券价值变动金额（元） -2377758.47
到期收益率上升 15 个基点导致 17 进出 03 的债券价值变动金额（元） -2545964.88
到期收益率上升 15 个基点导致 06 国开 19 的债券价值变动金额（元） -2613171.04

In [74]: value_chg_port=value_chg_ADB+value_chg_EIB+value_chg_CDB #持有的债券按组合价值变化
    ...: print('到期收益率上升 15 个基点导致债券组合的价值变动金额（元）', round(value_chg_port,2))
到期收益率上升 15 个基点导致债券组合的价值变动金额（元） -7536894.39
```

根据以上的输出结果不难发现，当债券的到期收益率增加 0.15%时，D 公司持有这 3 只债券的价值均出现了一定程度的下降，其中，06 国开 19 的下降金额最大，其次是 17 进出 03，17 农发 15 最小，全部债券给 D 公司带来的浮亏约 753.69 万元。

7.5 修正久期和美元久期的编程——以央企债券为案例

7.5.1 案例详情

E 机构是总部位于上海的一家国际多边金融组织，以支持新兴经济体的基础设施建设和可持续发展为使命，以透明和同理心实现发展目标，为世界各国尤其是欠发达国家的发展创造平等机会。该机构于 2019 年获得中国人民银行批准允许在中国银行间市场开展债券交易，该机构偏好于投资由大型中央企业发行的债券（简称"央企债券"）以有效控制信用风险。

表 7-7 列出了截止到 2021 年 9 月 22 日 E 机构投资的 3 只央企债券的相关信息，需要注意的是表中的到期收益率每年复利 1 次。

表 7-7　2021 年 9 月 22 日 E 机构已投资的相关央企债券信息

证券代码	证券名称	发行人	到期日	票面利率	年付息次数	到期收益率（每年复利 1 次）
058032	05 中信债 2	中国中信集团有限公司	2025-12-09	4.60%	1	3.4828%
120605	06 三峡债	中国长江三峡集团有限公司	2026-05-11	4.15%	1	3.3114%
124411	13 国网 04	国家电网有限公司	2028-10-23	5.73%	1	3.5440%

数据来源：上海清算所。

假定你是该机构的首席债券分析师，正在审阅一份由助理撰写的债券分析报告，你希望能够亲自核实报告所涉及的表 7-7 中这些债券的修正久期（modified duration）和美元久期（dollar duration）的数据，因此需要运用 Python 完成 4 个编程任务。

7.5.2 编程任务

【任务 1】根据债券修正久期的计算公式，通过 Python 自定义一个计算债券修正久期的函数，并且自定义的函数中包括表示修正久期测算日、债券到期日等具体日期的参数。

【任务 2】根据任务 1 自定义的函数，依次计算出"05 中信债 2""06 三峡债"以及"13 国网04"这 3 只债券的修正久期。

【任务 3】根据债券美元久期的计算公式，通过 Python 自定义一个计算债券美元久期的函数，并且自定义的函数中包括表示美元久期测算日、债券到期日等具体日期的参数。

【任务 4】根据任务 3 自定义的函数，依次计算"05 中信债 2""06 三峡债"以及"13 国网04"这 3 只债券的美元久期。

7.5.3 编程提示

- 针对任务 1 需要运用修正久期的计算公式。假定债券到期收益率 y 每年复利 m 次，D 是麦考利久期，则可以得到债券修正久期 D^* 的表达式如下：

$$D^* = \frac{D}{1+y/m} \qquad （式 7-8）$$

- 针对任务 3 需要运用美元久期的计算公式。假定 P 表示债券价格，D^* 表示债券的修正久期，则债券美元久期 D_s 的表达式如下：

$$D_s = PD^* \qquad （式 7-9）$$

7.5.4 参考代码与说明

1. 针对任务 1

```
In [75]: def Modified_Duration(c,m,y,t0,t1):
    ...:     '''定义计算债券修正久期的函数
    ...:     c: 表示债券的票面利率
    ...:     m: 表示债券票息的每年支付次数，并且次数不超过 2 次
    ...:     y: 表示债券的到期收益率，每年复利频次等同于票息每年支付次数
    ...:     t0: 表示计算债券久期的日期（定价日），用时间对象格式输入
    ...:     t1: 表示债券到期日，格式与 t0 保持一致'''
    ...:     from numpy import arange,exp,log,sort    #导入NumPy模块的arange、exp、log和sort函数
    ...:     import math                              #导入 math 模块
    ...:     tenor=(t1-t0).days/365                   #债券剩余期限（年）
    ...:     if math.modf(tenor)[0]>0.5:              #小数部分大于 0.5
    ...:         N=m*math.ceil(tenor)                 #剩余票息支付次数
    ...:     else:                                    #小数部分小于或等于 0.5
    ...:         N=m*math.floor(tenor)+1              #剩余票息支付次数
    ...:     T_list=arange(N)/m                       #构建一个数组
    ...:     T_list=sort(tenor-T_list)                #剩余每次票息支付的期限数组
    ...:     M=100                                    #债券本金
    ...:     y_c=m*log(1+y/m)                         #将每年复利 m 次的到期收益率转换为连续复利
    ...:     value=M*(sum(exp(-y_c*T_list))*c/m+exp(-y_c*T_list[-1]))   #计算债券价值
    ...:     coupon=sum(T_list*exp(-y_c*T_list)*M*c/m)    #计算债券剩余票息贴现值的期限加权平均值
    ...:     par=T_list[-1]*M*exp(-y_c*T_list[-1])        #计算债券本金贴现值乘以期限
    ...:     Mac_duration=(coupon+par)/value          #麦考利久期
    ...:     Mod_duration=Mac_duration/(1+y/m)        #修正久期
    ...:     return Mod_duration
```

在以上的自定义函数 Modified_Duration 中，输入债券票面利率、票息每年支付频次、到期收益率、久期测算日以及债券到期日等参数，就可以迅速得出债券的修正久期。

2. 针对任务 2

```
In [76]: t_price=dt.datetime(2021,9,22)          #计算债券修正久期的日期
   ...: freq=1                                    #每年票息支付频次

In [77]: c_CITIC=0.046                            #05 中信债 2 的票面利率
   ...: y_CITIC=0.034828                          #05 中信债 2 的到期收益率（每年复利 1 次）
   ...: t_CITIC=dt.datetime(2025,12,9)            #05 中信债 2 的到期日

In [78]: MD_CITIC=Modified_Duration(c=c_CITIC,m=freq,y=y_CITIC,t0=t_price,t1=t_CITIC) #05
中信债 2 的修正久期
   ...: print('2021 年 9 月 22 日 05 中信债 2 的修正久期',round(MD_CITIC,6))
2021 年 9 月 22 日 05 中信债 2 的修正久期  3.679142

In [79]: t_CTG=dt.datetime(2026,5,11)            #06 三峡债的到期日
   ...: c_CTG=0.0415                             #06 三峡债的票面利率
   ...: y_CTG=0.033114                           #06 三峡债到期收益率（每年复利 1 次）

In [80]: MD_CTG=Modified_Duration(c=c_CTG,m=freq,y=y_CTG,t0=t_price,t1=t_CTG)   #06 三峡债的
修正久期
   ...: print('2021 年 9 月 22 日 06 三峡债的修正久期',round(MD_CTG,6))
2021 年 9 月 22 日 06 三峡债的修正久期  4.124283

In [81]: t_SGCC=dt.datetime(2028,10,23)          #13 国网 04 的到期日
   ...: c_SGCC=0.0573                            #13 国网 04 的票面利率
   ...: y_SGCC=0.035440                          #13 国网 04 的到期收益率（每年复利 1 次）

In [82]: MD_SGCC=Modified_Duration(c=c_SGCC,m=freq,y=y_SGCC,t0=t_price,t1=t_SGCC) #13 国网
04 的修正久期
   ...: print('2021 年 9 月 22 日 13 国网 04 的修正久期',round(MD_SGCC,6))
2021 年 9 月 22 日 13 国网 04 的修正久期  5.631822
```

从以上的输出结果不难发现，05 中信债 2 的修正久期最短，其次是 06 三峡债，13 国网 04 的修正久期最长，这表明 05 中信债 2 的利率风险最低，13 国网 04 的利率风险最高。

3. 针对任务 3

```
In [83]: def Dollar_Duration(c,m,y,t0,t1):
   ...:     '''定义计算债券美元久期的函数
   ...:     c: 表示债券的票面利率；
   ...:     m: 表示债券票息的每年支付次数，并且次数不超过 2 次；
   ...:     y: 表示债券的到期收益率，每年复利次数等同于票息每年支付次数；
   ...:     t0: 表示计算债券久期的日期（定价日），用时间对象格式输入；
   ...:     t1: 表示债券到期日，格式与 t0 保持一致'''
   ...:     from numpy import arange,exp,log,sort   #导入 NumPy 模块的 arange、exp、log 和 sort 函数
   ...:     import math                             #导入 math 模块
   ...:     tenor=(t1-t0).days/365                  #债券剩余期限（年）
   ...:     if math.modf(tenor)[0]>0.5:             #小数位大于 0.5
   ...:         N=m*math.ceil(tenor)                #剩余票息支付次数
   ...:     else:
   ...:         N=m*math.floor(tenor)+1             #剩余票息支付次数
   ...:     T_list=arange(N)/m                      #构建数组
   ...:     T_list=sort(tenor-T_list)               #债券的剩余每次票息支付的期限数组
   ...:     M=100                                   #债券本金
   ...:     y_c=m*log(1+y/m)                        #将每年复利 m 次的到期收益率转换为连续复利
   ...:     price=M*(sum(exp(-y_c*T_list))*c/m+exp(-y_c*T_list[-1]))   #计算债券价格
   ...:     coupon=sum(T_list*exp(-y_c*T_list)*M*c/m) #债券剩余票息贴现值的期限加权平均值
   ...:     par=T_list[-1]*M*exp(-y_c*T_list[-1])   #债券本金贴现值乘以期限
   ...:     mac_duration=(coupon+par)/price         #麦考利久期
   ...:     modi_duration=mac_duration/(1+y/m)      #修正久期
   ...:     duration=price*modi_duration            #美元久期
   ...:     return duration
```

在以上的自定义函数 Dollar_Duration 中，输入债券票面利率、票息每年支付频次、到期收益率、久期测算日以及债券到期日等参数，就可以计算出债券的美元久期。

4. 针对任务 4

```
In [84]: DD_CITIC=Dollar_Duration(c=c_CITIC,m=freq,y=y_CITIC,t0=t_price,t1=t_CITIC)   #05
中信债 2 的美元久期
```

```
    ...: print('2021 年 9 月 22 日 05 中信债 2 的美元久期',round(DD_CITIC,4))
  2021 年 9 月 22 日 05 中信债 2 的美元久期  396.9895

  In [85]: DD_CTG=Dollar_Duration(c=c_CTG,m=freq,y=y_CTG,t0=t_price,t1=t_CTG)     #06 三峡债
的美元久期
    ...: print('2021 年 9 月 22 日 06 三峡债的美元久期',round(DD_CTG,4))
  2021 年 9 月 22 日 06 三峡债的美元久期  433.2404

  In [86]: DD_SGCC=Dollar_Duration(c=c_SGCC,m=freq,y=y_SGCC,t0=t_price,t1=t_SGCC) #13 国网 04
的美元久期
    ...: print('2021 年 9 月 22 日 13 国网 04 的美元久期',round(DD_SGCC,4))
  2021 年 9 月 22 日 13 国网 04 的美元久期  668.498
```

基于以上计算结果可以发现，与修正久期的结果类似，05 中信债 2 的美元久期最短，其次是 06 三峡债，13 国网 04 的美元久期最长。此外，通过美元久期可以快速计算得到债券的基点价值。**基点价值**（DV01）是指当债券到期收益率变动 1 个基点（1 b.p.或者 0.01%）对应债券价格的变化金额，是债券投资领域中广泛运用的衡量债券价格弹性的一个指标。因此在 2021 年 9 月 22 日 05 中信债 2、06 三峡债以及 13 国网 04 这 3 只债券的基点价值依次约为 0.0397 元、0.0433 元以及 0.0668 元（均保留至小数点后 4 位）。

7.6 债券凸性的编程——以中期票据为案例

7.6.1 案例详情

F 银行是北欧某个国家的中央银行，除了负责实现通胀稳定和金融稳定以外，还负责管理该国政府养老基金以及外汇储备在全球的资产配置。该中央银行于 2019 年获得中国人民银行批准允许投资中国银行间市场的债券，为了平衡收益与风险，该中央银行配置了由中国大型国有企业发行的中期票据。表 7-8 列出了 2021 年 10 月 12 日 F 银行配置的相关中期票据信息。

表 7-8   2021 年 10 月 12 日 F 银行配置的中期票据信息

债券代码	债券名称	发行主体	债券到期日	票面利率	年付息次数	到期收益率（连续复利）	持有债券面值
1282414	12 国开投 MTN2	国家开发投资集团有限公司	2022-10-23	5.18%	1	2.8335%	2.56 亿元
1382025	13 中能建 MTN1	中国能源建设股份有限公司	2023-01-18	5.37%	1	2.8238%	1.93 亿元
1382251	13 苏交通 MTN2	江苏交通控股有限公司	2023-05-17	5.30%	1	3.0134%	1.38 亿元
1382205	13 粤交通 MTN2	广东省交通集团有限公司	2028-04-25	5.39%	1	3.7641%	1.17 亿元
合计							7.04 亿元

数据来源（不包含持有债券面值）：中国货币网。

假定你是这家中央银行的首席投资官，正在阅读由债券分析团队提交的关于表 7-8 中 4 只中期票据的跟踪报告，并且希望验证报告中关于债券**凸性**（convexity）等信息，因此需要运用 Python 完成 3 个编程任务。

7.6.2 编程任务

【任务 1】根据债券凸性的计算公式，通过 Python 自定义一个计算债券凸性的函数，并且函数中包括表示凸性测算日、债券到期日等具体日期的参数。

【任务 2】基于任务 1 得到的计算债券凸性的自定义函数，结合表 7-8 中的信息，依次计算"12 国开投 MTN2""13 中能建 MTN1""13 苏交通 MTN2"以及"13 粤交通 MTN2"这 4 只中期票据的债券凸性。

【任务 3】根据 F 银行的风险管理要求，需要对中期票据开展敏感性分析。假定在 2021 年 10 月 12 日，债券的到期收益率（连续复利）在表 7-8 中到期收益率的基础上均提高了 20 个基点（0.2%），结合债券麦考利久期和凸性近似测算 F 银行持有这 4 只中期票据的盈亏情况。

7.6.3 编程提示

- 针对任务 1 的债券凸性公式，假定债券票息每年支付 m 次（$m \geq 1$），c 代表票面利率，M 代表债券本金，y 代表债券到期收益率（连续复利），t_i 代表定价日距离剩余第 i 期票息支付日的期限（单位为年），并且 $i = 1, 2, \cdots, N$，债券价格用 P 表示，则债券凸性 C 的表达式如下：

$$C = \left[\sum_{i=1}^{N} t_i^2 \left(\frac{c}{m} M \mathrm{e}^{-yt_i} \right) + t_N^2 M \mathrm{e}^{-yt_N} \right] / P \qquad （式 7-10）$$

- 针对任务 3，假定 P 表示债券价格，D 表示债券麦考利久期，C 表示债券凸性，Δy 表示债券到期收益率（连续复利）变动额，则债券价格变化金额 ΔP 的表达式如下：

$$\Delta P = -DP\Delta y + \frac{1}{2} CP(\Delta y)^2 \qquad （式 7-11）$$

7.6.4 参考代码与说明

1. 针对任务 1

```
In [87]: def Convexity(c,m,y,t0,t1):
    ...:     '''定义计算债券凸性的函数
    ...:     c: 表示债券的票面利率
    ...:     m: 表示债券票息的每年支付次数，并且次数不超过 2 次
    ...:     y: 表示债券的到期收益率（连续复利）
    ...:     t0: 表示计算债券凸性的日期，用时间对象格式输入
    ...:     t1: 表示债券到期日，格式与 t0 保持一致'''
    ...:     from numpy import arange,exp,sort     #导入 NumPy 模块的 arange、exp 和 sort 函数
    ...:     import math                           #导入 math 模块
    ...:     tenor=(t1-t0).days/365                #债券剩余期限（年）
    ...:     if math.modf(tenor)[0]>0.5:           #小数部分大于 0.5
    ...:         N=m*math.ceil(tenor)              #剩余票息支付次数
    ...:     else:                                 #小数部分小于或等于 0.5
    ...:         N=m*math.floor(tenor)+1           #剩余票息支付次数
    ...:     T_list=arange(N)/m                    #构建一个数组
    ...:     T_list=sort(tenor-T_list)             #剩余每次票息支付的期限数组
    ...:     M=100                                 #债券本金
    ...:     value=M*(sum(exp(-y*T_list))*c/m+exp(-y*T_list[-1]))  #债券价值
    ...:     coupon=sum((T_list**2)*exp(-y*T_list)*M*c/m)  #债券剩余票息贴现值的期限平方加权平均值
    ...:     par=(T_list[-1]**2)*M*exp(-y*T_list[-1])   #债券本金贴现值乘期限平方
    ...:     convexity=(coupon+par)/value          #债券凸性
    ...:     return convexity
```

在以上的自定义函数 Convexity 中，输入债券票面利率、票息每年支付频次、到期收益率、凸性测算的日期以及债券到期日等参数，就可以计算得到债券的凸性。

2. 针对任务 2

```
In [88]: t_price=dt.datetime(2021,10,12)         #计算债券凸性的日期
    ...: freq=1                                   #债券票息每年支付的频次

In [89]: t_SDIC=dt.datetime(2022,10,23)          #12 国开投 MTN2 的到期日
    ...: c_SDIC=0.0518                            #12 国开投 MTN2 的票面利率
    ...: y_SDIC=0.028335                          #12 国开投 MTN2 的到期收益率

In [90]: Convexity_SDIC=Convexity(c=c_SDIC,m=freq,y=y_SDIC,t0=t_price,t1=t_SDIC) #12 国开投
MTN2 的凸性
    ...: print('2021 年 10 月 12 日 12 国开投 MTN2 的凸性',round(Convexity_SDIC,4))
2021 年 10 月 12 日 12 国开投 MTN2 的凸性 1.0101

In [91]: t_CEEC=dt.datetime(2023,1,18)           #13 中能建 MTN1 的到期日
```

```
    ...: c_CEEC=0.0537                          #13 中能建 MTN1 的票面利率
    ...: y_CEEC=0.028238                        #13 中能建 MTN1 的到期收益率

In [92]: Convexity_CEEC=Convexity(c=c_CEEC,m=freq,y=y_CEEC,t0=t_price,t1=t_CEEC) #13 中能建
MTN1 的凸性
    ...: print('2021 年 10 月 12 日 13 中能建 MTN1 的凸性',round(Convexity_CEEC,4))
2021 年 10 月 12 日 13 中能建 MTN1 的凸性  1.5325

In [93]: t_JCHC=dt.datetime(2023,5,17)         #13 苏交通 MTN2 的到期日
    ...: c_JCHC=0.053                           #13 苏交通 MTN2 的票面利率
    ...: y_JCHC=0.030134                        #13 苏交通 MTN2 的到期收益率

In [94]: Convexity_JCHC=Convexity(c=c_JCHC,m=freq,y=y_JCHC,t0=t_price,t1=t_JCHC)    #13 苏交
通 MTN2 的凸性
    ...: print('2021 年 10 月 12 日 13 苏交通 MTN2 的凸性',round(Convexity_JCHC,4))
2021 年 10 月 12 日 13 苏交通 MTN2 的凸性  2.4345

In [95]: t_GDCG=dt.datetime(2028,4,25)         #13 粤交通 MTN2 的到期日
    ...: c_GDCG=0.0539                          #13 粤交通 MTN2 的票面利率
    ...: y_GDCG=0.037641                        #13 粤交通 MTN2 的到期收益率

In [96]: Convexity_GDCG=Convexity(c=c_GDCG,m=freq,y=y_GDCG,t0=t_price,t1=t_GDCG)    #13 粤交通
MTN2 的凸性
    ...: print('2021 年 10 月 12 日 13 粤交通 MTN2 的凸性',round(Convexity_GDCG,4))
2021 年 10 月 12 日 13 粤交通 MTN2 的凸性  34.6463
```

通过以上的计算可以判断出，在 2021 年 10 月 12 日，12 国开投 MTN2 的债券凸性最小，13 粤交通 MTN2 的凸性则最大。

3. 针对任务 3

```
In [97]: def Bvalue_change(c,m,y,y_chg,L,t0,t1):
    ...:     '''定义计算基于麦考利久期与凸性测算债券价格变化金额的函数
    ...:     c: 表示债券的票面利率
    ...:     m: 表示债券票息的每年支付次数，并且次数不超过 2 次
    ...:     y: 表示债券的到期收益率（连续复利）
    ...:     y_chg: 表示债券到期收益率的变化额
    ...:     L: 表示持有的债券面值
    ...:     t0: 表示债券到期收益率变化的日期，用时间对象格式输入
    ...:     t1: 表示债券到期日，格式与 t0 保持一致'''
    ...:     from numpy import arange,exp,sort        #导入 NumPy 模块的 arange、exp 和 sort 函数
    ...:     import math                              #导入 math 模块
    ...:     tenor=(t1-t0).days/365                   #债券剩余期限（年）
    ...:     if math.modf(tenor)[0]>0.5:              #小数部分大于 0.5
    ...:         N=m*math.ceil(tenor)                 #剩余票息支付次数
    ...:     else:                                    #小数部分小于或等于 0.5
    ...:         N=m*math.floor(tenor)+1              #剩余票息支付次数
    ...:     T_list=arange(N)/m                       #构建一个数组
    ...:     T_list=sort(tenor-T_list)                #债券剩余每次票息支付的期限数组
    ...:     M=100                                    #债券本金
    ...:     P=M*(sum(exp(-y*T_list))*c/m+exp(-y*T_list[-1]))   #债券价格
    ...:     coupon1=sum(T_list*exp(-y*T_list)*M*c/m)  #债券剩余票息贴现值的期限加权平均值
    ...:     par1=T_list[-1]*M*exp(-y*T_list[-1])     #债券本金贴现值乘以期限
    ...:     D=(coupon1+par1)/P                       #债券麦考利久期
    ...:     coupon2=sum((T_list**2)*exp(-y*T_list)*M*c/m) #债券剩余票息贴现值的期限平方加权平均值
    ...:     par2=(T_list[-1]**2)*M*exp(-y*T_list[-1])   #债券本金贴现值乘以期限平方
    ...:     C=(coupon2+par2)/P                       #债券凸性
    ...:     value_change=(-D*P*y_chg+0.5*C*P*pow(y_chg,2))*L/M  #债券价值变化金额
    ...:     return value_change
```

运用该自定义函数 Bvalue_change，只需要输入债券的票面利率、票息每年支付次数、债券原到期收益率、到期收益率变化额、持有债券的面值、到期收益率变化的发生日以及债券到期日等参数，就可以快速计算出基于债券麦考利久期和凸性而得到的债券价值变化近似值。

```
In [98]: yield_chg=0.002                        #债券到期收益率的变化额
    ...: par_SDIC=2.56e8                         #持有 12 国开投 MTN2 的面值
    ...: par_CEEC=1.93e8                         #持有 13 中能建 MTN1 的面值
    ...: par_JCHC=1.38e8                         #持有 13 苏交通 MTN2 的面值
    ...: par_GDCG=1.17e8                         #持有 13 粤交通 MTN2 的面值
```

```
In [99]: value_chg_SDIC=Bvalue_change(c=c_SDIC,m=freq,y=y_SDIC,y_chg=yield_chg,L=par_SDI
C,t0=t_price,t1=t_SDIC) #持有 12 国开投 MTN2 的价值变化
    ...: value_chg_CEEC=Bvalue_change(c=c_CEEC,m=freq,y=y_CEEC,y_chg=yield_chg,L=par_CEEC,
t0=t_price,t1=t_CEEC)  #持有 13 中能建 MTN1 的价值变化
    ...: value_chg_JCHC=Bvalue_change(c=c_JCHC,m=freq,y=y_JCHC,y_chg=yield_chg,L=par_JCHC,
t0=t_price,t1=t_JCHC) #持有 13 苏交通 MTN2 的价值变化
    ...: value_chg_GDCG=Bvalue_change(c=c_GDCG,m=freq,y=y_GDCG,y_chg=yield_chg,L=par_GDCG,
t0=t_price,t1=t_GDCG)  #持有 13 粤交通 MTN2 的价值变化
    ...: value_chg_port=value_chg_SDIC+value_chg_CEEC+value_chg_JCHC+value_chg_GDCG  # 计
算持有全部 4 只中期票据的价值变化之和
    ...: print('到期收益率上升 20 个基点持有 12 国开投 MTN2 的价值变化', round(value_chg_SDIC,2))
    ...: print('到期收益率上升 20 个基点持有 13 中能建 MTN1 的价值变化', round(value_chg_CEEC,2))
    ...: print('到期收益率上升 20 个基点持有 13 苏交通 MTN2 的价值变化', round(value_chg_JCHC,2))
    ...: print('到期收益率上升 20 个基点持有 13 粤交通 MTN2 的价值变化', round(value_chg_GDCG,2))
    ...: print('到期收益率上升 20 个基点持有 4 只中期票据的整体价值变化', round(value_chg_port,2))
到期收益率上升 20 个基点持有 12 国开投 MTN2 的价值变化  -539036.01
到期收益率上升 20 个基点持有 13 中能建 MTN1 的价值变化  -502668.9
到期收益率上升 20 个基点持有 13 苏交通 MTN2 的价值变化  -449505.07
到期收益率上升 20 个基点持有 13 粤交通 MTN2 的价值变化  -1450008.9
到期收益率上升 20 个基点持有 4 只中期票据的整体价值变化 -2941218.89
```

通过以上的计算结果可以看到，当这 4 只中期票据的到期收益率均上升 20 个基点时，F 银行持有的中期票据整体浮亏约为-294.12 万元。

7.7 债券违约概率的编程之一——以国际机构债为案例

7.7.1 案例详情

G 公司是总部位于广州的一家证券资产管理公司，在包括债券等固定收益投资领域拥有一支专业的交易团队，拥有敏感的市场洞察力和国际水准的风险管理能力。从 2021 年开始，公司开始配置银行间市场发行的国际机构债，具体配置了"19 马来亚银行债 01B""19 意大利存贷款债 01""19 法农银行债 01"以及"20 三井住友债 01"这 4 只债券，并且信用评级均为 AAA。

假定你是该公司的首席风险官，正在负责推动公司债券投资的信用风险管理体系优化，因此风险管理部运用 2021 年 11 月 11 日债券到期收益率来计算违约概率。表 7-9 整理了相关债券的要素以及到期收益率，表 7-10 整理了当天国债到期收益率的数据。

表 7-9 2021 年 11 月 11 日相关债券的要素以及到期收益率

证券代码	证券名称	发行人中文名称及英文缩写	起息日	到期日	到期收益率（连续复利）
091900011	19 马来亚银行债 01B	马来亚银行有限公司（MB）	2019-06-21	2022-06-21	2.7528%
091900014	19 意大利存贷款债 01	意大利存款和贷款机构股份有限公司（CDP）	2019-08-01	2022-08-01	3.5960%
091900028	19 法农银行债 01	法国农业信贷银行（CA）	2019-12-05	2022-12-05	2.8563%
092000007	20 三井住友债 01	三井住友银行股份有限公司（SMBC）	2020-06-08	2023-06-08	3.2554%

数据来源：中国货币网。

表 7-10 2021 年 11 月 11 日国债到期收益率（连续复利）

期限	1 个月	2 个月	3 个月	6 个月	9 个月	1 年	2 年	3 年	5 年
到期收益率	1.7550%	2.1214%	2.2726%	2.3398%	2.2906%	2.2907%	2.5378%	2.6424%	2.7698%

数据来源：中国债券信息网。

同时，参考穆迪公司针对 AAA 评级债券的债券违约回收率统计数据，设定这 4 只债券的违约回收率均是 60%。为了亲自验证风险管理部的分析结果，你需要借助 Python 完成以下的 3 个编程任务。

7.7.2 编程任务

【任务 1】为了能够快速地测算债券主体的违约概率，需通过 Python 自定义一个计算债券主体违约概率的函数，该函数中具有表示具体的测算日和债券到期日等日期的参数。同时，为了便于运用插值法计算特定期限的国债到期收益率，还需要通过 Python 自定义一个通过插值法计算收益率曲线的函数。

【任务 2】计算 19 马来亚银行债 01B、19 意大利存贷款债 01 的违约概率，在计算过程中需要通过二阶样条曲线插值法计算对应期限的国债到期收益率（无风险收益率）。

【任务 3】计算 19 法农银行债 01、20 三井住友债 01 的违约概率，在计算过程中需要通过三阶样条曲线插值法计算对应期限的国债到期收益率。

7.7.3 编程提示

假设有一个期限为 T 年的零息公司债券，该债券是一个存在信用风险的债券，债券本金用 M 表示，债券连续复利的到期收益率用 y^* 表示，相同期限的无风险零息利率则用 y 表示，并且 $y^* > y$，$y^* - y$ 就表示**债券利差**（bond yield spread），λ 表示连续复利的年化违约概率，债券的违约回收率用 R 表示，可以得到连续复利的违约概率 λ 的表达式如下：

$$\lambda = -\frac{1}{T}\ln\left(\frac{e^{-y^*T} - Re^{-yT}}{1-R}\right) - y \qquad (式 7\text{-}12)$$

从（式 7-12）可以看到，对于违约概率而言，有影响的重要变量有 3 个，分别是债券收益率、无风险零息利率以及违约回收率。

需要注意的是，虽然（式 7-12）是通过零息债券推导得出的，但是在金融实战中也可以运用于带票息债券。

7.7.4 参考代码与说明

1. 针对任务 1

```
In [100]: def Prob_Default(y1,y2,R,t0,t1):
     ...:     '''定义通过债券价格计算债券主体连续复利违约概率的函数
     ...:     y1: 代表无风险的零息利率（国债到期收益率），并且是连续复利
     ...:     y2: 代表存在信用风险的债券到期收益率，并且是连续复利
     ...:     R: 代表债券的违约回收率
     ...:     t0: 代表测算违约概率的日期，用时间对象格式输入
     ...:     t1: 代表债券到期日，格式与t0保持一致'''
     ...:     from numpy import exp,log              #从NumPy模块导入exp、log函数
     ...:     T=(t1-t0).days/365                      #计算债券的剩余期限（年）
     ...:     A=(exp(-y2*T)-R*exp(-y1*T))/(1-R)       #违约概率表达式（式7-12）中圆括号内的表达式
     ...:     prob=-log(A)/T-y1                       #计算连续复利的违约概率表达式
     ...:     return prob
```

在以上自定义函数 Prob_Default 中，输入无风险零息利率、债券到期收益率、违约回收率、违约概率测算日以及债券到期日等参数，就可以迅速计算得到债券发行人的违约概率。

```
In [101]: def yield_curve(y_list,t_list1,t_list2,method):
     ...:     '''定义一个通过插值法计算收益率曲线的函数
     ...:     y_list: 代表原有收益率，以列表或数组格式输入
     ...:     T_list1: 代表原有收益率对应的期限，输入格式与y_list相同
     ...:     T_list2: 代表新的期限，输入格式与y_list相同
     ...:     method: 代表插值法，比如method='cubic'代表三阶样条曲线插值法'''
     ...:     from scipy.interpolate import interp1d   #导入interp1d函数
     ...:     f=interp1d(x=t_list1,y=y_list,kind=method) #运用插值法
     ...:     yield_new=f(t_list2)                      #计算插值后的新收益率
     ...:     return yield_new
```

在以上自定义函数 yield_curve 中，输入原有收益率、原有期限以及新的期限等参数，就可以迅

速得出新期限所对应的收益率数据。

2. 针对任务 2

```
In [102]: recovery=0.6                                              #违约回收率

In [103]: Yield=np.array([0.017550,0.021214,0.022726,0.023898,0.022906,0.022907,
     ...:               0.025378,0.026424,0.027698])                #国债到期收益率

In [104]: T=np.array([1/12,2/12,3/12,6/12,9/12,1,2,3,5])            #国债到期收益率的期限数组

In [105]: t_price=dt.datetime(2021,11,11)                           #违约概率的测算日
     ...: t_MB=dt.datetime(2022,6,21)                               #19马来亚银行债01B的到期日

In [106]: tenor_MB=(t_MB-t_price).days/365                          #19马来亚银行债01B的剩余期限
     ...: tenor_MB                                                  #输出结果
Out[106]: 0.6082191780821918

In [107]: T_new1=np.array([1/12,2/12,3/12,6/12,tenor_MB,9/12,1,2,3,5])   #包含19马来亚银行债
01B剩余期限的新期限数组

In [108]: Yield_new1=yield_curve(y_list=Yield,t_list1=T,t_list2=T_new1,method='quadratic')
#计算国债新的到期收益率（运用二阶样条曲线插值法）
     ...: Yield_new1
Out[108]:
array([0.01755   , 0.021214  , 0.022726  , 0.023398  , 0.02319472,
       0.022906  , 0.022907  , 0.025378  , 0.026424  , 0.027698  ])

In [109]: Yield_MB=0.027528                                         #19马来亚银行债01B的到期收益率

In [110]: PD_MB=Prob_Default(y1=Yield_new1[4],y2=Yield_MB,R=recovery,t0=t_price,t1=t_MB)
     ...: print('2021年11月11日19马来亚银行债01B的违约概率',round(PD_MB,6))
2021年11月11日19马来亚银行债01B的违约概率 0.010855

In [111]: t_CDP=dt.datetime(2022,8,1)                               #19意大利存贷款债01的到期日

In [112]: tenor_CDP=(t_CDP-t_price).days/365                        #19意大利存贷款债01的剩余期限
     ...: tenor_CDP
Out[112]: 0.7205479452054795

In [113]: T_new2=[1/12,2/12,3/12,6/12,tenor_CDP,9/12,1,2,3,5]       #包含19意大利存贷款债01剩余期
限的期限数组

In [114]: Yield_new2=yield_curve(y_list=Yield,t_list1=T,t_list2=T_new2,method='quadratic')
#计算国债新的到期收益率（运用二阶样条曲线插值法）
     ...: Yield_new2
Out[114]:
array([0.01755   , 0.021214  , 0.022726  , 0.023398  , 0.02294756,
       0.022906  , 0.022907  , 0.025378  , 0.026424  , 0.027698  ])

In [115]: Yield_CDP=0.035960                                        #19意大利存贷款债01的到期收益率

In [116]: PD_CDP=Prob_Default(y1=Yield_new2[4],y2=Yield_CDP,R=recovery,t0=t_price, t1=t_CDP)
     ...: print('2021年11月11日19意大利存贷款债01的违约概率',round(PD_CDP,6))
2021年11月11日19意大利存贷款债01的违约概率 0.032763
```

从以上输出的结果可以看到，"19意大利存贷款债01"的违约概率是"19马来亚银行债01B"的3倍左右。

3. 针对任务 3

```
In [117]: t_CA=dt.datetime(2022,12,5)                               #19法农银行债01的到期日

In [118]: tenor_CA=(t_CA-t_price).days/365                          #19法农银行债01的剩余期限
     ...: tenor_CA
Out[118]: 1.0657534246575342
```

```
In [119]: T_new3=[1/12,2/12,3/12,6/12,9/12,1,tenor_CA,2,3,5]    #包含19法农银行债01剩余期限的期限数组

In [120]: Yield_new3=yield_curve(y_list=Yield,t_list1=T,t_list2=T_new3,method='cubic')
#计算国债新的到期收益率（运用三阶样条曲线插值法）
     ...: Yield_new3
Out[120]:
array([0.01755   , 0.021214 , 0.022726 , 0.023398 , 0.022906 ,
       0.022907 , 0.02298598, 0.025378 , 0.026424 , 0.027698  ])

In [121]: Yield_CA=0.028563                             #19法农银行债01的到期收益率

In [122]: PD_CA=Prob_Default(y1=Yield_new3[6],y2=Yield_CA,R=recovery,t0=t_price,t1=t_CA)
     ...: print('2021年11月11日19法农银行债01的违约概率',round(PD_CA,6))
2021年11月11日19法农银行债01的违约概率 0.014005

In [123]: t_SMBC=dt.datetime(2023,6,8)                  #20三井住友债01的到期日

In [124]: tenor_SMBC=(t_SMBC-t_price).days/365          #20三井住友债01的剩余期限
     ...: tenor_SMBC
Out[124]: 1.5726027397260274

In [125]: T_new4=[1/12,2/12,3/12,6/12,9/12,1,tenor_SMBC,2,3,5]    #包含20三井住友债01剩余期限
的期限数组

In [126]: Yield_new4=yield_curve(y_list=Yield,t_list1=T,t_list2=T_new4,method='cubic')    #
计算国债新的到期收益率（运用三阶样条曲线插值法）
     ...: Yield_new4
Out[126]:
array([0.01755   , 0.021214 , 0.022726 , 0.023398 , 0.022906 ,
       0.022907 , 0.02418531, 0.025378 , 0.026424 , 0.027698  ])

In [127]: Yield_SMBC=0.032554                           #20三井住友债01的到期收益率

In [128]: PD_SMBC=Prob_Default(y1=Yield_new4[6],y2=Yield_SMBC,R=recovery,t0=t_price, t1=t_SMBC)
     ...: print('2021年11月11日20三井住友债01的违约概率',round(PD_SMBC,6))
2021年11月11日20三井住友债01的违约概率 0.021132
```

从以上的运算结果可以看到，"20三井住友债01"的违约概率要高于"19法农银行债01"的违约概率。

7.8 债券违约概率的编程之二——以发生违约的债券为案例

7.8.1 案例详情

H公司是总部位于苏州市的私募基金管理公司，该公司长期深耕于债券领域，尤其是在信用债研究与投资领域拥有良好的口碑与较大的影响力。假定你是该公司的风险总监。在2021年初，为了对2020年债券市场的重点违约债券进行复盘和分析，选取了债券市场中影响面比较广的一些违约债券发行主体，其中就有永城煤电控股集团有限公司。

2020年11月10日永城煤电控股集团有限公司对外发布《关于永城煤电控股集团有限公司2020年度第三期超短期融资券未能按期足额偿付本息的公告》，明确告知投资者：该公司2020年度第三期超短期融资券（债券简称为"20永煤SCP003"，债券代码为012000356）应于当天兑付本息，截至到期兑付日日终，"20永煤SCP003"不能按期足额偿付本息，已构成实质性违约。

选取相同发行人发行的2020年度第一期中期票据（"20永煤MTN001"）作为分析对象，依然采用债券价格计算违约概率，选择相近到期日的"03国债03"到期收益率作为无风险收益率。表7-11梳理了这两只债券的相关要素信息。

表 7-11 20 永煤 MTN001 与 03 国债 03 的要素信息

债券简称	20 永煤 MTN001	03 国债 03
债券全称	永城煤电控股集团有限公司 2020 年度第一期中期票据	2003 记账式三期国债
债券代码	102000677（银行间债券市场）	010303（上交所）； 100303（深交所）； 030003（银行间债券市场）
发行人	永城煤电控股集团有限公司	中华人民共和国财政部
起息日	2020-04-14	2003-04-17
到期日	2023-04-14	2023-04-17
票面利率	5.45%	3.4%
付息频次	1 次/年	2 次/年
债券类型	中期票据	国债

数据来源：中国债券信息网。

同时，你收集并整理了"20 永煤 MTN001"与"03 国债 03"从 2020 年 4 月 20 日至 12 月 31 日的债券价格（全价）数据并存放于 Excel 文件中，表 7-12 中是这两只债券的部分价格数据。

表 7-12 20 永煤 MTN001 与 03 国债 03 的部分价格数据（2020 年 4 月 20 日至 12 月 31 日期间）　　单位：元/张

日期	20 永煤 MTN001	03 国债 03
2020-04-20	100.2536	104.5540
2020-04-21	100.2785	104.5950
2020-04-22	100.3640	104.7438
……	……	……
2020-12-29	64.7808	102.0317
2020-12-30	64.7882	101.9666
2020-12-31	64.8319	102.1880

数据来源：上海清算所。

为了能够完成针对永城煤电控股集团有限公司违约事件的风险分析工作，你需要借助 Python 完成以下的 3 个编程任务。

7.8.2　编程任务

【任务 1】从外部导入存放"20 永煤 MTN001"与"03 国债 03"价格数据的 Excel 文件，并且通过债券价格，计算出 2020 年 4 月 20 日至 12 月 31 日的债券到期收益率数据。

【任务 2】根据任务 1 计算得出的到期收益率数据，计算"20 永煤 MTN001"与"03 国债 03"的债券价差数据，将两只债券的到期收益率以及债券利差数据存放在一个数据框中并且进行可视化。

【任务 3】根据任务 1 计算得出的到期收益率数据，并且结合表 7-11 中的债券要素信息，计算"20 永煤 MTN001"在 2020 年 4 月 20 日至 12 月 31 日期间的违约概率并且进行可视化。根据永城煤电控股集团有限公司 2020 年 11 月 24 日发布的《关于永城煤电控股集团有限公司 2020 年度第三期超短期融资券 2020 年度第一次持有人会议决议的公告》，公司将先行兑付 50%本金，因此在计算违约概率时设定违约回收率等于 50%。

7.8.3　编程提示

通常而言，金融时间序列在 Python 中运用数据框进行存放，而数据框的行索引引通常是 object 格式的，然而在一些 Python 的自定义函数中，参数为 datetime 模块的时间对象。对此，可以通过以下的两个步骤将 object 格式的时间转换为 datetime 模块的时间对象。

第 1 步，利用 Python 的内置函数 str 将 object 格式的时间转换为字符串。

第 2 步，利用 datetime 模块的子模块 datetime 中的 strptime 函数，将以字符串存放的时间转换为 datetime 模块的时间对象，并且可以通过以下的参数设定年份（%Y）、月份（%m）、日（%d）、小时（%H）、分钟（%M）及秒（%S）等具体格式。

```
'%Y-%m-%d %H:%M:%S'
```

需要注意的是，上面的%H:%M:%S 可以根据 object 格式的时间做出相应的调整。

7.8.4 参考代码与说明

1. 针对任务 1

```
In [129]: def YTM(P,C,M,m,t0,t1):
     ...:     '''定义计算债券到期收益率的函数
     ...:     P: 代表观察到的债券价格（全价）
     ...:     C: 代表债券的票面利率
     ...:     M: 代表债券的本金
     ...:     m: 代表债券票息每年的支付频次，并且每年支付次数不超过2次
     ...:     t0: 代表测算到期收益率的日期（定价日），再用时间对象格式输入
     ...:     t1: 代表债券到期日，格式与t0保持一致'''
     ...:     import math                     #导入 math 模块
     ...:     import scipy.optimize as so      #导入 SciPy 的子模块 optimize
     ...:     T=(t1-t0).days/365               #定价日距离债券到期日的期限（年）
     ...:     if C==0:                         #针对零息债券
     ...:         y=(np.log(M/P))/T            #计算零息债券的到期收益率
     ...:     else:                            #针对带票息债券
     ...:         if math.modf(T)[0]>0.5:      #小数部分大于0.5
     ...:             n=m*math.ceil(T)         #计算得到剩余票息支付次数
     ...:         else:                        #小数部分小于等于0.5
     ...:             n=m*math.floor(T)+1
     ...:         T_list=np.arange(n)/m        #构建一个数组
     ...:         T_list=np.sort(T-T_list)     #得到债券剩余每次票息支付的期限数组
     ...:         def f(y):                    #需要再自定义一个函数
     ...:             coupon=np.ones_like(T_list)*M*C/m  #创建每期票息金额的数组
     ...:             PV_coupon=np.sum(coupon*np.exp(-y*T_list))#计算每期票息在定价日的现值之和
     ...:             PV_par=M*np.exp(-y*T_list[-1])  #计算本金在定价日的现值
     ...:             value=PV_coupon+PV_par   #定价日的债券现金流现值之和
     ...:             return value-P           #债券现金流现值之和减去债券价格
     ...:         y=so.fsolve(func=f,x0=0.1)   #第2个参数是任意输入的初始值
     ...:     return y
```

为了便于通过债券价格测算得到债券的到期收益率，自定义了一个函数 YTM，在该函数中输入债券价格（全价）、票面利率、本金、票息支付频次、测算日以及债券到期日等参数信息，就可以快速测算得到债券的到期收益率。

```
In [130]: price=pd.read_excel('C:/Desktop/20 永煤 MTN01 和 03 国债 03 的债券价格.xlsx', sheet_name=
"Sheet1",header=0,index_col=0)   #导入外部数据

In [131]: price.head()                #查看数据框的前面5行
Out[131]:
            20 永煤 MTN001    03 国债 03
日期
2020-04-20    100.2536        104.5540
2020-04-21    100.2785        104.5950
2020-04-22    100.3640        104.7438
2020-04-23    100.3930        104.9100
2020-04-24    100.4715        105.0155

In [132]: price.tail()                #查看数据框的末尾5行
Out[132]:
            20 永煤 MTN001    03 国债 03
日期
2020-12-25    64.7319        101.9476
2020-12-28    64.7528        102.0332
2020-12-29    64.7808        102.0317
2020-12-30    64.7882        101.9666
```

```
                 2020-12-31      64.8319        102.1880

In [133]: N=len(price.index)                    #计算交易日的天数

In [134]: yield_MTN=np.zeros(N)                  #创建存放 20 永煤 MTN01 到期收益率的数组

In [135]: coupon_MTN=0.0545                      #20 永煤 MTN01 的票面利率
     ...: par_MTN=100                            #20 永煤 MTN01 的本金
     ...: m_MTN=1                                #20 永煤 MTN01 的票息支付频次
     ...: t1_MTN=dt.datetime(2023,4,14)          #20 永煤 MTN01 的到期日

In [136]: for i in range(N):                     #通过 for 语句计算 20 永煤 MTN01 的到期收益率
     ...:     t0_MTN=str(price.index[i])         #将到期收益率的测算日转为字符串
     ...:     t0_MTN=dt.datetime.strptime(t0_MTN,'%Y-%m-%d')  #转为 datetime 格式
     ...:     yield_MTN[i]=YTM(P=price.iloc[i,0],C=coupon_MTN,M=par_MTN,m=m_MTN, t0=t0_MTN,
t1=t1_MTN)  #计算 20 永煤 MTN01 的到期收益率

In [137]: yield_TB=np.zeros(N)                   #创建存放 03 国债 03 到期收益率的数组

In [138]: coupon_TB=0.034                        #03 国债 03 的票面利率
     ...: par_TB=100                             #03 国债 03 的本金
     ...: m_TB=2                                 #03 国债 03 的票息支付频次
     ...: t1_TB=dt.datetime(2023,4,17)           #03 国债 03 的到期日

In [139]: for i in range(N):                     #通过 for 语句计算 03 国债 03 的到期收益率
     ...:     t0_TB=str(price.index[i])          #将到期收益率的测算日转为字符串
     ...:     t0_TB=dt.datetime.strptime(t0_TB,'%Y-%m-%d')   #转为 datetime 格式
     ...:     yield_TB[i]=YTM(P=price.iloc[i,-1],C=coupon_TB,M=par_TB,m=m_TB,t0=t0_TB, t1
=t1_TB)  #计算 03 国债 03 的到期收益率
```

通过以上的计算，可以依次计算得到 20 永煤 MTN001 与 03 国债 03 的到期收益率数组。

2. 针对任务 2

```
In [140]: spread=yield_MTN-yield_TB              #计算 20 永煤 MTN01 的债券利差

In [141]: yield_spread=np.concatenate(([yield_MTN],[yield_TB],[spread]), axis=0)#按列合并
     ...: yield_spread=yield_spread.T            #将数组进行转置

In [142]: name1=np.array(['20 永煤 MTN001 到期收益率','03 国债 03 到期收益率','20 永煤 MTN001 债券利差'])
#设定列名

In [143]: yield_spread=pd.DataFrame(data=yield_spread,index=price.index,columns=name1)
#转换为数据框格式

In [144]: yield_spread.plot(figsize=(9,6),fontsize=12,grid=True)     #可视化
     ...:plt.ylabel(u'到期收益率或利差')
Out[144]:
```

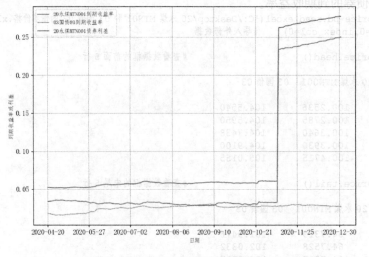

图 7-2 20 永煤 MTN001 与 03 国债 03 的到期收益率以及债券利差

```
In [145]: yield_spread.loc['2020-11-06':'2020-11-12']    #查看2020年11月6日至12日的数据
Out[145]:
               20永煤MTN001到期收益率      03国债03到期收益率      20永煤MTN001债券利差
日期
2020-11-06          0.060609             0.027967           0.032641
2020-11-09          0.060781             0.027486           0.033296
2020-11-10          0.262117             0.028184           0.233933
2020-11-11          0.262451             0.028334           0.234117
2020-11-12          0.262750             0.027866           0.234884
```

　　根据以上的计算结果以及可视化结果，不难发现"20永煤MTN001"的到期收益率和债券利差均在2020年11月10日出现了大幅跃升，原因是该公司发行的"20永煤SCP003"超短期融资券出现了违约事件，投资者预期该公司发行的包括"20永煤MTN001"在内的其他债券也会违约，从而导致到期收益率和债券利差出现剧烈变动。

3. 针对任务3

```
In [146]: recovery_MTN=0.5                          #20永煤MTN01的违约回收率

In [147]: PD_MTN=np.zeros(N)                         #创建存放20永煤MTN01违约概率的初始零元素数组

In [148]: for i in range(N):                         #通过for语句计算20永煤MTN01的违约概率
    ...:      t0_MTN=str(price.index[i])              #将违约概率的测算日转为字符串
    ...:      t0_MTN=dt.datetime.strptime(t0_MTN,'%Y-%m-%d')   #转为datetime格式
    ...:      PD_MTN[i]=Prob_Default(y1=yield_TB[i],y2=yield_MTN[i],R=recovery_MTN, t0=t0
_MTN,t1=t1_MTN)   #计算违约概率

In [149]: name2=np.array(['20永煤MTN001违约概率'])     #设定列名

In [150]: PD_MTN=pd.DataFrame(data=PD_MTN,index=price.index,columns=name2)#转换为数据框格式

In [151]: PD_MTN.plot(figsize=(9,6),fontsize=13,grid=True)     #可视化
    ...:plt.ylabel(u'违约利率')
Out[151]:
```

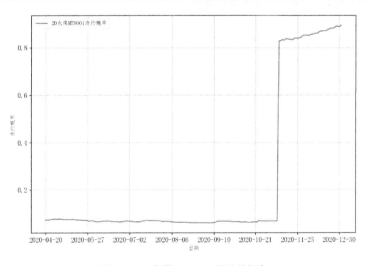

图7-3　20永煤MTN001的违约概率

```
In [152]: PD_MTN.loc['2020-11-06':'2020-11-12']      #查看2020年11月6日至12日的数据
Out[152]:
               20永煤MTN001违约概率
日期
2020-11-06          0.068104
2020-11-09          0.069521
2020-11-10          0.828294
2020-11-11          0.828548
2020-11-12          0.833739
```

在任务3的代码编写过程中，需要调用7.7节任务1的自定义函数Prob_Default计算"20永煤

MTN001"的违约概率。此外，从以上输出的结果可以非常明显地看到，在 2020 年 11 月 10 日 "20 永煤 SCP003" 短期融资券出现了违约，"20 永煤 MTN001" 在该交易日的违约概率比前一个交易日上涨了近 12 倍并且为 82.83%左右。从数值上看，投资者认为 "20 永煤 MTN001" 的违约是一个大概率事件。

7.9 本章小结

债券是整个金融体系中十分重要的组成部分，并且涉及定价、风险计量等量化建模，运用 Python 可以方便地将这些模型转化为计算机编程语言，大大提升分析债券的效率。读者通过本章的 8 个原创案例共计 25 个编程任务，应可以牢固掌握以下的债券实战知识点。

（1）债券定价。债券的定价分为两大类：一类是基于单一贴现利率进行的定价，这就意味着不同期限的贴现利率均相同；另一类是基于不同期限贴现利率的定价，也就是不同的期限采用不同的贴现利率。需要注意的是，针对不同期限的贴现利率，可以运用票息剥离法测算得到。

（2）债券久期。久期是衡量债券利率风险的线性指标，主要包含麦考利久期、修正久期以及美元久期这 3 类常用久期指标。麦考利久期与修正久期之间存在着细微的区别，美元久期与修正久期更加息息相关。

（3）债券凸性。在债券到期收益率出现较大幅度变动时，相比仅用久期而言，引入凸性以后得到的债券近似价格更接近于真实价格。凸性的数学表达式与麦考利久期的数学表达式存在部分相似之处。

（4）违约概率。信用风险是债券另一个非常重要的风险，衡量该风险的一个重要指标就是债券的违约概率，可以通过债券价格（债券收益率）测算出债券违约概率的数值结果。

到这里，你已经完成了第 7 章全部案例的练习，相信你已经扎实掌握了运用 Python 分析债券的编程技术，请不要停留，继续向第 8 章前进吧！

第 8 章
股票的 Python 编程案例

本章导言

从人类历史上诞生第一只股票至今已经有 400 年左右的历史，目前股票已经成了普通民众最熟悉的金融产品之一，股票市场也是资本市场重要的组成部分。"股市如此多娇，引无数投资者竞折腰。"在金融实战中，必然会涉及股票投资分析的 Python 编程。

本章包含 9 个原创案例共计 30 个编程任务，通过这些案例的训练，读者应能熟练掌握股票内在价值的测算、投资组合收益率和波动率的计算、最优投资组合的建立、资本资产定价模型的建模、股价服从几何布朗运动的模拟、A 股与 H 股套利策略的构建以及针对投资组合绩效的评估等一系列 Python 编程技术。下面通过表 8-1 梳理出本章的结构安排。

表 8-1　第 8 章的结构安排

序号	案例标题	学习目标	编程任务数量	读者扮演的角色
1	股票内在价值的编程之一——以华为公司的股票为案例	掌握测算股票内在价值的零增长模型、不变增长模型和二阶段增长模型以及相关 Python 编程技术	4 个	证券分析师
2	股票内在价值的编程之二——以微软公司的股票为案例	掌握测算股票内在价值的三阶段增长模型以及相关 Python 编程技术	3 个	科技股研究员
3	投资组合收益率和波动率的编程案例——以白酒股为案例	掌握投资组合收益率和波动率的表达式以及相关 Python 编程技术	3 个	风险经理
4	构建最优投资组合的编程——以道琼斯指数成分股为案例	掌握按照马科维茨投资组合理论构建最优投资组合的方法以及相关 Python 编程技术	4 个	数据科学家
5	资本资产定价模型的编程——以宁德时代股票为案例	掌握资本资产定价模型的数学表达式以及相关 Python 编程技术	3 个	高级证券投资顾问
6	模拟股价服从几何布朗运动的编程——以券商 H 股为案例	掌握股价服从几何布朗运动的表达式以及相关 Python 编程技术	3 个	风险总监
7	股票套利策略的编程——以招商银行 A 股和 H 股为案例	掌握 A 股与 H 股套利策略的基本逻辑、策略构建思路以及相关 Python 编程技术	3 个	投资策略总监
8	投资组合绩效评估的编程——以股票型基金为案例	掌握评估投资组合绩效的绩效指标（夏普比率、索提诺比率、特雷诺比率和信息比率）表达式以及相关的 Python 编程技术	4 个	首席风险官

序号	案例标题	学习目标	编程任务数量	读者扮演的角色
9	测算卡玛指数的编程——以 FOF 基金为案例	掌握评估投资组合绩效的卡玛比率的表达式以及相关 Python 编程技术	3 个	副总经理
		合计	30 个	

在开始练习本章的案例之前，建议读者先学习《基于 Python 的金融分析与风险管理（第 2 版）》第 8 章的内容。

8.1 股票内在价值的编程之一——以华为公司的股票为案例

8.1.1 案例详情

A 公司是总部位于深圳的一家大型证券公司，长期以来是华为投资控股有限公司（简称"华为公司"）的战略合作伙伴。在 2021 年 5 月，华为公司计划面向员工增发一定数量的股票，从而让员工更好地分享公司发展带来的红利。考虑到公司的股票尚未上市，为了能够给增发的股票确定一个相对合理的价格，华为公司委托 A 公司对本公司的股票进行估值。

假定你是 A 公司的一位证券分析师，为了能够有效估算出华为公司股票的内在价值，在充分研究了华为公司过去 5 年财务报告并对华为公司各项业务进行完整分析的基础上，确定采用股息贴现模型进行股票估值，运用的估值模型包括**零增长模型**、**不变增长模型**以及**二阶段增长模型**。

考虑到华为公司不是一家上市公司，估值模型所涉及的贴现利率采用与华为公司主营业务比较相似的上市公司——中兴通讯股份有限公司（证券简称为"中兴通讯"）的贴现利率，你的助理已经根据中兴通讯 A 股（证券代码为 000063）和沪深 300 指数 2017 年至 2020 年的日收盘价并且运用资本资产定价模型（Capital Assert Pricing Model，CAPM），计算得到中兴通讯 A 股的贝塔值为 1.3886 以及年化预期收益率等于 14.48%，在资本资产定价模型中针对无风险收益率采用 1 年期的 LPR，等于 3.75%。

为了能够顺利完成针对华为公司的股票估值工作，你需要借助 Python 完成以下的 3 个编程任务。

8.1.2 编程任务

【任务 1】为了股票估值的便利，需要通过 Python 自定义一个股息贴现模型的函数，并且可以选择零增长模型、不变增长模型和二阶段增长模型这 3 种不同的估值方法。

【任务 2】根据华为公司对外披露的 2020 年度财务报告，在现金流量表的"分配利润支付的现金"科目金额是 568.10109 亿元，在资产负债表的"实收资本"科目金额是 314.98306 亿元，计算华为公司最近一期的**每股股息**（Dividend per Share，DPS）。同时，假设华为公司的股票年化收益率等于中兴通讯 A 股年化预期收益率 14.48%，并通过零增长模型计算华为公司的每股股票价值。

【任务 3】通过不变增长模型计算华为公司的每股股票价值。需要注意的是，在运用不变增长模型时，股息增长率设定为 2017 年至 2020 年的每股股息年化复合增长率，相关的财务数据见表 8-2。

表 8-2 华为公司 2020 年和 2017 年的相关财务数据

项目	2020 年	2017 年
分配利润支付的现金（亿元）	568.10109	228.64416
实收资本（亿元）	314.98306	164.35173

数据来源：华为公司对外披露的财务报表。

【任务 4】通过二阶段增长模型计算华为公司的每股股票价值。需要注意的是，在运用二阶段增长模型时，第 1 阶段的每股股息增长率设定为 6.5%，期限等于 6 年；第 2 阶段的每股股息增长率为 4.5%。

8.1.3 编程提示

假定 D_0 代表企业已支付的最近一期每股股息金额，r 代表与该企业的风险相匹配的贴现利率并且复利频次是每年 1 次，V 代表每股股票的内在价值。表 8-3 整理了零增长模型、不变增长模型以及二阶段增长模型的假设条件、特殊变量与数学表达式。

表 8-3 股息贴现模型的不同类型、假设条件、特殊变量与数学表达式

模型类型	假设条件与特殊变量	数学表达式
零增长模型	企业未来的每股股息是一个固定的常数	$V = \dfrac{D_0}{r}$
不变增长模型	企业未来的每股股息将保持一个固定的正增长率 g，并且 $r > g$	$V = D_0 \dfrac{1+g}{r-g}$
二阶段增长模型	第 1 阶段处于 $[0,T]$，该阶段的股息增长率为 g_1；第 2 阶段处于 $[T,\infty]$，该阶段的股息增长率为 g_2，并且 $g_1 > g_2$ 以及 $r > g_2$	$V = D_0 \left[\displaystyle\sum_{t=1}^{T} \dfrac{(1+g_1)^t}{(1+r)^t} + \dfrac{(1+g_1)^T}{(1+r)^T} \left(\dfrac{1+g_2}{r-g_2} \right) \right]$

认真分析表 8-3 中的数学表达式可以发现，在二阶段增长模型中，如果第 1 阶段的股息增长率等于第 2 阶段的股息增长率（$g_1 = g_2$），则二阶段增长模型就退化为不变增长模型。同理，在不变增长模型中，如果股息增长率等于 0（$g = 0$），则模型就退化为零增长模型。

8.1.4 参考代码与说明

1. 针对任务 1

```
In [1]: import numpy as np
   ...: import pandas as pd
   ...: import matplotlib.pyplot as plt
   ...: from pylab import mpl
   ...: mpl.rcParams['font.sans-serif']=['FangSong']
   ...: mpl.rcParams['axes.unicode_minus'] = False
   ...: from pandas.plotting import register_matplotlib_converters
   ...: register_matplotlib_converters()

In [2]: def stock_value1(D,g1,g2,T,r,model):
   ...:     '''定义运用股息贴现模型计算股票价值的函数，
   ...:     选择零增长模型、不变增长模型和二阶段增长模型这 3 类不同的模型进行测算
   ...:     D: 代表企业已支付的最近一期每股股息金额
   ...:     g1: 当选择零增长模型时，输入 g1='Na'；当选择不变增长模型时，就代表股息增长率；当选择二阶段增
长模型时，则代表第 1 阶段股息增长率
   ...:     g2: 当选择零增长模型或者不变增长模型时，输入 g2='Na'；当选择二阶段增长模型时，则代表第 2 阶段
股息增长率
   ...:     T: 当选择零增长模型或者不变增长模型时，输入 T='Na'；当选择二阶段增长模型时，就代表第 1 阶段期限（年）
   ...:     r: 代表与企业的风险相匹配的贴现利率（每年复利 1 次）
   ...:     model: 代表估值模型的种类，model='零增长模型'代用零增长模型测算股票价值，model='不变增长
模型'代表用不变增长模型测算，其他代用二阶段增长模型测算'''
   ...:     if model=='零增长模型':              #运用零增长模型测算股票价值
   ...:         value=D/r                        #计算股票价值
   ...:     elif model=='不变增长模型':          #运用不变增长模型测算股票价值
   ...:         if r>g1:                          #当贴现利率大于股息增长率
   ...:             value=D*(1+g1)/(r-g1)
   ...:         else:                             #当贴现利率小于或等于股息增长率
   ...:             value='贴现利率小于或等于股息增长率导致结果不存在'
   ...:     else:                                 #运用二阶段增长模型测算股票价值
   ...:         if r>g2:                          #贴现利率大于第 2 阶段的股息增长率
   ...:             T_list=np.arange(1,T+1)      #创建从 1 到 T 的整数数列
   ...:             V1=D*np.sum(pow(1+g1,T_list)/pow(1+r,T_list))  #第 1 阶段股息贴现之和
   ...:             V2=D*pow(1+g1,T)*(1+g2)/(pow(1+r,T)*(r-g2))  #第 2 阶段股息贴现之和
   ...:             value=V1+V2                  #计算股票的内在价值
   ...:         else:                            #贴现利率小于或等于第 2 阶段的股息增长率
```

```
    ...:          value='贴现利率小于或等于第 2 个阶段股息增长率而导致结果不存在'
    ...:      return value
```

在以上自定义函数 stock_value1 中,只需要输入最近一期的每股股息、股息增长率、期限、贴现利率以及相关模型等参数,就可以快速计算得出运用零增长模型、不变增长模型和二阶段增长模型等不同估值方法得到的股票价格。

2. 针对任务 2

```
In [3]: Dividend_2020=568.10109              #华为公司 2020 年支付的股息(亿元)
   ...: Share_2020=314.98306                  #华为公司 2020 年末的实收资本(亿元)

In [4]: DPS_2020=Dividend_2020/Share_2020    #计算华为公司 2020 年每股股息
   ...: print('华为公司 2020 年每股股息',round(DPS_2020,4))
华为公司 2020 年每股股息 1.8036

In [5]: Return=0.1448                         #华为公司预期年化收益率

In [6]: V1=stock_value1(D=DPS_2020,g1='Na',g2='Na',T='Na',r=Return,model='零增长模型') #运
用零增长模型测算股票价值
   ...: print('运用零增长模型测算华为公司的股票价值',round(V1,4))
运用零增长模型测算华为公司的股票价值 12.4557
```

通过零增长模型测算得到华为公司的股票价值是 12.4557 元/股,需要注意的是,零增长模型假设华为公司未来的每股股息保持不变。

3. 针对任务 3

```
In [7]: Dividend_2017=228.64416              #华为公司 2017 年支付的股息(亿元)
   ...: Share_2017=164.35173                  #华为公司 2017 年末的实收资本(亿元)

In [8]: DPS_2017=Dividend_2017/Share_2017    #计算华为公司 2017 年每股股息
   ...: print('华为公司 2017 年每股股息',round(DPS_2017,4))
华为公司 2017 年每股股息 1.3912

In [9]: growth_DPS=pow(DPS_2020/DPS_2017,1/4)-1 #计算华为公司 2017 年至 2020 年每股股息的增长率
   ...: print('华为公司 2017 年至 2020 年每股股息的增长率',round(growth_DPS,6))
华为公司 2017 年至 2020 年每股股息的增长率 0.067058

In [10]: V2=stock_value1(D=DPS_2020,g1=growth_DPS,g2='Na',T='Na',r=Return,model='不变增长
模型') #运用不变增长模型测算股票价值
   ...: print('运用不变增长模型测算华为公司的股票价值',round(V2,4))
运用不变增长模型测算华为公司的股票价值 24.7555
```

通过不变增长模型测算得到华为公司的股票价值是 24.7555 元/股,该价值是用零增长模型测算得到价值(12.4557 元/股)的近 2 倍。需要注意的是,不变增长模型假设华为公司未来的每股股息每年按照固定的增长率不断增长。

4. 针对任务 4

```
In [11]: g_stage1=0.065                       #第 1 阶段的每股股息增长率
   ...: T1=6                                   #第 1 阶段的期限(年)
   ...: g_stage2=0.045                         #第 2 阶段的每股股息增长率

In [12]: V3=stock_value1(D=DPS_2020,g1=g_stage1,g2=g_stage2,T=T1,r=Return,model='二阶段增
长模型') #运用二阶段增长模型测算股票价值
   ...: print('运用二阶段增长模型测算华为公司的股票价值',round(V3,4))
运用二阶段增长模型测算华为公司的股票价值 20.7094
```

通过二阶段增长模型测算得到华为公司的股票价值是 20.7094 元/股,该价值大于零增长模型测算得到的价值(12.4557 元/股),小于不变增长模型得到的价值(24.7555 元/股)。

8.2 股票内在价值的编程之二——以微软公司的股票为案例

8.2.1 案例详情

假定 B 公司是总部位于美国西雅图的一家资产管理公司,公司以“致力于成为全球领先的投资解

决方案专家，致力于提升投资者的财富安全"为使命，是全球 FOF、MOM（管理人的管理人）领域的佼佼者。假定你是该公司的一名科技股研究员，日常负责跟踪股票池中的科技类公司股票基本面情况并且对股票内在价值开展分析。微软（Microsoft）公司的股票已经列入候选股票名单中，按照公司的要求，你需要在 2021 年 12 月底之前提交一份针对微软公司股票价值的分析报告。

微软公司成立于 1975 年 4 月 4 日，并且于 1986 年 3 月 13 日在纳斯达克证券交易所上市，证券代码是 MSFT，公司的主营业务包括计算机软件开发服务、提供基于云的解决方案以及个人计算机（Personal Computer，PC）与平板电脑的销售等。此外，公司的股票分红金额也不断提升，每股分红金额从 2015 年的 1.29 美元稳步提升至 2021 年的 2.30 美元，表 8-4 整理了微软公司 2015 年至 2021 年期间的每股分红情况。

表 8-4　微软公司 2015 年至 2021 年期间的每股分红情况

年度	分红日期（派息日）	每股分红金额（美元）	全年分红金额（美元）
2021 年	2021-12-09	0.62	2.30
	2021-09-09	0.56	
	2021-06-10	0.56	
	2021-03-11	0.56	
2020 年	2020-12-10	0.56	2.09
	2020-09-10	0.51	
	2020-06-11	0.51	
	2020-03-12	0.51	
2019 年	2019-12-12	0.51	1.89
	2019-09-12	0.46	
	2019-06-13	0.46	
	2019-03-14	0.46	
2018 年	2018-12-13	0.46	1.72
	2018-09-13	0.42	
	2018-06-14	0.42	
	2018-03-08	0.42	
2017 年	2017-12-14	0.42	1.59
	2017-09-14	0.39	
	2017-06-08	0.39	
	2017-03-09	0.39	
2016 年	2016-12-08	0.39	1.47
	2016-09-08	0.36	
	2016-06-09	0.36	
	2016-03-10	0.36	
2015 年	2015-12-10	0.36	1.29
	2015-09-10	0.31	
	2015-06-11	0.31	
	2015-03-12	0.31	

数据来源：同花顺。

根据对微软公司主营业务的全面分析，并且结合该公司最近股票分红数据（见表 8-4），你决定对微软公司的股票价值采用三阶段增长模型进行测算。同时，你的助理已经根据 2006 年 1 月至 2021 年 11 月期间微软公司和标普 500 指数的周收盘价，采用资本资产定价模型计算得出微软公司的贝塔值等于 0.8782 以及预期年化收益率等于 7.1863%，无风险利率运用 12 个月期美元 Libor，2021 年 11 月 30 日该利率等于 0.3824%。

为了完成相关的工作，你需要结合 Python 完成以下的 3 个编程任务。

8.2.2 编程任务

【任务 1】为了便于通过三阶段增长模型计算股票价值，需要通过 Python 自定义一个运用三阶段增长模型测算股票价值的函数。

【任务 2】在三阶段增长模型中，你设定了微软公司第 1 阶段的股息增长率为 10%，第 1 阶段的期限为 5 年，第 2 阶段的期限也是 5 年，第 3 阶段的股息增长率为 6%，依据这些参数计算微软公司股票的内在价值。

【任务 3】当你的股票价值分析报告提交至公司投资决策委员会讨论时，参会者均认可运用三阶段增长模型进行估值，但是对于模型的参数发表了不同的意见，相关参会者的意见汇总在表 8-5 中。

表 8-5　B 公司投资决策委员会各位参会者针对微软公司股票估值发表的意见

参会者	职务	针对微软公司股票估值的意见
韦布女士（Ms.Webb）	投资总监	建议参数调整如下：第 1 阶段的股息增长率为 9.5%，第 1 阶段的期限为 4 年，第 2 阶段的期限为 3 年，第 3 阶段的股息增长率为 6.5%
汉德先生（Mr.Hand）	风险总监	建议参数调整如下：第 1 阶段的股息增长率为 8.5%，第 1 阶段的期限为 6 年，第 2 阶段的期限为 4 年，第 3 阶段的股息增长率为 5%
皮尔斯先生（Mr.Pierce）	首席执行官	建议参数调整如下：第 1 阶段的股息增长率为 9%，第 1 阶段的期限为 5 年，第 2 阶段的期限为 4 年，第 3 阶段的股息增长率为 6.1%

你需要根据投资决策委员会不同参会者的意见分别测算微软公司股票价值。

8.2.3 编程提示

在三阶段增长模型中，假设 D_0 表示企业已支付的最近一期每股股息金额。第 1 个阶段处于 $[0, T_a]$ 期间，该阶段的股息增长率用 g_a 表示并且是一个常数；第 2 阶段处于 $[T_a, T_b]$ 期间，该阶段的股息增长率用 g_t 表示，并且 $t = T_a + 1, T_a + 2, \cdots, T_b$；第 3 阶段处于 $[T_b, \infty]$ 期间，该阶段的股息增长率用 g_b 表示并且依然是一个常数。此外，在第 2 阶段中，股息增长率 g_t 以线性的方式从 g_a 下降至 g_b，也就是如下的表达式：

$$g_t = g_a - (g_a - g_b) \frac{t - T_a}{T_b - T_a} \qquad （式 8-1）$$

在（式 8-1）中，$t = T_a + 1, T_a + 2, \cdots, T_b$。

此外，第 i 阶段各期股息现值之和用 V_i 表示，其中 $i = 1, 2, 3$，三阶段增长模型最终得到的股票价值用 V 表示。表 8-6 梳理了每个阶段各期股息现值之和的表达式以及三阶段增长模型的最终表达式。

表 8-6　三阶段增长模型中每个阶段股息现值之和的表达式

阶段	股息现值之和
第 1 阶段	$V_1 = D_0 \sum\limits_{t=1}^{T_a} \dfrac{(1 + g_a)^t}{(1 + r)^t}$
第 2 阶段	$V_2 = \sum\limits_{t=T_a+1}^{T_b} \dfrac{D_{t-1}(1 + g_t)}{(1 + r)^t}$
第 3 阶段	$V_3 = \dfrac{D_{T_b}(1 + g_b)}{(1 + r)^{T_b}(r - g_b)}$
合计	$V = D_0 \sum\limits_{t=1}^{T_a} \dfrac{(1 + g_a)^t}{(1 + r)^t} + \sum\limits_{t=T_a+1}^{T_b} \dfrac{D_{t-1}(1 + g_t)}{(1 + r)^t} + \dfrac{D_{T_b}(1 + g_b)}{(1 + r)^{T_b}(r - g_b)}$

8.2.4 参考代码与说明

1. 针对任务 1

```
In [13]: def stock_value2(D,ga,gb,Ta,Tb,r):
    ...:     '''定义一个运用三阶段增长模型测算股票内在价值的函数
    ...:     D: 代表已支付的最近一期每股股息金额
    ...:     ga: 代表第 1 阶段的股息增长率
    ...:     gb: 代表第 3 阶段的股息增长率，并且数值要小于贴现利率
    ...:     Ta: 代表第 1 阶段的期限（年）
    ...:     Tb: 代表第 1 阶段与第 2 阶段的期限之和（年）
    ...:     r: 代表与企业的风险相匹配的贴现利率（每年复利 1 次）'''
    ...:     t1_list=np.arange(1,Ta+1)          #创建从 1 到 Ta 的自然数数组
    ...:     t2_list=np.arange(Ta+1,Tb+1)       #创建从 Ta+1 到 Tb 的自然数数组
    ...:     if r>gb:                           #贴现利率大于第 3 阶段的股息增长率
    ...:         D_stage1=D*pow((1+ga),t1_list)          #第 1 阶段每期股息金额的数组
    ...:         V1=np.sum(D_stage1/pow(1+r,t1_list))    #计算第 1 阶段股息贴现之和
    ...:         D_t=D_stage1[-1]               #第 1 阶段最后一期股息
    ...:         D_stage2=[]                    #创建存放第 2 阶段每期股息的空列表
    ...:         for i in range(len(t2_list)):
    ...:             gt=ga-(ga-gb)*(t2_list[i]-Ta)/(Tb-Ta)   #依次计算第 2 阶段每期股息增长率
    ...:             D_t=D_t*(1+gt)             #依次计算第 2 阶段的每期股息金额
    ...:             D_stage2.append(D_t)       #将计算得到的每期股息添加至列表尾部
    ...:         D_stage2=np.array(D_stage2)    #将列表转换为数组格式
    ...:         V2=np.sum(D_stage2/pow(1+r,t2_list))   #计算第 2 阶段股息贴现之和
    ...:         D_Tb=D_stage2[-1]              #第 2 阶段最后一期股息
    ...:         V3=D_Tb*(1+gb)/(pow(1+r,Tb)*(r-gb))    #计算第 3 阶段股息贴现之和
    ...:         value=V1+V2+V3                 #计算股票的内在价值
    ...:     else:                              #贴现利率小于或等于第 3 阶段的股息增长率
    ...:         value='贴现利率小于或等于第 3 个阶段股息增长率而导致结果不存在'
    ...:     return value
```

在以上的自定义函数 stock_value2 中，输入最近一期的股息、第 1 阶段与第 3 阶段的股息增长率、第 1 阶段的期限、第 1 阶段与第 2 阶段的期限之和以及贴现利率，就可以快速计算得到三阶段增长模型的股票内在价值。

2. 针对任务 2

```
In [14]: DPS_MS=2.30                      #微软公司 2021 年的每股股息

In [15]: rate_MS=0.071863                 #微软公司的预期年化收益率（贴现利率）

In [16]: g_stage1=0.10                    #微软公司第 1 阶段的股息增长率
    ...: g_stage3=0.06                    #微软公司第 3 阶段的股息增长率

In [17]: T_stage1=5                       #微软公司第 1 阶段的期限（年）
    ...: T_stage2=5                       #微软公司第 2 阶段的期限（年）

In [18]: value_MS=stock_value2(D=DPS_MS,ga=g_stage1,gb=g_stage3,Ta=T_stage1, Tb=T_stage1+
T_stage2,r=rate_MS)
    ...: print('测算得到微软公司的股票价值',round(value_MS,4))
测算得到微软公司的股票价值 264.302
```

从以上的运算结果可以看到，通过三阶段增长模型测算得到微软公司的股票内在价值等于 264.302 美元/股，低于 2021 年 11 月 30 日收盘的公司股价 329.49 美元/股。

3. 针对任务 3

```
In [19]: g_stage1_Webb=0.095             #韦布女士建议的微软公司第 1 阶段股息增长率
    ...: g_stage3_Webb=0.065             #韦布女士建议的微软公司第 3 阶段股息增长率
    ...: T_stage1_Webb=4                 #韦布女士建议的微软公司第 1 阶段期限（年）
    ...: T_stage2_Webb=3                 #韦布女士建议的微软公司第 2 阶段期限（年）

In [20]: value_Webb=stock_value2(D=DPS_MS,ga=g_stage1_Webb,gb=g_stage3_Webb,
    ...:                         Ta=T_stage1_Webb,Tb=T_stage1_Webb+T_stage2_Webb,
    ...:                         r=rate_MS)
    ...: print('根据韦布女士的建议测算得到微软公司股票价值',round(value_Webb,4))
根据韦布女士的建议测算得到微软公司股票价值 409.4458
```

```
In [21]: g_stage1_Hand=0.085              #汉德先生建议的微软公司第 1 阶段股息增长率
    ...: g_stage3_Hand=0.05               #汉德先生建议的微软公司第 3 阶段股息增长率
    ...: T_stage1_Hand=6                   #汉德先生建议的微软公司第 1 阶段期限（年）
    ...: T_stage2_Hand=4                   #汉德先生建议的微软公司第 2 阶段期限（年）

In [22]: value_Hand=stock_value2(D=DPS_MS,ga=g_stage1_Hand,gb=g_stage3_Hand,
    ...:                         Ta=T_stage1_Hand,Tb=T_stage1_Hand+T_stage2_Hand,
    ...:                         r=rate_MS)
    ...: print('根据汉德先生的建议测算得到微软公司股票价值',round(value_Hand,4))
根据汉德先生的建议测算得到微软公司股票价值 139.1907

In [23]: g_stage1_Pierce=0.09             #皮尔斯先生建议的微软公司第 1 阶段股息增长率
    ...: g_stage3_Pierce=0.061            #皮尔斯先生建议的微软公司第 3 阶段股息增长率
    ...: T_stage1_Pierce=5                #皮尔斯先生建议的微软公司第 1 阶段期限（年）
    ...: T_stage2_Pierce=4                #皮尔斯先生建议的微软公司第 2 阶段期限（年）

In [24]: value_Pierce=stock_value2(D=DPS_MS,ga=g_stage1_Pierce,gb=g_stage3_Pierce,
    ...:                           Ta=T_stage1_Pierce,Tb=T_stage1_Pierce+T_stage2_Pierce,
    ...:                           r=rate_MS)
    ...: print('根据皮尔斯先生的建议测算得到微软公司股票价值',round(value_Pierce,4))
根据皮尔斯先生的建议测算得到微软公司股票价值 266.4733
```

从以上的输出结果可以非常明显地发现，股票的估值通常比较主观且因人而异，不同专业人士给出的估值之间的差异有时会很大，归纳而言股票的估值其实就是一门精巧的艺术。

8.3　投资组合收益率和收益波动率的编程——以白酒股为案例

8.3.1　案例详情

C 公司是总部位于北京的一家外资私募基金管理公司，以极大化超越指数的表现为投资目标，采用精准的基本面与技术面相结合的主动式管理方式。在 2021 年 10 月，公司对外发行了"白酒精选股票型基金"，该基金在投资策略上精选具有核心竞争优势、持续增长潜力且估值水平相对合理的 A 股市场白酒股。截止到 2021 年 11 月末，该基金重仓的股票包括贵州茅台、五粮液、山西汾酒、泸州老窖以及洋河股份这 5 只白酒股，表 8-7 列出了 2019 年 1 月至 2021 年 11 月期间这 5 只股票的部分日收盘价，并且全部数据均存放于 Excel 文件中。

表 8-7　2019 年 1 月至 2021 年 11 月期间 A 股市场 5 只白酒股的部分日收盘价　　　单位：元/股

证券名称	贵州茅台	五粮液	山西汾酒	泸州老窖	洋河股份
证券代码	600519	000858	600809	000568	002304
2019-01-02	598.9800	49.9400	34.2000	39.6000	91.1000
2019-01-03	590.0000	48.9600	33.0800	38.1300	88.8900
2019-01-04	602.0000	49.5400	34.1100	38.9700	90.3600
……	……	……	……	……	……
2021-11-26	1941.0100	222.8600	315.0000	233.6800	176.0100
2021-11-29	1985.0000	224.7300	315.1000	235.5000	175.8500
2021-11-30	1930.7700	218.0000	310.0200	230.0500	174.3000

数据来源：上海证券交易所。

假定你是 C 公司的一位风险经理，根据公司的要求需要针对"白酒精选股票型基金"的重仓股进行分析。为此需要运用 Python 完成 3 个编程任务。

8.3.2 编程任务

【任务 1】导入存放 2019 年 1 月至 2021 年 11 月期间 5 只白酒股日收盘价的 Excel 文件，计算每只股票的日收益率（自然对数）、年化平均收益率以及年化收益波动率。

【任务 2】针对由这 5 只股票构建的投资组合，随机生成包含每只股票配置权重的一个数组（权重合计等于 1），并且计算以该权重配置的投资组合年化平均收益率、年化收益波动率，需要注意的是股票不允许卖空。

【任务 3】随机生成包含 3000 组不同的股票配置权重的数组，以此计算出相对应的 3000 个不同的投资组合年化平均收益率、年化收益波动率，并且绘制散点图，横坐标是年化收益波动率，纵坐标是年化平均收益率。

8.3.3 编程提示

针对任务 2，假定 w_i 代表投资组合中第 i 只股票所占的权重，即股票的市值占投资组合整体市值的比例；$E(R_i)$ 代表投资组合中第 i 只股票的预期收益率，通常用股票过去收益率的均值代替。据此，可以得到投资组合预期收益率 $E(R_P)$ 的表达式如下：

$$E(R_P) = \sum_{i=1}^{N} w_i E(R_i) \qquad （式 8-2）$$

同时，假设 σ_i 表示第 i 只股票的收益波动率，$\mathrm{Cov}(R_i, R_j)$ 表示第 i 只股票收益率与第 j 只股票收益率之间的协方差，投资组合收益波动率 σ_P 的表达式如下：

$$\sigma_P = \sqrt{\sum_{i=1}^{N}\sum_{j=1}^{N} w_i w_j \, \mathrm{Cov}(R_i, R_j)} \qquad （式 8-3）$$

8.3.4 参考代码与说明

1. 针对任务 1

```
In [25]: P_stock=pd.read_excel('C:/ Desktop/白酒股的日收盘价数据.xlsx', sheet_name="Sheet1",
header=0,index_col=0)    #导入外部数据

In [26]: (P_stock/P_stock.iloc[0]).plot(figsize=(9,6),grid=True)    #将首个交易日股价调整为 1 并
进行可视化
Out[26]:
In [27]: R_stock=np.log(P_stock/P_stock.shift(1))    #计算股票的日收益率（自然对数）
    ...: R_stock=R_stock.dropna()                    #删除缺失值所在的行

In [28]: R_mean=R_stock.mean()*252                   #计算股票的年化平均收益率
    ...: print('2019 年 1 月至 2021 年 11 月期间的年化平均收益率\n',R_mean.round(6))  #保留小数点后 6 位
2019 年 1 月至 2021 年 11 月期间的年化平均收益率
贵州茅台     0.417780
五粮液       0.526014
山西汾酒     0.786844
泸州老窖     0.628025
洋河股份     0.231590
dtype: float64

In [29]: R_volatility=R_stock.std()*np.sqrt(252)     #计算股票的年化收益波动率
    ...: print('2019 年 1 月至 2021 年 11 月期间的年化收益波动率\n',R_volatility.round(6))
2019 年 1 月至 2021 年 11 月期间的年化收益波动率
贵州茅台     0.324333
五粮液       0.420748
山西汾酒     0.513896
泸州老窖     0.470349
洋河股份     0.425711
dtype: float64
```

从图 8-1 不难看出，由于 5 只股票均是白酒股，因此在整体的走势方面存在一定的趋同性。但是每只股票的平均年化收益率则存在较大差异。其中，山西汾酒这只股票的平均年化收益率最高，洋河股份的收益率则最低。同时，从年化收益波动率来看，山西汾酒也是最高的，贵州茅台是最低的。

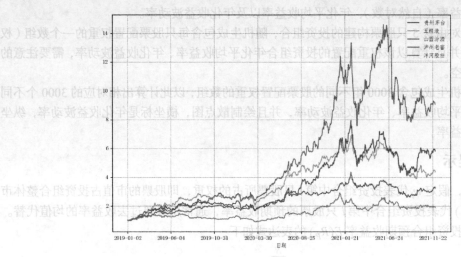

图 8-1　2019 年 1 月至 2021 年 11 月期间 5 只白酒股股价走势（将股价在 2019 年首个交易日调整为 1）

2. 针对任务 2

```
In [30]: n=len(R_mean.index)                  #投资组合的个股数量
    ...: x=np.random.random(n)                 #从均匀分布中随机抽取 5 个从 0 到 1 的随机数

In [31]: w=x/np.sum(x)                          #创建随机权重的一个数组
    ...: w                                      #查看随机权重数组
Out[31]: array([0.27886718, 0.31784258, 0.09241023, 0.18306119, 0.12781881]))

In [32]: np.sum(w)                              #验证个股权重之和是否等于 1
Out[32]: 1.0
```

需要注意的是，由于是随机生成的数组，因此每次得到的随机权重数组是不相同的，但是权重之和等于 1。

```
In [33]: R_cov=R_stock.cov()*252               #每只股票收益率之间的协方差
    ...: R_cov
Out[33]:
           贵州茅台     五粮液      山西汾酒     泸州老窖     洋河股份
贵州茅台   0.105192  0.111461  0.104035  0.115239  0.083622
五粮液     0.111461  0.177029  0.153570  0.166204  0.120671
山西汾酒   0.104035  0.153570  0.264089  0.164740  0.119136
泸州老窖   0.115239  0.166204  0.164740  0.221228  0.134503
洋河股份   0.083622  0.120671  0.119136  0.134503  0.181230

In [34]: R_corr=R_stock.corr()                  #每只股票收益率之间的相关系数
    ...: R_corr
Out[34]:
           贵州茅台     五粮液      山西汾酒     泸州老窖     洋河股份
贵州茅台   1.000000  0.816789  0.624185  0.755420  0.605637
五粮液     0.816789  1.000000  0.710243  0.839844  0.673695
山西汾酒   0.624185  0.710243  1.000000  0.681560  0.544567
泸州老窖   0.755420  0.839844  0.681560  1.000000  0.671731
洋河股份   0.605637  0.673695  0.544567  0.671731  1.000000

In [35]: Rp=np.dot(R_mean,w)                     #投资组合的年化平均收益率
    ...: print('用随机生成的权重计算得到投资组合的年化平均收益率',round(Rp,6))
用随机生成的权重计算得到投资组合的年化平均收益率 0.500976

In [36]: Vp=np.sqrt(np.dot(w,np.dot(R_cov,w.T)))  #投资组合的年化收益波动率
    ...: print('用随机生成的权重计算得到投资组合的年化收益波动率',round(Vp,6))
用随机生成的权重计算得到投资组合的年化收益波动率 0.366595
```

通过以上的相关系数输出结果不难看出，不同股票之间的相关系数是比较高的，其中，五粮液与泸州老窖这两只股票之间的相关系数最高并且为 0.84 左右，因此投资组合的分散化效应不会太理想。此外，根据随机生成的权重数，得到投资组合的年化收益率为 50.0976%，波动率高达 36.6595%。

3. 针对任务 3

```
In [37]: I=3000                              #随机抽样的次数

In [38]: x_list=np.random.random((n,I))      #从均匀分布中随机抽取 5 行、3000 列的 0 到 1 的随机数
    ...: w_list=x_list/np.sum(x_list,axis=0)  #生成包含 3000 组随机权重的数组
    ...: w_list
Out[38]:
array([[0.26943441, 0.21273541, 0.04538788, ..., 0.08478402, 0.302952  ,
        0.14895327],
       [0.15217654, 0.07718744, 0.42375178, ..., 0.01617305, 0.29398026,
        0.16707804],
       [0.02374875, 0.07777071, 0.10660624, ..., 0.29645022, 0.17542695,
        0.13133658],
       [0.3167985 , 0.29242997, 0.35878592, ..., 0.33364274, 0.13380548,
        0.37446964],
       [0.23784181, 0.33987647, 0.06546819, ..., 0.26894998, 0.09383531,
        0.17816247]])
```

需要注意的是，在随机权重的数组 w_list 中，每一列代表投资组合中 5 只不同股票的权重数值。

```
In [39]: Rp_list=np.dot(R_mean,w_list)        #投资组合不同的 3000 个收益率
    ...: Vp_list=np.zeros_like(Rp_list)       #创建存放投资组合不同收益波动率的初始数组

In [40]: for i in range(len(Rp_list)):        #用 for 语句计算投资组合 3000 个不同的收益波动率
    ...:     Vp_list[i]=np.sqrt(np.dot((w_list.T)[i],np.dot(R_cov,w_list[:,i])))

In [41]: plt.figure(figsize=(9,6))
    ...: plt.scatter(Vp_list,Rp_list)
    ...: plt.xlabel(u'波动率',fontsize=13)
    ...: plt.ylabel(u'收益率',fontsize=13)
    ...: plt.xticks(fontsize=13)
    ...: plt.yticks(fontsize=13)
    ...: plt.title(u'投资组合收益率与波动率的关系', fontsize=13)
    ...: plt.grid()
    ...: plt.show()
```

图 8-2 中的散点就是本次随机生成 3000 组不同股票权重所对应的投资组合收益率和波动率。通过映射至纵坐标的数值可以发现，投资组合的最高年化平均收益率接近 70%，最低年化平均收益率略低于 35%；通过映射至横坐标的数值可以发现，投资组合的最高波动率超过 44%，最低波动率则低于 34%。

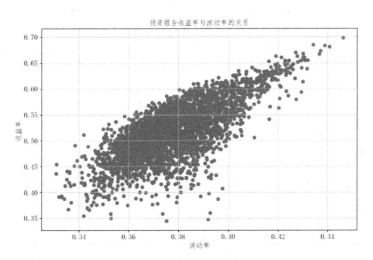

图 8-2　白酒股投资组合的收益率与波动率的关系

8.4 构建最优投资组合的编程——以道琼斯指数成分股为案例

8.4.1 案例详情

D 机构是总部位于英国牛津郡的一所大学基金会，该基金会将 5 亿美元校友捐赠资金用于配置美股，投资策略采用了学术理论和市场行情研判相结合的模式，并且在配置策略上强调长期投资，追求长期稳定的收益率。该基金会的股票投资团队信奉马科维茨的投资组合理论，构建的股票投资组合以道琼斯工业平均指数（简称"道琼斯指数"）的成分股作为潜在标的股票[1]，并且每日将投资组合市值走势与道琼斯指数走势进行对比，用以检验投资组合理论的适用性。构建投资组合的具体思路以及走势对比通过以下 4 步完成。

第 1 步，基于 2017 年至 2019 年期间道琼斯指数成分股的日收盘价数据，并且结合马科维茨的投资组合理论，测算出拟构建股票投资组合中每只成分股的最优配置权重。

第 2 步，以上一步计算出的配置权重并结合 2020 年首个交易日股票收盘价数据计算投资组合中配置的每只股票持股数量（1 股整数倍或 0 并且不允许卖空）以及剩余的现金金额。

第 3 步，基于 2020 年 1 月至 2021 年 11 月每只成分股的日收盘价数据计算该投资组合在该期间的每日净值走势。

第 4 步，将该投资组合的每日净值与同期的道琼斯指数收盘价进行对比，检查是否能够"跑赢"指数。

表 8-8 列出了 2017 年 1 月至 2021 年 11 月期间道琼斯指数部分成分股的部分日收盘价，2017 年至 2019 年数据存放于 Excel 文件的 Sheet1 工作表中，2020 年 1 月至 2021 年 11 月的数据则存放于 Sheet2 工作表中。

表 8-8　2017 年 1 月至 2021 年 11 月期间道琼斯指数部分成分股的部分日收盘价　　单位：美元/股

日期	美国运通	波音	卡特彼勒	……	英特尔	微软	沃尔格林联合博姿
2017-01-03	75.35	156.97	93.99	……	36.60	62.58	82.96
2017-01-04	76.26	158.62	93.57	……	36.41	62.30	82.98
2017-01-05	75.32	158.71	93.00	……	36.35	62.30	83.03
……	……	……	……	……	……	……	……
2021-11-26	156.82	199.21	198.73	……	48.78	329.68	45.90
2021-11-29	157.86	198.50	195.92	……	50.00	336.63	46.08
2021-11-30	152.30	197.85	193.35	……	49.20	330.59	44.80

注：由于成分股中的陶氏化学、霍尼韦尔股票分别于 2019 年 4 月 2 日和 2021 年 5 月 12 日才上市，因此将这两只股票从样本中剔除。
数据来源：纽约证券交易所、纳斯达克。

假定你是 D 机构的一位数据科学家，负责根据投资团队提出的策略运用 Python 完成模型构建并跟踪投资组合的相关工作。因此，你需要完成 4 个编程任务。

8.4.2 编程任务

【任务 1】导入包含 2017 年至 2019 年期间道琼斯指数成分股日收盘价数据的 Excel 工作表并创

---

1 截止到 2021 年 11 月末，道琼斯工业平均指数的成分股包括美国运通、波音、卡特彼勒、赛富时、雪佛龙、迪士尼、陶氏化学、高盛、家得宝、IBM、强生、摩根大通、可口可乐、麦当劳、3M 公司、默克制药、耐克、宝洁、旅行者保险、联合健康、Visa、威瑞森通信、沃尔玛、苹果、安进、思科、霍尼韦尔、英特尔、微软、沃尔格林联合博姿等共计 30 家上市公司的股票。

建数据框，同时运用该数据框生成 2017 年至 2019 年期间内的股票日收益率数据（运用自然对数计算），并计算该期间内每只股票的年化平均收益率和年化收益波动率。

【任务 2】用 3 个月期美元 Libor 作为衡量美国无风险利率的指标，该利率在 2019 年末为 1.9084%。因此，利用 2017 年至 2019 年期间的样本数据计算当资本市场线与有效前沿相切时（即市场组合）每只股票的最优配置权重。

【任务 3】导入包含 2020 年 1 月至 2021 年 11 月期间道琼斯指数成分股日收盘价数据的 Excel 工作表，利用任务 2 中计算得到的配置权重，并且结合 2020 年首个交易日的收盘价数据，得到初始投资金额为 5 亿美元而配置的个股数量以及剩余的现金金额。

【任务 4】利用任务 3 的投资组合持股数量和现金等信息，根据 2020 年 1 月至 2021 年期间成分股日收盘价的数据计算出该投资组合的市值，同时导入该期间道琼斯指数每日收盘价的 Excel 工作表，通过绘制曲线图对比投资组合的每日市值与道琼斯指数收盘价。为了便于比较，对 2020 年首个交易日的投资组合市值和指数收盘价均做归一化处理。

8.4.3 编程提示

针对任务 2，假定 w_i 代表投资组合中第 i 只股票所占的权重，$E(R_p)$ 代表投资组合的预期收益率，R_F 代表市场的无风险利率，σ_P 代表投资组合的收益波动率。求投资组合中每只股票的配置权重就是求解如下的最大值：

$$\max_{w_i} \frac{E(R_P)-R_F}{\sigma_P} \qquad （式 8-4）$$

并且同时满足如下的两个约束条件：

$$\sum_{i=1}^{N} w_i = 1$$
$$w_i \geq 0$$

其中，$E(R_p)$ 的表达式就是 8.3.3 小节的（式 8-2），σ_P 的表达式就是 8.3.3 小节的（式 8-3）。第 2 个约束条件意味着股票不允许卖空。

8.4.4 参考代码与说明

1. 针对任务 1

```
In [42]: price_list1=pd.read_excel('C:/Desktop/道琼斯指数成分股收盘价数据.xlsx', sheet_name="Sheet1",
header=0,index_col=0)  #导入2017年至2019年股票数据并且是Sheet1工作表

In [43]: R_list=np.log(price_list1/price_list1.shift(1))  #计算股票的日收益率
    ...: R_list=R_list.dropna()                           #删除缺失值所在的行

In [44]: R_mean=R_list.mean()*252            #2017年至2019年期间股票年化平均收益率
    ...: print('成分股2017年至2019年的年化平均收益率\n',R_mean.round(6))
成分股2017年至2019年的年化平均收益率
美国运通        0.168027
波音          0.244338
卡特彼勒        0.151220
赛富时        0.279562
雪佛龙        0.007470
迪士尼        0.103740
高盛         -0.016527
家得宝        0.162674
IBM         -0.073958
强生         0.077141
摩根大通        0.156889
可口可乐        0.093966
麦当劳        0.167992
3M         -0.003078
```

```
默克制药              0.138372
耐克                 0.223328
宝洁                 0.131963
旅行者保险            0.041716
联合健康              0.200568
Visa                0.287860
威瑞森通信            0.039404
沃尔玛                0.183599
苹果                 0.310400
安进                 0.157156
思科                 0.151043
英特尔                0.164584
微软                 0.309310
沃尔格林联合博姿       -0.114287
dtype: float64
```

以上的输出结果表明，在 2017 年至 2019 年期间，道琼斯指数成分股的大多数股票取得了正收益，总体而言在这个期间指数成分股的表现不俗。

```
In [45]: R_volatility=R_list.std()*np.sqrt(252)          #2017 年至 2019 年期间股票年化收益波动率
   ...: R_cov=R_list.cov()*252                           #2017 年至 2019 年期间股票收益的年化协方差矩阵
```

2. 针对任务 2

```
In [46]: def F(w):                                       #定义求解最优值的函数
   ...:     Rf=0.019084                                   #无风险利率（美元 3 个月期 Libor）
   ...:     w=np.array(w)                                 #设置投资组合每只股票的配置权重
   ...:     Rp=np.sum(w*R_mean)                           #投资组合的预期收益率（年化）
   ...:     Vp=np.sqrt(np.dot(w,np.dot(R_cov,w.T)))       #投资组合的收益波动率（年化）
   ...:     SR=(Rp-Rf)/Vp                                 #投资组合的夏普比率
   ...:     return np.array([Rp,Vp,SR])                   #结果输出为数组的格式

In [47]: def SRmin_F(w):                                  #定义一个使负的夏普比率最小化的函数
   ...:     return -F(w)[2]                               #输出一个为负数的波动率

In [48]: import scipy.optimize as sco                     #导入 SciPy 的子模块 optimize

In [49]: cons=({'type':'eq','fun':lambda x: np.sum(x)-1})          #第 1 个约束条件

In [50]: bnds=tuple((0,1) for x in range(len(R_mean)))             #第 2 个约束条件（元组格式）

In [51]: w0=np.ones_like(R_mean)/len(R_mean)                       #创建一个初始的权重数组

In [52]: result=sco.minimize(fun=SRmin_F,x0=w0,method='SLSQP',bounds=bnds, constraints=cons)
#计算最优解

In [53]: weight=result['x']                                        #投资组合中每只股票的最优权重

In [54]: stock_name=R_mean.index                                   #创建一个股票名称的数组

In [55]: for i in range(len(R_mean)):
   ...:     print(stock_name[i],round(weight[i],6))                #输出每只股票的最优权重
美国运通       0.0
波音          0.029941
卡特彼勒       0.0
赛富时        0.0
雪佛龙        0.0
迪士尼        0.0
高盛          0.0
家得宝        0.0
IBM         0.0
强生          0.0
摩根大通       0.0
可口可乐       0.0
麦当劳        0.169701
3M          0.0
默克制药       0.0
耐克          0.035968
宝洁          0.076108
旅行者保险     0.0
```

```
联合健康            0.052696
Visa               0.250163
威瑞森通信          0.0
沃尔玛              0.140334
苹果               0.122065
安进               0.0
思科               0.0
英特尔             0.0
微软               0.123024
沃尔格林联合博姿     0.0
```

从以上的输出结果不难发现，根据马科维茨的投资组合理论计算得到的最优投资组合一共配置了9 只股票，相关的股票和权重分别是波音 2.9941%、麦当劳 16.9701%、耐克 3.5968%、宝洁 7.6108%、联合健康 5.2696%、Visa 25.0163%、沃尔玛 14.0334%、苹果 12.2065% 以及微软 12.3024%，其余公司股票的配置权重均为 0。

3. 针对任务 3

```
In [56]: price_list2=pd.read_excel('C:/Desktop/道琼斯指数成分股收盘价数据.xlsx', sheet_name="Sheet2",
header=0,index_col=0)    #导入 2020 年 1 月至 2021 年 11 月股票数据并且是 Sheet2 工作表

In [57]: price0=price_list2.iloc[0]          #取 2020 年首个交易日的收盘价数据
    ...: fund=5e8                            #基金的募集资金金额

In [58]: shares=fund*weight/price0          #计算投资组合中的个股持股数量
    ...: shares=shares//1                    #个股的持股数量取整数（向下取整）或 0

In [59]: for i in range(len(shares)):
    ...:     if shares[i]==0:                #股票数量等于 0
    ...:         pass
    ...:     else:
    ...:         print(stock_name[i],shares[i])    #输出每只股票的最优持股数量
波音        44913.0
麦当劳      422582.0
耐克       175970.0
宝洁       308354.0
联合健康     90078.0
Visa      654465.0
沃尔玛      589936.0
苹果       203204.0
微软       382966.0

In [60]: cash=fund-np.sum(shares*price0)            #计算剩余资金
    ...: print('股票投资组合的现金留存金额',round(cash,2))
股票投资组合的现金留存金额  783.96
```

从以上的输出可以看到，股票投资组合中现金留存金额仅为 783.96 美元，这说明初始资金的投出率非常高。

4. 针对任务 4

```
In [61]: DJ_index=pd.read_excel('C:/Desktop/道琼斯指数收盘价数据.xlsx', sheet_name="Sheet1",
header=0,index_col=0)    #导入道琼斯指数的数据

In [62]: value_port=np.sum(shares*price_list2,axis=1)+cash    #计算投资组合的每日市值

In [63]: value_port=pd.DataFrame(data=np.array(value_port),index=price_list2.index,columns=
['股票投资组合'])    #转为数据框

In [64]: port_index=value_port.join(DJ_index,on='日期')    #将投资组合市值数据框和指数数据框合并

In [65]: port_index_new=port_index/port_index.iloc[0]    #将 2020 年首个交易日的投资组合市值以及指
数收盘价均设定为 1

In [66]: port_index_new.plot(figsize=(9,6),grid=True,title=u'股票投资组合与道琼斯指数的走势对比')#可视化
Out[66]:
```

根据图 8-3 可以比较直观地发现，在 2020 年期间，D 机构的股票投资组合明显"跑赢"了道琼斯指数，两者的差异最高达到 20%，但是进入 2021 年这种趋势却出现了一定程度的逆转。

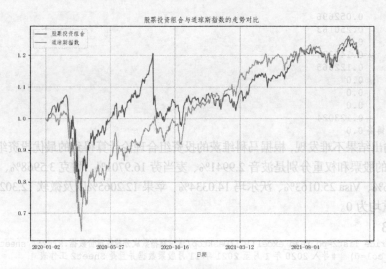

图 8-3　股票投资组合与道琼斯指数的日走势对比（2020 年 1 月至 2021 年 11 月）

8.5　资本资产定价模型的编程——以宁德时代股票为案例

8.5.1　案例详情

E 公司是总部位于上海的一家证券公司，该公司的一些经纪业务客户偏好于投资 A 股创业板的股票，蔡先生就是其中一位具有代表性的客户，并且他从 2019 年开始就坚定持有宁德时代（证券代码为 300750，公司英文缩写为 CATL）的股票。

假定你是 E 公司的高级证券投资顾问，负责服务包括蔡先生在内的多位 VIP 客户，为了提升服务的专业性，向客户充分解释股票投资面临的各类风险，你希望通过构建资本资产定价模型测度出宁德时代股票的系统性风险大小，同时计划在深证成指、创业板指、沪深 300 指数和中证 800 指数这 4 个常用股票指数中寻找出最接近于市场组合的指数。

表 8-9 列出了 2019 年 1 月至 2021 年 11 月期间宁德时代股票与 4 个股票指数的部分日收盘价数据，并且全部数据存放于 Excel 文件中。

表 8-9　2019 年 1 月至 2021 年 11 月期间宁德时代股票和 4 个股票指数的部分日收盘价　　单位：元/股

日期	宁德时代	深证成指	创业板指	沪深 300 指数	中证 800 指数
2019-01-02	73.6600	7149.2665	1228.7668	2969.5353	3160.1164
2019-01-03	73.8300	7089.4406	1214.4969	2964.8421	3152.7715
2019-01-04	76.9600	7284.8403	1245.1567	3035.8741	3228.2197
……	……	……	……	……	……
2021-11-26	658.0000	14777.1712	3468.8655	4860.1265	5252.0714
2021-11-29	679.8000	14810.1977	3503.4088	4851.4230	5245.3586
2021-11-30	680.0000	14795.7344	3495.5926	4832.0260	5235.1342

数据来源：深圳证券交易所、中证指数有限公司。

下面，为了完成既定的工作，你需要运用 Python 完成 3 个编程任务。

8.5.2　编程任务

【任务 1】导入包含 2019 年 1 月至 2021 年 11 月期间宁德时代股票与 4 个股票指数的日收盘价数据，并且生成日收益率的数据框（收益率用自然对数计算），同时绘制宁德时代股票与 4 个股票指数的日收益率（以 2×2 子图形式呈现）的散点图。

【任务 2】基于任务 1 构建的宁德时代股票与 4 个股票指数的日收益率数据框，分别以深证成指日收益率、创业板指日收益率为自变量，以宁德时代股票日收益率为因变量，构建两个线性回归模型。

【任务 3】依然基于任务 1 构建的日收益率数据框，分别以沪深 300 指数日收益率、中证 800 指数日收益率为自变量，以宁德时代股票日收益率为因变量，构建两个线性回归模型。最终，根据以上 4 个线性回归模型的结果，确定哪一个指数更加适用于资本资产定价模型中的市场组合，并写出宁德时代股票的资本资产定价模型。

8.5.3　编程提示

- 针对任务 2 和任务 3，鉴于资本资产定价模型中最重要的参数是贝塔值，那么在金融实战中针对贝塔值的测算是通过线性回归模型完成的，具体的表达式如下：

$$R_{it} = \alpha_i + \beta_i R_{\mathrm{M}t} + \varepsilon_t \qquad\qquad （式 8\text{-}5）$$

其中，R_{it} 代表在过去的 t 时刻第 i 只股票的收益率，$R_{\mathrm{M}t}$ 表示在过去的 t 时刻市场组合（股票指数）的收益率，α_i 代表截距，β_i 则代表斜率也就是贝塔值，α_i 和 β_i 可以通过线性回归拟合得到，ε_t 则代表随机误差并且服从均值为 0 的正态分布。

- 针对任务 3，在线性回归模型中，通常用判定系数 R^2 判断模型的拟合优度情况，R^2 越高表明拟合优度越高，也就表明模型更优，相应的指数也越能够代表市场组合。

8.5.4　参考代码与说明

1. 针对任务 1

```
In [67]: P_list=pd.read_excel('C:/Desktop/宁德时代股票与股票指数收盘价数据.xlsx', sheet_name="Sheet1",
header=0,index_col=0)    #导入外部数据

In [68]: R_list=np.log(P_list/P_list.shift(1))        #计算宁德时代股票和 4 个股指的日收益率
    ...: R_list=R_list.dropna()                       #删除缺失值所在的行
    ...: R_list.describe()
Out[68]:
           宁德时代      深证成指       创业板指     沪深 300 指数   中证 800 指数
count  706.000000  706.000000  706.000000  706.000000  706.000000
mean     0.003148    0.001030    0.001481    0.000690    0.000715
std      0.030594    0.014960    0.018066    0.013039    0.012912
min     -0.103932   -0.088246   -0.082708   -0.082088   -0.084223
25%     -0.015766   -0.006805   -0.008983   -0.005679   -0.005755
50%      0.001325    0.000943    0.001789    0.000700    0.000575
75%      0.017914    0.009590    0.012413    0.007908    0.007618
max      0.140563    0.054370    0.053525    0.057775    0.056967
```

从以上的输出结果可以看到，在 2019 年 1 月至 2021 年 11 月期间，无论是平均日收益率还是收益标准差（波动率），宁德时代股票均高于 4 个股票指数。

```
In [69]: plt.figure(figsize=(10,10))
    ...: plt.subplot(2,2,1)      #第 1 行、第 1 列的子图
    ...: plt.scatter(x=R_list['深证成指'],y=R_list['宁德时代'],c='b',marker='o')
    ...: plt.xticks(fontsize=13)
    ...: plt.xlabel(u'深证成指',fontsize=13)
    ...: plt.yticks(fontsize=13)
    ...: plt.ylabel(u'宁德时代',fontsize=13)
    ...: plt.grid()
    ...: plt.subplot(2,2,2)      #第 1 行、第 2 列的子图
    ...: plt.scatter(x=R_list['创业板指'],y=R_list['宁德时代'],c='c',marker='o')
    ...: plt.xticks(fontsize=13)
    ...: plt.xlabel(u'创业板指',fontsize=13)
    ...: plt.yticks(fontsize=13)
    ...: plt.grid()
    ...: plt.subplot(2,2,3)      #第 2 行、第 1 列的子图
    ...: plt.scatter(x=R_list['沪深 300 指数'],y=R_list['宁德时代'],c='m',marker='o')
    ...: plt.xticks(fontsize=13)
    ...: plt.xlabel(u'沪深 300 指数',fontsize=13)
```

```
    ...: plt.yticks(fontsize=13)
    ...: plt.ylabel(u'宁德时代',fontsize=13)
    ...: plt.grid()
    ...: plt.subplot(2,2,4)      #第2行、第2列的子图
    ...: plt.scatter(x=R_list['中证800指数'],y=R_list['宁德时代'],c='y',marker='o')
    ...: plt.xticks(fontsize=13)
    ...: plt.xlabel(u'中证800指数',fontsize=13)
    ...: plt.yticks(fontsize=13)
    ...: plt.grid()
    ...: plt.show()
```

输出结果如图 8-4 所示。仅仅依靠对图 8-4 的观察，难以判断宁德时代股票与哪一个股票指数的日收益率最接近于一条直线，因此就需要运用回归分析的结果进行辨别。

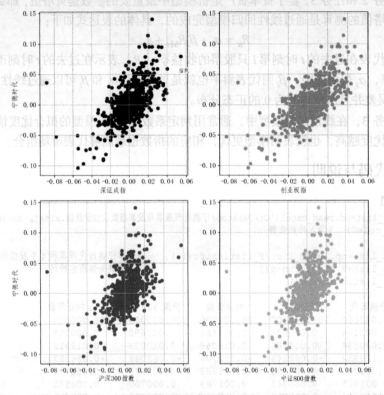

图 8-4　宁德时代股票与 4 个股票指数日收益率的散点图（2019 年 1 月至 2021 年 11 月）

2.　针对任务 2

```
In [70]: import statsmodels.api as sm                    #导入 statsmodels 的子模块 api

In [71]: SZ_index=R_list['深证成指']                        #创建深证成指日收益率的时间序列
    ...: SZ_index_addcons=sm.add_constant(SZ_index)       #为自变量的样本值增加一列常数项

In [72]: model_CATL_SZ=sm.OLS(endog=R_list['宁德时代'],exog=SZ_index_addcons)  #构建普通最小
二乘法的线性回归模型
    ...: result_CATL_SZ=model_CATL_SZ.fit()               #拟合线性回归模型
    ...: result_CATL_SZ.summary()                         #输出线性回归模型的结果
Out[72]:
"""
                            OLS Regression Results
==============================================================================
Dep. Variable:                 宁德时代   R-squared:                     0.374
Model:                            OLS   Adj. R-squared:                0.374
Method:                 Least Squares   F-statistic:                   421.5
Date:               Sun, 05 Dec 2021   Prob (F-statistic):         9.28e-74
Time:                        11:06:57   Log-Likelihood:               1626.1
No. Observations:                 706   AIC:                          -3248.
```

```
Df Residuals:                    704   BIC:                          -3239.
Df Model:                          1
Covariance Type:           nonrobust
==============================================================================
                 coef    std err          t      P>|t|      [0.025      0.975]
------------------------------------------------------------------------------
const          0.0019      0.001      2.035      0.042    6.55e-05       0.004
深证成指        1.2514      0.061     20.530      0.000       1.132       1.371
==============================================================================
Omnibus:                      106.544   Durbin-Watson:                  1.890
Prob(Omnibus):                  0.000   Jarque-Bera (JB):             246.875
Skew:                           0.818   Prob(JB):                    2.46e-54
Kurtosis:                       5.391   Cond. No.                        66.9
==============================================================================
"""

In [73]: CY_index=R_list['创业板指']                    #创建创业板指日收益率的时间序列
   ...: CY_index_addcons=sm.add_constant(CY_index)

In [74]: model_CATL_CY=sm.OLS(endog=R_list['宁德时代'],exog=CY_index_addcons)
   ...: result_CATL_CY=model_CATL_CY.fit()
   ...: result_CATL_CY.summary()
Out[74]:
"""
                          OLS Regression Results
==============================================================================
Dep. Variable:               宁德时代   R-squared:                      0.488
Model:                          OLS   Adj. R-squared:                 0.487
Method:               Least Squares   F-statistic:                    671.4
Date:              Sun, 05 Dec 2021   Prob (F-statistic):         1.80e-104
Time:                      11:07:14   Log-Likelihood:                1696.9
No. Observations:               706   AIC:                          -3390.
Df Residuals:                   704   BIC:                          -3381.
Df Model:                         1
Covariance Type:          nonrobust
==============================================================================
                 coef    std err          t      P>|t|      [0.025      0.975]
------------------------------------------------------------------------------
const          0.0014      0.001      1.688      0.092      -0.000       0.003
创业板指        1.1832      0.046     25.911      0.000       1.094       1.273
==============================================================================
Omnibus:                       74.862   Durbin-Watson:                  1.896
Prob(Omnibus):                  0.000   Jarque-Bera (JB):             135.036
Skew:                           0.674   Prob(JB):                    4.76e-30
Kurtosis:                       4.666   Cond. No.                        55.4
==============================================================================
"""
```

3. 针对任务3

```
In [75]: HS300_index=R_list['沪深300指数']              #创建沪深300指数日收益率的时间序列
   ...: HS300_index_addcons=sm.add_constant(HS300_index)

In [76]: model_CATL_HS300=sm.OLS(endog=R_list['宁德时代'],exog=HS300_index_addcons)
   ...: result_CATL_HS300=model_CATL_HS300.fit()
   ...: result_CATL_HS300.summary()
Out[76]:
"""
                          OLS Regression Results
==============================================================================
Dep. Variable:               宁德时代   R-squared:                      0.271
Model:                          OLS   Adj. R-squared:                 0.270
Method:               Least Squares   F-statistic:                    262.1
Date:              Sun, 05 Dec 2021   Prob (F-statistic):          2.38e-50
Time:                      11:13:58   Log-Likelihood:                1572.2
No. Observations:               706   AIC:                          -3140.
Df Residuals:                   704   BIC:                          -3131.
Df Model:                         1
```

```
Covariance Type:              nonrobust
==============================================================================
                 coef      std err          t       P>|t|      [0.025      0.975]
------------------------------------------------------------------------------
const          0.0023       0.001        2.341      0.020       0.000       0.004
沪深 300 指数   1.2221       0.075       16.190      0.000       1.074       1.370
==============================================================================
Omnibus:                      94.340   Durbin-Watson:                   1.927
Prob(Omnibus):                 0.000   Jarque-Bera (JB):              190.242
Skew:                          0.779   Prob(JB):                     4.89e-42
Kurtosis:                      5.010   Cond. No.                         76.7
==============================================================================

"""

In [77]: ZZ800_index=R_list['中证 800 指数']          #创建中证 800 指数日收益率的时间序列
   ...: ZZ800_index_addcons=sm.add_constant(ZZ800_index)

In [78]: model_CATL_ZZ800=sm.OLS(endog=R_list['宁德时代'],exog=ZZ800_index_addcons)
   ...: result_CATL_ZZ800=model_CATL_ZZ800.fit()
   ...: result_CATL_ZZ800.summary()
Out[78]:
"""
                          OLS Regression Results
==============================================================================
Dep. Variable:                宁德时代   R-squared:                       0.285
Model:                           OLS   Adj. R-squared:                  0.284
Method:                Least Squares   F-statistic:                     280.0
Date:               Sun, 05 Dec 2021   Prob (F-statistic):           3.58e-53
Time:                       11:14:09   Log-Likelihood:                 1578.7
No. Observations:                706   AIC:                            -3153.
Df Residuals:                    704   BIC:                            -3144.
Df Model:                          1
Covariance Type:              nonrobust
==============================================================================
                 coef      std err          t       P>|t|      [0.025      0.975]
------------------------------------------------------------------------------
const          0.0022       0.001        2.299      0.022       0.000       0.004
中证 800 指数   1.2640       0.076       16.735      0.000       1.116       1.412
==============================================================================
Omnibus:                      98.300   Durbin-Watson:                   1.911
Prob(Omnibus):                 0.000   Jarque-Bera (JB):              206.854
Skew:                          0.793   Prob(JB):                     1.21e-45
Kurtosis:                      5.126   Cond. No.                         77.5
==============================================================================

"""
```

根据上述回归模型的输出结果，不难发现，以创业板指日收益率作为因变量的回归模型的 R^2（即在 Python 输出结果中的 R-squared）接近于 0.49，在 4 个回归模型中是最高的，因此，可以将创业板指作为市场组合，得到的宁德时代股票贝塔值等于 1.1832。也就是从长期来看，当创业板指变动 1%，宁德时代股票平均变动 1.1832%。

宁德时代股票具体的资本资产定价模型表达式如下：

$$R = R_f + 1.1832(R_M - R_f) \qquad （式 8-6）$$

其中，R_f 代表无风险收益率。

8.6 模拟股价服从几何布朗运动的编程——以券商 H 股为案例

8.6.1 案例详情

F 公司是总部位于我国香港地区的一家大型金融控股集团，秉承"合规经营、专业服务、锐意进取、开拓创新"的经营理念，致力于为客户提供品种丰富的投资产品、稳定高效的交易平台和专业便捷的跨境金融服务。公司的管理层经过广泛的调研，比较看好内地证券公司未来的发展前景，因此截止到 2021 年 11 月末，该公司自营投资组合中配置了中信证券、海通证券和招商证券这 3 家头部证券公司发行的 H 股股票。

假定你是这家公司的风险总监，负责整个公司自营投资的风险管理工作，为了能够有效测度并应对这 3 家公司股票的投资风险，将运用**几何布朗运动**（Geometric Brownian Motion，GBM）模拟股价。为此，你的助理整理了 2019 年 1 月至 2021 年 11 月期间这 3 家公司股票的全部数据并存放于一个 Excel 文件中，同时每只股票的数据分别放置在不同的工作表中，表 8-10 列出了部分数据。

表 8-10　2019 年 1 月至 2021 年 11 月期间 3 只证券公司 H 股的部分日收盘价　　单位：港元/股

日期	中信证券 （代码：6030）	海通证券 （代码：6837）	招商证券 （代码：6099）
2019-01-02	13.16	7.27	12.46
2019-01-03	13.02	7.38	12.48
2019-01-04	13.82	7.77	12.48
……	……	……	……
2021-11-26	18.40	6.63	11.60
2021-11-29	18.24	6.57	11.76
2021-11-30	18.60	6.55	11.90

数据来源：香港交易所。

你需要运用 Python 完成模拟股价的工作，为此将完成 3 个编程任务。

8.6.2　编程任务

【任务 1】导入包含 2019 年 1 月至 2021 年 11 月期间中信证券 H 股日收盘价的 Excel 文件，同时，假定中信证券的股价服从几何布朗运动，基于这些数据模拟出未来 3 年（2021 年 12 月至 2024 年 11 月）该股票日收盘价。中信证券 H 股在 2021 年 12 月 1 日收盘价是 19.04 港元/股，假定模拟次数是 300，并且将模拟结果可视化。

【任务 2】导入包含 2019 年 1 月至 2021 年 11 月期间海通证券 H 股日收盘价的 Excel 文件，同时，依然假定其股价服从几何布朗运动，基于这些数据模拟出未来 5 年（2021 年 12 月至 2026 年 11 月）该股票日收盘价。海通证券 H 股在 2021 年 12 月 1 日收盘价为 6.65 港元/股，假定模拟次数是 500 并将模拟结果可视化。

【任务 3】导入包含 2019 年 1 月至 2021 年 11 月期间招商证券 H 股日收盘价的 Excel 文件，依然假定其股价服从几何布朗运动，基于这些数据模拟出未来 10 年（2021 年 12 月至 2031 年 11 月）该股票日收盘价。招商证券 H 股在 2021 年 12 月 1 日收盘价为 11.68 港元/股，假定模拟次数是 1000 并将模拟结果可视化。

8.6.3　编程提示

- 在 Python 中模拟股价服从几何布朗运动，需要运用经过欧拉离散方法变换后服从几何布朗运动的股价表达式，具体如下

$$S_t = S_{t-\Delta t}\, e^{\left(\mu - \frac{1}{2}\sigma^2\right)\Delta t + \sigma \varepsilon_t \sqrt{\Delta t}} \qquad\qquad （式 8-7）$$

其中，S_t 和 $S_{t-\Delta t}$ 分别表示在 t 时刻和 $t-\Delta t$ 时刻的股票价格，Δt 表示单位时间长度，μ 表示股票收益率的期望值（年化），σ 表示股票收益波动率（年化），ε_t 表示 t 时刻服从标准正态分布的随机数。

- 在模拟中，可以运用 pandas 模块中的 date_range 函数生成一个日期数列，关键参数如下：

一是参数 start，表示日期数列的起始日，并且以字符串的格式输入，比如以 2021 年 12 月 1 日作为起始日，就输入 start='2021-12-01'；

二是参数 end，表示日期数列的终止日，输入的格式与起始日的相同；

三是参数 freq，表示日期数列的频次，比如 freq='B'就表示按照工作日设定日期数列。

8.6.4 参考代码与说明

1. 针对任务 1

```
In [79]: price_CITIC=pd.read_excel('C:/Desktop/证券公司H股收盘价数据.xlsx', sheet_name="Sheet1",
header=0,index_col=0)  #导入中信证券H股股价数据并且是 sheet1 工作表

In [80]: return_CITIC=np.log(price_CITIC/price_CITIC.shift(1))      #计算中信证券H股的日收益率
    ...: return_CITIC=return_CITIC.dropna()                          #删除缺失值所在的行
    ...: return_CITIC.describe()
Out[80]:
           中信证券
count    718.000000
mean       0.000482
std        0.023649
min       -0.083659
25%       -0.010545
50%       -0.001043
75%        0.012029
max        0.159518

In [81]: mu_CITIC=(return_CITIC.describe()).loc['mean']*252  #获取中信证券H股的年化平均收益率
    ...: mu_CITIC=np.array(mu_CITIC)                          #转换为数组的格式

In [82]: sigma_CITIC=(return_CITIC.describe()).loc['std']*np.sqrt(252) #获取中信证券H股的年
化收益波动率
    ...: sigma_CITIC=np.array(sigma_CITIC)

In [83]: date_3Y=pd.date_range(start='2021-12-01',end='2024-11-30',freq='B')  #生成 2021 年
12 月至 2024 年 11 月工作日数组

In [84]: N1=len(date_3Y)                    #赋值为工作日数组的长度
    ...: I1=300                             #模拟的路径数量（300 条）
    ...: dt=1/252                           #单位时间的区间长度（1 天）

In [85]: GBM_CITIC=np.zeros((N1,I1))        #建立模拟服从几何布朗运动的中信证券H股股价初始数组

In [86]: GBM_CITIC[0]=19.04                 #将模拟起点设为 2021 年 12 月 1 日的中信证券H股股票收盘价

In [87]: import scipy.stats as st          #导入 SciPy 模块的统计子模块 stats

In [88]: for t in range(1,N1):
    ...:     epsilon=st.norm.rvs(size=I1)  #在每个时间点上均生成 300 个随机数
    ...:     GBM_CITIC[t]=GBM_CITIC[t-1]*np.exp((mu_CITIC-0.5*sigma_CITIC**2)*dt+ sigma_
CITIC*epsilon*np.sqrt(dt))   #几何布朗运动的表达式（（式 8-7））

In [89]: GBM_CITIC=pd.DataFrame(data=GBM_CITIC,index=date_3Y)   #将模拟的数值转化为带有时间索引
的数据框

In [90]: plt.figure(figsize=(9,6))
    ...: plt.plot(GBM_CITIC)
    ...: plt.xlabel(u'日期',fontsize=13)
    ...: plt.ylabel(u'股价',fontsize=13)
    ...: plt.xticks(fontsize=13)
    ...: plt.yticks(fontsize=13)
    ...: plt.title(u'服从几何布朗运动的中信证券H股股价模拟全部路径（2021 年 12 月—2024 年 11 月）',
fontsize=13)
    ...: plt.grid()
    ...: plt.show()
```

上述代码的运行结果如图 8-5 所示。

图 8-5　服从几何布朗运动的中信证券 H 股全部 300 条模拟路径（2021 年 12 月至 2024 年 11 月）

```
In [91]: max_CITIC=np.max(np.max(GBM_CITIC))          #模拟得到的中信证券 H 股股价最大值
   ...: min_CITIC=np.min(np.min(GBM_CITIC))           #模拟得到的中信证券 H 股股价最小值
   ...: median_CITIC=np.median(GBM_CITIC)             #模拟得到的中信证券 H 股股价中位数
   ...: print('模拟得到中信证券 H 股股价在 2021 年 12 月至 2024 年 11 月期间的最大值', round(max_CITIC,4))
   ...: print('模拟得到中信证券 H 股股价在 2021 年 12 月至 2024 年 11 月期间的最小值', round(min_CITIC,4))
   ...: print('模拟得到中信证券 H 股股价在 2021 年 12 月至 2024 年 11 月期间的中位数', round(median_CITIC,4))
模拟得到中信证券 H 股股价在 2021 年 12 月至 2024 年 11 月期间的最大值 136.1211
模拟得到中信证券 H 股股价在 2021 年 12 月至 2024 年 11 月期间的最小值 2.7005
模拟得到中信证券 H 股股价在 2021 年 12 月至 2024 年 11 月期间的中位数 20.4349
```

从以上的模拟结果不难发现，本次全部 300 条模拟路径中，得到的中信证券 H 股股价最大值达到了 136.1211 港元/股，最小值则仅为 2.7005 港元/股，两者之间相差约 50.41 倍。股价中位数是 20.4349 港元/股，因此，当股价服从几何布朗运动时，模拟出的股价整体处于上升的趋势。需要强调的是，由于是随机抽样，因此不同组抽样所得到的结果之间会存在一定的差异，在本书所涉及模拟的案例中，均存在类似的问题。

2. 针对任务 2

```
In [92]: price_HTSEC=pd.read_excel('C:/Desktop/证券公司H股收盘价数据.xlsx', sheet_name="Sheet2",
header=0,index_col=0)    #导入海通证券 H 股股价数据并且是 sheet2 工作表

In [93]: return_HTSEC=np.log(price_HTSEC/price_HTSEC.shift(1))    #计算海通证券 H 股的日收益率
   ...: return_HTSEC=return_HTSEC.dropna()

In [94]: mu_HTSEC=(return_HTSEC.describe()).loc['mean']*252    #计算海通证券 H 股的年化平均收益率
   ...: mu_HTSEC=np.array(mu_HTSEC)

In [95]: sigma_HTSEC=(return_HTSEC.describe()).loc['std']*np.sqrt(252)    #计算海通证券 H 股的
年化收益波动率
   ...: sigma_HTSEC=np.array(sigma_HTSEC)

In [96]: date_5Y=pd.date_range(start='2021-12-01',end='2026-11-30',freq='B')    #生成 2021 年
12 月至 2026 年 11 月的工作日数组
   ...: N2=len(date_5Y)                  #赋值为工作日数组的长度
   ...: I2=500                           #模拟的路径数量（500 条）

In [97]: GBM_HTSEC=np.zeros((N2,I2))     #建立模拟服从几何布朗运动的海通证券 H 股股价的初始数组
   ...: GBM_HTSEC[0]=6.65               #模拟起点设为 2021 年 12 月 1 日海通证券 H 股股票收盘价

In [98]: for t in range(1,N2):
   ...:         epsilon=st.norm.rvs(size=I2)       #在每个时间点上均生成 500 个随机数
   ...:         GBM_HTSEC[t]=GBM_HTSEC[t-1]*np.exp((mu_HTSEC-0.5*sigma_HTSEC**2)*dt+ sigma_
HTSEC*epsilon*np.sqrt(dt))    #几何布朗运动的表达式

In [99]: GBM_HTSEC=pd.DataFrame(data=GBM_HTSEC,index=date_5Y)    #转化为带有时间索引的数据框
```

```
In [100]: plt.figure(figsize=(9,6))
    ...: plt.plot(GBM_HTSEC)
    ...: plt.xlabel(u'日期',fontsize=13)
    ...: plt.ylabel(u'股价',fontsize=13)
    ...: plt.xticks(fontsize=13)
    ...: plt.yticks(fontsize=13)
    ...: plt.title(u'服从几何布朗运动的海通证券H股股价模拟全部路径（2021年12月—2026年11月）',fontsize=13)
    ...: plt.grid()
    ...: plt.show()
```

上述代码的运行结果如图 8-6 所示。

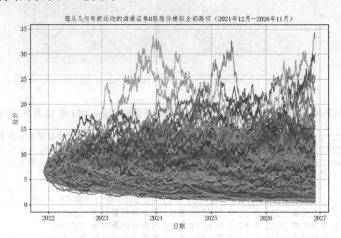

图 8-6　服从几何布朗运动的海通证券 H 股全部 500 条模拟路径（2021 年 12 月至 2026 年 11 月）

```
In [101]: max_HTSEC=np.max(np.max(GBM_HTSEC))       #模拟得到的海通证券H股股价最大值
    ...: min_HTSEC=np.min(np.min(GBM_HTSEC))         #模拟得到的海通证券H股股价最小值
    ...: median_HTSEC=np.median(GBM_HTSEC)           #模拟得到的海通证券H股股价中位数
    ...: print('模拟得到海通证券H股股价在2021年12月至2026年11月期间的最大值', round(max_HTSEC,4))
    ...: print('模拟得到海通证券H股股价在2021年12月至2026年11月期间的最小值', round(min_HTSEC,4))
    ...: print('模拟得到海通证券H股股价在2021年12月至2026年11月期间的中位数', round(median_HTSEC,4))
模拟得到海通证券H股股价在2021年12月至2026年11月期间的最大值 34.2144
模拟得到海通证券H股股价在2021年12月至2026年11月期间的最小值 0.2696
模拟得到海通证券H股股价在2021年12月至2026年11月期间的中位数 5.4088
```

从以上的模拟结果不难发现，本次全部 500 条模拟路径中，得到的海通证券 H 股股价最大值达到了 34.2144 港元/股，最小值则仅为 0.2696 港元/股，两者之间相差约 126.90 倍，股价中位数是 5.4088 港元/股。

3. 针对任务 3

```
In [102]: price_CMS=pd.read_excel('C:/Desktop/证券公司H股收盘价数据.xlsx', sheet_name="Sheet3",
header=0,index_col=0)  #导入招商证券H股股价数据并且是sheet3工作表

In [103]: return_CMS=np.log(price_CMS/price_CMS.shift(1))     #计算招商证券H股的日收益率
    ...: return_CMS=return_CMS.dropna()

In [104]: mu_CMS=(return_CMS.describe()).loc['mean']*252      #计算招商证券H股的年化平均收益率
    ...: mu_CMS=np.array(mu_CMS)

In [105]: sigma_CMS=(return_CMS.describe()).loc['std']*np.sqrt(252)   #计算招商证券H股的年化收益波动率
    ...: sigma_CMS=np.array(sigma_CMS)

In [106]: date_10Y=pd.date_range(start='2021-12-01',end='2031-11-30',freq='B')  #生成 2021
年12月至2031年11月的工作日数组

In [107]: N3=len(date_10Y)              #赋值为工作日数组的长度
    ...: I3=1000                        #模拟的路径数量（1000 条）

In [108]: GBM_CMS=np.zeros((N3,I3))     #建立存放服从几何布朗运动的模拟招商证券H股股价的初始数组
    ...: GBM_CMS[0]=11.68               #模拟起点设为2021年12月1日的招商证券H股股票收盘价
```

```
In [109]: for t in range(1,N3):
     ...:     epsilon=st.norm.rvs(size=I3)     #在每个时间点上均生成1000个随机数
     ...:     GBM_CMS[t]=GBM_CMS[t-1]*np.exp((mu_CMS-0.5*sigma_CMS**2)*dt+ sigma_CMS*epsilon
*np.sqrt(dt))  #几何布朗运动的表达式

In [110]: GBM_CMS=pd.DataFrame(data=GBM_CMS,index=date_10Y)   #转化为带有时间索引的数据框

In [111]: plt.figure(figsize=(9,6))
     ...: plt.plot(GBM_CMS)
     ...: plt.xlabel(u'日期',fontsize=13)
     ...: plt.ylabel(u'股价',fontsize=13)
     ...: plt.xticks(fontsize=13)
     ...: plt.yticks(fontsize=13)
     ...: plt.title(u'服从几何布朗运动的招商证券H股股价模拟全部路径（2021年12月—2031年11月）',
fontsize=13)
     ...: plt.grid()
     ...: plt.show()

In [112]: max_CMS=np.max(np.max(GBM_CMS))       #模拟得到的招商证券H股股价最大值
     ...: min_CMS=np.min(np.min(GBM_CMS))        #模拟得到的招商证券H股股价最小值
     ...: median_CMS=np.median(GBM_CMS)          #模拟得到的招商证券H股股价中位数
     ...: print('模拟得到招商证券H股股价在2021年12月至2031年11月期间的最大值', round(max_CMS,4))
     ...: print('模拟得到招商证券H股股价在2021年12月至2031年11月期间的最小值', round(min_CMS,4))
     ...: print('模拟得到招商证券H股股价在2021年12月至2031年11月期间的中位数', round(median_CMS,4))
模拟得到招商证券H股股价在2021年12月至2031年11月期间的最大值 1055.7671
模拟得到招商证券H股股价在2021年12月至2031年11月期间的最小值 0.1636
模拟得到招商证券H股股价在2021年12月至2031年11月期间的中位数 10.8211
```

上述代码的运行结果如图 8-7 所示。

图 8-7　服从几何布朗运动的招商证券 H 股全部 1000 条模拟路径（2021 年 12 月至 2031 年 11 月）

从以上的模拟结果不难发现，本次全部 1000 条模拟路径中，得到的招商证券 H 股股价最大值是 1055.7671 港元/股，最小值则仅为 0.1636 港元/股，两者之间相差约 6453.34 倍，股价中位数是 10.8211 港元/股。

8.7　股票套利策略的编程——以招商银行A股和H股为案例

8.7.1　案例详情

G 公司是一家总部位于杭州的私募证券投资基金管理公司，该公司一直坚持低风险、稳收益的套利策略。伴随着沪港通、深港通的持续推进，G 公司发现 A 股与 H 股之间存在着跨市场的套利机会，因此正在积极着手准备开发相应的投资策略。

假定你是该公司的投资策略总监，负责牵头研究 A 股与 H 股的套利策略，并且日常特别关注

招商银行 A 股与 H 股的套利机会。在 2020 年 8 月 31 日，你关注到招商银行 A 股/H 股的比价达到了近期高点 1.15，同时观察过去 2018 年 1 月至 2020 年 8 月期间的比价数据，发现比价在该期间内保持在 1.0 至 1.15 的区间内做箱体震荡的运动。根据金融资产的"一价定律"[1]，当前比价明显偏离了正常水平而存在套利机会。表 8-11 列出了招商银行 A 股、H 股以及港元兑人民币汇率中间价在该期间内的部分数据，完整的数据存放于 Excel 文件中。

表 8-11　2018 年 1 月至 2020 年 8 月招商银行 A 股、H 股收盘价以及港元兑人民币汇率的部分数据

日期	招商银行 A 股（单位：元/股）（代码：600036）	招商银行 H 股（单位：港元/股）（代码：3968）	港元兑人民币 —
2018-01-02	29.62	32.35	0.83231
2018-01-03	29.97	32.95	0.83058
2018-01-04	29.65	33.05	0.83200
……	……	……	……
2020-08-27	36.90	37.50	0.88905
2020-08-28	38.45	38.40	0.88891
2020-08-31	37.69	37.00	0.88520

数据来源：上海证券交易所、香港交易所、中国人民银行。

你正在撰写一份关于招商银行 A 股与 H 股套利策略的书面报告，进而提交给公司投资决策委员会审批，下面需要运用 Python 完成 3 个编程任务。

8.7.2　编程任务

【任务 1】从外部导入包含 2018 年 1 月至 2020 年 8 月期间招商银行 A 股、H 股收盘价以及港元兑人民币汇率中间价数据的 Excel 文件，计算出该期间内 A 股/H 股比价的时间序列并且进行可视化。

【任务 2】你的报告中模拟了一个在 2020 年 8 月 31 日构建 A 股与 H 股套利策略的方案，具体方案是按照当日收盘价买入招商银行 H 股 30 万股，同时做空 A 股 30 万股[2]，并且暂不考虑交易成本以及做空的资金成本。要求按照 2018 年 1 月至 2020 年 8 月期间的历史数据对该策略收益率进行回溯测算，并且对回溯测算的收益率进行可视化。

【任务 3】公司投资决策委员会审议同意了你提交的套利策略方案，也就是任务 2 中的套利策略方案，但策略构建日定于 2020 年 9 月 1 日，并且套利实施时间为 2020 年 9 月 1 日至 2021 年 6 月 30 日（相关数据存放在任务 1 导入的 Excel 文件的 Sheet2 工作表中）。同时，证券公司提供的融券资金成本是 8%/年，计算在策略实施期间每个交易日策略的收益率时间序列，并且对该收益率进行可视化。

8.7.3　编程提示

在本案例中，需要运用到 A 股/H 股比价的计算公式。假定 P_A 代表某上市公司的 A 股股价，P_H 代表该上市公司 H 股股价并且用"港元/股"计价，E 代表港元兑人民币的汇率（1 港元兑换多少金额的人民币），则该上市公司 A 股/H 股比价 Ratio 的计算公式如下：

$$Ratio = \frac{P_A}{P_H \times E}$$

（式 8-8）

---

1 **一价定律**（the law of one price）是指在同一时间、针对同一资产不可能以不同的价格进行交易，该定律是金融学中的一条核心准则。在金融市场中，在交易成本较小、竞争激烈的情况下，一价定律通常被认为是近似准确的，而促成一价定律成立的原动力就是因为套利交易的存在。
2 在 A 股市场中，做空单一股票可以通过证券公司的融券业务完成，具体就是证券公司向投资者出借证券供其卖出，并约定偿还证券的期限以及券息（即融券资金成本）。因此，对于投资者而言，融券的收益=融券股票数量×（出借股票时的股价−偿还股票时的股价）−券息。此外，证券公司为了防范融券业务的风险，需要投资者缴纳保证金，为了适度简化分析，本案例暂不考虑保证金的因素。

如果 A 股/H 股比价高于正常水平，说明该公司的 A 股股票价格被相对高估、H 股股价被相对低估，可以采用做空 A 股、做多 H 股的套利策略，在比价回归至正常水平的过程中实现套利收益；相反，如果 A 股/H 股比价低于正常水平，则可以采用做多 A 股、做空 H 股的套利策略实现收益。

此外，针对任务 3，考虑到证券公司提供的融券业务资金成本是按照自然天计算的，为了测算该成本，就需要计算出在套利交易期间内，每个交易日距离套利交易初始日的天数。Python 中 datetime 模块中 datetime 子模块的 strptime 函数，能够将以字符串格式输入的日期转为 Python 中的时间对象。该函数的主要参数如下所示：

```
strptime(以字符串输入的日期, '%Y-%m-%d')
```

其中，引号内的内容是指日期的格式和符号，具体而言，%Y 表示对应的四位数年份，范围为 0000～9999；%m 表示月份，范围为 01～12；%d 表示月份内的日数，范围为 0～31。

可通过 strptime 函数获得时间对象，从而计算出具体的天数，最终计算出在每个交易日融券的累计资金成本。

8.7.4　参考代码与说明

1. 针对任务 1

```
In [113]: data=pd.read_excel('C:/Desktop/招商银行 A 股与 H 股收盘价及汇率数据.xlsx', sheet_name=
"Sheet1",header=0,index_col=0) #导入 2018 年 1 月至 2020 年 8 月的数据并且是 Sheet1 工作表

In [114]: ratio=data['招商银行 A 股']/(data['招商银行 H 股']*data['港元兑人民币']) #计算 A 股/H 股比价
    ...: ratio.plot(figsize=(9,6),grid=True,title=u'招商银行 A 股/H 股的比价')
    ...: plt.ylabel(u'比价')
Out[114]:

In [115]: ratio.describe()                       #A 股/H 股比价的统计信息
Out[115]:
count     630.000000
mean        1.057588
std         0.038703
min         0.977589
25%         1.025876
50%         1.054303
75%         1.082082
max         1.190741
dtype: float64
```

无论从图 8-8 还是从统计指标来看，招商银行 A 股/H 股的比价基本在 1.0 至 1.15 的箱体内上下波动，当比价触及 1.15 时就存在着很强的向下调整动能。

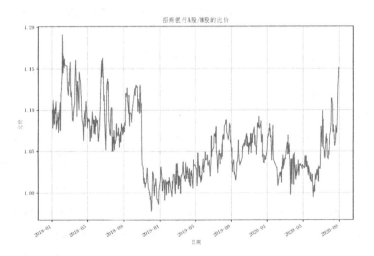

图 8-8　2018 年 1 月至 2020 年 8 月期间招商银行 A 股/H 股的比价走势

2. 针对任务 2

```
In [116]: N=3e5                                    #做空招商银行A股股数以及买入招商银行H股股数

In [117]: price_A=data['招商银行A股']              #招商银行A股收益价（2018年1月至2020年8月）
     ...: price_H=data['招商银行H股']              #招商银行H股收益价（2018年1月至2020年8月）
     ...: FX=data['港元兑人民币']                  #港元兑人民币汇率（2018年1月至2020年8月）

In [118]: price0_A=price_A.iloc[-1]                #招商银行A股在2020年8月31日的收盘价
     ...: price0_H=price_H.iloc[-1]                #招商银行H股在2020年8月31日的收盘价
     ...: FX0=FX.iloc[-1]                          #港元兑人民币汇率在2020年8月31日的中间价

In [119]: invest=N*price0_H*FX0                    #套利交易初始投资成本（仅考虑购买H股的投资成本）

In [120]: profit_past=-N*(price_A-price0_A)+FX*N*(price_H-price0_H)    #回溯测算期间的套利交易
收益金额序列

In [121]: return_past=profit_past/invest    #回溯测算期间套利交易收益率的序列
     ...: return_past.plot(figsize=(9,6),grid=True,title=u'回溯测试期间套利交易的收益率')
     ...: plt.ylabel(u'收益率')
Out[121]:
```

需要强调的是，由于模拟策略的构建日是 2020 年 8 月 31 日，因此观察图 8-9 时需要按照横轴从右至左观察。通过观察不难发现，在不考虑交易费用以及 A 股融券（做空）资金成本的前提下，做空招商银行 A 股、做多（持有）招商银行 H 股的套利策略交易最高可以获得超过 17.5% 的收益。如果扣除每年 7%～8% 的融券资金成本，依然有机会可以获得一定的正收益，这说明该套利策略具备可行性。

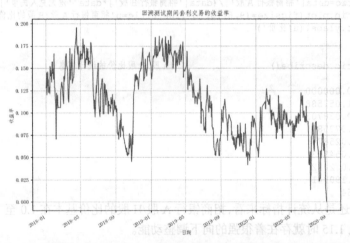

图 8-9　2018 年 1 月至 2020 年 8 月回溯测算期间套利策略模拟收益率走势

3. 针对任务 3

```
In [122]: data_new=pd.read_excel('C:/Desktop/招商银行A股与H股收益价及汇率数据.xlsx', sheet_name=
"Sheet2",header=0,index_col=0)   #导入2020年9月至2021年6月的数据并且是Sheet2工作表

In [123]: import datetime as dt                    #导入datetime模块

In [124]: T0=dt.datetime(2020,9,1)                 #输入真实套利交易的策略构建日

In [125]: P0_A=data_new['招商银行A股'].iloc[0]    #2020年9月1日(策略构建日)招商银行A股收盘价
     ...: P0_H=data_new['招商银行H股'].iloc[0]    #2020年9月1日(策略构建日)招商银行H股收盘价
     ...: E0=data_new['港元兑人民币'].iloc[0]      #2020年9月1日(策略构建日)港元兑人民币汇率

In [126]: invest_real=N*P0_H*E0                    #真实套利交易的初始投资成本

In [127]: cost=np.zeros(len(data_new.index))       #创建存放每个交易日融券资金成本的初始数组

In [128]: r=0.08                                   #A股市场融券的年化成本

In [129]: data_new.index=data_new.index.strftime('%Y-%m-%d')   #将数据框的索引调整为年月日的字
符串格式（便于后续计算期限）
```

```
In [130]: for i in range(len(data_new.index)):          #通过 for 循环计算融券资金成本金额时间序列
     ...:     T=data_new.index[i]                        #取某一个交易日的日期
     ...:     T=dt.datetime.strptime(T,'%Y-%m-%d')       #再转为 datetime 格式
     ...:     cost[i]=N*P0_A*r*(T-T0).days/365           #计算每个交易日的融券资金成本

In [131]: cost=pd.DataFrame(data=cost,index=data_new.index,columns=['融券资金成本'])          #创
建融券资金成本的时间序列

In [132]: profit_A=-N*(data_new['招商银行 A 股']-P0_A)-cost['融券资金成本']          #在套利交易期
间做空 A 股的收益额(考虑融券资金成本)
     ...: profit_H=N*(data_new['招商银行 H 股']-P0_H)*data_new['港元兑人民币']          #套利交易期间
投资 H 股收益额
     ...: profit_real=profit_A+profit_H          #套利交易期间套利的收益金额序列

In [133]: return_real=profit_real/invest_real          #套利交易期间套利的收益率序列

In [134]: return_real.plot(figsize=(9,6),grid=True,title=u'真实交易期间套利交易的收益率')
     ...: plt.ylabel(u'收益率')
Out[134]:

In [135]: return_real.loc['2020-11-16':'2020-11-20']          #输出 2020 年 11 月 16 日至 20 日期间的收益率
Out[135]:
日期
2020-11-16    0.114715
2020-11-17    0.112082
2020-11-18    0.125997
2020-11-19    0.108426
2020-11-20    0.089835
dtype: float64
```

从图 8-10 中可以发现,在考虑了融券的资金成本以后,招商银行 A 股与 H 股的套利策略不仅可以实现正收益,而且收益率随着期限的拉长而不断走高。需要强调的是,在 2020 年 11 月 18 日(即策略实施不到 3 个月),策略收益率就接近 12.6%,年化收益率可以超过 50%,这证明了套利策略在短期内可以实现比较理想的正收益。

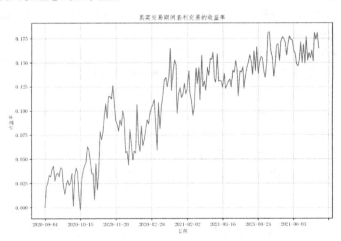

图 8-10　2020 年 9 月至 2021 年 6 月真实交易期间套利策略收益率走势

8.8　投资组合绩效评估的编程——以股票型基金为案例

8.8.1　案例详情

H 公司是总部位于北京的一家大型金融控股公司,以"打造全球领先的金融投资控股平台"为愿景,以"构建科技驱动、面向未来的智慧金融服务体系"为目标。公司拥有比较充裕的自有资金,该资金除了配置低风险的债券资产以外,也配置了部分优质的国内主动管理的股票型公募基金,并

且奉行的投资策略就是配置最近 4 年内每年投资收益率排名第一的基金。

截止到 2021 年 11 月末，该公司已经投资了 2017 年至 2020 年期间当年年度业绩排第 1 名的共 4 只基金，分别是汇丰晋信低碳先锋股票型证券投资基金（2020 年第 1 名）、广发多元新兴股票型证券投资基金（2019 年第 1 名）、上投摩根医疗健康股票型证券投资基金（2018 年第 1 名）、易方达消费行业股票型证券投资基金（2017 年第 1 名）。表 8-12 列出了这 4 只基金 2018 年 1 月至 2021 年 11 月期间的部分日累计净值数据，全部数据存放于 Excel 文件中。

表 8-12　2018 年 1 月至 2021 年 11 月期间 4 只主动管理的股票型公募基金部分日累计净值　单位：元/份

日期	汇丰晋信低碳先锋股票型证券投资基金（代码：540008）	广发多元新兴股票型证券投资基金（代码：003745）	上投摩根医疗健康股票型证券投资基金（代码：001766）	易方达消费行业股票型证券投资基金（代码：110022）
2018-01-02	1.5195	1.0977	0.8810	2.3420
2018-01-03	1.5580	1.1060	0.8840	2.3470
2018-01-04	1.5554	1.1128	0.8880	2.3850
……	……	……	……	……
2021-11-26	4.6383	2.7292	2.6059	4.6130
2021-11-29	4.6854	2.7323	2.6362	4.6080
2021-11-30	4.6716	2.7313	2.6212	4.5510

数据来源：同花顺。

假定你是 H 公司的首席风险官，准备向公司管理层建议除了关注基金本身的收益率以外，还应当运用科学合理的投资组合绩效评估指标分析这 4 只股票型基金，从而更好地实现投资风险与回报之间的平衡。为此，你需要运用 Python 完成 4 个编程任务。

8.8.2　编程任务

【任务 1】导入包含 2018 年 1 月至 2021 年 11 月期间这 4 只基金日累计净值数据的 Excel 文件，对基金净值按照 2018 年首个交易日净值进化归一化处理后进行可视化，并计算 4 基金的年化平均收益率和年化收益波动率。

【任务 2】假定无风险利率按照 2021 年 11 月的 1 年期 LPR 3.85%进行设定，同时根据任务 1 导入的基金净值数据，分别计算这 4 只基金的**夏普比率**和**索提诺比率**。

【任务 3】将沪深 300 指数作为计算每只基金贝塔值的市场组合，从外部导入存放相同期间该指数收盘价数据的 Excel 文件，并基于任务 2 设定的无风险利率和任务 1 导入的基金净值数据，计算这 4 只基金的**特雷诺比率**。

【任务 4】设定沪深 300 指数作为**基准组合**（benchmark portfolio），并基于任务 2 设定的无风险利率和任务 1、任务 3 导入的数据，计算这 4 只基金的**信息比率**。

8.8.3　编程提示

下面通过表 8-13 梳理针对任务 2 至任务 4 涉及的投资组合绩效评估指标的数学表达式以及相应的含义。

表 8-13　投资组合绩效评估指标的数学表达式及含义

指标名称	数学表达式	含义
夏普比率（Sharpe Ratio, SR）	$$SR = \frac{E(R_P) - R_F}{\sigma_P}$$ 其中，$E(R_P)$ 表示投资组合的预期收益率，通常用过往年化收益率替代，R_F 表示无风险利率，σ_P 表示投资组合波动率	投资组合承担每一单位风险所带来的超额收益（以无风险利率作为比较基准）

续表

指标名称	数学表达式	含义
索提诺比率 （Sortino Ratio，SOR）	$$SOR = \frac{E(R_P) - R_F}{\sigma_D}$$ 其中，σ_D 代表投资组合收益率的下偏标准差，表达式如下： $$\sigma_D = \sqrt{\frac{1}{N_D} \sum_{i=1}^{N} [\min(R_{Pi}, 0)]^2}$$	投资组合承担每一单位下行风险（downside risk）所带来的超额收益
特雷诺比率 （Treynor Ratio，TR）	$$TR = \frac{E(R_P) - R_F}{\beta_P}$$ 其中，β_P 代表投资组合的贝塔值	投资组合每承担一单位系统风险时，会产生多少的风险溢价
信息比率 （Information Ratio，IR）	$$IR = \frac{TD}{TE} = \frac{E(R_p) - E(R_B)}{TE}$$ 其中，$E(R_B)$ 表示基准组合的预期收益率，TD 和 TE 则分别表示跟踪偏离度和跟踪误差，TE 的表达式如下： $$TE = \sqrt{\frac{1}{N-1} \sum_{t=1}^{N} (TD_t - \overline{TD})^2}$$ 其中，$\overline{TD}$ 表示跟踪偏离度的均值，TD_t 表示第 t 时刻的跟踪偏离度	表示投资组合承担每一单位主动管理风险所带来的超额收益

8.8.4 参考代码与说明

1. 针对任务1

```
In [136]: price_fund=pd.read_excel('C:/Desktop/股票型基金的净值数据.xlsx', sheet_name="Sheet1",
header=0,index_col=0)     #从外部导入基金净值数据
     ...: (price_fund/price_fund.iloc[0]).plot(figsize=(9,6),grid=True)     #将首个交易日基金净
值调整为1并且进行可视化
Out[136]:

In [137]: return_fund=np.log(price_fund/price_fund.shift(1))     #计算基金的每日收益率
     ...: return_fund=return_fund.dropna()                        #删除缺失值所在的行

In [138]: mean_fund=return_fund.mean()*252                        #计算基金的年化平均收益率
     ...: print('4 只基金的年化平均收益率\n',round(mean_fund,4))
4 只基金的年化平均收益率
汇丰低碳基金      0.2982
广发多元基金      0.2421
上投医疗基金      0.2895
易方达消费基金    0.1764
dtype: float64

In [139]: volatility_fund=return_fund.std()*np.sqrt(252)          #计算基金的年化收益波动率
     ...: print('4 只基金的年化收益波动率\n',round(volatility_fund,4))
4 只基金的年化收益波动率
汇丰低碳基金      0.3359
广发多元基金      0.2894
上投医疗基金      0.2644
易方达消费基金    0.2663
dtype: float64
```

无论是根据计算得到的年化平均收益率还是根据对图 8-11 的观察，均不难发现在 2018 年 1 月至 2021 年 11 月期间，在这 4 只基金中，汇丰晋信低碳先锋股票型证券投资基金的表现最好，相比之下，易方达消费行业股票型证券投资基金的表现却是最差的。针对收益的波动率而言，也是汇丰晋信低碳先锋股票型证券投资基金最高，而上投摩根医疗健康股票型证券投资基金最低。

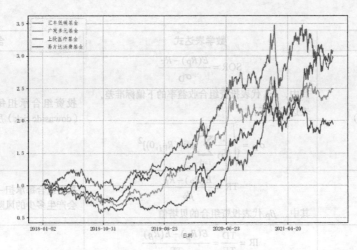

图 8-11　2018 年 1 月至 2021 年 11 月期间 4 只公募基金净值走势（2018 年首个交易日净值调整为 1）

2. 针对任务 2

```
In [140]: LPR=0.0385                                              #2021 年 11 月的 1 年期 LPR（无风险利率）

In [141]: SR_fund=(mean_fund-LPR)/volatility_fund    #计算 4 只基金的夏普比率
    ...: print('2018 年 1 月至 2021 年 11 月期间基金的夏普比率\n',round(SR_fund,4))
2018 年 1 月至 2021 年 11 月期间基金的夏普比率
汇丰低碳基金       0.7733
广发多元基金       0.7033
上投医疗基金       0.9494
易方达消费基金      0.5179
dtype: float64

In [142]: return_neg=np.minimum(return_fund,0)         #创建基金每日收益率小于或等于 0 的数列

In [143]: N_down=np.zeros_like(mean_fund)              #创建存放每只基金负收益率天数的初始数组

In [144]: for i in range(len(N_down)):
    ...:     N_down[i]=len(return_neg.iloc[:,i][return_neg.iloc[:,i]<0])   #计算每只基金负
收益率的天数
    ...:     print(return_neg.columns[i],'2018 年 1 月至 2021 年 11 月期间负收益率的天数', N_down[i])
汇丰低碳基金 2018 年 1 月至 2021 年 11 月期间负收益率的天数    443.0
广发多元基金 2018 年 1 月至 2021 年 11 月期间负收益率的天数    461.0
上投医疗基金 2018 年 1 月至 2021 年 11 月期间负收益率的天数    429.0
易方达消费基金 2018 年 1 月至 2021 年 11 月期间负收益率的天数 448.0

In [145]: volatility_down=np.sqrt(252*np.sum(return_neg**2)/N_down)   #计算每只基金收益的年化
下偏标准差

In [146]: SOR_fund=(mean_fund-LPR)/volatility_down                   #计算索提诺比率
    ...: print('2018 年 1 月至 2021 年 11 月期间基金的索提诺比率\n',round(SOR_fund,4))
2018 年 1 月至 2021 年 11 月期间基金的索提诺比率
汇丰低碳基金       0.7557
广发多元基金       0.7081
上投医疗基金       0.9134
易方达消费基金      0.5023
dtype: float64
```

从以上的输出结果来看，无论是用夏普比率还是索提诺比率，在 4 只基金中，上投摩根医疗健康股票型证券投资基金的表现最好，相比之下，易方达消费行业股票型证券投资基金的表现则最糟糕，并且在本案例中，每只基金的夏普比率与索提诺比率在数值上比较接近。

3. 针对任务 3

```
In [147]: price_index=pd.read_excel('C:/Desktop/沪深 300 指数收盘价数据.xlsx', sheet_name="Sheet1",
header=0,index_col=0)     #从外部导入沪深 300 指数收盘价数据

In [148]: return_index=np.log(price_index/price_index.shift(1)) #计算沪深 300 指数的日收益率
```

```
     ...: return_index=return_index.dropna()          #删除缺失值所在的行

In [149]: import statsmodels.api as sm                 #导入 statsmodels 的子模块 api

In [150]: index_addcons=sm.add_constant(return_index['沪深300'])   #为自变量的样本值增加常数项

In [151]: betas=np.zeros_like(mean_fund)               #创建存放基金贝塔值的初始数组

In [152]: for i in range(len(mean_fund)):
     ...:     model=sm.OLS(endog=return_fund.iloc[:,i],exog=index_addcons)#构建线性回归模型
     ...:     result=model.fit()                       #生成线性回归的结果对象
     ...:     betas[i]=result.params[1]                #生成基金贝塔值的数组
     ...:     print(return_fund.columns[i],'2018年1月至2021 年11月期间贝塔值',round(betas[i],4))
汇丰低碳基金 2018 年1月至 2021 年11月期间贝塔值   1.1301
广发多元基金 2018 年1月至 2021 年11月期间贝塔值   1.0668
上投医疗基金 2018 年1月至 2021 年11月期间贝塔值   0.8442
易方达消费基金 2018 年1月至 2021 年11月期间贝塔值 1.0392

In [153]: funds_TR=(mean_fund-LPR)/betas               #计算 4 只基金的特雷诺比率
     ...: print('2018年1月至 2021 年11月期间基金的特雷诺比率\n',round(funds_TR,4))
2018 年1月至 2021 年11月期间基金的特雷诺比率
汇丰低碳基金   0.2298
广发多元基金   0.1908
上投医疗基金   0.2973
易方达消费基金 0.1327
dtype: float64
```

从以上输出的结果不难发现，用特雷诺比率评价这 4 只基金，依然是上投摩根医疗健康股票型证券投资基金的表现最好，易方达消费行业股票型证券投资基金的表现最差。

4. 针对任务 4

```
In [154]: TD_fund=np.zeros_like(return_fund)           #创建存放基金跟踪偏离度的初始数组

In [155]: for i in range(len(mean_fund)):
     ...:     TD_fund[:,i]=np.array(return_fund.iloc[:,i])-np.array(return_index['沪深300'])
#基金跟踪偏离度的数组

In [156]: TE_fund=TD_fund.std(axis=0)*np.sqrt(252)     #计算基金的年化跟踪误差数组

In [157]: mean_index=return_index.mean()*252           #计算沪深 300 指数的年化平均收益率
     ...: mean_index=np.array(mean_index)              #转换为数组

In [158]: IR_fund=(mean_fund-mean_index)/TE_fund       #基金的信息比率
     ...: print('2018年1月至 2021 年11月期间基金的信息比率\n',round(IR_fund,4))
2018 年1月至 2021 年11月期间基金的信息比率
汇丰低碳基金   1.0580
广发多元基金   1.0706
上投医疗基金   1.2299
易方达消费基金 0.8581
dtype: float64
```

从以上输出的结果可以发现，用信息比率评估这 4 只基金，依然是上投摩根医疗健康股票型证券投资基金的表现最好，易方达消费行业股票型证券投资基金的表现依然最差。

下面通过表 8-14 整理上述计算得到的评价每只基金业绩的指标以及排名情况。

表 8-14　2018 年 1 月至 2021 年 11 月期间 4 只基金的投资组合业绩评价指标

基金名称	夏普比率		索提诺比率		特雷诺比率		信息比率	
	数值	排名	数值	排名	数值	排名	数值	排名
汇丰晋信低碳先锋股票型证券投资基金	0.7733	2	0.7557	2	0.2298	2	1.0580	3
广发多元新兴股票型证券投资基金	0.7033	3	0.7081	3	0.1908	3	1.0706	2

续表

基金名称	夏普比率		索提诺比率		特雷诺比率		信息比率	
	数值	排名	数值	排名	数值	排名	数值	排名
上投摩根医疗健康股票型证券投资基金	0.9494	1	0.9134	1	0.2973	1	1.2299	1
易方达消费行业股票型证券投资基金	0.5179	4	0.5023	4	0.1327	4	0.8581	4

8.9 测算卡玛指数的编程——以 FOF 基金为案例

8.9.1 案例详情

2016 年 9 月 11 日中国证监会正式发布《公开募集证券投资基金运作指引第 2 号——基金中基金指引》，基金中基金（简称 "FOF 基金"）是指将 80% 以上的基金资产投资于经中国证监会依法核准或注册的公开募集的基金份额的基金，同时明确 FOF 基金持有单只基金的市值不得高于 FOF 基金资产净值的 20%，并且不得持有其他的 FOF 基金。该指引的发布拉开了我国公募 FOF 基金蓬勃发展的序幕。

I 公司作为总部位于武汉的一家信托公司，敏锐地捕捉到 FOF 基金的投资机会，经过较长时间的研究、分析、尽调与论证，最终决定在 2019 年 1 月运用 3 亿元自有资金配置 5 只公募 FOF 基金，分别是建信福泽安泰混合 FOF 基金、海富通聚优精选混合 FOF 基金、上投摩根尚睿混合 FOF 基金、长信稳进资产配置混合 FOF 基金以及泰达宏利泰和养老 FOF 基金。表 8-15 梳理了 2019 年 1 月至 2021 年 11 月期间上述 5 只公募 FOF 基金的部分累计净值数据。

表 8-15　2019 年 1 月至 2021 年 11 月期间 5 只公募 FOF 基金的部分累计净值数据　　单位：元/份

基金名称	建信福泽安泰混合 FOF 基金	海富通聚优精选混合 FOF 基金	上投摩根尚睿混合 FOF 基金	长信稳进资产配置混合 FOF 基金	泰达宏利泰和养老 FOF 基金
基金代码	005217	005220	006042	005976	006306
2019-01-02	0.9751	0.7760	0.9789	1.0194	0.9879
2019-01-03	0.9750	0.7715	0.9764	1.0203	0.9873
2019-01-04	0.9788	0.7860	0.9809	1.0226	0.9941
……	……	……	……	……	……
2021-11-26	1.3236	1.7077	1.5522	1.3432	1.4583
2021-11-29	1.3274	1.7197	1.5645	1.3458	1.4628
2021-11-30	1.3280	1.7213	1.5634	1.3463	1.4617

数据来源：同花顺。

假定你在 I 公司担任副总经理，日常负责公司自有资金的对外投资工作，为了能够对上述 5 只公募 FOF 基金的业绩进行比较客观和公允的评价，你将采用**卡玛比率**（Calmar Ratio，CR）进行评估。为此，你需要借助 Python 完成以下的 3 个编程任务。

8.9.2 编程任务

【任务 1】为了便于计算基金的卡玛比率，需要通过 Python 自定义两个函数：第 1 个函数用于计算基金净值的期间最大回撤率（Maximum Drawdown，MDD），因为该数据在测算卡玛比率时会用到；第 2 个函数直接用于计算卡玛比率。

【任务 2】运用任务 1 自定义的函数，同时导入存放 5 只公募 FOF 基金净值数据的 Excel 文件，计算这些公募 FOF 基金的期间最大回撤率，并且将计算结果以数据框格式存放，此外按照最大回撤率由小到大对基金进行排序。

【任务 3】运用任务 1 自定义的函数以及任务 2 导入的基金净值数据，计算 5 只公募 FOF 基金的卡玛比率，同样将计算结果以数据框格式存放，并且按照卡玛比率由大到小对基金进行排序。

8.9.3   编程提示

下面介绍测算最大回撤率的数学表达式。假定观测的交易期间内共有 N 个交易日，其中，第 i 个交易日的基金净值用 P_i 表示，$i=1,2,3,\cdots,N-1$；第 j 个交易日是第 i 个交易日之后的某个交易日，在该交易日的基金净值用 P_j 表示，$j=i+1,i+2,\cdots,N$。此外，从第 i 个交易日至第 j 个交易日期间，基金的期间回撤率标记为 DD_{ij} 并且表达式如下：

$$\mathrm{DD}_{ij}=\frac{P_i-P_j}{P_i} \qquad （式 8-9）$$

在整个观测的交易期间，基金的最大回撤率用 MDD 表示，相应的数学表达式就是：

$$\mathrm{MDD}=\max(\mathrm{DD}_{ij})=\max\left(\frac{P_i-P_j}{P_i}\right) \qquad （式 8-10）$$

为了便于编程，运用矩阵计算最大回撤率。也就是将基金净值的每个期间回撤率放置在一个 $N-1$ 行、$N-1$ 列的矩阵中，即 $(N-1)(N-1)$ 的方阵中，该矩阵如下：

$$\begin{pmatrix} \mathrm{DD}_{12} & \mathrm{DD}_{13} & \cdots & \mathrm{DD}_{1N-1} & \mathrm{DD}_{1N} \\ 0 & \mathrm{DD}_{23} & \cdots & \mathrm{DD}_{2N-1} & \mathrm{DD}_{2N} \\ \vdots & \vdots & \ddots & \vdots & \vdots \\ 0 & 0 & \cdots & 0 & \mathrm{DD}_{N-1N} \end{pmatrix} \qquad （式 8-11）$$

该矩阵的元素 DD_{ij} 表示以第 i 个交易日为起始日、第 j 个交易日为截止日而计算得出的期间回撤率。卡玛比率的计算公式如下：

$$\mathrm{CR}=\frac{E(R_\mathrm{P})}{\mathrm{MDD}} \qquad （式 8-12）$$

其中，$E(R_\mathrm{P})$ 代表投资组合的预期收益率。

8.9.4   参考代码与说明

1. 针对任务 1

```
In [159]: def MDD(data):
     ...:     '''定义计算单只基金净值最大回撤率的函数
     ...:     data: 代表某只基金的净值数据，以序列或者数据框格式输入'''
     ...:     N=len(data)                    #计算期间的交易日天数
     ...:     DD=np.zeros((N-1,N-1))         #创建元素为 0 的 N-1 行、N-1 列数组用于存放回撤率数据
     ...:     for i in range(N-1):           #第 1 个 for 语句
     ...:         Pi=data.iloc[i]            #第 i 个交易日的基金净值
     ...:         for j in range(i+1,N):     #嵌套的第 2 个 for 语句
     ...:             Pj=data.iloc[j]        #第 j 个交易日的基金净值
     ...:             DD[i,j-1]=(Pi-Pj)/Pi   #计算并存放第 i 个交易日至第 j 个交易日的期间回撤率
     ...:     Max_DD=np.max(DD)              #计算基金净值的最大回撤率
     ...:     return Max_DD
```

在以上的自定义函数 MDD 中，输入单只基金的净值数据就可以迅速计算得到该基金在特定期间内的最大回撤率。

```
In [160]: def CR(data):
     ...:     '''定义计算卡玛比率的函数
     ...:     data: 代表某只基金的净值数据，以序列或者数据框格式输入'''
     ...:     R=np.log(data/data.shift(1))   #计算基金的对数收益率
     ...:     R_yearly=252*R.mean()          #计算基金的年化收益率
     ...:     #以下的代码参考了自定义计算单只基金净值最大回撤率函数的相关代码
     ...:     N=len(data)                    #计算期间的交易日天数
```

```
    ...:        DD=np.zeros((N-1,N-1))               #创建元素为 0 的 N-1 行、N-1 列数组用于存放回撤率数据
    ...:        for i in range(N-1):                 #第 1 个 for 语句
    ...:            Pi=data.iloc[i]                  #第 i 个交易日的基金净值
    ...:            for j in range(i+1,N):           #嵌套的第 2 个 for 语句
    ...:                Pj=data.iloc[j]              #第 j 个交易日的基金净值
    ...:                DD[i,j-1]=(Pi-Pj)/Pi         #计算并存放第 i 个交易日至第 j 个交易日的期间回撤率
    ...:        Max_DD=np.max(DD)                     #计算基金净值的最大回撤率
    ...:        calmar_ratio=R_yearly/Max_DD          #计算卡玛比率
    ...:        return calmar_ratio
```

在以上的自定义函数 CR 中，输入单只基金的净值数据就可以迅速测算出该基金的卡玛比率。

2. 针对任务 2

```
In [161]: price_fund=pd.read_excel('C:/Desktop/FOF 基金的每日净值数据.xlsx', sheet_name="Sheet1",
header=0,index_col=0)    #从外部导入数据

In [162]: price_fund.columns       #查询数据框的列名
Out[162]: Index(['建信 FOF', '海富通 FOF', '上投摩根 FOF', '长信 FOF', '泰达宏利 FOF'], dtype='object')

In [163]: MDD_CCB=MDD(data=price_fund['建信 FOF'])       #计算建信福泽安泰混合 FOF 基金的最大回撤率
    ...: MDD_HFT=MDD(data=price_fund['海富通 FOF'])      #计算海富通聚优精选混合 FOF 基金的最大回撤率
    ...: MDD_CIFM=MDD(data=price_fund['上投摩根 FOF'])    #计算上投摩根尚睿混合 FOF 基金的最大回撤率
    ...: MDD_CX=MDD(data=price_fund['长信 FOF'])         #计算长信稳进资产配置混合 FOF 基金的最大回撤率
    ...: MDD_TEDA=MDD(data=price_fund['泰达宏利 FOF'])    #计算泰达宏利泰和养老 FOF 基金的最大回撤率
    ...: print('2019 年 1 月至 2021 年 11 月建信福泽安泰混合 FOF 基金的最大回撤率', round(MDD_CCB,6))
    ...: print('2019 年 1 月至 2021 年 11 月海富通聚优精选混合 FOF 基金的最大回撤率', round(MDD_HFT,6))
    ...: print('2019 年 1 月至 2021 年 11 月上投摩根尚睿混合 FOF 基金的最大回撤率', round(MDD_CIFM,6))
    ...: print('2019 年 1 月至 2021 年 11 月长信稳进资产配置混合 FOF 基金的最大回撤率', round(MDD_CX,6))
    ...: print('2019 年 1 月至 2021 年 11 月泰达宏利泰和养老 FOF 基金的最大回撤率', round(MDD_TEDA,6))
2019 年 1 月至 2021 年 11 月建信福泽安泰混合 FOF 基金的最大回撤率    0.061763
2019 年 1 月至 2021 年 11 月海富通聚优精选混合 FOF 基金的最大回撤率    0.155053
2019 年 1 月至 2021 年 11 月上投摩根尚睿混合 FOF 基金的最大回撤率    0.13179
2019 年 1 月至 2021 年 11 月长信稳进资产配置混合 FOF 基金的最大回撤率    0.054473
2019 年 1 月至 2021 年 11 月泰达宏利泰和养老 FOF 基金的最大回撤率    0.084257

In [164]: MDD_list=np.array([MDD_CCB,MDD_HFT,MDD_CIFM,MDD_CX,MDD_TEDA])   #将最大回撤率数据存
放于数组
    ...: name1=['最大回撤率']                #设定变量的名称

In [165]: MDD_fund=pd.DataFrame(data=MDD_list,index=price_fund.columns,columns=name1)
#转换为数据框格式

In [166]: MDD_fund.sort_values(by='最大回撤率',ascending=True)   #按照最大回撤率由小到大排序
Out[166]:
           最大回撤率
长信 FOF     0.054473
建信 FOF     0.061763
泰达宏利 FOF   0.084257
上投摩根 FOF   0.131790
海富通 FOF    0.155053
```

从以上输出的结果可以看到，在 2019 年 1 月至 2021 年 11 月期间，长信稳进资产配置混合 FOF 基金的最大回撤率最小，表明该基金的回撤风险最低。相比之下，海富通聚优精选混合 FOF 基金的最大回撤率最大，说明该基金的回撤风险最大。

3. 针对任务 3

```
In [167]: CR_CCB=CR(data=price_fund['建信 FOF'])       #计算建信福泽安泰混合 FOF 基金的卡玛比率
    ...: CR_HFT=CR(data=price_fund['海富通 FOF'])      #计算海富通聚优精选混合 FOF 基金的卡玛比率
    ...: CR_CIFM=CR(data=price_fund['上投摩根 FOF'])    #计算上投摩根尚睿混合 FOF 基金的卡玛比率
    ...: CR_CX=CR(data=price_fund['长信 FOF'])         #计算长信稳进资产配置混合 FOF 基金的卡玛比率
    ...: CR_TEDA=CR(data=price_fund['泰达宏利 FOF'])    #计算泰达宏利泰和养老 FOF 基金的卡玛比率

In [168]: CR_list=np.array([CR_CCB,CR_HFT,CR_CIFM,CR_CX,CR_TEDA])   #将卡玛比率数据存放于数组
    ...: name2=['卡玛比率']                #设定变量的名称

In [169]: CR_fund=pd.DataFrame(data=CR_list,index=price_fund.columns,columns=name2)  #转换为
数据框格式
```

```
In [170]: CR_fund.sort_values(by='卡玛比率',ascending=False)  #按照卡玛比率由大到小排序
Out[170]:
                  卡玛比率
海富通 FOF      1.831418
长信 FOF       1.820006
建信 FOF       1.782597
泰达宏利 FOF     1.657332
上投摩根 FOF     1.266254
```

从以上的运算结果可以看到，海富通聚优精选混合 FOF 基金的卡玛比率最大，表明该基金的投资业绩最好。相比之下，上投摩根尚睿混合 FOF 基金的卡玛比率最小，这意味着该基金的投资业绩最差。表 8-16 整理了 5 只 FOF 基金的最大回撤率、卡玛比率以及相应的排名。

表 8-16　2019 年 1 月至 2021 年 11 月期间 5 只基金的最大回撤率、卡玛比率以及相应的排名

基金名称	最大回撤率		卡玛比率	
	数值	排名	数值	排名
建信福泽安泰混合 FOF 基金	6.1763%	4	1.782597	3
海富通聚优精选混合 FOF 基金	15.5053%	1	1.831418	1
上投摩根尚睿混合 FOF 基金	13.1790%	2	1.266254	5
长信稳进资产配置混合 FOF 基金	5.4473%	5	1.820006	2
泰达宏利泰和养老 FOF 基金	8.4257%	3	1.657332	4

8.10　本章小结

股票市场是金融市场十分重要的组成部分，在运用 Python 分析股票的过程中，不仅会涉及较多的数学公式，同时与金融时间序列的运用也结合得非常紧密。读者通过本章的 9 个原创案例共计 30 个编程任务，应当可以借助 Python 掌握以下关于股票的相关知识点。

（1）股票的内在价值。 股息贴现模型是测算股票内在价值的通用方法，根据股息增长率的假设不同，划分为零增长模型、不变增长模型、二阶段增长模型以及三阶段增长模型。

（2）收益率与波动率。 股票投资组合的收益率就是组合中每只股票收益率的加权平均值，用于衡量组合的收益情况；股票投资组合的波动率则用于衡量组合的总体风险状况，并且在计算过程中需要考虑不同股票之间的协方差或相关系数。

（3）投资组合理论。 运用马科维茨投资组合理论构建最优投资组合是目前证券投资实战领域中十分普遍的资产配置方法，这一理论涉及有效前沿、市场组合以及资本市场线等概念与计算。

（4）资本资产定价模型。 测算单一股票的预期收益率，经典的模型就是资本资产定价模型，该模型不仅表达式简洁，而且金融含义深刻，在构建模型中需要包括无风险收益率、市场组合收益率以及贝塔值。

（5）股价的随机运动。 在金融理论上，股票价格波动被认为是一种随机过程，并且通常假设其服从几何布朗运动，当运用 Python 编程时就需要运用欧拉离散方法变换将几何布朗运动用差分方程的形式表示。

（6）股票的跨市场套利。 根据金融市场的"一价定律"，对于一家上市公司在不同股票市场发行的股票，可以开展跨市场套利，在不同市场的股票比价（比如 A 股/H 股比价）向均值回归的过程中实现套利收益。

（7）投资组合绩效评估。 运用夏普比率、索提诺比率、特雷诺比率、卡玛比率以及信息比率等指标，可以测算出投资组合收益与风险之间的匹配程度。针对投资风格相近的基金而言，这些指标值越高，就意味着基金的投资绩效越好。

到这里，你已经完成了对第 8 章全部案例的训练，相信你已经牢固掌握了股票分析的 Python 编程技术，下面就勇敢地向第 9 章攀登吧！

第9章
互换的 Python 编程案例

本章导言

自从 1981 年首只互换合约诞生之日起，互换走过了风云激荡的 40 多个年头，虽然创设互换合约的初衷是让金融机构和企业能够更加高效地应对风险，然而对信用违约互换的滥用却是引发 2008 年全球金融危机的根源之一。全球互换市场拥有日益丰富的合约品种，但是利率互换、货币互换、信用违约互换以及权益互换始终是市场的"四大支柱"。用 Python 对这些互换合约开展分析将显著提升工作的效率。

本章包含 8 个原创案例共计 29 个编程任务，通过这些案例的训练，读者应能掌握涉及利率互换、货币互换、权益互换以及信用违约互换等合约的期间现金流测算、定价等 Python 编程技术。下面通过表 9-1 梳理出本章的结构安排。

表 9-1　第 9 章的结构安排

序号	案例标题	学习目标	编程任务数量	读者扮演的角色
1	利率互换现金流的编程——以七天回购利率的利率互换为案例	掌握基于七天回购定盘利率的利率互换期间现金流测算以及相关 Python 编程技术	3 个	衍生产品交易员
2	测算互换利率的编程——以 Libor 互换合约为案例	掌握测算互换利率的数学表达式以及相关 Python 编程技术	3 个	分析师
3	利率互换合约定价的编程——以 Euribor 和 Tibor 互换为案例	掌握测算利率互换合约定价的数学表达式以及相关 Python 编程技术	3 个	风险经理
4	货币互换合约现金流的编程——以 3 笔不同的货币互换为案例	掌握货币互换合约期间现金流测算的数学表达式以及相关 Python 编程技术	4 个	审计经理
5	货币互换定价的编程——以美元兑不同币种的货币互换为案例	掌握双固定货币互换、双浮动货币互换定价的数学表达式以及相关 Python 编程技术	4 个	外汇衍生产品主管
6	信用违约互换现金流的编程——以两份信用违约互换合约为案例	掌握信用违约互换合约期间现金流测算的数学表达式以及相关 Python 编程技术	3 个	高级产品经理
7	互换价差的编程——以评级 AA+ 参考实体的信用违约互换为案例	掌握信用违约互换合约互换价差的数学表达式以及相关 Python 编程技术	5 个	投资总监
8	权益互换合约的编程——以沪深 300 指数权益互换为案例	掌握权益互换期间现金流测算和定价的数学表达式以及相关 Python 编程技术	4 个	风险总监
合计			29 个	

在开始练习本章的案例之前，建议读者先学习《基于 Python 的金融分析与风险管理（第 2 版）》第 9 章的内容。

9.1 利率互换现金流的编程——以七天回购利率的利率互换为案例

9.1.1 案例详情

A 银行的总部位于上海，并且是银行间债券市场的重要参与者。该银行采用买入固定利率票息债券并利用债券质押回购的方式获取融资，这样一方面可以减少自有资金的使用，放大杠杆，另一方面可以有效提升债券投资的回报率。

由于 A 银行在开展债券质押回购交易时采用了七天回购质押的模式，考虑到银行间市场的七天回购利率是波动的，因此，为了尽可能平滑回购利率，A 银行通过购买利率互换合约用于对冲利率风险。该利率互换合约的相关要素整理如下。

（1）**交易方**：A 银行和 B 银行。其中，A 银行是固定利率支付方（多头），B 银行是浮动利率支付方（空头）。

（2）**本金与期限**：交易双方约定合约本金是人民币 10 亿元，合约期限为 1 年，从 2020 年 3 月 9 日起至 2021 年 3 月 9 日止。

（3）**利息交换频次**：双方约定利息交换频次是按季交换，利息交换日依次为 2020 年 6 月 9 日、2020 年 9 月 9 日、2020 年 12 月 9 日以及 2021 年 3 月 9 日。

（4）**浮动利率（参考利率）与重置期**：以银行间市场的七天回购定盘利率（FR007）作为浮动利率，因此浮动利率将每隔 7 天重置一次，也就是浮动利率的重置期一般为 7 天，需要注意的是在利息交换日之前的最后一个重置期可能会小于 7 天。

（5）**浮动利率的确定**：浮动利率按照每个重置期首个交易日（利率重置日）的 FR007 利率确定，也就是第 1 个重置日 2020 年 3 月 9 日的 FR007 利率用于计算随后 7 天重置期（含 3 月 9 日当天）的浮动利息，第 2 个重置日 3 月 16 日的 FR007 利率用于计算随后 7 天重置期（含 3 月 16 日当天）的浮动利息，以此类推。如果重置日恰逢法定节假日，则重置利率采用该节假日前一个交易日的 FR007 利率。

（6）**固定利率**：在参考中国外汇交易中心对外发布的利率互换曲线的基础上，经交易双方协商确定利率互换的固定利率为 2%。

（7）**计息方式**：浮动利息的计算采用按周复利的计息方式，同时，在一个计息周期中，计息天数算头不算尾，比如在 2020 年 3 月 9 日至 6 月 9 日的第 1 个计息周期中，计息天数的计算包括 3 月 9 日但是不包括 6 月 9 日。

为了便于分析，表 9-2 梳理了该利率互换合约在存续期内的利率重置日与对应的 FR007 利率。

表 9-2 利率互换合约的利率重置日与对应的 FR007 利率数据

第 1 个计息周期		第 2 个计息周期		第 3 个计息周期		第 4 个计息周期	
重置日	利率	重置日	利率	重置日	利率	重置日	利率
2020-03-09	2.01%	2020-06-09	1.90%	2020-09-09	2.25%	2020-12-09	2.20%
2020-03-16	2.00%	2020-06-16	1.90%	2020-09-16	2.20%	2020-12-16	2.10%
2020-03-23	1.60%	2020-06-23	2.20%	2020-09-23	2.20%	2020-12-23	2.00%
2020-03-30	2.25%	2020-06-30	3.00%	2020-09-30	2.50%	2020-12-30	3.00%
2020-04-06	2.25%	2020-07-07	2.10%	2020-10-07	2.50%	2021-01-06	2.00%
2020-04-13	1.70%	2020-07-14	2.20%	2020-10-14	2.20%	2021-01-13	1.99%

续表

第 1 个计息周期		第 2 个计息周期		第 3 个计息周期		第 4 个计息周期	
重置日	利率	重置日	利率	重置日	利率	重置日	利率
2020-04-20	1.40%	2020-07-21	2.10%	2020-10-21	2.35%	2021-01-20	2.65%
2020-04-27	1.54%	2020-07-28	2.40%	2020-10-28	3.00%	2021-01-27	3.10%
2020-05-04	1.93%	2020-08-04	2.14%	2020-11-04	2.19%	2021-02-03	2.13%
2020-05-11	1.50%	2020-08-11	2.29%	2020-11-11	2.70%	2021-02-10	2.20%
2020-05-18	1.30%	2020-08-18	2.30%	2020-11-18	2.30%	2021-02-17	2.20%
2020-05-25	1.70%	2020-08-25	2.60%	2020-11-25	3.30%	2021-02-24	2.26%
2020-06-01	1.65%	2020-09-01	2.25%	2020-12-02	2.05%	2021-03-03	1.95%
2020-06-08	1.89%	2020-09-08	2.26%				

注：当利率重置日恰逢法定节假日时，当天的重置利率采用该节假日前一个交易日的 FR007 利率。

数据来源：中国外汇交易中心。

假定你是 A 银行金融市场部的衍生产品交易员，需要测算该利率互换合约的每期交换利息的金额，因此将借助 Python 完成以下 3 个编程任务。

9.1.2 编程任务

【任务 1】为了便于计算浮动利率是 FR007 利率的利率互换合约的每一期利息交换金额，通过 Python 自定义一个函数，在该自定义函数中，可以输入一个计息周期的起始日与终止日等日期参数。

【任务 2】运用任务 1 自定义的函数，并结合表 9-2 中的数据，计算在 2020 年 6 月 9 日（第 1 个利息交换日）A 银行支付的利息净额。

【任务 3】运用任务 1 自定义的函数，并结合表 9-2 中的数据，依次计算在 2020 年 9 月 9 日、2020 年 12 月 9 日以及 2021 年 3 月 9 日 A 银行需要支付的利息净额。

9.1.3 编程提示

针对浮动利率是 FR007 利率的利率互换合约，假定合约本金为 L，合约约定的固定利率用 $\tilde{R}$ 表示；同时，在一个计息周期内（通常为 3 个月），第 i 个重置日的 FR007 利率为 R_i，第 i 个重置期的天数为 d_i，$i=1,2,\cdots,N$；此外，该计息周期的总天数为 $D=\sum_{i=1}^{N}d_i$，并且设定一年为 365 天。

需要注意的是，计息周期的尾部残端可以分为以下两种情形。

情形 1：不存在尾部残端。 如果计息周期的总天数恰好可以被 7 整除，则每个重置期均为 7 天，也就是 $d_1=d_2=\cdots=d_N=7$，这说明计息周期不存在尾部残端。

情形 2：存在尾部残端。 如果计息周期的总天数无法被 7 整除，则 $d_1=d_2=\cdots=d_{N-1}=7$ 以及 $d_N<7$，这表明计息周期存在尾部残端，并且 d_N 就是尾部残端。

根据以上设定的变量，在利息交换日，固定利息的金额 C_{fix} 计算公式如下：

$$C_{\text{fix}} = L\tilde{R}\frac{D}{365} = L\tilde{R}\frac{\sum_{i=1}^{N}d_i}{365} \qquad (\text{式 9-1})$$

在利息交换日，浮动利息的金额 C_{flt} 计算公式如下：

$$C_{\text{flt}} = L\left[\prod_{i=1}^{N}\left(1+R_i\frac{d_i}{365}\right)-1\right] \qquad (\text{式 9-2})$$

其中，式子中的 $\prod$ 代表连续求积。

在利息交换日，固定利率支付方（多头）支付的净额就等于

$$C_{\text{fix}} - C_{\text{flt}} = L\tilde{R}\frac{\sum_{i=1}^{N}d_i}{365} - L\left[\prod_{i=1}^{N}\left(1 + R_i\frac{d_i}{365}\right) - 1\right] \qquad （\text{式 }9\text{-}3）$$

浮动利率支付方（空头）支付的净额正好相反，也就是等于

$$C_{\text{flt}} - C_{\text{fix}} = L\left[\prod_{i=1}^{N}\left(1 + R_i\frac{d_i}{365}\right) - 1\right] - L\tilde{R}\frac{\sum_{i=1}^{N}d_i}{365} \qquad （\text{式 }9\text{-}4）$$

9.1.4 参考代码

1. 针对任务 1

```
In [1]: import numpy as np
   ...: import pandas as pd
   ...: import matplotlib.pyplot as plt
   ...: from pylab import mpl
   ...: mpl.rcParams['font.sans-serif']=['FangSong']
   ...: mpl.rcParams['axes.unicode_minus'] = False
   ...: from pandas.plotting import register_matplotlib_converters
   ...: register_matplotlib_converters()

In [2]: import datetime as dt                #导入 datetime 模块

In [3]: def IRS_FR007_pay(R_fix,R_flt,T0,T1,par,position):
   ...:     '''定义计算利率互换合约每期利息支付金额的函数，浮动利率是 FR007 利率
   ...:     R_fix: 代表利率互换合约的固定利率
   ...:     R_flt: 代表利率互换合约的浮动利率（FR007 利率），以数组格式输入
   ...:     T0: 代表一个计息周期的起始日，以 datetime 格式输入
   ...:     T1: 代表一个计息周期的终止日，输入格式与 T0 相同
   ...:     par: 代表利率互换合约本金
   ...:     position: 代表合约头寸方向，position='多头'代表固定利率支付方，其他代表浮动利率支付方'''
   ...:     D=(T1-T0).days                #计算一个计息周期的总天数
   ...:     pay_fix=par*R_fix*D/365       #计算固定利息的金额
   ...:     residual=D%7                  #计算计息周期总天数除以 7 的余数
   ...:     if residual==0:               #计息周期总天数能被 7 整除（不存在尾部残端）
   ...:         pay_flt=par*(np.prod(1+7*R_flt/365)-1)    #计算固定利息的金额
   ...:     else:                         #计息周期总天数无法被 7 整除（存在尾部残端）
   ...:         M=int(D/7)                #计算不包括尾部残端的利率重置次数
   ...:         product=np.prod(1+7*R_flt[:M]/365)  #暂不考虑尾部残端的连续乘积
   ...:         product=product*(1+residual*R_flt[-1]/365)  #包含尾部残端的乘积
   ...:         pay_flt=par*(product-1)   #计算浮动利息
   ...:     pay_long=pay_fix-pay_flt      #计算合约多头的净支付
   ...:     pay_short=-pay_long           #计算合约空头的净支付
   ...:     if position=='多头':          #针对合约多头
   ...:         return pay_long           #输出净支付金额的结果
   ...:     else:                         #针对合约空头
   ...:         return pay_short
```

在以上自定义函数 IRS_FR007_pay 中，输入合约的固定利率、浮动利率、计息周期的起始日、终止日、合约本金以及合约头寸方向，就可以快速计算得出利息交换日的利息支付净额。

2. 针对任务 2

```
In [4]: amount=1e9                        #利率互换合约的本金

In [5]: rate_fix=0.02                      #利率互换合约的固定利率

In [6]: T_begin=dt.datetime(2020,3,9)     #利率互换的起始日期

In [7]: T_swap1=dt.datetime(2020,6,9)     #第 1 期利息交换日

In [8]: rate_list1=np.array([0.0201,0.0200,0.0160,0.0225,0.0225,0.0170,0.0140,0.0154,
   ...:               0.0193,0.0150,0.0130,0.0170,0.0165,0.0189]) #第 1 个计息周期的 FR007 利率

In [9]: pay_long_Jun9=IRS_FR007_pay(R_fix=rate_fix,R_flt=rate_list1,T0=T_begin,
```

```
    ...:                T1=T_swap1,par=amount,position='多头')  #计算利息净额
    ...: print('2020 年 6 月 9 日 A 银行需要支付的利息净额',round(pay_long_Jun9,2))
2020 年 6 月 9 日 A 银行需要支付的利息净额  601893.988
```

通过以上的计算可以看到，在 2020 年 6 月 9 日，A 银行需要向交易对手 B 银行支付利息净额约 60.19 万元，这意味着 B 银行将收到利息净额约 60.19 万元。

3. 针对任务 3

```
In [10]: T_swap2=dt.datetime(2020,9,9)      #第 2 期利息交换日
    ...: T_swap3=dt.datetime(2020,12,9)     #第 3 期利息交换日
    ...: T_swap4=dt.datetime(2021,3,9)      #第 4 期利息交换日

In [11]: rate_list2=np.array([0.0190,0.0190,0.0220,0.0300,0.0210,0.0220,0.0210,0.0240,0.0214,
    ...:                0.0229,0.0230,0.0260,0.0225,0.0226])  #第 2 个计息周期的 FR007 利率
    ...: rate_list3=np.array([0.0225,0.0220,0.0220,0.0250,0.0250,0.0220,0.0235,0.0300,0.0219,
    ...:                0.0270,0.0230,0.0330,0.0205])  #第 3 个计息周期的 FR007 利率
    ...: rate_list4=np.array([0.0220,0.0210,0.0200,0.0300,0.0200,0.0199,0.0265,0.0310,0.0213,
    ...:                0.0220,0.0220,0.0226,0.0195])  #第 4 个计息周期的 FR007 利率

In [12]: pay_long_Sep9=IRS_FR007_pay(R_fix=rate_fix,R_flt=rate_list2,T0=T_swap1,T1=T_swap2,
    ...:                par=amount,position='多头')  #2020 年 9 月 9 日的利息净额
    ...: pay_long_Dec9=IRS_FR007_pay(R_fix=rate_fix,R_flt=rate_list3,T0=T_swap2,T1=T_swap3,
    ...:                par=amount,position='多头')  #2020 年 12 月 9 日的利息净额
    ...: pay_long_Mar9=IRS_FR007_pay(R_fix=rate_fix,R_flt=rate_list4,T0=T_swap3,T1=T_swap4,
    ...:                par=amount,position='多头')  #2021 年 3 月 9 日的利息净额
    ...: print('2020 年 9 月 9 日 A 银行需要支付的利息净额',round(pay_long_Sep9,2))
    ...: print('2020 年 12 月 9 日 A 银行需要支付的利息净额',round(pay_long_Dec9,2))
    ...: print('2021 年 3 月 9 日 A 银行需要支付的利息净额',round(pay_long_Mar9,2))
2020 年 9 月 9 日 A 银行需要支付的利息净额  -670349.6
2020 年 12 月 9 日 A 银行需要支付的利息净额  -1117923.54
2021 年 3 月 9 日 A 银行需要支付的利息净额  -741062.01
```

以上的运算结果显示的数值为负数，这就表示 A 银行收取利息净额，B 银行则支付利息净额。此外，结合任务 2 和任务 3 的结果不难发现，在 4 个利息交换日中，2020 年 12 月 9 日交换的利息净额最大。

9.2　测算互换利率的编程——以 Libor 互换合约为案例

9.2.1　案例详情

C 银行是总部位于阿联酋迪拜的一家商业银行，D 企业是当地的一家大型原油出口商并且拥有大量以 3 个月期美元 Libor 计息的美元借款。D 企业担心未来美元 Libor 上升而增加企业的利息支出，在 2021 年 3 月 15 日 D 企业与 C 银行准备达成一份利率互换合约,该利率互换合约的相关要素整理如下。

（1）交易方：C 银行和 D 企业。其中，C 银行是浮动利率支付方（空头），D 企业是固定利率支付方（多头）。

（2）本金与期限：交易双方约定合约本金是 1.2 亿美元，合约期限为 3 年，从 2021 年 3 月 15 日起至 2024 年 3 月 15 日止。

（3）利息交换频次：双方约定利息交换频次是按季交换，如果利息交换日处于法定节假日，则该利息交换日顺延至下一个工作日，因此计息方式也是按季计息。

（4）浮动利率与重置期：以 3 个月期美元 Libor 作为浮动利率，因此浮动利率将每隔 3 个月重置一次，恰好与计息周期保持一致。

（5）浮动利率的确定：浮动利率按照重置期首个交易日（利率重置日）的 Libor 确定，也就是 2021 年 3 月 15 日的 Libor 用于计算随后 3 个月的浮动利息（含 3 月 15 日但不含 6 月 15 日（即算头不算尾）），2021 年 6 月 15 日的 Libor 用于计算随后 3 个月重置期的浮动利息（含 6 月 15 日但不含 9 月 15 日），以此类推。如果重置日恰逢法定节假日，则重置利率采用该节假日前一个交易日的 Libor。

然而，C 银行和 D 企业针对利率互换合约中涉及的互换利率（固定利率）出现了分歧，C 银行最初按照市场上的 3 个月期美元 Libor 互换利率曲线测算出相应的互换利率，但是 D 企业对此并不认可。

经过双方的多次协商，达成的一致约定是在美联储对外公布的美国国债到期收益率并上浮 15 个基点的基础上测算利率互换合约中的互换利率，表 9-3 梳理了 2021 年 3 月 15 日美国国债到期收益率数据。

表 9-3　2021 年 3 月 15 日美国国债到期收益率数据

收益率名称	1 个月	3 个月	6 个月	1 年	2 年	3 年
美国国债到期收益率（连续复利）	0.02%	0.04%	0.06%	0.08%	0.14%	0.33%
美国国债到期收益率上浮 15 个基点（连续复利）	0.17%	0.19%	0.21%	0.23%	0.29%	0.48%

数据来源：美联储。

假定你是 C 银行金融市场部的分析师，根据部门总经理的要求，测算该利率互换合约的互换利率，因此需要借助 Python 完成以下的 3 个编程任务。

9.2.2　编程任务

【任务 1】为了计算的便捷，通过 Python 自定义一个计算利率互换合约的互换利率的函数，该合约的浮动利率参考美元 3 个月期 Libor，在该函数中可以输入包括合约初始日、每期利息交换日等日期参数。

【任务 2】根据表 9-3 中关于美国国债到期收益率上浮 15 个基点的数据，利用三阶样条曲线插值法计算 9 个月、1.25 年、1.5 年、1.75 年、2.25 年、2.5 年和 2.75 年的相应收益率。

【任务 3】根据任务 1 的自定义函数以及任务 2 计算得到的收益率，测算出利率互换合约中的互换利率。

9.2.3　编程提示

假定针对一份利率互换合约，L 代表合约的名义本金；T 代表合约的期限（年）；m 代表在合约存续期内每年交易双方交换利息的频次，比如 $m = 4$ 就表示按季度交换利息；t_i 代表合约初始日距离第 i 期利息交换日的期限长度并且 $i = 1, 2, \cdots, N$，其中 $N = mT$；R 代表互换利率。同时，在合约初始日 t_0，对应于不同期限 t_i、连续复利的零息利率（贴现利率）用 y_i 表示。假定期限 t_i 的贴现因子用 q_i 表示，就有 $q_i = \mathrm{e}^{-y_i t_i}$。

在利率互换合约初始日，利率互换合约对应的互换利率债券的价值等于对应的浮动利率债券价值，因此可以得到互换利率 R 的如下表达式：

$$R = \frac{m(1 - q_N)}{\sum_{i=1}^{N} q_i} = \frac{m(1 - \mathrm{e}^{-y_N t_N})}{\sum_{i=1}^{N} \mathrm{e}^{-y_i t_i}} \qquad （式 9\text{-}5）$$

需要注意的是，针对浮动利率是 3 个月期美元 Libor，（式 9-5）中的零息利率（贴现利率）y_i 通常采用 3 个月期美元 Libor 互换利率或者合约交易双方指定的收益率（如本案例）。

此外，针对浮动利率是 3 个月期美元 Libor，当已知市场的互换利率报价时，通过（式 9-5）就可以反推出 3 个月期美元 Libor 互换利率。

9.2.4　参考代码及说明

1. 针对任务 1

```
In [13]: def swap_rate_Libor(m,y_list,T0,T1_list):
    ...:     '''定义计算互换利率（固定利率）的函数，浮动利率选择 Libor
    ...:     m: 代表利率互换合约存续期内每年交换利息的频次
    ...:     y_list: 代表对应合约初始日至每期利息交换日期限长度且连续复利的零息利率（贴现利率），用数组格式输入
    ...:     T0: 代表合约初始日，以 datetime 格式输入
    ...:     T1_list: 代表每期利息交换日，以 datetime 时间对象为元素的列表格式输入'''
    ...:     n=len(T1_list)                          #计算利息交换的次数
```

```
    ...:        t_list=np.zeros(n)                      #创建零元素数组用于存放合约初始日至每期利息交换日的期限
    ...:        for i in range(n):
    ...:            t_list[i]=(T1_list[i]-T0).days/365   #计算合约初始日至每期利息交换日的期限（年）
    ...:        q_list=np.exp(-y_list*t_list)            #计算不同期限的贴现因子（数组格式）
    ...:        rate=m*(1-q_list[-1])/np.sum(q_list)     #计算互换利率
    ...:        return rate
```

在以上自定义函数 swap_rate_Libor 中，输入每年利息交换的频次、相关零息利率、合约初始日、利息交换日等参数，就可以快速计算得到利率互换合约的互换利率。

2. 针对任务 2

```
In [14]: from scipy.interpolate import interp1d  #导入 SciPy 子模块 interpolate 中的 interp1d 函数

In [15]: yield_list1=np.array([[0.0017,0.0019,0.0021,0.0023,0.0029,0.0048]])  #已有收益率
    ...: tenor_list1=np.array([1/12,3/12,6/12,1,2,3])              #已有收益率对应的期限

In [16]: f=interp1d(x=tenor_list1,y=yield_list1,kind='cubic')      #利用三阶样条曲线插值法

In [17]: tenor_list2=np.array([1/12,3/12,6/12,9/12,1,1.25,1.5,1.75,2,2.25,2.5,2.75,3])
#完整收益率对应的期限

In [18]: yield_list2=f(tenor_list2)            #完整的收益率
    ...: yield_list2                            #显示结果
Out[18]:
array([[0.0017   , 0.0019    , 0.0021    , 0.00221785, 0.0023    ,
        0.00238891, 0.00250697, 0.00267155, 0.0029    , 0.0032097 ,
        0.00361803, 0.00414234, 0.0048    ]])
```

从以上的输出结果就可以得到，运用三阶样条曲线插值法测算得到的从 1 个月至 3 年的完整收益率。需要注意的是，在后面的任务 3 中，不会运用到 1 个月的收益率数据。

3. 针对任务 3

```
In [19]: T_list=[]                          #创建空列表用于存放合约初始日以及每一期利息交换日
    ...: t_end=dt.datetime(2024,3,15)        #合约到期日（最后一期利息交换日）

In [20]: for i in range(4):                  #运用 for 循环语句快速创建包含相关时间对象的列表
    ...:     for j in range(1,5):
    ...:         year=2021+i                  #计算年份
    ...:         month=3*j                    #计算月份
    ...:         date=dt.datetime(year,month,15)   #创建相关的日期对象
    ...:         T_list.append(date)          #在列表尾部添加一个日期对象
    ...:         if date==t_end:              #如果创建的日期对象等于合约到期日
    ...:             break                    #整个循环终止
    ...:         else:                        #如果创建的日期对象不是合约到期日
    ...:             continue                 #循环继续

In [21]: T_list                              #查看相关日期的结果
Out[21]:
[datetime.datetime(2021, 3, 15, 0, 0),
 datetime.datetime(2021, 6, 15, 0, 0),
 datetime.datetime(2021, 9, 15, 0, 0),
 datetime.datetime(2021, 12, 15, 0, 0),
 datetime.datetime(2022, 3, 15, 0, 0),
 datetime.datetime(2022, 6, 15, 0, 0),
 datetime.datetime(2022, 9, 15, 0, 0),
 datetime.datetime(2022, 12, 15, 0, 0),
 datetime.datetime(2023, 3, 15, 0, 0),
 datetime.datetime(2023, 6, 15, 0, 0),
 datetime.datetime(2023, 9, 15, 0, 0),
 datetime.datetime(2023, 12, 15, 0, 0),
 datetime.datetime(2024, 3, 15, 0, 0)]

In [22]: m_swap=4                            #每年利息交换频次

In [23]: swap_rate=swap_rate_Libor(m=m_swap,y_list=yield_list2[1:],T0=T_list[0], T1_list=
T_list[1:])    #计算利率互换合约的互换利率
    ...: print('计算得到利率互换合约的固定利率（互换利率）',round(swap_rate,4))
计算得到利率互换合约的固定利率（互换利率） 0.0048
```

通过以上的运算，最终可以测算得到 C 银行与 D 企业之间达成的利率互换合约中，互换利率就等于 0.48%。

9.3 利率互换合约定价的编程——以 Euribor 和 Tibor 互换为案例

9.3.1 案例详情

E 银行是总部位于新加坡的一家商业银行，近期分别与法国的 F 企业、日本的 G 企业达成了两份利率互换合约，其要素如表 9-4 所示。

表 9-4 E 银行与 F 企业、G 企业达成的利率互换合约要素

合约要素	第 1 份利率互换合约	第 2 份利率互换合约
合约达成日（合约初始日）	2021 年 1 月 8 日	2021 年 1 月 28 日
合约到期日	2023 年 1 月 9 日（周一）	2026 年 1 月 28 日
固定利率支付方（多头）	E 银行	G 企业
浮动利率支付方（空头）	F 企业	E 银行
固定利率	−0.35%	0.44%
浮动利率	3 个月期 Euribor	1 年期 Tibor
利息交换频次	每季度 1 次	每年 1 次
利息交换日（如遇法定节假日则顺延至下一个工作日）	2021 年 4 月 8 日、2021 年 7 月 8 日、2021 年 10 月 8 日、2022 年 1 月 10 日、2022 年 4 月 8 日、2022 年 7 月 8 日、2022 年 10 月 10 日、2023 年 1 月 9 日	2022 年 1 月 28 日、2023 年 1 月 30 日、2024 年 1 月 29 日、2025 年 1 月 28 日、2026 年 1 月 28 日
合约本金	5000 万欧元	28 亿日元

根据监管的要求，E 银行需要在每个工作日对利率互换合约进行估值，同时监管机构也允许银行在估值过程中灵活地选择合理的收益率。假定你是该银行新招聘的风险经理，日常的工作之一就是负责对包括利率互换合约在内的利率衍生产品进行估值。你通过分析认为，针对第 1 份利率互换合约，采用欧洲中央银行发布的欧元区公债收益率上浮 40 个基点所形成的收益率能够更加公允地反映利率互换合约的价值；针对第 2 份利率互换合约，采用日本中央银行发布的日本国债收益率上浮 55 个基点所形成的收益率用于贴现会更加合理。

估值日选择为 2021 年 3 月 17 日，表 9-5 和表 9-6 分别整理了当天欧元区公债收益率以及日本国债收益率。

表 9-5 欧元区公债收益率（2021 年 3 月 17 日）

期限	3 个月期	6 个月期	9 个月期	1 年期	2 年期	3 年期	5 年期
欧元区公债收益率(连续复利)	−0.6046%	−0.6317%	−0.6543%	−0.6728%	−0.7115%	−0.7072%	−0.6214%
欧元区公债收益率上浮 40 个基点（连续复利）	−0.2046%	−0.2317%	−0.2543%	−0.2728%	−0.3115%	−0.3072%	−0.2214%

数据来源：欧洲中央银行。

表 9-6 日本国债收益率（2021 年 3 月 17 日）

期限	1 年期	2 年期	3 年期	4 年期	5 年期
日本国债收益率（连续复利）	−0.1300%	−0.1450%	−0.1390%	−0.1190%	−0.0900%
日本国债收益率上浮 55 个基点（连续复利）	0.4200%	0.4050%	0.4110%	0.4310%	0.4600%

数据来源：日本中央银行。

此外，2021 年 1 月 8 日的 3 个月期 Euribor 等于 -0.55%，2021 年 1 月 28 日的 1 年期 Tibor 等于 0.1564%。

9.3.2 编程任务

【任务 1】为了便于对利率互换合约进行定价，自定义一个快速计算利率互换估值的函数，该函数中可以输入定价日、利息交换日等日期参数，并且该函数主要用于以 Libor、Euribor、Tibor 等利率作为浮动利率的利率互换合约。

【任务 2】根据表 9-5 中的数据，利用二阶样条曲线插值法计算针对第 1 个利率互换合约估值的贴现利率，其中，针对期限短于 3 个月的贴现利率依然使用 3 个月期的贴现利率，并且计算 2021 年 3 月 17 日该利率互换合约的估值。

【任务 3】根据表 9-6 中的数据，利用二阶样条曲线插值法计算针对第 2 个利率互换合约估值的贴现利率，其中，针对期限短于 1 年的贴现利率依然使用 1 年期的贴现利率，并且计算 2021 年 3 月 17 日该利率互换合约的估值。

9.3.3 编程提示

针对一份以 Libor、Euribor 和 Tibor 等利率作为浮动利率的利率互换合约，合约定价日设定为 $\tilde{t}_0$；L 代表合约的名义本金；$\tilde{T}$ 代表合约的剩余期限并且以年为单位；m 代表每年交易双方交换利息的频次并且 $m \geq 1$；$\tilde{t}_i$ 代表合约定价日距离剩余第 i 期利息交换日的期限长度并且以年为单位，$i = 1, 2, \cdots, N$，同时 $\tilde{t}_N = \tilde{T}$；R_{fix} 代表互换利率（固定利率）；R_{flt} 代表距合约定价日最近的下一期利息交换的浮动利率。此外，y_i 代表期限为 $\tilde{t}_i$、连续复利的零息利率（贴现利率）。

基于以上的变量，在合约定价日 $\tilde{t}_0$ 利率互换合约对应的固定利率债券价值表达式如下：

$$B_{fix} = \left(\frac{R_{fix}}{m} \sum_{i=1}^{N} e^{-y_i \tilde{t}_i} + e^{-y_N \tilde{T}} \right) L \qquad （式 9-6）$$

此外，在计算利率互换合约对应的浮动利率债券价值时，需要注意债券在票息支付日（即利率互换每期的利息交换日）债券价格将回归至债券本金。因此基于以上的变量，在合约定价日利率互换合约对应的浮动利率债券价值表达式如下：

$$B_{flt} = \left(\frac{R_{flt}}{m} + 1 \right) L e^{-y_i \tilde{t}_i} \qquad （式 9-7）$$

因此，结合（式 9-6）和（式 9-7），针对利率互换合约多头（固定利率支付方），在合约定价日的利率互换合约价值 V_{long} 的表达式如下：

$$V_{long} = B_{flt} - B_{fix} = \left(\frac{R_{flt}}{m} + 1 \right) L e^{-y_i \tilde{t}_i} - \left(\frac{R_{fix}}{m} \sum_{i=1}^{N} e^{-y_i \tilde{t}_i} + e^{-y_N \tilde{T}} \right) L \qquad （式 9-8）$$

针对利率互换合约空头（浮动利率支付方），在合约定价日的利率互换合约价值 V_{short} 的表达式如下：

$$V_{short} = -V_{long} = \left(\frac{R_{fix}}{m} \sum_{i=1}^{N} e^{-y_i \tilde{t}_i} + e^{-y_N \tilde{T}} \right) L - \left(\frac{R_{flt}}{m} + 1 \right) L e^{-y_i \tilde{t}_i} \qquad （式 9-9）$$

9.3.4 参考代码与提示

1. 针对任务 1

```
In [24]: def swap_price(R_fix,R_flt,T0,T_list,y_list,m,L,position):
    ...:     '''定义针对利率互换合约定价的函数，浮动利率以 Euribor、Tibor、Libor 等为主
    ...:     R_fix: 代表利率互换合约的固定利率（互换利率）
    ...:     R_flt: 代表距离合约定价日最近的下一期利息交换的浮动利率
```

```
    ...:     T0: 代表利率互换合约的定价日，以 datetime 格式输入
    ...:     T_list: 代表利率互换合约剩余利息交换日，输入以 datetime 时间对象作为元素的列表
    ...:     y_list: 代表用于利率互换合约定价并且连续复利的贴现利率，以数组格式输入
    ...:     m: 代表利率互换每年交换利息的频次
    ...:     L: 代表利率互换合约的本金
    ...:     position: 代表头寸方向，position='多头'代表多头，其他则代表空头'''
    ...:     from numpy import exp        #从 NumPy 模块导入 exp 函数
    ...:     n=len(T_list)               #计算利息交换的剩余次数
    ...:     t_list=np.zeros(n)          #创建有 n 个零元素的数组用于存放定价日至剩余每期利息交换日的期限
    ...:     for i in range(n):
    ...:         t_list[i]=(T_list[i]-T0).days/365    #定价日至剩余每期利息交换日的期限（年）
    ...:     B_fix=(R_fix*sum(exp(-y_list*t_list))/m+exp(-y_list[-1]*t_list[-1]))*L # 固定
利率债券的价值
    ...:     B_flt=(R_flt/m+1)*L*exp(-y_list[0]*t_list[0])      #浮动利率债券的价值
    ...:     if position=='多头':                                #针对合约多头
    ...:         price=B_flt-B_fix                              #计算互换利率多头的价值
    ...:     else:                                              #针对合约空头
    ...:         price=B_fix-B_flt                              #计算互换利率空头的价值
    ...:     return price
```

在以上自定义函数 swap_price 中，输入固定利率（互换利率）、浮动利率、定价日和剩余的利息交换日、贴现利率、利息交换频次以及合约本金等参数，就可以快速计算得到利率互换合约的价值。

2. 针对任务 2

```
In [25]: T_price=dt.datetime(2021,3,17)        #利率互换合约定价日

In [26]: T1_Euribor=dt.datetime(2021,4,8)      #第 1 次利息交换日
    ...: T2_Euribor=dt.datetime(2021,7,8)      #第 2 次利息交换日
    ...: T3_Euribor=dt.datetime(2021,10,8)     #第 3 次利息交换日
    ...: T4_Euribor=dt.datetime(2022,1,10)     #第 4 次利息交换日
    ...: T5_Euribor=dt.datetime(2022,4,8)      #第 5 次利息交换日
    ...: T6_Euribor=dt.datetime(2022,7,8)      #第 6 次利息交换日
    ...: T7_Euribor=dt.datetime(2022,10,10)    #第 7 次利息交换日
    ...: T8_Euribor=dt.datetime(2023,1,9)      #第 8 次利息交换日

In [27]: T_Euribor=[T1_Euribor,T2_Euribor,T3_Euribor,T4_Euribor,T5_Euribor,T6_Euribor, T7
_Euribor,T8_Euribor]    #将利息交换日放入列表

In [28]: N_Euribor=len(T_Euribor)        #计算剩余利息交换次数

In [29]: tenor_Euribor=np.zeros(N_Euribor)#创建元素个数等于剩余利息交换次数的零元素数组用于存放期限

In [30]: for i in range(N_Euribor):
    ...:     tenor_Euribor[i]=(T_Euribor[i]-T_price).days/365 #计算定价日距离每次利息交换日的
期限长度
    ...: tenor_Euribor                            #显示定价日距离每次利息交换日的期限长度
Out[30]:
array([0.06027397, 0.30958904, 0.56164384, 0.81917808, 1.06027397,
       1.30958904, 1.56712329, 1.81643836])

In [31]: y_Euro=np.array([-0.002046,-0.002317,-0.002543,-0.002728,-0.003115,-0.003072,
-0.002214])    #2021 年 3 月 17 日欧元区公债收益率上浮 40 个基点的利率

In [32]: tenor_Euro=np.array([3/12,6/12,9/12,1,2,3,5])              #欧元区公债收益率的期限

In [33]: f=interp1d(x=tenor_Euro,y=y_Euro,kind='quadratic')         #利用二阶样条曲线插值法

In [34]: tenor_list1=np.append([tenor_Euribor],[tenor_Euro])        #将两个期限数组进行合并
    ...: tenor_list1=np.sort(tenor_list1)                           #将期限由小到大排序
    ...: tenor_list1                                                #显示输出结果
Out[34]:
array([0.06027397, 0.25      , 0.30958904, 0.5       , 0.56164384,
       0.75      , 0.81917808, 1.        , 1.06027397, 1.30958904,
       1.56712329, 1.81643836, 2.        , 3.        , 5.        ])

In [35]: y_list1=f(tenor_list1[1:])              #新的收益率（剔除期限小于 3 个月的）
    ...: y_list1                                 #显示结果
```

```
Out[35]:
array([-0.002046  , -0.00211473, -0.002317  , -0.00237682, -0.002543  ,
       -0.00259815, -0.002728  , -0.00276694, -0.00290509, -0.0030094,
       -0.00308016, -0.003115  , -0.003072  , -0.002214  ])

In [36]: discount_rate1=y_list1[:-3]                     #选取第 1 个元素至倒数第 4 个元素
    ...: discount_rate1=np.delete(arr=discount_rate1,obj=6)  #删除第 7 个元素（期限为 1 年的收益率）
    ...: discount_rate1=np.delete(arr=discount_rate1,obj=4)  #删除第 5 个元素（期限为 0.75 年的收益率）
    ...: discount_rate1=np.delete(arr=discount_rate1,obj=2)  #删除第 3 个元素（期限为 0.5 年的收益率）
    ...: discount_rate1                                   #显示用于利率互换估值的贴现利率
Out[36]:
array([-0.002046  , -0.00211473, -0.00237682, -0.00259815, -0.00276694 ,
       -0.00290509, -0.0030094 , -0.00308016])

In [37]: par_Euribor=5e7                  #以 Euribor 作为浮动利率的利率合约本金
    ...: m_Euribor=4                      #以 Euribor 作为浮动利率的利息交换频次
    ...: Euribor_Jan8=-0.0055             #2021 年 1 月 8 日的 3 个月期 Euribor
    ...: SR_Euribor=-0.0035               #利率互换的固定利率（互换利率）

In [38]: swap_Euribor=swap_price(R_fix=SR_Euribor,R_flt=Euribor_Jan8,T0=T_price,
    ...:                         T_list=T_Euribor,y_list=discount_rate1,m=m_Euribor,
    ...:                         L=par_Euribor,position='多头')
    ...: print('2021 年 3 月 17 日浮动利率是 3 个月期 Euribor 的利率互换合约价值（多头）
', round(swap_Euribor,2))
2021 年 3 月 17 日浮动利率是 3 个月期 Euribor 的利率互换合约价值（多头） 7811.52
```

需要注意的是，在代码运行过程中，运用到了 NumPy 模块中的函数 delete，该函数有两个主要参数：第 1 个参数是 arr，用于输入相应的数组；第 2 个参数是 obj，代表需要删除元素的索引值，比如 obj=2 代表删除第 3 个元素。

从以上的计算结果可以看到，在 2021 年 3 月 17 日针对以 3 个月期 Euribor 作为浮动利率的利率互换合约，对于 E 银行（合约多头）的估值是 7811.52 欧元，这意味着该利率互换合约给 E 银行带来了浮盈。

3.　针对任务 3

```
In [39]: T1_Tibor=dt.datetime(2022,1,28)       #第 1 次利息交换日
    ...: T2_Tibor=dt.datetime(2023,1,30)       #第 2 次利息交换日
    ...: T3_Tibor=dt.datetime(2024,1,29)       #第 3 次利息交换日
    ...: T4_Tibor=dt.datetime(2025,1,28)       #第 4 次利息交换日
    ...: T5_Tibor=dt.datetime(2026,1,28)       #第 5 次利息交换日

In [40]: T_Tibor=[T1_Tibor,T2_Tibor,T3_Tibor,T4_Tibor,T5_Tibor]  #将利息交换日放入列表

In [41]: N_Tibor=len(T_Tibor)               #计算剩余利息交换次数

In [42]: tenor_Tibor=np.zeros(N_Tibor)      #创建元素个数等于剩余利息交换次数的零元素数组用于存放期限

In [43]: for i in range(N_Tibor):
    ...:     tenor_Tibor[i]=(T_Tibor[i]-T_price).days/365  #计算定价日距离每次利息交换日的期限长度
    ...: tenor_Tibor                        #显示定价日距离每次利息交换日的期限长度
Out[43]: array([0.86849315, 1.8739726 , 2.87123288, 3.87123288, 4.87123288])

In [44]: y_Japan=np.array([0.004200,0.004050,0.004110,0.004310,0.004600])  #2021 年 3 月 17
日日本国债收益率上浮 55 个基点的利率
    ...: tenor_Japan=np.array([1,2,3,4,5])   #日本国债收益率的期限

In [45]: g=interp1d(x=tenor_Japan,y=y_Japan,kind='quadratic')   #利用二阶样条曲线插值法

In [46]: tenor_list2=np.append([tenor_Tibor],[tenor_Japan])     #将两个期限数组进行合并
    ...: tenor_list2=np.sort(tenor_list2)                       #将期限由小到大排序
    ...: tenor_list2                                            #显示输出结果
Out[46]:
array([0.86849315, 1.        , 1.8739726 , 2.        , 2.87123288,
       3.        , 3.87123288, 4.        , 4.87123288, 5.        ])

In [47]: y_list2=g(tenor_list2[1:])         #新的收益率（不包括小于 1 年的期限）
```

```
      ...: y_list2                           #显示结果
Out[47]:
array([0.0042    , 0.00405676, 0.00405   , 0.00409328, 0.00411   ,
       0.00427872, 0.00431   , 0.00455798, 0.0046    ])

In [48]: discount_rate2=y_list2[:-1]                #选取第 1 个元素至倒数第 2 个元素
      ...: discount_rate2=np.delete(arr=discount_rate2,obj=6)  #删除第 7 个元素（对应期限为 4 年的收益率）
      ...: discount_rate2=np.delete(arr=discount_rate2,obj=4)  #删除第 5 个元素（对应期限为 3 年的收益率）
      ...: discount_rate2=np.delete(arr=discount_rate2,obj=2)  #删除第 3 个元素（对应期限为 2 年的收益率）
      ...: discount_rate2                        #显示用于利率互换估值的贴现利率
Out[48]: array([0.0042    , 0.00405676, 0.00409328, 0.00427872, 0.00455798])

In [49]: par_Tibor=2.8e9            #以 Tibor 作为浮动利率的利率合约本金
      ...: m_Tibor=1                #以 Tibor 作为浮动利率的利息交换频次
      ...: Tibor_Jan28=0.001564     #2021 年 1 月 28 日的 1 年期 Tibor
      ...: SR_Tibor=0.0044          #利率互换的固定利率（互换利率）

In [50]: swap_Tibor=swap_price(R_fix=SR_Tibor,R_flt=Tibor_Jan28,T0=T_price,
      ...:                      T_list=T_Tibor,y_list=discount_rate2,m=m_Tibor,
      ...:                      L=par_Tibor,position='空头')
      ...: print('2021年3月17日以1年期Tibor作为浮动利率的利率互换合约价值(空头)',round(swap_Tibor,2))
2021 年 3 月 17 日以 1 年期 Tibor 作为浮动利率的利率互换合约价值（空头） 5193359.28
```

从以上的输出结果可以看到，在 2021 年 3 月 17 日对于 E 银行而言，以 1 年期 Tibor 作为浮动利率的利率互换合约价值约等于 519.34 万日元，因此该利率合约也给 E 银行带来了浮盈。

9.4　货币互换合约现金流的编程——以 3 笔不同的货币互换为案例

9.4.1　案例详情

H 银行是总部位于瑞士苏黎世的一家商业银行，伴随着全球主要货币之间的汇率波动加大，企业涉及汇率风险的对冲需求也持续扩大。H 银行依次与 I 企业、J 企业和 K 企业达成了 3 笔不同的货币互换合约，其要素如表 9-7 所示。

表 9-7　H 银行达成的 3 笔货币互换合约要素

合约要素	第 1 笔货币互换合约	第 2 笔货币互换合约	第 3 笔货币互换合约
合约类型	双固定利率货币互换	固定对浮动货币互换	双浮动利率货币互换
合约初始日	2019 年 3 月 18 日	2018 年 8 月 9 日	2018 年 9 月 13 日
合约到期日	2021 年 3 月 18 日	2021 年 8 月 9 日	2021 年 9 月 13 日
合约本金	3000 万美元（USD）；4230 万澳元（AUD）	7510 万加元（CAD）；5000 万欧元（EUR）	6000 万英镑（GBP）；88.11 亿日元（JPY）
利率	美元利率为 2.45%；澳元利率为 1.61%	加元利率为 2.15%；6 个月期 Euribor	6 个月期英镑 Libor；6 个月期日元 Libor
利息交换	每季度交换 1 次	每半年交换 1 次	每半年交换 1 次
交易方	H 银行与 I 企业。其中，H 银行在合约初始日支付美元本金，I 企业在合约初始日支付澳元本金，本金在合约到期日换回	H 银行与 J 企业。其中，H 银行在合约初始日支付加元本金，J 企业在合约初始日支付欧元本金，本金在合约到期日换回	H 银行与 K 企业。其中，H 银行在合约初始日支付英镑本金，K 企业在合约初始日支付日元本金，本金在合约到期日换回
现金流交换日期（遇节假日顺延至下一个工作日）	2019 年 3 月 18 日、6 月 18 日、9 月 18 日和 12 月 18 日；2020 年 3 月 18 日、6 月 18 日、9 月 18 日和 12 月 18 日；2021 年 3 月 18 日	2018 年 8 月 9 日；2019 年 2 月 11 日、8 月 9 日；2020 年 2 月 10 日、8 月 10 日；2021 年 2 月 9 日、8 月 9 日	2018 年 9 月 13 日；2019 年 3 月 13 日、9 月 13 日；2020 年 3 月 13 日、9 月 14 日；2021 年 3 月 15 日、9 月 13 日

注：在确定货币互换合约不同本金的金额时，参考了合约初始日当天的相关汇率。

假定你是 H 银行内部稽核部的一位审计经理，在 2021 年 9 月末需要对银行开展的这 3 笔货币互换业务开展内部审计工作，为了完成相关工作，你需要借助 Python 完成以下的 4 个编程任务。

9.4.2 编程任务

【任务 1】为了便于快速计算得到货币互换合约的现金流交换数据，通过 Python 自定义一个计算该合约在每一个现金流交换日交换现金流金额的函数，并且在该函数中可以输入具体的现金流交换日等日期参数。

【任务 2】运用任务 1 自定义的函数，针对第 1 笔货币互换合约（美元对澳元），计算 H 银行在该合约中的每一期现金流交换金额。

【任务 3】运用任务 1 自定义的函数，针对第 2 笔货币互换合约（加元对欧元），计算 H 银行在该合约中的每一期现金流交换金额。同时，表 9-8 列出了在浮动利率重置日的 6 个月期 Euribor 数据。

表 9-8 在利率重置日的 6 个月期 Euribor

利率名称	2018 年 8 月 9 日	2019 年 2 月 11 日	2019 年 8 月 9 日	2020 年 2 月 10 日	2020 年 8 月 10 日	2021 年 2 月 9 日
6 个月期 Euribor	−0.266%	−0.233%	−0.396%	−0.339%	−0.418%	−0.523%

注：如果重置日恰好处于节假日期间，则对应的利率采用节假日前一个交易日的利率报价。

数据来源：欧洲银行业联盟。

【任务 4】运用任务 1 自定义的函数，针对第 3 笔货币互换合约（英镑对日元），计算 H 银行在该合约中的每一期现金流交换金额。同时，表 9-9 列出了在浮动利率重置日的 6 个月期英镑 Libor、日元 Libor 的数据。

表 9-9 在利率重置日的 6 个月期英镑 Libor 与 6 个月期日元 Libor

利率名称	2018 年 9 月 13 日	2019 年 3 月 13 日	2019 年 9 月 13 日	2020 年 3 月 13 日	2020 年 9 月 14 日	2021 年 3 月 15 日
6 个月期英镑 Libor	0.8965%	0.9684%	0.8405%	0.6111%	0.0808%	0.1016%
6 个月期日元 Libor	0.0227%	0.0037%	−0.0443%	−0.1250%	−0.0552%	−0.0513%

注：如果重置日恰好处于节假日期间，则对应的利率采用节假日前一个交易日的利率报价。

数据来源：伦敦同业拆借市场。

9.4.3 编程提示

为了编程的需要，针对货币互换合约的现金流用相应的数学表达式进行表述，同时需要考虑实际的计息天数。

假定合约双方分别是 A 交易方和 B 交易方，L_A 代表在合约初始日 A 交易方支付的一种货币本金，也就是合约到期日 A 交易方收回的本金；L_B 代表在合约初始日 B 交易方支付的另一种货币本金，也是合约到期日 B 交易方收回的本金；T 代表合约的期限（年）；m 代表在合约存续期内每年交易双方交换利息的频次并且 $m \geq 1$；t_i 代表第 i 期现金流交换所发生的时刻并且 $i = 0,1,2,\cdots,N$，其中 $N = mT$。在 t_i 时刻发生并基于 L_A 的现金流用 f_i^A 表示，基于 L_B 的现金流用 f_i^B 表示。下面针对货币互换合约的不同利率类型（固定利率和浮动利率），按照如下的 3 种情形设定相应的利率变量。

情形 1：双固定利率货币互换。 设定 R_A 代表针对 L_A 本金支付的固定利率，R_B 代表针对 L_B 本金支付的固定利率；

情形 2：固定对浮动货币互换。 约定在合约期内针对本金 L_A 支付固定利率 R_A，针对本金 L_B 支付浮动利率并且 R_{i-1}^B 代表在 t_{i-1} 时刻确定并且在 t_i 时刻支付的浮动利率。

情形 3：双浮动利率货币互换。 约定在合约存续期内针对本金 L_A 支付浮动利率，R_{i-1}^A 代表在 t_{i-1}

时刻确定并且在 t_i 时刻支付基于本金 L_A 的浮动利率；针对本金 L_B 也支付浮动利率，R_{i-1}^B 代表在 t_{i-1} 时刻确定并且在 t_i 时刻支付基于本金 L_B 的浮动利率。

由于涉及的数学表达式比较多，通过表 9-10 汇总并整理了货币互换在合约期间的现金流表达式。

表 9-10　货币互换在合约期间的现金流表达式

交易方	本金	现金流发生的时刻	现金流表达式		
			双固定利率货币互换	固定对浮动货币互换	双浮动利率货币互换
A 交易方	L_A	t_0	$f_0^A = -L_A$	$f_0^A = -L_A$	$f_0^A = -L_A$
		t_i $i=1,2,\cdots,N-1$	$f_i^A = R_A(t_i - t_{i-1})L_A$	$f_i^A = R_A(t_i - t_{i-1})L_A$	$f_i^A = R_{i-1}^A(t_i - t_{i-1})L_A$
		t_N	$f_N^A = [1+R_A(t_N - t_{N-1})]L_A$	$f_N^A = [1+R_A(t_N - t_{N-1})]L_A$	$f_N^A = [1+R_{N-1}^A(t_N - t_{N-1})]L_A$
	L_B	t_0	$f_0^B = L_B$	$f_0^B = L_B$	$f_0^B = L_B$
		t_i $i=1,2,\cdots,N-1$	$f_i^B = -R_B(t_i - t_{i-1})L_B$	$f_i^B = -R_{i-1}^B(t_i - t_{i-1})L_B$	$f_i^B = -R_{i-1}^B(t_i - t_{i-1})L_B$
		t_N	$f_N^B = -[1+R_B(t_N - t_{N-1})]L_B$	$f_N^B = -[1+R_{N-1}^B(t_N - t_{N-1})]L_B$	$f_N^B = -[1+R_{N-1}^B(t_N - t_{N-1})]L_B$
B 交易方	L_A	t_0	$f_0^A = L_A$	$f_0^A = L_A$	$f_0^A = L_A$
		t_i $i=1,2,\cdots,N-1$	$f_i^A = -R_A(t_i - t_{i-1})L_A$	$f_i^A = -R_A(t_i - t_{i-1})L_A$	$f_i^A = -R_{i-1}^A(t_i - t_{i-1})L_A$
		t_N	$f_N^A = -[1+R_A(t_N - t_{N-1})]L_A$	$f_N^A = -[1+R_A(t_N - t_{N-1})]L_A$	$f_N^A = -[1+R_{N-1}^A(t_N - t_{N-1})]L_A$
	L_B	t_0	$f_0^B = -L_B$	$f_0^B = -L_B$	$f_0^B = -L_B$
		t_i $i=1,2,\cdots,N-1$	$f_i^B = R_B(t_i - t_{i-1})L_B$	$f_i^B = R_{i-1}^B(t_i - t_{i-1})L_B$	$f_i^B = R_{i-1}^B(t_i - t_{i-1})L_B$
		t_N	$f_N^B = [1+R_B(t_N - t_{N-1})]L_B$	$f_N^B = [1+R_{N-1}^B(t_N - t_{N-1})]L_B$	$f_N^B = [1+R_{N-1}^B(t_N - t_{N-1})]L_B$

9.4.4　参考代码与说明

1. 针对任务 1

```
In [51]: def CCS_cashflow(La,Lb,Ra,Rb,T_list,trader,par,currency,types):
    ...:     '''定义计算货币互换每期现金流的函数，交易双方分别用 A 交易方和 B 交易方表示
    ...:     La: 代表 A 交易方在合约初始日支付并且在合约到期日收回的一种货币本金
    ...:     Lb: 代表 B 交易方在合约初始日支付并且在合约到期日收回的另一种货币本金
    ...:     Ra: 代表基于 La 本金的利率，如果是固定利率就直接输入数字，浮动利率则输入数组
    ...:     Rb: 代表基于 Lb 本金的利率；输入格式与 Ra 的相同
    ...:     T_list: 代表货币互换合约现金流交换日，输入以 datetime 时间对象作为元素的列表
    ...:     trader: 代表交易方，trader='A'代表计算 A 交易方发生的期间现金流，
    ...:         其他则代表计算 B 交易方发生的期间现金流
    ...:     par: 代表现金流依据的本金，par='La'代表计算的现金流基于本金 La,
    ...:         其他则代表计算的现金流是基于本金 Lb
    ...:     currency: 代表现金流的币种，比如 currency='人民币'代表现金流币种是人民币
    ...:     types: 代表货币互换合约类型，types='双固定利率货币互换'代表对应的合约，types='固定对浮动
货币互换'代表相应的合约，其他代表双浮动利率货币互换，
    ...:         约定针对固定对浮动货币互换，固定利率针对 La，浮动利率针对 Lb'''
    ...:     n=len(T_list)                          #计算现金流交换的次数
    ...:     tenor=np.zeros(n-1)                    #创建拥有 n-1 个零元素的数组用于存放期限
    ...:     for i in range(n-1):
    ...:         tenor[i]=(T_list[i+1]-T_list[i]).days/365 #计算相邻两期现金流交换日之间的期限长度（年）
    ...:     cashflow=np.zeros(n)                   #创建存放每期现金流的初始数组
    ...:     if par=='La':                          #依据本金 La 计算现金流
    ...:         if types=='双固定利率货币互换':       #针对双固定利率货币互换
    ...:             cashflow[0]=-La                #计算 A 交易方第 1 期交换的现金流
    ...:             cashflow[1:-1]=Ra*tenor[:-1]*La #计算 A 交易方第 2 期至倒数第 2 期交换的现金流
    ...:             cashflow[-1]=(1+Ra*tenor[-1])*La #计算 A 交易方最后一期交换的现金流
```

```
    ...:            if trader=='A':                        #针对A交易方
    ...:                result=['双固定利率货币互换A交易方现金流',currency,cashflow]
    ...:            else:                                   #针对B交易方
    ...:                result=['双固定利率货币互换B交易方现金流',currency,-cashflow]
    ...:        elif types=='固定对浮动货币互换':              #针对固定对浮动货币互换
    ...:            cashflow[0]=-La
    ...:            cashflow[1:-1]=Ra*tenor[:-1]*La
    ...:            cashflow[-1]=(1+Ra*tenor[-1])*La
    ...:            if trader=='A':
    ...:                result=['固定对浮动货币互换A交易方现金流',currency,cashflow]
    ...:            else:
    ...:                result=['固定对浮动货币互换B交易方现金流',currency,-cashflow]
    ...:        else:                                       #针对双浮动利率货币互换
    ...:            cashflow[0]=-La
    ...:            cashflow[1:-1]=Ra[:-1]*tenor[:-1]*La
    ...:            cashflow[-1]=(1+Ra[-1]*tenor[-1])*La
    ...:            if trader=='A':
    ...:                result=['双浮动利率货币互换A交易方现金流',currency,cashflow]
    ...:            else:
    ...:                result=['双浮动利率货币互换B交易方现金流',currency,-cashflow]
    ...:    else:                                           #依据本金Lb计算现金流
    ...:        if types=='双固定利率货币互换':
    ...:            cashflow[0]=Lb                           #计算A交易方第1期交换的现金流
    ...:            cashflow[1:-1]=-Rb*tenor[:-1]*Lb         #计算A交易方第2期至倒数第2期交换的现金流
    ...:            cashflow[-1]=-(1+Rb*tenor[-1])*Lb        #计算A交易方最后一期交换的现金流
    ...:            if trader=='A':                          #针对A交易方
    ...:                result=['双固定利率货币互换A交易方现金流',currency,cashflow]
    ...:            else:                                    #针对B交易方
    ...:                result=['双固定利率货币互换B交易方现金流',currency,-cashflow]
    ...:        elif types=='固定对浮动货币互换':
    ...:            cashflow[0]=Lb
    ...:            cashflow[1:-1]=-Rb[:-1]*tenor[:-1]*Lb
    ...:            cashflow[-1]=-(1+Rb[-1]*tenor[-1])*Lb
    ...:            if trader=='A':
    ...:                result=['固定对浮动货币互换A交易方现金流',currency,cashflow]
    ...:            else:
    ...:                result=['固定对浮动货币互换B交易方现金流',currency,-cashflow]
    ...:        else:                                        #针对双浮动利率货币互换
    ...:            cashflow[0]=Lb
    ...:            cashflow[1:-1]=-Rb[:-1]*tenor[:-1]*Lb
    ...:            cashflow[-1]=-(1+Rb[-1]*tenor[-1])*Lb
    ...:            if trader=='A':
    ...:                result=['双浮动利率货币互换A交易方现金流',currency,cashflow]
    ...:            else:
    ...:                result=['双浮动利率货币互换B交易方现金流',currency,-cashflow]
    ...:    return result
```

在以上的自定义函数 CCS_cashflow 中，输入相关的本金、利率、日期、交易方、币种、合约类型等参数，就可以迅速得到货币互换合约的现金流数据。

2. 针对任务 2

```
In [52]: T_list1=[]                            #创建空列表用于存放第1笔货币互换合约现金流交换日
    ...: t_end=dt.datetime(2021,3,18)          #合约到期日（最后一期现金流交换日）

In [53]: for i in range(3):                    #运用for循环语句快速创建包含时间对象的列表
    ...:     for j in range(1,5):
    ...:         year=2019+i                    #计算年份
    ...:         month=3*j                      #计算月份
    ...:         date=dt.datetime(year,month,18)  #创建相关的日期对象
    ...:         T_list1.append(date)           #在列表尾部添加一个日期对象
    ...:         if date>=t_end:                #如果创建的日期对象等于合约到期日
    ...:             break                      #整个循环终止
    ...:         else:                          #如果创建的日期对象不是合约到期日
    ...:             continue                   #循环继续

In [54]: T_list1                               #查看相关日期的结果
Out[54]:
[datetime.datetime(2019, 3, 18, 0, 0),
```

```
        datetime.datetime(2019, 6, 18, 0, 0),
        datetime.datetime(2019, 9, 18, 0, 0),
        datetime.datetime(2019, 12, 18, 0, 0),
        datetime.datetime(2020, 3, 18, 0, 0),
        datetime.datetime(2020, 6, 18, 0, 0),
        datetime.datetime(2020, 9, 18, 0, 0),
        datetime.datetime(2020, 12, 18, 0, 0),
        datetime.datetime(2021, 3, 18, 0, 0)]

In [55]: par_USD=3e7                                #第1笔货币互换合约的美元本金
   ...: par_AUD=4.23e7                              #第1笔货币互换合约的澳元本金

In [56]: R_USD=0.0245                               #美元本金的固定利率
   ...: R_AUD=0.0161                                #澳元本金的固定利率

In [57]: CF_USD=CCS_cashflow(La=par_USD,Lb=par_AUD,Ra=R_USD,Rb=R_AUD,T_list=T_list1,
   ...:                    trader='A',par='La',currency='美元',
   ...:                    types='双固定利率货币互换')    #第1笔货币互换合约美元本金现金流
   ...: CF_USD                                           #输出结果
Out[57]:
['双固定利率货币互换A交易方现金流',
 '美元',
 array([-30000000.      ,     185260.2739726 ,     185260.2739726 ,
         183246.57534247,     183246.57534247,     185260.2739726 ,
         185260.2739726 ,     183246.57534247,   30181232.87671233])]

In [58]: CF_AUD=CCS_cashflow(La=par_USD,Lb=par_AUD,Ra=R_USD,Rb=R_AUD,T_list=T_list1,
   ...:                    trader='A',par='Lb',currency='澳元',
   ...:                    types='双固定利率货币互换')    #第1笔货币互换合约澳元本金现金流
   ...: CF_AUD                                           #输出结果
Out[58]:
['双固定利率货币互换A交易方现金流',
 '澳元',
 array([ 42300000.      ,    -171656.87671233,    -171656.87671233,
         -169791.04109589,    -169791.04109589,    -171656.87671233,
         -171656.87671233,    -169791.04109589,  -42467925.20547945])]
```

通过以上的运算结果可以看到，由于考虑了计息的实际天数，因此在合约期间内，每一期的利息交换之间有时会存在细微的差异。同时，合约初期交换的本金会在合约到期日换回。

3. 针对任务3

```
In [59]: T1=dt.datetime(2018,8,9)                   #第2笔货币互换合约的第1期现金流交换日
   ...: T2=dt.datetime(2019,2,11)                    #第2期现金流交换日
   ...: T3=dt.datetime(2019,8,9)                     #第3期现金流交换日
   ...: T4=dt.datetime(2020,2,10)                    #第4期现金流交换日
   ...: T5=dt.datetime(2020,8,10)                    #第5期现金流交换日
   ...: T6=dt.datetime(2021,2,9)                     #第6期现金流交换日
   ...: T7=dt.datetime(2021,8,9)                     #第7期现金流交换日

In [60]: T_list2=[T1,T2,T3,T4,T5,T6,T7]             #创建第2笔货币互换合约每期现金流交换日的列表

In [61]: par_CAD=7.51e7                              #第2笔货币互换合约的加元本金
   ...: par_EUR=5e7                                  #第2笔货币互换合约的欧元本金

In [62]: R_CAD=0.0215                                #加元本金的固定利率
   ...: Euribor=np.array([-0.00266,-0.00233,-0.00396,-0.00339,-0.00418,-0.00523])  #利率
重置日的Euribor

In [63]: CF_CAD=CCS_cashflow(La=par_CAD,Lb=par_EUR,Ra=R_CAD,Rb=Euribor,T_list=T_list2,
   ...:                    trader='A',par='La',currency='加元',
   ...:                    types='固定对浮动货币互换')   #第2笔货币互换合约基于加元本金的现金流
   ...: CF_CAD                                           #输出结果
Out[63]:
['固定对浮动货币互换A交易方现金流',
 '加元',
 array([-75100000.      ,    822807.94520548,    791842.05479452,
         818384.24657534,    805113.15068493,    809536.84931507,
        75900689.4520548 ])]
```

```
In [64]: CF_EUR=CCS_cashflow(La=par_CAD,Lb=par_EUR,Ra=R_CAD,Rb=Euribor,T_list=T_list2,
    ...:                      trader='A',par='Lb',currency='欧元',
    ...:                      types='固定对浮动货币互换')    #第2笔货币互换合约基于欧元本金的现金流
    ...: CF_EUR
Out[64]:
['固定对浮动货币互换A交易方现金流',
 '欧元',
 array([ 50000000.     ,    67775.34246575,     57132.87671233,
         100356.16438356,    84517.80821918,    104786.30136986,
         -49870324.65753425])]
```

由于 Euribor 是浮动利率并且是负利率，因此对于 H 银行而言，基于欧元本金的每期现金流中，除了最后一期是现金流出以外，其余各期均是现金流入。

4. 针对任务 4

```
In [65]: T1=dt.datetime(2018,9,13)      #第3笔货币互换合约的第1期现金流交换日
    ...: T2=dt.datetime(2019,3,13)      #第2期现金流交换日
    ...: T3=dt.datetime(2019,9,13)      #第3期现金流交换日
    ...: T4=dt.datetime(2020,3,13)      #第4期现金流交换日
    ...: T5=dt.datetime(2020,9,14)      #第5期现金流交换日
    ...: T6=dt.datetime(2021,3,15)      #第6期现金流交换日
    ...: T7=dt.datetime(2021,9,13)      #第7期现金流交换日

In [66]: T_list3=[T1,T2,T3,T4,T5,T6,T7]    #创建第3笔货币互换合约每期现金流交换日的列表

In [67]: par_GBP=6e7           #第3笔货币互换合约的英镑本金
    ...: par_JPY=8.811e9       #第3笔货币互换合约的日元本金

In [68]: Libor_GBP=np.array([0.008965,0.009684,0.008405,0.006111,0.000808,0.001016]) # 利
率重置日的英镑 Libor
    ...: Libor_JPY=np.array([0.000227,0.000037,-0.000443,-0.001250,-0.000552,-0.000513])
#利率重置日的日元 Libor

In [69]: CF_GBP=CCS_cashflow(La=par_GBP,Lb=par_JPY,Ra=Libor_GBP,Rb=Libor_JPY,
    ...:                      T_list=T_list3,trader='A',par='La',currency='英镑',
    ...:                      types='双浮动利率货币互换')    #第3笔货币互换合约基于英镑本金的现金流
    ...: CF_GBP                                              #输出结果
Out[69]:
['双浮动利率货币互换A交易方现金流',
 '英镑',
 array([-6.00000000e+07,  2.66739452e+05,  2.92907836e+05,  2.51459178e+05,
         1.85841370e+05,  2.41735890e+04,  6.00303965e+07])]

In [70]: CF_JPY=CCS_cashflow(La=par_GBP,Lb=par_JPY,Ra=Libor_GBP,Rb=Libor_JPY,
    ...:                      T_list=T_list3,trader='A',par='Lb',currency='日元',
    ...:                      types='双浮动利率货币互换')    #第3笔货币互换合约基于日元本金的现金流
    ...: CF_JPY
Out[70]:
['双浮动利率货币互换A交易方现金流',
 '日元',
 array([8.81100000e+09, -9.91828923e+05, -1.64343255e+05,  1.94628955e+06,
        5.58231164e+06,  2.42517344e+06, -8.80874617e+09])]
```

由于日元 Libor 在货币互换合约期间内从正利率变为了负利率，因此，针对 H 银行而言，基于日元本金的每期现金流中，第1期以及第4期至第6期的现金流均是现金流入，其余各期则是现金流出。

9.5　货币互换定价的编程——以美元兑不同币种的货币互换合约为案例

9.5.1　案例详情

L 银行是总部位于美国纽约的一家大型商业银行，从 2018 年开始大力拓展亚洲尤其是南亚和东南亚的业务。考虑到当地一些大型企业存在强劲的汇率风险对冲需求，因此，L 银行积极提供相

关的汇率风险管理产品与服务。

在 2020 年第 4 季度，L 银行依次与印度的 M 企业、泰国的 N 企业达成了两笔不同的货币互换合约，其要素如表 9-11 所示。

表 9-11　L 银行达成的两笔货币互换合约要素

合约要素	第 1 笔货币互换合约	第 2 笔货币互换合约
合约类型	双固定利率货币互换	双浮动利率货币互换
合约初始日	2020 年 10 月 13 日	2020 年 12 月 21 日
合约到期日	2023 年 10 月 13 日	2022 年 12 月 21 日
合约本金	6000 万美元（USD）； 44.07 亿印度卢比（INR）	3000 万美元（USD）； 9.042 亿泰铢（THB）
利率	美元利率为 0.18%； 印度卢比利率为 4.747%	3 个月期美元 Libor； 3 个月期泰国银行间同业拆借利率（Bibor）
利息交换	每半年交换 1 次	每季度交换 1 次
交易方	L 银行与 M 企业。 其中，L 银行在合约初始日支付美元本金，M 企业在合约初始日支付印度卢比本金，在合约到期日本金换回	L 银行与 N 企业。 其中，L 银行在合约初始日支付美元本金，N 企业在合约初始日支付泰铢本金，在合约到期日本金换回
现金流交换日期 （遇节假日顺延至下一个工作日）	2020 年 10 月 13 日； 2021 年 4 月 13 日、10 月 13 日； 2022 年 4 月 13 日、10 月 13 日； 2023 年 4 月 13 日、10 月 13 日	2020 年 12 月 21 日； 2021 年 3 月 22 日、6 月 21 日、9 月 21 日、12 月 21 日； 2022 年 3 月 21 日、6 月 21 日、9 月 21 日、12 月 21 日

注：在确定货币互换合约不同本金的金额时，参考了合约初始日当天美联储公布的美元兑印度卢比、美元兑泰铢的汇率。在确定固定利率时则参考了国债收益率。

假定你在 L 银行的环球市场部担任外汇衍生产品主管，在 2021 年 6 月 30 日需要对银行开展的这两笔货币互换业务进行定价。

在计算合约价格时，L 银行针对美元现金流的贴现利率运用美国国债到期收益率并上浮 40 个基点，针对印度卢比现金流的贴现利率运用印度国债到期收益率并上浮 60 个基点，针对泰铢现金流的贴现利率运用泰国国库券与政府债券收益率并上浮 90 个基点。表 9-12 整理了在 2021 年 6 月 30 日相关收益率的数据。

表 9-12　在 2021 年 6 月 30 日美国、印度以及泰国的国债或政府债的收益率数据

指标名称	1 个月期	2 个月期	3 个月期	6 个月期	1 年期	2 年期	3 年期
美国国债到期收益率	0.05%	0.05%	0.05%	0.06%	0.07%	0.25%	0.46%
美国国债到期收益率上浮 40 个基点	0.45%	0.45%	0.45%	0.46%	0.47%	0.65%	0.86%
印度国债到期收益率	—	—	3.400%	3.700%	4.090%	4.593%	4.893%
印度国债到期收益率上浮 60 个基点	—	—	4.000%	4.300%	4.690%	5.193%	5.493%
泰国国库券与政府债券收益率	0.34%	—	0.38%	0.44%	0.48%	0.52%	0.62%
泰国国库券与政府债券收益率上浮 90 个基点	1.24%	—	1.28%	1.34%	1.38%	1.42%	1.52%

注：在上表中，根据上述国家国债收益率的报价规则，印度国债收益率是保留至小数点后 3 位，美国和泰国国债收益率是保留至小数点后 2 位。

数据来源：Wind。

2021 年 6 月 30 日美元兑印度卢比的汇率是 74.33，美元兑泰铢的汇率是 32.06。此外，在 2021 年 6 月 21 日，3 个月期美元 Libor 为 0.13788%，3 个月期 Bibor 等于 0.62462%。

为了顺利地完成合约估值工作，你需要借助 Python 完成以下的 4 个编程任务。

9.5.2 编程任务

【任务 1】为了便于对双固定利率货币互换合约进行定价，需要通过 Python 自定义计算该互换合约价格的一个函数，在该函数中可以输入定价日以及剩余现金流交换日等日期参数。

【任务 2】结合表 9-12 中的数据，利用三阶样条曲线插值法计算用于对第 1 笔货币互换合约（美元对印度卢比）估值的贴现利率，然后，结合任务 1 的自定义函数，计算第 1 笔货币互换合约在 2021 年 6 月 30 日的价格。

【任务 3】为了便于对双浮动利率货币互换合约进行定价，需要通过 Python 自定义计算该互换合约价格的一个函数，同样，该函数中也具有表示定价日以及相关现金流交换日等日期的参数。

【任务 4】结合表 9-12 中的数据，依然利用三阶样条曲线插值法计算用于对第 2 笔货币互换合约（美元对泰铢）估值的贴现利率，然后，结合任务 3 的自定义函数，计算第 2 笔货币互换合约在 2021 年 6 月 30 日的价格。

9.5.3 编程提示

为了便于 Python 编程，针对货币互换合约的定价用相应的数学表达式进行表述，同时需要考虑实际的计息天数。

假定货币互换合约双方是 A 交易方、B 交易方，并且约定针对 A 交易方在合约初始日支付以 A 货币计价的本金 L_A，针对 B 交易方在合约初始日支付以 B 货币计价的本金 L_B。A 货币兑换 B 货币的即期汇率用 E 表示，汇率的标价方式是用 1 单位 B 货币表示若干单位的 A 货币。t_i 代表剩余第 i 期现金流交换日所处的计息周期长度（以年为单位），并且 $i=1,2,\cdots,N$，以本案例第 1 笔货币互换合约为例，t_1 代表 2020 年 10 月 13 日至 2021 年 4 月 13 日的期限长度，t_2 代表 2021 年 4 月 13 日至 10 月 13 日的期限长度，以此类推。

$\tilde{T}$ 代表合约的剩余期限并且以年为单位；m 代表在合约存续期内每年交换利息的频次并且 $m \geq 1$；$\tilde{t}_i$ 代表合约定价日距离剩余第 i 期现金流交换日的期限长度（以年为单位），同时 $\tilde{t}_N = \tilde{T}$；y_i^A 代表在合约定价日针对 A 货币本金且期限为 $\tilde{t}_i$、连续复利的零息利率；y_i^B 代表在合约定价日针对 B 货币本金且期限为 $\tilde{t}_i$、连续复利的零息利率。同时，针对 A 交易方，货币互换合约的价格用 V_{CS}^A 标记并且以 A 货币计价；针对 B 交易方，货币互换合约的价格用 V_{CS}^B 标记并且以 B 货币计价。

针对货币互换合约的不同利率类型（固定利率和浮动利率），按照如下的 3 种情形设定相应的利率变量。

情形 1：双固定利率货币互换。设定 R_A 代表针对 L_A 本金支付的固定利率，R_B 代表针对 L_B 本金支付的固定利率。

情形 2：固定对浮动货币互换。设定在合约期内针对本金 L_A 支付固定利率 R_A，$\tilde{R}_B$ 表示距离合约定价日最近的下一期（剩余第 1 期）利息交换日针对本金 L_B 支付的浮动利率。

情形 3：双浮动利率货币互换。$\tilde{R}_A$ 表示距离合约定价日最近的下一期利息交换日针对本金 L_A 支付的浮动利率，$\tilde{R}_B$ 表示距离合约定价日最近的下一期利息交换日针对本金 L_B 支付的浮动利率。

根据货币互换的等价性，由于货币互换的现金流等价于本金 L_A 债券与本金 L_B 债券的投资组合，因此，货币互换的定价可以运用债券的定价公式表示。考虑到涉及的数学表达式比较多，通过表 9-13 整理了货币互换定价的数学表达式。

表9-13 不同类型货币互换定价的数学表达式

合约类型	交易方	数学表达式
双固定利率货币互换	A交易方	$V_{CS}^A = \left(\sum_{i=1}^N R_A t_i e^{-y_i^A \tilde{t}_i} + e^{-y_N^A \tilde{T}} \right) L_A - \left(\sum_{i=1}^N R_B t_i e^{-y_i^B \tilde{t}_i} + e^{-y_N^B \tilde{T}} \right) L_B E$
双固定利率货币互换	B交易方	$V_{CS}^B = \left(\sum_{i=1}^N R_B t_i e^{-y_i^B \tilde{t}_i} + e^{-y_N^B \tilde{T}} \right) L_B - \left(\sum_{i=1}^N R_A t_i e^{-y_i^A \tilde{t}_i} + e^{-y_N^A \tilde{T}} \right) \dfrac{L_A}{E}$
固定对浮动货币互换	A交易方	$V_{CS}^A = \left(\sum_{i=1}^N R_A t_i e^{-y_i^A \tilde{t}_i} + e^{-y_N^A \tilde{T}} \right) L_A - (\tilde{R}_B t_1 + 1) e^{-y_1^B \tilde{t}_1} L_B E$
固定对浮动货币互换	B交易方	$V_{CS}^B = (\tilde{R}_B t_1 + 1) e^{-y_1^B \tilde{t}_1} L_B - \left(\sum_{i=1}^N R_A t_i e^{-y_i^A \tilde{t}_i} + e^{-y_N^A \tilde{T}} \right) \dfrac{L_A}{E}$
双浮动利率货币互换	A交易方	$V_{CS}^A = (\tilde{R}_A t_1 + 1) e^{-y_1^A \tilde{t}_1} L_A - (\tilde{R}_B t_1 + 1) e^{-y_1^B \tilde{t}_1} L_B E$
双浮动利率货币互换	B交易方	$V_{CS}^B = (\tilde{R}_B t_1 + 1) e^{-y_1^B \tilde{t}_1} L_B - (\tilde{R}_A t_1 + 1) e^{-y_1^A \tilde{t}_1} \dfrac{L_A}{E}$

9.5.4 参考代码与说明

1. 针对任务1

```
In [71]: def CCS_fixed_value(La,Lb,Ra,Rb,ya,yb,E,T0,T1,T_list,trader):
    ...:     '''定义计算双固定利率货币互换合约价值的函数,交易双方是A交易方和B交易方,约定A交易方在合
约初始日支付A货币,B交易方在合约初始日支付B货币
    ...:     La: 代表A交易方在合约初始日支付并且在合约到期日收回的A货币本金
    ...:     Lb: 代表B交易方在合约初始日支付并且在合约到期日收回的B货币本金
    ...:     Ra: 代表基于La本金的利率,并且是固定利率
    ...:     Rb: 代表基于Lb本金的利率,并且是固定利率
    ...:     ya: 代表定价日针对La本金并对应不同期限、连续复利的零息利率,以数组格式输入
    ...:     yb: 代表定价日针对Lb本金并对应不同期限、连续复利的零息利率,输入格式与ya的相同
    ...:     E: 代表在定价日的即期汇率,标价方式是1单位B货币对应的A货币数量
    ...:     T0: 代表合约定价日,以datetime格式输入
    ...:     T1: 代表合约定价日之前最近的现金流交换日,输入格式与T0的相同
    ...:     T_list: 代表合约剩余的每期现金流交换日,输入以datetime时间对象作为元素的列表
    ...:     trader: 代表交易方,trader='A'代表A交易方,其他则代表B交易方'''
    ...:     from numpy import exp                #导入NumPy模块的exp函数
    ...:     n=len(T_list)                        #计算剩余现金流交换的次数
    ...:     tenor1=np.zeros(n)                   #创建零元素数组用于存放期限
    ...:     for i in range(n):
    ...:         tenor1[i]=(T_list[i]-T0).days/365 #计算定价日至剩余每期现金流交换日的期限长度(年)
    ...:     tenor2=np.zeros_like(tenor1)         #创建一个新的零元素数组用于存放期限
    ...:     tenor2[0]=(T_list[0]-T1).days/365    #新的期限数组第1个元素等于定价日之前最近的现
金流交换日距离剩余第1个现金流交换日的期限
    ...:     for i in range(1,n):
    ...:         tenor2[i]=(T_list[i]-T_list[i-1]).days/365 #计算剩余两个相邻现金流交换日之间的期限
    ...:     Value_La=(sum(Ra*tenor2*exp(-ya*tenor1))+exp(-ya[-1]*tenor1[-1]))*La # 计算基
于La本金的现金流净值
    ...:     Value_Lb=(sum(Rb*tenor2*exp(-yb*tenor1))+exp(-yb[-1]*tenor1[-1]))*Lb # 计算基
于Lb本金的现金流净值
    ...:     Value_A=Value_La-Value_Lb*E          #计算针对A交易方的货币互换合约价值
    ...:     Value_B=Value_Lb-Value_La/E          #计算针对B交易方的货币互换合约价值
    ...:     if trader=='A':                      #针对A交易方
    ...:         return Value_A
    ...:     else:                                #针对B交易方
    ...:         return Value_B
```

在以上自定义函数 CCS_fixed_value 中,输入不同币种的本金、利率、零息利率(贴现利率)、即期汇率、定价日、现金流交换日、交易方等参数,就可以迅速计算得到双固定利率货币互换合约的价值。

2. 针对任务 2

```
In [72]: T_price=dt.datetime(2021,6,30)          #定价日的日期对象

In [73]: T_list1=[]                               #创建空列表用于存放第1笔货币互换合约剩余每期现金流交换
                                                   日
       ...: t_end=dt.datetime(2023,10,13)          #合约到期日（最后一期现金流交换日）

In [74]: for i in range(3):                        #运用 for 循环语句快速创建包含相关时间对象的列表
       ...:     for j in range(2):
       ...:         year=2021+i                     #计算年份
       ...:         month=4+6*j                     #计算月份
       ...:         date=dt.datetime(year,month,23)   #创建相关的日期对象
       ...:         T_list1.append(date)            #在列表尾部添加一个日期对象
       ...:         if date>=t_end:                 #如果创建的日期对象等于合约到期日
       ...:             break                       #整个循环终止
       ...:         else:                           #如果创建的日期对象不是合约到期日
       ...:             continue                    #循环继续

In [75]: del T_list1[0]                             #删除列表中的第1个元素
       ...: T_list1                                 #查看结果
Out[75]:
[datetime.datetime(2021, 10, 23, 0, 0),
 datetime.datetime(2022, 4, 23, 0, 0),
 datetime.datetime(2022, 10, 23, 0, 0),
 datetime.datetime(2023, 4, 23, 0, 0),
 datetime.datetime(2023, 10, 23, 0, 0)]

In [76]: N1=len(T_list1)          #计算剩余现金流交换次数

In [77]: tenor1=np.zeros(N1)      #创建零元素数组用于存放第1笔货币互换合约定价日至剩余现金流交换日的期限

In [78]: for i in range(N1):
       ...:     tenor1[i]=(T_list1[i]-T_price).days/365   #计算定价日距离剩余现金流交换日的期限长度
       ...: tenor1                               #显示结果
Out[78]: array([0.31506849, 0.81369863, 1.31506849, 1.81369863, 2.31506849])

In [79]: y_USD=np.array([0.0045,0.0045,0.0045,0.0046,0.0047,0.0065,0.0086])  #2021 年 6 月 30
日美国国债到期收益率上浮 40 个基点的利率
       ...: tenor_USD=np.array([1/12,2/12,3/12,6/12,1,2,3])       #美国国债到期收益率的期限

In [80]: f_USD=interp1d(x=tenor_USD,y=y_USD,kind='cubic')    #利用三阶样条曲线插值法

In [81]: tenor_USD_new=np.append([tenor1],[tenor_USD])   #将两个期限数组进行合并
       ...: tenor_USD_new=np.sort(tenor_USD_new)          #将期限由小到大排序
       ...: tenor_USD_new                                 #显示输出结果
Out[81]:
array([0.08333333, 0.16666667, 0.25      , 0.31506849, 0.5       ,
       0.81369863, 1.        , 1.31506849, 1.81369863, 2.        ,
       2.31506849, 3.        ])

In [82]: y_USD_new=f_USD(tenor_USD_new)             #新的美元收益率
       ...: y_USD_new                               #显示结果
Out[82]:
array([0.0045    , 0.0045    , 0.0045    , 0.00451683, 0.0046    ,
       0.0046432 , 0.0047    , 0.0050372 , 0.00604421, 0.0065    ,
       0.00728346, 0.0086    ])

In [83]: rate_USD=y_USD_new[3:-1]                    #选取第4个元素至倒数第2个元素
       ...: rate_USD=np.delete(arr=rate_USD,obj=6)   #删除第7个元素（对应期限为2年的收益率）
       ...: rate_USD=np.delete(arr=rate_USD,obj=3)   #删除第4个元素（对应期限为1年的收益率）
       ...: rate_USD=np.delete(arr=rate_USD,obj=1)   #删除第2个元素（对应期限为6个月的收益率）
       ...: rate_USD                                 #显示美元的贴现利率
Out[83]: array([0.00451683, 0.0046432 , 0.0050372 , 0.00604421, 0.00728346])
```

通过以上的计算，得到了用于计算第 1 笔货币互换合约定价的美元贴现利率，接下来要计算印度卢比的贴现利率，计算方法比较类似。

```
In [84]: y_INR=np.array([0.04000,0.04300,0.04690,0.05193,0.05493])   #2021年6月30日印度国债
到期收益率上浮60个基点的利率
     ...: tenor_INR=np.array([3/12,6/12,1,2,3])                       #印度国债到期收益率的期限

In [85]: f_INR=interp1d(x=tenor_INR,y=y_INR,kind='cubic')   #利用三阶样条曲线插值法

In [86]: tenor_INR_new=np.append([tenor1],[tenor_INR])    #将两个期限数组进行合并
     ...: tenor_INR_new=np.sort(tenor_INR_new)             #将期限由小到大排序
     ...: tenor_INR_new                                    #显示输出结果
Out[86]:
array([0.25      , 0.31506849, 0.5       , 0.81369863, 1.        ,
       1.31506849, 1.81369863, 2.        , 2.31506849, 3.        ])

In [87]: y_INR_new=f_INR(tenor_INR_new)             #新的印度卢比收益率
     ...: y_INR_new                                  #显示结果
Out[87]:
array([0.04      , 0.04087619, 0.043     , 0.0456623 , 0.0469    ,
       0.04874527, 0.05116727, 0.05193   , 0.0530619 , 0.05493   ])

In [88]: rate_INR=y_INR_new[1:-1]                    #选取第2个元素至倒数第2个元素
     ...: rate_INR=np.delete(arr=rate_INR,obj=6)     #删除第7个元素（对应期限为2年的收益率）
     ...: rate_INR=np.delete(arr=rate_INR,obj=3)     #删除第4个元素（对应期限为1年的收益率）
     ...: rate_INR=np.delete(arr=rate_INR,obj=1)     #删除第2个元素（对应期限为6个月的收益率）
     ...: rate_INR                                    #显示印度卢比的贴现利率
Out[88]: array([0.04087619, 0.0456623 , 0.04874527, 0.05116727, 0.0530619 ])
```

通过以上的计算，就得到了印度卢比的贴现利率，结合前面已经计算得出的美元贴现利率以及自定义函数，就可以得出在2021年6月30日第1笔货币互换合约的定价了。

```
In [89]: par_USD=6e7                 #针对第1笔货币互换合约的美元本金
     ...: par_INR=4.407e9            #针对印度卢比本金

In [90]: R_USD=0.0018               #美元的固定利率
     ...: R_INR=0.04747             #印度卢比的固定利率
     ...: USD_INR=74.33             #定价日美元兑印度卢比的汇率

In [91]: T_previous=dt.datetime(2021,4,13)   #第1笔货币互换合约定价日之前的最近交换日

In [92]: value1=CCS_fixed_value(La=par_USD,Lb=par_INR,Ra=R_USD,Rb=R_INR,ya=rate_USD,
     ...:                 yb=rate_INR,E=1/USD_INR,T0=T_price,T1=T_previous,
     ...:                 T_list=T_list1,trader='A')       #计算第1笔货币互换合约的价值
     ...: print('2021年6月30日对于L银行第1笔货币互换合约的价值（美元）', round(value1,2))
2021年6月30日对于L银行第1笔货币互换合约的价值（美元） 159954.77
```

从以上的输出结果可以看到，在2021年6月30日，第1笔货币互换合约对于L银行而言带来的是浮盈，并且金额约为16万美元。

3. 针对任务3

```
In [93]: def CCS_float_value(La,Lb,Ra,Rb,ya,yb,E,T0,T1,T2,trader):
     ...:     '''定义计算双浮动利率货币互换合约价值的函数，交易双方是A交易方和B交易方，同时约定A交易方
在初始日支付A货币，B交易方在初始日支付B货币
     ...:     La: 代表A交易方在合约初始日支付并且在合约到期日收回的A货币本金
     ...:     Lb: 代表B交易方在合约初始日支付并且在合约到期日收回的B货币本金
     ...:     Ra: 代表基于La本金的浮动利率
     ...:     Rb: 代表基于Lb本金的浮动利率
     ...:     ya: 代表在定价日针对A货币、连续复利的零息利率
     ...:     yb: 代表在定价日针对B货币、连续复利的零息利率
     ...:     E: 代表在定价日的即期汇率，标价方式是1单位B货币对应的A货币数量
     ...:     T0: 代表合约定价日，以datetime格式输入
     ...:     T1: 代表合约定价日之前最近的现金流交换日，输入格式与T0的相同
     ...:     T2: 代表合约定价日之后最近的现金流交换日，输入格式与T0的相同
     ...:     trader: 代表交易方，trader='A'代表A交易方，其他代表B交易方'''
     ...:     tenor1=(T2-T0).days/365 #计算定价日至下一现金流交换日的期限长度（年）
     ...:     tenor2=(T2-T1).days/365 #计算定价日之前最近一现金流交换日至下一期现金流交换日的期限长度
     ...:     Value_La=(Ra*tenor2+1)*np.exp(-ya*tenor1)*La   #计算A货币本金的现金流现值
     ...:     Value_Lb=(Rb*tenor2+1)*np.exp(-yb*tenor1)*Lb   #计算B货币本金的现金流现值
     ...:     Value_A=Value_La-Value_Lb*E   #计算针对A交易方的货币互换合约价值
```

```
    ...:        Value_B=Value_Lb-Value_La/E          #计算针对 B 交易方的货币互换合约价值
    ...:        if trader=='A':                       #针对 A 交易方
    ...:            return Value_A
    ...:        else:                                 #针对 B 交易方
    ...:            return Value_B
```

在以上自定义函数 CCS_float_value 中，输入不同币种的本金、浮动利率、零息利率（贴现利率）、即期汇率、定价日、现金流交换日、交易方等参数，就可以迅速计算得到双浮动利率货币互换合约的价值。

4. 针对任务 4

```
In [94]: T_before=dt.datetime(2021,6,21)             #定价日之前的最近一期现金流交换日
    ...: T_after=dt.datetime(2021,9,21)              #定价日之前的最近一期现金流交换日

In [95]: tenor2=(T_after-T_price).days/365           #定价日距离下一期现金流交换日的期限长度

In [96]: tenor_USD_new=np.append([tenor2],[tenor_USD])      #将两个期限数组进行合并
    ...: tenor_USD_new=np.sort(tenor_USD_new)        #将期限由小到大排序
    ...: tenor_USD_new                               #显示输出结果
Out[96]:
array([0.08333333, 0.16666667, 0.22739726, 0.25      , 0.5       ,
       1.        , 2.        , 3.        ])

In [97]: y_USD_new=f_USD(tenor_USD_new)              #新的美元收益率
    ...: y_USD_new                                   #显示结果
Out[97]:
array([0.0045    , 0.0045    , 0.00449817, 0.0045    , 0.0046    ,
       0.0047    , 0.0065    , 0.0086    ])

In [98]: rate_USD=y_USD_new[2]                       #取第3个元素作为美元现金流的贴现利率

In [99]: y_THB=np.array([0.0124,0.0128,0.0134,0.0138,0.0142,0.0152])  #2021年6月30日泰国国库券与政府债券收益率上浮90个基点的利率
    ...: tenor_THB=np.array([1/12,3/12,6/12,1,2,3])  #泰国国库券与政府债券收益率的期限
    ...: f_THB=interp1d(x=tenor_THB,y=y_THB,kind='cubic')  #利用三阶样条曲线插值法

In [100]: tenor_THB_new=np.append([tenor2],[tenor_THB])     #将两个期限数组进行合并
    ...: tenor_THB_new=np.sort(tenor_THB_new)        #将期限由小到大排序
    ...: tenor_THB_new                               #显示输出结果
Out[100]:
array([0.08333333, 0.22739726, 0.25      , 0.5       , 1.        ,
       2.        , 3.        ])

In [101]: y_THB_new=f_THB(tenor_THB_new)             #新的泰铢收益率
    ...: y_THB_new                                   #显示结果
Out[101]:
array([0.0124    , 0.01274138, 0.0128    , 0.0134    , 0.0138    ,
       0.0142    , 0.0152    ])

In [102]: rate_THB=y_THB_new[1]                      #取第2个元素

In [103]: par_USD=3e7                                #针对第2笔货币互换合约的美元本金
    ...: par_THB=9.042e8                             #针对泰铢本金

In [104]: Libor=0.0013788                            #美元的浮动利率
    ...: Bibor=0.0062462                             #泰铢的浮动利率
    ...: USD_THB=32.06                               #美元兑泰铢的汇率

In [105]: value2=CCS_float_value(La=par_USD,Lb=par_THB,Ra=Libor,Rb=Bibor,ya=rate_USD,
    ...:                         yb=rate_THB,E=1/USD_THB,T0=T_price,T1=T_before,
    ...:                         T2=T_after,trader='A')   #计算第2笔货币互换合约的价值
    ...: print('2021年6月30日对于L银行第2笔货币互换合约的价值（美元）', round(value2,2))
2021年6月30日对于L银行第2笔货币互换合约的价值（美元） 1813698.64
```

从以上的输出结果可以看到，对于 L 银行而言，第 2 笔货币互换合约带来了浮盈，并且浮盈金额为 181.37 万美元左右。

9.6 信用违约互换现金流的编程——以两份信用违约互换合约为案例

9.6.1 案例详情

P 公司是总部位于北京的一家大型证券公司，伴随着债券市场违约事件的不断增多，投资者尤其是机构投资者针对信用风险管理工具的需求日益强烈，为此 P 公司也积极投入相应的人力、物力与财力，并且于 2017 年初获得了由中国银行间市场交易商协会发放的信用风险缓释工具核心交易商资格，从此 P 公司可以开展包括信用违约互换在内的信用风险缓释工具交易。在 2019 年，P 公司分别与 Q 保险公司、R 基金公司达成了两笔信用违约互换合约，具体的合约要素如表 9-14 所示。

表 9-14 信用违约互换合约要素

合约要素	第 1 笔信用违约互换合约	第 2 笔信用违约互换合约
合约初始日（保护起始日）	2019 年 10 月 25 日	2019 年 11 月 8 日
合约到期日（保护到期日）	2021 年 10 月 25 日	2021 年 11 月 8 日
合约本金	1 亿元	1.6 亿元
参考实体	晋能控股煤业集团有限公司	山东岚桥集团有限公司
标的债券	11 同煤债 01	18 岚桥 MTN001
信用保护买方	Q 保险公司	R 基金公司
信用保护卖方	P 公司	P 公司
信用保护费（信用违约互换价差）	0.6%/年	1.8%/年
信用保护费付费方式	每半年支付 1 次	每半年支付 1 次
信用保护费支付日（假定信用事件不发生，如遇到节假日顺延至随后的第一个工作日）	2019 年 10 月 25 日；2020 年 4 月 27 日、10 月 26 日；2021 年 4 月 26 日、10 月 25 日	2019 年 11 月 8 日；2020 年 5 月 8 日、11 月 9 日；2021 年 5 月 10 日、11 月 8 日
信用事件	参考实体发生如下事件中的一种或多种：（1）破产；（2）支付违约，起始金额为 100 万元	
结算方式	现金结算	
违约回收率	根据信用事件发生日当天标的债券最新净价除以债券面值计算违约回收率，如当天没有债券净价，则依据随后最近一个交易日债券净价计算	

在第 1 笔信用违约互换合约的存续期间内，参考实体未出现信用事件；相比之下，第 2 笔合约则在 2021 年 11 月 8 日（合约到期日），参考实体山东岚桥集团有限公司发布了《岚桥集团有限公司 2018 年度第一期中期票据未按期足额兑付本息的公告》，从而促使了信用事件的发生。根据上海清算所的报价，11 月 9 日标的债券 18 岚桥 MTN001 的债券净价为 59.9902 元。

假定你是 P 公司信用交易部的高级产品经理，日常负责包括信用违约互换、融资融券等在内的信用交易业务管理工作。在 2021 年 11 月中旬，你需要针对公司开展的信用违约互换业务撰写一份报告提交给公司管理层，因此，你需要借助 Python 完成以下的 3 个编程任务。

9.6.2 编程任务

【任务 1】为了计算的便捷，通过 Python 自定义一个计算信用违约互换合约期间现金流的函数，在该函数中可以输入合约初始日、信用保护费支付日、信用事件发生日（如有）等日期参数。

【任务 2】根据任务 1 自定义的函数以及表 9-14 中的信息，计算出第 1 笔信用违约互换合约在合约存续期内的现金流数据。

【任务 3】根据任务 1 自定义的函数以及表 9-14 中的信息，计算出第 2 笔信用违约互换合约在合约存续期内的现金流数据。

9.6.3 编程提示

为了编程的需要，给出针对信用违约互换合约期间现金流的数学表达式，在该数学表达式中将考虑信用保护费计费的实际天数。假定 L 代表信用违约互换合约的名义本金（面值），T 代表合约期限（年），s 代表用于计算信用保护费的年化信用违约互换价差（用百分比表示），m 代表每年支付信用保护费的频次并且 $m \geq 1$。t_0 代表合约初始日，t_i 代表假定信用事件不发生的条件下信用保护费支付日，$i = 1, 2, \cdots, N$，其中 $N = mT$。

此外，假定信用事件发生在 $\tilde{t}$ 时刻并且处于 $[t_{j-1}, t_j]$ 的时间区间内，$j = 1, 2, \cdots, N$。R 表示信用事件发生时的违约回收率，在 t_i 时刻发生的现金流用 f_i 表示，在 $\tilde{t}$ 时刻发生的现金流净额用 $\tilde{f}$ 表示。

因此，计算合约期间的现金流需要分为两种情形，第 1 种情形是合约存续期内参考实体未发生信用事件，第 2 种情形则是合约存续期内参考实体发生信用事件。

表 9-15 整理了包括两种不同情形的信用违约互换合约期间现金流的数学表达式。

表 9-15　信用违约互换合约期间现金流的数学表达式

情形的类型	现金流支付的时刻	交易方	期间现金流的数学表达式
参考实体未发生信用事件	$t_1, t_2, \cdots, t_N$	合约买方（信用保护买方）	$f_i = -(t_i - t_{i-1})sL$ 其中，$i = 1, 2, \cdots, N$
		合约卖方（信用保护卖方）	$f_i = (t_i - t_{i-1})sL$ 其中，$i = 1, 2, \cdots, N$
参考实体发生信用事件	$t_1, t_2, \cdots, t_{j-1}$（未发生信用事件的时刻）	合约买方	$f_i = -(t_i - t_{i-1})sL$ 其中，$i = 1, 2, \cdots, j-1$
		合约卖方	$f_i = (t_i - t_{i-1})sL$ 其中，$i = 1, 2, \cdots, j-1$
	$\tilde{t}$（发生信用事件的时刻）	合约买方	$\tilde{f} = -(\tilde{t} - t_{j-1})sL + (1-R)L$ 注：这里是计算现金流净额（下同）
		合约卖方	$\tilde{f} = (\tilde{t} - t_{j-1})sL - (1-R)L$

9.6.4 参考代码与说明

1. 针对任务 1

```
In [106]: def CDS_cashflow(S,L,T_list,T_default,R,trader,event):
     ...:     '''定义计算信用违约互换合约期间现金流的函数
     ...:     S: 代表信用违约互换价差（即信用保护费价格）
     ...:     L: 代表合约的本金
     ...:     T_list: 代表合约初始日以及未发生信用事件的每期信用保护费支付日，输入以 datetime 时间对象作为元
素的列表
     ...:     T_default: 代表信用事件发生日，输入 datetime 时间对象，如无就输入 T_default='Na'
     ...:     R: 代表信用事件发生时的回收率，信用事件未发生则输入 R='Na'
     ...:     trader: 代表交易方，trader='买方'代表买方，其他则代表卖方
     ...:     event: 代表信用事件是否发生，event='N'代表合约期间信用事件未发生，其他代表信用事件发生'''
     ...:     if event=='N':                             #合约存续期内信用事件未发生
     ...:         n=len(T_list)-1                        #发生信用保护费支付的次数
     ...:         tenor=np.zeros(n)                      #创建零元素数组用于存放期限
     ...:         for i in range(n):
     ...:             tenor[i]=(T_list[i+1]-T_list[i]).days/365   #每期信用保护费计费的期限
     ...:         spread_pay=tenor*S*L                   #计算每期信用保护费的金额
     ...:         if trader=='买方':                     #针对合约买方
     ...:             cashflow=-spread_pay               #计算买方的合约现金流
     ...:         else:                                  #针对合约卖方
     ...:             cashflow=spread_pay                #计算卖方的合约现金流
```

```
    ...:        else:                                  #合约存续期内发生了信用事件
    ...:            tenor=[]                            #创建一个空列表用于存放期限
    ...:            T_new=[]                            #创建一个空列表用于存放日期
    ...:            n=len(T_list)                       #计算 T_list 的元素个数
    ...:            for i in range(n):
    ...:                if i<n-1:                        #当 i 取值小于 n-1 时
    ...:                    tenor.append((T_list[i+1]-T_list[i]).days/365)  #在列表末尾增加期限元素
    ...:                else:                            #当 i 取值等于 n-1 时
    ...:                    T_new=T_list[i]              #取信用事件发生日之前并且距离该日期最近的日期元素
    ...:            tenor.append((T_default-T_new).days/365)  #信用事件发生时当期信用保护费计费的期限
    ...:            tenor=np.array(tenor)               #转换为数组格式
    ...:            spread_pay=tenor*S*L                #计算每期信用保护费的金额
    ...:            default_pay=(1-R)*L-spread_pay[-1]  #计算信用事件发生时的现金流（净额结算）
    ...:            if trader=='买方':                    #针对合约买方
    ...:                cashflow=-spread_pay            #计算买方的合约现金流（期末现金流需调整）
    ...:                cashflow[-1]=default_pay        #调整了期末现金流
    ...:            else:                               #针对合约卖方
    ...:                cashflow=spread_pay             #计算卖方的合约现金流（期末现金流需调整）
    ...:                cashflow[-1]=-default_pay       #调整了期末现金流
    ...:        return cashflow.round(2)                #输出时保留小数点后两位
```

在以上的自定义函数 CDS_cashflow 中，只需要输入信用违约利差、合约本金、相关日期、违约回收率、交易方以及信用事件是否发生等参数，就可以快速计算信用违约互换在合约存续期内的现金流。

2. 针对任务 2

```
In [107]: T0_JN=dt.datetime(2019,10,25)    #第 1 笔信用违约互换合约的初始日
    ...: T1_JN=dt.datetime(2020,4,27)      #第 1 次信用保护费支付日（信用事件未发生）
    ...: T2_JN=dt.datetime(2020,10,26)     #第 2 次信用保护费支付日（信用事件未发生）
    ...: T3_JN=dt.datetime(2021,4,26)      #第 3 次信用保护费支付日（信用事件未发生）
    ...: T4_JN=dt.datetime(2021,10,25)     #第 4 次信用保护费支付日（信用事件未发生）

In [108]: Tlist_JN=[T0_JN,T1_JN,T2_JN,T3_JN,T4_JN]    #将日期存放至列表

In [109]: L_JN=1e8                          #第 1 笔信用违约互换合约的本金
    ...: S_JN=0.006                         #信用违约互换价差

In [110]: cashflow_JN=CDS_cashflow(S=S_JN,L=L_JN,T_list=Tlist_JN,T_default='Na',
    ...:                R='Na',trader='卖方',event='N')  #第 1 笔合约现金流
    ...: cashflow_JN                        #查看结果
Out[110]: array([304109.59, 299178.08, 299178.08, 299178.08])
```

从以上的运算结果可以看到，由于在合约存续期内参考实体没有发生信用事件，因此，P 公司每半年可以获得大约 30 万元的信用保护费收入。此外，除了第 1 期信用保护费以外，其余每期费用的金额均一致。

3. 针对任务 3

```
In [111]: T0_LB=dt.datetime(2019,11,8)     #第 2 笔信用违约互换合约的初始日
    ...: T1_LB=dt.datetime(2020,5,8)       #第 1 次信用保护费支付日（信用事件未发生）
    ...: T2_LB=dt.datetime(2020,11,9)      #第 2 次信用保护费支付日（信用事件未发生）
    ...: T3_LB=dt.datetime(2021,5,10)      #第 3 次信用保护费支付日（信用事件未发生）

In [112]: Tlist_LB=[T0_LB,T1_LB,T2_LB,T3_LB]          #将日期存放至列表

In [113]: date_default=dt.datetime(2021,11,8)         #发生信用事件的日期

In [114]: L_LB=1.6e8                        #第 2 笔信用违约互换合约的本金
    ...: S_LB=0.018                         #信用违约互换价差

In [115]: price_LB=59.9902                  #18 岚桥 MTN001 的净价（违约后的价格）
    ...: par_LB=100                         #18 岚桥 MTN001 的面值
    ...: recovery_LB=price_LB/par_LB        #18 岚桥 MTN001 的回收率

In [116]: cashflow_LB=CDS_cashflow(S=S_LB,L=L_LB,T_list=Tlist_LB,T_default=date_default,
    ...:                R=recovery_LB,trader='卖方',event='Y')  #第 2 笔合约现金流
    ...: cashflow_LB     #查看结果
Out[116]: array([ 1436054.79,  1459726.03,  1436054.79, -62579625.21])
```

从以上的输出结果可以看到，由于参考实体在合约存续期间内（本案例是合约到期日）发生了信

用事件，因此，P 公司在合约到期日就出现了金额较大的赔付，造成最后一期的现金流出金额较大。

9.7 互换价差的编程——以评级 AA+参考实体的信用违约互换合约为案例

9.7.1 案例详情

S 公司是总部位于深圳的一家大型人寿保险公司，并且拥有在银行间市场开展信用违约互换业务的资格。S 公司在 2021 年 9 月 14 日将与 T 基金公司签订一份信用违约互换合约，该合约的相关要素如表 9-16 所示。

表 9-16 S 公司与 T 基金公司签署的信用违约互换合约要素

合约要素	具体内容
合约初始日	2021 年 9 月 14 日
合约到期日	2024 年 9 月 16 日（由于遇到节假日而顺延至周一）
合约本金	2 亿元
参考实体	无锡锡东科技投资控股有限公司（主体信用评级为 AA+）
标的债务	17 锡东债（证券代码为 1780250，债项信用评级为 AA+）
信用保护买方	T 基金公司
信用保护卖方	S 公司
信用保护费付费方式	每季度支付 1 次
信用保护费支付日 （假定信用事件不发生，如遇到节假日顺延至随后的首个工作日）	2021 年 12 月 14 日； 2022 年 3 月 14 日、6 月 14 日、9 月 14 日、12 月 14 日； 2023 年 3 月 14 日、6 月 14 日、9 月 14 日、12 月 14 日； 2024 年 3 月 14 日、6 月 14 日、9 月 16 日
信用事件	参考实体发生如下事件中的一种或多种： （1）破产； （2）支付违约，起始金额为 100 万元
结算方式	现金结算
违约回收率	根据信用事件发生日标的债券净价除以债券面值计算违约回收率

然而，该合约的一个关键要素——信用违约互换价差尚未确定。假定你是 S 公司交易部的投资总监，正在审核交易员提交的信用违约互换价差测算报告。在该报告中，运用于贴现的零息利率是选择中国债券信息网提供的 2021 年 9 月 14 日信用评级为 AA+的中债企业债收益率数据（详见表 9-17），对于缺失的期限收益率运用三阶样条曲线插值法进行测算；在确定违约回收率时，根据以往发生违约的 AA+信用评级企业债券计算得出违约回收率等于 55%；在测算违约概率时，运用债券利差模型计算 AA+信用评级债券的违约概率是 1.56%；报告结尾部分给出的信用违约互换价差等于 0.7059%。

表 9-17 2021 年 9 月 14 日信用评级 AA+的无担保企业债到期收益率

名称	1 个月	3 个月	6 个月	9 个月	1 年	2 年	3 年
收益率（连续复利）	2.6438%	2.6178%	2.7843%	2.8215%	2.8755%	3.0347%	3.2806%

数据来源：中国债券信息网。

为了能够充分验证计算结果的准确性，你需要借助 Python 完成以下的 5 个编程任务。

9.7.2 编程任务

【任务 1】为了迅速测算得到信用违约互换价差，通过 Python 自定义一个计算信用违约互换价差的函数，并且该函数中具有表示合约初始日、每期信用保护费支付日等日期的参数。

【任务 2】针对表 9-17 中的数据，运用三阶样条曲线插值法计算期限为 1.25 年、1.5 年、1.75 年、2.25 年、2.5 年和 2.75 年对应的收益率数据。

【任务 3】为了验证报告中违约概率的正确性，需要计算 AA+信用评级企业债券的违约概率。报告中提到无风险利率选择 3 年期国债到期收益率，并且 2021 年 9 月 14 日的报价是 2.5869%，因此可以直接运用在 7.7 节案例中计算违约概率的自定义函数。

【任务 4】结合任务 1 的自定义函数、任务 2 的收益率数据以及任务 3 的违约概率，计算信用违约互换价差。

【任务 5】S 公司总裁在临近下班时突然给你打电话，告知信用保护买方 T 基金公司要求将该信用违约互换中针对信用保护费的付费方式由"每季度支付 1 次"修改为"每半年支付 1 次"，合约其他要素均已同意，由于时间非常紧急，你需要立刻重新计算信用违约互换价差，从而便于合约顺利达成。

9.7.3 编程提示

为了便于编程，需要给出计算信用违约互换价差的数学表达式。需要注意的是，在表达式中不考虑信用保护费计费的实际天数问题，这样的安排一方面是为了计算的便捷性，另一方面也不会对计算结果的精度带来显著影响。

假定针对一份信用违约互换合约，L 代表合约的本金；T 代表合约期限（年）；s 代表年化的信用违约互换价差（用百分比表示），m 代表合约买方每年支付信用保护费的频次并且 $m \geq 1$；t_i 表示信用保护费支付日并且 $i = 1, 2, \cdots, N$，其中 $N = mT$；y_i 代表对应于期限 t_i、连续复利的零息利率。此外，合约初始日用 t_0 表示，并且如果用 t_0 表示期限长度则 $t_0 = 0$。针对某个参考实体，λ 表示连续复利的年化违约概率，违约回收率则用 R 表示。

在 $[0, t_i]$ 的时间区间内，该参考实体的存活率用 S_i 表示，并且 $S_i = e^{-\lambda t_i}$；在 $[t_{i-1}, t_i]$ 时间区间内的边际违约概率用 D_i 表示，并且 $D_i = e^{-\lambda t_{i-1}} - e^{-\lambda t_i}$。

对于合约买方（信用保护买方）而言，在合约初始日预期支付的现金流现值 PV 的表达式如下：

$$\text{PV} = \frac{s}{m} L \sum_{i=1}^{N} S_i \, e^{-y_i t_i} = \frac{s}{m} L \sum_{i=1}^{N} e^{-(\lambda + y_i) t_i} \quad （式 9\text{-}10）$$

对于合约卖方（信用保护卖方），得到在合约初始日合约卖方预期支付的现金流现值 PV 的表达式如下：

$$\text{PV} = (1-R) L \sum_{i=1}^{N} D_i \, e^{-y_i t_i} = (1-R) L \sum_{i=1}^{N} (e^{-\lambda t_{i-1}} - e^{-\lambda t_i}) \, e^{-y_i t_i} \quad （式 9\text{-}11）$$

同时，根据无套利原则，在合约初始日，合约买方预期支付的现金流现值应该等于合约卖方预期支付的现金流现值，因此根据（式 9-10）和（式 9-11）并经过整理，就得到信用违约互换价差 s 的表达式如下：

$$s = m(1-R) \left(\frac{\sum_{i=1}^{N} e^{-\lambda t_{i-1} - y_i t_i}}{\sum_{i=1}^{N} e^{-(\lambda + y_i) t_i}} - 1 \right) \quad （式 9\text{-}12）$$

9.7.4 参考代码与说明

1. 针对任务 1

```
In [117]: def CDS_spread(m,Lamda,T_list,R,y):
     ...:     '''定义计算信用违约互换价差（年化）的函数
     ...:     m: 代表信用违约互换价差（信用保护费）每年支付的频次
     ...:     Lamda：代表连续复利的年化违约概率
```

```
    ...:        T_list: 代表合约初始日及信用保护费支付日，输入以 datetime 时间对象作为元素的列表
    ...:        R: 代表信用事件发生时的违约回收率
    ...:        y: 代表对应合约初始日距离每期信用保护费支付日的期限且连续复利的零息利率，输入数组'''
    ...:        T0=T_list[0]                                   #取合约初始日
    ...:        n=len(T_list)                                  #计算日期的个数
    ...:        tenor=np.zeros(n)                              #创建零元素数组用于存放期限
    ...:        for i in range(n):
    ...:            tenor[i]=(T_list[i]-T0).days/365            #计算相关期限
    ...:        A=sum(np.exp(-Lamda*tenor[:-1]-y*tenor[1:]))    # （式 9-12）圆括号内的分子
    ...:        B=sum(np.exp(-(Lamda+y)*tenor[1:]))            # （式 9-12）圆括号内的分母
    ...:        spread=m*(1-R)*(A/B-1)                          #计算信用违约互换价差
    ...:        return spread
```

在以上自定义函数 CDS_spread 中，只需要输入信用保护费支付频次、违约概率、相关日期、违约回收率以及零息利率，就可以很方便地计算得到信用违约互换价差。

2. 针对任务 2

```
In [118]: yield_list1=np.array([0.026438,0.026178,0.027843,0.028215,0.028755,0.030347,0.
032806])  #已有的 AA+评级企业债到期收益率
     ...: tenor_list1=np.array([1/12,3/12,6/12,9/12,1,2,3])          #已有到期收益率对应的期限
     ...: tenor_list2=np.array([1/12,3/12,6/12,9/12,1,1.25,1.5,1.75,2,2.25,2.5,2.75,3])
#新的期限数组

In [119]: f=interp1d(x=tenor_list1,y=yield_list1,kind='cubic')   #利用三阶样条曲线插值法

In [120]: yield_list2=f(tenor_list2)                             #新的收益率
     ...: yield_list2                                            #显示结果
Out[120]:
array([0.026438  , 0.026178  , 0.027843  , 0.028215  , 0.028755  ,
       0.02930474, 0.02970893, 0.03003416, 0.030347  , 0.03071403,
       0.03120182, 0.03187695, 0.032806  ])
```

通过以上的插值法计算，就可以得到原本缺失的期限所对应的收益率数据，这也为下一步计算信用违约互换价差（信用保护费）提供了参数基础。

3. 针对任务 3

```
In [121]: def Prob_Default(y1,y2,R,t0,t1):      #在 7.7 节已经自定义的函数
     ...:     '''定义通过债券价格计算债券主体连续复利违约概率的函数
     ...:     y1: 代表无风险的零息利率（国债到期收益率），并且是连续复利的
     ...:     y2: 代表存在信用风险的债券到期收益率，并且是连续复利的
     ...:     R: 代表债券的违约回收率
     ...:     t0: 代表测算违约概率的日期，以 datetime 格式输入
     ...:     t1: 代表债券到期日，格式与 t0 的保持一致'''
     ...:     from numpy import exp,log          #从 NumPy 模块导入 exp、log 函数
     ...:     T=(t1-t0).days/365                 #计算债券的剩余期限（年）
     ...:     A=(exp(-y2*T)-R*exp(-y1*T))/(1-R)  #违约概率公式，即 （式 7-12）中圆括号内的表达式
     ...:     prob=-log(A)/T-y1                  #计算连续复利的违约概率表达式
     ...:     return prob

In [122]: y1_3Y=0.025869                         #3 年期国债到期收益率
     ...: y2_3y=yield_list1[-1]                  #3 年期 AA+信用评级企业债到期收益率

In [123]: recovery=0.55                          #AA+信用评级企业债的违约回收率

In [124]: T_begin=dt.datetime(2021,9,14)         #信用违约互换的初始日
     ...: T_end=dt.datetime(2024,9,16)           #信用违约互换的到期日

In [125]: PD=Prob_Default(y1=y1_3Y,y2=y2_3y,R=recovery,t0=T_begin,t1=T_end) #测算违约概率
     ...: print('2021 年 9 月 14 日信用评级 AA+的参考实体违约概率',round(PD,4))
2021 年 9 月 14 日信用评级 AA+的参考实体违约概率  0.0156
```

通过以上的计算可以验证得到，报告中测算得到的违约概率 1.56%是正确的。

4. 针对任务 4

```
In [126]: T1=dt.datetime(2021,12,14)             #第 1 次信用保护费支付日
     ...: T2=dt.datetime(2022,3,14)              #第 2 次信用保护费支付日
     ...: T3=dt.datetime(2022,6,14)              #第 3 次信用保护费支付日
     ...: T4=dt.datetime(2022,9,14)              #第 4 次信用保护费支付日
```

```
    ...: T5=dt.datetime(2022,12,14)          #第 5 次信用保护费支付日
    ...: T6=dt.datetime(2023,3,14)           #第 6 次信用保护费支付日
    ...: T7=dt.datetime(2023,6,14)           #第 7 次信用保护费支付日
    ...: T8=dt.datetime(2023,9,14)           #第 8 次信用保护费支付日
    ...: T9=dt.datetime(2023,12,14)          #第 9 次信用保护费支付日
    ...: T10=dt.datetime(2024,3,14)          #第 10 次信用保护费支付日
    ...: T11=dt.datetime(2024,6,14)          #第 11 次信用保护费支付日

In [127]: T_list1=[T_begin,T1,T2,T3,T4,T5,T6,T7,T8,T9,T10,T11,T_end]  #将日期存放至列表

In [128]: freq1=4        #信用保护费支付频次

In [129]: S1=CDS_spread(m=freq1,Lamda=PD,T_list=T_list1,R=recovery,y=yield_list2[1:])
#计算信用违约互换价差
     ...: print('信用违约互换价差（每季度支付 1 次）',round(S1,6))
信用违约互换价差（每季度支付 1 次） 0.007059
```

从以上的输出结果可以看到，报告中关于信用违约互换价差 0.7059%的计算结果是正确的。

5. 针对任务 5

```
In [130]: T_list2=[T_begin,T2,T4,T6,T8,T10,T_end]  #新的日期列表（每半年支付 1 次信用保护费）

In [131]: tenor_list3=np.array([1/12,3/12,6/12,9/12,1,1.5,2,2.5,3])  #为插值法重新设置期限数组

In [132]: yield_list3=f(tenor_list3)            #新的收益率
     ...: yield_list3                           #显示结果
Out[132]:
array([0.026438 , 0.026178 , 0.027843 , 0.028215 , 0.028755 ,
       0.02970893, 0.030347 , 0.03120182, 0.032806  ])

In [133]: yield_list4=yield_list3[2:]          #取第 3 个元素至最后一个元素
     ...: yield_list4=np.delete(arr=yield_list4,obj=1)  #删除第 2 个元素（9 个月期收益率）

In [134]: freq2=2                              #信用保护费支付频次

In [135]: S2=CDS_spread(m=freq2,Lamda=PD,T_list=T_list2,R=recovery,y=yield_list4)  #计算信
用违约互换价差
     ...: print('信用违约互换价差（每半年支付 1 次）',round(S2,6))
信用违约互换价差（每半年支付 1 次） 0.007073
```

从以上的输出结果可以看到，将信用保护费支付频次由"每季度支付 1 次"调整为"每半年支付 1 次"，则信用违约互换价差也从 0.7059%上升至 0.7073%，因此新的信用互换合约价差就需要调整为 0.7073%。

9.8 权益互换合约的编程——以沪深 300 指数权益互换为案例

9.8.1 案例详情

U 公司是总部位于我国香港地区的一家中资证券公司，可向机构投资者和个人投资者提供全方位、个性化的金融衍生产品，并且在权益互换（equity swap）领域可谓是独树一帜。

V 基金公司作为一家机构投资者，对于 A 股市场沪深 300 指数的未来走势保持长期的乐观预期，为了最大化获得投资回报，与 U 公司在 2018 年 12 月 6 日达成了一份权益互换合约，关于该合约的要素信息详见表 9-18。

表 9-18 U 公司与 V 基金公司之间达成的权益互换合约要素

合约要素	具体情况
合约初始日	2018 年 12 月 6 日
合约到期日	2021 年 12 月 6 日
合约本金	人民币 3 亿元，并且本金不互换

续表

合约要素	具体情况
固定利息支付方	V 基金公司
固定利率	8%/年
固定利息的计息天数规则	实际天数/365
股指收益支付方	U 公司
参考的股票指数	沪深 300 指数（证券代码为 000300）
股票指数收益率计算	$\dfrac{I_i - I_{i-1}}{I_{i-1}}$。 其中，$I_i$ 代表第 i 期收益交换日的股票指数收盘价，I_{i-1} 代表第 $i-1$ 期收益交换日的股票指数收盘价，$i=1,2,\cdots,N$，此外 I_0 代表合约初始日（2018 年 12 月 6 日）的指数收盘价
收益交换频次	每半年支付 1 次
结算方式	净额结算
收益交换日 （遇法定节假日则顺延至下一个交易日）	2019 年 6 月 6 日、12 月 6 日； 2020 年 6 月 8 日、12 月 7 日； 2021 年 6 月 7 日、12 月 6 日

假定你是 U 公司的风险总监，在 2021 年 12 月 8 日忽然接到香港金融管理局（Hong Kong Monetary Authority，HKMA）的电话，要求上报针对该笔权益互换合约期间的现金流交换金额数据以及该合约在 2021 年 6 月 30 日的估值数据。

表 9-19 整理了权益互换合约收益交换日及定价日的沪深 300 指数收盘价。同时，在计算 2021 年 6 月 30 日合约估值数据时，针对合约的固定利息现金流采用 6 个月期国债到期收益率，当天的收益率是 2.2161%（连续复利）。

表 9-19　在收益交换日和定价日的沪深 300 指数收盘价数据

指数名称	2018-12-06	2019-06-06	2019-12-06	2020-06-08	2020-12-07	2021-06-07	2021-06-30	2021-12-06
沪深 300 指数 （收盘价）	3181.6730	3564.6778	3902.3853	4021.9549	5022.2351	5277.6271	5224.0410	4892.6209

数据来源：中证指数有限公司。

为了迅速完成相关的工作，你需要借助 Python 完成以下的 4 个编程任务。

9.8.2　编程任务

【任务 1】为了便于计算权益互换合约的期间现金流，通过 Python 自定义一个测算权益互换合约期间现金流的函数，在该函数中可以输入包括合约初始日及每期收益交换日等日期参数。

【任务 2】根据表 9-19 中涉及的沪深 300 指数收盘价数据，并结合任务 1 自定义函数，测算该权益互换合约针对 U 公司的每期现金流金额。

【任务 3】为了快速计算权益互换合约的价值，通过 Python 自定义一个权益互换合约定价的函数，在该函数中可以输入包括合约定价日及剩余收益交换日等日期参数。

【任务 4】结合任务 3 自定义的函数，计算在 2021 年 6 月 30 日该权益互换合约针对 U 公司的价值。

9.8.3　编程提示

1. 计算合约期间的现金流

为了便于编程，需要给出针对权益互换合约期间现金流的数学表达式，并且考虑利息的计息天数规则。

假定一份权益互换合约双方分别是 A 交易方和 B 交易方，其中，A 交易方支付固定利息并获得股指或股票收益，B 交易方支付股指或股票收益并获得固定利息。L 代表合约的名义本金；T 代表合约的期限（年）；m 代表在合约存续期内每年交易双方收益交换的频次，比如 $m=2$ 就表示每半年交换 1 次；t_i 代表合约初始日距离第 i 期收益交换日的期限长度并且 $i=1,2,\cdots,N$，其中 $N=mT$，同时 $t_0=0$；R 代表支付的固定利率。

同时，E_0 代表合约参考的股票指数或者股票价格在合约初始日的价格（通常为收盘价），E_i 代表合约参考的股票指数或者股票价格在第 i 期收益交换日的价格（通常为收盘价）。此外，f_i 代表在第 i 期收益交换日的现金流净额，即现金流入减去现金流出，如果现金流净额为正数，则代表流入大于流出，反之则反是。表 9-20 整理了针对不同交易方，权益互换合约期间现金流的数学表达式。

表 9-20 权益互换合约期间现金流的数学表达式

交易方	第 i 期固定利息	第 i 期股指或股票收益	第 i 期交换的现金流净额 f_i
A 交易方	$-R(t_i-t_{i-1})L$ 其中，$i=1,2,\cdots,N$	$\dfrac{E_i-E_{i-1}}{E_{i-1}}L$	$\left[-R(t_i-t_{i-1})+\dfrac{E_i-E_{i-1}}{E_{i-1}}\right]L$
B 交易方	$R(t_i-t_{i-1})L$	$-\dfrac{E_i-E_{i-1}}{E_{i-1}}L$	$\left[R(t_i-t_{i-1})-\dfrac{E_i-E_{i-1}}{E_{i-1}}\right]L$

2. 合约的定价

为了便于编程，也需要给出针对权益互换合约定价的数学表达式，同样也需要考虑利息的计息天数规则。

假定针对一份权益互换合约双方分别是 A 交易方和 B 交易方，其中，A 交易方支付固定利息并获得股指或股票收益，B 交易方支付股指或股票收益并获得固定利息。L 代表合约的名义本金，R 代表固定利率，τ_i 代表剩余第 i 期收益交换日所处的计息周期长度（以年为单位），并且 $i=1,2,\cdots,N$，在本案例中 τ_1 就代表 2021 年 6 月 7 日至 2021 年 12 月 6 日的期限长度。

$\tilde{T}$ 代表合约的剩余期限并且以年为单位；m 代表在合约存续期内每年交换收益的频次并且 $m \geq 1$；$\tilde{t}_i$ 代表合约定价日距离剩余第 i 期收益交换日的期限长度（以年为单位），同时 $\tilde{t}_N=\tilde{T}$；y_i 代表在合约定价日期限为 $\tilde{t}_i$、连续复利的零息利率，该利率是针对剩余第 i 期支付利息的贴现利率。

同时，E_1 代表合约定价日的股指或者股票的价格（通常为收盘价），E_0 代表合约定价日以前最近一期收益交换日股指或者股票价格。此外，权益互换合约的价值用 V_{ES} 表示。

对于 A 交易方而言，该权益互换合约等价于持有股指或股票的多头头寸，同时持有一个固定票面利率的债券空头头寸；对于 B 交易方而言，该权益互换合约则等价于持有一个固定票面利率的债券多头头寸，同时持有一个股指或股票的空头头寸。其中，固定票面利率的债券价值用 V_B 表示，股指或股票的头寸价值用 V_E 表示。可以有如下的表达式：

$$V_B=\left(\sum_{i=1}^{N}R\tau_i e^{-y_i\tilde{t}_i}+e^{-y_N\tilde{T}}\right)L \qquad (式 9\text{-}13)$$

$$V_E=\frac{E_1}{E_0}L \qquad (式 9\text{-}14)$$

针对 A 交易方（支付固定利息并获得股指或股票收益），权益互换合约的价值表达式就有：

$$V_{ES}=-V_B+V_E=-\left(\sum_{i=1}^{N}R\tau_i e^{-y_i\tilde{t}_i}+e^{-y_N\tilde{T}}\right)L+\frac{E_1}{E_0}L \qquad (式 9\text{-}15)$$

针对 B 交易方（支付股指或股票收益并获得固定利息），权益互换合约的价值表达式就有：

$$V_{ES}=V_B-V_E=\left(\sum_{i=1}^{N}R\tau_i e^{-y_i\tilde{t}_i}+e^{-y_N\tilde{T}}\right)L-\frac{E_1}{E_0}L \qquad (式 9\text{-}16)$$

9.8.4 参考代码与说明

1. 针对任务 1

```
In [136]: def ES_cashflow(L,R,T_list,E_list,trader):
     ...:     '''定义计算权益互换合约每期现金流的函数, 交易双方用 A 交易方和 B 交易方表示
     ...:     A 交易方支付固定利息、收取股指或股票收益, B 交易方恰好相反
     ...:     L: 代表权益互换合约的本金
     ...:     R: 代表权益互换合约中约定的固定利率
     ...:     T_list: 代表合约初始日及每期收益交换日, 输入以 datetime 时间对象作为元素的列表
     ...:     E_list: 代表在合约初始日及每期收益交换日的股指或股票价格, 以数组格式输入
     ...:     trader: 代表交易方, trader='A'代表计算 A 交易方发生的期间现金流,
     ...:             其他则代表计算 B 交易方发生的期间现金流'''
     ...:     n=len(T_list)-1                         #计算收益交换的次数
     ...:     tenor=np.zeros(n)                       #创建有 n 个零元素的数组用于存放期限
     ...:     for i in range(n):
     ...:         tenor[i]=(T_list[i+1]-T_list[i]).days/365 #计算相邻两个日期之间的期限长度(年)
     ...:     pay_interest=R*tenor*L                  #计算每期的固定利息金额
     ...:     profit_equity=np.zeros(n)               #创建零元素数组用于存放股指(股票)期间收益金额
     ...:     for i in range(n):
     ...:         profit_equity[i]=L*(E_list[i+1]-E_list[i])/E_list[i] #计算每期股指(股票)收益金额
     ...:     if trader=='A':                         #针对 A 交易方
     ...:         cashflow=-pay_interest+profit_equity #计算 A 交易方的现金流
     ...:     else:                                   #针对 B 交易方
     ...:         cashflow=pay_interest-profit_equity #计算 B 交易方的现金流
     ...:     return cashflow.round(2)                #输出结果保留至小数点后两位
```

在以上自定义函数 ES_cashflow 中, 输入合约本金、固定利率、股指(股票)价格、相关日期以及交易方等参数, 就可以迅速计算得到权益互换合约的期间现金流。

2. 针对任务 2

```
In [137]: T0=dt.datetime(2018,12,6)               #权益互换合约初始日
     ...: T1=dt.datetime(2019,6,6)                #第 1 次收益交换日
     ...: T2=dt.datetime(2019,12,6)               #第 2 次收益交换日
     ...: T3=dt.datetime(2020,6,8)                #第 3 次收益交换日
     ...: T4=dt.datetime(2020,12,7)               #第 4 次收益交换日
     ...: T5=dt.datetime(2021,6,7)                #第 5 次收益交换日
     ...: T6=dt.datetime(2021,12,6)               #第 6 次收益交换日

In [138]: date_list=[T0,T1,T2,T3,T4,T5,T6]       #将日期存放在一个列表中

In [139]: HS300_list=np.array([3181.6730,3564.6778,3902.3853,4021.9549,5022.2351, 5277.6271,
4892.6209])   #沪深 300 指数的相关收盘价(合约初始日及每期收益交换日)

In [140]: par=3e8                                #权益互换合约本金
     ...: fixed_rate=0.08                         #固定利率

In [141]: cashflow=ES_cashflow(L=par,R=fixed_rate,T_list=date_list,E_list=HS300_list,trader=
'B')   #计算U公司的现金流
     ...: print('U公司的权益互换合约每期现金流\n',cashflow)
     ...: print('U公司的权益互换合约现金流合计数',round(sum(cashflow),2))
U公司的权益互换合约每期现金流
 [-24146405.66  -16388275.4    2972344.02  -62644369.75  -3288554.41
  33852311.05]
U公司的权益互换合约现金流合计数 -69642950.15
```

从以上的运算可以看到, 由于沪深 300 指数在合约存续期内基本处于上升通道, 因此对于 U 公司而言, 虽然合约期间每期现金流有正有负, 但是整体上为负数, 这表明对于 U 公司而言, 该权益互换合约带来的是亏损, 对于该合约的交易对手 V 基金公司而言是带来了正收益。

3. 针对任务 3

```
In [142]: def ES_value(L,R,E0,E1,T_price,T_list,y_list,trader):
     ...:     '''定义计算权益互换合约价值的函数, 交易双方用 A 交易方和 B 交易方表示
     ...:     A 交易方支付固定利息、收取股指或股票收益, B 交易方恰好相反
     ...:     L: 代表权益互换合约的本金
     ...:     R: 代表权益互换合约中约定的固定利率
     ...:     E0: 代表在合约定价日以前最近一期收益交换日的股指或股票价格
```

```
    ...: E1: 代表在合约定价日的股指或股票价格
    ...: T_price: 代表合约定价日，以 datetime 格式输入
    ...: T_list: 代表合约定价日以前最近一期及剩余每期收益交换日，输入以 datetime 时间对象作为元素的列表
    ...: y_list: 代表对应于定价日至剩余每期收益交换日期限的零息利率，用数组格式输入
    ...: trader: 代表交易方，trader='A'代表针对A交易方的权益互换合约价值，
    ...:        其他则代表针对B交易方的权益互换合约价值'''
    ...: from numpy import exp                    #从 NumPy 模块导入 exp 函数
    ...: n=len(T_list)-1                          #计算剩余收益交换的次数
    ...: tenor1=np.zeros(n)                       #创建一个零元素数组用于存放期限
    ...: for i in range(n):
    ...:     tenor1[i]=(T_list[i+1]-T_price).days/365 #计算定价日至剩余每期收益交换日的期限长度(年)
    ...: tenor2=np.zeros_like(tenor1)             #创建一个新的零元素数组用于存放期限
    ...: for i in range(n):
    ...:     tenor2[i]=(T_list[i+1]-T_list[i]).days/365  #计算两个相邻收益交换日的期限
    ...: tenor1=np.array(tenor1)                  #转换为数组格式
    ...: tenor2=np.array(tenor2)                  #转换为数组格式
    ...: bond_value=(sum(R*tenor2*exp(-y_list*tenor1))+exp(-y_list[-1]*tenor1[-1]))*
L #计算固定利率债券的价值
    ...: equity_value=L*E1/E0                     #计算股指或股票头寸的价值
    ...: if trader=='A':                          #针对A交易方
    ...:     value=-bond_value+equity_value       #计算互换利率多头的价值
    ...: else:                                    #针对B交易方
    ...:     value=bond_value-equity_value        #计算互换利率空头的价值
    ...: return value
```

在以上的自定义函数 ES_value 中，输入合约本金、固定利率、股指（股票）价格、定价日及相关收益交换日，以及交易方等参数，就可以迅速计算得到权益互换合约的价值。

4. 针对任务 4

```
In [143]: HS300_Jun30=5224.0410            #2021 年 6 月 30 日的沪深 300 指数

In [144]: yield_Jun30=np.array([0.022161])  #2021 年 6 月 30 日的 6 个月期国债到期收益率

In [145]: date_price=dt.datetime(2021,6,30)  #定价日
    ...: date_list_new=date_list[-2:]         #选取合约中最后两期的收益交换日

In [146]: value_Jun30=ES_value(L=par,R=fixed_rate,E0=HS300_list[-2],E1=HS300_Jun30,
    ...:                        T_price=date_price,T_list=date_list_new,
    ...:                        y_list=yield_Jun30,trader='B')  #计算权益互换合约的价值
    ...: print('2021 年 6 月 30 日 U 公司的权益互换合约的价值',round(value_Jun30,2))
2021 年 6 月 30 日 U 公司的权益互换合约的价值 12016011.29
```

根据以上的运算结果不难发现，对于 U 公司而言，在 2021 年 6 月末该权益互换合约带来了超过 1200 万元的浮盈。

9.9 本章小结

互换合约已经成为衍生产品市场中举足轻重的衍生产品类型，对整个金融市场产生了深刻的影响。读者通过本章的 9 个原创案例共计 29 个编程任务，运用 Python 编程可掌握以下针对互换合约的重要知识点。

（1）利率互换。利率互换涉及利息之间的交换，通常合约现金流就是固定利息与浮动利息之间的交换，但是不涉及本金的交换。同时，为合约估值的便利，可以将利率互换合约等价于固定利率债券与浮动利率债券的投资组合。

（2）货币互换。与利率互换相比，货币互换不仅涉及利息之间的交换，还涉及不同币种本金的交换，因此，无论是合约期间现金流还是合约定价，货币互换均比利率互换更加复杂。

（3）信用违约互换。信用违约互换用于管理参考实体的信用风险，因此在测算信用违约互换价差时就涉及参考实体的违约概率以及违约回收率等参数。

（4）权益互换。通过权益互换可以增加或者减少交易主体针对单只股票或股票指数的风险暴露，因此无论是测算合约现金流还是合约定价都会涉及股票价格或者股票指数价格。

到这里，你已经完成了第 9 章全部案例的练习，相信你已经掌握了分析互换合约的 Python 编程技术，下面就勇敢地向第 10 章攀登吧！

10

第 10 章

期货的 Python 编程案例

本章导言

在 1865 年美国的芝加哥诞生了最早的期货合约，从此期货便日益成为重要的衍生产品。运用期货可以开展包括套期保值、套利以及投机等不同动机的交易，但是人类推出期货合约的初心是为了套期保值从而有效规避基础资产价格不利变化的风险，因此本章的案例会侧重于期货套期保值的 Python 编程。

本章包含 8 个原创案例共计 28 个编程任务，通过这些案例的训练，读者可熟练掌握期货合约的定价、空头和多头套期保值、保证金追加、基差风险测量、交叉套期保值、最优套保比率测算、最优套保合约数量计算、滚动套期保值、国债期货可交割债券的转换因子测度、国债期货的最廉价交割以及基于久期的套期保值等 Python 编程技术。下面通过表 10-1 梳理出本章的结构安排。

表 10-1　第 10 章的结构安排

序号	案例标题	学习目标	编程任务数量	读者扮演的角色
1	期货合约定价的编程——以白银期货合约为案例	掌握期货合约定价的数学表达式以及相关 Python 编程技术	3 个	期货分析师
2	期货空头套期保值的编程——以沪深 300 指数期货为案例	掌握空头套期保值的逻辑、期间收益与保证金的测算以及相关 Python 编程技术	3 个	交易员
3	期货多头套期保值的编程——以美元兑人民币期货合约为案例	掌握多头套期保值的逻辑、基差风险测算、套期保值有效性评估以及相关 Python 编程技术	3 个	财务经理
4	最优套保比率和最优合约数量的编程——以 A 股股指期货为案例	掌握最优套保比率的计算、最优套保期货合约数量的数学表达式以及相关 Python 编程技术	3 个	金融市场部总经理
5	滚动套期保值的编程——以中证 500 股指期货为案例	掌握滚动套期保值的逻辑、数学表达式以及相关 Python 编程技术	3 个	高级审计经理
6	国债期货可交割债券转换因子的编程——以国债期货 TF2109 合约为案例	掌握可交割债券转换因子的数学表达式以及相关 Python 编程技术	3 个	投资总监
7	国债期货最廉价交割的编程——以国债期货 T2112 合约为案例	掌握国债期货可交割债券交割成本的数学表达式以及相关 Python 编程技术	5 个	首席债券投资官
8	国债期货套期保值的编程——以利率债投资组合与国债期货为案例	掌握基于久期套期保值的国债期货数量的数学表达式以及相关 Python 编程技术	5 个	首席风险官
	合计		28 个	

在开始练习本章的案例之前，建议读者先学习《基于 Python 的金融分析与风险管理（第 2 版）》第 10 章的内容。

10.1 期货合约定价的编程——以白银期货合约为案例

10.1.1 案例详情

A 公司是一家总部位于上海的大型国有期货公司，该公司计划于 2021 年 5 月举办一场投资者教育的现场活动，公司希望借助这次活动，与投资者开展面对面的交流，从而普及期货知识，推广理性交易的理念。

假定你是该公司研究所负责白银期货的期货分析师，根据公司的安排，你将在 5 月的现场活动中担任主讲人，以白银期货合约作为案例，向投资者讲述如何运用白银现货合约的价格测算出白银期货合约的价格。其中，白银期货合约选择在上海期货交易所挂牌的相关合约，白银现货合约则选择在上海黄金交易所挂牌的 Ag99.99 白银现货合约。关于这两个合约的相关要素可以参见表 10-2。

表 10-2 上海期货交易所白银期货合约与上海黄金交易所白银现货合约的要素

合约要素	具体信息	
上市交易所	上海期货交易所	上海黄金交易所
交易品种	白银	白银
交易单位	15 千克/手	15 千克/手
报价单位	元/千克	元/千克
最小变动价位	1 元/千克	1 元/千克
涨跌停板幅度	上一交易日结算价±3%	上一交易日结算价±10%
合约月份	1—12 月	不适用
交易时间	上午 9:00－11:30； 下午 1:30－3:00； 以及交易所规定的其他交易时间	日间 9:00 至 15:30； 夜间 19:50 至次日 02:30
最后交易日	合约月份的 15 日 （遇国家法定节假日顺延，春节月份等最后交易日交易所可另行调整并通知）	不适用
交割日	最后交易日后连续 3 个工作日	T+2 日
交割品级	标准品：符合国标 GB/T 4135-2016 IC-Ag99.99 规定，其中银含量不低于 99.99%	标准重量 15 千克、成色不低于 99.99% 的银锭，并且符合国家银锭 GB/T 4135-2016 标准或者伦敦金银市场协会（LBMA）认定的合格供货商生产的标准实物
交割地点	交易所指定交割仓库	交易所指定交割仓库
最低交易保证金	合约价值的 4%	合约价值的 20%
交割方式	实物交割	实物交割
交易代码	AG	Ag99.99

数据来源：上海期货交易所、上海黄金交易所。

同时，你选择了"沪银 2108"和"沪银 2112"这两个上海期货交易所白银期货合约作为具体示例，合约的相关日期信息如表 10-3 所示。

表 10-3 上海期货交易所两个白银期货合约的日期信息

合约代码	合约名称	合约上市首日	合约最后交易日	合约最后交割日
AG2108	沪银 2108	2020-08-18	2021-08-16	2021-08-19
AG2112	沪银 2112	2020-12-16	2021-12-15	2021-12-20

数据来源：上海期货交易所。

你希望通过 2021 年 4 月 12 日白银现货合约的价格、无风险利率、期间收益率、便利收益率以及仓储费用等变量，测算出"沪银 2108"和"沪银 2112"这两个期货合约的价格。其中，上海黄金交易所发布的当天白银 Ag99.99 现货价格是 5222 元；无风险利率运用国债到期收益率，根据表 10-4 中的收益率数据并利用三阶样条曲线插值法测算所需期限的无风险利率；针对白银现货的期间收益率，是上海黄金交易所对外公布的场内黄金同业租借参考利率下浮 20 个基点，其中，6 个月以内的白银租借利率为 0.3%，超过 6 个月的租借利率为 0.4%；通过测算过往白银现货合约价格与期货合约价格而得到白银的便利收益率等于 1.5%；白银现货合约的仓储费用则参考上海黄金交易所白银仓储费用 0.016 元/千克/天的标准。

表 10-4　2021 年 4 月 12 日相关期限的国债到期收益率

收益率名称	1 个月	2 个月	3 个月	6 个月	9 个月	1 年	2 年	3 年
国债到期收益率	1.7239%	1.8236%	2.0115%	2.2248%	2.4379%	2.5843%	2.7923%	2.8709%

数据来源：中国债券信息网。

为了顺利并且高效地完成工作，你需要借助 Python 完成以下的 3 个编程任务。

10.1.2　编程任务

【任务 1】为了快速地计算期货合约的价格，通过 Python 自定义一个通过现货价格计算期货合约价格的函数，在该函数中可以输入合约定价日以及合约到期日等日期参数。

【任务 2】结合表 10-3 中的国债到期收益率数据，运用三阶样条曲线插值法测算对应于"沪银 2108"期货合约剩余期限的无风险利率，并且计算该期货合约的价格。

【任务 3】结合表 10-3 中的国债到期收益率数据，运用三阶样条曲线插值法测算对应于"沪银 2112"期货合约剩余期限的无风险利率，并且计算该期货合约的价格。

10.1.3　编程提示

为了便于进行期货合约的定价，给出期货价格与现货价格之间关系的数学表达式。假定 F 代表当前的期货价格，S 代表当前的现货价格，r 代表连续复利的无风险利率，y 代表连续复利的便利收益率，u 代表连续复利的现货期间收益率，c 代表以现金形式支付的年化仓储费用并且在期货到期日（交割日）支付，$\tilde{c}$ 代表年化仓储费用的贴现值，即 $\tilde{c} = ce^{-rT}$，此外 T 代表期货合约的剩余期限并且单位是年。期货价格的表达式就可以写成：

$$F = (S + \tilde{c}T)e^{(r-y-u)T} \qquad （式 10-1）$$

需要注意的是，（式 10-1）是用于商品期货的期货定价公式。对于股指期货、国债期货、外汇期货等金融期货而言，由于金融资产不存在仓储费用（即 $c = 0$）也不存在便利收益率（即 $y = 0$），因此，针对金融期货价格的表达式可以简化为：

$$F = Se^{(r-u)T} \qquad （式 10-2）$$

10.1.4　参考代码与说明

1. 针对任务 1

```
In [1]: import numpy as np
   ...: import pandas as pd
   ...: import matplotlib.pyplot as plt
   ...: from pylab import mpl
   ...: mpl.rcParams['font.sans-serif']=['FangSong']
   ...: mpl.rcParams['axes.unicode_minus'] = False
   ...: from pandas.plotting import register_matplotlib_converters
   ...: register_matplotlib_converters()

In [2]: import datetime as dt                 #导入 datetime 模块

In [3]: def price_futures(S,r,y,u,c,T0,T1):
```

```
    ...:    '''定义计算期货价格的函数
    ...:    S: 代表当前的现货价格
    ...:    r: 代表无风险利率，并且是连续复利的
    ...:    y: 代表现货的便利收益率，并且是连续复利的
    ...:    u: 代表现货的期间收益率，并且是连续复利的
    ...:    c: 代表在期货到期日（交割日）以现金支付的年化仓储费用
    ...:    T0: 代表期货合约的定价日，以 datetime 格式输入
    ...:    T1: 代表期货合约的到期日，输入格式与 T0 的保持一致'''
    ...:    from numpy import exp           #导入 NumPy 模块中的 exp 函数
    ...:    T=(T1-T0).days/365              #计算定价日距离合约到期日的期限（年）
    ...:    c_pv=c*exp(-r*T)               #计算年化仓储费用的贴现值
    ...:    F=(S+c_pv*T)*exp((r-y-u)*T)    #计算期货价格
    ...:    return F
```

从以上自定义函数 price_futures 中，输入现货价格、无风险利率、便利收益率、期间收益率、现货仓储年化费用、合约定价日以及合约到期日等参数，就可以快速计算得到期货合约的价格。

2. 针对任务 2

```
In [4]: from scipy.interpolate import interp1d    #导入 SciPy 子模块 interpolate 中的 interp1d 函数

In [5]: T_price=dt.datetime(2021,4,12)            #期货定价日
   ...: T_AG2108=dt.datetime(2021,8,19)           #AG2108 期货合约的最后交割日

In [6]: tenor_AG2108=(T_AG2108-T_price).days/365  #计算 AG2108 期货合约的剩余期限
   ...: tenor_AG2108                              #显示结果
Out[6]: 0.35342465753424657

In [7]: t_list1=np.array([1/12,2/12,3/12,6/12,9/12,1,2,3])    #表 10-4 中的期限数据
   ...: y_list1=np.array([0.017239,0.018236,0.020115,0.022248,0.024379,0.025843,
   ...:             0.027923,0.028709])          #表 10-4 中的收益率数据

In [8]: f=interp1d(x=t_list1,y=y_list1,kind='cubic')    #利用三阶样条曲线插值法

In [9]: t_list2=np.array([1/12,2/12,3/12,tenor_AG2108,6/12,9/12,1,2,3])    #新的期限数组

In [10]: y_list2=f(t_list2)                       #新的收益率
   ...: y_list2                                   #显示结果
Out[10]:
array([0.017239  , 0.018236  , 0.020115  , 0.02147078, 0.022248  ,
       0.024379  , 0.025843  , 0.027923  , 0.028709  ])

In [11]: P_Ag9999=5222                           #2021 年 4 月 12 日白银现货价格
   ...: Yield=0.002                              #便利收益率
   ...: R1=0.003                                 #白银的期间收益率（不超过 6 个月的租赁利率）
   ...: cost=0.016*365                           #1 千克白银的年化仓储费用

In [12]: P_AG2108=price_futures(S=P_Ag9999,r=y_list2[3],y=Yield,u=R1,c=cost,T0=T_price,
T1=T_AG2108)    #测算 AG2108 期货合约价格
   ...: print('测算 2021 年 4 月 12 日 AG2108 期货合约价格',round(P_AG2108,2))
测算 2021 年 4 月 12 日 AG2108 期货合约价格 5254.55
```

从以上输出的结果可以看到，通过白银现货价格以及其他变量计算得到 AG2108 期货合约的价格是 5254.55 元，该价格与上海期货交易所 AG2108 期货合约在 2021 年 4 月 12 日的交易最低价格 5272 元比较接近。

3. 针对任务 3

```
In [13]: T_AG2112=dt.datetime(2021,12,20)         #AG2112 期货合约的最后交割日

In [14]: tenor_AG2112=(T_AG2112-T_price).days/365 #计算 AG2112 期货合约的剩余期限
    ...: tenor_AG2112                             #显示结果
Out[14]: 0.6904109589041096

In [15]: t_list3=np.array([1/12,2/12,3/12,6/12,tenor_AG2112,9/12,1,2,3])    #新的期限数组

In [16]: y_list3=f(t_list3)                       #新的收益率
    ...: y_list3                                  #显示结果
Out[16]:
```

```
array([0.017239  , 0.018236  , 0.020115  , 0.022248  , 0.02384954,
       0.024379  , 0.025843  , 0.027923  , 0.028709  ])

In [17]: R2=0.004                            #白银的期间收益率（6 个月以上的租赁利率）

In [18]: P_AG2112=price_futures(S=P_Ag9999,r=y_list3[4],y=Yield,u=R2,c=cost,T0=T_price,
T1=T_AG2112)    #测算 AG2112 期货合约价格
   ...: print('测算 2021 年 4 月 12 日 AG2112 期货合约价格',round(P_AG2112,2))
测算 2021 年 4 月 12 日 AG2112 期货合约价格 5290.77
```

从以上的运算结果得到的 AG2112 期货合约的价格是 5290.77 元，该价格与上海期货交易所 AG2112 期货合约在 2021 年 4 月 12 日的交易最低价格 5332 元差异并不大。

10.2 期货空头套期保值的编程——以沪深 300 指数期货为案例

10.2.1 案例详情

B 公司是总部位于深圳的一家大型金融控股公司，该公司通过发挥综合金融服务优势，为深圳先行示范区、粤港澳大湾区的发展提供金融支持。B 公司在 2021 年初运用自有资金配置了一定数量份额的南方沪深 300ETF 基金（代码为 159925），截止到 2021 年 1 月 18 日，持有的该基金市值为 1.5 亿元。

由于担心沪深 300 指数未来可能会出现大幅下跌进而影响基金的收益，因此 B 公司采用沪深 300 指数期货 IF2109 合约空头头寸进行对冲，该期货合约于 2021 年 1 月 18 日上市交易，并且于 2021 年 9 月 17 日到期，同时该期货合约的合约乘数是每点 300 元。

为了尽可能实现套期保值最优的效果，B 公司在期货 IF2109 合约上市首日并且当期货报价为 5400 点时迅速开立了 93 手空仓（空头头寸），直至到期日持有的期货合约头寸数量未发生变化。表 10-5 列出了 2021 年 1 月 18 日至 9 月 17 日期间，IF2109 合约、沪深 300 指数以及南方沪深 300ETF 基金的部分日数据，全部数据存放于 Excel 文件中。

表 10-5 沪深 300 指数期货 IF2109 合约、标的指数与南方沪深 300ETF 基金的部分日数据
（2021 年 1 月 18 日至 2021 年 9 月 17 日）

交易日期	IF2109 合约 （结算价）	沪深 300 指数 （收盘价）	南方沪深 300ETF 基金（单位净值 /元）
2021-01-18	5406.4000	5518.5205	2.5819
2021-01-19	5324.4000	5437.5234	2.5440
2021-01-20	5350.6000	5476.4336	2.5624
……	……	……	……
2021-09-15	4859.4000	4867.3187	2.3403
2021-09-16	4820.0000	4807.6978	2.3118
2021-09-17	4838.7300	4855.9402	2.3356

数据来源：中国金融期货交易所、深圳证券交易所。

假定你是 B 公司自营投资团队的一位交易员，根据公司的要求针对 2021 年 1 月 18 日至 9 月 17 日期间的套期保值进行复盘分析，下面就需要运用 Python 完成 3 个编程任务。

10.2.2 编程任务

【任务 1】导入包括 2021 年 1 月 18 日至 9 月 17 日期间沪深 300 指数期货 IF2109 合约、标的指数与南方沪深 300ETF 基金数据的 Excel 文件并创建一个数据框，绘制期货合约、标的指数以及南方沪深 300ETF 基金的价格走势（将首个交易日的价格调整为 1）。

【任务 2】基于任务 1 创建的数据框，计算运用股指期货实现套期保值后整个投资组合的期间市

值并且进行可视化。

【任务 3】你了解到 B 公司在深圳当地的一家期货公司开立了期货保证金账户，期货公司要求股指期货合约的**初始保证金**（initial margin）比例是 15%、**维持保证金**（maintenance margin）比例是 12%，同时 B 公司在 2021 年 1 月 18 日向该期货公司的保证金账户存入了 2500 万元。结合任务 1 创建的数据框，查找出 B 公司的期货保证金在哪一个交易日将低于维持保证金以及计算需要追加保证金的金额。

10.2.3 编程提示

- 针对任务 2，套期保值后的投资组合市值就等于持有南方沪深 300ETF 基金市值与沪深 300 指数、IF2109 合约空头头寸盈亏额的和。
- 针对任务 3，计算第 T 个交易日相关保证金金额的公式如下：

初始保证金=期货合约价值×初始保证金比例（本案例是 15%）　　　（式 10-3）
维持保证金=期货合约价值×维持保证金比例（本案例是 12%）　　　（式 10-4）

是否需要追加保证金，分为以下两种情形。

情形 1：保证金账户余额＞维持保证金，不需要追加保证金。

情形 2：保证金账户余额＜维持保证金，则需要追加保证金，具体的表达式如下。

追加保证金金额=初始保证金−保证金账户余额　　　（式 10-5）

10.2.4 参考代码与说明

1. 针对任务 1

```
In [19]: data=pd.read_excel('C:/Desktop/IF2109 合约、沪深 300 指数以及 ETF 基金数据.xlsx', sheet_name=
"Sheet1",header=0,index_col=0) #导入外部数据
    ...: (data/data.iloc[0]).plot(figsize=(9,6),grid=True)#将首个交易日数据调整为 1 并进行可视化
Out[19]:

In [20]: data.corr()                    #计算相关系数
Out[20]:
                  IF2109 合约     沪深 300 指数    南方沪深 300ETF 基金
IF2109 合约        1.000000      0.961896      0.990619
沪深 300 指数       0.961896      1.000000      0.980701
南方沪深 300ETF 基金  0.990619      0.980701      1.000000
```

从图 10-1 不难发现，沪深 300 指数期货 IF2109 合约结算价、标的指数收盘价与南方沪深 300ETF 基金净值的走势十分接近，并且通过计算这 3 个变量之间的相关系数也印证了变量之间具有很高的相关性与联动性。

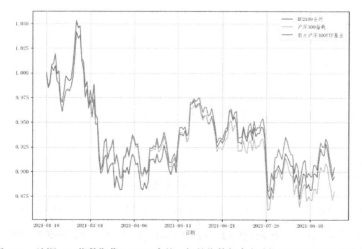

图 10-1　沪深 300 指数期货 IF2109 合约、标的指数与南方沪深 300ETF 基金的走势
（2021 年 1 月 18 日至 9 月 17 日并且将首个交易日数据调整为 1）

2. 针对任务 2

```
In [21]: V0_ETF=1.5e8                    #2021 年 1 月 18 日持有南方沪深 300ETF 基金的市值
    ...: value_ETF=V0_ETF*data['南方沪深 300ETF 基金']/data['南方沪深 300ETF 基金'].iloc[0]
#南方沪深 300ETF 基金的期间市值序列

In [22]: M=300                           #合约乘数（每点 300 元）
    ...: N=93                             #持有 IF2109 合约的空头头寸数量
    ...: P0_future=5400                   #开立期货空头头寸时的合约价格

In [23]: profit_future=-N*M*(data['IF2109 合约']-P0_future)    #持有期货空头头寸的盈亏金额

In [24]: value_hedged=value_ETF+profit_future                 #套期保值后的投资组合市值

In [25]: value_hedged.describe()
Out[25]:
count    1.650000e+02
mean     1.513779e+08
std      8.117631e+05
min      1.497545e+08
25%      1.507909e+08
50%      1.513281e+08
75%      1.519818e+08
max      1.536248e+08
dtype: float64

In [26]: value_hedged.plot(figsize=(9,6),grid=True,title=u'用股指期货套期保值后的投资组合市值')
    ...: plt.ylabel(u'市值')
Out[26]:
```

无论是采用统计分析还是观察图 10-2，都不难发现套期保值后的整体投资组合市值依然存在着一定的波动，并且在大多数交易日高于初始市值 1.5 亿元。套期保值期间的最大整体市值接近 1.54 亿元，最低整体市值则约 1.498 亿元，这是由于期货合约基差的变化造成的。因此，理论上的"完美套期保值"在现实金融市场中很难实现并且也没有必要。

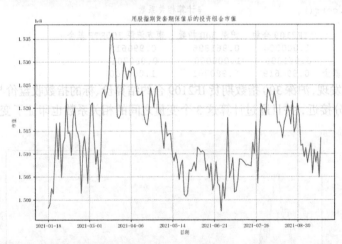

图 10-2　运用股指期货实现套期保值后的整体投资组合市值走势（2021 年 1 月 18 日至 9 月 17 日）

3. 针对任务 3

```
In [27]: margin=2.5e7                     #保证金账户的最初余额
    ...: perc_initial=0.15                #初始保证金比例
    ...: perc_maintain=0.12               #维持保证金比例

In [28]: margin_account=margin+profit_future    #不考虑追加保证金的保证金账户余额时间序列
    ...: margin_initial=N*M*data['IF2109 合约']*perc_initial #按照初始保证金比例计算的初始保证金时间序列
    ...: margin_maintain=N*M*data['IF2109 合约']*perc_maintain #按照维持保证金比例计算的维持保证金时间序列

In [29]: for i in range(len(margin_account.index)):
    ...:     if margin_account.iloc[i]>=margin_maintain.iloc[i]: #保证金账户余额大于或等于维持保证金
```

```
    ...:         pass
    ...:     else:                                      #保证金账户余额小于维持保证金
    ...:         margin_call=margin_initial.iloc[i]-margin_account.iloc[i]
    ...:         print('首次跌破维持保证金的交易日',margin_account.index[i])
    ...:         print('需要追加的保证金金额',round(margin_call,2))
    ...:         break
首次跌破维持保证金的交易日 2021-02-10
需要追加的保证金金额            5023469.0
```

为了能够快速找出首次跌破维持保证金的交易日以及计算出在该交易日需要追加的保证金的金额（达到初始保证金比例的水平），运用了 for、if 相结合的语法结构。根据以上的计算结果可以发现，首次跌破维持保证金的交易日是 2021 年 2 月 10 日，在当天收盘以后需要追加的保证金金额是 5023469.0 元。如果 B 公司未能在随后的第二个交易日（2 月 18 日）开盘前追加保证金，期货公司就会对 B 公司的期货合约进行强制平仓从而保障期货公司以及整个期货市场的利益。

因此，在运用期货开展套期保值业务时，一定要高度重视追加保证金的风险，企业需要准备充足的资金用于有效应对这一风险。

10.3　期货多头套期保值的编程——以美元兑人民币期货合约为案例

10.3.1　案例详情

在 2021 年 3 月 1 日，总部位于宁波的 C 公司向总部位于美国休斯敦的 D 公司采购了一批价值 2800 万美元的货物，双方协议约定 C 公司将于当年的 8 月 30 日一次性支付全部货款 2800 万美元（不考虑运费、关税等费用）。C 公司作为中国企业以人民币计价，因此担心在 3 月至 8 月期间可能出现美元升值（人民币贬值）的汇率风险。

目前，我国境内（不含港澳台）尚未推出人民币汇率期货合约，如果企业选择运用期货合约对冲美元兑人民币的汇率风险，通常会优先选择在香港交易所挂牌交易的美元兑人民币期货合约。为了对冲相应的汇率风险，C 公司选择在香港交易所挂牌交易的美元兑人民币（香港）期货 CUS2109 合约，该合约标的汇率是美元兑人民币汇率，合约于 2019 年 11 月 19 日上市并且于 2021 年的 9 月 13 日到期。表 10-6 列出了在香港交易所挂牌交易的美元兑人民币期货合约要素。

表 10-6　在香港交易所挂牌交易的美元兑人民币期货合约要素

合约要素	相关说明
合约名称	美元兑人民币（香港）期货
交易代码	CUS
合约月份	即月、下 3 个历月及之后的 6 个季月
合约金额	10 万美元
报价单位	每 1 美元兑人民币（如 1 美元兑人民币 6.4860 元）
最低波幅	0.0001 元人民币（保留至小数点后 4 位）
交易时间	上午 8：30 至下午 4：30（不设午休）； 下午 5：15 至翌日凌晨 3 时； 到期合约在最后交易日的收市时间为上午 11 时
最后结算日	合约到期月份的第三个星期三
最后交易日	最后结算日之前两个营业日
最后结算价	由香港财资市场公会在最后交易日上午 11：30 左右公布的美元兑人民币（香港）即期汇率
结算方式	由卖方缴付合约指定的美元金额，而买方则缴付以最后结算价计算的人民币金额
交易所费用	8 元人民币

数据来源：香港交易所。

C 公司于 3 月 1 日按照该期货合约的结算价开立了 280 手多头头寸。表 10-7 列出了美元兑人民币在岸（onshore）汇率、离岸（offshore）汇率以及期货合约结算价的部分日数据，需要注意的是，美元兑人民币在岸汇率运用中国人民银行公布的美元兑人民币汇率中间价，离岸汇率则运用香港财资市场公会发布的美元兑人民币（香港）即期汇率。全部数据存放于 Excel 文件中。

表 10-7 美元兑人民币在岸汇率、离岸汇率以及期货合约 CUS2109 的部分日数据

日期	美元兑人民币在岸汇率	美元兑人民币离岸汇率	期货合约 CUS2109（结算价）
2021-03-01	6.4754	6.4689	6.5510
2021-03-02	6.4625	6.4803	6.5610
2021-03-03	6.4565	6.4700	6.5480
……	……	……	……
2021-08-26	6.4730	6.4797	6.4890
2021-08-27	6.4863	6.4825	6.4870
2021-08-30	6.4677	6.4660	6.4700

数据来源：中国人民银行、香港财资市场公会、香港交易所。

假定你是 C 公司的财务经理，在 2021 年 9 月初准备向公司管理层提交一份运用期货合约 CUS2109 管理汇率风险的总结性报告，因此需要运用 Python 完成 3 个编程工作。

10.3.2 编程任务

【任务 1】从外部导入包含 2021 年 3 月 1 日至 8 月 30 日期间美元兑人民币在岸汇率、离岸汇率和期货合约 CUS2109 结算价日数据的 Excel 文件并且创建一个数据框，同时对期间的走势进行可视化。

【任务 2】基于任务 1 创建的数据框，依次计算该期货合约与在岸汇率的基差、与离岸汇率的基差，并且对这两类基差进行可视化。

【任务 3】在 2021 年 8 月 30 日，B 公司需要运用人民币资金通过银行兑换成 2800 万美元的现汇才能向 C 公司支付货款。因此，基于任务 1 创建的数据框，分别考虑在采用期货套期保值与不采用期货套期保值这两种情形下，计算支付日当天 B 公司需要运用的人民币金额（可分别以在岸汇率与离岸汇率这两种汇率进行计算）。

10.3.3 编程提示

- 针对金融期货合约，通常期货基差的计算公式如下：

  $$期货基差 = 期货价格 - 现货价格 \qquad （式 10-6）$$

- 需要注意的是，当美元兑人民币汇率下跌（比如从 7.0 下跌至 6.5）时，表明美元贬值、人民币升值，此时，B 公司可以用更少的人民币兑换等额的美元；相反，当美元兑人民币汇率上升（比如从 6.5 上涨至 7.0）时，则说明美元升值、人民币贬值，B 公司就需要用更多的人民币兑换等额的美元。

10.3.4 参考代码与说明

1. 针对任务 1

```
In [30]: data=pd.read_excel('C:/Desktop/美元兑人民币汇率以及期货合约结算价.xlsx', sheet_name=
"Sheet1",header=0,index_col=0) #导入外部数据
    ...: data.plot(figsize=(9,6),grid=True)
    ...:plt.ylabel(u'汇率或合约价格')
Out[30]:
```

以上代码运行结果如图 10-3 所示。

```
In [31]: data.index=pd.DatetimeIndex(data.index)    #将数据框的行索引转换为 datetime 格式

In [32]: data.corr()                                 #计算相关系数
Out[32]:
```

美元兑人民币汇率　　　美元兑人民币离岸汇率　　　CUS2109 合约

美元兑人民币汇率	1.000000	0.980532	0.903500
离岸美元兑人民币汇率	0.980532	1.000000	0.924268
CUS2109 合约	0.903500	0.924268	1.000000

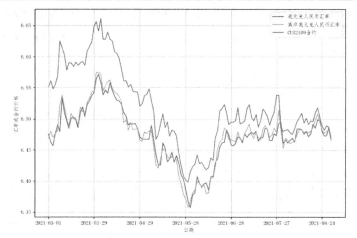

图 10-3　美元兑人民币的在岸汇率、离岸汇率与期货合约 CUS2109 的走势（2021 年 3 月 1 日至 8 月 30 日）

2. 针对任务 2

```
In [33]: basis_onshore=data['CUS2109 合约']-data['美元兑人民币汇率']       #期货与在岸汇率的基差
    ...: basis_offshore=data['CUS2109 合约']-data['美元兑人民币离岸汇率']  #期货与离岸汇率的基差

In [34]: basis_zero=np.zeros_like(basis_onshore)                         #创建基差等于 0 的数组
    ...: basis_zero=pd.DataFrame(data=basis_zero,index=data.index)       #转换为数据框格式

In [35]: plt.figure(figsize=(9,6))
    ...: plt.plot(basis_onshore,'c-',label=u'期货与在岸汇率的基差',lw=2.5)
    ...: plt.plot(basis_offshore,'m-',label=u'期货与离岸汇率的基差',lw=2.5)
    ...: plt.plot(basis_zero,'r-',label=u'基差等于 0',lw=2.5)
    ...: plt.xticks(fontsize=13)
    ...: plt.xlabel(u'日期',fontsize=13)
    ...: plt.yticks(fontsize=13)
    ...: plt.ylabel(u'基差',fontsize=13)
    ...: plt.title(u'美元兑人民币期货的基差走势', fontsize=13)
    ...: plt.legend(fontsize=13)
    ...: plt.grid()
    ...: plt.show()
```

从图 10-4 中不难发现，相比期货合约 CUS2109 结算价与离岸汇率的基差，合约结算价与在岸汇率的基差在波动方面要略强烈一些。因此，该期货合约用于对冲离岸汇率风险的效果优于对冲在岸汇率风险的效果。当然，在我国境内（不含港澳台）尚未推出外汇期货的情况下，运用美元兑人民币（香港）期货合约对冲在岸人民币汇率风险也不失为一种行之有效的替代方案。

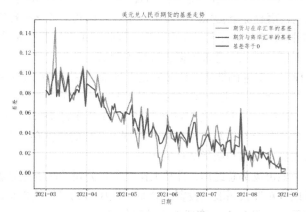

图 10-4　2021 年 3 月 1 日至 8 月 30 日期间期货合约 CUS2109 基差的走势

3. 针对任务 3

```
In [36]: pay_USD=2.8e7          #需要支付的 2800 万美元

In [37]: pay_RMB1=pay_USD*data['美元兑人民币汇率'].iloc[-1]      #不运用期货套期保值并以 8 月 30 日在
岸汇率计算的人民币支付金额
    ...: pay_RMB2=pay_USD*data['美元兑人民币离岸汇率'].iloc[-1]#不运用期货套期保值并以 8 月 30 日离
岸汇率计算的人民币支付金额

In [38]: N=280                  #对冲需要运用期货合约的数量
    ...: unit=1e5               #1 张期货合约的面值（10 万美元）

In [39]: profit_futures=N*unit*(data['CUS2109 合约'].iloc[-1]-data['CUS2109 合约'].iloc[0])
#期货合约的盈亏金额（人民币）
    ...: print('在套期保值期间内期货合约带来的盈利（人民币元）',round(profit_futures,2))
在套期保值期间内期货合约带来的盈利（人民币元） -2268000.0

In [40]: pay_RMB3=pay_RMB1-profit_futures #运用期货套期保值并以 8 月 30 日在岸汇率计算的人民币支付金额
    ...: pay_RMB4=pay_RMB2-profit_futures #运用期货套期保值并以 8 月 30 日离岸汇率计算的人民币支付金额
    ...: print('不运用期货套期保值时需支付的人民币金额（在岸汇率计算）', round(pay_RMB1,2))
    ...: print('不运用期货套期保值时需支付的人民币金额（离岸汇率计算）', round(pay_RMB2,2))
    ...: print('运用期货套期保值时需支付的人民币金额（在岸汇率计算）', round(pay_RMB3,2))
    ...: print('运用期货套期保值时需支付的人民币金额（离岸汇率计算）', round(pay_RMB4,2))
不运用期货套期保值时需支付的人民币金额（在岸汇率计算） 181095600.0
不运用期货套期保值时需支付的人民币金额（离岸汇率计算） 181048000.0
运用期货套期保值时需支付的人民币金额（在岸汇率计算） 183363600.0
运用期货套期保值时需支付的人民币金额（离岸汇率计算） 183316000.0
```

通过以上的计算不难发现，由于在 2021 年 3 月至 8 月期间，期货合约带来了一定的亏损，因此相比不运用期货套期保值，运用期货套期保值增加了 C 公司最终支付的人民币金额。此外，相比在岸汇率，运用离岸汇率计算的人民币金额会略小一些，原因是 8 月 30 日离岸美元兑人民币汇率（6.4660）略低于在岸汇率（6.4677）。

10.4 最优套保比率和最优合约数量的编程——以 A 股股指期货为案例

10.4.1 案例详情

E 公司是总部位于北京的一家中外合资证券公司，公司积极追求可持续的业绩表现，致力于为各利益相关方提供源源不断的回报。为了更好地满足客户融券业务的需求，该公司运用自有资金在 2021 年 8 月末配置了包括中国平安（代码 601318）、中国中免（代码 601888）、迈瑞医疗（代码 300760）、泸州老窖（代码 000568）以及比亚迪（代码 002594）在内的 5 只 A 股股票，并且每只股票均买入 60 万股，从而构建了一个股票投资组合，进而推动公司更好地开展融券业务。

然而，公司担心出现股市整体下行风险而希望运用股指期货对冲该投资组合的系统风险（即贝塔值）。考虑到公司之前并没有运用股指期货的经验，因此基于谨慎原则先采用即将到期的 3 只股指期货的结算价数据和股票的过往收盘价数据进行模拟测试，从而设计出可行和稳健的对冲方案。

在模拟测试中，选择用于对冲的期货合约分别是上证 50 股指期货 IH2109 合约、沪深 300 股指期货 IF2109 合约以及中证 500 股指期货 IC2109 合约，这 3 只期货合约的挂牌日均是 2021 年 1 月 18 日，到期日则是 2021 年 9 月 17 日。表 10-8 列出了 2021 年 1 月 18 日至 8 月 31 日期间，这 5 只股票的收盘价和 3 只股指期货合约结算价的部分日数据，全部的数据存放于 Excel 文件中并且分 2 个工作表依次保存股票收盘价数据和期货结算价数据。

假定你是该公司的金融市场部总经理，日常工作是负责公司的融资融券业务，并且正在审阅研究团队撰写的运用股指期货对冲公司股票投资组合系统性风险的可行性方案。为了亲自验证方案中相关信息的准确性，你需要运用 Python 完成 3 个编程任务。

表 10-8　5 只股票收盘价和 3 只股指期货合约结算价的部分日数据　　　　单位：元/股

日期	中国平安	中国中免	迈瑞医疗	泸州老窖	比亚迪	上证 50 股指期货 IH2109 合约	沪深 300 股指期货 IF2109 合约	中证 500 股指期货 IC2109 合约
2021-01-18	87.20	274.20	439.77	232.01	221.69	3793.40	5406.40	6051.60
2021-01-19	86.80	268.15	425.91	229.87	216.20	3748.20	5324.40	6015.60
2021-01-20	85.20	272.94	444.55	229.00	222.00	3748.60	5350.60	6064.00
……	……	……	……	……	……	……	……	……
2021-08-27	52.00	240.23	323.25	169.38	288.15	3114.40	4797.80	7111.60
2021-08-30	50.71	239.50	319.00	177.15	281.97	3098.00	4766.00	7125.60
2021-08-31	49.90	228.29	328.00	170.00	277.00	3087.20	4766.80	7150.40

数据来源：上海证券交易所、深圳证券交易所、中国金融期货交易所。

10.4.2　编程任务

【任务 1】依次导入包括 2021 年 1 月 18 日至 8 月 31 日期间 5 只股票收盘价和 3 只股指期货合约结算价的 Excel 文件并创建数据框，计算并创建该期间内 E 公司按照 2021 年 8 月末的持股数量所构建股票投资组合每日市值的数据框，此外将股票投资组合市值与股指期货结算价进行可视化（建议运用 2×1 的子图方式分别展示投资组合市值和 3 只股指期货结算价）。

【任务 2】基于任务 1 创建的数据框，分别计算在模拟测试中 3 只股指期货合约的最优套保比率，并且选择用于套期保值的最优股指期货合约。

【任务 3】基于任务 2 得出的最优股指期货合约以及相应的最优套保比率，并且结合任务 1 创建的数据框，模拟计算将 2021 年 1 月 18 日作为实施套期保值日的最优套期保值合约数量，同时计算 2021 年 1 月 18 日至 8 月 31 日期间运用套期保值后的整个投资组合市值时间序列并且可视化。

10.4.3　编程提示

- 针对任务 2 需要运用期货合约最优套保比率的数学表达式。假定在套期保值期间内，ΔS 表示被套期保值基础资产价格变化，ΔF 表示用于套期保值的期货价格变化，h^* 表示最优套保比率，则存在以下的线性表达式：

$$\Delta S = \alpha + h^* \Delta F + \varepsilon \qquad （式 10-7）$$

其中，α 是截距项，ε 是残差项，h^* 是 ΔS 对 ΔF 线性回归所产生的最优拟合直线的斜率。如果用股指期货进行套期保值，则该斜率就是资本资产定价模型中的 β（贝塔值），并且在资本资产定价模型中用股指期货作为市场组合，此外判断最佳期货合约的标准是回归模型的判定系数 R^2。

- 假定在实施套期保值日，Q_A 表示被对冲投资组合的价值，Q_F 表示 1 张股指期货合约的规模，h^* 表示最优套保比率，最优的套保期货合约份数 N^* 的表达式如下：

$$N^* = \frac{h^* Q_A}{Q_F} \qquad （式 10-8）$$

10.4.4　参考代码与说明

1. 针对任务 1

```
In [41]: P_stock=pd.read_excel('C:/Desktop/股票收盘价和股指期货合约结算价数据.xlsx', sheet_name=
"Sheet1",header=0,index_col=0) #导入外部的股价数据并且是 Sheet1 工作表
    ...: P_future=pd.read_excel('C:/Desktop/股票收盘价和股指期货合约结算价数据.xlsx', sheet_name=
"Sheet2",header=0,index_col=0) #导入外部的期货价格数据并且是 Sheet2 工作表

In [42]: P_stock.index=pd.DatetimeIndex(P_stock.index) #将数据框的行索引转换为 datetime 格式
    ...: P_future.index=pd.DatetimeIndex(P_future.index)

In [43]: shares=6e5                              #投资每只股票的股数
```

```
In [44]: value_port=np.sum(shares*P_stock,axis=1)          #计算股票投资组合每日的市值

In [45]: plt.figure(figsize=(9,9))
    ...: plt.subplot(2,1,1)                        #第 1 行、第 1 列的子图
    ...: plt.plot(value_port,label=u'股票组合的市值',lw=2.0)
    ...: plt.xticks(fontsize=13)
    ...: plt.yticks(fontsize=13)
    ...: plt.ylabel(u'市值',fontsize=13)
    ...: plt.legend(fontsize=12)
    ...: plt.grid()
    ...: plt.subplot(2,1,2,sharex=plt.subplot(2,1,1))#代表第 2 行的子图并且与第 1 个子图共用 x 轴
    ...: plt.plot(P_future['IH2109 合约'],label=u'上证 50 股指期货 IH2109 合约',lw=2.0)
    ...: plt.plot(P_future['IF2109 合约'],label=u'沪深 300 股指期货 IF2109 合约',lw=2.0)
    ...: plt.plot(P_future['IC2109 合约'],label=u'中证 500 股指期货 IC2109 合约',lw=2.0)
    ...: plt.xticks(fontsize=13)
    ...: plt.xlabel(u'日期',fontsize=13)
    ...: plt.yticks(fontsize=13)
    ...: plt.ylabel(u'结算价',fontsize=13)
    ...: plt.legend(fontsize=12)
    ...: plt.grid()
    ...: plt.show()
```

观察图 10-5 可以发现，股票组合的市值与上证 50 股指期货 IH2109 合约以及沪深 300 股指期货 IF2109 合约的走势存在着一定的同步性，这就为运用这两只股指期货合约对冲投资组合的风险提供了基础。

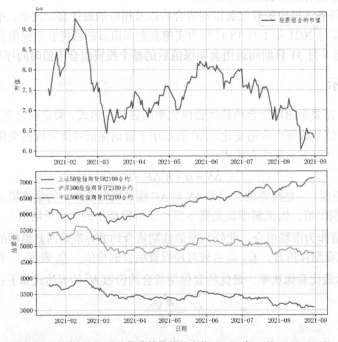

图 10-5　股票组合市值与 3 只股指期货结算价的走势（2021 年 1 月 18 日至 8 月 31 日）

2. 针对任务 2

```
In [46]: import statsmodels.api as sm                    #导入 statsmodels 的子模块 api

In [47]: R_port=np.log(value_port/value_port.shift(1))    #股票组合的日收益率序列
    ...: R_port=R_port.dropna()                          #删除缺失值

In [48]: R_IH2109=np.log(P_future['IH2109 合约']/P_future['IH2109 合约'].shift(1)) #上证 50 股
指期货 IH2109 合约的日收益率序列
    ...: R_IH2109=R_IH2109.dropna()                      #删除缺失值

In [49]: R_IH2109_addcons=sm.add_constant(R_IH2109)      #生成增加常数项的时间序列
```

```
In [50]: model_IH2109=sm.OLS(R_port,R_IH2109_addcons).fit()    #股票组合与上证50股指期货IH2109
合约的线性回归模型
   ...: model_IH2109.summary()    #输出线性回归结果
Out[50]:
"""
                            OLS Regression Results
==============================================================================
Dep. Variable:                      y   R-squared:                       0.609
Model:                            OLS   Adj. R-squared:                  0.607
Method:                 Least Squares   F-statistic:                     232.5
Date:                Mon, 20 Dec 2021   Prob (F-statistic):           3.15e-32
Time:                        17:42:09   Log-Likelihood:                 405.56
No. Observations:                 151   AIC:                            -807.1
Df Residuals:                     149   BIC:                            -801.1
Df Model:                           1
Covariance Type:            nonrobust
==============================================================================
                 coef    std err          t      P>|t|      [0.025      0.975]
------------------------------------------------------------------------------
const          0.0011      0.001      0.779      0.437      -0.002       0.004
IH2109合约      1.6266      0.107     15.249      0.000       1.416       1.837
==============================================================================
Omnibus:                        1.589   Durbin-Watson:                   2.174
Prob(Omnibus):                  0.452   Jarque-Bera (JB):                1.185
Skew:                          -0.094   Prob(JB):                        0.553
Kurtosis:                       3.392   Cond. No.                         78.9
==============================================================================
"""

In [51]: print('运用上证50股指期货IH2109合约的最优套保比率', round(model_IH2109.params[1],6))
运用上证50股指期货IH2109合约的最优套保比率 1.626558

In [52]: R_IF2109=np.log(P_future['IF2109合约']/P_future['IF2109合约'].shift(1))    #沪深
300股指期货IF2109合约的日收益率序列
   ...: R_IF2109=R_IF2109.dropna()

In [53]: R_IF2109_addcons=sm.add_constant(R_IF2109)

In [54]: model_IF2109=sm.OLS(R_port,R_IF2109_addcons).fit()    #股票组合与沪深300股指期货
IF2109合约的线性回归模型
   ...: model_IF2109.summary()
Out[54]:
"""
                            OLS Regression Results
==============================================================================
Dep. Variable:                      y   R-squared:                       0.653
Model:                            OLS   Adj. R-squared:                  0.650
Method:                 Least Squares   F-statistic:                     279.9
Date:                Mon, 20 Dec 2021   Prob (F-statistic):           4.95e-36
Time:                        17:42:44   Log-Likelihood:                 414.41
No. Observations:                 151   AIC:                            -824.8
Df Residuals:                     149   BIC:                            -818.8
Df Model:                           1
Covariance Type:            nonrobust
==============================================================================
                 coef    std err          t      P>|t|      [0.025      0.975]
------------------------------------------------------------------------------
const          0.0003      0.001      0.215      0.830      -0.002       0.003
IF2109合约      1.7204      0.103     16.732      0.000       1.517       1.924
==============================================================================
Omnibus:                        2.608   Durbin-Watson:                   2.168
Prob(Omnibus):                  0.271   Jarque-Bera (JB):                2.598
Skew:                          -0.017   Prob(JB):                        0.273
Kurtosis:                       3.642   Cond. No.                         80.7
==============================================================================
"""
```

```
In [55]: print('运用沪深 300 股指期货 IF2109 合约的最优套保比率', round(model_IF2109.params[1],6))
运用沪深 300 股指期货 IF2109 合约的最优套保比率 1.720393

In [56]: R_IC2109=np.log(P_future['IC2109 合约']/P_future['IC2109 合约'].shift(1))    #中证 500
股指期货 IC2109 合约的日收益率序列
    ...: R_IC2109=R_IC2109.dropna()

In [57]: R_IC2109_addcons=sm.add_constant(R_IC2109)

In [58]: model_IC2109=sm.OLS(R_port,R_IC2109_addcons).fit()    #构建股票组合的日收益率与中证 500
股指期货 IC2109 合约日收益率的线性回归模型
    ...: model_IC2109.summary()
Out[58]:
"""
                          OLS Regression Results
==============================================================================
Dep. Variable:                      y   R-squared:                       0.282
Model:                            OLS   Adj. R-squared:                  0.277
Method:                 Least Squares   F-statistic:                     58.57
Date:                Mon, 20 Dec 2021   Prob (F-statistic):           2.27e-12
Time:                        17:42:58   Log-Likelihood:                 359.61
No. Observations:                 151   AIC:                            -715.2
Df Residuals:                     149   BIC:                            -709.2
Df Model:                           1
Covariance Type:            nonrobust
==============================================================================
                 coef    std err          t      P>|t|      [0.025      0.975]
------------------------------------------------------------------------------
const         -0.0029      0.002     -1.592      0.114      -0.007       0.001
IC2109 合约     1.6100      0.210      7.653      0.000       1.194       2.026
==============================================================================
Omnibus:                        8.673   Durbin-Watson:                   2.101
Prob(Omnibus):                  0.013   Jarque-Bera (JB):               14.552
Skew:                          -0.228   Prob(JB):                     0.000692
Kurtosis:                       4.451   Cond. No.                         115.
==============================================================================
"""

In [59]: print('运用中证 500 股指期货 IC2109 合约的最优套保比率', round(model_IC2109.params[1],6))
运用中证 500 股指期货 IC2109 合约的最优套保比率 1.609976
```

从以上的分析中不难发现，沪深 300 股指期货 IF2109 合约的确定性系数（判定系数）$R^2 = 0.653$，在 3 只股指期货合约中是最高的，因此在模拟测试中运用沪深 300 股指期货 IF2109 合约对股票组合的套期保值是最佳的，并且最优套保比率约为 1.7204。

以上的结论可以为 E 公司未来运用股指期货合约进行对冲提供经验，也就是优先选择沪深 300 股指期货合约对冲股票组合的风险。

3. 针对任务 3

```
In [60]: def N_hedged(h,Q_A,Q_F):
    ...:     ''' 构建计算期货合约的最优套保数量的函数
    ...:     h: 代表最优套保比率
    ...:     Q_A: 代表被套期保值资产的金额
    ...:     Q_F: 代表 1 张期货合约的规模'''
    ...:     import math                     #导入 math 模块
    ...:     N=h*Q_A/Q_F                     #计算期货合约的最优套保数量
    ...:     if math.modf(N)[0]>0.5:         #小数位大于 0.5
    ...:         N=math.ceil(N)              #实现小数位的四舍五入
    ...:     else:
    ...:         N=math.floor(N)             #实现小数位的四舍五入
    ...:     return N
```

在以上自定义的函数 N_hedged 中，输入最优套保比率、被套期保值资产的金额以及 1 张期货合约的规模，就可以计算得到期货合约的最优套保数量。

```
In [61]: M_IF2109=300                #沪深 300 股指期货 IF2109 合约乘数是每点 300 元

In [62]: V0_IF2109=M_IF2109*P_future['IF2109 合约'].iloc[0]    #在 2021 年 1 月 18 日沪深 300 股指期
货 IF2109 合约规模
```

```
    ...: N_IF2109=N_hedged(h=model_IF2109.params[1],Q_A=value_port.iloc[0],Q_F=V0_IF2109)
    #运用沪深 300 股指期货 IF2109 合约的最优套保合约数量
    ...: print('沪深 300 股指期货 IF2109 合约套期保值的最优合约数量(空头)',N_IF2109)
    沪深 300 股指期货 IF2109 合约套期保值的最优合约数量(空头)  799

In [63]: profit_futures=-N_IF2109*M_IF2109*(P_future['IF2109合约']-P_future['IF2109合约'].iloc[0])
    #沪深 300 股指期货 IF2109 合约的盈亏时间序列
    ...: value_hedged=value_port+profit_futures    #套期保值后的整体投资组合市值时间序列

In [64]: plt.figure(figsize=(9,6))
    ...: plt.plot(value_hedged,'m-',label=u'套期保值后的整体组合',lw=2.5)
    ...: plt.plot(value_port,'c-',label=u'未套期保值的股票组合',lw=2.5)
    ...: plt.xticks(fontsize=13)
    ...: plt.xlabel(u'日期',fontsize=13)
    ...: plt.yticks(fontsize=13)
    ...: plt.ylabel(u'市值',fontsize=13)
    ...: plt.title(u'未套期保值的股票组合与套期保值后整体组合',fontsize=13)
    ...: plt.legend(fontsize=13)
    ...: plt.grid()
    ...: plt.show()
```

通过观察图 10-6 可以发现，在 2021 年 1 月 18 日至 8 月 31 日的模拟测试期间，运用股指期货进行套期保值后的投资组合市值波动明显小于未套期保值的投资组合市值。其中，套期保值后的投资组合市值最低不小于 7.5 亿元，相比之下，未套期保值的投资组合市值最低接近于 6 亿元。

因此，用股指期货对股票组合进行套期保值不失为一个有效的风险控制手段。

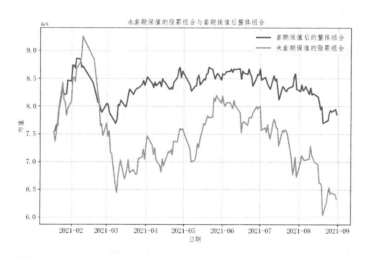

图 10-6　未套期保值的股票组合与套期保值后整体组合的市值走势（2021 年 1 月 18 日至 8 月 31 日）

10.5　滚动套期保值的编程——以中证 500 股指期货为案例

10.5.1　案例详情

F 公司是总部位于厦门的一家金融控股公司，该公司会运用部分自有资金配置 A 股市场的股票和基金。公司的管理层在 2019 年 9 月 30 日被告知，在两年后的 2021 年 11 月 30 日将有 3 亿元的新增自有资金到账，并且该资金被明确要求配置 A 股市场的中证 500ETF 基金。公司管理层当天就召开会议，以下是会议纪要的相关内容。

会议时间：2019 年 9 月 30 日上午 10 点至中午 11 点 30 分。

会议地点：厦门市环球金融大厦 8 楼会议室。

会议参会者：公司董事长、总裁、首席财务官、首席投资官、首席风险官。

会议讨论的事项与决议如下。

经集体讨论一致认为，在目前时点 A 股市场处于低位，预期在未来的 2 年多时间里，A 股市场将处于上升通道中。

为了能够有效防范 A 股投资的踏空风险，公司将通过中国金融期货交易所挂牌交易的中证 500 股指期货合约进行多头套期保值。考虑到整个滚动套期保值期限（2 年零 2 个月）较长，已经显著超出已有股指期货合约的最长期限，故会议同意采用滚动套期保值策略。

会议明确由公司投资管理部负责滚动套期保值策略的制定与执行，同时由公司财务管理部负责提供期货合约的保证金。

时光飞逝，一转眼到了 2021 年 11 月 30 日，F 公司顺利完成了整个滚动套期保值交易，整个滚动套期保值按照 A 方案与 B 方案这两个不同方案执行，具体方案涉及的中证 500 股指期货合约、关键日期以及期货价格如表 10-9 所示。

表 10-9　不同套期保值方案涉及的中证 500 股指期货合约、关键日期以及期货价格

	合约代码	合约名称	合约上市日	最后交易日	合约开仓日	合约平仓日	开仓价格	平仓价格
A 方案	IC1912	中证 500 股指期货 1912	2019-04-22	2019-12-20	2019-09-30	2019-12-20	4854.40	5209.64
	IC2006	中证 500 股指期货 2006	2019-10-21	2020-06-19	2019-12-20	2020-06-19	5142.60	5781.53
	IC2012	中证 500 股指期货 2012	2020-04-20	2020-12-18	2020-06-19	2020-12-18	5412.80	6294.83
	IC2106	中证 500 股指期货 2106	2020-10-19	2021-06-18	2020-12-18	2021-06-18	5984.00	6649.23
	IC2112	中证 500 股指期货 2112	2021-04-19	2021-12-17	2021-06-18	2021-11-30	6358.80	7209.00
B 方案	IC2003	中证 500 股指期货 2003	2019-07-22	2020-03-20	2019-09-30	2020-03-20	4764.00	5175.80
	IC2009	中证 500 股指期货 2009	2020-01-20	2020-09-18	2020-03-20	2020-09-18	4887.00	6440.14
	IC2103	中证 500 股指期货 2103	2020-07-20	2021-03-19	2020-09-18	2021-03-19	6039.60	6196.10
	IC2109	中证 500 股指期货 2109	2021-01-18	2021-09-17	2021-03-19	2021-09-17	5821.00	7353.81
	IC2203	中证 500 股指期货 2203	2021-07-19	2022-03-18	2021-09-17	2021-11-30	6948.60	7056.00

注：表中的开仓价格与平仓价格均选择交易日当天的期货合约结算价。

数据来源：中国金融期货交易所。

A 方案与 B 方案均持有中证 500 股指期货合约 300 张，同时需要注意的是，中证 500 股指期货合约的合约乘数是每点 200 元。

根据公司审计委员会的要求，需要对公司近 3 年以来开展的期货交易进行一次专项审计。假定你是公司审计稽核部的高级审计经理，负责的一项工作就是对 2019 年 9 月 30 日至 2021 年 11 月 30 日运用中证 500 股指期货合约开展的滚动套期保值交易进行审计。

为了完成相应的审计工作，你需要借助 Python 完成以下的 3 个编程任务。

10.5.2 编程任务

【任务 1】为了能够迅速计算得到在滚动套期保值中每次期货合约移仓的收益以及累计的收益，需要通过 Python 自定义一个函数，该函数既能给出每次期货合约移仓的盈亏结果又能得到期货合约移仓的累计盈亏数据。

【任务 2】根据任务 1 自定义的函数，并结合表 10-9 中的期货价格数据，测算滚动套期保值 A 方案实施过程中每次期货合约移仓的收益以及累计的收益情况，同时针对每次合约移仓的收益进行可视化，进而提升审计报告的可读性。

【任务 3】根据任务 1 自定义的函数，同样结合表 10-9 中的期货价格数据，测算滚动套期保值 B 方案实施过程中每次期货合约移仓的收益以及累计的收益情况，并且同样将每次合约移仓的收益进行可视化。

10.5.3 编程提示

为了 Python 编程的需要，给出针对滚动套期保值的数学表达式。假定套期保值的期间处于 $[0, T]$，在期货市场上按照时间先后顺序依次挂牌交易期货合约 1、期货合约 2、期货合约 3……期货合约 N。此外，后面挂牌合约的到期日要晚于前面挂牌合约的到期日。滚动套期保值将采用以下策略。

首先，在 0 时刻（套期保值初始日）。 开立期货合约 1 的头寸，如果是多头套期保值，则开立多头头寸，相反如果是空头套期保值，则开立空头头寸。用 F_1 表示开立期货合约 1 的期货价格。

其次，在 t_1 时刻。 对期货合约 1 的头寸进行平仓，同时开立期货合约 2 的头寸。用 $\widetilde{F}_1$ 表示期货合约 1 平仓时的期货价格，用 F_2 表示开立期货合约 2 的期货价格。

再次，在 t_3 时刻。 对期货合约 2 的头寸进行平仓，同时开立期货合约 3 的头寸。用 $\widetilde{F}_2$ 表示期货合约 2 平仓时的期货价格，用 F_3 表示开立期货合约 3 的期货价格。

……

最后，在 T 时刻（套期保值结束日）。 对期货合约 N 的头寸进行平仓，用 $\widetilde{F}_N$ 表示平仓时期货合约 N 的期货价格，整个套期保值就此结束。

根据以上的信息，可以得到在整个套期保值期间期货合约带来的盈亏金额，并且需要区分多头套期保值与空头套期保值这两种不同的情形。

情形 1：针对多头套期保值。 套期保值期间期货合约盈亏金额记作 R_{long}，表达式如下：

$$R_{\text{long}} = (\widetilde{F}_1 - F_1) + (\widetilde{F}_2 - F_2) + (\widetilde{F}_3 - F_3) + \cdots + (\widetilde{F}_N - F_N) \qquad （式 10\text{-}9）$$

情形 2：针对空头套期保值。 套期保值期间期货合约盈亏金额记作 R_{short}，表达式如下：

$$R_{\text{short}} = -R_{\text{long}} = (F_1 - \widetilde{F}_{11}) + (F_2 - \widetilde{F}_2) + (F_3 - \widetilde{F}_3) + \cdots + (F_N - \widetilde{F}_N) \qquad （式 10\text{-}10）$$

需要注意的是，在（式 10-9）和（式 10-10）中，圆括号中的因子式表示每次期货合约移仓的盈亏，比如，在（式 10-9）中，因子式 $\widetilde{F}_2 - F_2$ 就表示在多头套期保值期间针对期货合约 2 移仓的盈亏。因此，在整个滚动套期保值中，期货合约的最终盈亏就是每次期货移仓的盈亏累计之和。

10.5.4 参考代码与说明

1. 针对任务 1

```
In [65]: def profit_stackroll(F_open,F_close,M,N,position):
    ...:     '''定义计算滚动套期保值期间期货合约盈亏的函数
    ...:     F_open: 代表期货合约开立（开仓）时的期货价格，以数组格式输入
    ...:     F_close: 代表期货合约平仓时的期货价格，以数组格式输入
    ...:     M: 代表期货合约乘数
```

```
    ...:        N: 代表持有期货合约的数量
    ...:        position: 代表合约头寸方向, position='long'代表多头, 其他代表空头'''
    ...:        if position=='long':                       #多头套期保值
    ...:            profit_transfer=(F_close-F_open)*M*N    #计算每次期货合约移仓的盈亏数组
    ...:        else:                                       #空头套期保值
    ...:            profit_transfer=(F_open-F_close)*M*N
    ...:        profit_sum=sum(profit_transfer)             #计算期货合约的盈亏合计
    ...:        result1=['每次期货合约移仓的盈亏',profit_transfer.round(2)] #保留小数点后 2 位
    ...:        result2=['期货合约移仓的累计盈亏',round(profit_sum,2)]     #保留小数点后 2 位
    ...:        return [result1,result2]                    #以列表格式输出
```

在以上自定义函数 profit_stackroll 中, 输入期货合约开仓的价格、平仓的价格、合约乘数、合约数量以及头寸方向等参数, 就能够迅速得到在滚动套期保值中每次期货合约移仓的收益以及累计的收益结果。

2. 针对任务 2

```
In [66]: M_future=200      #中证 500 股指期货合约乘数
    ...: N_future=300      #中证 500 股指期货合约数量（多头）

In [67]: price_open1=np.array([[4854.40,5142.60,5412.80,5984.00,6358.80])  #针对 A 方案每个期货合约开仓的价格
    ...: price_close1=np.array([5209.64,5781.53,6294.83,6649.23,7209.00])  #针对 A 方案每个期货合约平仓的价格

In [68]: profit_list1=profit_stackroll(F_open=price_open1,F_close=price_close1,M=M_future,
N=N_future,position='long')   #计算A方案滚动套期保值的盈亏
    ...: profit_list1         #输出结果
Out[68]:
[['每次期货合约移仓的盈亏',
  array([21314400., 38335800., 52921800., 39913800., 51012000.])]],
 ['期货合约移仓的累计盈亏', 203497800.0]]

In [69]: transfer_list1=profit_list1[0]         #取第 1 个元素（包含字符串和数组）
    ...: transfer_list1=transfer_list1[-1]       #取最后一个元素（仅为数组）

In [70]: name1=['中证 500 股指期货 1912','中证 500 股指期货 2006','中证 500 股指期货 2012',
    ...:        '中证 500 股指期货 2106','中证 500 股指期货 2112']   #期货合约名称

In [71]: plt.figure(figsize=(9,6))
    ...: plt.barh(y=name1,width=transfer_list1,height=0.5)   #用水平条形图显示
    ...: plt.xticks(fontsize=13)
    ...: plt.xlabel(u'收益金额',fontsize=13)
    ...: plt.yticks(fontsize=13)
    ...: plt.title(u'A方案滚动套期保值期间期货移仓的收益',fontsize=13)
    ...: plt.grid()
    ...: plt.show()
```

上述代码的运行结果如图 10-7 所示。

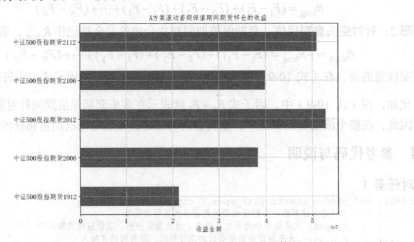

图 10-7　A 方案滚动套期保值期间期货移仓的收益情况

从以上的分析结果可以看到，在整个滚动套期保值期间内，A 方案中的每次期货移仓均带来可观的盈利，并且累积盈利约 2.03 亿元。

3. 针对任务 3

```
In [72]: price_open2=np.array([4764.00,4887.00,6039.60,5821.00,6948.60])#针对B方案每个期货合约开仓的价格
    ...: price_close2=np.array([5175.80,6440.14,6196.10,7353.81,7056.00])#针对B方案每个期货合约平仓的价格

In [73]: profit_list2=profit_stackroll(F_open=price_open2,F_close=price_close2,M=M_future,
N=N_future,position='long')        #计算B方案滚动套期保值的盈亏
    ...: profit_list2        #输出结果
Out[73]:
[['每次期货合约移仓的盈亏',
  array([24708000., 93188400.,  9390000., 91968600.,  6444000.])],
 ['期货合约移仓的累计盈亏', 225699000.0]]

In [74]: transfer_list2=profit_list2[0]
    ...: transfer_list2=transfer_list2[-1]

In [75]: name2=['中证 500 股指期货 2003','中证 500 股指期货 2009','中证 500 股指期货 2103',
    ...:        '中证 500 股指期货 2109','中证 500 股指期货 2203']   #期货合约名称

In [76]: plt.figure(figsize=(9,6))
    ...: plt.barh(y=name2,width=transfer_list2,height=0.5)
    ...: plt.xticks(fontsize=13)
    ...: plt.xlabel(u'收益金额',fontsize=13)
    ...: plt.yticks(fontsize=13)
    ...: plt.title(u'B方案滚动套期保值期间期货移仓的收益',fontsize=13)
    ...: plt.grid(True)
    ...: plt.show()
```

从以上的分析结果可以看到，在整个滚动套期保值期间内，B 方案中的每次期货移仓也都产生了盈利，并且累计盈利约 2.26 亿元，比 A 方案的累计盈利 2.03 亿元略高一些。但是，对比图 10-7 与图 10-8 不难发现，相比 A 方案，B 方案中每次移仓的收益波动较大。据此可以得出这样的结论，在滚动套期保值过程中，选择不同的期货合约会给移仓的收益与风险带来一定影响。

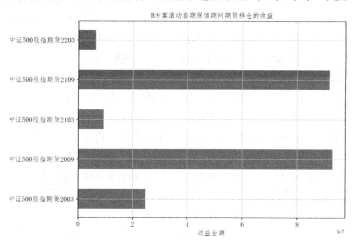

图 10-8　B 方案滚动套期保值期间期货移仓的收益情况

10.6 国债期货可交割债券转换因子的编程——以国债期货 TF2109 合约为案例

10.6.1 案例详情

F 公司是总部位于苏黎世的一家全球领先的私人银行集团，致力于为每位客户的投资、融资和

财富规划等金融需求提供一揽子的个性化解决方案。该公司获得了中国国家外汇管理局发放的 QDII 额度从而允许参与中国债券市场的投资。2021 年 1 月初，公司预计在未来的 8 个月内市场利率可能会出现较大的波动，进而对公司配置的债券收益产生负面影响。

为了能够有效应对利率风险，根据配置的债券剩余期限情况，公司选择运用 5 年期国债期货 2109 合约（代码为 TF2109）管理日常的利率风险，该期货合约的上市日是 2020 年 12 月 14 日，最后交易日是 2021 年 9 月 10 日，最后交割日是 2021 年 9 月 15 日。

同时，针对该期货合约，可交割债券之一就是 18 附息国债 28，表 10-10 列出了该国债的主要要素信息。

表 10-10 18 附息国债 28 要素信息

债券要素	要素说明	债券要素	要素说明
全称	2018 年记账式附息（二十八期）国债	简称	18 附息国债 28
票面利率	3.22%	付息频次	每年付息 1 次
起息日	2018 年 12 月 6 日	到期日	2025 年 12 月 6 日
发行规模	482.2 亿元	债券代码与交易市场	180028（银行间债券市场）；019610（上海证券交易所）；101828（深圳证券交易所）；180028（银行柜台债券）

数据来源：中国债券信息网。

假定你是 F 公司新任命的投资总监，上任的首日即 2021 年 9 月 10 日就要负责核实国债期货可交割债券的**转换因子**（conversion factor）信息，你需要结合表 10-10 中的信息运用 Python 完成 3 个编程任务。

10.6.2 编程任务

【任务 1】根据中国金融期货交易所官方网站对外公布的计算国债期货可交割债券转换因子的数学公式，通过 Python 自定义一个计算转换因子的函数，要求在自定义的函数中可以输入包括计算转换因子的日期、国债期货的最后交割日、可交割债券的最后到期日等日期参数。

【任务 2】通过任务 1 自定义的函数，计算出 18 附息国债 28 的转换因子。此外，当 18 附息国债 28 票面利率的取值是[2%,5%]的等差数列时，计算对应的转换因子并将票面利率与转换因子之间的映射关系进行可视化。

【任务 3】针对 5 年期国债期货 2109 合约的可交割债券，除了 18 附息国债 28 以外，还包括"20 附息国债 13""21 附息国债 02""19 附息国债 07""21 附息国债 11"等 4 只在银行间市场交易的国债，表 10-11 列出了这 4 只国债的主要要素信息。通过任务 1 自定义的函数，依次计算出这 4 只国债的转换因子。

表 10-11 5 年期国债期货 2109 合约的其他可交割债券

债券简称	票面利率	付息频次	起息日	到期日	付息日
20 附息国债 13	3.02%	每年 1 次	2020 年 10 月 22 日	2025 年 10 月 22 日	每年 10 月 22 日
21 附息国债 02	3.03%	每年 1 次	2021 年 3 月 11 日	2026 年 3 月 11 日	每年 3 月 11 日
19 附息国债 07	3.25%	每年 1 次	2019 年 6 月 6 日	2026 年 6 月 6 日	每年 6 月 6 日
21 附息国债 11	2.69%	每年 1 次	2021 年 8 月 12 日	2026 年 8 月 12 日	每年 8 月 12 日

数据来源：中国债券信息网。

10.6.3 编程提示

* 针对任务 1，假定 r 表示国债期货合约基础资产（合约标的）的票面利率（即 3%），x 表示国债期货交割月到可交割债券下一付息月的月份，n 表示国债期货交割日以后可交割债券剩余付息次数，c 表示可交割债券的票面利率，m 表示可交割债券每年票息的支付次数，则可

交割债券的转换因子 CF 的数学表达式如下：

$$CF = \frac{1}{\left(1+\frac{r}{m}\right)^{\frac{xm}{12}}}\left[\frac{c}{m}+\frac{c}{r}+\frac{1-\frac{c}{r}}{\left(1+\frac{r}{m}\right)^{n-1}}\right]-\frac{c}{m}\left(1-\frac{xm}{12}\right) \qquad （式 10-11）$$

- 针对任务 2，在 5 年期国债期货 2109 合约最后交割日（2021 年 9 月 15 日）以后，可交割债券 18 附息国债 28 的下一个付息日是 2021 年 12 月 6 日。
- 同理，针对任务 3，在期货合约最后交割日以后，20 附息国债 13 的下一个付息日是 2021 年 10 月 22 日，21 附息国债 02 的下一个付息日是 2022 年 3 月 11 日，19 附息国债 07 的下一个付息日是 2022 年 6 月 6 日，21 附息国债 11 的下一个付息日是 2022 年 8 月 12 日。

10.6.4 参考代码与说明

1. 针对任务 1

```
In [77]: def CF(c,m,T1,T2,T3):
    ...:     '''构建计算国债期货可交割债券转换因子的函数
    ...:     c: 代表可交割债券的票面利率
    ...:     m: 代表可交割债券每年的付息次数，并且大于 0 但小于等于 2
    ...:     T1: 代表国债期货的最后交割日，以 datetime 格式输入
    ...:     T2: 代表可交割债券在期货最后交割日以后的下一个付息日，格式与 T1 的相同
    ...:     T3: 代表可交割债券的最后到期日，格式与 T1 的相同'''
    ...:     x=T2.month-T1.month        #国债期货合约交割月至可交割债券下一付息月的月份
    ...:     if x>=0:                    #国债期货合约交割月与可交割债券下一付息月在相同年度
    ...:         x=x
    ...:     else:                       #国债期货合约交割月与可交割债券下一付息月在不同年度
    ...:         x=12+x
    ...:     tenor=(T3-T1).days/365      #国债期货最后交割日的可交割债券剩余期限（年）
    ...:     import math                 #导入 math 模块
    ...:     if math.modf(tenor)[0]>0.5: #小数部分大于 0.5
    ...:         n=m*math.ceil(tenor)    #国债期货交割后可交割债券的剩余付息次数
    ...:     else:                       #小数部分小于等于 0.5
    ...:         n=m*math.floor(tenor)+1 #国债期货交割日后可交割债券的剩余付息次数
    ...:     r=0.03                      #国债期货合约票面利率
    ...:     A=1/pow(1+r/m,x*m/12)       #转换因子表达式（式 10-11）中的方括号前面一项
    ...:     B=c/m+c/r+(1-c/r)/pow(1+r/m,n-1)  #转换因子表达式中的方括号内的表达式
    ...:     D=c*(1-x*m/12)/m            #转换因子表达式的最后一项
    ...:     factor=A*B-D                #转换因子的计算
    ...:     return factor
```

在以上的自定义函数 CF 中，输入债券票面利率、票息每年支付频次、国债期货最后交割日、债券下一个付息日、债券最后到期日等参数，就可以迅速计算得到可交割债券的转换因子。

2. 针对任务 2

```
In [78]: t1=dt.datetime(2021,9,15)       #5 年期国债期货 2109 合约的最后交割日
    ...: freq=1                          #可交割债券每年支付票息的次数

In [79]: t2_TB1828=dt.datetime(2021,12,6)   #18 附息国债 28 的下一个付息日
    ...: t3_TB1828=dt.datetime(2025,12,6)    #18 附息国债 28 的最后到期日
    ...: C_TB1828=0.0322                     #18 附息国债 28 的票面利率

In [80]: CF_TB1828=CF(c=C_TB1828,m=freq,T1=t1,T2=t2_TB1828,T3=t3_TB1828)   #18 附息国债 28 转换因子
    ...: print('2021 年 9 月 10 日 18 附息国债 28 的转换因子', round(CF_TB1828,4))
2021 年 9 月 10 日 18 附息国债 28 的转换因子 1.0086

In [81]: C_list=np.linspace(0.02,0.05,200)   #创建 18 附息国债 28 票面利率的数组

In [82]: CF_list=CF(c=C_list,m=freq,T1=t1,T2=t2_TB1828,T3=t3_TB1828)   #转换因子的数组

In [83]: plt.figure(figsize=(9,6))
    ...: plt.plot(C_list,CF_list,'m-',lw=2.5)
```

```
...: plt.xticks(fontsize=13)
...: plt.xlabel(u'票面利率',fontsize=13)
...: plt.yticks(fontsize=13)
...: plt.ylabel(u'转换因子',fontsize=13)
...: plt.title(u'18 附息国债 28 的票面利率与转换因子之间的关系',fontsize=13)
...: plt.grid()
...: plt.show()
```

从图 10-9 中不难发现，可交割债券的票面利率与转换因子之间存在着线性关系，并且当票面利率等于 3%的时候，转换因子正好等于 1.00，这也印证了国债期货标的合约是票面利率等于 3%的名义国债。

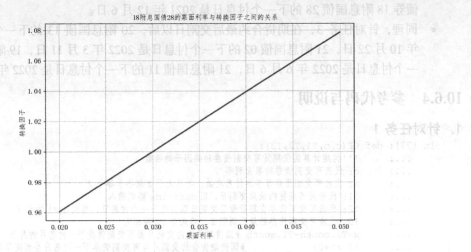

图 10-9   18 附息国债 28 的票面利率与转换因子之间的关系

此外，也需要注意的是，转换因子对于票面利率并不十分敏感，比如当"18 附息国债 28"的票面利率为 2%时，对应的转换因子是 0.96，而当票面利率达到 5%（增长 1.5 倍）时，对应的转换因子也仅约为 1.08（仅增长 12.5%）。

3. 针对任务 3

```
In [84]: t2_TB2013=dt.datetime(2021,10,22)        #20 附息国债 13 的下一个付息日
    ...: t3_TB2013=dt.datetime(2025,10,22)        #20 附息国债 13 的最后到期日
    ...: C_TB2013=0.0302                            #20 附息国债 13 的票面利率

In [85]: CF_TB2013=CF(c=C_TB2013,m=freq,T1=t1,T2=t2_TB2013,T3=t3_TB2013)   #20 附息国债13 转换因子
    ...: print('2021 年 9 月 10 日 20 附息国债 13 的转换因子', round(CF_TB2013,4))
2021 年 9 月 10 日 20 附息国债 13 的转换因子  1.0007

In [86]: t2_TB2102=dt.datetime(2022,3,11)          #21 附息国债 02 的下一个付息日
    ...: t3_TB2102=dt.datetime(2026,3,11)          #21 附息国债 02 的最后到期日
    ...: C_TB2102=0.0303                            #21 附息国债 02 的票面利率

In [87]: CF_TB2102=CF(c=C_TB2102,m=freq,T1=t1,T2=t2_TB2102,T3=t3_TB2102)   #21 附息国债 02 转换因子
    ...: print('2021 年 9 月 10 日 21 附息国债 02 的转换因子', round(CF_TB2102,4))
2021 年 9 月 10 日 21 附息国债 02 的转换因子  1.0011

In [88]: t2_TB1903=dt.datetime(2022,6,6)           #19 附息国债 07 的下一个付息日
    ...: t3_TB1903=dt.datetime(2026,6,6)           #19 附息国债 07 的最后到期日
    ...: C_TB1903=0.0325                            #19 附息国债 07 的票面利率

In [89]: CF_TB1903=CF(c=C_TB1903,m=freq,T1=t1,T2=t2_TB1903,T3=t3_TB1903)   #19 附息国债 07 转换因子
    ...: print('2021 年 9 月 10 日 19 附息国债 07 的转换因子', round(CF_TB1903,4))
2021 年 9 月 10 日 19 附息国债 07 的转换因子  1.0108

In [90]: t2_TB2111=dt.datetime(2022,8,12)          #21 附息国债 11 的下一个付息日
    ...: t3_TB2111=dt.datetime(2026,8,12)          #21 附息国债 11 的最后到期日
    ...: C_TB2111=0.0269                            #21 附息国债 11 的票面利率

In [91]: CF_TB2111=CF(c=C_TB2111,m=freq,T1=t1,T2=t2_TB2111,T3=t3_TB2111)   #21 附息国债 11 转换因子
```

```
...: print('2021年9月10日21附息国债11的转换因子', round(CF_TB2111,4))
2021年9月10日21附息国债11的转换因子 0.986
```

将任务 2 和任务 3 计算得到的共 5 只可交割债券的转换因子放在表 10-12 中进行展示和比较。从表 10-12 中不难看出，这 5 只可交割债券的转换因子值都处在 1 的附近，并且当转换因子越接近 1 就表明可交割债券越接近于 5 年期国债期货合约标的资产——票面利率为 3% 的名义中期国债。

表 10-12 2021 年 9 月 10 日 5 年期国债期货 2109 合约的 5 只可交割债券转换因子

债券简称	18 附息国债 28	20 附息国债 13	21 附息国债 02	19 附息国债 07	21 附息国债 11
转换因子	1.0086	1.0007	1.0011	1.0108	0.9860

10.7 国债期货最廉价交割的编程——以国债期货 T2112 合约为案例

10.7.1 案例详情

G 公司是总部位于北京的一家中外合资保险公司，该公司通过引入国际先进的保险知识和经验，立足于中国市场，为客户量身定做个性化、多样化、满足不同保障需求的保险产品。为了保持资产与负债的期限匹配，公司配置了久期相对较长的债券资产，同时，公司担心市场利率可能会存在较大的波动，进而会影响投资的收益，经公司风险管理委员会讨论并结合已配置债券的久期，决定运用 10 年期国债期货 2112 合约（代码为 T2112）进行套期保值。该合约的上市挂牌日是 2021 年 3 月 15 日，最后交易日是 2021 年 12 月 10 日，最后交割日是 2021 年 12 月 15 日。

在 2021 年 12 月 10 日该国债期货合约的结算价是 100.165 元，同时，针对该合约在银行间市场交易的可交割债券包括"18 附息国债 19""18 附息国债 27"等共计 10 只国债。表 10-13 列出了在 2021 年 12 月 10 日（国债期货 2112 合约最后交易日）这些可交割国债的主要要素信息，需要注意的是，表中的债券价格是净价而不是全价。

表 10-13 2021 年 12 月 10 日 10 年期国债期货 2112 合约的可交割债券要素信息

债券简称	票面利率	付息频次	债券价格（净价，元/张）	起息日	到期日	付息日
18 附息国债 19	3.54%	每年 2 次	104.7168	2018-08-16	2028-08-16	2 月 16 日、8 月 16 日
18 附息国债 27	3.25%	每年 2 次	102.3395	2018-11-22	2028-11-22	5 月 22 日、11 月 22 日
19 附息国债 06	3.29%	每年 2 次	102.6610	2019-05-23	2029-05-23	5 月 23 日、11 月 23 日
19 附息国债 15	3.13%	每年 2 次	101.4059	2019-11-21	2029-11-21	5 月 21 日、11 月 21 日
20 抗疫国债 04	2.86%	每年 2 次	99.1696	2020-07-16	2030-07-16	1 月 16 日、7 月 16 日
20 附息国债 06	2.68%	每年 2 次	97.7986	2020-05-21	2030-05-21	5 月 21 日、11 月 21 日
20 附息国债 16	3.27%	每年 2 次	102.8360	2020-11-19	2030-11-19	5 月 19 日、11 月 19 日
21 附息国债 09	3.02%	每年 2 次	101.2501	2021-05-27	2031-05-27	5 月 27 日、11 月 27 日
21 附息国债 13	2.91%	每年 1 次	100.2395	2021-10-14	2028-10-14	10 月 14 日
21 附息国债 17	2.89%	每年 2 次	100.4288	2021-11-18	2031-11-18	5 月 18 日、11 月 18 日

注：上表中的付息日特指债券存续期内每年的对应日期。
数据来源：同花顺。

假定你是 G 公司的首席债券投资官，负责全公司债券及国债期货的投资交易工作，目前正在审阅投资部门提交的关于国债期货 2112 合约最廉价交割债券的研究报告，在报告中投资部门通过测算发现，2021 年 12 月 10 日 20 附息国债 06 是该期货合约的**最廉价交割**（Cheapest-to-Deliver，CTD）**债券**。

基于谨慎的考虑，你希望亲自运用 Python 验证这份报告结论的正确性，因此需要完成以下 5 个编程任务。

10.7.2 编程任务

【任务 1】在国债期货交割日，国债期货采用实物交割。因此，运用 Python 自定义一个计算国债期货空头方选择不同可交割债券交割成本的函数，并且要求在自定义的函数中可以输入包括计算最廉价交割的日期、国债期货最后交割日、交割日后的可交割债券下一个付息日、可交割债券的最后到期日等日期参数。

【任务 2】运用任务 1 自定义的函数，依次计算在 2021 年 12 月 10 日 18 附息国债 19、18 附息国债 27 以及 19 附息国债 06 这 3 只可交割债券的交割成本。

【任务 3】运用任务 1 自定义的函数，依次计算在 2021 年 12 月 10 日 19 附息国债 15、20 抗疫国债 04 以及 20 附息国债 06 这 3 只可交割债券的交割成本。

【任务 4】运用任务 1 自定义的函数，依次计算在 2021 年 12 月 10 日 20 附息国债 16、21 附息国债 09、21 附息国债 13 以及 21 附息国债 17 这 4 只可交割债券的交割成本。

【任务 5】根据任务 2 至任务 4 计算得到的 10 只国债在 2021 年 12 月 10 日的交割成本，通过绘制水平条形图将交割成本可视化，并且找出最廉价交割债券。

10.7.3 编程提示

- 针对任务 1 需要运用计算交割成本的公式。假定在期货合约交割日，空头方并未持有国债而需从市场中买入用于交割的国债，则空头方的交割成本的公式如下：

空头方交割成本 = 可交割国债的净价 − 期货价格 × 可交割国债转换因子 （式 10-12）

通过对所有可交割债券的交割成本由小到大排序，找出交割成本最低的可交割债券就是最廉价交割债券，理性的空头方会运用最廉价交割债券在国债期货合约的交割日进行实物交割。

- 针对任务 2 至任务 4，对于票息支付频次为每年 2 次的国债而言，输入债券在期货最后交割日以后的下一个付息日时需要格外注意，比如 18 附息国债 19 在国债期货 2112 合约最后交割日以后的下一个付息日是 2022 年 2 月 16 日。

- 针对任务 5，绘制水平条形图可以运用 Matplotlib 模块的子模块 pyplot 的函数 barh，其中参数 y 对应债券名称，参数 width 则对应交割成本。

10.7.4 参考代码与说明

1. 针对任务 1

```
In [92]: def Deliver_cost(Pb,Pf,c,m,T1,T2,T3):
    ...:     '''构建计算国债期货空头方交割成本的函数
    ...:     Pb: 代表国债期货可交割债券的价格（净价）
    ...:     Pf: 代表国债期货的结算价
    ...:     c: 代表可交割债券的票面利率
    ...:     m: 代表可交割债券每年的付息次数，并且大于 0 同时小于等于 2
    ...:     T1: 代表国债期货的最后交割日，以 datetime 格式输入
    ...:     T2: 代表债券在期货最后交割日以后的下一个付息日，格式与 T1 的相同
    ...:     T3: 代表债券的最后到期日，格式与 T2 的相同'''
    ...:     x=T2.month-T1.month              #期货合约交割月至债券下一付息月的月份
    ...:     if x>=0:                         #期货合约交割月与债券下一付息月均在同一个年度
    ...:         x=x
    ...:     else:                            #期货合约交割月与债券下一付息月不在同一个年度
    ...:         x=12+x
    ...:     tenor=(T3-T1).days/365           #计算国债期货最后交割日的债券剩余期限（年）
    ...:     import math                      #导入 math 模块
    ...:     if math.modf(tenor)[0]>0.5:      #小数部分大于 0.5
    ...:         n=m*math.ceil(tenor)         #国债期货交割日后可交割债券的剩余付息次数
    ...:     else:                            #小数部分小于或等于 0.5
    ...:         n=m*math.floor(tenor)+1      #国债期货交割日后可交割债券的剩余付息次数
    ...:     r=0.03                           #国债期货合约票面利率
    ...:     A=1/pow(1+r/m,x*m/12)            #转换因子公式中的方括号前面一项
```

```
...:      B=c/m+c/r+(1-c/r)/pow(1+r/m,n-1)   #转换因子公式中的方括号内表达式
...:      CF=A*B-c*(1-x*m/12)/m              #计算转换因子
...:      cost=Pb-CF*Pf                      #计算期货空头方的交割成本
...:      return cost
```

在以上的自定义函数 Deliver_cost 中，输入债券的价格（净价）、国债期货的结算价、可交割债券的票面利率、可交割债券每年的付息次数、国债期货最后交割日、交割日后的可交割债券下一个付息日、可交割债券的最后到期日等参数，就可以快速计算得到国债期货空头方的交割成本。

2. 针对任务2

```
In [93]: P_future=100.165                   #2021 年 12 月 10 日国债期货 2112 合约结算价
    ...: t1=dt.datetime(2021,12,15)         #国债期货 2112 合约的最后交割日

In [94]: t2_TB1819=dt.datetime(2022,2,16)   #18 附息国债 19 的下一付息日
    ...: t3_TB1819=dt.datetime(2028,8,16)   #18 附息国债 19 的到期日
    ...: c_TB1819=0.0354                     #18 附息国债 19 的票面利率
    ...: m_TB1819=2                          #18 附息国债 19 的票息每年支付频次
    ...: P_TB1819=104.7168                   #2021 年 12 月 10 日 18 附息国债 19 的净价

In [95]: cost_TB1819=Deliver_cost(Pb=P_TB1819,Pf=P_future,c=c_TB1819,m=m_TB1819,T1=t1, T2
=t2_TB1819,T3=t3_TB1819) #18 附息国债 19 用于交割的成本
    ...: print('2021 年 12 月 10 日运用 18 附息国债 19 交割的成本',round(cost_TB1819,6))
2021 年 12 月 10 日运用 18 附息国债 19 交割的成本 1.308445

In [96]: t2_TB1827=dt.datetime(2022,5,22)   #18 附息国债 27 的下一次付息日
    ...: t3_TB1827=dt.datetime(2028,11,22)  #18 附息国债 27 的到期日
    ...: c_TB1827=0.0325                     #18 附息国债 27 的票面利率
    ...: m_TB1827=2                          #18 附息国债 27 的票息每年支付频次
    ...: P_TB1827=102.3395                   #2021 年 12 月 10 日 18 附息国债 27 的净价

In [97]: cost_TB1827=Deliver_cost(Pb=P_TB1827,Pf=P_future,c=c_TB1827,m=m_TB1827,T1=t1, T2
=t2_TB1827,T3=t3_TB1827) #18 附息国债 27 用于交割的成本
    ...: print('2021 年 12 月 10 日运用 18 附息国债 27 交割的成本',round(cost_TB1827,6))
2021 年 12 月 10 日运用 18 附息国债 27 交割的成本 0.622507

In [98]: t2_TB1906=dt.datetime(2022,5,23)   #19 附息国债 06 的下一次付息日
    ...: t3_TB1906=dt.datetime(2029,5,23)   #19 附息国债 06 的到期日
    ...: c_TB1906=0.0329                     #19 附息国债 06 的票面利率
    ...: m_TB1906=2                          #19 附息国债 06 的票息每年支付频次
    ...: P_TB1906=102.6610                   #2021 年 12 月 10 日 19 附息国债 06 的净价

In [99]: cost_TB1906=Deliver_cost(Pb=P_TB1906,Pf=P_future,c=c_TB1906,m=m_TB1906,T1=t1, T2
=t2_TB1906,T3=t3_TB1906) #19 附息国债 06 用于交割的成本
    ...: print('2021 年 12 月 10 日运用 19 附息国债 06 交割的成本',round(cost_TB1906,6))
2021 年 12 月 10 日运用 19 附息国债 06 交割的成本 0.578981
```

3. 针对任务3

```
In [100]: t2_TB1915=dt.datetime(2022,5,21)  #19 附息国债 15 的下一次付息日
     ...: t3_TB1915=dt.datetime(2029,11,21) #19 附息国债 15 的到期日
     ...: c_TB1915=0.0313                    #19 附息国债 15 的票面利率
     ...: m_TB1915=2                         #19 附息国债 15 的票息每年支付频次
     ...: P_TB1915=101.4059                  #2021 年 12 月 10 日 19 附息国债 15 的净价

In [101]: cost_TB1915=Deliver_cost(Pb=P_TB1915,Pf=P_future,c=c_TB1915,m=m_TB1915,T1=t1,
T2=t2_TB1915,T3=t3_TB1915) #19 附息国债 15 用于交割的成本
     ...: print('2021 年 12 月 10 日运用 19 附息国债 15 交割的成本',round(cost_TB1915,6))
2021 年 12 月 10 日运用 19 附息国债 15 交割的成本 0.330968

In [102]: t2_TB2004=dt.datetime(2022,1,16)  #20 抗疫国债 04 的下一次付息日
     ...: t3_TB2004=dt.datetime(2030,7,16)  #20 抗疫国债 04 的到期日
     ...: c_TB2004=0.0286                    #20 抗疫国债 04 的票面利率
     ...: m_TB2004=2                         #20 抗疫国债 04 的票息每年支付频次
     ...: P_TB2004=99.1696                   #2021 年 12 月 10 日 20 抗疫国债 04 的净价

In [103]: cost_TB2004=Deliver_cost(Pb=P_TB2004,Pf=P_future,c=c_TB2004,m=m_TB2004,T1=t1,
T2=t2_TB2004,T3=t3_TB2004) #20 抗疫国债 04 用于交割的成本
     ...: print('2021 年 12 月 10 日运用 20 抗疫国债 04 交割的成本',round(cost_TB2004,6))
```

2021 年 12 月 10 日运用 20 抗疫国债 04 交割的成本 0.060335

```
In [104]: t2_TB2006=dt.datetime(2022,5,21)    #20 附息国债 06 的下一次付息日
     ...: t3_TB2006=dt.datetime(2030,5,21)     #20 附息国债 06 的到期日
     ...: c_TB2006=0.0268                       #20 附息国债 06 的票面利率
     ...: m_TB2006=2                            #20 附息国债 06 的票息每年支付频次
     ...: P_TB2006=97.7986                      #2021 年 12 月 10 日 20 附息国债 06 的净价

In [105]: cost_TB2006=Deliver_cost(Pb=P_TB2006,Pf=P_future,c=c_TB2006,m=m_TB2006,T1=t1,
T2=t2_TB2006,T3=t3_TB2006)  #20 附息国债 06 用于交割的成本
     ...: print('2021 年 12 月 10 日运用 20 附息国债 06 交割的成本',round(cost_TB2006,6))
2021 年 12 月 10 日运用 20 附息国债 06 交割的成本  0.003536
```

4. 针对任务 4

```
In [106]: t2_TB2016=dt.datetime(2022,5,19)    #20 附息国债 16 的下一次付息日
     ...: t3_TB2016=dt.datetime(2030,11,19)    #20 附息国债 16 的到期日
     ...: c_TB2016=0.0327                       #20 附息国债 16 的票面利率
     ...: m_TB2016=2                            #20 附息国债 16 的票息每年支付频次
     ...: P_TB2016=102.8360                     #2021 年 12 月 10 日 20 附息国债 16 的净价

In [107]: cost_TB2016=Deliver_cost(Pb=P_TB2016,Pf=P_future,c=c_TB2016,m=m_TB2016,T1=t1,
T2=t2_TB2016,T3=t3_TB2016)  #20 附息国债 16 用于交割的成本
     ...: print('2021 年 12 月 10 日运用 20 附息国债 16 交割的成本',round(cost_TB2016,6))
2021 年 12 月 10 日运用 20 附息国债 16 交割的成本  0.570536

In [108]: t2_TB2109=dt.datetime(2022,5,27)    #21 附息国债 09 的下一次付息日
     ...: t3_TB2109=dt.datetime(2031,5,27)     #21 附息国债 09 的到期日
     ...: c_TB2109=0.0302                       #21 附息国债 09 的票面利率
     ...: m_TB2109=2                            #21 附息国债 09 的票息每年支付频次
     ...: P_TB2109=101.2501                     #2021 年 12 月 10 日 21 附息国债 09 的净价

In [109]: cost_TB2109=Deliver_cost(Pb=P_TB2109,Pf=P_future,c=c_TB2109,m=m_TB2109,T1=t1,
T2=t2_TB2109,T3=t3_TB2109)  #21 附息国债 09 用于交割的成本
     ...: print('2021 年 12 月 10 日运用 21 附息国债 09 交割的成本',round(cost_TB2109,6))
2021 年 12 月 10 日运用 21 附息国债 09 交割的成本  0.923379

In [110]: t2_TB2113=dt.datetime(2022,10,14)   #21 附息国债 13 的下一次付息日
     ...: t3_TB2113=dt.datetime(2028,10,14)    #21 附息国债 13 的到期日
     ...: c_TB2113=0.0291                       #21 附息国债 13 的票面利率
     ...: m_TB2113=1                            #21 附息国债 13 的票息每年支付频次
     ...: P_TB2113=100.2395                     #2021 年 12 月 10 日 21 附息国债 13 的净价

In [111]: cost_TB2113=Deliver_cost(Pb=P_TB2113,Pf=P_future,c=c_TB2113,m=m_TB2113,T1=t1,
T2=t2_TB2113,T3=t3_TB2113)  #21 附息国债 13 用于交割的成本
     ...: print('2021 年 12 月 10 日运用 21 附息国债 13 交割的成本',round(cost_TB2113,6))
2021 年 12 月 10 日运用 21 附息国债 13 交割的成本  0.630048

In [112]: t2_TB2117=dt.datetime(2022,5,18)    #21 附息国债 17 的下一次付息日
     ...: t3_TB2117=dt.datetime(2031,11,18)    #21 附息国债 17 的到期日
     ...: c_TB2117=0.0289                       #21 附息国债 17 的票面利率
     ...: m_TB2117=2                            #21 附息国债 17 的票息每年支付频次
     ...: P_TB2117=100.4288                     #2021 年 12 月 10 日 21 附息国债 17 的净价

In [113]: cost_TB2117=Deliver_cost(Pb=P_TB2117,Pf=P_future,c=c_TB2117,m=m_TB2117,T1=t1,
T2=t2_TB2117,T3=t3_TB2117)  #21 附息国债 17 用于交割的成本
     ...: print('2021 年 12 月 10 日运用 21 附息国债 17 交割的成本',round(cost_TB2117,6))
2021 年 12 月 10 日运用 21 附息国债 17 交割的成本  1.204352
```

5. 针对任务 5

```
In [114]: name=['18 附息国债 19','18 附息国债 27','19 附息国债 06','19 附息国债 15',
     ...:       '20 抗疫国债 04','20 附息国债 06','20 附息国债 16','21 附息国债 09',
     ...:       '21 附息国债 13','21 附息国债 17']    #创建债券简称的列表

In [115]: cost_list=[cost_TB1819,cost_TB1827,cost_TB1906,cost_TB1915,
     ...:           cost_TB2004,cost_TB2006,cost_TB2016,cost_TB2109,
     ...:           cost_TB2113,cost_TB2117]    #创建债券交割成本的列表

In [116]: plt.figure(figsize=(9,6))
     ...: plt.barh(y=name,width=cost_list,height=0.5,facecolor='m')    #创建水平条形图
```

```
...: plt.xticks(fontsize=13)
...: plt.xlabel(u'交割成本',fontsize=13)
...: plt.yticks(fontsize=12)
...: plt.title(u'可用于国债期货 T2112 交割的债券交割成本',fontsize=13)
...: plt.grid()
...: plt.show()
```

从图 10-10 中可以很明显地看到，20 附息国债 06 的交割成本是最低的，相比之下，18 付息国债 19 的交割成本是最高的。因此，对于国债期货 T2112 合约空头方而言，在 12 月 10 日合约到期以后，会理性地选择 20 附息国债 06 作为最廉价交割债券进行交割，这也就意味着投资部门提交的报告结论是正确的。

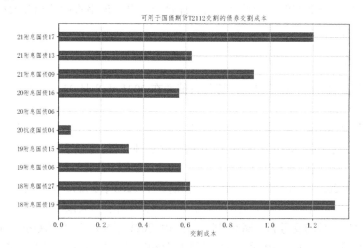

图 10-10　2021 年 12 月 10 日可用于国债期货 T2112 合约交割的各只债券交割成本

10.8　国债期货套期保值的编程——以利率债投资组合与国债期货为案例

10.8.1　案例详情

H 公司是总部位于广州的一家中外合资汽车金融公司，借助并融合股东方的资金优势、网络优势、品牌优势以及信息科技优势，为经销商提供车辆贷款、为个人及商业客户提供汽车消费信贷等金融服务。

该公司拥有比较充裕的自有资金，并且自有资金通常用于配置低风险的利率债，比如国债、地方政府债、政策性银行债以及政府支持机构债等。其在 2021 年 8 月 31 日的债券投资组合包括"16 北京债 04""16 浙江债 08""19 国开 09""21 进出 05"以及"15 汇金 03"5 只债券，并且投资每只债券的面值均为 1600 万元，表 10-14 列出了 2021 年 8 月 31 日这 5 只债券的主要要素信息。

H 公司的管理层担心 2021 年下半年国内的市场利率可能会上升，同时考虑到这些债券的期限在 5 年左右，因此，运用 5 年期国债期货 TF2203 合约进行套期保值，该期货合约的上市日是 2021 年 6 月 15 日，最后交易日是 2022 年 3 月 11 日，最后交割日是 2022 年 3 月 16 日。H 公司运用该国债期货套期保值的时间设定为 2021 年 8 月 31 日至 2021 年 12 月 31 日。

表 10-14　2021 年 8 月 31 日相关债券的主要要素信息

债券简称	债券发行人	票面利率	票息支付频次	到期日	到期收益率（连续复利）
16 北京债 04	北京市人民政府	2.79%	每年 2 次	2026 年 8 月 5 日	2.9337%
16 浙江债 08	浙江省人民政府	3.20%	每年 2 次	2026 年 6 月 15 日	2.9391%
19 国开 09	国家开发银行	3.50%	每年 1 次	2026 年 8 月 13 日	3.0463%

续表

债券简称	债券发行人	票面利率	票息支付频次	到期日	到期收益率（连续复利）
21 进出 05	中国进出口银行	3.22%	每年 1 次	2026 年 5 月 14 日	3.0027%
15 汇金 03	中央汇金投资有限责任公司	3.78%	每年 1 次	2025 年 9 月 15 日	2.9449%

数据来源：中国货币网。

假定你是该公司的首席风险官，负责公司的全面风险管理工作，正在审核风险管理部提交的关于公司运用国债期货进行套期保值的总结报告。你希望亲自验证报告中的相关数据，因此需要运用 Python 完成 5 个编程任务。

10.8.2 编程任务

【任务 1】结合表 10-14 中的信息，计算每只债券在 2021 年 8 月 31 日的价格（全价）以及公司整个债券投资组合的市值。

【任务 2】结合表 10-14 中的信息，计算在 2021 年 12 月 31 日（套期保值到期日）每只债券的麦考利久期（到期收益率用 2021 年 8 月 31 日的数据），同时计算整个债券投资组合的麦考利久期（按照投资的每只债券市值计算权重）。

【任务 3】假定在 2021 年 8 月 31 日，针对国债期货 TF2203 合约的最廉价交割债券是 19 附息国债 16，该债券的久期可以作为国债期货合约的久期，表 10-15 列出了当天该债券的主要要素信息。计算该债券在 2021 年 12 月 31 日的麦考利久期（到期收益率用 2021 年 8 月 31 日的数据）；同时，当天国债期货 TF2203 合约的结算价是 100.8050 元，以此计算 H 公司应当持有的最优期货合约数量。

表 10-15　2021 年 8 月 31 日 19 附息国债 16 的主要要素信息

债券简称	债券发行人	票面利率	票息支付频次	到期日	到期收益率（连续复利）
19 附息国债 16	中华人民共和国财政部	3.12%	每年 1 次	2026 年 12 月 5 日	2.7290%

数据来源：同花顺。

【任务 4】导入包含 2021 年 8 月 31 日至 2021 年 12 月 31 日套期保值期间这 5 只债券的全价（收盘价）以及包含国债期货 TF2203 合约结算价数据的 Excel 文件，分别计算未套期保值的债券投资组合市值与采用套期保值的整体投资组合市值，并且将这两类投资组合市值进行可视化。

【任务 5】H 公司的期货保证金账户开立在本地的一家期货公司，该期货公司收取的国债期货合约初始保证金比例是 3%、维持保证金比例是 2.5%。H 公司在 2021 年 8 月 31 日开立期货空头头寸时，存放至保证金账户的金额是 218 万元，针对在套期保值期间，计算首次出现期货合约追加保证金的日期以及追加的金额，并且假定每次出现追加保证金时，H 公司都能够在当天完成保证金的追加并且恰好满足初始保证金的要求，计算在整个套期保值期间内，每次需要追加保证金的日期和每次追加的保证金金额。

10.8.3 编程提示

针对任务 1，可以运用在 7.1 节案例中通过 Python 自定义的基于单一贴现利率计算债券价格的函数。针对任务 2，可以运用在 7.4 节案例中自定义计算麦考利久期的函数。针对任务 3，需要运用到测算基于久期的国债期货最优套期保值数量的数学表达式。假定 N^* 表示基于久期的国债期货最优套保比率，P 表示被套期保值的债券投资组合在套期保值到期日的远期价值（通常用投资组合的当前市值代替），D_P 表示被套期保值的投资组合在套期保值到期日的久期，V_F 表示 1 手国债期货合约的价格，D_F 表示国债期货合约最廉价交割债券在套期保值到期日的久期，则存在以下的数学表达式：

$$N^* = \frac{PD_P}{V_F D_F}$$

（式 10-13）

10.8.4　参考代码与说明

1. 针对任务 1

```
In [117]: def Bondprice_onediscount(C,M,m,y,t0,t1):   #7.1节的自定义函数
     ...:     '''定义基于单一贴现利率计算债券价格的函数
     ...:     C: 代表债券的票面利率，如果输入0就表示零息债券
     ...:     M: 代表债券的本金（面值）
     ...:     m: 代表债券票息每年的支付频次，年支付频次不超过2次
     ...:     y: 代表债券的到期收益率（单一贴现利率）
     ...:     t0: 代表债券定价日，以datetime格式输入
     ...:     t1: 代表债券到期日，输入格式与t0的相同'''
     ...:     import math                      #导入math模块
     ...:     tenor=(t1-t0).days/365           #计算债券剩余期限（年）
     ...:     if C==0:                         #针对零息债券
     ...:         price=M*np.exp(-y*tenor)     #零息债券的价格
     ...:     else:                            #针对带票息债券
     ...:         if math.modf(tenor)[0]>0.5:  #小数部分大于0.5
     ...:             N=m*math.ceil(tenor)     #剩余票息支付的次数
     ...:         else:                        #小数部分小于等于0.5
     ...:             N=m*math.floor(tenor)+1  #剩余票息支付的次数
     ...:         T_list=np.arange(N)/m        #构建一个数组
     ...:         T_list=np.sort(tenor-T_list) #债券定价日距离剩余每期票息支付日的期限数组
     ...:         price=M*(np.sum(np.exp(-y*T_list))*C/m+np.exp(-y*T_list[-1])) #带票息债
券的价格
     ...:     return price

In [118]: t_price=dt.datetime(2021,8,31)      #计算债券价格的日期
     ...: par=100                             #债券面值

In [119]: C_BJ=0.0279                         #16北京债04的票面利率
     ...: m_BJ=2                              #16北京债04的票息每年支付2次
     ...: y_BJ=0.029337                       #16北京债04的到期收益率
     ...: t_BJ=dt.datetime(2026,8,5)          #16北京债04的到期日
     ...: price_BJ=Bondprice_onediscount(C=C_BJ,M=par,m=m_BJ,y=y_BJ,t0=t_price,t1=t_BJ)
#计算16北京债04的价格
     ...: print('2021年8月31日16北京债04的价格（全价）',round(price_BJ,6))
2021年8月31日16北京债04的价格（全价） 99.436387

In [120]: C_ZJ=0.032                          #16浙江债08的票面利率
     ...: m_ZJ=2                              #16浙江债08的票息每年支付2次
     ...: y_ZJ=0.029391                       #16浙江债08的到期收益率
     ...: t_ZJ=dt.datetime(2026,6,15)         #16浙江债08的到期日
     ...: price_ZJ=Bondprice_onediscount(C=C_ZJ,M=par,m=m_ZJ,y=y_ZJ,t0=t_price,t1=t_ZJ)
#计算16浙江债08的价格
     ...: print('2021年8月31日16浙江债08的价格（全价）',round(price_ZJ,6))
2021年8月31日16浙江债08的价格（全价） 101.724741

In [121]: C_CDB=0.035                         #19国开09的票面利率
     ...: m_CDB=1                             #19国开09的票息每年支付1次
     ...: y_CDB=0.030463                      #19国开09的到期收益率
     ...: t_CDB=dt.datetime(2026,8,13)        #19国开09的到期日
     ...: price_CDB=Bondprice_onediscount(C=C_CDB,M=par,m=m_CDB,y=y_CDB,t0=t_price, t1=t_
CDB)  #计算19国开09的价格
     ...: print('2021年8月31日19国开09的价格（全价）',round(price_CDB,6))
2021年8月31日19国开09的价格（全价） 102.002817

In [122]: C_EIB=0.0322                        #21进出05的票面利率
     ...: m_EIB=1                             #21进出05的票息每年支付1次
     ...: y_EIB=0.030027                      #21进出05的到期收益率
```

```
    ...: t_EIB=dt.datetime(2026,5,14)              #21 进出 05 的到期日
    ...: price_EIB=Bondprice_onediscount(C=C_EIB,M=par,m=m_EIB,y=y_EIB, t0=t_price,t1=t_
EIB)  #计算 21 进出 05 的价格
    ...: print('2021 年 8 月 31 日 21 进出 05 的价格（全价）',round(price_EIB,6))
2021 年 8 月 31 日 21 进出 05 的价格（全价） 101.684987


In [123]: C_HJ=0.0378                               #15 汇金 03 的票面利率
    ...: m_HJ=1                                      #15 汇金 03 的票息每年支付 1 次
    ...: y_HJ=0.029449                               #15 汇金 03 的到期收益率
    ...: t_HJ=dt.datetime(2025,9,15)                 #15 汇金 03 的到期日
    ...: price_HJ=Bondprice_onediscount(C=C_HJ,M=par,m=m_HJ,y=y_HJ,t0=t_price,t1=t_HJ)
#计算 15 汇金 03 的价格
    ...: print('2021 年 8 月 31 日 15 汇金 03 的价格（全价）',round(price_HJ,6))
2021 年 8 月 31 日 15 汇金 03 的价格（全价） 106.584489


In [124]: price_list=np.array([price_BJ,price_ZJ,price_CDB,price_EIB,price_HJ])   #创建债券
价格的数组
    ...: par_bonds=1.6e7                             #每只债券投资的面值


In [125]: value_port=np.sum(par_bonds*price_list/par) #2021 年 8 月 31 日债券投资组合市值
    ...: print('计算得到 2021 年 8 月 31 日债券投资组合市值金额',round(value_port,2))
计算得到 2021 年 8 月 31 日债券投资组合市值金额 81829347.41
```

通过以上的计算不难看出，在 2021 年 8 月 31 日整个债券投资组合的价值为 8182.93 万元左右。

2. 针对任务 2

```
In [126]: def Macaulay_Duration(c,m,y,t0,t1):         #7.4 节案例中的自定义函数
    ...:      '''构建计算债券麦考利久期的函数
    ...:      c: 表示债券的票面利率
    ...:      m: 表示债券票息的每年支付次数，并且次数不超过 2 次
    ...:      y: 表示债券的到期收益率（连续复利）
    ...:      t0: 表示计算债券久期的时点，以 datetime 格式输入
    ...:      t1: 表示债券到期日，以 datetime 格式输入'''
    ...:      from numpy import exp,arange,sort    #导入 NumPy 模块的 exp、arange 和 sort 函数
    ...:      import math                          #导入 math 模块
    ...:      tenor=(t1-t0).days/365               #计算债券剩余期限（年）
    ...:      if math.modf(tenor)[0]>0.5:          #小数部分小于 0.5
    ...:          N=m*math.ceil(tenor)             #计算得到剩余票息支付次数
    ...:      else:                                #小数部分大于等于 0.5
    ...:          N=m*math.floor(tenor)+1          #计算得到剩余票息支付次数
    ...:      T_list=arange(N)/m                   #构建一个期限数组
    ...:      T_list=sort(tenor-T_list)            #债券的剩余每次票息支付的期限数组
    ...:      par=100                              #表示债券本金
    ...:      value=par*(sum(exp(-y*T_list)*c/m)+exp(-y*T_list[-1]))   #计算债券价值
    ...:      coupon_PV=sum(T_list*exp(-y*T_list)*par*c/m)#计算债券剩余票息贴现值的期限加权平均
    ...:      par_PV=T_list[-1]*par*exp(-y*T_list[-1])   #计算债券本金贴现乘期限
    ...:      duration=(coupon_PV+par_PV)/value
    ...:      return duration                      #输出债券的麦考利久期


In [127]: t_duration=dt.datetime(2021,12,31)   #计算久期的日期（等同于套期保值结束日）


In [128]: D_BJ=Macaulay_Duration(c=C_BJ,m=m_BJ,y=y_BJ,t0=t_duration,t1=t_BJ)   #16 北京债 04
的麦考利久期
    ...: print('2021 年 12 月 31 日 16 北京债 04 的麦考利久期',round(D_BJ,6))
2021 年 12 月 31 日 16 北京债 04 的麦考利久期 4.297377


In [129]: D_ZJ=Macaulay_Duration(c=C_ZJ,m=m_ZJ,y=y_ZJ,t0=t_duration,t1=t_ZJ)   #16 浙江债 08
的麦考利久期
    ...: print('2021 年 12 月 31 日 16 浙江债 08 的麦考利久期',round(D_ZJ,6))
2021 年 12 月 31 日 16 浙江债 08 的麦考利久期 4.185906


In [130]: D_CDB=Macaulay_Duration(c=C_CDB,m=m_CDB,y=y_CDB,t0=t_duration,t1=t_CDB)   #19 国
开 09 的麦考利久期
    ...: print('2021 年 12 月 31 日 19 国开 09 的麦考利久期',round(D_CDB,6))
2021 年 12 月 31 日 19 国开 09 的麦考利久期 4.295724


In [131]: D_EIB=Macaulay_Duration(c=C_EIB,m=m_EIB,y=y_EIB,t0=t_duration,t1=t_EIB)   #21 进
出 05 的麦考利久期
```

```
    ...: print('2021 年 12 月 31 日 21 进出 05 的麦考利久期',round(D_EIB,6))
2021 年 12 月 31 日 21 进出 05 的麦考利久期  4.06886

In [132]: D_HJ=Macaulay_Duration(c=C_HJ,m=m_HJ,y=y_HJ,t0=t_duration,t1=t_HJ)    #15 汇金 03 的
麦考利久期
    ...: print('2021 年 12 月 31 日 15 汇金 03 的麦考利久期',round(D_HJ,6))
2021 年 12 月 31 日 15 汇金 03 的麦考利久期  3.499773

In [133]: weights=(par_bonds*price_list/par)/value_port       #每只债券的权重（市值的占比）
    ...: D_list=np.array([D_BJ,D_ZJ,D_CDB,D_EIB,D_HJ])          #创建债券麦考利久期的数组

In [134]: D_port=np.sum(weights*D_list)                        #计算债券投资组合的久期
    ...: print('在 2021 年 8 月 31 日计算出 2021 年 12 月 31 日债券投资组合久期', round(D_port,6))
在 2021 年 8 月 31 日计算出 2021 年 12 月 31 日债券投资组合久期  4.063218
```

通过以上的输出结果可以发现，在 2021 年 8 月 31 日计算得到 2021 年 12 月 31 日每只债券的麦考利久期，其中，16 北京债 04 的麦考利久期最大，15 汇金 03 的麦考利久期则最小，整个债券投资组合的加权平均久期约等于 4.0632。

3. 针对任务 3

```
In [135]: C_TB=0.0312                      #19 附息国债 16 的票面利率
    ...: m_TB=1                             #19 附息国债 16 的票息每年支付 1 次
    ...: y_TB=0.027290                      #19 附息国债 16 的到期收益率
    ...: t_TB=dt.datetime(2026,12,5)        #19 附息国债 16 的到期日

In [136]: D_TB=Macaulay_Duration(c=C_TB,m=m_TB,y=y_TB,t0=t_duration,t1=t_TB)   #计算 19 附息
国债 16 的麦考利久期
    ...: print('2021 年 12 月 31 日 19 附息国债 16 的麦考利久期',round(D_TB,6))
2021 年 12 月 31 日 19 附息国债 16 的麦考利久期  4.640708

In [137]: D_TF=D_TB                         #国债期货 TF2203 合约久期等于 19 附息国债 16 的久期

In [138]: def N_TBF(P,Dp,Vf,Df):
    ...:     '''构建计算基于久期套期保值的国债期货合约最优数量的函数
    ...:     P: 表示被套期保值的资产当前价值
    ...:     Dp: 表示被套期保值的资产在套期保值到期日的久期
    ...:     Vf: 表示 1 手国债期货合约的当前价格
    ...:     Df: 表示期货合约在套期保值到期日的久期'''
    ...:     import math                     #导入 math 模块
    ...:     N=P*Dp/(Vf*Df)                  #计算期货合约的最优套保数量
    ...:     if math.modf(N)[0]>0.5:         #小数部分大于 0.5
    ...:         N=math.ceil(N)              #实现小数位的四舍五入
    ...:     else:                           #小数部分小于等于 0.5
    ...:         N=math.floor(N)             #实现小数位的四舍五入
    ...:     return N
```

在以上自定义的函数 N_TBF 中，输入被套期保值资产的当前价值、被套期保值的资产在套期保值到期日的久期、1 手国债期货合约的当前价格以及期货合约在套期保值到期日的久期等参数，就可以计算得出基于久期对冲的国债期货合约最优数量。

```
In [139]: price_TF=100.8050                #国债期货 TF2203 合约在 2021 年 8 月 31 日的结算价
    ...: par_underlying=1e6                 #5 年期国债期货合约基础资产的面值是 100 万元

In [140]: value_TF=par_underlying*price_TF/par  #2021 年 8 月 31 日 1 张国债期货 TF2203 合约的价值

In [141]: N_TF=N_TBF(P=value_port,Dp=D_port,Vf=value_TF,Df=D_TF)  #国债期货 TF2203 合约的最优套
期保值数量
    ...: print('2021 年 8 月 31 日国债期货 TF2203 合约的最优套期保值数量',N_TF)
2021 年 8 月 31 日国债期货 TF2203 合约的最优套期保值数量  71
```

从以上的输出结果中可以看到，在 2021 年 8 月 31 日为了有效对冲债券投资组合的利率风险，H 公司需要持有 71 张国债期货 TF2203 合约空头头寸。

4. 针对任务 4

```
In [142]: data=pd.read_excel('C:/Desktop/5只债券以及国债期货 TF2203 价格数据.xlsx', sheet_name=
"Sheet1",header=0,index_col=0) #导入外部数据
```

```
In [143]: data.index=pd.DatetimeIndex(data.index)   #将数据框的行索引转为datetime格式

In [144]: data.columns          #显示数据框的列名
Out[144]: Index(['16北京债04', '16浙江债08', '19国开09', '21进出05', '15汇金03', 'TF2203
合约'], dtype='object')

In [145]: profit_TF=-N_TF*(data['TF2203合约']-data['TF2203合约'].iloc[0])*par_underlying/par  #
国债期货合约空头的盈亏时间序列

In [146]: value_list1=np.sum(data.iloc[:,:5]*par_bonds/par,axis=1)  #未套期保值的投资组合市值
时间序列
     ...: value_list2=value_list1+profit_TF          #套期保值后整体投资组合的市值时间序列

In [147]: plt.figure(figsize=(9,6))
     ...: plt.plot(value_list1,'m-',label=u'未套期保值的债券投资组合',lw=2.5)
     ...: plt.plot(value_list2,'c-',label=u'套期保值后的整体投资组合',lw=2.5)
     ...: plt.xticks(fontsize=11)
     ...: plt.xlabel(u'日期',fontsize=13)
     ...: plt.yticks(fontsize=13)
     ...: plt.ylabel(u'市值',fontsize=13)
     ...: plt.title(u'未套期保值的投资组合市值与套期保值后的整体投资组合市值',fontsize=13)
     ...: plt.legend(fontsize=13)
     ...: plt.grid()
     ...: plt.show()
```

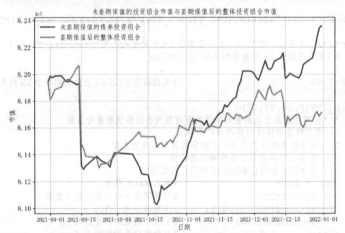

图 10-11　未套期保值的债券投资组合市值与套期保值后的整体投资组合市值的走势
（2021 年 8 月 31 日至 2021 年 12 月 31 日期间）

从图 10-11 中可以十分清楚地看到，相比未套期保值的债券投资组合，运用国债期货套期保值后整体投资组合市值的波动明显收窄，避免了投资可能出现的大幅下跌，当然也放弃了潜在的高收益，这是 H 公司在风险与收益之间寻求平衡的一种结果。

5. 针对任务 5

```
In [148]: margin=2.18e6               #保证金账户的初始金额
     ...: perc_initial=0.03           #初始保证金比例
     ...: perc_maintain=0.025         #维持保证金比例

In [149]: margin_account=margin+profit_TF       #不考虑追加保证金的保证金账户余额时间序列
     ...: margin_initial=N_TF*(par_underlying/par)*data['TF2203合约']*perc_initial   #满足
初始保证金比例的保证金余额时间序列
     ...: margin_maintain=N_TF*(par_underlying/par)*data['TF2203合约']*perc_maintain  #满
足维持保证金比例的保证金余额时间序列

In [150]: margin_account.index=margin_account.index.strftime('%Y-%m-%d')    #行索引转为字符串
格式并且是"年月日"的格式

In [151]: for i in range(len(margin_account.index)):
```

```
...:      if margin_account.iloc[i]>=margin_maintain.iloc[i]:#当保证金账户余额不低于维持保证金时
...:          pass
...:      else:                           #当保证金账户余额低于维持保证金时
...:          margin_call=margin_initial.iloc[i]-margin_account.iloc[i] #需要追加的保证金
...:          print('跌破维持保证金的交易日',margin_account.index[i])
...:          print('当日需要追加的保证金金额',round(margin_call,2))
...:          margin_account=margin_account+margin_call    #保证金账户余额加上追加的保证金
跌破维持保证金的交易日    2021-12-22
当日需要追加的保证金金额 362048.5
```

从以上的输出结果不难发现，H 公司需要追加保证金的交易日仅有 1 个，也就是 2021 年 12 月 22 日，需要追加的保证金金额约为 36.20 万元。

需要注意的是，债券可以用于折算成一定金额的保证金，具体的债券范围和折算比例由不同的期货公司自行确定。如果运用债券充当保证金，在应对追加保证金的风险时，一定要充分关注债券价格的波动。

10.9 本章小结

在日常金融实战中，为了规避或者控制风险敞口，运用期货开展套期保值是一种比较普遍的风险控制手段。Python 可以很便捷地运用于分析期货套期保值的有效性，进而帮助提升套期保值决策的科学性。在本章中，读者通过 8 个原创案例共计 28 个编程任务，结合商品期货、股指期货、外汇期货和国债期货等不同类型的期货合约，可以牢固掌握以下的知识点和技能。

（1）**期货合约定价**。决定期货价格的变量包括现货价格、无风险利率、现货便利收益率、现货期间收益率以及现货仓储费用等，其中，现货价格的影响程度是最大的。

（2）**套期保值策略**。期货的套期保值按照期货头寸方向的不同，可以分为空头套期保值与多头套期保值，其中，空头套期保值主要用于规避现货价格未来下跌的风险，多头套期保值则主要用于规避现货价格未来上涨的风险。

（3）**交叉套期保值**。在套期保值中，往往存在着现货与期货基础资产不一致的情形，因此就会采用交叉套期保值。在交叉套期保值中，首先需要计算最优套保比率，然后计算最优套保合约的数量，从而实现套期保值效果的最优。

（4）**滚动套期保值**。当套期保值的期限大于市场上交易的期货合约存续期限时，就会运用到滚动套期保值的方法，在滚动套期保值过程中会面临期货合约的移仓风险并且需要计算每一次移仓的盈亏。

（5）**国债期货交割**。由于国债期货到期时需要交割国债，因此针对可交割债券就需要测算转换因子，并且结合国债价格以及可交割债券的价格（净价），判断出最廉价交割的国债。

（6）**久期套期保值**。由于债券等固定收益类资产会面临利率波动的风险，通过国债期货并采用基于久期的套期保值，可以有效规避利率风险。

到这里，你已经完成了第 10 章全部案例的训练，相信你已经掌握了分析期货套期保值的 Python 编程技术，下面就向第 11 章发起冲锋吧！

11

第 11 章

期权定价与风险
管理的 Python 编程案例

本章导言

  与第 10 章的期货合约相比，期权合约拥有一个典型的特征——期权赋予了持有者（多头）一项特殊权利，也就是按照事先约定的价格买入或卖出基础资产的权利。当持有者认为对自己有利时可以行使该项权利，认为对自身不利时就可以放弃该项权利。期权的这一特征，使得期权逐步成为全球金融市场中最具活力的金融产品之一，当然也导致期权的定价与风险管理变得更加复杂，而这恰好为 Python 编程提供了绝佳的"舞台"。

  本章的案例将聚焦于期权的定价与风险管理，包含 8 个原创案例共计 27 个编程任务。通过这些案例的训练，读者应能够熟练掌握包括欧式期权与美式期权的定价、欧式期权与美式期权希腊字母（风险暴露）测算、期权的风险对冲、隐含波动率计算、运用期权构建保本理财产品、构建备兑看涨期权和保护看跌期权等 Python 编程技术。下面通过表 11-1 梳理出本章的结构安排。

表 11-1 第 11 章的结构安排

序号	案例标题	学习目标	编程任务数量	读者扮演的角色
1	欧式期权定价的编程——以上证 50ETF 股票期权为案例	掌握欧式期权定价的布莱克-斯科尔斯-默顿模型与二叉树模型以及相关 Python 编程技术	4 个	衍生产品分析师
2	美式期权定价的编程——以亚马逊股票期权为案例	掌握美式期权定价的二叉树模型以及相关 Python 编程技术	4 个	期权研究员
3	欧式期权希腊字母的编程——以腾讯控股股票期权为案例	掌握欧式期权每个希腊字母的数学公式以及相关 Python 编程技术	3 个	期权交易员
4	美式期权希腊字母的编程——以台积电股票期权为案例	掌握美式期权每个希腊字母的测算思路、数学公式以及相关 Python 编程技术	3 个	量化风险主管
5	期权风险对冲的编程——以沪深 300ETF 沽 9 月 5500 期权为案例	掌握期权对冲基础资产价格风险的策略原理以及相关 Python 编程技术	4 个	投资经理
6	期权隐含波动率的编程——以沪深 300 股指期权为案例	掌握运用二分查找法迭代计算期权隐含波动率的算法原理以及相关 Python 编程技术	3 个	衍生产品资深分析师
7	运用期权构造保本理财产品的编程——以上证 50ETF 期权和国开债为案例	掌握运用期权与债券构建保本理财产品的原理、实施方案以及相关 Python 编程技术	3 个	个人银行部总经理

续表

序号	案例标题	学习目标	编程任务数量	读者扮演的角色
8	备兑看涨期权与保护看跌期权的编程——以沪深 300ETF 期权和华泰柏瑞沪深 300ETF 基金为案例	掌握备兑看涨期权与保护看跌期权的原理、实施方案以及相关 Python 编程技术	3 个	投资委员会主席
	合计		27 个	

在开始练习本章的案例之前，建议读者先学习《基于 Python 的金融分析与风险管理（第 2 版）》第 11 章、第 12 章和第 13.1 节、13.2 节的内容。

11.1 欧式期权定价的编程——以上证 50ETF 股票期权为案例

11.1.1 案例详情

A 公司是总部位于上海的一家中外合资证券公司，践行"诚信、稳健、专业、创新"的价值观，相信随着全球资本市场的进一步融合，借助外方股东在环球金融市场中的成熟经验和中方股东丰富的客户资源，可为客户提供具有国际领先水准的专业服务与解决方案。

伴随着上海证券交易所于 2015 年 2 月推出了上证 50ETF 股票期权合约，股票期权合约日益受到广大投资者的青睐。为了更好地提升客户服务的专业水准，A 公司近年来加大了股票期权业务的人才投入。

假定你是该公司经纪业务部的衍生产品分析师，日常的一项重要工作就是跟踪股票期权的价格走势，并且运用模型分析期权价格的合理性。2021 年 4 月 19 日，你需要通过布莱克-斯科尔斯-默顿（Black-Scholes-Merton, BSM）模型和二叉树模型，对"50ETF 沽 9 月 4100"和"50ETF 购 9 月 3300"这两只在上海证券交易所挂牌的 50ETF 期权合约进行定价，从而给经纪业务的相关客户提供专业服务。表 11-2 给出了这两只期权合约的相关要素信息。

表 11-2 上海证券交易所挂牌的两只 50ETF 期权合约要素

期权代码	期权合约名称	上市日期	到期日	行权价格（元/份）	期权类型
10003221	50ETF 沽 9 月 4100	2021-01-28	2021-09-22	4.1000	欧式看跌期权
10003241	50ETF 购 9 月 3300	2021-01-29	2021-09-22	3.3000	欧式看涨期权

数据来源：上海证券交易所。

同时，为了计算期权基础资产收益率的波动率，针对期权合约的基础资产——上证 50 交易型开放式指数证券投资基金（简称"50ETF 基金"），整理出 2018 年 1 月至 2021 年 4 月 19 日期间的每日基金净值数据并且存放于 Excel 文件中，表 11-3 列出了该基金净值的部分日数据。

表 11-3 2018 年 1 月至 2021 年 4 月 19 日期间 50ETF 基金净值的部分日数据 单位：元/份

日期	2018-01-02	2018-01-03	2018-01-04	…	2021-04-15	2021-04-16	2021-04-19
50ETF 基金净值（代码 510050）	2.9070	2.9120	2.9180	…	3.4190	3.4350	3.5000

数据来源：上海证券交易所。

此外，在期权合约定价模型中，需要运用到无风险收益率变量，选取国债到期收益率作为该变量，根据表 11-4 中的收益率数据并利用三阶样条曲线插值法计算所需期限的无风险收益率。

表 11-4 2021 年 4 月 19 日国债到期收益率

期限	1 个月	2 个月	3 个月	6 个月	9 个月	1 年	2 年	3 年
国债到期收益率	1.8430%	1.8571%	2.0643%	2.1383%	2.4245%	2.5195%	2.7431%	2.8119%

数据来源：中国债券信息网。

为了完成相关的定价工作，你需要借助 Python 完成以下的 3 个编程任务。

11.1.2 编程任务

【任务 1】为了能够迅速运用 BSM 模型计算出欧式期权的价格，运用 Python 自定义一个通过 BSM 模型对欧式期权进行定价的函数，并且在函数中能够输入定价日、合约到期日等日期参数。

【任务 2】导入存放 50ETF 基金净值数据的 Excel 文件并计算 50ETF 基金收益率的波动率；结合表 11-4 中的国债到期收益率数据，运用三阶样条曲线插值法测算对应于期权合约剩余期限的无风险收益率；结合任务 1 自定义的函数，运用 BSM 模型计算 "50ETF 沽 9 月 4100" 和 "50ETF 购 9 月 3300" 期权合约的价格。

【任务 3】为了能够迅速运用二叉树模型计算出欧式期权的价格，运用 Python 自定义一个通过二叉树模型对欧式期权进行定价的函数，并且该函数中同样也具有定价日、合约到期日等日期参数。

【任务 4】结合任务 2 计算得到的相关参数以及任务 3 自定义的函数，同时设定步数为 200，运用二叉树模型计算 "50ETF 沽 9 月 4100" 和 "50ETF 购 9 月 3300" 期权合约的价格，并且测算 BSM 模型与二叉树模型的定价结果差异。

11.1.3 编程提示

1. BSM 模型的数学表达式

为了便于 Python 编程，给出 BSM 模型的数学表达式。假定 C 与 P 分别代表欧式看涨、看跌期权的价格，S_0 代表基础资产在期权定价日的价格，K 代表期权的行权价格，r 代表连续复利的无风险收益率，σ 代表基础资产价格百分比变化（收益率）的年化波动率，T 代表期权定价日距离合约到期日的期限并且单位是年，$N(\cdot)$ 代表标准正态分布的累积分布函数。

欧式看涨期权的定价公式如下：

$$C = S_0 N(d_1) - K\, e^{-rT} N(d_2) \qquad\text{（式 11-1）}$$

欧式看跌期权的定价公式如下：

$$P = K\, e^{-rT} N(-d_2) - S_0 N(-d_1) \qquad\text{（式 11-2）}$$

其中，

$$d_1 = \frac{\ln(S_0/K) + (r + \sigma^2/2)T}{\sigma\sqrt{T}}$$

$$d_2 = \frac{\ln(S_0/K) + (r - \sigma^2/2)T}{\sigma\sqrt{T}} = d_1 - \sigma\sqrt{T}$$

2. 二叉树模型的数学表达式

同样，为了满足编程的需要，给出欧式期权定价的二叉树模型数学表达式。将期权期限切分为一个有 N 步并且每步步长为 $\Delta t = T/N$ 的二叉树。运用 N 步二叉树模型计算得出欧式看涨期权价值如下：

$$C = e^{-rT} \sum_{j=0}^{N} \frac{N!}{j!(N-j)!} p^j (1-p)^{N-j} C_{N,j} \qquad\text{（式 11-3）}$$

其中，

$$C_{N,j} = \max(S_0 u^j d^{N-j} - K, 0)$$

$$p = \frac{e^{r\Delta t} - d}{u - d}$$

$$u = e^{\sigma\sqrt{\Delta t}}$$

$$d = \frac{1}{u}$$

在（式 11-3）中，p 代表基础资产价格在每一步上涨的概率，$1-p$ 代表下跌的概率；u 代表基础资产价格在每一步上涨时的价格变动比例；d 代表下跌时的价格变动比例；$C_{N,j}$ 代表看涨期权在到期日节点 (N,j) 的价值。其他变量的含义与（式 11-1）的保持一致。

运用 N 步二叉树模型计算得出欧式看跌期权价值如下：

$$P = \mathrm{e}^{-rT} \sum_{j=0}^{N} \frac{N!}{j!(N-j)!} p^j (1-p)^{N-j} P_{N,j} \qquad （式 11-4）$$

其中，

$$P_{N,j} = \max(K - S_0 u^j d^{N-j}, 0)$$

在（式 11-4）中，$P_{N,j}$ 代表看跌期权在节点 (N,j) 的价值，其他变量的含义与看涨期权的一致。

11.1.4　参考代码与说明

1. 针对任务 1

```
In [1]: import numpy as np
   ...: import pandas as pd
   ...: import matplotlib.pyplot as plt
   ...: from pylab import mpl
   ...: mpl.rcParams['font.sans-serif']=['FangSong']
   ...: mpl.rcParams['axes.unicode_minus']=False
   ...: from pandas.plotting import register_matplotlib_converters
   ...: register_matplotlib_converters()

In [2]: import datetime as dt          #导入 datetime 模块

In [3]: def EurOpt_BSM(S,K,sigma,r,T_price,T_end,types):
   ...:     '''定义运用 BSM 模型计算欧式期权价格的函数
   ...:     S: 代表期权基础资产的价格
   ...:     K: 代表期权的行权价格
   ...:     sigma: 代表基础资产收益率的波动率（年化）
   ...:     r: 代表连续复利的无风险收益率
   ...:     T_price: 代表期权合约的定价日，以 datetime 格式输入
   ...:     T_end: 代表期权合约的到期日。输入格式与 T_price 的相同
   ...:     types: 代表期权类型，types='call'代表看涨期权，其他则代表看跌期权'''
   ...:     from numpy import log,exp,sqrt        #从 NumPy 模块导入 log、exp、sqrt 这 3 个函数
   ...:     from scipy.stats import norm          #从 SciPy 的子模块 stats 导入 norm 函数
   ...:     T=(T_end-T_price).days/365            #计算定价日距离到期日的期限长度（年）
   ...:     d1=(log(S/K)+(r+pow(sigma,2)/2)*T)/(sigma*sqrt(T))    #计算参数 d1
   ...:     d2=d1-sigma*sqrt(T)                   #计算参数 d2
   ...:     if types=='call':                     #针对欧式看涨期权
   ...:         value=S*norm.cdf(d1)-K*exp(-r*T)*norm.cdf(d2)    #计算期权价格
   ...:     else:                                 #针对欧式看跌期权
   ...:         value=K*exp(-r*T)*norm.cdf(-d2)-S*norm.cdf(-d1)  #计算期权价格
   ...:     return value
```

在以上的自定义函数 EurOpt_BSM 中，输入基础资产价格、期权行权价格、基础资产收益率的波动率、无风险收益率、定价日、到期日以及期权类型等参数，就可以迅速运用 BSM 模型计算得到欧式期权的价格。

2. 针对任务 2

```
In [4]: price_50ETF=pd.read_excel('C:/Desktop/50ETF 基金净值（2018 年 1 月至 2021 年 4 月 19 日）.xlsx',
sheet_name= "Sheet1", header=0, index_col=0)    #导入 50ETF 基金的净值数据

In [5]: R_50ETF=np.log(price_50ETF/price_50ETF.shift(1))    #计算 50ETF 基金每日收益率

In [6]: Sigma_50ETF=np.sqrt(252)*np.std(R_50ETF)            #计算 50ETF 基金年化波动率
   ...: Sigma_50ETF=float(Sigma_50ETF)                      #转换为单纯的浮点型数据
   ...: print('50ETF 基金年化波动率',round(Sigma_50ETF,4))
50ETF 基金年化波动率  0.2118
```

```
In [7]: from scipy.interpolate import interp1d        #导入 SciPy 子模块 interpolate 中的 interp1d 函数

In [8]: yield_list1=np.array([0.018430,0.018571,0.020643,0.021383,0.024245,0.025195,0.027431,
0.028119])  #已有的国债到期收益率
   ...: T_list1=np.array([1/12,2/12,3/12,6/12,9/12,1,2,3])            #已有的期限

In [9]: f=interp1d(x=T_list1,y=yield_list1,kind='cubic')             #利用三阶样条曲线插值法

In [10]: T_Apr19=dt.datetime(2021,4,19)              #期权定价日
   ...: T_Sep22=dt.datetime(2021,9,22)               #期权到期日
   ...: tenor=(T_Sep22-T_Apr19).days/365             #期权合约剩余期限
   ...: tenor                                         #输出结果
Out[10]: 0.4273972602739726

In [11]: T_list2=np.array([1/12,2/12,3/12,tenor,6/12,9/12,1,2,3])    #新的期限数组

In [12]: yield_list2=f(T_list2)          #新的收益率
   ...: yield_list2                      #显示结果
Out[12]:
array([0.01843  , 0.018571 , 0.020643 , 0.02143408, 0.021383 ,
       0.024245 , 0.025195 , 0.027431 , 0.028119 ])

In [13]: price_Apr19=float(price_50ETF.loc['2021-04-19'])   #2021 年 4 月 19 日 50ETF 基金净值
   ...: K_put=4.1                        #50ETF 沽 9 月 4100 期权合约的行权价格
   ...: K_call=3.3                       #50ETF 购 9 月 3300 期权合约的行权价格

In [14]: Put_BSM=EurOpt_BSM(S=price_Apr19,K=K_put,sigma=Sigma_50ETF,r=yield_list2[3],T_
price=T_Apr19,T_end=T_Sep22,types='put')   #对 50ETF 沽 9 月 4100 期权合约定价
   ...: Call_BSM=EurOpt_BSM(S=price_Apr19,K=K_call,sigma=Sigma_50ETF,r=yield_list2[3],
T_price=T_Apr19,T_end=T_Sep22,types='call')  #对 50ETF 购 9 月 3300 期权合约定价
   ...: print('2021 年 4 月 19 日 50ETF 沽 9 月 4100 期权合约价格（BSM 模型）', round(Put_BSM,4))
   ...: print('2021 年 4 月 19 日 50ETF 购 9 月 3300 期权合约价格（BSM 模型）',round(Call_BSM,4))
2021 年 4 月 19 日 50ETF 沽 9 月 4100 期权合约价格（BSM 模型） 0.6001
2021 年 4 月 19 日 50ETF 购 9 月 3300 期权合约价格（BSM 模型） 0.3239
```

根据以上的运算结果，可以得到在 2021 年 4 月 19 日通过 BSM 模型计算出 50ETF 沽 9 月 4100 期权合约价格为 0.6001 元，低于该合约当天交易的最低价 0.6588 元；通过 BSM 模型计算出 50ETF 购 9 月 3300 期权合约价格为 0.3239 元，高于该合约当天交易的最高价 0.2803 元。

3. 针对任务 3

```
In [15]: def EurOpt_BTM(S,K,sigma,r,N,T_price,T_end,types):
   ...:     '''定义运用二叉树模型计算欧式期权价值的函数
   ...:     S: 代表基础资产当前的价格
   ...:     K: 代表期权的行权价格
   ...:     sigma: 代表基础资产收益率的波动率（年化）
   ...:     r: 代表连续复利的无风险收益率
   ...:     N: 代表二叉树模型的步数
   ...:     T_price: 代表期权合约的定价日，以 datetime 格式输入
   ...:     T_end: 代表期权合约的到期日，输入格式与 T_price 相同
   ...:     types: 代表期权类型，types='call'代表看涨期权，其他则代表看跌期权'''
   ...:     from math import factorial             #导入 math 模块的阶乘函数
   ...:     from numpy import exp,maximum,sqrt     #导入 NumPy 模块的 exp、maximum 和 sqrt 函数
   ...:     T=(T_end-T_price).days/365             #计算定价日距离到期日的期限长度
   ...:     t=T/N                                  #计算每一步步长期限（年）
   ...:     u=exp(sigma*sqrt(t))                   #计算基础资产价格上涨时的比例
   ...:     d=1/u                                  #计算基础资产价格下跌时的比例
   ...:     p=(exp(r*t)-d)/(u-d)                   #计算基础资产价格上涨的概率
   ...:     N_list=range(0,N+1)                    #创建从 0 到 N 的自然数数列
   ...:     A=[]                                   #设置一个空的列表
   ...:     B=[]                                   #设置另一个空的列表
   ...:     for j in N_list:
   ...:         C_Nj=maximum(S*pow(u,j)*pow(d,N-j)-K,0)   #计算看涨期权到期日某节点的期权价值
   ...:         P_Nj=maximum(K-S*pow(u,j)*pow(d,N-j),0)   #计算看跌期权到期日某节点的期权价值
   ...:         Num=factorial(N)/(factorial(j)*factorial(N-j))  #到达到期日该节点的实现路径数量
   ...:         A.append(Num*pow(p,j)*pow(1-p,N-j)*C_Nj)   #每次在列表尾部增加一个新元素
   ...:         B.append(Num*pow(p,j)*pow(1-p,N-j)*P_Nj)   #每次也在列表尾部增加一个新元素
   ...:     call=exp(-r*T)*sum(A)                  #计算看涨期权的期初价值
```

```
    ...:       put=exp(-r*T)*sum(B)              #计算看跌期权的期初价值
    ...:       if types=='call':                 #针对看涨期权
    ...:           value=call                    #期权价值是等于看涨期权的价值
    ...:       else:                             #针对看跌期权
    ...:           value=put                     #期权价值是等于看跌期权的价值
    ...:       return value
```

在以上自定义函数 EurOpt_BTM 中，输入基础资产价格、期权行权价格、基础资产收益率的波动率、无风险收益率、模型的步数、定价日、到期日以及期权类型等参数，就可以十分便利地运用二叉树模型计算得到欧式期权的价值。

4. 针对任务 4

```
In [16]: step=200                               #二叉树模型的步数

In [17]: Put_BTM=EurOpt_BTM(S=price_Apr19,K=K_put,sigma=Sigma_50ETF,r=yield_list2[3],N=step,T_price=T_Apr19,T_end=T_Sep22,types='put')  #对50ETF沽9月4100期权合约定价
    ...: Call_BTM=EurOpt_BTM(S=price_Apr19,K=K_call,sigma=Sigma_50ETF,r=yield_list2[3],N=step,T_price=T_Apr19,T_end=T_Sep22,types='call') #对50ETF购9月3300期权合约定价
    ...: print('2021年4月19日50ETF沽9月4100期权合约价格（二叉树模型）', round(Put_BTM,4))
    ...: print('2021年4月19日50ETF购9月3300期权合约价格（二叉树模型）', round(Call_BTM,4))
2021年4月19日50ETF沽9月4100期权合约价格（二叉树模型）0.5999
2021年4月19日50ETF购9月3300期权合约价格（二叉树模型）0.3237

In [18]: diff_Put=Put_BSM-Put_BTM               #BSM模型结果减去二叉树模型结果（50ETF沽9月4100期权）
    ...: diff_Call=Call_BSM-Call_BTM            #BSM模型结果减去二叉树模型结果（50ETF购9月3300期权）
    ...: print('50ETF沽9月4100期权合约两个模型定价结果的差异',round(diff_Put,4))
    ...: print('50ETF购9月3300期权合约两个模型定价结果的差异',round(diff_Call,4))
50ETF沽9月4100期权合约两个模型定价结果的差异 0.0001
50ETF购9月3300期权合约两个模型定价结果的差异 0.0002
```

从以上的运算结果可以看到，两个模型在定价方面的差异是非常小的，这说明针对欧式期权的定价，无论是基于解析方法的 BSM 模型还是基于数值方法的二叉树模型，所得到的结果均是可接受的。

11.2 美式期权定价的编程——以亚马逊股票期权为案例

11.2.1 案例详情

B 公司是一家总部位于美国芝加哥的期权合约提供商，公司发展迅速并且在期权市场上雄心勃勃，向包括全球知名的投资银行、对冲基金在内的机构投资者以及合格的个人投资者提供期权交易服务。

基于客户的需求，B 公司在 2020 年 11 月和 12 月分别推出了以亚马逊股票作为基础资产的美式期权，相关的期权合约要素如表 11-5 所示。

表 11-5　B 公司推出的亚马逊股票美式期权合约要素

合约要素	亚马逊购 11 月 3100 合约	亚马逊沽 12 月 3400 合约
合约编号	AMZN-C-20211119-3100	AMZN-P-20211217-3400
合约类型	看涨期权	看跌期权
合约首日	2020 年 11 月 19 日	2020 年 12 月 17 日
合约到期日	2021 年 11 月 19 日	2021 年 12 月 17 日
行权价格	3100 美元/股	3400 美元/股
基础资产	亚马逊公司在纳斯达克交易所挂牌交易的股票，股票代码为 AMZN	
交易单位	1 股亚马逊公司股票	
行权方式	美式。买方可以在到期日前任一交易日提交行权申请并且行权；此外，在到期日当天下午 15:00 之前如未提出行权申请，则视为放弃行权	

在 2021 年 5 月 12 日，B 公司需要对外发布关于以上两只期权的参考价格。假定你是 B 公司的一位期权研究员，根据公司的安排，你需要运用二叉树模型测算出这两只期权的价值。为了期权定价的需要，你一方面整理了 2018 年 1 月至 2021 年 5 月 12 日期间亚马逊公司股票的日收盘价数据并且存放于

Excel 文件中，表 11-6 列出了部分交易日的收盘价数据；另一方面运用美国国债到期收益率作为无风险收益率，根据表 11-7 中的收益率数据并利用三阶样条曲线插值法计算所需期限的无风险收益率。

表 11-6　2018 年 1 月至 2021 年 5 月 12 日期间亚马逊公司股票部分日收盘价

指标名称	2018-01-02	2018-01-03	2018-01-04	…	2021-05-10	2021-05-11	2021-05-12
亚马逊股价（美元/股）	1189.0100	1204.2000	1209.5900	…	3190.4900	3223.9100	3151.9400

数据来源：纳斯达克。

表 11-7　2021 年 5 月 12 日美国国债到期收益率

指标名称	1 个月期	3 个月期	6 个月期	1 年期	2 年期	3 年期
美国国债到期收益率	0.0100%	0.0200%	0.0400%	0.0500%	0.1600%	0.3500%

数据来源：美联储。

为了能够顺利地完成相关工作，你需要借助 Python 完成以下 4 个编程任务。

11.2.2　编程任务

【任务 1】为了运用二叉树模型迅速测算美式看涨期权的价值，通过 Python 自定义一个计算美式看涨期权价值的函数，在该函数中可以输入期权定价日、到期日等日期参数。

【任务 2】导入存放亚马逊股价数据的 Excel 文件并计算股票收益率的波动率；结合表 11-7 中的美国国债到期收益率数据，运用三阶样条曲线插值法计算对应于亚马逊购 11 月 3100 合约剩余期限的无风险收益率；结合任务 1 自定义函数同时设定步数为 500，计算该期权合约的价值。

【任务 3】为了迅速通过二叉树模型测算美式看跌期权的价值，通过 Python 自定义一个测算美式看跌期权价值的函数，在该函数中依然可以输入期权定价日、到期日等日期参数。

【任务 4】结合表 11-7 中的美国国债到期收益率数据，运用三阶样条曲线插值法计算对应于亚马逊沽 12 月 3400 合约剩余期限的无风险收益率；结合任务 3 自定义函数同时设定步数为 1000，计算该期权合约的价值。

11.2.3　编程提示

假定有一个期限为 T、行权价格为 K 的美式期权，并将期权期限划分成 N 个长度均为 $\Delta t = T/N$ 的时间区间，将在 $i\Delta t$ 时刻的第 j 个节点记为 (i,j) 节点，其中 $i = 0,1,\cdots,N$，$j = 0,1,\cdots,i$。假定在期权合约定价日，基础资产价格为 S_0，基础资产收益率的波动率为 σ。

同样，在 $i\Delta t$ 时刻，树形最下方的节点为 $(i,0)$，次下方的节点为 $(i,1)$，以此类推，最上方的节点为 (i,i)。在 (i,j) 节点上的基础资产价格等于 $S_0 u^j d^{i-j}$，针对 u 和 d 的表达式参见（式 11-3）。

下面令 $V_{i,j}$ 代表在 (i,j) 节点上的期权价值。如果期权是看涨期权，在 T 时刻（期权到期时）的各节点期权价值可以表示为

$$V_{N,j} = \max(S_0 u^j d^{N-j} - K, 0) \qquad （式 11\text{-}5）$$

如果期权是看跌期权，在期权到期时的各节点期权价值表示为

$$V_{N,j} = \max(K - S_0 u^j d^{N-j}, 0) \qquad （式 11\text{-}6）$$

其中，（式 11-5）和（式 11-6）中的 $j = 0,1,\cdots,N$。

针对期权到期以外的其他节点 (i,j)，这里 $i = 0,1,\cdots,N-1$，$j = 0,1,\cdots,i$，节点的期权价值应当是以下两种情形下计算得到数值的最大值。

情形 1：美式期权没有被提前行权。 期权价值等于 $[pV_{i+1,j+1} + (1-p)V_{i+1,j}]\mathrm{e}^{-r\Delta t}$，这里的 p 表示基础资产价格从 (i,j) 节点上涨到 $(i+1,j+1)$ 节点的概率；$1-p$ 则表示基础资产价格从 (i,j) 节点下跌至 $(i+1,j)$ 节点的概率。

情形 2:美式期权被提前行权。根据不同的期权类型得到期权实现的收益,针对看涨期权,收益等于 $S_0 u^j d^{i-j} - K$;针对看跌期权,收益则是 $K - S_0 u^j d^{i-j}$ 。

因此,对于美式看涨期权而言,在该节点上的价值就是

$$V_{i,j} = \max\left\{ S_0 u^j d^{i-j} - K, [pV_{i+1,j+1} + (1-p)V_{i+1,j}]e^{-r\Delta t} \right\} \qquad \text{(式 11-7)}$$

对于美式看跌期权而言,在该节点上的价值就是

$$V_{i,j} = \max\left\{ K - S_0 u^j d^{i-j}, [pV_{i+1,j+1} + (1-p)V_{i+1,j}]e^{-r\Delta t} \right\} \qquad \text{(式 11-8)}$$

注意,在 $i\Delta t$ 时刻的期权价值不仅可以反映在 $i\Delta t$ 时刻提前行权的可能性对于期权价值的影响,而且可以反映在此后提前行权对于期权价值的影响。

按照递推算法,最终得到在节点(0,0)的期权价值 $V_{0,0}$,就是通过二叉树模型计算得出的期权定价日的价值。

在 Python 代码的编写过程中,为了代码运行的高效,可以采用矩阵运算的思路并大量运用数组这一数据结构。

11.2.4 参考代码与说明

1. 针对任务 1

```
In [19]: def American_Call(S,K,sigma,r,T_price,T_end,N):
    ...:     '''定义运用 N 步二叉树模型计算美式看涨期权价值的函数
    ...:     S: 代表基础资产当前的价格
    ...:     K: 代表期权的行权价格
    ...:     sigma: 代表基础资产收益率的波动率(年化)
    ...:     r: 代表连续复利的无风险收益率
    ...:     T_price: 代表期权合约的定价日,以 datetime 格式输入
    ...:     T_end: 代表期权合约的到期日,输入格式与 T_price 相同
    ...:     N: 代表二叉树模型的步数'''
    ...:     T=(T_end-T_price).days/365    #计算定价日距离到期日的期限长度
    ...:     t=T/N                         #计算每一步步长期限(年)
    ...:     u=np.exp(sigma*np.sqrt(t))    #计算基础资产价格上涨时的比例
    ...:     d=1/u                         #计算基础资产价格下跌时的比例
    ...:     p=(np.exp(r*t)-d)/(u-d)       #计算基础资产价格上涨的概率
    ...:     call_matrix=np.zeros((N+1,N+1))  #构建 N+1 行、N+1 列的零矩阵用于后续存放每个节点的期权价值
    ...:     N_list=np.arange(0,N+1)       #创建从 0 到 N 的自然数数列(数组格式)
    ...:     S_end=S*pow(u,N-N_list)*pow(d,N_list)  #计算期权到期日节点的基础资产价格(按照节点从上往下排序)
    ...:     call_matrix[:,-1]=np.maximum(S_end-K,0)  #计算期权到期日节点的看涨期权价值(按照节点从上往下排序)
    ...:     i_list=list(range(0,N))       #创建从 0 到 N-1 的自然数数列(列表格式)
    ...:     i_list.reverse()              #将列表的元素由大到小重新排序(即从 N-1 到 0)
    ...:     for i in i_list:
    ...:         j_list=np.arange(i+1)     #创建从 0 到 i 的自然数数列(数组格式)
    ...:         Si=S*pow(u,i-j_list)*pow(d,j_list)  #计算在 iΔt 时刻各节点上的基础资产价格(按照节点从上往下排序)
    ...:         call_strike=np.maximum(Si-K,0)  #计算期权被提前行权时的期权收益
    ...:         call_nostrike=(p*call_matrix[:i+1,i+1]+(1-p)*call_matrix[1:i+2,i+1])*np.exp(-r*t)  #计算不提前行权时期权价值
    ...:         call_matrix[:i+1,i]=np.maximum(call_strike,call_nostrike)  #取提前行权时期权收益与不提前行权时期权价值的最大值
    ...:     call_begin=call_matrix[0,0]   #期权初始价值
    ...:     return call_begin
```

在以上自定义函数 American_Call 中,输入基础资产价格、行权价格、基础资产收益率的波动率、无风险收益率、模型的步数、定价日、到期日等参数,就可以非常便捷地运用二叉树模型计算得出美式看涨期权的价值。

2. 针对任务 2

```
In [20]: price_AMZN=pd.read_excel('C:/Desktop/亚马逊公司股票价格.xlsx', sheet_name= "Sheet1", header=0, index_col=0)    #导入亚马逊股价数据
```

```
In [21]: R_AMZN=np.log(price_AMZN/price_AMZN.shift(1))              #计算亚马逊股票每日收益率

In [22]: Sigma_AMZN=np.sqrt(252)*np.std(R_AMZN)                     #计算亚马逊股票年化波动率
    ...: Sigma_AMZN=float(Sigma_AMZN)                               #转换为单纯的浮点型数据
    ...: print('亚马逊股票年化波动率',round(Sigma_AMZN,4))
亚马逊股票年化波动率 0.3245

In [23]: yield_list=np.array([0.0001,0.0002,0.0004,0.0005,0.0016,0.0035])  #已有的国债到期收益率
    ...: T_list=np.array([1/12,3/12,6/12,1,2,3])                    #已有的期限

In [24]: f=interp1d(x=T_list,y=yield_list,kind='cubic')             #利用三阶样条曲线插值法

In [25]: T_May12=dt.datetime(2021,5,12)                             #期权定价日
    ...: T_Nov19=dt.datetime(2021,11,19)                            #亚马逊购11月3100合约到期日
    ...: tenor1=(T_Nov19-T_May12).days/365                          #期权合约剩余期限
    ...: tenor1                                                     #输出结果
Out[25]: 0.5232876712328767

In [26]: T_new_list1=np.array([1/12,3/12,6/12,tenor1,1,2,3])    #新的期限数组

In [27]: yield_new_list1=f(T_new_list1)                             #新的收益率
    ...: yield_new_list1                                            #显示结果
Out[27]:
array([0.0001    , 0.0002    , 0.0004    , 0.0004127, 0.0005    , 0.0016    ,
       0.0035    ])

In [28]: price_May12=float(price_AMZN.loc['2021-05-12'])  #2021年5月12日亚马逊股价
    ...: K_call=3100                                       #亚马逊购11月3100合约的行权价格
    ...: N1=500                                            #二叉树模型步数

In [29]: value_call=American_Call(S=price_May12,K=K_call,sigma=Sigma_AMZN, r=yield_new_
list1[3],T_price=T_May12,T_end=T_Nov19,N=N1) #对亚马逊购11月3100合约定价
    ...: print('2021年5月12日亚马逊购11月3100合约价格',round(value_call,4))
2021年5月12日亚马逊购11月3100合约价格 319.1151
```

从以上的输出结果可以看到，亚马逊股票的波动率达到了 32.45%，2021 年 5 月 12 日美式看涨期权的价值超过 319 美元。

3. 针对任务 3

```
In [30]: def American_Put(S,K,sigma,r,T_price,T_end,N):
    ...:     '''定义运用N步二叉树模型计算美式看跌期权价值的函数
    ...:     S: 代表基础资产当前的价格
    ...:     K: 代表期权的行权价格
    ...:     sigma: 代表基础资产收益率的波动率（年化）
    ...:     r: 代表连续复利的无风险收益率
    ...:     T_price: 代表期权合约的定价日，以datetime格式输入
    ...:     T_end: 代表期权合约的到期日，输入格式与T_price相同
    ...:     N: 代表二叉树模型的步数'''
    ...:     T=(T_end-T_price).days/365          #计算定价日距离到期日的期限长度
    ...:     t=T/N                               #计算每一步步长期限（年）
    ...:     u=np.exp(sigma*np.sqrt(t))          #计算基础资产价格上涨时的比例
    ...:     d=1/u                               #计算基础资产价格下跌时的比例
    ...:     p=(np.exp(r*t)-d)/(u-d)             #计算基础资产价格上涨的概率
    ...:     put_matrix=np.zeros((N+1,N+1))      #构建N+1行、N+1列的零矩阵，用于后续存放每个节点的期权价值
    ...:     N_list=np.arange(0,N+1)            #创建从0到N的自然数数列（数组格式）
    ...:     S_end=S*pow(u,N-N_list)*pow(d,N_list)   #计算期权到期时节点的基础资产价格（按照节点从
上往下排序）
    ...:     put_matrix[:,-1]=np.maximum(K-S_end,0)  #计算期权到期时节点的看跌期权价值（按照节点从
上往下排序）
    ...:     i_list=list(range(0,N))            #创建从0到N-1的自然数数列（列表格式）
    ...:     i_list.reverse()                   #将列表的元素由大到小重新排序（从N-1到0）
    ...:     for i in i_list:
    ...:         j_list=np.arange(i+1)         #创建从0到i的自然数数列（数组格式）
    ...:         Si=S*pow(u,i-j_list)*pow(d,j_list)  #计算在iΔt时刻各节点上的基础资产价格（按照
节点从上往下排序）
    ...:         put_strike=np.maximum(K-Si,0)  #计算提前行权时期权收益
```

```
          ...:    put_nostrike=np.exp(-r*t)*(p*put_matrix[:i+1,i+1]+(1-p)*put_matrix[1:i+2,
i+1])  #计算不提前行权时期权价值
          ...:    put_matrix[:i+1,i]=np.maximum(put_strike,put_nostrike)   #取提前行权时期权收
益与不提前行权时期权价值的最大值
          ...:    put_begin=put_matrix[0,0]   #期权初始价值
          ...:    return put_begin
```

在以上自定义函数 American_Put 中,输入基础资产价格、行权价格、基础资产收益率的波动率、无风险收益率、模型的步数、定价日、到期日等参数,就可以非常便利地运用二叉树模型计算得到美式看跌期权的价值。

4. 针对任务 4

```
In [31]: T_Dec17=dt.datetime(2021,12,17)         #亚马逊沽 12 月 3400 合约到期日
     ...: tenor2=(T_Dec17-T_May12).days/365      #期权合约剩余期限
     ...: tenor2                                  #输出结果
Out[31]: 0.6

In [32]: T_new_list2=np.array([1/12,3/12,6/12,tenor2,1,2,3])    #新的期限数组

In [33]: yield_new_list2=f(T_new_list2)          #新的收益率
     ...: yield_new_list2                         #显示结果
Out[33]:
array([0.0001     , 0.0002     , 0.0004     , 0.00044343, 0.0005     ,
       0.0016     , 0.0035     ])

In [34]: K_put=3400                              #亚马逊沽 12 月 3400 合约的行权价格
     ...: N2=1000                                #二叉树模型步数

In [35]: value_put=American_Put(S=price_May12,K=K_put,sigma=Sigma_AMZN,r=yield_new_list2
[3],T_price=T_May12,T_end=T_Dec17,N=N2)  #对亚马逊沽 12 月 3400 合约定价
     ...: print('2021 年 5 月 12 日亚马逊沽 12 月 3400 合约价格',round(value_put,4))
2021 年 5 月 12 日亚马逊沽 12 月 3400 合约价格 465.8204
```

从以上的输出结果可以看到,2021 年 5 月 12 日亚马逊股票美式看跌期权的价值约为 465.82 美元。

11.3　欧式期权希腊字母的编程——以腾讯控股股票期权为案例

11.3.1　案例详情

C 公司是总部位于澳大利亚悉尼的一家多元化环球金融集团,可为客户提供资产管理、银行业务以及涵盖债券、股票及商品的风险和资本解决方案,同时,公司也致力于运用包括期权在内的衍生产品开展量化对冲的创新与实践。C 公司在 2021 年 9 月 6 日买入了 2 只以腾讯控股股票为基础资产的期权合约,分别是"腾讯中银二二购 A"以及"腾讯中银二六沽 A",这两只期权合约的主要要素如表 11-8 所示。

表 11-8　2 只期权合约的主要要素

期权合约名称	期权类型	挂牌日	到期日	执行价格	基础资产	发行商
腾讯中银二二购 A	欧式看涨期权	2020 年 9 月 25 日	2022 年 2 月 21 日	576.25 港元/股	腾讯控股股票	中银国际亚
腾讯中银二六沽 A	欧式看跌期权	2021 年 1 月 28 日	2022 年 6 月 30 日	635.86 港元/股	(代码为 0700)	洲有限公司

数据来源:香港交易所。

假定你是 C 公司的一位期权交易员,日常负责期权交易和相关风险分析工作,需要在当天测算这 2 只期权的希腊字母——Delta、Gamma、Theta、Vega 和 Rho,并且提交相应的数值结果。为了测算的需要,你一方面整理了 2020 年 1 月至 2021 年 9 月 6 日期间腾讯控股股票的日收盘价数据并且存放于 Excel 文件中,表 11-9 列出了部分日收盘价数据;另一方面采用 Hibor 作为无风险收益率,根据表 11-10 中的利率数据并利用三阶样条曲线插值法计算所需期限的无风险收益率。

表 11-9 2020 年 1 月至 2021 年 9 月 6 日期间腾讯控股股票部分日收盘价

指标名称	2020-01-02	2020-01-03	2020-01-06	……	2021-09-02	2021-09-03	2021-09-06
腾讯控股股价（港元/股）	382.40	383.00	377.40	……	496.00	488.00	505.00

数据来源：香港交易所。

表 11-10 2021 年 9 月 6 日各期限 Hibor

指标名称	隔夜	1 周	2 周	1 个月	2 个月	3 个月	6 个月	12 个月
Hibor	0.03634%	0.04018%	0.04875%	0.06607%	0.11679%	0.14214%	0.24821%	0.34911%

数据来源：香港财资市场公会。

为了能够高效地完成期权希腊字母的测算工作，你需要运用 Python 完成 3 个编程任务。

11.3.2 编程任务

【任务 1】根据欧式期权希腊字母的数学表达式，通过 Python 自定义计算欧式期权希腊字母的函数，要求该函数可以计算欧式看涨、看跌期权的不同希腊字母，并且在函数中能够输入包括测算日（定价日）、期权到期日等具体日期的参数。

【任务 2】导入包含 2020 年 1 月至 2021 年 9 月 6 日的腾讯控股股票日收盘价数据的 Excel 文件，基于这些数据计算腾讯控股股票收益率的年化波动率。结合表 11-10 中的数据运用三阶样条曲线插值法分别测算对应于"腾讯中银二二购 A"以及"腾讯中银二六沽 A"这两只期权合约剩余期限的无风险收益率。

【任务 3】运用任务 1 自定义的函数，同时基于表 11-8 中的信息和任务 2 计算得到的波动率、无风险收益率数据，依次测算在 2021 年 9 月 6 日"腾讯中银二二购 A"以及"腾讯中银二六沽 A"这两只期权合约的每个希腊字母的值。

11.3.3 编程提示

表 11-11 整理了计算欧式期权希腊字母的数学表达式，需要注意的是，对于 Delta、Theta 以及 Rho，看涨与看跌期权的希腊字母数学表达式是存在差异的；对于 Gamma 和 Vega，看涨与看跌期权的希腊字母数学表达式则是相同的。

表 11-11 欧式期权的希腊字母与相关的数学表达式

希腊字母	期权类型	数学表达式（按照期权多头）
Delta（Δ）	欧式看涨期权	$\Delta = \dfrac{\partial C}{\partial S} = N(d_1)$
	欧式看跌期权	$\Delta = \dfrac{\partial P}{\partial S} = N(d_1) - 1$
Gamma（Γ）	欧式看涨期权	$\Gamma = \dfrac{\partial^2 C}{\partial S^2} = \dfrac{\partial^2 P}{\partial S^2} = \dfrac{1}{S_0 \sigma \sqrt{2\pi T}} e^{-d_1^2/2}$
	欧式看跌期权	
Theta（Θ）	欧式看涨期权	$\Theta = \dfrac{\partial C}{\partial T} = -\dfrac{S_0 \sigma e^{-d_1^2/2}}{2\sqrt{2\pi T}} - rK e^{-rT} N(d_2)$
	欧式看跌期权	$\Theta = \dfrac{\partial P}{\partial T} = -\dfrac{S_0 \sigma e^{-d_1^2/2}}{2\sqrt{2\pi T}} + rK e^{-rT} N(-d_2)$
Vega（V）	欧式看涨期权	$V = \dfrac{\partial C}{\partial \sigma} = \dfrac{\partial P}{\partial \sigma} = \dfrac{S_0 \sqrt{T} e^{-d_1^2/2}}{\sqrt{2\pi}}$
	欧式看跌期权	
Rho	欧式看涨期权	$Rho = \dfrac{\partial C}{\partial r} = KT e^{-rT} N(d_2)$
	欧式看跌期权	$Rho = \dfrac{\partial P}{\partial r} = -KT e^{-rT} N(-d_2)$

注：表中数学表达式的变量及参数与 11.1.3 小节的（式 11-1）和（式 11-2）的保持一致；此外，表中的数学表达式仅针对期权多头而言，针对空头只需要取相反数。

11.3.4 参考代码与案例

1. 针对任务 1

```
In [36]: def EurOpt_letter(S,K,sigma,r,T0,T1,letter,optype):
    ...:     '''定义计算欧式期权希腊字母的函数
    ...:     S: 代表基础资产的价格
    ...:     K: 代表期权的执行价格
    ...:     sigma: 代表基础资产收益率的波动率（年化）
    ...:     r: 代表无风险收益率，并且是连续复利的
    ...:     T0: 代表期权希腊字母的计算日，以 datetime 格式输入
    ...:     T1: 代表期权合约的到期日，格式与 T0 相同
    ...:     letter: 代表希腊字母，letter='Delta'代表计算 Delta, letter='Gamma'
    ...:         代表计算 Gamma, letter='Theta'代表计算 Theta, letter='Vega'
    ...:         代表计算 Vega, 其他则代表计算 Rho
    ...:     optype: 代表期权类型，types='call'代表看涨期权，其他代表看跌期权'''
    ...:     from numpy import exp,log,pi,sqrt        #从 NumPy 模块导入 exp、log、pi、sqrt 函数
    ...:     from scipy.stats import norm             #从 SciPy 的子模块 stats 中导入 norm 函数
    ...:     T=(T1-T0).days/365                       #计算期权的剩余期限
    ...:     d1=(log(S/K)+(r+pow(sigma,2)/2)*T)/(sigma*sqrt(T))   #参数 d1 的表达式
    ...:     d2=d1-sigma*np.sqrt(T)                   #参数 d2 的表达式
    ...:     if letter=='Delta':                      #计算 Delta
    ...:         if optype=='call':                   #针对看涨期权
    ...:             delta=norm.cdf(d1)
    ...:         else:                                #针对看跌期权
    ...:             delta=norm.cdf(d1)-1
    ...:         result=delta
    ...:     elif letter=='Gamma':                    #计算 Gamma
    ...:         gamma=exp(-pow(d1,2)/2)/(S*sigma*sqrt(2*np.pi*T))
    ...:         result=gamma
    ...:     elif letter=='Theta':                    #计算 Theta
    ...:         if optype=='call':
    ...:             theta=-(S*sigma*exp(-pow(d1,2)/2))/(2*sqrt(2*pi*T))-r*K*exp(-r*T)*norm.cdf(d2)
    ...:         else:
    ...:             theta=-(S*sigma*exp(-pow(d1,2)/2))/(2*sqrt(2*pi*T))+r*K*exp(-r*T)*norm.cdf(-d2)
    ...:         result=theta
    ...:     elif letter=='Vega':                     #计算 Vega
    ...:         vega=S*sqrt(T)*exp(-pow(d1,2)/2)/sqrt(2*pi)
    ...:         result=vega
    ...:     else:                                    #计算 Rho
    ...:         if optype=='call':
    ...:             rho=K*T*exp(-r*T)*norm.cdf(d2)
    ...:         else:
    ...:             rho=-K*T*exp(-r*T)*norm.cdf(-d2)
    ...:         result=rho
    ...:     return result
```

通过以上自定义的 EurOpt_letter 函数，在函数中输入基础资产的价格、期权的执行价格、基础资产收益率的波动率、无风险收益率、希腊字母的计算日、期权到期日、希腊字母的类型以及期权类型等参数，就可以快速计算出欧式期权的不同希腊字母的值。

2. 针对任务 2

```
In [37]: P_tencent=pd.read_excel('C:/Desktop/腾讯控股股票收盘价(2020 年 1 月至 2021 年 9 月 6 日).xlsx',
sheet_name="Sheet1",header=0,index_col=0) #导入外部数据

In [38]: R_tencent=np.log(P_tencent/P_tencent.shift(1))          #腾讯控股股票日收益率
    ...: R_tencent=R_tencent.dropna()                            #删除缺失值所在的行

In [39]: vol_tencent=np.sqrt(252)*R_tencent.std()                #腾讯控股股票收益率年化波动率
    ...: vol_tencent=float(vol_tencent)                          #转为纯浮点型
    ...: print('腾讯控股股票收益率的年化波动率',round(vol_tencent,6))
腾讯控股股票收益率的年化波动率  0.405631
```

通过以上的测算可以得到腾讯控股股票收益率的年化波动率超过 40%。此外，将波动率的输出结果的数据类型转为单一的浮点型，是为了在后续编程中输出的希腊字母结果也能够是单一的浮点

数, 而不是其他的数据结构类型。

```
In [40]: T_price=dt.datetime(2021,9,6)                          #计算期权希腊字母的日期
    ...: T1_call=dt.datetime(2022,2,21)                         #腾讯中银二二购 A 期权的到期日
    ...: T1_put=dt.datetime(2022,6,30)                          #腾讯中银二六沽 A 期权的到期日

In [41]: tenor_call=(T1_call-T_price).days/365                  #腾讯中银二二购 A 期权的剩余期限
    ...: tenor_call                                             #查看结果
Out[41]: 0.4602739726027397

In [42]: tenor_put=(T1_put-T_price).days/365                    #腾讯中银二六沽 A 期权的剩余期限
    ...: tenor_put
Out[42]: 0.8136986301369863

In [43]: Hibor_list1=np.array([0.0003634,0.0004018,0.0004875,0.0006607,0.0011679,
    ...:                    0.0014214,0.0024821,0.0034911])     #已有的 Hibor
    ...: T_list1=np.array([1/365,7/365,14/365,1/12,2/12,3/12,6/12,1])   #已有的 Hibor 期限

In [44]: f=interp1d(x=T_list1,y=Hibor_list1,kind='cubic')       #利用三阶样条曲线插值法

In [45]: T_list2=np.array([1/365,7/365,14/365,1/12,2/12,3/12,tenor_call,6/12,tenor_put,1])
#新的期限数组

In [46]: Hibor_list2=f(T_list2)                                 #新的收益率
    ...: Hibor_list2                                            #显示结果
Out[46]:
array([0.0003634 , 0.0004018 , 0.0004875 , 0.0006607 , 0.0011679 ,
       0.0014214 , 0.00227775, 0.0024821 , 0.00373117, 0.0034911 ])

In [47]: Hibor_call=Hibor_list2[-4]                             #对应腾讯中银二二购 A 期权剩余期限的无风险收益率
    ...: Hibor_put=Hibor_list2[-2]                              #对应腾讯中银二六沽 A 期权剩余期限的无风险收益率
```

3. 针对任务 3

```
In [48]: K_call=576.25                                          #腾讯中银二二购 A 期权的执行价格
    ...: K_put=635.86                                           #腾讯中银二六沽 A 期权的执行价格
    ...: price_Sep6=float(P_tencent.loc['2021-09-06'])          #2021 年 9 月 6 日腾讯控股股价并转为纯浮点型数据

In [49]: Delta_call=EurOpt_letter(S=price_Sep6,K=K_call,sigma=vol_tencent,r=Hibor_call,
T0=T_price,T1=T1_call,letter='Delta',optype='call')
    ...: Gamma_call=EurOpt_letter(S=price_Sep6,K=K_call,sigma=vol_tencent,r=Hibor_call,
T0=T_price,T1=T1_call,letter='Gamma',optype='call')
    ...: Theta_call=EurOpt_letter(S=price_Sep6,K=K_call,sigma=vol_tencent,r=Hibor_call,
T0=T_price,T1=T1_call,letter='Theta',optype='call')
    ...: Vega_call=EurOpt_letter(S=price_Sep6,K=K_call,sigma=vol_tencent,r=Hibor_call,
T0=T_price,T1=T1_call,letter='Vega',optype='call')
    ...: Rho_call=EurOpt_letter(S=price_Sep6,K=K_call,sigma=vol_tencent,r=Hibor_call, T0=
T_price,T1=T1_call,letter='Rho',optype='call')
    ...: print('2021 年 9 月 6 日腾讯中银二二购 A 期权的 Delta 值',round(Delta_call,6))
    ...: print('2021 年 9 月 6 日腾讯中银二二购 A 期权的 Gamma 值',round(Gamma_call,6))
    ...: print('2021 年 9 月 6 日腾讯中银二二购 A 期权的 Theta 值',round(Theta_call,6))
    ...: print('2021 年 9 月 6 日腾讯中银二二购 A 期权的 Vega 值',round(Vega_call,6))
    ...: print('2021 年 9 月 6 日腾讯中银二二购 A 期权的 Rho 值',round(Rho_call,6))
2021 年 9 月 6 日腾讯中银二二购 A 期权的 Delta 值    0.367609
2021 年 9 月 6 日腾讯中银二二购 A 期权的 Gamma 值  0.002711
2021 年 9 月 6 日腾讯中银二二购 A 期权的 Theta 值    -57.23361
2021 年 9 月 6 日腾讯中银二二购 A 期权的 Vega 值    129.084332
2021 年 9 月 6 日腾讯中银二二购 A 期权的 Rho 值    71.487523

In [50]: Delta_put=EurOpt_letter(S=price_Sep6,K=K_put,sigma=vol_tencent,r=Hibor_put, T0=
T_price,T1=T1_put,letter='Delta',optype='put')
    ...: Gamma_put=EurOpt_letter(S=price_Sep6,K=K_put,sigma=vol_tencent,r=Hibor_put, T0=
T_price,T1=T1_put,letter='Gamma',optype='put')
    ...: Theta_put=EurOpt_letter(S=price_Sep6,K=K_put,sigma=vol_tencent,r=Hibor_put, T0=
T_price,T1=T1_put,letter='Theta',optype='put')
    ...: Vega_put=EurOpt_letter(S=price_Sep6,K=K_put,sigma=vol_tencent,r=Hibor_put, T0=T_
price,T1=T1_put,letter='Vega',optype='put')
    ...: Rho_put=EurOpt_letter(S=price_Sep6,K=K_put,sigma=vol_tencent,r=Hibor_put, T0=T_
price,T1=T1_put,letter='Rho',optype='put')
```

```
...: print('2021年9月6日腾讯中银二六沽A期权的Delta值',round(Delta_put,6))
...: print('2021年9月6日腾讯中银二六沽A期权的Gamma值',round(Gamma_put,6))
...: print('2021年9月6日腾讯中银二六沽A期权的Theta值',round(Theta_put,6))
...: print('2021年9月6日腾讯中银二六沽A期权的Vega值',round(Vega_put,6))
...: print('2021年9月6日腾讯中银二六沽A期权的Rho值',round(Rho_put,6))
2021年9月6日腾讯中银二六沽A期权的Delta值  -0.669483
2021年9月6日腾讯中银二六沽A期权的Gamma值 0.001961
2021年9月6日腾讯中银二六沽A期权的Theta值  -39.278068
2021年9月6日腾讯中银二六沽A期权的Vega值   165.075381
2021年9月6日腾讯中银二六沽A期权的Rho值    -407.202951
```

将以上输出的期权希腊字母计算结果汇总在表 11-12 中,并且从表中可以得出以下 5 点结论:

一是针对期权 Delta 值,看涨期权是正数,看跌期权是负数,并且当腾讯控股股票(基础资产)价格上涨 1 港元时,看涨期权合约价格上涨约 0.3676 港元,看跌期权合约价格则下跌约 0.6695 港元;

二是针对期权 Gamma 值,无论是看涨期权还是看跌期权均为正数,并且表明当腾讯控股股价上涨 1 港元时,会导致看涨期权 Delta 值增加约 0.0027、看跌期权 Delta 值增加约 0.0020;

三是针对 Theta 值,无论是看涨期权还是看跌期权均为负数,并且每经过一个自然日,看涨期权的价值就下跌约 0.1568 港元(即 –57.2336/365),看跌期权的价值下跌约 0.1076 港元(即 –39.2781/365);

四是针对 Vega 值,无论是看涨期权还是看跌期权也均为正数,并且当腾讯控股股票收益率的年化波动率提高 1% 时,看涨期权的价值将上涨约 1.2908 港元,看跌期权的价值则将上涨约 1.6508 港元;

五是针对 Rho 值,看涨期权是正数,看跌期权是负数,当无风险利率上升 1% 的,看涨期权价值上涨约 0.7149 港元,看跌期权价值下跌约 4.0720 港元。

表 11-12　2021 年 9 月 6 日 2 只期权的希腊字母的值

期权合约名称	Delta 值	Gamma 值	Theta 值	Vega 值	Rho 值
腾讯中银二二购 A(欧式看涨期权)	0.367609	0.002711	−57.233610	129.084332	71.487523
腾讯中银二六沽 A(欧式看跌期权)	−0.669483	0.001961	−39.278068	165.075381	−407.202951

11.4　美式期权希腊字母的编程——以台积电股票期权为案例

11.4.1　案例详情

D 公司是一家总部位于我国台湾地区的金融控股集团,旗下拥有商业银行、证券公司、保险公司、信托公司以及资产管理公司等金融牌照,秉持"诚信、专业、稳健、热诚"的经营理念及服务精神,致力于成为亚太地区领先的区域性金融集团。

伴随着 2021 年初开始的全球芯片短缺情形的日益严重,D 公司比较看好全球著名芯片代工厂商——台湾积体电路制造股份有限公司(Taiwan Semiconductor Manufacturing Company Limited,简称"台积电")的股价走势。为了能够以最小的资金投入取得台积电股价上涨带来的潜在投资回报,D 公司的董事会决定用公司少量自有资金购置台积电的美式股票期权合约——台积电第一 14 购 02 合约,具体的期权合约要素如表 11-13 所示。

表 11-13　台积电第一 14 购 02 合约要素

合约要素	具体信息
合约名称	台积电第一 14 购 02
合约代码	030887
合约发行人	第一金证券股份有限公司

续表

合约要素	具体信息
合约上市交易所	台湾证券交易所
合约上市首日	2021 年 4 月 9 日
合约期限	自上市（含）起算，存续期 12 个月，到期日如适逢法定节假日则顺延至下一个交易日
合约到期日	2022 年 4 月 11 日（周一）
目标证券 （合约基础资产）	台湾积体电路制造股份有限公司普通股，股票在台湾证券交易所上市，股票名称为台积电， 股票代码为 2330
履约价格 （行权价格）	680.00 新台币/股
合约类型	美式看涨期权

数据来源：台湾证券交易所。

假定你是 D 公司的量化风险主管，需要在 2021 年 9 月 16 日测算出该期权的希腊字母。为了工作的需要，你一方面整理了 2019 年 1 月至 2021 年 9 月 16 日期间台积电股票的日收盘价数据并且存放于 Excel 文件中，表 11-14 列出了部分日收盘价数据；另一方面运用台北金融业拆款定盘利率（Taibor）作为无风险收益率，根据表 11-15 中的利率数据利用三阶样条曲线插值法计算所需期限的无风险收益率。

表 11-14　2019 年 1 月至 2021 年 9 月 16 日期间台积电股票部分日收盘价

指标名称	2019-01-02	2019-01-03	2019-01-04	……	2021-09-14	2021-09-15	2021-09-16
台积电股价 （新台币/股）	219.50	215.50	208.00	……	613.00	607.00	600.00

数据来源：台湾证券交易所。

表 11-15　2021 年 9 月 16 日 Taibor

指标名称	隔夜	7 天期	14 天期	1 个月期	2 个月期	3 个月期	6 个月期	9 个月期	1 年期
Taibor	0.0840%	0.1713%	0.2409%	0.3889%	0.4413%	0.4798%	0.5683%	0.7007%	0.8399%

数据来源：台湾省银行商业同业公会。

为了能够顺利地完成相关工作，你需要借助 Python 完成以下 4 项编程任务。

11.4.2　编程任务

【任务 1】为了快速计算得到美式期权的 Delta、Gamma 和 Theta 值，通过 Python 自定义一个运用二叉树模型计算美式期权这 3 个希腊字母的函数，并且在该函数中可以输入期权定价日、到期日等时间参数。

【任务 2】导入存放台积电股价数据的 Excel 文件并计算股票收益率的波动率；结合表 11-15 的 Taibor 数据，运用三阶样条曲线插值法测算对应于"台积电第一 14 购 02"合约剩余期限的无风险收益率；结合任务 1 自定义函数同时设定步数为 300，计算该期权合约的 Delta、Gamma 和 Theta 值。

【任务 3】通过 Python 自定义一个运用二叉树模型计算美式期权 Vega 和 Rho 这两个希腊字母的函数，并且在该函数中也可以输入期权定价日、到期日等时间参数；结合任务 2 计算得到的股票收益率的波动率、对应期限的无风险收益率等参数，计算"台积电第一 14 购 02 合约"的 Vega 和 Rho 值。

11.4.3　编程提示

为了 Python 编程的便利，需要给出针对美式期权希腊字母的相关数学表达式。引入一个 N 步二叉树模型，并且考察该模型的前两步节点，即初始节点、第 1 步达到的节点和第 2 步达到的节点，具体见图 11-1（在图中，节点上方的数值表示基础资产价格，下方的数值表示期权价值）。

此外，美式期权的 Vega 和 Rho 需要通过构造新的二叉树模型才能计算得到。当基础资产的波动率 σ 变动 $\Delta\sigma$ 时，即新的波动率 $\widetilde{\sigma}=\sigma+\Delta\sigma$，在保持其他变量和步长 Δt 不变的情况下，Π 表示由原二叉树模型（基于原来的波动率 σ）计算得出的期权价值，$\widetilde{\Pi}$ 表示由新二叉树模型（基于新的波动率 $\widetilde{\sigma}$）计算得出的期权价值。同理，当无风险收益率 r 变动 Δr 时，即新的无风险收益率 $\widetilde{r}=r+\Delta r$，Π 及 $\overline{\Pi}$ 分别表示通过原二叉树模型（基于原来的无风险收益率 r）、新二叉树模型（基于新的无风险收益率 $\widetilde{r}$）依次得出的期权价值。表 11-16 整理了美式期权希腊字母的数学表达式。

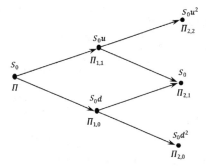

图 11-1　N 步二叉树模型中的前两步节点

表 11-16　美式期权希腊字母及其数学表达式

希腊字母	数学表达式
Delta（Δ）	$\Delta = \dfrac{\Delta\Pi}{\Delta S} = \dfrac{\Pi_{1,1}-\Pi_{1,0}}{S_0 u - S_0 d}$
Gamma（Γ）	$\Gamma = \dfrac{\dfrac{\Delta_1 - \Delta_2}{S_0 u^2 - S_0 d^2}}{2} = \dfrac{2(\Delta_1 - \Delta_2)}{S_0 u^2 - S_0 d^2}$ 。 其中：$\Delta_1 = \dfrac{\Pi_{2,2}-\Pi_{2,1}}{S_0 u^2 - S_0}$，$\Delta_2 = \dfrac{\Pi_{2,1}-\Pi_{2,0}}{S_0 - S_0 d^2}$
Theta（θ）	$\theta = \dfrac{\Pi_{2,1}-\Pi}{2\Delta t}$
Vega（V）	$V = \dfrac{\widetilde{\Pi}-\Pi}{\Delta\sigma}$
Rho	$\mathrm{Rho} = \dfrac{\overline{\Pi}-\Pi}{\Delta r}$

在运用 Python 编写计算美式期权希腊字母的代码时，依然采用矩阵运算思路。

11.4.4　参考代码与说明

1. 针对任务 1

```
In [51]: def AmerOpt_letter1(S,K,sigma,r,T0,T1,N,opt,letter):
    ...:     '''定义运用 N 步二叉树模型计算美式期权 Delta、Gamma 和 Theta 值的函数
    ...:     S: 代表基础资产当前的价格
    ...:     K: 代表期权的行权价格
    ...:     sigma: 代表基础资产收益率的波动率（年化）
    ...:     r: 代表连续复利的无风险收益率
    ...:     T0: 代表期权合约的定价日，以 datetime 格式输入
    ...:     T1: 代表期权合约的到期日，输入格式与 T0 相同
    ...:     N: 代表二叉树模型的步数
    ...:     opt: 代表期权类型，opt='call'代表美式看涨期权，其他代表美式看跌期权
    ...:     letter:代表希腊字母,letter='Delta'代表 Delta,letter='Gamma'代表 Gamma,其他则代表 Theta'''
    ...:     T=(T1-T0).days/365          #计算定价日距离到期日的期限长度
    ...:     t=T/N                       #计算每一步步长期限（年）
    ...:     u=np.exp(sigma*np.sqrt(t))  #计算基础资产价格上涨时的比例
    ...:     d=1/u                       #计算基础资产价格下跌时的比例
    ...:     p=(np.exp(r*t)-d)/(u-d)     #计算基础资产价格上涨的概率
    ...:     call_matrix=np.zeros((N+1,N+1))   #构建 N+1 行、N+1 列的零矩阵用于后续存放每个节点的看
涨期权价值
    ...:     put_matrix=np.zeros((N+1,N+1))    #用于后续存放每个节点的看跌期权价值
    ...:     N_list=np.arange(0,N+1)          #创建从 0 到 N 的自然数数列（数组格式）
    ...:     S_end=S*pow(u,N-N_list)*pow(d,N_list)    #计算期权到期时节点的基础资产价格（按照节
点从上往下排序）
```

```
    ...:        call_matrix[:,-1]=np.maximum(S_end-K,0)       #计算期权到期时节点的看涨期权价值（按照节
点从上往下排序）
    ...:        put_matrix[:,-1]=np.maximum(K-S_end,0)        #计算期权到期时节点的看跌期权价值（按照节
点从上往下排序）
    ...:        i_list=list(range(0,N))          #创建从 0 到 N-1 的自然数数列（列表格式）
    ...:        i_list.reverse()                 #将列表的元素由大到小重新排序（从 N-1 到 0）
    ...:        for i in i_list:
    ...:            j_list=np.arange(i+1)         #创建从 0 到 i 的自然数数列（数组格式）
    ...:            Si=S*pow(u,i-j_list)*pow(d,j_list)    #计算在 iΔt 时刻各节点上的基础资产价格（按
照节点从上往下排序）
    ...:            call_strike=np.maximum(Si-K,0)        #计算提前行权时期权收益
    ...:            call_nostrike=np.exp(-r*t)*(p*call_matrix[:i+1,i+1]+(1-p)*call_matrix[1:
i+2,i+1])  #计算不提前行权时期权价值
    ...:            call_matrix[:i+1,i]=np.maximum(call_strike,call_nostrike)    #取提前行权时期
权收益与不提前行权时期权价值的最大值
    ...:            put_strike=np.maximum(K-Si,0)     #计算提前行权时期权收益
    ...:            put_nostrike=np.exp(-r*t)*(p*put_matrix[:i+1,i+1]+(1-p)*put_matrix[1:i+2,
i+1])  #计算不提前行权时期权价值
    ...:            put_matrix[:i+1,i]=np.maximum(put_strike,put_nostrike)    #取提前行权时期权收
益与不提前行权时期权价值的最大值
    ...:        if opt=='call':                      #针对美式看涨期权
    ...:            if letter=='Delta':              #针对美式看涨期权的 Delta
    ...:                result=(call_matrix[0,1]-call_matrix[1,1])/(S*u-S*d) #计算 Delta 值
    ...:            elif letter=='Gamma':            #针对美式看涨期权的 Gamma
    ...:                Delta1=(call_matrix[0,2]-call_matrix[1,2])/(S*pow(u,2)-S) #计算一个 Delta 值
    ...:                Delta2=(call_matrix[1,2]-call_matrix[2,2])/(S-S*pow(d,2)) #计算另一个 Delta 值
    ...:                result=2*(Delta1-Delta2)/(S*pow(u,2)-S*pow(d,2))    #计算 Gamma 值
    ...:            else:                            #针对美式看涨期权的 Theta
    ...:                result=(call_matrix[1,2]-call_matrix[0,0])/(2*t)    #计算 Theta 值
    ...:        else:                                #针对美式看跌期权
    ...:            if letter=='Delta':              #针对美式看跌期权的 Delta
    ...:                result=(put_matrix[0,1]-put_matrix[1,1])/(S*u-S*d)  #计算 Delta 值
    ...:            elif letter=='Gamma':            #针对美式看跌期权的 Gamma
    ...:                Delta1=(put_matrix[0,2]-put_matrix[1,2])/(S*pow(u,2)-S) #计算一个 Delta 值
    ...:                Delta2=(put_matrix[1,2]-put_matrix[2,2])/(S-S*pow(d,2)) #计算另一个 Delta 值
    ...:                result=2*(Delta1-Delta2)/(S*pow(u,2)-S*pow(d,2))    #计算 Gamma 值
    ...:            else:                            #针对美式看跌期权的 Theta
    ...:                result=(put_matrix[1,2]-put_matrix[0,0])/(2*t)    #计算 Theta 值
    ...:        return result
```

在以上自定义函数 AmerOpt_letter1 中，输入基础资产价格、行权价格、基础资产收益率的波动率、无风险收益率、定价日、到期日、模型的步数、期权类型以及希腊字母类型等参数，就可以很便利地计算得到美式期权的 Delta、Gamma 和 Theta 值。

2. 针对任务 2

```
    In [52]: price_TSMC=pd.read_excel('C:/Desktop/台积电股票收盘价（2019年1月至2021年9月16日）.xlsx',
sheet_name= "Sheet1", header=0, index_col=0)        #导入台积电股价数据

    In [53]: R_TSMC=np.log(price_TSMC/price_TSMC.shift(1))  #计算台积电股票每日收益率

    In [54]: Sigma_TSMC=np.sqrt(252)*np.std(R_TSMC)        #计算台积电股票年化波动率
       ...: Sigma_TSMC=float(Sigma_TSMC)                   #转换为单纯的浮点型数据
       ...: print('台积电股票年化波动率',round(Sigma_TSMC,4))
台积电股票年化波动率 0.2609

    In [55]: Taibor_list=np.array([0.000840,0.001713,0.002409,0.003889,0.004413,0.004798,
       ...:                0.005683,0.007007,0.008399])    #已有的 Taibor
       ...: T_list=np.array([1/365,7/365,14/365,1/12,2/12,3/12,6/12,9/12,1])  #已有的期限

    In [56]: f=interp1d(x=T_list,y=Taibor_list,kind='cubic')        #利用三阶样条曲线插值法

    In [57]: T_price=dt.datetime(2021,9,16)       #期权定价日
       ...: T_end=dt.datetime(2022,4,11)          #期权到期日
       ...: tenor=(T_end-T_price).days/365        #期权合约剩余期限
       ...: tenor                                 #输出结果
Out[57]: 0.5671232876712329
```

```
In [58]: T_list_new=np.array([1/365,7/365,14/365,1/12,2/12,3/12,6/12,tenor,9/12,1])  #新的期限数组

In [59]: Taibor_list_new=f(T_list_new)              #新的收益率
    ...: Taibor_list_new                             #显示结果
Out[59]:
array([0.00084  , 0.001713 , 0.002409 , 0.003889 , 0.004413 ,
       0.004798 , 0.005683 , 0.00596671, 0.007007 , 0.008399  ])

In [60]: price_Sep16=float(price_TSMC.loc['2021-09-16'])  #2021年9月16日台积电股价
    ...: strike=680                                 #期权的履约价格（行权价格）
    ...: step=300                                   #二叉树模型步数

In [61]: Delta=AmerOpt_letter1(S=price_Sep16,K=strike,sigma=Sigma_TSMC,r=Taibor_list_new
[-3],T0=T_price,T1=T_end,N=step,opt='call',letter='Delta')  #计算Delta值
    ...: Gamma=AmerOpt_letter1(S=price_Sep16,K=strike,sigma=Sigma_TSMC, r=Taibor_list_new
[-3],T0=T_price,T1=T_end,N=step,opt='call',letter='Gamma')  #计算Gamma值
    ...: Theta=AmerOpt_letter1(S=price_Sep16,K=strike,sigma=Sigma_TSMC,r=Taibor_list_new
[-3],T0=T_price,T1=T_end,N=step,opt='call',letter='Theta')  #计算Theta值
    ...: print('2021年9月16日台积电第一14购02合约的Delta值',round(Delta,6))
    ...: print('2021年9月16日台积电第一14购02合约的Gamma值',round(Gamma,6))
    ...: print('2021年9月16日台积电第一14购02合约的Theta值',round(Theta,6))
2021年9月16日台积电第一14购02合约的Delta值    0.301021
2021年9月16日台积电第一14购02合约的Gamma值 0.002956
2021年9月16日台积电第一14购02合约的Theta值   -37.172727
```

从以上的输出可以看到，在2021年9月16日，"台积电第一14购02"合约的Delta值约等于0.3010，这说明当股价上涨1新台币时，期权价值上涨约0.301新台币；Gamma值约等于0.0030，这表明当股价上涨时，期权Delta值也会增加；Theta值则约等于−37.1727，这说明当期权越接近到期日，期权价值越低。

3. 针对任务3

```
In [62]: def AmerOpt_letter2(S,K,sigma,r,T0,T1,N,opt,letter):
    ...:     '''定义运用N步二叉树模型计算美式期权Vega和Rho的函数，
    ...:     假定基础资产收益率的波动率增加0.0001，无风险收益率也增加0.0001
    ...:     S: 代表基础资产当前的价格
    ...:     K: 代表期权的行权价格
    ...:     sigma: 代表基础资产收益率的波动率（年化）
    ...:     r: 代表连续复利的无风险收益率
    ...:     T0: 代表期权合约的定价日，以datetime格式输入
    ...:     T1: 代表期权合约的到期日，输入格式与T0相同
    ...:     N: 代表二叉树模型的步数
    ...:     opt: 代表期权类型, opt='call'代表美式看涨期权，其他代表美式看跌期权
    ...:     letter: 代表希腊字母, letter='Vega'代表Vega，其他则代表Rho'''
    ...:     def Amer_Opt(S,K,sigma,r,T_price,T_end,N,opt):  #定义一个计算美式期权价值的函数
    ...:         T=(T1-T0).days/365         #计算定价日距离到期日的期限长度
    ...:         t=T/N                       #计算每一步步长期限（年）
    ...:         u=np.exp(sigma*np.sqrt(t))  #计算基础资产价格上涨时的比例
    ...:         d=1/u                       #计算基础资产价格下跌时的比例
    ...:         p=(np.exp(r*t)-d)/(u-d)     #计算基础资产价格上涨的概率
    ...:         call_matrix=np.zeros((N+1,N+1))  #构建N+1行、N+1列的零矩阵用于后续存放每个节
点的看涨期权价值
    ...:         put_matrix=np.zeros((N+1,N+1))   #用于后续存放每个节点的看跌期权价值
    ...:         N_list=np.arange(0,N+1)          #创建从0到N的自然数列（数组格式）
    ...:         S_end=S*pow(u,N-N_list)*pow(d,N_list)  #计算期权到期时节点的基础资产价格
（按照节点从上往下排序）
    ...:         call_matrix[:,-1]=np.maximum(S_end-K,0)  #计算期权到期时节点的看涨期权价值
（按照节点从上往下排序）
    ...:         put_matrix[:,-1]=np.maximum(K-S_end,0)   #计算期权到期时节点的看跌期权价值
（按照节点从上往下排序）
    ...:         i_list=list(range(0,N))          #创建从0到N-1的自然数列（列表格式）
    ...:         i_list.reverse()                 #将列表的元素由大到小重新排序（从N-1到0）
    ...:         for i in i_list:
    ...:             j_list=np.arange(i+1)        #创建从0到i的自然数列（数组格式）
    ...:             Si=S*pow(u,i-j_list)*pow(d,j_list)  #计算在iΔt时刻各节点上的基础资产价
格（按照节点从上往下排序）
    ...:             call_strike=np.maximum(Si-K,0)      #计算提前行权时期权收益
    ...:             call_nostrike=np.exp(-r*t)*(p*call_matrix[:i+1,i+1]+(1-p)*call_matrix
[1:i+2,i+1])  #计算不提前行权时期权价值
```

```
        ...:               call_matrix[:i+1,i]=np.maximum(call_strike,call_nostrike)  #取提前行
权时期权收益与不提前行权时期权价值的最大值
        ...:               put_strike=np.maximum(K-Si,0)                    #计算提前行权时期权收益
        ...:               put_nostrike=np.exp(-r*t)*(p*put_matrix[:i+1,i+1]+(1-p)*put_matrix
[1:i+2,i+1])  #计算不提前行权时期权价值
        ...:               put_matrix[:i+1,i]=np.maximum(put_strike,put_nostrike)  #取提前行权时
期权收益与不提前行权时期权价值的最大值
        ...:           if opt=='call':                   #针对美式看涨期权
        ...:               value=call_matrix[0,0]        #计算美式看涨期权价值
        ...:           else:                             #针对美式看跌期权
        ...:               value=put_matrix[0,0]         #计算美式看跌期权价值
        ...:           return value
        ...:       if letter=='Vega':                    #针对希腊字母 Vega
        ...:           if opt=='call':                   #针对美式看涨期权
        ...:               V1=Amer_Opt(S,K,sigma,r,T_price,T_end,N,opt)  #利用原二叉树模型计算期权价值
        ...:               V2=Amer_Opt(S,K,sigma+0.0001,r,T_price,T_end,N,opt)  #利用新二叉树模型计
算期权价值
        ...:               result=(V2-V1)/0.0001         #计算美式看涨期权的 Vega
        ...:           else:                             #针对美式看跌期权
        ...:               V1=Amer_Opt(S,K,sigma,r,T_price,T_end,N,opt)
        ...:               V2=Amer_Opt(S,K,sigma+0.0001,r,T_price,T_end,N,opt)
        ...:               result=(V2-V1)/0.0001         #计算美式看跌期权的 Vega
        ...:       else:                                 #针对希腊字母 Rho
        ...:           if opt=='call':                   #针对美式看涨期权
        ...:               V1=Amer_Opt(S,K,sigma,r,T_price,T_end,N,opt)  #利用原二叉树模型计算期权价值
        ...:               V2=Amer_Opt(S,K,sigma,r+0.0001,T_price,T_end,N,opt)  #利用新二叉树模型计
算期权价值
        ...:               result=(V2-V1)/0.0001         #计算美式看涨期权的 Rho
        ...:           else:                             #针对美式看跌期权
        ...:               V1=Amer_Opt(S,K,sigma,r,T_price,T_end,N,opt)
        ...:               V2=Amer_Opt(S,K,sigma,r+0.0001,T_price,T_end,N,opt)
        ...:               result=(V2-V1)/0.0001         #计算美式看跌期权的 Rho
        ...:       return result
```

在以上自定义函数 AmerOpt_letter2 中，输入基础资产价格、行权价格、基础资产收益率的波动率、无风险收益率、定价日、到期日、模型的步数、期权类型以及希腊字母类型等参数，就可以便捷地计算得到美式期权的 Vega 值和 Rho 值。

```
In [63]: Vega=AmerOpt_letter2(S=price_Sep16,K=strike,sigma=Sigma_TSMC,r=Taibor_list_new
[-3],T0=T_price,T1=T_end,N=step,opt='call',letter='Vega')  #计算 Vega 值
        ...: Rho=AmerOpt_letter2(S=price_Sep16,K=strike,sigma=Sigma_TSMC,r=Taibor_list_new[-3],
T0=T_price,T1=T_end,N=step,opt='call',letter='Rho')  #计算 Rho 值
        ...: print('2021 年 9 月 16 日台积电第一 14 购 02 合约的 Vega 值',round(Vega,6))
        ...: print('2021 年 9 月 16 日台积电第一 14 购 02 合约的 Rho 值',round(Rho,6))
2021 年 9 月 16 日台积电第一 14 购 02 合约的 Vega 值 157.652103
2021 年 9 月 16 日台积电第一 14 购 02 合约的 Rho 值 90.855303
```

从以上输出的结果可以看到，"台积电第一 14 购 02"合约的 Vega 值约等于 157.6521，这说明当股票波动率上升 0.01%（即从 26.09%增加值 26.10%）时，期权价值上涨约 0.015765 新台币；Rho 值约等于 90.86，这表明当无风险收益率上涨 1 个基点（即从 0.596671%上升至 0.606671%）时，期权价值上涨约 0.009086 新台币。

11.5 期权风险对冲的编程——以沪深 300ETF 沽 9 月 5500 期权为案例

11.5.1 案例详情

E 公司是总部位于卡塔尔多哈的主权财富基金旗下的一家投资公司，该公司获得了 QFII 资格，允许参与 A 股市场的投资。出于谨慎的原则，该公司在管理的涉及 A 股权益类投资组合中仅配置了嘉实沪深 300ETF 基金（代码为 159919）共计 8600 万份。假定你是该公司的一位投资经理，负

责管理公司在东亚地区权益类证券投资的工作。

在 2021 年 1 月末，公司投资管理委员会经过分析认为 2021 年前 3 个季度 A 股市场可能面临较大的下行风险，要求你于 2 月 1 日采用在深圳证券交易所挂牌交易的 300ETF 期权对冲嘉实沪深300ETF 基金净值下跌的风险，同时抓住基金净值上升的机会。你通过分析最终选择了沪深300ETF 沽 9 月 5500 期权合约用于风险对冲，表 11-17 列出了该期权合约的主要要素信息。此外，2021 年 2 月 1 日嘉实沪深 300ETF 基金净值是 5.4047 元/份。

表 11-17　沪深 300ETF 沽 9 月 5500 期权合约的主要要素信息

合约简称	执行价格（元/份）	上市日	到期日	合约单位
沪深 300ETF 沽 9 月 5500	5.50 元	2021 年 1 月 28 日	2021 年 9 月 22 日	10000 份

注：表中的合约单位 10000 表示该期权合约基础资产对应 1 万份嘉实沪深 300ETF 基金。

数据来源：深圳证券交易所。

在 2021 年 9 月 8 日即对冲结束日，按照公司要求，你正在准备一份关于沪深 300ETF 沽 9 月 5500 期权存续期间内期权对冲风险有效性的总结报告。为了撰写这份报告，你需要运用 Python 完成 4 个编程任务。

11.5.2　编程任务

【任务 1】导入包含 2020 年 1 月至 2021 年 1 月期间嘉实沪深 300ETF 基金日净值数据的 Excel 文件，计算该期间内基金日收益率以及年化的收益波动率。同时，假定用 3 个月期 Shibor 作为无风险利率，并且 2021 年 2 月 1 日该利率为 2.773%，计算 2021 年 2 月 1 日沪深 300ETF 沽 9 月 5500 期权的 Delta 值以及当天需要运用多少期权才能够最优对冲嘉实沪深 300ETF 基金净值下跌的风险。

【任务 2】导入包含 2021 年 2 月 1 日至 9 月 8 日期间嘉实沪深 300ETF 基金日净值数据的 Excel 文件，计算在该期间内 E 公司持有嘉实沪深 300ETF 基金的市值时间序列。此外，导入包含相同期间内沪深 300ETF 沽 9 月 5500 期权合约每日结算价数据的 Excel 文件，计算运用期权进行风险对冲后整个投资组合的市值时间序列。

【任务 3】为了对比的需要，你在报告中增加了 E 公司选择运用沪深 300 股指期货对嘉实沪深 300ETF 基金进行套期保值的模拟情景，同时选择沪深 300 股指期货 2109 合约，表 11-18 列出了该期货合约的主要要素信息。导入包含 2021 年 2 月 1 日至 9 月 8 日期间期货合约存续期内的沪深 300 股指期货 2109 合约日结算价数据的 Excel 文件，计算在 2021 年 2 月 1 日套期保值所需期货合约的最优合约数量，同时计算运用该期货套期保值后整个投资组合的市值时间序列。

表 11-18　沪深 300 股指期货 2109 合约的主要要素信息

合约代码	合约简称	上市日	到期日	合约乘数
IF2109	沪深 300 股指 2109 合约	2021 年 1 月 18 日	2021 年 9 月 17 日	每点 300 元

数据来源：中国金融期货交易所。

【任务 4】基于任务 2 和任务 3 的计算结果，将 2021 年 2 月 1 日至 9 月 8 日期间未对冲风险的华夏上证 50ETF 基金市值时间序列、运用期权对冲风险后的整个投资组合市值时间序列以及运用期货套期保值后的整个投资组合市值时间序列进行可视化，最终比较有无套期保值以及运用不同衍生产品对冲风险的效果。

11.5.3　编程提示

- 针对任务 1，可以运用 11.3.4 小节通过 Python 自定义计算欧式期权希腊字母的函数测算期权 Delta 值。此外，根据期权希腊字母 Delta 的定义，当基金净值变动金额为 ΔS 时，看跌期权价格变化金额 ΔP 的表达式如下：

$$\Delta P = Delta \times \Delta S \qquad\qquad \text{（式 11-9）}$$

　　考虑到 1 张沪深 300ETF 期权的合约单位是 10000，对冲 8600 万份嘉实沪深 300ETF 基金所需要的沪深 300ETF 沽 9 月 5500 期权合约数量就是 $86000000/(Delta \times 10000)$。

- 针对任务 3，可以运用 10.4.4 小节通过 Python 自定义计算期货合约最优套保数量的函数，并且考虑到沪深 300 股指期货合约的基础资产是沪深 300 指数，嘉实沪深 300ETF 基金是基于沪深 300 指数的 ETF 基金，因此可以认为期货最优套保比率 $h^* = 1$。

11.5.4　参考代码与说明

1. 针对任务 1

```
In [64]: price1_ETF=pd.read_excel('C:/Desktop/嘉实沪深 300ETF 基金日净值数据（2020 年 1 月至 2021
年 1 月）.xlsx',sheet_name="Sheet1",header=0,index_col=0)  #导入外部数据
    ...: R_300ETF=np.log(price1_ETF/price1_ETF.shift(1))  #计算嘉实沪深 300ETF 基金日收益率
    ...: R_300ETF=R_300ETF.dropna()                       #删除缺失值所在的行

In [65]: vola_300ETF=np.sqrt(252)*R_300ETF.std()   #计算嘉实沪深 300ETF 基金收益的年化波动率
    ...: vola_300ETF=float(vola_300ETF)             #转为纯浮点数
    ...: print('嘉实沪深 300ETF 基金收益的年化波动率',round(vola_300ETF,6))
嘉实沪深 300ETF 基金收益的年化波动率 0.230329

In [66]: T_price=dt.datetime(2021,2,1)            #计算期权希腊字母的日期
    ...: T_end=dt.datetime(2021,9,22)             #沪深 300ETF 沽 9 月 5500 期权的到期日
    ...: strike=5.5                               #沪深 300ETF 沽 9 月 5500 期权的执行价格
    ...: Shibor=0.02773                           #2021 年 2 月 1 日 3 个月期 Shibor
    ...: P_300ETF_Feb1=5.4047                     #2021 年 2 月 1 日嘉实沪深 300ETF 基金净值

In [67]: Delta=EurOpt_letter(S=P_300ETF_Feb1,K=strike,sigma=vola_300ETF,r=Shibor,T0=T_price,
T1=T_end,letter='Delta',optype='put')  #用 11.3 节案例自定义的函数
    ...: print('2021 年 2 月 1 日沪深 300ETF 沽 9 月 5500 期权的 Delta 值', round(Delta,6))
2021 年 2 月 1 日沪深 300ETF 沽 9 月 5500 期权的 Delta 值 -0.462864

In [68]: M_put=10000                 #1 张沪深 300ETF 沽 9 月 5500 期权对应的基金份数
    ...: N_ETF=8.6e7                  #持有嘉实沪深 300ETF 基金总份数
    ...: N_put=-N_ETF/(M_put*Delta)   #用于对冲风险的沪深 300ETF 沽 9 月 5500 期权数量

In [69]: import math                  #导入 math 模块

In [70]: if math.modf(N_put)[0]>0.5:  #小数位大于 0.5
    ...:     N_put=math.ceil(N_put)   #实现小数位的四舍五入
    ...: else:
    ...:     N_put=math.floor(N_put)  #实现小数位的四舍五入
    ...: print('2021 年 2 月 1 日用于对冲风险的沪深 300ETF 沽 9 月 5500 期权数量',N_put)
2021 年 2 月 1 日用于对冲风险的沪深 300ETF 沽 9 月 5500 期权数量 18580
```

　　从以上的输出可以得到，嘉实沪深 300ETF 基金收益的年化波动率为 23.0329%，同时在 2021 年 2 月 1 日沪深 300ETF 沽 9 月 5500 期权的 Delta 值约等于-0.4629，用于对冲嘉实沪深 300ETF 基金净值下跌风险的期权合约数量是 18580 张（多头头寸）。

2. 针对任务 2

```
In [71]: price2_ETF=pd.read_excel('C:/Desktop/嘉实沪深 300ETF 基金日净值数据（2021 年 2 月至 9
月）.xlsx',sheet_name="Sheet1",header=0,index_col=0)     #导入外部数据

In [72]: value_ETF=N_ETF*price2_ETF                        #持有嘉实沪深 300ETF 基金的总市值

In [73]: price_put=pd.read_excel('C:/Desktop/沪深 300ETF 沽 9 月 5500 期权结算价（2021 年 2 月至 9
月）.xlsx',sheet_name="Sheet1",header=0,index_col=0)     #导入期权结算价数据

In [74]: profit_put=N_put*M_put*(price_put-price_put.iloc[0])     #创建期权盈亏的时间序列

In [75]: value_port1=value_ETF+np.array(profit_put)  #创建运用期权对冲风险后的投资组合市值时间序列

In [76]: value_port1.columns=['运用期权对冲后的投资组合']   #修改列名
```

```
In [77]: value_port1.head()                    #输出开头5行
Out[77]:
          运用期权对冲后的投资组合
日期
2021-02-01    464804200.0
2021-02-02    464037100.0
2021-02-03    461732100.0
2021-02-04    463325720.0
2021-02-05    464755860.0

In [78]: value_port1.tail()                    #输出末尾5行
Out[78]:
          运用期权对冲后的投资组合
日期
2021-09-02    445959300.0
2021-09-03    446896020.0
2021-09-06    440717160.0
2021-09-07    433520080.0
2021-09-08    436220420.0
```

从以上输出的结果可以看出，相比2021年2月初，在9月上旬运用期权对冲后的整个投资组合市值有所下跌，从中可以判断出看跌期权的收益无法覆盖基金净值下跌带来的亏损。

3. 针对任务3

```
In [79]: price_future=pd.read_excel('C:/Desktop/沪深300股指期货IF2109合约结算价(2021年2月至
9月).xlsx',sheet_name="Sheet1",header=0,index_col=0)    #导入期货结算价数据

In [80]: M_future=300                          #沪深300股指期货2109合约的合约乘数

In [81]: value_future_Feb1=M_future*price_future.iloc[0]    #2021年2月1日1张期货合约的价值
    ...: value_future_Feb1=float(value_future_Feb1)         #转为浮点型

In [82]: value_ETF_Feb1=value_ETF.loc['2021-02-01']        #2021年2月1日投资ETF的市值
    ...: value_ETF_Feb1=float(value_ETF_Feb1)              #转为浮点型

In [83]: def N_hedged(h,Q_A,Q_F):    #10.4节案例自定义的函数
    ...:     ''' 构建计算期货合约的最优套保数量的函数
    ...:     h: 代表最优套保比率
    ...:     Q_A: 代表被套期保值资产的金额
    ...:     Q_F: 代表1张期货合约的规模'''
    ...:     import math                        #导入math模块
    ...:     N=h*Q_A/Q_F                        #计算期货合约的最优套保数量
    ...:     if math.modf(N)[0]>0.5:            #小数位大于0.5
    ...:         N=math.ceil(N)                 #实现小数位的四舍五入
    ...:     else:
    ...:         N=math.floor(N)                #实现小数位的四舍五入
    ...:     return N

In [84]: N_future=N_hedged(h=1,Q_A=value_ETF_Feb1,Q_F=value_future_Feb1)    #2021年2月1日运
用期货套期保值的最优合约数量
    ...: print('2021年2月1日运用沪深300期货2109合约套期保值的合约数量(空头)', N_future)
2021年2月1日运用沪深300期货2109合约套期保值的合约数量(空头) 295

In [85]: profit_future=-N_future*M_future*(price_future-price_future.iloc[0])    #期货合
约盈亏时间序列

In [86]: value_port2=value_ETF.loc['2021-02-01':'2021-09-08']+np.array(profit_future)  #创
建经期货套期保值后的整个投资组合价值

In [87]: value_port2.columns=['运用期货套期保值后的投资组合']    #修改列名

In [88]: value_port2.head()
Out[88]:
          运用期货套期保值后的投资组合
日期
2021-02-01    464804200.0
2021-02-02    467508600.0
```

```
2021-02-03      465123700.0
2021-02-04      465179000.0
2021-02-05      463624200.0


In [89]: value_port2.tail()
Out[89]:
            运用期货套期保值后的投资组合
日期
2021-09-02      460279900.0
2021-09-03      459435100.0
2021-09-06      459940400.0
2021-09-07      458834100.0
2021-09-08      459603700.0
```

从以上的输出结果可以看到，运用"沪深 300 股指期货 2109"合约开展套期保值的最优合约数量是 295。同时，运用期货套期保值以后，相比 2021 年 2 月初，2021 年 9 月上旬整个投资组合的市值变化并不明显。

4. 针对任务 4

```
In [90]: value_ETF.index=pd.DatetimeIndex(value_ETF.index)    #将数据框行索引转为 datetime 格式
    ...: value_port1.index=pd.DatetimeIndex(value_port1.index)
    ...: value_port2.index=pd.DatetimeIndex(value_port2.index)


In [91]: plt.figure(figsize=(9,6))
    ...: plt.plot(value_ETF,'b--',label=u'未对冲风险的投资组合',lw=2)
    ...: plt.plot(value_port1,'r-',label=u'用期权对冲风险的整体投资组合',lw=2)
    ...: plt.plot(value_port2,'m-',label=u'用期货套期保值的整体投资组合',lw=2)
    ...: plt.xticks(fontsize=13)
    ...: plt.xlabel(u'日期',fontsize=13)
    ...: plt.yticks(fontsize=13)
    ...: plt.ylabel(u'市值',fontsize=13)
    ...: plt.title(u'未风险对冲与风险对冲的投资组合市值走势',fontsize=13)
    ...: plt.legend(fontsize=13)
    ...: plt.grid()
    ...: plt.show()
```

通过仔细观察图 11-2，可以得到以下 3 个重要的结论。

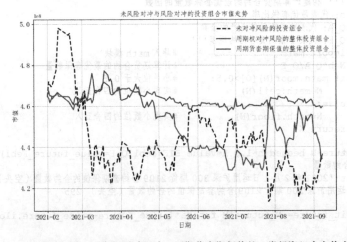

图 11-2　未风险对冲、用期权对冲风险、用期货套期保值的 3 类投资组合市值走势

一是由于在 2021 年前 3 个季度整个 A 股市场处于震荡行情，因此，未采用风险对冲的投资组合市值变化与采用看跌期权多头进行风险对冲后的整体投资组合市值变化恰好相反，也就是当未采用风险对冲的投资组合市值上涨时，采用看跌期权多头进行风险对冲后的整体投资组合市值则是下跌的，反之则反是。

二是采用期货空头进行套期保值的整体投资组合市值基本上处于一条水平线上。因此，运用看跌期权不仅可以规避基础资产价格下跌的风险，还可以获取基础资产价格上升带来的收益。相比之下，运用期货套期保值虽然避免了基础资产价格下跌带来的亏损风险，但是也放弃了基础资产价格上升带来的潜在收益。

三是就市值的波动而言，采用期货空头套期保值的整体投资组合市值波动最小，采用看跌期权多头进行风险对冲后的整体投资组合市值波动次之，未采用风险对冲的投资组合市值波动最大。

11.6　期权隐含波动率的编程——以沪深 300 股指期权为案例

11.6.1　案例详情

F 公司是总部位于新加坡的一家大型资产管理公司，该公司的投资信条是"通过独立、广泛且深入的基本面研究，能够发现证券的定价错误并加以利用，就可以创造出可持续的非凡业绩"。公司通过获得 QFII 额度而顺利进入 A 股市场。

为了进一步丰富资管产品线，公司近期正在考虑推出一款以期权波动率交易策略作为主要策略的资管产品，并且期权的选择范围主要是在中国金融期货交易所挂牌交易的沪深 300 股指期权。期权波动率交易策略的核心是通过期权的隐含波动率与基础资产历史波动率之间的价差进行获利，属于市场中性类的策略，策略收益对于整个市场的涨跌不是很敏感。

假定你是该公司的一位衍生产品资深分析师，日常工作就是研究并跟踪各类股指期权合约。你近期重点关注"沪深 300 股指购 2021 年 12 月 5200"以及"沪深 300 股指沽 2021 年 12 月 4800"这两只股指期权合约，表 11-19 列出了这些期权合约在 2021 年 1 月 4 日（2021 年首个交易日）的主要要素。

表 11-19　两只沪深 300 股指期权在 2021 年 1 月 4 日的主要要素

期权代码	合约简称	执行价格	结算价〔2021 年 1 月 4 日〕	期权类型	上市日	到期日
IO2109-C-4800	沪深 300 股指购 2021 年 12 月 5200	5200 点	428.80 点	欧式看涨期权	2020 年 12 月 21 日	2021 年 12 月 17 日
IO2109-P-5000	沪深 300 股指沽 2021 年 12 月 4800	4800 点	199.40 点	欧式看跌期权		

数据来源：上海证券交易所。

为了能够有效配合公司的产品团队研发期权波动率交易策略的产品，你负责提供关于表 11-19 中这些期权的隐含波动率数据，为此需要通过 Python 完成 3 个编程任务。

11.6.2　编程任务

【任务 1】依据期权价格的经典模型——BSM 模型计算期权的隐含波动率，同时为了计算的便利，通过 Python 自定义计算期权隐含波动率的函数。建议采用二分查找法作为迭代计算的方法，此外，在该自定义函数中可以输入包括计算日、期权到期日等具体日期的参数。

【任务 2】假定运用 3 个月期 Shibor 作为无风险利率，同时 2021 年 1 月 4 日沪深 300 指数收盘价是 5267.7181 点、3 个月期 Shibor 的报价是 2.7460%，并结合表 11-19 中的信息以及任务 1 自定义计算期权隐含波动率的函数，依次计算"沪深 300 股指购 2021 年 12 月 5200"以及"沪深 300 股指沽 2021 年 12 月 4800"这两只期权合约在当天的隐含波动率。

【任务 3】假定在 2021 年 10 月初，产品部门要求你提供这两只期权在 2021 年 5 月至 9 月期间的隐含波动率时间序列数据。需要在 Python 中导入包含该期间期权的每日收盘价、股指收盘价以及 3 个月期 Shibor 日数据的 Excel 文件（表 11-20 列出了部分数据），结合任务 1 自定义的函数，计算两只期权在存续期内的隐含波动率时间序列并且进行可视化。

表 11-20 两只沪深 300 股指期权、股指以及 Shibor 部分日数据（2021 年 5 月至 2021 年 9 月）

日期	沪深 300 股指购 2021 年 12 月 5200（结算价）	沪深 300 股指沽 2021 年 12 月 4800（结算价）	沪深 300 指数（收盘价）	3 个月 Shibor
2021-05-06	190.8000	261.6000	5061.1244	2.5760%
2021-05-07	173.0000	273.8000	4996.0527	2.5690%
2021-05-10	165.6000	265.6000	4992.4220	2.5420%
……	……	……	……	……
2021-09-28	64.0000	159.0000	4883.8280	2.4170%
2021-09-29	60.8000	172.8000	4833.9281	2.4270%
2021-09-30	62.8000	168.4000	4866.3826	2.4310%

数据来源：中国金融期货交易所、上海证券交易所以及 Shibor 官方网站。

11.6.3 编程提示

虽然通过 11.1.3 小节的欧式看涨期权定价公式即（式 11-1）和欧式看跌期权定价公式即（式 11-2）可以将 σ 表示为关于变量 C（或 P）、S_0、K、r、T 的函数，但是由于无法直接反解这个函数，只能运用迭代方法求解出隐含的 σ 值。

常用的迭代方法包括牛顿迭代法和二分查找法。考虑到牛顿迭代法在计算隐含波动率的过程中，涉及的计算步骤比较多，运算效率比较低，尤其是在求解隐含波动率的时间序列过程中需要耗费较多的时间，因此在本案例中不建议读者采用牛顿迭代法，而是采用二分查找法。

11.6.4 参考代码与说明

1. 针对任务 1

```python
In [92]: def implied_volatility(P,S,K,r,T0,T1,optype):
    ...:     '''定义通过 BSM 模型计算期权隐含波动率的函数，
    ...:        并且运用的迭代方法是二分查找法
    ...:     P: 代表期权的市场价格
    ...:     S: 代表基础资产的价格
    ...:     K: 代表期权的行权价
    ...:     r: 代表无风险收益率（连续复利）
    ...:     T0: 代表期权隐含波动率的计算日，以 datetime 格式输入
    ...:     T1: 代表期权合约的到期日，格式与 T0 相同
    ...:     optype: 代表期权类型, optype='call' 代表看涨期权，其他代表看跌期权'''
    ...:     from scipy.stats import norm        #从 SciPy 的子模块 stats 中导入 norm 函数
    ...:     T=(T1-T0).days/365                   #计算期权的剩余期限
    ...:     sigma_min=0.00001                    #设置波动率的初始最小值
    ...:     sigma_max=1.000                      #设置波动率的初始最大值
    ...:     sigma_mid=(sigma_min+sigma_max)/2    #设置波动率的初始平均值
    ...:     if optype=='call':                   #当期权是看涨期权时
    ...:         def call_BS(S,K,sigma,r,T):      #自定义欧式看涨期权定价的函数
    ...:             d1=(np.log(S/K)+(r+pow(sigma,2)/2)*T)/(sigma*np.sqrt(T))
    ...:             d2=d1-sigma*np.sqrt(T)
    ...:             call_value=S*norm.cdf(d1)-K*np.exp(-r*T)*norm.cdf(d2)
    ...:             return call_value
    ...:         call_min=call_BS(S,K,sigma_min,r,T)
    ...:         call_max=call_BS(S,K,sigma_max,r,T)
    ...:         call_mid=call_BS(S,K,sigma_mid,r,T)
    ...:         diff=P-call_mid
    ...:         if P<call_min or P>call_max:
    ...:             print('Error')
    ...:         while abs(diff)>1e-6:
    ...:             diff=P-call_BS(S,K,sigma_mid,r,T)
    ...:             sigma_mid=(sigma_min+sigma_max)/2
    ...:             call_mid=call_BS(S,K,sigma_mid,r,T)
    ...:             if P>call_mid:
    ...:                 sigma_min=sigma_mid
    ...:             else:
    ...:                 sigma_max=sigma_mid
```

```
    ...:           else:                                      #当期权是看跌期权时
    ...:               def put_BS(S,K,sigma,r,T):             #自定义欧式看跌期权定价的函数
    ...:                   d1=(np.log(S/K)+(r+pow(sigma,2)/2)*T)/(sigma*np.sqrt(T))
    ...:                   d2=d1-sigma*np.sqrt(T)
    ...:                   put_value=K*np.exp(-r*T)*norm.cdf(-d2)-S*norm.cdf(-d1)
    ...:                   return put_value
    ...:               put_min=put_BS(S,K,sigma_min,r,T)
    ...:               put_max=put_BS(S,K,sigma_max,r,T)
    ...:               put_mid=put_BS(S,K,sigma_mid,r,T)
    ...:               diff=P-put_mid
    ...:               if P<put_min or P>put_max:
    ...:                   print('Error')
    ...:               while abs(diff)>1e-6:
    ...:                   diff=P-put_BS(S,K,sigma_mid,r,T)
    ...:                   sigma_mid=(sigma_min+sigma_max)/2
    ...:                   put_mid=put_BS(S,K,sigma_mid,r,T)
    ...:                   if P>put_mid:
    ...:                       sigma_min=sigma_mid
    ...:                   else:
    ...:                       sigma_max=sigma_mid
    ...:           return sigma_mid
```

　　通过以上自定义的 implied_volatility 函数，只需要输入期权的市场价格、基础资产的价格、行权价格、无风险收益率、隐含波动率的计算日、期权合约到期日以及期权类型等参数，就可以高效地利用二分查找法求解得到隐含波动率。

2. 针对任务 2

```
In [93]: T_price=dt.datetime(2021,1,4)          #计算隐含波动率的日期
    ...: T_end=dt.datetime(2021,12,17)          #期权到期日

In [94]: HS300_Jan4=5267.7181                   #2021 年 1 月 4 日沪深 300 指数的收盘价
    ...: Shibor_Jan4=0.02746                    #2021 年 1 月 4 日 3 个月期 Shibor

In [95]: K_call=5200                            #沪深 300 股指购 2021 年 12 月 5200 合约的行权价格
    ...: K_put=4800                             #沪深 300 股指沽 2021 年 12 月 4800 合约的行权价格

In [96]: call_Jan4=428.80                       #2021 年 1 月 4 日沪深 300 股指购 2021 年 12 月 5200 合约的结算价
    ...: put_Jan4=199.40                        #2021 年 1 月 4 日沪深 300 股指沽 2021 年 12 月 4800 合约的结算价

In [97]: imp_vol_call=implied_volatility(P=call_Jan4,S=HS300_Jan4,K=K_call,r=Shibor_Jan4,
T0=T_price,T1=T_end,optype='call')
    ...: print('2021 年 1 月 4 日沪深 300 股指购 2021 年 12 月 5200 的隐含波动率', round(imp_vol_call,6))
2021 年 1 月 4 日沪深 300 股指购 2021 年 12 月 5200 的隐含波动率  0.158307

In [98]: imp_vol_put=implied_volatility(P=put_Jan4,S=HS300_Jan4,K=K_put,r=Shibor_Jan4, T0
=T_price,T1=T_end,optype='put')
    ...: print('2021 年 1 月 4 日沪深 300 股指沽 2021 年 12 月 4800 合约的隐含波动率', round(imp_vol_put,6))
2021 年 1 月 4 日沪深 300 股指沽 2021 年 12 月 4800 合约的隐含波动率  0.224216
```

　　根据以上的运算结果不难发现，运用看涨期权和看跌期权所得到的隐含波动率差异比较大，通过沪深 300 股指购 2021 年 12 月 5200 合约得到的隐含波动率仅为 15.8307%，但是通过沪深 300 股指沽 2021 年 12 月 4800 合约得到的隐含波动率则高达 22.4216%。

3. 针对任务 3

```
In [99]: price_list=pd.read_excel('C:/Desktop/沪深 300 股指期权、指数以及 3 个月 Shibor.xlsx',
sheet_name="Sheet1",header=0,index_col=0) #导入外部数据

In [100]: call_list=price_list['沪深 300 股指购 2021 年 12 月 5200']  #取沪深 300 股指购 2021 年 12 月
5200 合约结算价
    ...: put_list=price_list['沪深 300 股指沽 2021 年 12 月 4800']    #取沪深 300 股指沽 2021 年 12 月 4800
合约结算价
    ...: HS300_list=price_list['沪深 300 指数']                     #取沪深 300 指数收盘价
    ...: Shibor_list=price_list['3 个月 Shibor']                    #取 3 个月期 Shibor 报价

In [101]: impvol_call_list=np.ones(len(price_list.index))          #创建存放沪深 300 股指购 2021 年 12
月 5200 合约隐含波动率的初始数组
```

```
        ...: impvol_put_list=np.ones(len(price_list.index))      #创建存放沪深 300 股指沽 2021 年 12
月 4800 合约隐含波动率的初始数组

In [102]: for i in range(len(price_list.index)):#通过 for 循环计算两只股指期权的隐含波动率时间序列
        ...:     t0=str((price_list.index)[i])          #将日期转为字符串格式
        ...:     t0=dt.datetime.strptime(t0,'%Y-%m-%d')  #转为 datetime 格式
        ...:     call=float(call_list.iloc[i])          #计算日沪深 300 股指购 2021 年 12 月 5200 合约结
算价并将其转为单一的浮点型数据
        ...:     put=float(put_list.iloc[i])    #计算日沪深 300 股指沽 2021 年 12 月 4800 合约结算价并将其
转为单一的浮点型数据
        ...:     HS300=float(HS300_list.iloc[i]) #计算日沪深 300 指数收盘价并将其转为单一的浮点型数据
        ...:     Shibor=float(Shibor_list.iloc[i]) #计算日 Shibor 并将其转为单一的浮点型数据
        ...:     impvol_call_list[i]=implied_volatility(P=call,S=HS300,K=K_call,r=Shibor,T0=
t0, T1=T_end,optype='call')
        ...:     impvol_put_list[i]=implied_volatility(P=put,S=HS300,K=K_put,r=Shibor,T0=t0,
T1=T_end,optype='put')

In [103]: impvol_call_list=pd.DataFrame(data=impvol_call_list,index=price_list.index,colu
mns=['沪深 300 股指购 2021 年 12 月 5200 合约'])   #生成数据框
        ...: impvol_put_list=pd.DataFrame(data=impvol_put_list,index=price_list.index,columns=
['沪深 300 股指沽 2021 年 12 月 4800 合约'])

In [104]: impvol_list=impvol_call_list.join(impvol_put_list,on='日期')    #两个数据框合并

In [105]: impvol_list.plot(figsize=(9,6),title=u'沪深 300 股指期权隐含波动率走势',grid=True,fontsize=13)
        ...: plt.ylabel(u'隐含波动率',fontsize=13)        #纵坐标的标签
Out[105]:
```

通过图 11-3 可以得出以下两个结论：一是两只沪深 300 股指期权的隐含波动率在某些时间段内具有一定的同步性，比如在 7 月、8 月期间这种同步性显得比较明显；二是两只期权的隐含波动率在整体方向上存在显著的差异，针对沪深 300 股指购 2021 年 12 月 5200 合约而言，隐含波动率处于震荡上行的通道，相比之下，针对沪深 300 股指沽 2021 年 12 月 4800 合约，隐含波动率处于震荡下行的通道，因此两只期权的差异处于收窄过程中。

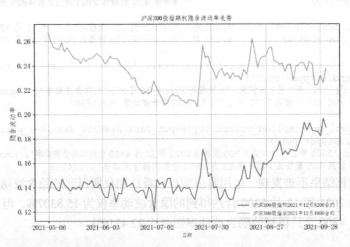

图 11-3　两只沪深 300 股指期权隐含波动率的走势（2021 年 5 月至 2021 年 9 月）

11.7　运用期权构造保本理财产品的编程——以上证 50ETF 期权和国开债为案例

11.7.1　案例详情

G 银行是总部位于荷兰阿姆斯特丹的一家拥有 300 余年历史的跨国商业银行，经营理念是"用

银行服务创造更美好的未来"，该银行在中国的经营历史也超过 100 年。

　　为了提供更丰富的人民币理财产品，提升银行在财富管理赛道上的综合竞争力，G 银行上海分行于 2021 年 4 月下旬推出金额为 5 亿元的理财产品，该产品起始日为 2021 年 4 月 29 日，到期日为 2021 年 12 月 21 日。该理财产品的特点是到期时保本，并且收益与上证 50 指数挂钩。

　　在构造这款理财产品时运用了两类金融产品：一个是高信用评级的债券——11 国开 61，另一个是在上海证券交易所交易的上证 50ETF 认购期权——"50ETF 购 2021 年 12 月 3554A"合约。表 11-21 整理了构造理财产品所涉及的债券和期权的相关要素信息。

表 11-21　债券和期权的相关要素信息

债券要素信息		期权要素信息	
债券代码	110261	期权代码	510050C2112A03600
债券简称	11 国开 61	期权名称	50ETF 购 2021 年 12 月 3554A
债券发行人	国家开发银行	期权执行价	3.5540 元
债券起息日	2011 年 12 月 21 日	期权上市日	2021 年 4 月 29 日
债券到期日	2021 年 12 月 21 日	期权到期日	2021 年 12 月 22 日
债券全价（2021 年 4 月 29 日）	102.4803 元	期权结算价（2021 年 4 月 29 日）	0.1731 元
债券票面利率	3.99%	基础资产	华夏上证 50ETF 基金
票息支付频次	每年 1 次	华夏上证 50ETF 基金净值（2021 年 4 月 29 日）	3.5110 元
每张债券本金	100 元	每张合约单位	1 万份 50ETF 基金
交易单位	10 张的整数倍	交易单位	1 张的整数倍

数据来源：中国货币网、上海证券交易所。

　　假定你是 G 银行上海分行新任的个人银行部总经理，在 2021 年末需要审核产品团队提交的关于该理财产品的构造及存续期间运营情况的书面报告，为了验证报告中的关键数据和结论，你需要通过 Python 完成以下 3 个编程任务。

11.7.2　编程任务

　　【任务 1】通过表 11-21 中的相关信息，测算出在理财产品起始日（2021 年 4 月 29 日），需要配置的"11 国开 61"债券数量以及"50ETF 购 2021 年 12 月 3554A"合约数量，从而确保在产品到期日（2021 年 12 月 21 日）既能够实现保本，同时投资收益又能够与上证 50 指数挂钩。

　　【任务 2】导入存放 2021 年 4 月 29 日至 12 月 21 日期间"11 国开 61"债券全价、"50ETF 购 2021 年 12 月 3554A"合约结算价以及上证 50 指数收盘价数据的 Excel 文件（表 11-22 列出了部分数据），测算出理财产品在存续期间的净值，将在 2021 年 4 月 29 日的理财产品净值设定为 1.0。

表 11-22　债券全价、期权合约结算价以及指数收盘价的部分日数据（2021 年 4 月 29 日至 12 月 21 日）

日期	11 国开 61/元	50ETF 购 2021 年 12 月 3554A/元	上证 50 指数
2021-04-29	102.4803	0.1731	3517.2104
2021-04-30	102.4881	0.1644	3491.1877
2021-05-06	102.5440	0.1429	3449.9385
……	……	……	……
2021-12-17	103.9640	0.0001	3278.8985
2021-12-20	103.9836	0.0001	3255.3515
2021-12-21	103.9900	0.0001	3273.0313

注：11 国开 61 债券在到期日（2021 年 12 月 21 日）的全价就等于债券本金加上票面利息，债券以及期权合约的单位均为元。

数据来源：中国货币网、上海证券交易所。

【任务 3】将理财产品在存续期间的产品净值走势以及上证 50 指数收盘价走势进行可视化，并且通过 1×2 的子图模式展示，其中第 1 个子图展示理财产品净值的走势，第 2 个子图展示上证 50 指数收盘价的走势。

11.7.3 编程提示

本案例中的保本理财产品的实质就是保本票据。构造保本票据分为两个步骤。

第 1 步，配置债券。在保本理财产品（保本票据）初始日，用保本票据的大部分本金购买一定数量的高等级债券，购买的数量能够使该债券在产品到期日可以提供金额等于或略高于保本票据面值的现金流，从而保证保本票据的全部本金可以顺利兑付。

第 2 步，买入期权。在初始日，保本票据剩余的本金用于购买一定数量的期权合约，该期权合约用于提供收益，最糟糕的情形就是期权合约的价值在保本票据到期日为 0。

下面通过数学表达式刻画构造保本票据的过程以及到期日的收益情况。假定 Q 代表保本票据的本金（面值），B_0 代表高等级债券在保本票据初始日的价格（全价），B_T 代表该债券在保本票据到期日的预期价格或者现金流（比如债券到期的本金与票息），C_0 和 P_0 分别代表在保本票据初始日看涨期权价格和看跌期权价格，C_T 和 P_T 分别代表在保本票据到期日看涨期权价格和看跌期权价格，M 代表期权的合约单位（即对应 M 个单位的基础资产）。下面按照保本票据初始日和到期日这两个不同的时点展开具体讨论。

时点 1：在保本票据的初始日。N_B 表示需要购买的债券数量，有如下的表达式：

$$N_B = \lceil \frac{Q}{B_T} \rceil \qquad (\text{式 11-10})$$

其中，$\lceil \rceil$ 表示向上取整，比如 $\lceil 3.4 \rceil = 4$。对购买债券的数量向上取整是出于谨慎性的考虑。

如果剩余部分的本金用于购买看涨期权合约，则需要购买的看涨期权合约数量 N_C 有如下表达式：

$$N_C = \lfloor \frac{Q - N_B B_0}{M C_0} \rfloor \qquad (\text{式 11-11})$$

其中，$\lfloor \rfloor$ 表示向下取整，比如 $\lfloor 3.8 \rfloor = 3$。

如果剩余部分的本金用于购买看跌期权合约，则需要购买的看跌期权合约数量 N_P 有如下表达式：

$$N_P = \lfloor \frac{Q - N_B B_0}{M P_0} \rfloor \qquad (\text{式 11-12})$$

此外，在保本票据的初始日，在购买了债券和期权以后，剩余的资金就等于 $Q - N_B B_0 - N_C M C_0$ 或者是 $Q - N_B B_0 - N_P M P_0$。

时点 2：在保本票据的到期日。由于本金可以顺利兑付，因此主要关注保本票据到期的收益，并且假定 R_T 代表保本票据到期的收益金额。

如果购买了看涨期权合约，有如下表达式：

$$\begin{aligned} R_T &= N_B B_T + N_C M C_T + Q - N_B B_0 - N_C M C_0 \\ &= Q + N_B (B_T - B_0) + N_C M (C_T - C_0) \end{aligned} \qquad (\text{式 11-13})$$

如果购买了看跌期权合约，则有如下表达式：

$$R_T = Q + N_B (B_T - B_0) + N_P M (P_T - P_0) \qquad (\text{式 11-14})$$

11.7.4 参考代码

1. 针对任务 1

```
In [106]: par_PPN=5e8          #保本理财产品的本金
    ...: par_CDB=100            #11 国开 61 债券的面值
    ...: coupon_CDB=0.0399      #11 国开 61 债券的票面利率
```

```
In [107]: price_CDB=102.4803          #2021 年 4 月 29 日 11 国开 61 债券的价格
     ...: price_call=0.1731           #2021 年 4 月 29 日 50ETF 购 2021 年 12 月 3554A 合约的价格

In [108]: M1=10                       #债券的交易单位（10 张）
     ...: M2=10000                     #每张期权合约单位（1 万份华夏上证 50ETF 基金）

In [109]: cashflow_CDB=par_CDB*(1+coupon_CDB)   #在保本理财产品到期日 11 国开 61 债券的本息和

In [110]: from math import ceil  #从 math 模块导入 ceil 函数（向上取整）

In [111]: N_CDB=M1*ceil(par_PPN/(M1*cashflow_CDB))   #计算 11 国开 61 债券数量（10 张的整数倍）
     ...: print('购买 11 国开 61 债券数量（张）',N_CDB)
购买 11 国开 61 债券数量（张） 4808160

In [112]: N_call=(par_PPN-N_CDB*price_CDB)/(price_call*M2)   #计算期权数量
     ...: N_call=int(N_call)                            #确保期权合约数量是整数（向下取整）
     ...: print('购买 50ETF 购 2021 年 12 月 3554A 合约数量（张)',N_call)
购买 50ETF 购 2021 年 12 月 3554A 合约数量（张） 4193

In [113]: cash=par_PPN-N_CDB*price_CDB-N_call*M2*price_call   #剩余现金
     ...: print('保本票据本金未用于购买债券和期权的剩余现金',round(cash,2))
保本票据本金未用于购买债券和期权的剩余现金 237.75
```

从以上的测算不难看到，构造面值为 5 亿元的保本理财产品需要运用 4808160 张"11 国开 61 债券"、4193 张"50ETF 购 2021 年 12 月 3554A"合约，剩余资金为 237.75 元。

2. 针对任务 2

```
In [114]: price=pd.read_excel('C:/Desktop/11 国开 61、50EFT 期权以及上证 50 指数的价格数据.xlsx',
sheet_name="Sheet1",header=0,index_col=0)  #导入数据

In [115]: price.index=pd.DatetimeIndex(price.index)       #将数据框的行索引转为 datetime 格式

In [116]: price.columns                                   #查看数据框的列名
Out[116]: Index(['11 国开 61', '50ETF 购 2021 年 12 月 3554A', '上证 50 指数'], dtype='object')

In [117]: value_port=N_CDB*price['11 国开 61']+N_call*M2*price['50ETF 购 2021 年 12 月 3554A']+cash
#保本理财产品在存续期内的市值

In [118]: NAV_port=value_port/value_port.iloc[0]   #测算保本理财产品在存续期内的净值(初始日为 1.0)
```

3. 针对任务 3

```
In [119]: plt.figure(figsize=(9,9))
     ...: plt.subplot(2,1,1)          #第 1 个子图
     ...: plt.plot(NAV_port,'c-',label=u'保本理财产品',lw=2)
     ...: plt.xticks(fontsize=12)
     ...: plt.yticks(fontsize=12)
     ...: plt.ylabel(u'净值',fontsize=12)
     ...: plt.legend(fontsize=12)
     ...: plt.grid()
     ...: plt.subplot(2,1,2)          #第 2 个子图
     ...: plt.plot(price['上证 50 指数'],'b-',label=u'上证 50 指数',lw=2)
     ...: plt.xticks(fontsize=12)
     ...: plt.xlabel(u'日期',fontsize=12)
     ...: plt.yticks(fontsize=12)
     ...: plt.ylabel(u'收盘价',fontsize=12)
     ...: plt.legend(fontsize=12)
     ...: plt.grid()
     ...: plt.show()
```

从图 11-4 可以明显看到，由于保本理财产品在构造时运用了与上证 50 指数走势相关的看涨期权，因此当上证 50 指数处于下行通道时，对保本理财产品的净值也带来了一定的负面影响，但是产品净值最低也仅为 0.995 元左右，说明这种负面影响对产品净值的作用十分有限。同时，在产品到期日，净值又重新回升至 1.0，最终顺利完成保本。

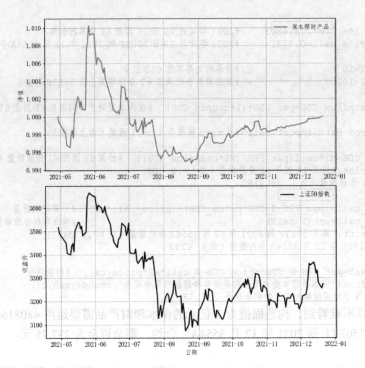

图 11-4　构建保本理财产品净值与上证 50 指数收盘价的走势（2021 年 4 月 29 日至 12 月 21 日期间）

11.8　备兑看涨期权与保护看跌期权的编程——以沪深 300ETF 期权和华泰柏瑞沪深 300ETF 基金为案例

11.8.1　案例详情

H 公司是总部位于瑞典斯德哥尔摩的一家北欧大型资产管理公司，公司的经营理念是"通过成为坚实与长久的金融合作伙伴，帮助客户实现梦想和愿望，为客户带来切实的改变"。该公司已获得中国国家外汇管理局颁发的 QFII 资格而允许进入 A 股市场投资。

该公司希望能够丰富资管产品的投资策略类型，提供具有良好收益风险比的产品以满足投资者的需求。为此，公司的中国投资团队运用在上海证券交易所挂牌交易的沪深 300ETF 期权以及期权对应的基础资产——华泰柏瑞沪深 300ETF 基金（代码为 510300），构建了买入备兑看涨期权、卖出保护看跌期权这两类不同的策略。选择的具体期权合约包括"300ETF 购 12 月 4900""300ETF 购 12 月 5000""300ETF 购 12 月 5250""300ETF 沽 12 月 5000""300ETF 沽 12 月 5250"以及"300ETF 沽 12 月 5500"等 6 只，表 11-23 列出了这些期权合约的主要要素信息。

表 11-23　6 只 50ETF 期权合约的主要要素信息

合约代码	合约简称	执行价格	期权类型	上市日	到期日	基础资产
10003393	300ETF 购 12 月 4900	4.90 元	欧式看涨期权	2021 年 4 月 29 日	2021 年 12 月 22 日	华泰柏瑞沪深 300ETF 基金（代码为 510300）
10003394	300ETF 购 12 月 5000	5.00 元				
10003395	300ETF 购 12 月 5250	5.25 元				
10003403	300ETF 沽 12 月 5000	5.00 元	欧式看跌期权			
10003404	300ETF 沽 12 月 5250	5.25 元				
10003405	300ETF 沽 12 月 5500	5.50 元				

数据来源：上海证券交易所。

　　同时，备兑看涨期权、保护看跌期权的初始日也是 2021 年 4 月 29 日，到期日则是 2021 年 12 月 20 日，表 11-24 列出了在策略存续期间这些 300ETF 期权合约结算价以及华泰柏瑞沪深 300ETF 基金单位净值的部分日数据，全部数据存放在 Excel 文件中。

表 11-24　300ETF 期权合约结算价与华泰柏瑞沪深 300ETF 基金单位净值的部分日数据

（2021 年 4 月 29 日至 12 月 20 日期间）　　　　　　　　　　　　　　　单位：元

日期	300ETF 购 12 月 4900	300ETF 购 12 月 5000	300ETF 购 12 月 5250	300ETF 沽 12 月 5000	300ETF 沽 12 月 5250	300ETF 沽 12 月 5500	华泰柏瑞沪深 300ETF 基金
2021-04-29	0.4334	0.3779	0.2702	0.3016	0.4356	0.5990	5.1710
2021-04-30	0.4056	0.3536	0.2500	0.3145	0.4543	0.6225	5.1303
2021-05-06	0.3615	0.3125	0.2125	0.3245	0.4727	0.6470	5.0679
……	……	……	……	……	……	……	……
2021-12-16	0.2098	0.1153	0.0055	0.0061	0.1440	0.3940	5.1094
2021-12-17	0.1385	0.0557	0.0014	0.0176	0.2170	0.4670	5.0290
2021-12-20	0.0680	0.0117	0.0004	0.0500	0.2920	0.5420	4.9551

数据来源：上海证券交易所。

　　假定你是 H 公司的投资委员会主席，目前正在审阅中国投资团队提交的投资总结报告。为了亲自验证报告中相关数据与结论的正确性，你需要运用 Python 完成 3 个编程任务。

11.8.2　编程任务

　　【任务 1】首先 H 公司各运用 100 张 300ETF 购 12 月 4900 合约、300ETF 购 12 月 5000 合约以及 300ETF 购 12 月 5250 合约构建 3 类不同的买入备兑看涨期权策略，每类策略均用到 100 万份华泰柏瑞沪深 300ETF 基金，需要导入包括 2021 年 4 月 29 日至 12 月 20 日期间 6 只期权日结算价数据和华泰柏瑞沪深 300ETF 基金单位净值数据的 Excel 文件，计算出每类策略收益的时间序列。

　　【任务 2】同时，H 公司各运用 100 张 300ETF 沽 12 月 5000 合约、300ETF 沽 12 月 5250 合约以及 300ETF 沽 12 月 5500 合约构建 3 类不同的卖出保护看跌期权策略，每类策略依然用到 100 万份华泰柏瑞沪深 300ETF 基金，基于任务 1 导入的数据，计算出每类策略收益的时间序列。

　　【任务 3】将任务 1 和任务 2 得到的不同策略收益的时间序列进行可视化，为了便于对比建议采用 2×1 的子图形式呈现，第 1 张子图展示买入备兑看涨期权策略收益走势，第 2 张子图展示卖出保护看跌期权策略收益走势。

11.8.3　编程提示

- 针对任务 1，表 11-25 梳理了构建买入备兑看涨期权策略在投资组合中涉及的相关金融资产以及具体的数量。

表 11-25　买入备兑看涨期权策略的投资组合情况

类型	投资组合涉及的金融资产及数量
买入备兑看涨期权之一	100 张 300ETF 购 12 月 4900 合约的多头头寸，100 万份华泰柏瑞沪深 300ETF 基金空头头寸
买入备兑看涨期权之二	100 张 300ETF 购 12 月 5000 合约的多头头寸，100 万份华泰柏瑞沪深 300ETF 基金空头头寸
买入备兑看涨期权之三	100 张 300ETF 购 12 月 5250 合约的多头头寸，100 万份华泰柏瑞沪深 300ETF 基金空头头寸

- 针对任务 2，表 11-26 也梳理了构建卖出保护看跌期权策略在投资组合中涉及的相关金融资产以及具体的数量。

表 11-26 卖出保护看跌期权策略的投资组合情况

类型	投资组合涉及的金融资产及数量
卖出保护看跌期权之一	100 张 300ETF 沽 12 月 5000 合约的空头头寸，100 万份华泰柏瑞沪深 300ETF 基金空头头寸
卖出保护看跌期权之二	100 张 300ETF 沽 12 月 5250 合约的空头头寸，100 万份华泰柏瑞沪深 300ETF 基金空头头寸
卖出保护看跌期权之三	100 张 300ETF 沽 12 月 5500 合约的空头头寸，100 万份华泰柏瑞沪深 300ETF 基金空头头寸

11.8.4 参考代码与说明

1. 针对任务 1

```
In [120]: price_list=pd.read_excel('C:/Desktop/300ETF 期权与基金的价格数据.xlsx', sheet_name=
"Sheet1",header=0,index_col=0) #导入外部数据

In [121]: price_list.index=pd.DatetimeIndex(price_list.index)  #将数据框行索引转换为datetime 格式

In [122]: price_list.columns          #查看数据框的列名
Out[122]:
Index(['300ETF 购 12 月 4900', '300ETF 购 12 月 5000', '300ETF 购 12 月 5250', '300ETF 沽 12 月 5000',
       '300ETF 沽 12 月 5250', '300ETF 沽 12 月 5500', '300ETF 基金'],
      dtype='object')

In [123]: N_opt=100          #每只期权需要使用的数量（100 张）
     ...: N_ETF=1e6          #100 万份华泰柏瑞沪深 300ETF 基金
     ...: M=1e4              #1 张期权的基础资产对应 1 万份华泰柏瑞沪深 300ETF 基金

In [124]: profit_call4900=N_opt*M*(price_list['300ETF 购 12 月 4900']-price_list['300ETF 购 12
月 4900'].iloc[0])  #300ETF 购 12 月 4900 合约日收益额
     ...: profit_call5000=N_opt*M*(price_list['300ETF 购 12 月 5000']-price_list['300ETF 购 12
月 5000'].iloc[0])  #300ETF 购 12 月 5000 合约日收益额
     ...: profit_call5250=N_opt*M*(price_list['300ETF 购 12 月 5250']-price_list['300ETF 购 12
月 5250'].iloc[0])  #300ETF 购 12 月 5250 合约日收益额

In [125]: profit_ETF=N_ETF*(price_list['300ETF 基金']-price_list['300ETF基金'].iloc[0])     #100万
份华泰柏瑞沪深 300ETF 基金日收益额

In [126]: profit_covcall4900=profit_call4900-profit_ETF #300ETF 购 12 月 4900 合约多头与 ETF 基金
空头构建买入备兑看涨期权的日收益额
     ...: profit_covcall5000=profit_call5000-profit_ETF #300ETF 购 12 月 5000 合约多头与 ETF 基金
空头构建买入备兑看涨期权的日收益额
     ...: profit_covcall5250=profit_call5250-profit_ETF #300ETF 购 12 月 5250 合约多头与 ETF 基金
空头构建买入备兑看涨期权的日收益额
```

2. 针对任务 2

```
In [127]: profit_put5000=N_opt*M*(price_list['300ETF 沽 12 月 5000']-price_list['300ETF 沽 12
月 5000'].iloc[0])  #300ETF 沽 12 月 5000 合约日收益额
     ...: profit_put5250=N_opt*M*(price_list['300ETF 沽 12 月 5250']-price_list['300ETF 沽 12
月 5250'].iloc[0])  #300ETF 沽 12 月 5250 合约日收益额
     ...: profit_put5500=N_opt*M*(price_list['300ETF 沽 12 月 5500']-price_list['300ETF 沽 12
月 5500'].iloc[0])  #300ETF 沽 12 月 5500 合约日收益额

In [128]: profit_protput5000=-profit_put5000-profit_ETF   #300ETF 沽 12 月 5000 合约空头与 300ETF
基金空头构建卖出保护看跌期权的日收益额
     ...: profit_protput5250=-profit_put5250-profit_ETF   #300ETF 沽 12 月 5250 合约空头与 300ETF
基金空头构建卖出保护看跌期权的日收益额
     ...: profit_protput5500=-profit_put5500-profit_ETF   #300ETF 沽 12 月 5500 合约空头与 300ETF
基金空头构建卖出保护看跌期权的日收益额
```

3. 针对任务 3

```
In [129]: plt.figure(figsize=(9,10))
     ...: plt.subplot(2,1,1)                 #第 1 个子图
     ...: plt.plot(profit_covcall4900,'b-',label=u'300ETF 购 12 月 4900 构建买入备兑看涨期权', lw=2)
     ...: plt.plot(profit_covcall5000,'r-',label=u'300ETF 购 12 月 5000 构建买入备兑看涨期权', lw=2)
     ...: plt.plot(profit_covcall5250,'m-',label=u'300ETF 购 12 月 5250 构建买入备兑看涨期权', lw=2)
     ...: plt.xticks(fontsize=12)
```

```
    ...: plt.yticks(fontsize=12)
    ...: plt.ylabel(u'收益',fontsize=12)
    ...: plt.legend(fontsize=12)
    ...: plt.grid()
    ...: plt.subplot(2,1,2)                    #第2个子图
    ...: plt.plot(profit_protput5000,'b-',label=u'300ETF沽12月5000构建卖出保护看跌期权',lw=2)
    ...: plt.plot(profit_protput5250,'r-',label=u'300ETF沽12月5250构建卖出保护看跌期权',lw=2)
    ...: plt.plot(profit_protput5500,'m-',label=u'300ETF沽12月5500构建卖出保护看跌期权',lw=2)
    ...: plt.xticks(fontsize=12)
    ...: plt.xlabel(u'日期',fontsize=12)
    ...: plt.yticks(fontsize=12)
    ...: plt.ylabel(u'收益',fontsize=12)
    ...: plt.legend(fontsize=12)
    ...: plt.grid()
    ...: plt.show()
```

图 11-5 分为上下两个子图，上方的子图中是依次用 3 只看涨期权与华泰柏瑞沪深 300ETF 基金构建买入备兑看涨期权策略的收益走势，下方的子图中是依次用 3 只看跌期权与华泰柏瑞沪深 300ETF 基金构建卖出保护看跌期权策略的收益序列。通过观察图 11-5 可以得到 3 个结论。

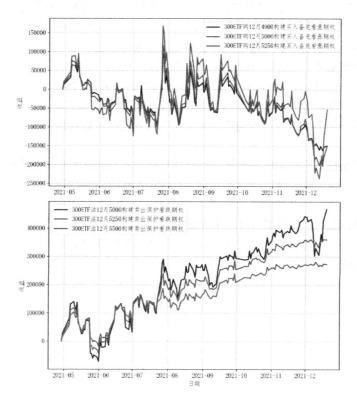

图 11-5　构建买入备兑看涨期权与卖出保护看跌期权的策略收益走势（2021 年 4 月 29 日至 12 月 20 日期间）

一是收益同步性。运用不同执行价格的期权所构建的期权策略在期间收益的走势上具有一定同步性。

二是收益差异性。买入备兑看涨期权策略在多数交易日的收益是负的，相比之下，卖出保护看跌期权策略在多数交易日则实现了正收益。

三是收益波动性。针对买入备兑看涨期权，运用执行价格较低的看涨期权所构建策略的收益波动要小于运用执行价格较高的看涨期权所构建策略的收益波动；针对卖出保护看跌期权，运用执行价格较低的看跌期权所构建策略的收益波动却要大于运用执行价格较高的看跌期权所构建策略的收益波动。

因此，选择期权执行价格时应当与投资者的风险承受能力匹配。对于风险承受能力偏弱的投资者，可以运用较低执行价格的看涨期权构建买入备兑看涨期权或者较高执行价格的看跌期权构建卖

出保护看跌期权。相反，运用较高执行价格的看涨期权构建买入备兑看涨期权或者较低执行价格的看跌期权构建卖出保护看跌期权更加适合风险承受能力较强的投资者。

11.9 本章小结

期权特定的收益模式和独特的定价表达式使其成为金融市场广受追捧的金融产品，吸引着广泛的投资者参与其中。在本章中，读者通过 8 个原创案例共计 27 个编程任务，借助国内外常用的股票期权与股指期权，可以掌握以下的知识点与技能。

（1）期权定价。欧式期权的定价可以分为解析法和数值法，其中，BSM 模型就属于解析法，而二叉树模型则属于数值法。此外，美式期权的定价通常运用二叉树模型的数值法得到。

（2）期权希腊字母。期权的风险暴露是通过希腊字母表示的，具体包括 Delta（Δ）、Gamma（Γ）、Theta（Θ）、Vega（V）以及 Rho。同时，针对欧式期权的希腊字母，可以通过 BSM 模型得到，而美式期权的希腊字母则可以基于二叉树模型得到。

（3）期权风险对冲。可以运用期权对冲基础资产价格波动的风险，并且用于对冲的期权合约数量基于期权 Delta 值计算得到。需要注意的是，运用期权对冲风险的好处在于不仅可以规避基础资产价格下行的风险，并且还能获得基础资产价格上涨带来的收益。

（4）期权隐含波动率。通过期权的市场价格并且基于 BSM 模型，就可以测算得到期权的隐含波动率。需要注意的是，看涨期权的隐含波动率通常与看跌期权的隐含波动率是存在差异的。

（5）保本理财产品。保本理财产品的实质就是保本票据，通常可以持有一定数量的高等级债券与一定数量的期权合约多头头寸进行构造，从而在产品到期时可以获得全部本金，但是收益的取得则存在不确定性。

（6）备兑看涨期权。通过基础资产的空头头寸与欧式看涨期权的多头头寸就可以构造出买入备兑看涨期权策略，相反，由基础资产的多头头寸与欧式看涨期权的空头头寸则可以构造出卖出备兑看涨期权策略。

（7）保护看跌期权。当投资组合由一个基础资产的多头头寸与一个欧式看跌期权的多头头寸组成时，该组合就属于买入保护看跌期权策略；相反，通过基础资产空头头寸与欧式看跌期权空头头寸就构造卖出保护看跌期权策略。

到这里，你已经完成了第 11 章全部案例的练习，相信你已牢固掌握了运用 Python 开展期权定价与风险管理的编程技能，下面就向第 12 章继续推进吧！

12 第12章

期权策略与延伸运用的 Python 编程案例

本章导言

期权不仅能够创造出各类不同风险与收益的交易策略，而且能够创造出各类新型的金融产品，Python 编程在这一领域也能大放异彩。本章的案例聚焦于期权策略以及期权延伸运用，包含 11 个原创案例共计 35 个编程任务，通过这些案例的训练，读者应能够熟练掌握包括期权价差策略与期权组合策略的构造、默顿模型的建模、可转换债券定价、期货期权定价、利率期权和利率互换期权定价等 Python 编程技术。下面通过表 12-1 梳理出本章的结构安排。

表 12-1 第 12 章的结构安排

序号	案例标题	学习目标	编程任务数量	读者扮演的角色
1	期权牛市价差策略的编程——以玉米期权为案例	掌握牛市价差策略的构建原理以及相关 Python 编程技术	3 个	财务管理部总经理
2	期权熊市价差策略的编程——以甲醇期权为案例	掌握熊市价差策略的构建原理以及相关 Python 编程技术	3 个	衍生产品交易部总经理
3	期权蝶式价差策略的编程——以原油期权为案例	掌握蝶式价差策略的构建原理以及相关 Python 编程技术	3 个	首席期权交易员
4	期权日历价差策略的编程——以沪深 300 股指期权合约为案例	掌握日历价差策略的构建原理以及相关 Python 编程技术	3 个	基金经理
5	跨式组合与宽跨式组合策略的编程——以黄金期权为案例	掌握跨式组合策略、宽跨式组合策略的构建原理以及相关 Python 编程技术	4 个	期权交易部总经理
6	默顿模型的编程——以美国国际集团为案例	掌握默顿模型的数学表达式以及相关 Python 编程技术	3 个	助理检察官
7	可转换债券定价的编程——以上银转债为案例	掌握可转换债券定价的二叉树模型以及相关 Python 编程技术	3 个	资产管理中心总经理
8	欧式期货期权定价的编程——以铜期权为案例	掌握欧式期货期权定价的布莱克模型以及相关 Python 编程技术	3 个	投资总监
9	美式期货期权定价的编程——以铁矿石期权为案例	掌握美式期货期权定价的二叉树模型以及相关 Python 编程技术	3 个	期权交易部负责人
10	利率期权定价的编程——以 Libor 和 Euribor 期权为案例	掌握利率上限期权、利率下限期权定价的表达式以及相关 Python 编程技术	4 个	金融业务部总经理
11	利率互换期权定价的编程——以 Shibor 互换期权为案例	掌握利率互换期权定价的表达式以及相关 Python 编程技术	3 个	副行长
合计			35 个	

在开始练习本章的案例之前，建议读者先学习《基于 Python 的金融分析与风险管理（第 2 版）》第 13 章和第 14 章的内容。

12.1　期权牛市价差策略的编程——以玉米期权为案例

12.1.1　案例详情

A 公司是总部位于上海的一家大型农产品和食品加工公司，为了满足日常生产的需要，公司每年需要大量购买玉米作为原材料。如果玉米价格上涨将导致公司生产成本的增加，进而侵蚀利润；相反，如果玉米价格下跌，则会增加公司的盈利。

伴随着 2019 年 1 月 28 日玉米期权在大连商品交易所挂牌交易，公司积极运用玉米期权规避原材料价格的上涨风险。

该公司在 2021 年 1 月初经过充分研究后，预计在未来 10 个月玉米价格会大概率保持震荡上行的趋势，为规避价格震荡上行的风险同时不愿意放弃玉米价格可能下跌而带来成本下降的收益，公司拟采用在大连商品交易所挂牌交易的玉米期权合约构建期权的牛市价差策略。表 12-2 列出了玉米期权合约要素信息。

表 12-2　大连商品交易所挂牌交易的玉米期权合约要素信息

要素名称	要素说明
合约标的（基础资产）	玉米期货合约
合约类型	看涨期权、看跌期权
交易单位	1 手（10 吨）玉米期货合约
报价单位	元/吨
最小变动价位	0.5 元/吨
涨跌停板幅度	与玉米期货合约涨跌停板幅度相同
合约月份	1、3、5、7、9、11 月
交易时间	每周一至周五上午 9:00—11:30，下午 13:30—15:00，以及交易所规定的其他时间
最后交易日	标的期货合约交割月份前一个月的第 5 个交易日
到期日	同最后交易日
行权价格	行权价格≤1000 元/吨，行权价格间距为 10 元/吨； 1000 元/吨<行权价格≤3000 元/吨，行权价格间距为 20 元/吨； 行权价格>3000 元/吨，行权价格间距为 40 元/吨
行权方式	美式。买方可以在到期日之前任一交易日的交易时间，以及到期日 15:30 之前提出行权申请
合约代码	看涨期权：C-合约月份-C-行权价格。 看跌期权：C-合约月份-P-行权价格

数据来源：大连商品交易所。

同时，公司通过研究分析后，决定在 2021 年 1 月 4 日构建期权的牛市价差策略，并且运用玉米 2111 购 2700 合约、玉米 2111 购 2860 合约、玉米 2111 沽 2660 合约以及玉米 2111 沽 2820 合约这 4 只期权合约以构建两组牛市价差策略，相关期权合约的主要要素信息见表 12-3。

表 12-3　用于构建牛市价差策略的玉米期权合约要素信息

合约代码	合约名称	执行价格	上市日	到期日	期权类型	合约标的
C2111-C-2700	玉米 2111 购 2700	2700 元/吨	2020-11-17	2021-10-14	美式看涨期权	玉米 2111 期货合约
C2111-C-2860	玉米 2111 购 2860	2860 元/吨	2020-11-24			
C2111-P-2660	玉米 2111 沽 2660	2660 元/吨	2020-11-17		美式看跌期权	
C2111-P-2820	玉米 2111 沽 2820	2820 元/吨	2020-11-18			

数据来源：大连商品交易所。

假定你是 A 公司的财务管理部总经理，正在审阅交易团队提交的关于公司开展牛市价差策略的总结报告，为了能够对报告中的相关信息进行有效验证，你需要运用 Python 完成 3 个编程任务。注意，A 公司在期权合约存续期间内未对期权进行提前行权。

12.1.2　编程任务

【任务 1】A 公司首先运用 200 张"玉米 2111 购 2700"合约多头头寸和 200 张"玉米 2111 购 2860"合约空头头寸构建期权牛市价差策略，要求在 Python 中导入包括 2021 年 1 月 4 日至 10 月 14 日期权日结算价数据的 Excel 文件，计算该策略的日收益额时间序列。

【任务 2】A 公司同时也运用 200 张"玉米 2111 沽 2660"合约多头头寸和 200 张"玉米 2111 沽 2820"合约空头头寸构造期权牛市价差策略作为对比策略，并基于任务 1 导入的数据，计算该策略的日收益额时间序列。

【任务 3】对在任务 1 和任务 2 依次通过看涨期权、看跌期权构造的期权牛市价差策略日收益额时间序列进行可视化，为了对比的需要，建议通过 3×1 的子图模式展示牛市价差策略日收益额（第 1 张子图）、2 只看涨期权的日结算价（第 2 张子图）和 2 只看跌期权的日结算价（第 3 张子图）。

12.1.3　编程提示

牛市价差（bull spread）策略是一种流行的期权价差策略，该策略要求持有一个较低执行价格的欧式看涨期权多头头寸（或者较低执行价格的欧式看跌期权多头头寸），同时持有一个较高执行价格的欧式看涨期权空头头寸（或者较高执行价格的欧式看跌期权空头头寸），这两个期权的基础资产和合约期限均相同。

一般而言，如果投资者认为未来基础资产价格将保持震荡上行或温和上涨的趋势，就可以采用牛市价差策略。此外，牛市价差策略虽然限制了策略的收益，但同时也有效控制了潜在损失的程度。

12.1.4　参考代码

1.　针对任务 1

```
In [1]: import numpy as np
   ...: import pandas as pd
   ...: import matplotlib.pyplot as plt
   ...: from pylab import mpl
   ...: mpl.rcParams['font.sans-serif']=['FangSong']
   ...: mpl.rcParams['axes.unicode_minus'] = False
   ...: from pandas.plotting import register_matplotlib_converters
   ...: register_matplotlib_converters()

In [2]: option_corn=pd.read_excel('C:/Desktop/玉米期权合约日结算价数据.xlsx', sheet_name="Sheet1",
header=0,index_col=0)          #导入外部数据
   ...: option_corn.columns                     #查看数据框的列名
Out[2]: Index(['玉米 2111 购 2700', '玉米 2111 购 2860', '玉米 2111 沽 2660', '玉米 2111 沽 2820'],
dtype='object')

In [3]: option_corn.index=pd.DatetimeIndex(option_corn.index)   #数据框行索引转为 datetime 格式

In [4]: N=200              #期权合约的张数
   ...: M=10               #1 张玉米期权基础资产是 10 吨玉米期货合约

In [5]: profit_call2700=N*M*(option_corn['玉米 2111 购 2700']-option_corn['玉米 2111 购 2700'].iloc[0])
#玉米 2111 购 2700 合约的收益额
   ...: profit_call2860=N*M*(option_corn['玉米 2111 购 2860']-option_corn['玉米 2111 购 2860'].iloc[0])
#玉米 2111 购 2860 合约的收益额

In [6]: bullspread_call=profit_call2700-profit_call2860 #牛市价差策略的日收益额（运用看涨期权）

In [7]: bullspread_call.describe()
```

```
Out[7]:
count      187.000000
mean     -23336.898396
std       48552.143315
min      -98000.000000
25%      -68500.000000
50%      -11000.000000
75%       18000.000000
max       75000.000000
dtype: float64
```

从以上的输出结果可以看到，运用玉米 2111 购 2700 合约多头头寸和玉米 2111 购 2860 合约空头头寸构建期权牛市价差策略，该策略的期间收益额在一半以上的交易日是亏损的，其中，最大的亏损超过 9.80 万元，同时，最大的盈利则为 7.50 万元。

2. 针对任务 2

```
In [8]: profit_put2660=N*M*(option_corn['玉米2111沽2660']-option_corn['玉米2111沽2660'].iloc[0])
#玉米 2111 沽 2660 合约的收益额
   ...: profit_put2820=N*M*(option_corn['玉米2111沽2820']-option_corn['玉米2111沽2820'].iloc[0])
#玉米 2111 沽 2820 合约的收益额

In [9]: bullspread_put=profit_put2660-profit_put2820     #牛市价差策略的日收益额（运用看跌期权）

In [10]: bullspread_put.describe()
Out[10]:
count      187.000000
mean     -24636.363636
std       53808.265381
min     -114000.000000
25%      -70000.000000
50%       -8000.000000
75%       20000.000000
max       79000.000000
dtype: float64
```

从以上的输出结果不难得出，运用玉米 2111 沽 2660 合约多头头寸和玉米 2111 沽 2820 合约空头头寸所构造出来的期权牛市价差策略，该策略在多数交易日依然是亏损的，其中，最大的亏损达到 11.40 万元，最大的盈利是 7.90 万元，略高于任务 1 运用看涨期权构建相同策略的收益水平。

3. 针对任务 3

```
In [11]: plt.figure(figsize=(9,11))
    ...: plt.subplot(3,1,1)         #第 1 行、第 1 列的子图
    ...: plt.plot(bullspread_call,'b-',label=u'看涨期权构建牛市价差策略',lw=2)
    ...: plt.plot(bullspread_put,'r-',label=u'看跌期权构建牛市价差策略',lw=2)
    ...: plt.xticks(fontsize=12)
    ...: plt.yticks(fontsize=12)
    ...: plt.ylabel(u'收益',fontsize=12)
    ...: plt.legend(fontsize=12)
    ...: plt.grid()
    ...: plt.subplot(3,1,2)         #第 2 行、第 1 列的子图
    ...: plt.plot(option_corn['玉米2111购2700'],'c-',label=u'玉米2111购2700')
    ...: plt.plot(option_corn['玉米2111购2860'],'m-',label=u'玉米2111购2860')
    ...: plt.xticks(fontsize=12)
    ...: plt.yticks(fontsize=12)
    ...: plt.ylabel(u'结算价',fontsize=12)
    ...: plt.legend(fontsize=12)
    ...: plt.grid()
    ...: plt.subplot(3,1,3)         #第 3 行、第 1 列的子图
    ...: plt.plot(option_corn['玉米2111沽2660'],'y-',label=u'玉米2111沽2660')
    ...: plt.plot(option_corn['玉米2111沽2820'],'g-',label=u'玉米2111沽2820')
    ...: plt.xticks(fontsize=12)
    ...: plt.xlabel(u'日期',fontsize=12)
    ...: plt.yticks(fontsize=12)
    ...: plt.ylabel(u'结算价',fontsize=12)
    ...: plt.legend(fontsize=12)
    ...: plt.grid()
    ...: plt.show()
```

从图 12-1 中可以很清楚地看到，在期权存续期的多数交易日内，运用看涨期权构建牛市价差策略的期间收益与运用看跌期权构建的策略收益保持着很强的同步性，仅仅在期权临近到期日时才出现了一定的分化，其中的原因在于看涨期权已经处于深度虚值状态。

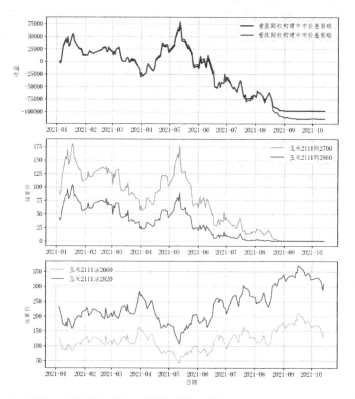

图 12-1 期权牛市价差策略的期间收益额与相关期权结算价的走势（2021 年 1 月 4 日至 10 月 14 日期间）

12.2 期权熊市价差策略的编程——以甲醇期权为案例

12.2.1 案例详情

B 公司是总部位于河北邢台的一家生产和销售甲醇（methanol）的制造业公司，该公司的经营业绩会受到甲醇价格波动的影响，如果甲醇价格下行则会导致该公司收益下降，相反如果价格上涨则会提升公司收益。

该公司在 2021 年 2 月末经过广泛市场调研后认为，在未来 10 个月甲醇的价格可能会保持震荡下行的趋势，为了规避价格下跌的风险，同时也希望获取甲醇价格未来可能的上涨而带来的收益，公司拟采用在郑州商品交易所挂牌交易的甲醇期权合约构建期权的熊市价差策略。

郑州商品交易所于 2019 年 12 月 16 日推出了甲醇期权合约，表 12-4 梳理了该期权合约的要素信息。

表 12-4 郑州商品交易所挂牌交易的甲醇期权合约要素信息

合约要素	要素的具体说明
合约标的（基础资产）	甲醇期货合约
合约类型	看涨期权、看跌期权
交易单位	1 手甲醇期货合约（10 吨/手）
报价单位	元/吨
最小变动价位	0.5 元/吨
涨跌停板幅度	与甲醇期货合约涨跌停板幅度相同

续表

合约要素	要素的具体说明
合约月份	标的期货合约中的连续两个近月，其后月份在标的期货合约结算后持仓量达到 10000 手（单边）之后的第二个交易日挂牌
交易时间	每周一至周五上午 9:00—11:30，下午 13:30—15:00，以及交易所规定的其他交易时间
最后交易日	标的期货合约交割月份前一个月的第 3 个交易日，以及交易所规定的其他日期
到期日	同最后交易日
行权价格	行权价格≤2500 元/吨，行权价格间距为 25 元/吨； 2500 元/吨＜行权价格≤5000 元/吨，行权价格间距为 50 元/吨； 行权价格＞5000 元/吨，行权价格间距为 100 元/吨
行权方式	美式。买方可在到期日前任一交易日的交易时间提交行权申请；买方可在到期日 15:30 之前提交行权申请、放弃申请
交易代码	看涨期权：MA-合约月份-C-行权价格。 看跌期权：MA-合约月份-P-行权价格

数据来源：郑州商品交易所。

同时，B 公司在 2021 年 3 月 1 日运用甲醇 2201 购 2400、甲醇 2201 购 2600、甲醇 2201 沽 2450 以及甲醇 2201 沽 2650 这 4 只期权构建两组熊市价差策略，策略到期日为当年的 11 月 30 日，具体期权要素信息见表 12-5。

表 12-5 用于构建熊市价差策略的相关甲醇期权合约主要要素信息

合约代码	合约名称	执行价格	期权类型	上市日	到期日	合约标的
MA201C2400	甲醇 2201 购 2400	2400 元/吨	美式看涨期权	2021 年 2 月 25 日	2021 年 12 月 3 日	甲醇 201 期货合约
MA201C2600	甲醇 2201 购 2600	2600 元/吨				
MA201P2450	甲醇 2201 沽 2450	2450 元/吨	美式看跌期权			
MA201P2650	甲醇 2201 沽 2650	2650 元/吨				

数据来源：郑州商品交易所。

假定你是 B 公司衍生产品交易部总经理，正在审阅策略执行团队提交的开展熊市价差策略执行情况的全面回顾报告，为了亲自对报告中的部分关键信息进行验证，你需要借助 Python 完成 3 个编程任务。注意，B 公司在期权合约存续期间内未对期权进行提前行权。

12.2.2 编程任务

【任务 1】B 公司首先运用看跌期权构建期权熊市价差策略，具体就是运用 300 张"甲醇 2201 沽 2450"合约空头头寸和 300 张"甲醇 2201 沽 2650"合约多头头寸构造期权熊市价差策略，要求从外部导入存放 2021 年 3 月 1 日至 11 月 30 日策略存续期表 12-5 中期权日结算价数据的 Excel 文件，计算该策略的日收益额时间序列。

【任务 2】B 公司同时也运用看涨期权构建期权熊市价差策略作为对比策略，具体就是运用 300 张"甲醇 2201 购 2400"合约空头头寸和 300 张"甲醇 2201 购 2600"合约多头头寸，计算该策略的日收益额时间序列。

【任务 3】对在任务 1 和任务 2 分别通过看跌期权、看涨期权构造的期权熊市价差策略日收益额时间序列进行可视化，为了对比的需要，建议通过 2×1 的子图模式展示熊市价差策略日收益额（第 1 张子图）、甲醇期权结算价（第 2 张子图）。

12.2.3 编程提示

熊市价差（bear spread）策略与 12.1 节的牛市价差策略刚好相反，该策略由持有较高执行价格的看跌期权多头（或者较高执行价格的看涨期权多头），同时持有较低执行价格的看跌期权空头（或者较低执行价格的看跌期权多头）构造而成。因此，当期权基础资产价格下跌的时候，该策略可以实现盈利，但是盈利有限；相反，当基础资产价格上涨的时候，策略将面临有限的亏损。

12.2.4　参考代码与说明

1. 针对任务 1

```
In [12]: option_Methanol=pd.read_excel('C:/Desktop/甲醇期权的日结算价数据.xlsx', sheet_name=
"Sheet1",header=0,index_col=0)   #导入外部数据

In [13]: option_Methanol.columns      #显示数据框的列名
Out[13]: Index(['甲醇 2201 购 2400', '甲醇 2201 购 2600', '甲醇 2201 沽 2450', '甲醇 2201 沽
2650'], dtype='object')

In [14]: option_Methanol.index=pd.DatetimeIndex(option_Methanol.index) #数据框的行索引转换为
datetime 格式

In [15]: N=300                #运用甲醇期权合约的张数
    ...: M=10                 #1 张甲醇期权的交易单位（基础资产对应 10 吨期货合约）

In [16]: profit_put2450=N*M*(option_Methanol['甲醇 2201 沽 2450']-option_Methanol['甲醇 2201
沽 2450'].iloc[0])   #甲醇 2201 沽 2450 合约的收益额
    ...: profit_put2650=N*M*(option_Methanol['甲醇 2201 沽 2650']-option_Methanol['甲醇 2201
沽 2650'].iloc[0])   #甲醇 2201 沽 2650 合约的收益额

In [17]: bearspread_put=-profit_put2450+profit_put2650   #看跌期权构建熊市价差策略的日收益额

In [18]: bearspread_put.describe()
Out[18]:
count        185.000000
mean      -105000.000000
std        122207.981576
min       -316500.000000
25%       -198000.000000
50%        -97500.000000
75%          3000.000000
max        102000.000000
dtype: float64
```

从以上的分析可以看到,运用两个看跌期权构建的熊市价差策略,在期权没有被提前行权的条件下,最大亏损额是 31.65 万元, 最高收益额则是 10.20 万元,并且在超过半数的交易日内实现负收益。

2. 针对任务 2

```
In [19]: profit_call2400=N*M*(option_Methanol['甲醇 2201 购 2400']-option_Methanol['甲醇 2201
购 2400'].iloc[0])    #甲醇 2201 购 2400 合约的收益额
    ...: profit_call2600=N*M*(option_Methanol['甲醇 2201 购 2600']-option_Methanol['甲醇 2201
购 2600'].iloc[0])    #甲醇 2201 购 2600 合约的收益额

In [20]: bearspread_call=-profit_call2400+profit_call2600   #看涨期权构建熊市价差策略的日收益额

In [21]: bearspread_call.describe()
Out[21]:
count        185.000000
mean      -111851.351351
std        119972.860658
min       -306000.000000
25%       -211500.000000
50%       -109500.000000
75%          -3000.000000
max         97500.000000
dtype: float64
```

从以上的输出结果可以得到, 运用两个看涨期权构建的熊市价差策略,并且期权在没有提前行权的情况下,策略有超过 75% 的交易日是处于浮亏状态的,同时策略的亏损最大值达到 30.60 万元,最高收益额是 9.75 万元。

3. 针对任务 3

```
In [22]: plt.figure(figsize=(9,9))
    ...: plt.subplot(2,1,1)          #第 1 行、第 1 列的子图
```

```
...: plt.plot(bearspread_put,'b-',label=u'看跌期权构建熊市价差策略',lw=2.5)
...: plt.plot(bearspread_call,'r-',label=u'看涨期权构建熊市价差策略',lw=2.5)
...: plt.xticks(fontsize=12)
...: plt.yticks(fontsize=12)
...: plt.ylabel(u'收益',fontsize=12)
...: plt.legend(fontsize=12)        #图例处于中间靠上位置
...: plt.grid()
...: plt.subplot(2,1,2)            #第 2 行、第 1 列的子图
...: plt.plot(option_Methanol['甲醇 2201 沽 2450'],'c-',label=u'甲醇 2201 沽 2450')
...: plt.plot(option_Methanol['甲醇 2201 沽 2650'],'m-',label=u'甲醇 2201 沽 2650')
...: plt.plot(option_Methanol['甲醇 2201 购 2400'],'y-',label=u'甲醇 2201 购 2400')
...: plt.plot(option_Methanol['甲醇 2201 购 2600'],'g-',label=u'甲醇 2201 购 2600')
...: plt.xticks(fontsize=12)
...: plt.xlabel(u'日期',fontsize=12)
...: plt.yticks(fontsize=12)
...: plt.ylabel(u'结算价',fontsize=12)
...: plt.legend(fontsize=12)
...: plt.grid()
...: plt.show()
```

通过观察图 12-2，可以得出如下 3 个有价值的结论。

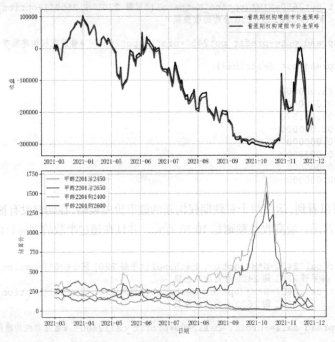

图 12-2　期权熊市价差策略的期间收益额与甲醇期权结算价的走势（2021 年 3 月 1 日至 11 月 30 日期间）

一是策略收益的同步性。在期权的存续期间，无论是运用看跌期权还是运用看涨期权，构建的熊市价差策略在收益的趋势上存在同步性。

二是策略的负收益性。在多数交易日，熊市价差策略带来了负收益，这意味着 B 公司管理层对于甲醇价格走势的判断并不准确，从而导致了 B 公司构建的期权策略并不成功。

三是策略收益的差异性。运用看跌期权构建的熊市价差策略在多数交易日的收益要略高于运用看涨期权构建的同一策略，尤其是在 2021 年 6 月至 8 月以及 11 月。

12.3　期权蝶式价差策略的编程——以原油期权为案例

12.3.1　案例详情

C 公司是总部位于黑龙江大庆的一家大型原油生产公司，由于生产经营的需要，非常关注原油价格

的变动。该公司在 2021 年 8 月中旬经过广泛的市场调研后，认为在未来 3 个月内的原油价格将在 395 元/桶至 455 元/桶的价格箱体内上下波动。为此，公司管理层经过集体讨论，做出如下两个决策。

一是运用在上海期货交易所旗下的上海国际能源交易中心挂牌交易的原油期权构建**蝶式价差**（butterfly spread）策略，表 12-6 列出了该期权合约的要素信息。

表 12-6　上海国际能源交易中心挂牌交易的原油期权合约要素信息

合约要素	要素的具体说明
合约标的（基础资产）	原油期货合约
合约类型	看涨期权，看跌期权
交易单位	1 手原油期货合约（1000 桶）
报价单位	元（人民币）/桶
最小变动价位	0.05 元/桶
涨跌停板幅度	与标的期货合约涨跌停板幅度相同
合约月份	最近两个连续月份合约，其后月份在标的期货合约结算后持仓量达到一定数值之后的第二个交易日挂盘
交易时间	上午 9:00—11:30，下午 13:30—15:00 及上海国际能源交易中心规定的其他时间
最后交易日	标的期货合约交割月前第一个月的倒数第 13 个交易日，上海国际能源交易中心可以根据国家法定节假日等调整最后交易日
到期日	同最后交易日
行权价格	行权价格≤250 元/桶，行权价格间距为 2 元/桶； 250 元/桶 < 行权价格≤500 元/桶，行权价格间距为 5 元/桶； 行权价格 > 500 元/桶，行权价格间距为 10 元/桶
行权方式	美式。买方可在到期日前任一交易日的交易时间提交行权申请；买方可在到期日 15:30 之前提交行权申请、放弃申请
交易代码	看涨期权：SC-合约月份-C-行权价格。 看跌期权：SC-合约月份-P-行权价格

数据来源：上海国际能源交易中心。

二是采用在 2021 年 8 月 25 日上市并且在 11 月 12 日到期的 6 只期权合约构建策略，8 月 25 日原油 2112 期货合约的结算价是 423.8 元/桶，采用的期权合约要素信息见表 12-7。同时，策略的存续期与期权的存续期保持一致。

表 12-7　用于构建蝶式价差策略的相关原油期权主要要素信息

合约代码	合约名称	执行价格	期权类型	上市日	到期日	合约标的
SC2112C400	原油 2112 购 400	400 元/桶	美式看涨期权	2021 年 8 月 25 日	2021 年 11 月 12 日	原油 2112 期货合约
SC2112C425	原油 2112 购 425	425 元/桶				
SC2112C450	原油 2112 购 450	450 元/桶				
SC2112P395	原油 2112 沽 395	395 元/桶	美式看跌期权			
SC2112P425	原油 2112 沽 425	425 元/桶				
SC2112P455	原油 2112 沽 455	455 元/桶				

数据来源：上海国际能源交易中心。

假定你是 C 公司的首席期权交易员，正在审阅由期权交易团队提交的蝶式价差策略执行过程的分析和总结报告，为了亲自通过 Python 核实报告中的一些重要信息，需要完成 3 个编程任务。

12.3.2　编程任务

【任务 1】C 公司首先运用看涨期权构建蝶式价差策略，具体就是运用 500 张"原油 2112 购 400"合约多头头寸、1000 张"原油 2112 购 425"合约空头头寸以及 500 张"原油 2112 购 450"合约多头头寸构造期权蝶式价差策略，要求导入包含 2021 年 8 月 25 日至 11 月 12 日（期权存续期）期权日结算价数据的 Excel 文件，计算该策略的日收益额时间序列。

【任务2】C公司也运用看跌期权构建蝶式价差策略作为对比策略，具体就是运用500张"原油2112沽395"合约多头头寸、1000张"原油2112沽425"空头头寸以及500张"原油2112沽455"合约多头头寸，基于任务1导入的数据，计算这一策略的日收益额时间序列。

【任务3】对在任务1和任务2分别通过看涨期权、看跌期权构造的蝶式价差策略日收益额时间序列进行可视化，为了对比的需要，建议通过3×1的子图模式依次展示策略日收益额（第1张子图）、3只看涨原油期权的日结算价（第2张子图）以及3只看跌原油期权的日结算价（第3张子图）。

12.3.3 编程提示

运用看涨期权构建蝶式价差策略，就是采用一个较低执行价格(K_1)的欧式看涨期权多头头寸、一个较高执行价格(K_3)的欧式看涨期权多头头寸，以及两个中间执行价格(K_2)的欧式看涨期权空头头寸。其中K_2为K_1与K_3的中间值，即$K_2 = (K_1 + K_3)/2$，并且选择的K_2接近于在策略构建日期权基础资产的价格。

运用看跌期权构建蝶式价差策略时，与看涨期权类似，也是运用一个具有较低执行价格(K_1)与一个具有较高执行价格(K_3)的欧式看跌期权多头头寸，以及两个具有中间执行价格(K_2)的欧式看跌期权空头头寸。

12.3.4 参考代码与说明

1. 针对任务1

```
In [23]: option_oil=pd.read_excel('C:/Desktop/原油期权日结算价数据.xlsx', sheet_name="Sheet1",
header=0,index_col=0)  #导入外部数据

In [24]: option_oil.index=pd.DatetimeIndex(option_oil.index)    #将数据框的行索引转换为datetime格式

In [25]: option_oil.columns      #显示列名
Out[25]:
Index(['原油2112购400', '原油2112购425', '原油2112购450', '原油2112沽395', '原油2112沽425',
       '原油2112沽455'],
      dtype='object')

In [26]: N1=500         #期权的张数（500张）
   ...: N2=1000        #期权的张数（1000张）
   ...: M=1000         #1张原油期权对应基础资产的数量（1000桶）

In [27]: profit_call400=M*N1*(option_oil['原油2112购400']-option_oil['原油2112购400'].iloc[0])
#原油2112购400合约的日收益额
   ...: profit_call425=M*N2*(option_oil['原油2112购425']-option_oil['原油2112购425'].iloc[0])
#原油2112购425合约的日收益额
   ...: profit_call450=M*N1*(option_oil['原油2112购450']-option_oil['原油2112购450'].iloc[0])
#原油2112购450合约的日收益额

In [28]: butterfly_call=profit_call400-profit_call425+profit_call450   #看涨期权构建蝶式价差策
略的日收益额

In [29]: butterfly_call.describe()   #描述性统计
Out[29]:
count    5.100000e+01
mean    -8.862745e+05
std      8.552823e+05
min     -1.950000e+06
25%     -1.675000e+06
50%     -1.325000e+06
75%      8.750000e+04
max      3.250000e+05
dtype: float64
```

从以上的输出结果不难发现，运用看涨期权构建蝶式价差策略，在期权存续的51个交易日内，

超过一半的交易日该策略的收益为负，其中，最大收益为 32.50 万元，最大亏损则高达 195 万元。

2. 针对任务 2

```
In [30]: profit_put395=M*N1*(option_oil['原油 2112 沽 395']-option_oil['原油 2112 沽 395'].iloc[0])
#原油 2112 沽 395 合约的日收益额
    ...: profit_put425=M*N2*(option_oil['原油 2112 沽 425']-option_oil['原油 2112 沽 425'].iloc[0])
#原油 2112 沽 425 合约的日收益额
    ...: profit_put455=M*N1*(option_oil['原油 2112 沽 455']-option_oil['原油 2112 沽 455'].iloc[0])
#原油 2112 沽 455 合约的日收益额

In [31]: butterfly_put=profit_put395-profit_put425+profit_put455    #看跌期权构建蝶式价差策略的
日收益额

In [32]: butterfly_put.describe()
Out[32]:
count     5.100000e+01
mean     -1.294608e+06
std       1.218845e+06
min      -2.825000e+06
25%      -2.400000e+06
50%      -1.900000e+06
75%       1.000000e+05
max       4.250000e+05
dtype: float64
```

从以上的输出结果可以得出，运用看跌期权构建的蝶式价差策略收益与运用看涨期权构建的蝶式价差策略的收益是比较类似的，最大收益为 42.50 万元，最大亏损是 282.50 万元，均高于用看涨期权构建的相同策略。

3. 针对任务 3

```
In [33]: plt.figure(figsize=(9,12))
    ...: plt.subplot(3,1,1)           #第 1 行、第 1 列的子图
    ...: plt.plot(butterfly_call,'b-',label=u'看涨期权构建蝶式价差策略',lw=2)
    ...: plt.plot(butterfly_put,'r-',label=u'看跌期权构建蝶式价差策略',lw=2)
    ...: plt.xticks(fontsize=12)
    ...: plt.yticks(fontsize=12)
    ...: plt.ylabel(u'收益',fontsize=12)
    ...: plt.legend(fontsize=12)
    ...: plt.grid()
    ...: plt.subplot(3,1,2)           #第 2 行、第 1 列的子图
    ...: plt.plot(option_oil['原油 2112 购 400'],'c-',label=u'原油 2112 购 400')
    ...: plt.plot(option_oil['原油 2112 购 425'],'m-',label=u'原油 2112 购 425')
    ...: plt.plot(option_oil['原油 2112 购 450'],'y-',label=u'原油 2112 购 450')
    ...: plt.xticks(fontsize=12)
    ...: plt.yticks(fontsize=12)
    ...: plt.ylabel(u'结算价',fontsize=12)
    ...: plt.legend(fontsize=12)
    ...: plt.grid()
    ...: plt.subplot(3,1,3)           #第 3 行、第 1 列的子图
    ...: plt.plot(option_oil['原油 2112 沽 395'],'c-',label=u'原油 2112 沽 395')
    ...: plt.plot(option_oil['原油 2112 沽 425'],'m-',label=u'原油 2112 沽 425')
    ...: plt.plot(option_oil['原油 2112 沽 455'],'y-',label=u'原油 2112 沽 455')
    ...: plt.xticks(fontsize=12)
    ...: plt.xlabel(u'日期',fontsize=12)
    ...: plt.yticks(fontsize=12)
    ...: plt.ylabel(u'结算价',fontsize=12)
    ...: plt.legend(fontsize=12)
    ...: plt.grid()
    ...: plt.show()
```

从图 12-3 中不难发现，虽然看涨期权和看跌期权的走势不尽相同，但是分别运用看涨期权、看跌期权构建的蝶式价差策略的期间收益走势是趋同的。同时，需要注意的是，当期权合约越接近到期日时，运用不同期权所构建策略的收益差异则不断拉大，因此对于 C 公司而言，在构建蝶式价差策略时，运用看涨期权会更好。

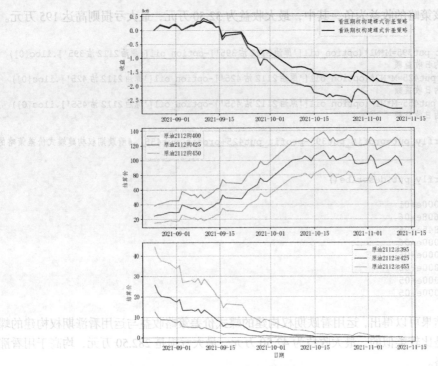

图 12-3 运用原油期权构建的蝶式价差策略的期间收益走势（2021 年 8 月 25 日至 11 月 12 日期间）

12.4 期权日历价差策略的编程——以沪深 300 股指期权合约为案例

12.4.1 案例详情

D 公司是一家总部位于深圳的外商独资私募证券投资基金管理公司，专注于证券投资私募基金业务，包括股票、债券、FOF 以及多元资产配置。近期，D 公司推出了一款私募基金产品，该产品在配置了多只 A 股蓝筹股的基础上，叠加了一系列的股指期权交易策略，其中的一款策略就是日历价差策略。在 2021 年 6 月中旬，公司通过分析与研判，认为 A 股市场将在未来半年内处于震荡行情中。

假定你是该私募基金产品的基金经理，希望运用在中国金融期货交易所挂牌的沪深 300 股指期权合约并采用日历价差策略来获取收益。策略构建日是 2021 年 6 月 21 日，当天的沪深 300 股指收盘价为 5090.3854 点，策略结束日是 2021 年 12 月 17 日。表 12-8 中的 4 只期权合约就是你选取的构建日历价差策略的标的期权。

表 12-8 在中国金融期货交易所挂牌的 4 只沪深 300 股指期权合约要素

合约代码	合约名称	上市日期	到期日	期权类型	行权价格
IO2112-C-5000	沪深 300 股指购 2021 年 12 月 5000	2020-12-21	2021-12-17	欧式看涨	5000 点
IO2206-C-5000	沪深 300 股指购 2022 年 6 月 5000	2021-06-21	2022-06-17		
IO2112-P-5000	沪深 300 股指沽 2021 年 12 月 5000	2020-12-21	2021-12-17	欧式看跌	
IO2206-P-5000	沪深 300 股指沽 2022 年 6 月 5000	2021-06-21	2022-06-17		

数据来源：中国金融期货交易所。

在 2021 年 12 月下旬，你需要对该策略的表现进行回顾并形成书面报告提交给公司的投资决策委员会。为此，你整理了这 4 只期权 2021 年 6 月 21 日至 12 月 17 日期间的日结算价数据并全部存放于 Excel 文件中，表 12-9 列出了这 4 只期权在策略期间的部分日结算价数据。

表 12-9　4 只沪深 300 股指期权合约的部分日结算价（2021 年 6 月 21 日至 12 月 17 日期间）

日期	沪深 300 股指购 2021 年 12 月 5000	沪深 300 股指购 2022 年 6 月 5000	沪深 300 股指沽 2021 年 12 月 5000	沪深 300 股指沽 2022 年 6 月 5000
2021-06-21	262.8000	354.2000	260.0000	375.6000
2021-06-22	271.4000	363.6000	252.0000	369.0000
2021-06-23	284.4000	380.2000	226.2000	342.8000
……	……	……	……	……
2021-12-15	30.8000	239.2000	21.8000	250.2000
2021-12-16	38.8000	258.2000	5.6000	232.6000
2021-12-17	0.0000	226.8000	35.2300	259.2000

数据来源：中国金融期货交易所。

为了顺利地完成报告的撰写工作，你需要运用 Python 完成以下的 3 个编程任务。

12.4.2　编程任务

【任务 1】运用 60 张 "沪深 300 股指购 2021 年 12 月 5000" 合约空头头寸和 60 张 "沪深 300 股指购 2022 年 6 月 5000" 合约多头头寸构建日历价差策略，同时导入存放期权结算价数据的 Excel 文件，测算该日历价差策略在 2021 年 6 月 21 日至 12 月 17 日期间的每日收益额。

【任务 2】为了便于对比，运用 40 张 "沪深 300 股指沽 2021 年 12 月 5000" 合约空头头寸和 40 张 "沪深 300 股指沽 2022 年 6 月 5000" 合约多头头寸构建日历价差策略，同时结合任务 1 导入的期权结算价数据，测算该策略在 2021 年 6 月 21 日至 12 月 17 日期间的每日收益额。

【任务 3】对在任务 1 和任务 2 分别通过看涨期权、看跌期权构造的日历价差策略日收益额进行可视化，为了优化对比效果，采用 3×1 的子图模式依次展示策略日收益额（第 1 张子图）、2 只股指看涨期权的日结算价（第 2 张子图）以及 2 只股指看跌期权的日结算价（第 3 张子图）。

12.4.3　编程提示

日历价差（calendar spread）策略，也称为时间价差策略或水平价差策略，该策略可以通过到期日较近的欧式看涨期权空头头寸与相同行权价格、到期日较远的欧式看涨期权多头头寸构造，也可以通过到期日较近的欧式看跌期权空头头寸与相同行权价格、到期日较远的欧式看跌期权多头头寸构造。策略结束日通常与较近的期权到期日保持一致，由于到期日较远的期权依然处于存续期间，因此策略实施者在策略结束日会对到期日较远的期权合约进行平仓。

假定在日历价差策略实施期间，C_{1t} 代表到期日较近的欧式看涨期权在第 t 个交易日的期权价格，C_{2t} 代表到期日较远的欧式看涨期权在第 t 个交易日的期权价格，P_{1t} 代表到期日较近的欧式看跌期权在第 t 个交易日的期权价格，P_{2t} 代表到期日较远的欧式看跌期权在第 t 个交易日的期权价格，并且 N 代表运用期权合约的数量，M 代表一份期权合约的合约乘数，本案例中的合约乘数为 100，也就是每点人民币 100 元。

针对运用看涨期权构建的日历价差策略，第 t 个交易日的策略收益金额 R_{Ct} 的表达式如下：

$$R_{Ct} = (C_{2t} - C_{1t})MN \qquad （式 12-1）$$

针对运用看跌期权构建的日历价差策略，第 t 个交易日的策略收益金额 R_{Pt} 的表达式如下：

$$R_{Pt} = (P_{2t} - P_{1t})MN \qquad （式 12-2）$$

12.4.4　参考代码与说明

1. 针对任务 1

```
In [34]: M=100          #沪深 300 股指期权的合约乘数
    ...: N_call=60       #看涨期权合约数量
```

```
In [35]: price=pd.read_excel('C:/Desktop/沪深 300 股指期权合约结算价.xlsx',sheet_name= "Sheet1",
header=0, index_col=0)        #导入期权结算价数据
```

```
In [36]: price.index=pd.DatetimeIndex(price.index)   #将数据框的行索引转换为 datetime 格式
    ...: price.index        #显示数据框的索引
Out[36]:
DatetimeIndex(['2021-06-21', '2021-06-22', '2021-06-23', '2021-06-24',
               '2021-06-25', '2021-06-28', '2021-06-29', '2021-06-30',
               '2021-07-01', '2021-07-02',
               ...
               '2021-12-06', '2021-12-07', '2021-12-08', '2021-12-09',
               '2021-12-10', '2021-12-13', '2021-12-14', '2021-12-15',
               '2021-12-16', '2021-12-17'],
              dtype='datetime64[ns]', name='日期', length=123, freq=None)
```

```
In [37]: price.columns        #显示数据框的列名
Out[37]:
Index(['沪深 300 股指购 2021 年 12 月 5000', '沪深 300 股指购 2022 年 6 月 5000', '沪深 300 股指沽 2021 年 12 月 5000',
       '沪深 300 股指沽 2022 年 6 月 5000'],
      dtype='object')
```

```
In [38]: call_Dec=price['沪深 300 股指购 2021 年 12 月 5000'] #沪深 300 股指购 2021 年 12 月 5000 的日结算价
    ...: call_Jun=price['沪深 300 股指购 2022 年 6 月 5000'] #沪深 300 股指购 2022 年 6 月 5000 的日结算价
```

```
In [39]: profit_call_Dec=M*N_call*(call_Dec-call_Dec.iloc[0]) #沪深 300 股指购 2021 年 12 月 5000
的日收益额
    ...: profit_call_Jun=M*N_call*(call_Jun-call_Jun.iloc[0]) #沪深 300 股指购 2022 年 6 月 5000
的日收益额
```

```
In [40]: calendar_call=-profit_call_Dec+profit_call_Jun    #运用看涨期权构建日历价差策略的每日收益额
```

```
In [41]: calendar_call.describe()                 #描述性统计
Out[41]:
count       123.000000
mean     176614.634146
std      175652.147249
min      -70800.000000
25%       34800.000000
50%      154800.000000
75%      288600.000000
max      812400.000000
dtype: float64
```

从以上的输出结果可以看到，运用看涨期权构建的日历价差策略得到的每日收益额在多数交易日为正，最大的日亏损额为 7.08 万元，最大的日盈利额则达到 81.24 万元，平均日收益额约为 17.66 万元。

2. 针对任务 2

```
In [42]: N_put=40                        #看跌期权合约数量
```

```
In [43]: put_Dec=price['沪深 300 股指沽 2021 年 12 月 5000'] #沪深 300 股指沽 2021 年 12 月 5000 的每日结算价
    ...: put_Jun=price['沪深 300 股指沽 2022 年 6 月 5000'] #沪深 300 股指沽 2022 年 6 月 5000 的每日结算价
```

```
In [44]: profit_put_Dec=M*N_put*(put_Dec-put_Dec.iloc[0]) #沪深 300 股指沽 2021 年 12 月 5000 的日收益额
    ...: profit_put_Jun=M*N_put*(put_Jun-put_Jun.iloc[0]) #沪深 300 股指沽 2022 年 6 月 5000 的日收益额
```

```
In [45]: calendar_put=-profit_put_Dec+profit_put_Jun    #运用看跌期权构建日历价差策略的每日收益额
```

```
In [46]: calendar_put.describe()        #描述性统计
Out[46]:
count       123.000000
mean     155725.853659
std      127870.743721
min      -92000.000000
25%       50800.000000
50%      138400.000000
75%      258000.000000
max      451200.000000
dtype: float64
```

从以上的输出结果可以看到，相比通过看涨期权构建的日历价差策略，通过看跌期权构建的策略也在多数交易日实现了正收益，其中，最大亏损额为-9.2 万元，最大盈利额为 45.12 万元，平均日收益额约为 15.57 万元。

3. 针对任务 3

```
In [47]: plt.figure(figsize=(9,11))
    ...: plt.subplot(3,1,1)        #第 1 行、第 1 列的子图
    ...: plt.plot(calendar_call,'b-',label=u'看涨期权构建日历价差策略',lw=2.5)
    ...: plt.plot(calendar_put,'r-',label=u'看跌期权构建日历价差策略',lw=2.5)
    ...: plt.xticks(fontsize=12)
    ...: plt.yticks(fontsize=12)
    ...: plt.ylabel(u'收益',fontsize=12)
    ...: plt.legend(fontsize=12)
    ...: plt.grid()
    ...: plt.subplot(3,1,2)        #第 2 行、第 1 列的子图
    ...: plt.plot(call_Dec,'c-',label=u'沪深 300 股指购 2021 年 12 月 5000',lw=2.5)
    ...: plt.plot(call_Jun,'m-',label=u'沪深 300 股指购 2022 年 6 月 5000',lw=2.5)
    ...: plt.xticks(fontsize=12)
    ...: plt.yticks(fontsize=12)
    ...: plt.ylabel(u'结算价',fontsize=12)
    ...: plt.legend(fontsize=13)
    ...: plt.grid()
    ...: plt.subplot(3,1,3)        #第 3 行、第 1 列的子图
    ...: plt.plot(put_Dec,'y-',label=u'沪深 300 股指沽 2021 年 12 月 5000',lw=2.5)
    ...: plt.plot(put_Jun,'g-',label=u'沪深 300 股指沽 2022 年 6 月 5000',lw=2.5)
    ...: plt.xticks(fontsize=12)
    ...: plt.xlabel(u'日期',fontsize=12)
    ...: plt.yticks(fontsize=12)
    ...: plt.ylabel(u'结算价',fontsize=12)
    ...: plt.legend(fontsize=12)
    ...: plt.grid()
    ...: plt.show()
```

通过图 12-4 可以十分清晰地看到，在策略接近于到期日（2021 年 12 月 17）时，运用看涨期权构建的策略收益要明显高于运用看跌期权所构建的策略收益，但是在 9 月和 10 月期间，运用不同期权构建的策略的收益则是难分伯仲的。

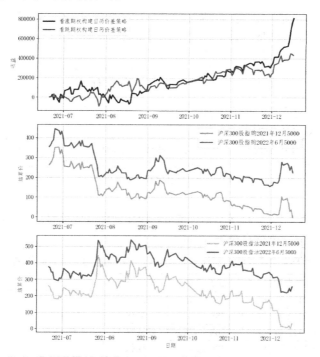

图 12-4 运用沪深 300 股指期权合约构建日历价差策略的日收益情况（2021 年 6 月 21 日至 12 月 17 日期间）

12.5 跨式组合与宽跨式组合策略的编程——以黄金期权为案例

12.5.1 案例详情

E 公司是总部位于济南的一家专业从事黄金生产的大型公司，黄金市场价格的波动将直接影响公司的经营业绩。在 2021 年 3 月中旬经过广泛市场调研和全面论证后，公司认为在未来的 8 个月时间内，黄金价格存在较大幅度的趋势性变化，但是无法准确预测价格究竟是上涨还是下跌。因此，为了能够在黄金价格上涨时尽可能扩大经营业绩，同时又能规避黄金价格下行的风险，公司管理层经过反复讨论后，做出如下两项重要的决策。

一是运用在上海期货交易所挂牌交易的黄金期权分别构建跨式组合策略和宽跨式组合策略，关于黄金期权合约的主要要素详见表 12-10。

表 12-10 在上海期货交易所挂牌交易的黄金期权合约主要要素

合约要素	要素的具体说明
合约标的物（基础资产）	黄金期货合约
合约类型	看涨期权，看跌期权
交易单位	1 手黄金期货合约（1000 克）
报价单位	元/克
最小变动价位	0.02 元/克
涨跌停板幅度	与黄金期货合约涨跌停板幅度相同
合约月份	最近两个连续月份合约，其后月份在标的期货合约结算后持仓量达到一定数值之后的第二个交易日挂牌。具体数值交易所另行发布
交易时间	上午 9:00—11:30，下午 13:30—15:00 及交易所规定的其他时间
最后交易日	标的期货合约交割月前第一个月的倒数第五个交易日，交易所可以根据国家法定节假日等调整最后交易日
到期日	同最后交易日
行权价格	行权价格≤200 元/克，行权价格间距为 2 元/克； 200 元/克 < 行权价格≤400 元/克，行权价格间距为 4 元/克； 行权价格 > 400 元/克，行权价格间距为 8 元/克
行权方式	欧式：到期日买方可以在 15:30 之前提交行权申请、放弃申请。 美式：买方可以在到期日前任一交易日的交易时间提交行权申请，可以在到期日 15:30 之前提出行权申请、放弃申请
交易代码	看涨期权：AU-合约月份-C-行权价格。 看跌期权：AU-合约月份-P-行权价格

注：《上海期货交易所黄金期货期权合约》中关于行权方式的修订，自 2021 年 11 月 17 日（周二）新挂牌期货合约 AU2212 对应的期权合约开始实施，其中，合约月份大于等于 AU2212 的期货合约对应的期权合约适用修订后的规定（即适用美式期权的规定），合约月份小于 AU2212 的期货合约对应的期权合约适用修订前的规定（即适用欧式期权的规定）。

数据来源：上海期货交易所。

二是公司在 2021 年 3 月 24 日运用 4 只黄金期权构建相应的策略，策略到期日与期权到期日保持一致，这些期权的主要要素信息见表 12-11。

表 12-11 用于构建跨式组合策略或宽跨式组合策略的相关黄金期权的主要要素信息

合约代码	合约名称	执行价格	期权类型	上市日	到期日	合约标的
AU2112C368	黄金 2112 购 368	368 元/克	欧式看涨期权	2021 年 3 月 24 日	2021 年 11 月 24 日	黄金 2112 期货合约
AU2112C388	黄金 2112 购 388	388 元/克				
AU2112P368	黄金 2112 沽 368	368 元/克	欧式看跌期权			
AU2112P388	黄金 2112 沽 388	388 元/克				

数据来源：上海期货交易所。

假定你是 E 公司的期权交易部总经理，负责公司的期权交易工作。你正在审阅拟提交公司总经理办公会审议的关于期权策略交易执行情况的分析报告，同时，你希望能够借助 Python 亲自验证报告中的部分关键信息和数据，为此需要完成 4 个编程任务。

12.5.2 编程任务

【任务 1】E 公司首先运用 600 张"黄金 2112 购 368"合约多头头寸、600 张"黄金 2112 沽 368"合约多头头寸构建跨式组合策略，要求导入 2021 年 3 月 24 日至 11 月 24 日期间表 12-11 中 4 只黄金期权日结算价格数据的 Excel 文件，计算构建该策略的初始成本、策略收益额的时间序列以及期间策略收益率的最大值、最小值与平均值。

【任务 2】E 公司也运用 600 张"黄金 2112 购 388"合约多头头寸、600 张"黄金 2112 沽 388"合约多头头寸构建一个新的跨式组合策略作为对比，基于任务 1 导入的数据，计算构建新策略的初始成本、新策略收益额的时间序列以及新策略期间收益率的最大值、最小值与平均值。

【任务 3】为了降低初始成本，E 公司还尝试运用 600 张"黄金 2112 购 388"合约多头头寸、600 张"黄金 2112 沽 368"合约多头头寸构建宽跨式组合策略，计算构建该宽跨式组合策略的初始成本、策略收益额的时间序列以及策略期间收益率的最大值、最小值与平均值。

【任务 4】将任务 1 至任务 3 构建的 3 个策略期间收益额进行可视化，为了对比的需要，建议通过 2×1 的子图模式依次展示跨式、宽跨式组合策略日收益额（第 1 张子图）、4 只黄金期权的日结算价（第 2 张子图）。

12.5.3 编程提示

跨式（straddle）**组合策略**通过相同执行价格、相同合约期限的一个欧式看涨期权多头头寸和一个看跌期权多头头寸构造而成。

宽跨式（strangle）**组合策略**，也称为勒式策略，通过相同合约期限、但不同执行价格的欧式看跌与看涨期权多头头寸构造而成，具体是一个较低执行价格的看跌期权多头头寸和一个较高执行价格的看涨期权多头头寸。

当投资者认为基础资产价格将有大幅度变化但是又无法准确预测变化的方向时，就可以采用以上的这两种策略。

12.5.4 参考代码与说明

1. 针对任务 1

```
In [48]: option_gold=pd.read_excel('C:/Desktop/黄金期权合约结算价数据.xlsx', sheet_name="Sheet1",
header=0,index_col=0)                #导入数据

In [49]: option_gold.columns    #显示列名
Out[49]: Index(['黄金2112购368', '黄金2112购388', '黄金2112沽368', '黄金2112沽388'],
dtype='object')

In [50]: option_gold.index=pd.DatetimeIndex(option_gold.index)    #将数据框的行索引转换为datetime格式

In [51]: N=600          #构建策略时每类期权的张数
   ...: M=1000          #1 张期权对应的基础资产是 1000 克黄金期货

In [52]: cost_straddle1=N*M*(option_gold['黄金2112购368'].iloc[0]+option_gold['黄金2112沽
368'].iloc[0])
   ...: #执行价格 368 的看涨、看跌期权构建跨式组合策略的初始成本
   ...: print('黄金2112购368合约和黄金2112沽368合约构建跨式组合策略的初始成本',round(cost_straddle1,2))
黄金 2112 购 368 合约和黄金 2112 沽 368 合约构建跨式组合策略的初始成本 24972000.0

In [53]: profit_call368=N*M*(option_gold['黄金2112购368']-option_gold['黄金2112购368'].iloc[0])
#黄金 2112 购 368 合约的期间收益额
   ...: profit_put368=N*M*(option_gold['黄金2112沽368']-option_gold['黄金2112沽368'].iloc[0])
#黄金 2112 沽 368 合约的期间收益额
```

```
In [54]: profit_straddle1=profit_call368+profit_put368    #执行价格 368 的看涨、看跌期权构建跨式组合
策略的期间收益额

In [55]: R_straddle1=profit_straddle1/cost_straddle1          #计算策略的期间收益率

In [56]: R_straddle1.describe()                              #显示策略期间收益率的统计指标
Out[56]:
count    164.000000
mean      -0.326587
std        0.224102
min       -0.970207
25%       -0.507809
50%       -0.344306
75%       -0.107881
max        0.313791
dtype: float64
```

从以上的输出结果可以看到，运用黄金 2112 购 368 合约、黄金 2112 沽 368 合约构建的跨式组合策略的初始成本是 2497.20 万元，并且在策略期间最高亏损率达到 97.0207%，最高收益率为 31.3791%，平均收益率为-32.6587%，整体而言是亏多盈少，风险比较高。

2. 针对任务 2

```
In [57]: cost_straddle2=N*M*(option_gold['黄金 2112 购 388'].iloc[0]+option_gold['黄金 2112 沽
388'].iloc[0])    #执行价格 388 的看涨、看跌期权构建跨式组合策略的初始成本
    ...: print('运用黄金 2112 购 388 合约和黄金 2112 沽 388 合约构建跨式组合策略的初始成本', round
(cost_straddle2,2))
    运用黄金 2112 购 388 合约和黄金 2112 沽 388 合约构建跨式组合策略的初始成本 27228000.0

In [58]: profit_call388=N*M*(option_gold['黄金 2112 购 388']-option_gold['黄金 2112 购 388'].iloc[0])
#黄金 2112 购 388 合约的期间收益额
    ...: profit_put388=N*M*(option_gold['黄金 2112 沽 388']-option_gold['黄金 2112 沽 388'].iloc[0])
#黄金 2112 沽 388 合约的期间收益额

In [59]: profit_straddle2=profit_call388+profit_put388          #执行价格 388 的看涨、看跌期权构建跨
式组合策略的期间收益额

In [60]: R_straddle2=profit_straddle2/cost_straddle2            #计算策略的期间收益率

In [61]: R_straddle2.describe()                                #显示策略期间收益率的统计指标
Out[61]:
count    164.000000
mean      -0.342872
std        0.188253
min       -0.836492
25%       -0.462098
50%       -0.371309
75%       -0.210225
max        0.211106
dtype: float64
```

根据以上的输出结果，相比任务 1 构建的策略，通过黄金 2112 购 388 合约、黄金 2112 沽 388 合约构建新的跨式组合策略，初始成本提高至 2722.80 万元，期间最高收益率降至 21.1106%，最大亏损率降至 83.6492%，平均收益率为-34.2872%。

3. 针对任务 3

```
In [62]: cost_strangle=N*M*(option_gold['黄金 2112 购 388'].iloc[0]+option_gold['黄金 2112 沽
368'].iloc[0])    #宽跨式组合策略的初始成本
    ...: print('构建宽跨式组合策略的初始成本',round(cost_strangle,2))
    构建宽跨式组合策略的初始成本 20160000.0

In [63]: profit_strangle=profit_call388+profit_put368    #宽跨式组合策略的期间收益额

In [64]: R_strangle=profit_strangle/cost_strangle         #计算策略的期间收益率

In [65]: R_strangle.describe()                            #宽跨式组合策略期间收益率的统计指标
Out[65]:
```

```
count      164.000000
mean        -0.435279
std          0.260619
min         -0.998810
25%         -0.628274
50%         -0.474107
75%         -0.195685
max          0.336310
dtype: float64
```

从以上的输出结果能够看到，构建宽跨式组合策略的初始成本下降至 2016.00 万元，低于任务 1 和任务 2 构建的跨式组合策略的初始成本；与此同时，宽跨式组合策略的期间收益率波动幅度也非常大，最高收益率可以达到 33.6310%，最高亏损率可以达到 99.8810%，此外，平均收益率为-43.5279%。

表 12-12 梳理了任务 1 至任务 3 依次计算得到的 2 个跨式组合策略和 1 个宽跨式组合策略的初始成本和期间收益率情况，从表中可以看到，如果企业的资金比较有限但风险承受能力较高时，可以尝试采用宽跨式组合策略；如果企业的资金比较充裕但是风险承受能力较低时，则可以选择由行权价格较低的期权所构建的跨式组合策略（本案例的任务 1）。

表 12-12　跨式组合策略与宽跨式组合策略的初始成本和期间收益率

指标名称	任务 1 的跨式组合策略 （黄金 2112 购 368 合约、 黄金 2112 沽 368 合约）	任务 2 的跨式组合策略 （黄金 2112 购 388 合约、 黄金 2112 沽 388 合约）	任务 3 的宽跨式组合策略 （黄金 2112 购 388 合约、 黄金 2112 沽 368 合约）
初始成本	2497.20 万元	2722.80 万元	2016.00 万元
期间平均收益率	−32.6587%	−34.2872%	−43.5279%
期间最低收益率	−97.0207%	−83.6492%	−99.8810%
期间最高收益率	31.3791%	21.1106%	33.6310%

4. 针对任务 4

```
In [66]: plt.figure(figsize=(9,9))
    ...: plt.subplot(2,1,1)         #第 1 行、第 1 列的子图
    ...: plt.plot(profit_straddle1,'r-',label=u'跨式组合策略（行权价格 368 的期权）',lw=2)
    ...: plt.plot(profit_straddle2,'b-',label=u'跨式组合策略（行权价格 388 的期权）',lw=2)
    ...: plt.plot(profit_strangle,'c-',label=u'宽跨式组合策略',lw=2)
    ...: plt.xticks(fontsize=12)
    ...: plt.yticks(fontsize=12)
    ...: plt.ylabel(u'收益',fontsize=12)
    ...: plt.legend(fontsize=12)
    ...: plt.grid()
    ...: plt.subplot(2,1,2)         #第 2 行、第 1 列的子图
    ...: plt.plot(option_gold['黄金 2112 购 368'],'c-',label=u'黄金 2112 购 368',lw=2)
    ...: plt.plot(option_gold['黄金 2112 沽 368'],'m-',label=u'黄金 2112 沽 368',lw=2)
    ...: plt.plot(option_gold['黄金 2112 购 388'],'y-',label=u'黄金 2112 购 388',lw=2)
    ...: plt.plot(option_gold['黄金 2112 沽 388'],'g-',label=u'黄金 2112 沽 388',lw=2)
    ...: plt.xticks(fontsize=12)
    ...: plt.xlabel(u'日期',fontsize=12)
    ...: plt.yticks(fontsize=12)
    ...: plt.ylabel(u'结算价',fontsize=12)
    ...: plt.legend(fontsize=12)
    ...: plt.grid()
    ...: plt.show()
```

通过观察图 12-5，可以得到以下 3 个比较重要的结论。

一是收益同步性。无论是跨式组合策略还是宽跨式组合策略，期间的收益具有一定的同步性，并且在绝大多数交易日收益为负。

二是收益波动性。就策略收益的波动而言，宽跨式组合策略的收益波动是较小的，跨式组合策略期间收益波动较大。

三是行权价格的影响。针对跨式组合策略，运用较低行权价格构建的策略在收益方面整体优于运用较高行权价格构建的策略。

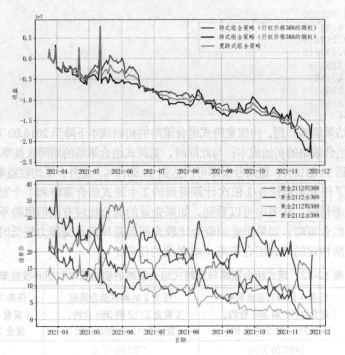

图 12-5　黄金期权构建跨式、宽跨式组合策略的期间收益额（2021 年 3 月 24 日至 11 月 24 日）

12.6　默顿模型的编程——以美国国际集团为案例

12.6.1　案例详情

F 银行是总部位于冰岛雷克雅未克的一家商业银行，在 2005 年至 2007 年期间依托冰岛政府非常宽松的金融监管环境大量吸收海外的资金，并且将大部分资金用于配置美国金融机构发行的债券并参与信用违约互换（Credit Default Swap，CDS）交易，其中就包含美国国际集团（American International Group，AIG）发行的债券以及参与由美国国际集团作为卖方的信用违约互换合约。伴随着 2008 年美国次贷危机的爆发，F 银行的资产质量急剧下降并最终于 2008 年末宣告破产。

假定你是冰岛地区检察官办公室的一名助理检察官，负责协助调查 F 银行的破产案。在调查过程中，为了确切掌握 F 银行购买美国国际集团相关债券及信用违约互换合约的风险状况，你希望运用**默顿模型**（Merton model）分析美国国际集团违约概率的变动情况，以此作为检方起诉 F 银行首席执行官及其他高级管理人员的证据材料之一。为此，你收集了以下的 3 项资料。

一是 2008 年 2 月 28 日美国国际集团对外公开披露的 2007 年年度报告，表 12-13 摘录了该年度报告中的关键财务数据。

表 12-13　美国国际集团 2007 年年度报告中的关键财务数据

财务科目	2007 年末	2006 年末
总资产	10605.05 亿美元	9794.10 亿美元
总负债	9646.04 亿美元	8775.42 亿美元
所有者权益	958.01 亿美元	1016.77 亿美元
普通股	2751327476 股	

数据来源：美国国际集团 2007 年年度报告（AIG 2007 Form 10-K）。

二是美国国际集团 2007 年至 2008 年期间股票的日收盘价数据，并全部存放于 Excel 文件中，表 12-14 列出了部分日收盘价数据。

表 12-14　2007 年至 2008 年期间美国国际集团股票的部分日收盘价数据　　　单位：美元/股

指标名称	2007-01-03	2007-01-04	2007-01-05	……	2008-12-29	2008-12-30	2008-12-31
美国国际集团股票收盘价	72.1500	71.5100	71.1800	……	1.5500	1.5600	1.5700

数据来源：纽约证券交易所。

　　三是将美国国债收益率作为无风险收益率，并且整理了 2008 年 2 月 29 日至 12 月 31 日期间 1 年期该收益率的日报价数据并存放于 Excel 文件中，表 12-15 列出了部分报价数据。

表 12-15　2008 年 2 月 29 日至 12 月 31 日期间 1 年美国国债收益率的部分日数据

指标名称	2008-02-29	2008-03-03	2008-03-04	……	2008-12-29	2008-12-30	2008-12-31
1 年美国国债收益率	1.7700%	1.7400%	1.7200%	……	0.3600%	0.3400%	0.3700%

数据来源：美联储。

　　为了顺利地完成相关工作，你需要借助 Python 完成以下的 3 个编程任务。

12.6.2　编程任务

　　【任务 1】为了便于运用默顿模型快速测算美国国际集团的违约概率，通过 Python 自定义一个运用默顿模型计算企业违约概率的函数。同时为了保证迭代运算的负荷在可承受的范围之内，对股票市值、债务本金等参数进行输入时，以亿美元或者百亿美元作为单位。

　　【任务 2】利用任务 1 自定义的函数，测算 2008 年 2 月 29 日至 12 月 31 日期间每日的美国国际集团违约概率数据，并且以数据框格式存放。需要注意，默顿模型中的债务本金就运用表 12-13 中的 2007 年末总负债金额；债务的期限设为 1 年；计算股票收益率的波动率就运用从 2007 年 1 月初至 2008 年 2 月 29 日及此后交易日期间的股价数据。举例而言，针对运用默顿模型计算 2008 年 2 月 29 日的违约概率时，股票波动率的测算就运用 2007 年 1 月初至 2008 年 2 月 29 日期间的每日收盘价数据；在计算 2008 年 3 月 3 日的违约概率时，股票波动率的测算就运用 2007 年 1 月初至 2008 年 3 月 3 日期间的每日收盘价数据，以此类推。

　　【任务 3】为了提升可视化的对比效果，采用 2×1 的子图模式依次展示美国国际集团的违约概率走势（第 1 张子图）与公司股价走势（第 2 张子图）。

12.6.3　编程提示

　　为了编程的需要，给出关于默顿模型的数学表达式。假定 V_0 表示在 0 时刻（初始日）的企业价值；V_T 表示在 T 时刻（债券到期日）的企业价值；E_0 和 E_T 分别表示企业股票在 0 时刻和 T 时刻的价值；D 表示零息债券的本金；σ_V 表示企业价值的波动率并且是一个常数；σ_E 则表示股票收益率的波动率。

　　企业股票在 0 时刻的价值就表达为

$$E_0 = V_0 N(d_1) - D e^{-rT} N(d_2) \qquad （式 12-3）$$

其中

$$d_1 = \frac{\ln(V_0/D) + (r + \sigma_V^2/2)T}{\sigma_V \sqrt{T}}$$

$$d_2 = d_1 - \sigma_V \sqrt{T} = \frac{\ln(V_0/D) + (r - \sigma_V^2/2)T}{\sigma_V \sqrt{T}}$$

　　风险中性状态下的企业违约概率等于 $1 - N(d_2) = N(-d_2)$。

　　需要注意的是，为了计算违约概率 $N(-d_2)$，需要用到变量 V_0 与 σ_V，然而这两个变量都无法从金融市场直接观察到，需要通过求解以下的方程组得到：

$$\begin{cases} E_0 = V_0 N(d_1) - De^{-rT} N(d_2) & (式 12\text{-}4) \\ \sigma_E E_0 = N(d_1)\sigma_V V_0 & (式 12\text{-}5) \end{cases}$$

（式 12-5）中的参数 σ_E 可以通过股价历史数据或股票期权价格估算得到。

12.6.4 参考代码与说明

1. 针对任务 1

```
In [67]: def PD_Merton(E,D,sigma_E,r,T):
    ...:     '''定义一个运用默顿模型计算企业违约概率的函数
    ...:     E: 代表当前的股票市值（单位: 百亿美元）
    ...:     D: 代表债务本金（单位: 百亿美元）
    ...:     sigma_E: 代表企业股票收益率的年化波动率
    ...:     r: 代表无风险收益率
    ...:     T: 代表债务的期限'''
    ...:     from numpy import exp,log,sqrt        #从 NumPy 模块导入 exp、log 和 sqrt 函数
    ...:     from scipy.stats import norm          #从 SciPy 的子模块 stats 中导入 norm 函数
    ...:     import scipy.optimize as sco          #导入 SciPy 子模块 optimize
    ...:     def f(x):                             #定义计算企业价值和企业价值波动率的函数
    ...:         V,sigma_V=x                       #设定两个变量分别是当前企业价值和企业价值的年化波动率
    ...:         d1=(log(V/D)+(r+pow(sigma_V,2)/2)*T)/(sigma_V*sqrt(T))  #计算参数 d1
    ...:         d2=d1-sigma_V*sqrt(T)             #计算参数 d2
    ...:         eq1=E-V*norm.cdf(d1)+D*exp(-r*T)*norm.cdf(d2)  #运用（式 12-4）并且等于 0
    ...:         eq2=sigma_E*E-norm.cdf(d1)*sigma_V*V  #运用（式 12-5）并且等于 0
    ...:         return [eq1,eq2]
    ...:     result=sco.fsolve(func=f,x0=[100,0.1])  #初始值分别是企业价值1万亿美元和企业价值波动率10%
    ...:     V=result[0]                           #选取企业价值的金额
    ...:     sigma_V=result[-1]                    #选取企业价值波动率的金额
    ...:     d1=(log(V/D)+(r+pow(sigma_V,2)/2)*T)/(sigma_V*sqrt(T))   #计算参数 d1
    ...:     d2=d1-sigma_V*sqrt(T)                 #计算参数 d2
    ...:     PD=norm.cdf(-d2)                      #计算违约概率
    ...:     return PD
```

在以上自定义函数 PD_Merton 中，输入股票市值、债务本金、股票收益率的年化波动率、无风险收益率以及债务的期限等参数，就可以快速计算得到企业的违约概率。

2. 针对任务 2

```
In [68]: price_AIG=pd.read_excel('C:/Desktop/美国国际集团股价(2007年至2008年).xlsx', sheet_name=
"Sheet1", header=0, index_col=0)    #导入股价数据
    ...: price_AIG.index=pd.DatetimeIndex(price_AIG.index)          #将行索引转换为 datetime 格式

In [69]: R_AIG=np.log(price_AIG/price_AIG.shift(1))                 #计算股票日收益率

In [70]: price1_AIG=price_AIG.loc['2007-01-01':'2008-02-28']  #取2007年初至2008年2月28日期间的股价
    ...: price2_AIG=price_AIG.loc['2008-02-29':'2008-12-31']  #取2008年2月29日至2008年底期间的股价

In [71]: N1=len(price1_AIG)        #2007年初至2008年2月28日期间的交易天数
    ...: N2=len(price2_AIG)        #2008年2月29日至2008年底期间的交易天数

In [72]: PD_AIG=np.zeros(N2)    #创建元素数量为 N2 的零元素数组用于后续存放美国国际集团的违约概率

In [73]: debt_AIG=96.4604        #负债规模（百亿美元）
    ...: tenor=1                 #债务期限
    ...: share=2751327476        #股票数量

In [74]: yield_1Y=pd.read_excel('C:/Desktop/美国1年期国债收益率(2008年2月29日至12月末).xlsx',
sheet_name= "Sheet1", header=0, index_col=0)    #导入国债收益率数据

In [75]: for i in range(N2):        #运用 for 循环计算每个交易日的违约概率
    ...:     sigma_AIG=np.sqrt(252)*(R_AIG.iloc[:N1+i+1]).std()  #计算2007年至2008年2月29
日及此后每个交易日美国国际集团股票的波动率
    ...:     sigma_AIG=float(sigma_AIG)          #转化为纯浮点型数据
    ...:     Equity=share*price2_AIG.iloc[i]     #计算2008年2月29日及此后每个交易日美国国际集团股票市值
    ...:     Equity=float(Equity/1e10)           #转化为纯浮点型数据并且单位是百亿美元
    ...:     rate=float(yield_1Y.iloc[i])        #取每个交易日1年期美国国债收益率并将其转换为浮点型数据
    ...:     PD_AIG[i]=PD_Merton(E=Equity,D=debt_AIG,sigma_E=sigma_AIG,r=rate,T=tenor)
#计算每个交易日美国国际集团的违约概率
```

```
In [76]: name=['美国国际集团违约概率']                    #输入变量名称
    ...: PD_AIG=pd.DataFrame(data=PD_AIG,index=price2_AIG.index,columns=name)  #将违约概率
转为数据框格式

In [77]: PD_AIG.describe()                              #输出违约概率
Out[77]:
        美国国际集团违约概率
count    213.000000
mean       0.171303
std        0.225830
min        0.000229
25%        0.001618
50%        0.008251
75%        0.459728
max        0.510738
```

从以上的输出结果可以看到，在 2008 年 2 月 29 日至 12 月 31 日期间，美国国际集团违约概率的最小值为 0.0229%，最大值为 51.0738%，变化幅度非常惊人。

3. 针对任务 3

```
In [78]: plt.figure(figsize=(9,9))
    ...: plt.subplot(2,1,1)                             #第1行、第1列的子图
    ...: plt.plot(PD_AIG,'r-',label=u'美国国际集团违约概率',lw=2.5)
    ...: plt.xticks(fontsize=13)
    ...: plt.yticks(fontsize=13)
    ...: plt.ylabel(u'违约概率',fontsize=13)
    ...: plt.legend(fontsize=13)
    ...: plt.grid()
    ...: plt.subplot(2,1,2)                             #第2行、第1列的子图
    ...: plt.plot(price2_AIG,'b-',label=u'美国国际集团股价',lw=2.5)
    ...: plt.xticks(fontsize=13)
    ...: plt.xlabel(u'日期')
    ...: plt.yticks(fontsize=13)
    ...: plt.ylabel(u'股价',fontsize=13)
    ...: plt.legend(fontsize=13)
    ...: plt.grid()
    ...: plt.show()
```

从图 12-6 可以非常清楚地看到，美国国际集团违约概率与股价之间存在着负相关关系，并且在 2008 年 9 月次贷危机达到顶峰之际（以雷曼兄弟倒闭为标志），美国国际集团违约概率大幅飙升并突破 40%，在当年年底更是达到了 50%。

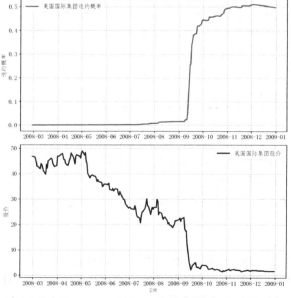

图 12-6　2008 年 2 月 29 日至 12 月 31 日美国国际集团违约概率及股价走势

12.7　可转换债券定价的编程——以上银转债为案例

12.7.1　案例详情

G 公司是一家总部位于深圳的外商独资保险公司，该公司依托海外股东积累的专业化运营优势并引入海外保险市场的创新经验，致力于在人寿保险、财产保险、养老保险、信用保险、再保险、保险经纪、保险资产管理、保险科技等领域做出骄人的业绩。

该公司在保险资金的投资方面，非常关注于可转换债券（简称"可转债"）的投资，可转债"上不封顶，下能保底"的条款设计，与公司始终秉承的"本金安全、长期投资"理念高度吻合。在该公司的资产配置中，包括在上海证券交易所挂牌的由上海银行股份有限公司发行的上银转债，该只可转债的相关要素信息详见表 12-16。

表 12-16　上银转债的相关要素信息

要素	具体信息
债券代码	113042
债券简称	上银转债
发行人	上海银行股份有限公司
债券面值	100 元
债券评级	AAA
债券起息日（初始日）	2021-01-25
债券上市日	2021-02-10
债券到期日	2027-01-25
正股简称	上海银行
正股代码	601229
转股比例	9.0662（即 1 张上银转债允许转换成 9.0662 股上海银行股票）
转股价格	11.03 元/股
转股起始日	2021-07-29
赎回起始日	2021-07-29
赎回触发比例	转股价格的 130%（即赎回触发价格是 11.03×130%≈14.34 元/股，保留至小数点后 2 位）
票面利率	累进利率，具体是第 1 年为 0.3%、第 2 年为 0.8%、第 3 年为 1.5%、第 4 年为 2.8%、第 5 年为 3.5%、第 6 年为 4%
票息支付频次	每年付息 1 次
转股到期日赎回到期日	2027-01-25（与债券到期日相同）

数据来源：上海证券交易所。

假定你是该公司资产管理中心总经理，日常负责包括可转债在内的债券投资。根据公司内部的管理要求，针对可转债的日常估值，除了参考交易所公布的交易价格之外，还需要通过二叉树模型这一内部估值模型对可转债进行估值。

为了完成日常的估值工作，你需要运用 Python 完成以下的 3 个编程任务。

12.7.2　编程任务

【任务 1】为了能够快速地测算出可转债的价格，运用 Python 自定义一个运用二叉树模型计算可转债价格的函数，注意该函数需要考虑每年不同的票面利率以及存在一个不允许转股的期限，此外该自定义函数还包括债券初始日（定价日）、转股起始日、每期票息支付日以及债券到期日等日期参数。

【任务 2】结合任务 1 自定义的函数测算出"上银转债"在 2021 年 1 月 25 日（债券初始日）的价值。利用 2020 年 1 月至 2021 年 1 月 25 日期间上海银行股票的日收盘价数据测算股票收益率的波动率，相关收盘价数据已经存放于 Excel 文件中并且是 Sheet1 工作表，表 12-17 列出了部分日收盘价数据；无风险收益率运用国债到期收益率，根据表 12-18 中的国债收益率数据并利用三阶样条曲线插值法计算所需期限的无风险收益率；2021 年 1 月 25 日信用评级为 AAA、期限为 6 年的中债商业银行普通债收益率为 3.6302%；此外，得到上海银行普通债券连续复利的年化违约概率为 2.05%，违约回收率则设定为 70%，二叉树模型的步数设定为 1000。

表 12-17　2020 年 1 月至 2021 年 1 月 25 日期间上海银行股票部分日收盘价数据　单位：元/股

指标名称	2020-01-02	2020-01-03	2020-01-06	……	2021-01-21	2021-01-22	2021-01-25
上海银行股票收盘价	9.5400	9.5000	9.4400	……	8.2700	8.1000	8.0400

数据来源：上海证券交易所。

表 12-18　2021 年 1 月 25 日国债到期收益率的相关期限数据

指标名称	1 个月	2 个月	3 个月	6 个月	9 个月	1 年	2 年	3 年	5 年	7 年	10 年
国债到期收益率	1.8951%	2.0500%	2.0525%	2.1492%	2.2747%	2.4911%	2.6688%	2.7844%	2.9558%	3.1325%	3.1323%

数据来源：中国债券信息网。

【任务 3】结合任务 1 自定义的函数，测算出"上银转债"在 2021 年 4 月 30 日的价值。利用 2020 年 1 月至 2021 年 4 月 30 日期间上海银行股票的日收盘价数据测算股票收益率的波动率，相关收盘价数据已经存放于 Excel 文件中并且是 Sheet2 工作表，表 12-19 列出了部分日收盘价数据；无风险收益率依然是运用国债到期收益率，根据表 12-20 中的国债收益率数据并利用三阶样条曲线插值法计算所需期限的无风险收益率；同时，需要运用三阶样条曲线插值法计算所需期限的信用评级为 AAA 的中债商业银行普通债收益率，当天对外公布的收益率数据见表 12-21。连续复利的年化违约概率、违约回收率则以及二叉树模型的步数等参数与任务 2 的保持一致。

表 12-19　2020 年 1 月至 2021 年 4 月 30 日期间上海银行股票部分日收盘价数据　单位：元/股

指标名称	2020-01-02	2020-01-03	2020-01-06	……	2021-04-28	2021-04-29	2021-04-30
上海银行股票收盘价	9.5400	9.5000	9.4400	……	8.3100	8.5000	8.1800

数据来源：上海证券交易所。

表 12-20　2021 年 4 月 30 日国债到期收益率的相关期限数据

指标名称	1 个月	2 个月	3 个月	6 个月	9 个月	1 年	2 年	3 年	5 年	7 年	10 年
国债到期收益率	1.6414%	1.7295%	1.9251%	2.0432%	2.2661%	2.3591%	2.6564%	2.7666%	2.9615%	3.1331%	3.1640%

数据来源：中国债券信息网。

表 12-21　2021 年 4 月 30 日信用评级为 AAA 的中债商业银行普通债收益率

指标名称	3 个月	6 个月	9 个月	1 年	2 年	3 年	4 年	5 年	6 年	7 年
商业银行普通债收益率	2.4817%	2.6412%	2.8154%	2.9217%	3.1501%	3.3298%	3.3825%	3.5096%	3.6616%	3.7735%

数据来源：中国债券信息网。

12.7.3　编程提示

带票息的可转债的价值，其实质就是以下两部分资产价值的和：第 1 部分是未来票息现金流的贴现值；第 2 部分是一个零息可转债运用二叉树模型计算得到的初始价值。

下面就沿用以上的这个思路，给出一个带票息的可转债价值的计算思路和相关数学表达式。

首先，计算票息现金流的贴现值。 假定第 k 期的票面利率为 C_k，$k=1,2,\cdots,M$，并且票息支付的频次是每年 1 次，从初始日或定价日至第 k 期票息支付日的期限为 t_k，到期收益率（贴现利率）用 y 表示，同时可转债的本金为 L，票息现金流的贴现值 PV_C 的表达式如下：

$$PV_C = \sum_{k=1}^{M} C_k L e^{-y t_k} \tag{式 12-6}$$

其次，运用二叉树模型计算零息可转债的初始价值。 这一过程比较复杂，具体分以下两个步骤。

第 1 步，对可转债发行人的股票价格进行建模。 股票价格服从的随机过程可以通过修正后的二叉树模型来表示，并且将可转债的期限设定为二叉树模型的期限，步数是 N。在每个步长为 Δt 的时间区间内，可转债发行人存在一定的违约概率，同时，根据 12.6.3 节的默顿模型，当发行人出现违约时股票价格就假设等于 0，可转债在违约时也存在一个违约回收率 R，因此违约发生时的债券价值就等于 LR。

在这里，针对二叉树的每个节点，约定如下的参数：

（1）在时间区间 Δt 内，股票价格按比率 u 上涨，上涨概率为 P_u；

（2）在时间区间 Δt 内，股票价格按比率 d 下跌，下跌概率为 P_d；

（3）在时间区间 Δt 内，债券发生违约的概率为 D。

在修正后的二叉树模型中，相关的参数表达式如下：

$$u = e^{\sqrt{(\sigma^2 - \lambda)\Delta t}} \tag{式 12-7}$$

$$d = \frac{1}{u} \tag{式 12-8}$$

$$P_u = \frac{e^{r\Delta t} - d e^{-\lambda \Delta t}}{u - d} \tag{式 12-9}$$

$$P_d = \frac{u e^{-\lambda \Delta t} - e^{r\Delta t}}{u - d} \tag{式 12-10}$$

$$D = 1 - P_u - P_d = 1 - e^{-\lambda \Delta t} \tag{式 12-11}$$

其中，参数 λ 是连续复利的年化违约概率，r 是连续复利的无风险收益率，同时为了保证（式 12-7）有解，需要满足 $\sigma^2 - \lambda > 0$，此外 $P_u + P_d + D = 1$。

第 2 步：运用二叉树模型的原理对可转债进行定价。 需要注意，由于 A 股市场的可转债存在一个不允许转股的期限，因此，在构建二叉树模型的过程中，需要将整个可转债的存续期间划分为两个阶段：第 1 个阶段不允许转股，第 2 个阶段允许转股。假定 N_a 代表从初始日到转股起始日期间的步数，$N - N_a$ 就代表转股起始日至债券到期日期间的剩余步数。依然采用逆向归纳法，从树形的最后一列节点从后往前计算。

一是针对允许转股的期间 $[N_a \Delta t, N\Delta t]$。 需要注意两点：第一，在债券可允许转换为股票的每个节点上，应当检验债券转换为股票是否为最优的决策；第二，在债券可允许被赎回（通常与允许转股的期间相一致）的节点上，还要检验债券发行人将债券赎回是否为最优的决策。

因此，假定在某个节点上债券既可以允许转换为股票，又可以允许赎回，最优决策实质上就等价于在节点上对零息可转债价值 V 取值，表达式如下：

$$V = \max[\min(Q_1, Q_2), Q_3] \tag{式 12-12}$$

其中 Q_1 代表通过逆向归纳法得到在节点上未被转换为股票、也未被赎回的债券价值，具体的计算公式可以参照下文中的（式 12-13）。如果是到期日的节点，则 Q_1 代表债券到期日的本金，Q_2 代表债券赎回价格，Q_3 代表转换成股票的价值。

二是针对不允许转股的期间 $[0, N_a \Delta t]$。 在该期间的 $i\Delta t$ 时刻第 j 个节点标记为二叉树的 (i,j) 节点，其中 $i = 0,1,\cdots,N_a$ ， $j = 0,1,\cdots,i$ 。在 (i,j) 节点的零息可转债价值用 $V_{i,j}$ 表示，在 $(i+1,j+1)$ 节点的零息可转债价值用 $V_{i+1,j+1}$ 表示，在 $(i+1,j)$ 节点的零息可转债价值用 $V_{i+1,j}$ 表示，发生违约则零息可转债价值等于 LR ，则存在以下的等式关系：

$$V_{i,j} = [p_u V_{i+1,j+1} + p_d V_{i+1,j} + D \times LR]e^{-r\Delta t} \qquad （式 12-13）$$

而 $V_{0,0}$ 表示在初始 0 时刻的零息可转债价值。

最后，得到带票息可转债的价值。 一个带票息的可转债价值在初始 0 时刻的价值就等于

$$PV_C + V_{0,0} = \sum_{k=1}^{M} C_k L e^{-rt_k} + V_{0,0} \qquad （式 12-14）$$

为了编程的便捷与高效，针对二叉树模型依然采用矩阵运算的思路。

12.7.4 参考代码与说明

1. 针对任务 1

```
In [79]: import datetime as dt                      #导入datetime模块

In [80]: def value_CB(S,sigma,L,C_list,X,Lambda,y,r,R,Q2,T0,T1,T_list,N):
    ...:     '''定义运用N步二叉树模型计算带票息可转换债券（可转债）价值的函数
    ...:     S: 代表股票的初始价格（当前价格）
    ...:     sigma: 代表股票收益率的年化波动率
    ...:     L: 代表可转债本金
    ...:     C_list: 代表可转债的票面利率，票息支付频次是每年1次，以数组格式输入
    ...:     X: 代表1份可转券转换为股票的股数（转股比例）
    ...:     Lambda: 代表连续复利的年化违约概率
    ...:     y: 代表用于针对票息进行贴现的贴现利率
    ...:     r: 代表连续复利的无风险收益率
    ...:     R: 代表可转债违约时的回收率
    ...:     Q2: 代表可转债的赎回价格
    ...:     T0: 代表可转债的初始日或定价日，以datetime格式输入
    ...:     T1: 代表可转债的转股起始日，格式与T0相同
    ...:     T_list: 代表可转债剩余每期票息支付日，输入以datetime时间对象作为元素的列表
    ...:     N: 代表二叉树模型的步数'''
    ...:     #为了更好地理解代码编写的逻辑，具体分为以下5个步骤
    ...:     #第1步是计算相关参数
    ...:     T=(T_list[-1]-T0).days/365                #计算债券期限（年）
    ...:     t=T/N                                      #计算每一步长期限
    ...:     u=np.exp(np.sqrt((pow(sigma,2)-Lambda)*t)) #计算股价上涨时的比例
    ...:     d=1/u                                      #计算股价下跌时的比例
    ...:     Pu=(np.exp(r*t)-d*np.exp(-Lambda*t))/(u-d) #计算股价上涨的概率
    ...:     Pd=(u*np.exp(-Lambda*t)-np.exp(r*t))/(u-d) #计算股价下跌的概率
    ...:     P_default=1-np.exp(-Lambda*t)              #计算违约概率
    ...:     D_value=L*R                                #可转债违约时的回收价值
    ...:     CB_matrix=np.zeros((N+1,N+1))  #构建N+1行、N+1列的零元素矩阵用于后续存放每个节点的可转债价值
    ...:     #第2步是计算票息现金流的贴现值
    ...:     tenor_list=np.zeros_like(C_list)   #创建用于存放初始日至每期票息支付日期限的数组
    ...:     for i in range(len(tenor_list)):
    ...:         tenor_list[i]=(T_list[i]-T0).days/365       #计算初始日至每期票息支付日的期限
    ...:     PV_coupon=sum(C_list*L*np.exp(-y*tenor_list))   #计算票息现金流的贴现值之和
    ...:     #第3步是计算零息可转债到期时节点的股价与债券价值
    ...:     N_list=np.arange(0,N+1)         #创建从0到N的自然数数列（数组格式）
    ...:     S_end=S*pow(u,N-N_list)*pow(d,N_list) #计算可转债到期时节点的股价（按照节点从上往下排序）
    ...:     Q1=L                            #可转债到期时的本金（即不转股、不赎回）
    ...:     Q3=X*S_end                      #可转债到期时转为股票的价值
    ...:     CB_matrix[:,-1]=np.maximum(np.minimum(Q1,Q2),Q3)  #计算在可转债到期时节点的债券价
值（按照节点从上往下排序）
    ...:     #第4步是计算在允许转股期间（不含债券到期日）各节点的股价与债券价值
    ...:     tenor1=(T1-T0).days/365         #计算不允许转股的期限（年）
    ...:     N1=int(N*tenor1/T)              #计算不允许转股期间的步数（向下取整）
    ...:     i_list1=list(range(N1,N))       #创建从N1到N-1的自然数数列（列表格式）
    ...:     i_list1.reverse()               #将列表的元素由大到小排序（从N-1到N1）
    ...:     for i in i_list1:
```

```
    ...:        j_list=np.arange(i+1)        #创建从 0 到 i 的自然数数列（数组格式）
    ...:        Si=S*pow(u,i-j_list)*pow(d,j_list)  #计算在 iΔt 时刻节点的股价（按照节点从上往下排序）
    ...:        Q1=np.exp(-r*t)*(Pu*CB_matrix[:i+1,i+1]+Pd*CB_matrix[1:i+2,i+1]+ P_defau
lt*D_value) #计算在 iΔt 时刻节点不转股、不赎回时的债券价值
    ...:        Q3=X*Si                      #计算在 iΔt 时刻节点转为股票的价值
    ...:        CB_matrix[:i+1,i]=np.maximum(np.minimum(Q1,Q2),Q3) #计算在 iΔt 时刻节点的可转债价值
    ...:    #第 5 步是计算在不允许转股期间各节点的债券价值
    ...:    i_list2=list(range(N1))          #创建从 0 到 N1-1 的自然数数列（列表格式）
    ...:    i_list2.reverse()                #将列表的元素由大到小排序（从 N1-1 到 0）
    ...:    for i in i_list2:
    ...:        j_list=np.arange(i+1)        #创建从 0 到 i 的自然数数列（数组格式）
    ...:        CB_matrix[:i+1,i]=np.exp(-r*t)*(Pu*CB_matrix[:i+1,i+1]+ Pd*CB_matrix[1:i
+2,i+1]+P_default*D_value) #计算在 iΔt 时刻的债券价值
    ...:    value=CB_matrix[0,0]+PV_coupon   #可转债的初始价值
    ...:    return valuee
```

在以上自定义函数 value_CB 中，输入股票价格、股票收益率的年化波动率、可转债本金、票面利率、转股比例、违约概率、票息贴现利率、无风险收益率、违约回收率、赎回价格、初始日（定价日）、转股起始日、票息支付日以及二叉树模型步数等参数，就可以快速计算得到可转债的价值。

2. 针对任务 2

```
In [81]: price_list1=pd.read_excel('C:/Desktop/上海银行股票收盘价.xlsx', sheet_name="Sheet1",
header=0,index_col=0)  #导入 2020 年至 2021 年 1 月 25 日的收盘价数据（Sheet1 工作表）
    ...: R_list1=np.log(price_list1/price_list1.shift(1))  #计算日收益率

In [82]: sigma1=np.sqrt(252)*R_list1.std()            #计算股票收益率的年化波动率
    ...: sigma1=float(sigma1)                          #转换为纯浮点型的数据

In [83]: T_price1=dt.datetime(2021,1,25)              #可转债初始日
    ...: T_convertible=dt.datetime(2021,7,29)         #转股起始日
    ...: T_coupon1=dt.datetime(2022,1,25)             #第 1 期票息支付日
    ...: T_coupon2=dt.datetime(2023,1,25)             #第 2 期票息支付日
    ...: T_coupon3=dt.datetime(2024,1,25)             #第 3 期票息支付日
    ...: T_coupon4=dt.datetime(2025,1,27)             #第 4 期票息支付日（由于节假日而顺延）
    ...: T_coupon5=dt.datetime(2026,1,26)             #第 5 期票息支付日（由于节假日而顺延）
    ...: T_coupon6=dt.datetime(2027,1,25)             #第 6 期票息支付日（债券到期日）

In [84]: T_coupon=[T_coupon1,T_coupon2,T_coupon3,T_coupon4,T_coupon5,T_coupon6]  #存放在列表中

In [85]: from scipy.interpolate import interp1d  #导入 SciPy 子模块 interpolate 中的 interp1d 函数

In [86]: y_list1=np.array([0.018951,0.020500,0.020525,0.021492,0.022747,0.024911,0.026688,
0.027844,0.029558,0.031325,0.031323])  #2021 年 1 月 25 日的国债到期收益率
    ...: T_list1=np.array([1/12,2/12,3/12,6/12,9/12,1,2,3,5,7,10])  #已有债券收益率的期限

In [87]: f=interp1d(x=T_list1,y=y_list1,kind='cubic')  #利用三阶样条曲线插值法

In [88]: tenor1=(T_coupon6-T_price1).days/365        #可转债的期限
    ...: tenor1                                       #输出结果
Out[88]: 6.002739726027397

In [89]: T_list2=np.array([1/12,2/12,3/12,6/12,9/12,1,2,3,5,tenor1,7,10])  #新的期限数组

In [90]: y_list2=f(T_list2)        #新的收益率
    ...: y_list2                   #显示结果
Out[90]:
array([0.018951  , 0.0205    , 0.020525  , 0.021492  , 0.022747  ,
       0.024911  , 0.026688  , 0.027844  , 0.029558  , 0.03040913,
       0.031325  , 0.031323  ])

In [91]: price_Jan25=price_list1.loc['2021-01-25']    #取 2021 年 1 月 25 日的股价
    ...: price_Jan25=float(price_Jan25)               #转为纯浮点型数据
    ...: par=100                                       #可转债的面值
    ...: coupon_list=np.array([0.003,0.008,0.015,0.028,0.035,0.04])  #每期的票面利率
    ...: shares=9.0662                                 #转股数量
    ...: PD=0.0205                                     #连续复利的年化违约概率
    ...: yield_6Y=0.036302                             #期限为 6 年的中债商业银行普通债收益率
```

```
   ...: recovery=0.7                          #违约回收率
   ...: price_putable=11.03*1.3*shares        #可转债的赎回价格
   ...: step=1000                             #步数

In [92]: CB_Jan25=value_CB(S=price_Jan25,sigma=sigma1,L=par,C_list=coupon_list,
   ...:                    X=shares,Lambda=PD,y=yield_6Y,r=y_list2[-3],R=recovery,
   ...:                    Q2=price_putable,T0=T_price1,T1=T_convertible,
   ...:                    T_list=T_coupon,N=step)  #计算2021年1月25日的可转债价值
   ...: print('2021年1月25日上银转债的价值',round(CB_Jan25,4))
2021年1月25日上银转债的价值 100.2906
```

需要注意的是，运用期限为 6 年的中债商业银行普通债收益率作为上银转债的票息贴现利率。通过以上的运算，就可以得到在 2021 年 1 月 25 日上银转债的初始日，通过二叉树模型计算得到该可转债的价值等于 100.2906 元。由于该可转债在上海证券交易所挂牌交易首日是 2021 年 2 月 10 日，因此，2021 年 1 月 25 日还没有相应的交易价格可供参考。

3. 针对任务 3

```
In [93]: price_list2=pd.read_excel('C:/Desktop/上海银行股票收盘价.xlsx', sheet_name="Sheet2",
header=0,index_col=0)   #导入2020年至2021年4月30日的收盘价数据(Sheet2工作表)
   ...: R_list2=np.log(price_list2/price_list2.shift(1))   #计算日收益率

In [94]: sigma2=np.sqrt(252)*R_list2.std()   #计算股票的年化波动率
   ...: sigma2=float(sigma2)                  #转换为纯浮点型数据

In [95]: T_price2=dt.datetime(2021,4,30)      #可转债初始日

In [96]: y_list3=np.array([0.016414,0.017295,0.019251,0.020432,0.022661,0.023591,0.026564,
0.027666,0.029615,0.031331,0.031640])   #2021年4月30日的国债到期收益率
   ...: T_list3=np.array([1/12,2/12,3/12,6/12,9/12,1,2,3,5,7,10])   #已有债券收益率的期限

In [97]: f1=interp1d(x=T_list3,y=y_list3,kind='cubic')   #利用三阶样条曲线插值法

In [98]: tenor2=(T_coupon6-T_price2).days/365   #可转债的剩余期限
   ...: tenor2                                   #输出结果
Out[98]: 5.742465753424658

In [99]: T_list4=np.array([1/12,2/12,3/12,6/12,9/12,1,2,3,5,tenor2,7,10])   #新的期限数组

In [100]: y_list4=f1(T_list4)                    #新的国债收益率
   ...: y_list4                                  #显示结果
Out[100]:
array([0.016414  , 0.017295  , 0.019251  , 0.020432  , 0.022661  ,
       0.023591  , 0.026564  , 0.027666  , 0.029615  , 0.03035881,
       0.031331  , 0.03164   ])

In [101]: y_list5=np.array([0.024817,0.026412,0.028154,0.029217,0.031501,0.033298,0.033825,
0.035096,0.036616,0.037735])   #2021年4月30日中债的商业银行普通债收益率
   ...: T_list5=np.array([3/12,6/12,9/12,1,2,3,4,5,6,7])   #中债商业银行普通债收益率的已有期限

In [102]: f2=interp1d(x=T_list5,y=y_list5,kind='cubic')   #利用三阶样条曲线插值法

In [103]: T_list6=np.array([3/12,6/12,9/12,1,2,3,4,5,tenor2,6,7])   #新的期限数组

In [104]: y_list6=f2(T_list6)                    #新的中债商业银行普通债收益率
   ...: y_list6                                  #显示结果
Out[104]:
array([0.024817  , 0.026412  , 0.028154  , 0.029217  , 0.031501  ,
       0.033298  , 0.033825  , 0.035096  , 0.03624525, 0.036616  ,
       0.037735  ])

In [105]: price_Apr30=price_list2.loc['2021-04-30']   #取2021年4月30日的股价
   ...: price_Apr30=float(price_Apr30)           #转为纯浮点型数据

In [106]: CB_Apr30=value_CB(S=price_Apr30,sigma=sigma2,L=par,C_list=coupon_list,
   ...:                     X=shares,Lambda=PD,y=y_list6[-3],r=y_list4[-3],R=recovery,
   ...:                     Q2=price_putable,T0=T_price2,T1=T_convertible,
```

```
    ...:            T_list=T_coupon,N=step)   #计算 2021 年 4 月 30 日可转债价值
    ...: print('2021 年 4 月 30 日上银转债的价值',round(CB_Apr30,4))
2021 年 4 月 30 日上银转债的价值 101.5373
```

从以上的运算结果可以看到，通过二叉树模型测算得到的 2021 年 4 月 30 日上银转债的价值为 101.5373 元，相比之下，该债券当天在上海证券交易所的收盘价为 101.83 元，两者之间比较接近。

12.8　欧式期货期权定价的编程——以铜期权为案例

12.8.1　案例详情

H 公司是总部位于杭州的一家专注于 CTA 策略的私募基金公司，**CAT**（Commodity Trading Advisor）策略被称为**商品交易顾问策略**（也称为**管理期货策略**），该策略主要是指对商品等投资标的的走势做出预判，通过期货、期权等衍生品开展做多、做空或多空双向的投资操作以获取收益。在该公司近期发行的两款 CAT 策略的基金产品中，分别配置了在上海期货交易所挂牌交易的"沪铜 2109 购 50000"和"沪铜 2110 沽 60000"这两只期货期权合约，关于合约的相关要素信息详见表 12-22。

表 12-22　在上海期货交易所挂牌交易的两只期货期权合约相关要素信息

合约代码	合约名称	行权方式	行权价格	上市首日	合约到期日	标的合约（基础资产）
CU2109C50000	沪铜 2109 购 50000	欧式看涨期货期权	50000 元/吨	2020-09-16	2021-08-25	沪铜 2109 期货合约
CU2110P60000	沪铜 2110 沽 60000	欧式看跌期货期权	60000 元/吨	2020-10-16	2021-09-24	沪铜 2110 期货合约

数据来源：上海期货交易所。

假定你是 H 公司的投资总监，希望通过**布莱克模型**（Black model）独立测算出这两只期权合约在 2021 年 8 月 6 日的价值。其中，针对期权标的合约（基础资产）收益率的波动率，采用标的合约从上市首日至 2021 年 8 月 6 日的日结算价进行测算，相关结算价数据存放于 Excel 文件中，其中，沪铜 2109 期货合约的结算价存放于 Sheet1 工作表中，沪铜 2110 期货合约的结算价存放于 Sheet2 工作表中，表 12-23 列出了部分的日结算价数据。无风险收益率运用国债到期收益率，可根据表 12-24 中的国债到期收益率数据利用三阶样条曲线插值法计算所需期限的无风险收益率。

表 12-23　沪铜 2109 期货合约与沪铜 2110 期货合约的部分日结算价

（期货合约上市首日至 2021 年 8 月 6 日）　　　　　　　　　　　　　单位：元/吨

沪铜 2109 期货合约（代码：CU2109）		沪铜 2110 期货合约（代码：CU2110）	
日期	合约结算价	日期	合约结算价
2020-09-16	52270.0000	2020-10-16	51920.0000
2020-09-17	51880.0000	2020-10-19	51920.0000
2020-09-18	52410.0000	2020-10-20	52000.0000
……	……	……	……
2021-08-04	69980.0000	2021-08-04	70050.0000
2021-08-05	69560.0000	2021-08-05	69610.0000
2021-08-06	69770.0000	2021-08-06	69810.0000

数据来源：上海期货交易所。

表 12-24　2021 年 8 月 6 日国债到期收益率数据

指标名称	隔夜	1 个月	2 个月	3 个月	6 个月	9 个月	1 年	2 年	3 年
国债到期收益率	1.3755%	1.4830%	1.5515%	1.8548%	1.9689%	1.9512%	2.1514%	2.4660%	2.5536%

数据来源：中国债券信息网。

为了顺利地完成期货期权的估值工作，你需要借助 Python 完成以下的 3 个编程任务。

12.8.2 编程任务

【任务 1】为了高效地实现欧式期货期权的估值，需要通过 Python 自定义一个运用布莱克模型测算欧式期货期权的函数，在该函数中可以输入期权定价日、期权到期日等相关日期参数。

【任务 2】导入 2020 年 9 月 16 日至 2021 年 8 月 6 日期间"沪铜 2109 期货"合约结算价数据，并且测算该期货合约收益率的年化波动率；同时，根据表 12-24 中的数据测算用于定价的期限收益率数据；最终，结合任务 1 的自定义函数测算"沪铜 2109 购 50000"合约在 2021 年 8 月 6 日的价格。

【任务 3】导入 2020 年 10 月 16 日至 2021 年 8 月 6 日期间"沪铜 2110 期货"合约结算价数据，并且测算该期货合约收益率的年化波动率；同时，根据表 12-24 中的数据测算用于定价的期限收益率数据；最终，结合任务 1 的自定义函数测算"沪铜 2110 沽 60000"合约在 2021 年 8 月 6 日的价格。

12.8.3 编程提示

为了 Python 编程的需要，给出布莱克模型的数学表达式。假定 F_0 表示当前的期货价格，K 表示期权的行权价格，r 表示连续复利的无风险收益率，σ 表示期货价格百分比变化（收益率）的年化波动率，T 表示期权合约的期限并且单位是年，$N(\bullet)$ 表示标准正态分布的累积分布函数。如果 c 表示欧式看涨期货期权价格，p 表示欧式看跌期货期权价格，则布莱克模型的数学表达式如下：

$$c = e^{-rT}[F_0 N(d_1) - K N(d_2)] \qquad （式 12-15）$$

$$p = e^{-rT}[K N(-d_2) - F_0 N(-d_1)] \qquad （式 12-16）$$

其中

$$d_1 = \frac{\ln(F_0/K) + \sigma^2 T/2}{\sigma\sqrt{T}}$$

$$d_2 = \frac{\ln(F_0/K) - \sigma^2 T/2}{\sigma\sqrt{T}} = d_1 - \sigma\sqrt{T}$$

12.8.4 参考代码与说明

1. 针对任务 1

```
In [107]: def Black_model(F,K,sigma,r,T0,T1,typ):
     ...:     '''定义运用布莱克模型计算欧式期货期权价格的函数
     ...:     F: 代表标的期货合约的当前价格
     ...:     K: 代表期权的行权价格
     ...:     sigma: 代表期货收益率的年化波动率
     ...:     r: 代表连续复利的无风险收益率
     ...:     T0: 代表期权合约的定价日，以 datetime 格式输入
     ...:     T1: 代表期权合约的到期日，输入格式与 T0 相同
     ...:     typ: 代表期权类型，typ='call'代表看涨期权，其他代表看跌期权'''
     ...:     from numpy import exp,log,sqrt         #从 NumPy 模块中导入 exp、log 和 sqrt 函数
     ...:     from scipy.stats import norm           #从 SciPy 的子模块 stats 中导入 norm 函数
     ...:     tenor=(T1-T0).days/365                 #计算从定价日至合约到期日的期限（年）
     ...:     d1=(log(F/K)+pow(sigma,2)*tenor/2)/(sigma*sqrt(tenor))  #计算参数 d1
     ...:     d2=d1-sigma*sqrt(tenor)                #计算参数 d2
     ...:     if typ=='call':                        #针对看涨期货期权
     ...:         value=exp(-r*tenor)*(F*norm.cdf(d1)-K*norm.cdf(d2))  #计算期权价格
     ...:     else:                                  #针对看跌期货期权
     ...:         value=exp(-r*tenor)*(K*norm.cdf(-d2)-F*norm.cdf(-d1))
     ...:     return value
```

在以上自定义函数 Black_model 中，输入期货合约的当前价格、期权行权价格、期货收益率的年化波动率、无风险收益率、期权合约的定价日、期权合约的到期日以及期权类型等参数，就可以高效地运用布莱克模型对欧式期货期权合约进行定价。

2. 针对任务 2

```
In [108]: price_CU2109=pd.read_excel('C:/Desktop/沪铜 2109 和 2110 期货的结算价.xlsx', sheet_name=
"Sheet1",header=0,index_col=0)    #导入沪铜 2109 期货合约结算价数据（Sheet1 工作表）
     ...: R_CU2109=np.log(price_CU2109/price_CU2109.shift(1))    #计算日收益率

In [109]: sigma_CU2109=np.sqrt(252)*R_CU2109.std()        #计算年化波动率
     ...: sigma_CU2109=float(sigma_CU2109)                #转为纯浮点型数据
     ...: print('沪铜 2109 期货合约收益率的年化波动率',round(sigma_CU2109,6))
沪铜 2109 期货合约收益率的年化波动率  0.174359

In [110]: y_list=np.array([0.013755,0.014830,0.015515,0.018548,0.019689,0.019512,0.021514,
0.024660,0.025536])    #2021 年 8 月 6 日的国债收益率
     ...: T_list=np.array([1/365,1/12,2/12,3/12,6/12,9/12,1,2,3])    #国债到期收益率的已有期限

In [111]: f=interp1d(x=T_list,y=y_list,kind='cubic')    #利用三阶样条曲线插值法

In [112]: T_price=dt.datetime(2021,8,6)                 #期权合约定价日
     ...: T_end1=dt.datetime(2021,8,25)                 #沪铜 2109 购 50000 期权合约到期日

In [113]: tenor1=(T_end1-T_price).days/365    #沪铜 2109 购 50000 期权合约的剩余期限
     ...: tenor1                              #输出结果
Out[113]: 0.052054794520547946

In [114]: T_list1=np.array([1/365,tenor1,1/12,2/12,3/12,6/12,9/12,1,2,3])    #新的期限数组

In [115]: y_list1=f(T_list1)                             #新的收益率
     ...: y_list1                                        #显示结果
Out[115]:
array([0.013755  , 0.01470519, 0.01483   , 0.015515  , 0.018548  ,
       0.019689  , 0.019512  , 0.021514  , 0.02466   , 0.025536  ])

In [116]: CU2109_Aug6=price_CU2109.loc['2021-08-06']    #取 2021 年 8 月 6 日沪铜 2109 期货合约结算价
     ...: CU2109_Aug6=float(CU2109_Aug6)        #转为纯浮点型数据

In [117]: K_call=50000                          #沪铜 2109 购 50000 期权合约的行权价格

In [118]: value_call=Black_model(F=CU2109_Aug6,K=K_call,sigma=sigma_CU2109,r=y_list1[1],
T0=T_price,T1=T_end1,typ='call')    #对沪铜 2109 购 50000 期权合约定价
     ...: print('2021 年 8 月 6 日沪铜 2109 购 50000 期权合约的价格',round(value_call,4))
2021 年 8 月 6 日沪铜 2109 购 50000 期权合约的价格 19754.8723
```

从以上输出的结果可以看到，通过布莱克模型测算得到在 2021 年 8 月 6 日沪铜 2109 购 50000 期权合约的价格等于 19754.8723 元，这一价格与上海期货交易所发布的该期权合约结算价 19752 元非常接近。

3. 针对任务 3

```
In [119]: price_CU2110=pd.read_excel('C:/Desktop/沪铜 2109 和 2110 期货的结算价.xlsx', sheet_name=
"Sheet2",header=0,index_col=0)    #导入沪铜 2110 期货合约结算价数据（Sheet2 工作表）
     ...: R_CU2110=np.log(price_CU2110/price_CU2110.shift(1))    #计算日收益率

In [120]: sigma_CU2110=np.sqrt(252)*R_CU2110.std()        #计算年化波动率
     ...: sigma_CU2110=float(sigma_CU2110)                #转为纯浮点型数据
     ...: print('沪铜 2110 期货合约收益率的年化波动率',round(sigma_CU2110,6))
沪铜 2110 期货合约收益率的年化波动率  0.179777

In [121]: T_end2=dt.datetime(2021,9,24)                 #沪铜 2110 沽 60000 期权合约到期日

In [122]: tenor2=(T_end2-T_price).days/365    #沪铜 2110 沽 60000 期权合约的剩余期限
     ...: tenor2                              #输出结果
Out[122]: 0.13424657534246576

In [123]: T_list2=np.array([1/365,1/12,tenor2,2/12,3/12,6/12,9/12,1,2,3])    #新的期限数组

In [124]: y_list2=f(T_list2)    #新的收益率
     ...: y_list2              #显示结果
Out[124]:
```

```
array([0.013755  , 0.01483   , 0.01500017, 0.015515  , 0.018548  ,
       0.019689  , 0.019512  , 0.021514  , 0.02466   , 0.025536  ])

In [125]: CU2110_Aug6=price_CU2110.loc['2021-08-06']    #取 2021 年 8 月 6 日沪铜 2110 期货合约结算价
     ...: CU2110_Aug6=float(CU2110_Aug6)         #转为纯浮点型数据

In [126]: K_put=60000                            #沪铜 2110 沽 60000 期权合约的行权价格

In [127]: value_put=Black_model(F=CU2110_Aug6,K=K_put,sigma=sigma_CU2110,r=y_list2[2], T0
=T_price,T1=T_end2,typ='put')   #对沪铜 2110 沽 60000 期权合约定价
     ...: print('2021 年 8 月 6 日沪铜 2110 沽 60000 期权合约的价格',round(value_put,4))
     2021 年 8 月 6 日沪铜 2110 沽 60000 期权合约的价格 15.6184
```

从以上输出的结果可以看到，通过布莱克模型测算得到在 2021 年 8 月 6 日沪铜 2110 沽 60000 期权合约的价格等于 15.6184 元，这一价格与上海期货交易所发布的该期权合约结算价 56 元存在一定的差异。

12.9　美式期货期权定价的编程——以铁矿石期权为案例

12.9.1　案例详情

I 公司是总部位于上海的一家全球领先的现代化钢铁集团，以"成为未来钢铁行业的引领者"为使命，同时该公司也是全球铁矿石的重要购买商之一，常运用包括期货、期权在内的金融衍生产品规避铁矿石的价格风险。为了既能够实现对铁矿石价格上涨的套期保值，又能够实现铁矿石价格下跌而带来的生产成本下降，I 公司积极运用在大连商品交易所挂牌的铁矿石期货期权合约，该合约的要素如表 12-25 所示。

表 12-25　大连商品交易所挂牌的铁矿石期货期权合约的要素

合约要素	具体要素信息
合约标的 （基础资产）	大连商品交易所挂牌的铁矿石期货合约
合约类型	看涨期权、看跌期权
交易单位	1 手（100 吨）铁矿石期货合约
报价单位	元/吨
最小变动价位	0.1 元/吨
涨跌停板幅度	与铁矿石期货合约涨跌停板幅度相同
合约月份	1、2、3、4、5、6、7、8、9、10、11、12 月
交易时间	日盘交易和夜盘交易。 日盘交易：周一至周五上午 9:00—10:15 和 10:30—11:30，下午 13:30—15:00。 夜盘交易：周一至周五晚上 21:00—23:00
最后交易日	标的期货合约交割月份前一个月的第 5 个交易日
到期日	同最后交易日
行权价格	行权价格≤300 元/吨，行权价格间距为 5 元/吨； 300 元/吨<行权价格≤1000 元/吨，行权价格间距为 10 元/吨； 行权价格>1000 元/吨，行权价格间距为 20 元/吨
行权方式	美式，也就是买方可以在到期日之前任一交易日的交易时间以及到期日 15:30 之前提出行权申请
交易代码	看涨期权：I-合约月份-C-行权价格。 看跌期权：I-合约月份-P-行权价格

数据来源：大连商品交易所。

I 公司日常的期货、期权交易由期权交易部负责，同时公司内部为了进一步完善期权交易的管理，针对期权除了运用交易所提供的交易价格以外，还需要通过定价模型测算期权的价值。假定你是该部门的负责人，正在审核由期权交易员撰写的当天交易和估值报告，在报告中提到了"铁矿石 2201 购 880"和"铁矿石 2202 购 880"这两只铁矿石期货期权合约，相关合约信息见表 12-26。

表 12-26 铁矿石 2201 购 880 合约与铁矿石 2202 购 880 合约的相关信息

合约代码	合约名称	行权价格（元/吨）	上市日期	到期日	合约标的（基础资产）	合约类型
I2201-C-880	铁矿石 2201 购 880	880.00	2021-01-19	2021-12-07	铁矿石 2201 期货	美式看涨期货期权
I2202-C-880	铁矿石 2202 购 880	880.00	2021-02-23	2022-01-10	铁矿石 2202 期货	

数据来源：大连商品交易所。

在报告中，期权交易员采用了二叉树模型对上述两只铁矿石期权合约进行定价，对此你希望亲自验证结果是否正确。在验证过程中，你整理了期权合约的基础资产从上市首日至 2021 年 10 月 18 日期间的日结算价数据并且存放于 Excel 文件中，其中，"铁矿石 2201 期货"合约的日结算价存放于 Sheet1 工作表中，"铁矿石 2202 期货"合约的日结算价存放于 Sheet2 工作表中，表 12-27 列出了部分的日结算价数据。无风险收益率运用国债到期收益率，可根据表 12-28 中的国债到期收益率数据利用二阶样条曲线插值法计算所需期限的无风险收益率。

表 12-27 铁矿石 2201 期货合约与铁矿石 2202 期货合约的部分日结算价
（期货合约上市首日至 2021 年 10 月 18 日） 单位：元/吨

铁矿石 2201 期货合约（代码：I2201）		铁矿石 2202 期货合约（代码：I2202）	
日期	合约结算价	日期	合约结算价
2021-01-18	928.0000	2021-02-22	931.5000
2021-01-19	927.0000	2021-02-23	916.5000
2021-01-20	923.5000	2021-02-24	914.5000
......	......	......	......
2021-10-14	730.5000	2021-10-14	724.0000
2021-10-15	727.5000	2021-10-15	724.0000
2021-10-18	706.5000	2021-10-18	702.5000

数据来源：上海期货交易所。

表 12-28 2021 年 10 月 18 日国债到期收益率数据

指标名称	隔夜	1 个月	2 个月	3 个月	6 个月	9 个月	1 年	2 年	3 年
国债到期收益率	1.7100%	1.7319%	1.7774%	1.8563%	2.2935%	2.2950%	2.3727%	2.6585%	2.7337%

数据来源：中国债券信息网。

为了顺利地完成期权价值数据的核验工作，你需要借助 Python 完成以下的 3 个编程任务。

12.9.2 编程任务

【任务 1】为了能够迅速地利用二叉树模型对美式期货期权进行定价，需要运用 Python 自定义一个运用二叉树模型测算美式期货期权价值的函数，在该函数中可以输入定价日、到期日等日期参数。

【任务 2】导入 2021 年 1 月 18 日至 10 月 18 日期间"铁矿石 2201 期货"合约结算价数据并且测算该期货合约收益率的年化波动率；同时，根据表 12-28 中的数据测算用于期权定价的无风险收益率数据；最终，结合任务 1 的自定义函数测算"铁矿石 2201 购 880"合约在 2021 年 10 月 18 日的价值，二叉树步数选择 300。

【任务 3】导入 2021 年 2 月 22 日至 10 月 18 日期间"铁矿石 2202 期货"合约结算价数据并且测算该期货合约收益率的年化波动率；同时，根据表 12-28 中的数据测算用于期权定价的无风险收益率数据；同样，结合任务 1 的自定义函数测算"铁矿石 2202 购 880"合约在 2021 年 10 月 18 日的价值，二叉树步数选择 500。

12.9.3 编程提示

为了 Python 编程的需要，给出运用 N 步二叉树模型对美式期货期权定价的数学表达式。假定有一个期限为 T、行权价格为 K 的美式期货期权，并将期权期限划分成 N 个长度均为 $\Delta t = T/N$ 的时间区间。在步长为 Δt 的时间区间内，标的期货价格上涨的比例参数 $u = e^{\sigma\sqrt{\Delta t}}$，下跌的比例参数 $d = 1/u$，其中 σ 是期货收益率的年化波动率。期货价格上涨、下跌的概率由（式 12-17）、（式 12-18）给出。

$$p = \frac{1-d}{u-d} \qquad （式 12-17）$$

$$1-p = \frac{u-1}{u-d} \qquad （式 12-18）$$

在 $i\Delta t$ 时刻的第 j 个节点记为 (i,j) 节点，其中 $i = 0,1,\cdots,N$，$j = 0,1,\cdots,i$。在期货期权合约初始日 $(0,0)$ 节点，标的期货价格为 F_0。

同样，在 $i\Delta t$ 时刻，树形最下方的节点为 $(i,0)$，次下方的节点为 $(i,1)$，以此类推，最上方的节点为 (i,i)。基础资产在 (i,j) 节点的价格等于 $F_0 u^j d^{i-j}$。

下面令 $V_{i,j}$ 代表在 (i,j) 节点的期货期权价值。如果是看涨期货期权，在期权到期日 T 时刻，各节点期权价值可以表示为

$$V_{N,j} = \max(F_0 u^j d^{N-j} - K, 0) \qquad （式 12-19）$$

如果是看跌期货期权，在期权到期时的各节点期权价值表示为

$$V_{N,j} = \max(K - F_0 u^j d^{N-j}, 0) \qquad （式 12-20）$$

其中，（式 12-19）和（式 12-20）中的 $j = 0,1,\cdots,N$。

针对除期权到期日以外的节点 (i,j)，其中 $i = 0,1,\cdots,N-1$，$j = 0,1,\cdots,i$，对于美式看涨期权而言，在该节点上的价值就是

$$V_{i,j} = \max\left\{e^{-r\Delta t}[pV_{i+1,j+1} + (1-p)V_{i+1,j}], F_0 u^j d^{i-j} - K\right\} \qquad （式 12-21）$$

对于看涨看跌期权而言，在该节点上的价值就是

$$V_{i,j} = \max\left\{e^{-r\Delta t}[pV_{i+1,j+1} + (1-p)V_{i+1,j}], K - F_0 u^j d^{i-j}\right\} \qquad （式 12-22）$$

运用递归算法，最终得到在 $(0,0)$ 节点的期权价值 $V_{0,0}$ 就是美式期货期权的初始价值。

12.9.4 参考代码与说明

1. 针对任务 1

```
In [128]: def FutOption_Amer(F,K,sigma,r,N,T0,T1,typ):
     ...:     '''定义运用 N 步二叉树模型计算美式期货期权价值的函数
     ...:     F: 代表标的期货合约的当前价格
     ...:     K: 代表期权的行权价格
     ...:     sigma: 代表标的期货收益率的波动率（年化）
     ...:     r: 代表连续复利的无风险收益率
     ...:     N: 代表二叉树模型的步数
     ...:     T0: 代表期权合约的定价日，以 datetime 格式输入
     ...:     T1: 代表期权合约的到期日，输入格式与 T0 相同
     ...:     typ: 代表期权类型，typ='call'代表看涨期权，其他代表看跌期权'''
     ...:     T=(T1-T0).days/365           #计算期权的剩余期限（年）
     ...:     t=T/N                        #计算每一步步长期限
     ...:     u=np.exp(sigma*np.sqrt(t))   #计算标的期货价格上涨时的比例
     ...:     d=1/u                        #计算标的期货价格下跌时的比例
     ...:     p=(1-d)/(u-d)                #计算标的期货价格上涨的概率
     ...:     N_list=np.arange(0,N+1)      #创建从 0 到 N 的自然数数列（列表格式）
     ...:     F_end=F*pow(u,N-N_list)*pow(d,N_list) #计算期权到期时节点标的期货价格（按照节点从上往下排序）
     ...:     call_matrix=np.zeros((N+1,N+1))  #构建 N+1 行、N+1 列的零矩阵，用于后续存放每个节点
的看涨期权价值
```

```
        ...:        call_matrix[:,-1]=np.maximum(F_end-K,0)    #计算期权到期时节点的看涨期权价值（按照节
点从上往下排序）
        ...:        put_matrix=np.zeros((N+1,N+1))    #构建 N+1 行、N+1 列的零矩阵，用于后续存放每个节点的
看跌期权价值
        ...:        put_matrix[:,-1]=np.maximum(K-F_end,0)    #计算期权到期时节点的看跌期权价值（按照节点
从上往下排序）
        ...:        i_list=list(range(0,N))    #创建从 0 到 N-1 的自然数数列（列表格式）
        ...:        i_list.reverse()    #将列表的元素由大到小重新排序（从 N-1 到 0）
        ...:        for i in i_list:
        ...:            j_list=np.arange(i+1)    #创建从 0 到 i 的自然数数列（数组格式）
        ...:            Fi=F*pow(u,i-j_list)*pow(d,j_list)    #计算在 iΔt 时刻各节点上的基础资产价格（按
照节点从上往下排序）
        ...:            call_strike=np.maximum(Fi-K,0)    #计算提前行权时的看涨期权收益（价值）
        ...:            call_nostrike=np.exp(-r*t)*(p*call_matrix[:i+1,i+1]+(1-p)*call_matrix[1
:i+2,i+1])    #计算不提前行权时的看涨期权价值
        ...:            call_matrix[:i+1,i]=np.maximum(call_strike,call_nostrike)    #取提前行权与
不提前行权的看涨期权价值最大值
        ...:            put_strike=np.maximum(K-Fi,0)    #计算提前行权时的看跌期权收益（价值）
        ...:            put_nostrike=np.exp(-r*t)*(p*put_matrix[:i+1,i+1]+(1-p)*put_matrix[1:i+
2,i+1])    #计算不提前行权时的看跌期权价值
        ...:            put_matrix[:i+1,i]=np.maximum(put_strike,put_nostrike)    #取提前行权与
不提前行权的看跌期权价值最大值
        ...:        if typ=='call':    #针对美式看涨期货期权
        ...:            V0=call_matrix[0,0]    #美式看涨期货期权的初始价值
        ...:        else:    #针对美式看跌期货期权
        ...:            V0=put_matrix[0,0]    #美式看跌期货期权初始价值
        ...:        return V0
```

在以上自定义函数 FutOption_Amer 中，输入期货合约的当前价格、期权行权价格、期货收益率的波动率、无风险收益率、二叉树模型步数、期权定价日、期权到期日以及期权类型等参数，就可以非常高效地运用二叉树模型对美式期权合约进行定价。

2. 针对任务 2

```
In [129]: price_I2201=pd.read_excel('C:/Desktop/铁矿石 2201 和 2202 期货合约日结算价.xlsx', sheet_name=
"Sheet1",header=0,index_col=0)    #导入铁矿石 2201 期货合约日结算价数据（Sheet1 工作表）
    ...: R_I2201=np.log(price_I2201/price_I2201.shift(1))    #计算日收益率

In [130]: sigma_I2201=np.sqrt(252)*R_I2201.std()    #计算年化波动率
    ...: sigma_I2201=float(sigma_I2201)    #转为纯浮点型数据
    ...: print('铁矿石 2201 期货合约收益率的年化波动率',round(sigma_I2201,6))
铁矿石 2201 期货合约收益率的年化波动率  0.408732

In [131]: y_list=np.array([0.017100,0.017319,0.017774,0.018563,0.022935,0.022950,0.023727,
0.026585,0.027337])    #2021 年 10 月 18 日的国债收益率
    ...: T_list=np.array([1/365,1/12,2/12,3/12,6/12,9/12,1,2,3])    #国债到期收益率的已有期限

In [132]: f=interp1d(x=T_list,y=y_list,kind='quadratic')    #利用二阶样条曲线插值法

In [133]: T_price=dt.datetime(2021,10,18)    #期权定价日
    ...: T_end1=dt.datetime(2021,12,7)    #铁矿石 2201 购 880 期权合约到期日

In [134]: tenor1=(T_end1-T_price).days/365    #铁矿石 2201 购 880 期权合约的剩余期限
    ...: tenor1    #输出结果
Out[134]: 0.136986301369863

In [135]: T_list1=np.array([1/365,1/12,tenor1,2/12,3/12,6/12,9/12,1,2,3])    #新的期限数组

In [136]: y_list1=f(T_list1)    #新的收益率
    ...: y_list1    #显示结果
Out[136]:
array([0.0171    , 0.017319  , 0.01758065, 0.017774  , 0.018563  ,
       0.022935  , 0.02295   , 0.023727  , 0.026585  , 0.027337  ])

In [137]: I2201_Oct18=price_I2201.loc['2021-10-18']    #取 2021 年 10 月 18 日铁矿石 2201 期货合约日结算价
    ...: I2201_Oct18=float(I2201_Oct18)    #转为纯浮点型数据

In [138]: strike=880    #期权合约的行权价格
```

```
    ...: step1=300                          #二叉树模型的步数

In [139]: V1=FutOption_Amer(F=I2201_Oct18,K=strike,sigma=sigma_I2201,r=y_list1[2],
    ...:                      N=step1,T0=T_price,T1=T_end1,typ='call')   #期权合约定价
    ...: print('2021年10月18日铁矿石2201购880期权合约的价格',round(V1,4))
2021年10月18日铁矿石2201购880期权合约的价格 3.8867
```

通过以上的运算可以得到 2021 年 10 月 18 日"铁矿石 2201 购 880"期权合约的价格等于 3.8867 元，该价格与大连商品交易所对外发布的该期权合约结算价 12.1 元略有差异。

3. 针对任务 3

```
In [140]: price_I2202=pd.read_excel('C:/Desktop/铁矿石2201和2202期货合约结算价.xlsx', sheet_name=
"Sheet2",header=0,index_col=0)   #导入铁矿石2202期货合约日结算价数据（Sheet2工作表）
    ...: R_I2202=np.log(price_I2202/price_I2202.shift(1))   #计算日收益率

In [141]: sigma_I2202=np.sqrt(252)*R_I2202.std()   #计算年化波动率
    ...: sigma_I2202=float(sigma_I2202)   #转为纯浮点型数据
    ...: print('铁矿石2202期货合约收益率的年化波动率',round(sigma_I2202,6))
铁矿石2202期货合约收益率的年化波动率 0.40639

In [142]: T_end2=dt.datetime(2022,1,10)   #铁矿石2202购880期权合约到期日

In [143]: tenor2=(T_end2-T_price).days/365   #铁矿石2202购880期权合约的剩余期限
    ...: tenor2   #输出结果
Out[143]: 0.23013698630136986

In [144]: T_list2=np.array([1/365,1/12,2/12,tenor2,3/12,6/12,9/12,1,2,3])   #新的期限数组

In [145]: y_list2=f(T_list2)   #新的收益率
    ...: y_list2   #显示结果
Out[145]:
array([0.0171    , 0.017319  , 0.017774  , 0.01832818, 0.018563  ,
       0.022935  , 0.02295   , 0.023727  , 0.026585  , 0.027337  ])

In [146]: I2202_Oct18=price_I2202.loc['2021-10-18']   #取2021年10月18日铁矿石2202期货合约日结算价
    ...: I2202_Oct18=float(I2202_Oct18)   #转为纯浮点型数据

In [147]: step2=500   #二叉树模型的步数

In [148]: V2=FutOption_Amer(F=I2202_Oct18,K=strike,sigma=sigma_I2202,r=y_list2[3],
    ...:                      N=step2,T0=T_price,T1=T_end2,typ='call')   #期权合约定价
    ...: print('2021年10月18日铁矿石2202购880期权合约的价格',round(V2,4))
2021年10月18日铁矿石2202购880期权合约的价格 9.3347
```

通过以上的运算得到在 2021 年 10 月 18 日"铁矿石 2202 购 880"期权合约的价格是 9.3347 元，该价格与大连商品交易所公布的该合约当天结算价 24.4 元之间也有一定的差异。

12.10 利率期权定价的编程——以 Libor 和 Euribor 期权为案例

12.10.1 案例详情

K 银行是总部位于美国纽约的全球领先商业银行，该银行为了有效且精准地服务于欧洲的企业客户，在 2017 年设立了欧洲企业金融业务部，该部门负责为欧洲客户提供全面的企业银行解决方案，涵盖现金管理、外汇交易、贸易融资、信贷业务、金融衍生产品和结构性产品等诸多领域。

L 公司和 M 公司分别是 K 银行欧洲企业金融业务部的重点客户。其中，L 公司由于日常经营的需要，拥有金额较大、期限较长并且以 3 个月期 Libor+200b.p.作为贷款利率的美元贷款，为了有效规避美元利率上涨带来的利息费用增加的风险，同时又能够享受利率下行带来的财务成本节约的好处，L 公司与 K 银行之间达成了一笔利率上限期权合约；M 公司是一家大型的零售集团，日常拥有比较稳定且充裕的欧元资金，并且将该资金用于配置票面利率为 6 个月期 Euribor+150b.p.的欧盟

企业债券，为了有效规避欧元利率下行导致的收益下跌的风险，同时又能够享受利率上行带来的收益增加好处，M 公司与 K 银行之间达成了一笔利率下限期权合约。关于这两笔利率期权合约的相关要素信息详见表 12-29。

表 12-29　利率上限期权与利率下限期权的相关要素信息

合约要素	利率上限期权	利率下限期权
合约本金	8000 万美元	1.2 亿欧元
合约起始日	2018 年 10 月 15 日	2017 年 12 月 8 日
合约到期日	2021 年 10 月 15 日	2021 年 12 月 8 日
合约多头	L 公司	M 公司
合约空头	K 银行	K 银行
浮动利率	3 个月期 Libor	6 个月期 Euribor
行权利率 （行权价格）	2.70% （上限利率）	−0.4% （下限利率）
浮动利率重置日 （如遇节假日，则节假日的前一个交易日作为重置日）	共计 11 个重置日。 2019 年 1 月 15 日、4 月 15 日、7 月 15 日、10 月 15 日； 2020 年 1 月 15 日、4 月 15 日、7 月 15 日、10 月 15 日； 2021 年 1 月 15 日、4 月 15 日、7 月 15 日	共计 7 个重置日。 2018 年 6 月 8 日、12 月 7 日； 2019 年 6 月 7 日、12 月 6 日； 2020 年 6 月 8 日、12 月 8 日； 2021 年 6 月 8 日
收益支付日	共计 11 个支付日。 2019 年 4 月 15 日、7 月 15 日、10 月 15 日； 2020 年 1 月 15 日、4 月 15 日、7 月 15 日、10 月 15 日； 2021 年 1 月 15 日、4 月 15 日、7 月 15 日、10 月 15 日	共计 7 个支付日。 2018 年 12 月 7 日； 2019 年 6 月 7 日、12 月 6 日； 2020 年 6 月 8 日、12 月 8 日； 2021 年 6 月 8 日、12 月 8 日

假定你是 K 银行欧洲企业金融业务部总经理，在 2021 年 5 月 10 日由于部门内部负责针对利率期权估值的同事休假，你作为这位同事的 B 角需要亲自进行估值。

在对利率上限期权估值的过程中，需要根据已有期限的 Libor 并运用二阶样条曲线插值法测算出相应期限的 Libor，从而测算对应的远期 Libor，同时在测算远期利率百分比变化的波动率时，选择 2020 年 1 月至 2021 年 5 月 10 日期间的日利率数据；在对利率下限期权估值的过程中，同样根据已有期限的 Euribor 并运用二阶样条曲线插值法测算出相应期限的 Euribor，从而测算对应的远期 Euribor，在测算远期利率百分比变化的波动率时，也选择 2020 年 1 月至 2021 年 5 月 10 日期间的日利率数据。相关数据已经存放至 Excel 文件中，Libor 数据存放于 Sheet1 工作表中，Euribor 存放于 Sheet2 工作表中，表 12-30 列出了部分日数据。

表 12-30　2020 年 1 月至 2021 年 5 月 10 日期间的 Libor、Euribor 的部分日数据

利率类型	日期	隔夜	7 天期	1 个月期	3 个月期	6 个月期	12 个月期
Libor	2020-01-02	1.5405%	1.5934%	1.7344%	1.9003%	1.9095%	1.9949%
	2020-01-03	1.5368%	1.5889%	1.7143%	1.8739%	1.8929%	1.9641%
	……	……	……	……	……	……	……
	2021-05-07	0.0641%	0.0694%	0.1014%	0.1599%	0.1928%	0.2710%
	2021-05-10	0.0634%	0.0715%	0.0981%	0.1675%	0.1925%	0.2670%
Euribor	2020-01-02	−0.4540%	−0.4910%	−0.4360%	−0.3790%	−0.3230%	−0.2480%
	2020-01-03	−0.4520%	−0.5030%	−0.4430%	−0.3840%	−0.3230%	−0.2380%
	……	……	……	……	……	……	……
	2021-05-07	−0.4780%	−0.5600%	−0.5530%	−0.5290%	−0.5140%	−0.4830%
	2021-05-10	−0.4820%	−0.5590%	−0.5510%	−0.5330%	−0.5130%	−0.4820%

数据来源：同花顺。

此外，在对利率上限期权进行估值时，无风险收益率采用美国国债到期收益率，根据表 12-31 中的国债收益率数据并利用二阶样条曲线插值法计算所需期限的无风险收益率。对利率下限期权进行估值时，无风险收益率采用欧元区公债到期收益率，根据表 12-31 中的收益率数据并利用二阶样条曲线插值

法计算所需期限的无风险收益率。需要注意的是，如果期限小于 3 个月，则运用 3 个月期的收益率。

表 12-31 2021 年 5 月 10 日美国国债到期收益率与欧元区公债到期收益率

指标名称	1 个月期	3 个月期	6 个月期	9 个月期	1 年期	2 年期	3 年期
美国国债收益率	0.0200%	0.0200%	0.0400%	无	0.0500%	0.1600%	0.3200%
欧元区公债到期收益率	无	−0.6257%	−0.6478%	−0.6652%	−0.6783%	−0.6947%	−0.6679%

数据来源：美联储、欧洲中央银行。

为了顺利地完成利率期权的估值工作，你需要借助 Python 完成以下的 4 个编程任务。

12.10.2 编程任务

【任务 1】为了便于快速测算出利率上限期权、利率下限期权的价值，通过 Python 自定义一个计算利率上限单元、利率下限单元价值的函数，在该函数中可以输入定价日、利率重置日、相关到期日等日期参数。

【任务 2】导入存放 2020 年 1 月至 2021 年 5 月 10 日期间 Libor 日数据的 Excel 文件，运用二阶样条曲线插值法计算相关期限的 Libor，由此测算出相应的远期 Libor 并且进行可视化，然后测算远期利率百分比变化的波动率。

【任务 3】根据表 12-31 中的数据，运用二阶样条曲线插值法测算用于利率上限期权估值的相关期限无风险收益率；然后，结合任务 1 的自定义函数和任务 2 的波动率数值结果，计算 K 银行 2021 年 5 月 10 日利率上限期权的价值。

【任务 4】参考测算利率上限期权价值的运算步骤，计算 K 银行 2021 年 5 月 10 日利率下限期权的价值。

12.10.3 编程提示

1. 针对利率上限期权的定价

考虑一个期限为 T 的利率上限期权，合约本金为 L，上限利率（行权价格）为 R_{CK}。假定 t_0 代表定价日，利率上限期权的利率重置日分别为 $t_1, t_2, \cdots, t_N$，利率上限期权的收益支付日分别为 $t_2, t_3, \cdots, t_{N+1}$；$R_i$ 代表在 t_i 时刻观察到处于 $[t_i, t_{i+1}]$ 的浮动利率，其中 $i = 1, 2, \cdots, N$。同时定义 $\tau_i = t_{i+1} - t_i$，$T_i = t_i - t_0$，$T = t_{N+1} - t_0$。此外，上限利率 R_{CK} 与浮动利率 R_i 的复利频次均等于利率重置的频次。

由于一份利率上限期权实质上等价于由 N 个不同的**利率上限单元**（caplet，也称为**上限子期权**）所构造的投资组合，则第 i 个利率上限单元的定价公式就是

$$\text{caplet}_i = L\tau_i \, e^{-RT_{i+1}}[F_i N(d_1) - R_{CK} N(d_2)] \qquad （式 12\text{-}23）$$

其中，

$$d_1 = \frac{\ln(F_i / R_{CK}) + \sigma_i^2 T_i / 2}{\sigma_i \sqrt{T_i}}$$

$$d_2 = \frac{\ln(F_i / R_{CK}) - \sigma_i^2 T_i / 2}{\sigma_i \sqrt{T_i}} = d_1 - \sigma_i \sqrt{T_i}$$

$e^{-RT_{i+1}}$ 代表连续复利的无风险收益率 R 的贴现因子；F_i 代表在 t_0 时刻观察到的从 t_i 时刻至 t_{i+1} 时刻期间的远期利率；σ_i 代表 F_i 的波动率，该波动率实质上是远期利率每日百分比变化的年化波动率。

针对利率上限期权的定价需要分以下两种情形。

第 1 种情形，利率上限期权定价日 t_0 早于任何一个利率重置日，则利率上限期权定价公式就是

$$\text{cap} = \sum_{i=1}^{N} \text{caplet}_i = \sum_{i=1}^{N} L\tau_i \, e^{-RT_{i+1}}[F_i N(d_1) - R_{CK} N(d_2)] \qquad （式 12\text{-}24）$$

第 2 种情形，利率上限期权定价日 t_0 处于第 j 个利率重置日 t_j 与第 j 个收益支付日 t_{j+1} 期间内，比如本案例。同时，在利率重置日 t_j 的浮动利率为 R_j，$\tau_j = t_{j+1} - t_j$，$T_{j+1} = t_{j+1} - t_0$，则利率上限期权定价公式就是

$$\text{cap} = L\tau_j \, e^{-RT_{j+1}} \max(R_j - R_{\text{CK}}, 0) + \sum_{i=j+1}^{N} \text{caplet}_i$$

$$= L\tau_j \, e^{-RT_{j+1}} \max(R_j - R_{\text{CK}}, 0) + \sum_{i=j+1}^{N} L\tau_i \, e^{-RT_{i+1}} [F_i N(d_1) - R_{\text{CK}} N(d_2)] \quad （式 12-25）$$

需要提醒的是，对于本案例，在 2021 年 5 月 10 日利率上限期权等价于由两个不同的利率上限单元所构成的投资组合。

2. 针对利率下限期权的定价

考虑一个期限为 T 的利率下限期权，下限利率（行权价格）为 R_{PK}，其余的变量符号与上面的利率上限期权的保持一致。

由于一份利率下限期权实质上等价于由 N 个不同的**利率下限单元**（floorlet，也称为**下限子期权**）所构造的投资组合，则第 i 个利率下限单元的定价公式就是

$$\text{floorlet}_i = L\tau_i \, e^{-RT_{i+1}} [R_{\text{PK}} N(-d_2) - F_i N(-d_1)] \quad （式 12-26）$$

其中，

$$d_1 = \frac{\ln(F_i / R_{\text{PK}}) + \sigma_i^2 T_i / 2}{\sigma_i \sqrt{T_i}}$$

$$d_2 = \frac{\ln(F_i / R_{\text{PK}}) - \sigma_i^2 T_i / 2}{\sigma_i \sqrt{T_i}} = d_1 - \sigma_i \sqrt{T_i}$$

与利率上限期权相似，针对利率下限期权的定价也要分以下两种情形。

第 1 种情形，利率下限期权定价日 t_0 早于任何一个利率重置日，则

$$\text{floor} = \sum_{i=1}^{N} \text{floorlet}_i = \sum_{i=1}^{N} L\tau_i \, e^{-RT_{i+1}} [R_{\text{PK}} N(-d_2) - F_i N(-d_1)] \quad （式 12-27）$$

第 2 种情形，利率上限期权定价日 t_0 依然处于第 j 个利率重置日 t_j 与第 j 个收益支付日 t_{j+1} 期间内，则利率下限期权定价公式就是

$$\text{floor} = L\tau_j \, e^{-RT_{j+1}} \max(R_{\text{PK}} - R_j, 0) + \sum_{i=j+1}^{N} \text{floorlet}_i$$

$$= L\tau_j \, e^{-RT_{j+1}} \max(R_{\text{PK}} - R_j, 0) + \sum_{i=j+1}^{N} L\tau_i \, e^{-RT_{i+1}} [R_{\text{PK}} N(-d_2) - F_i N(-d_1)] \quad （式 12-28）$$

需要提醒的是，对于本案例，在 2021 年 5 月 10 日利率下限期权等价于由两个不同的利率下限单元所构成的投资组合。

12.10.4　参考代码与说明

1. 针对任务 1

```
In [149]: def cap_floorlet(L,R,F,Rk,sigma,t0,t1,t2,typ):
    ...:     '''定义计算利率上限单元或利率下限单元价值的函数
    ...:     L: 代表利率上限单元或利率下限单元的本金
    ...:     R: 代表连续复利的无风险收益率
    ...:     F: 代表定价日观察到的从 ti 时刻至 ti+1 时刻期间的远期利率
    ...:     Rk: 代表行权价格
    ...:     sigma: 代表远期利率的年化波动率
```

```
        ...:         t0: 代表定价日, 以 datetime 格式输入
        ...:         t1: 代表利率重置日, 格式与 t0 相同
        ...:         t2: 代表收益支付日, 格式与 t0 相同
        ...:         typ: 代表合约类型, typ='caplet'代表利率上限单元, 其他代表利率下限单元'''
        ...:         from numpy import exp,log,sqrt        #从 NumPy 模块导入 exp、log 和 sqrt 函数
        ...:         from scipy.stats import norm          #从 SciPy 的子模块 stats 中导入 norm 函数
        ...:         tenor1=(t1-t0).days/365               #定价日距离利率重置日的期限（年）
        ...:         tenor2=(t2-t0).days/365               #定价日距离收益支付日的期限（年）
        ...:         tau=(t2-t1).days/365                  #利率重置日距离收益支付日的期限（年）
        ...:         d1=(log(F/Rk)+0.5*pow(sigma,2)*tenor1)/(sigma*sqrt(tenor1))   #计算参数 d1
        ...:         d2=d1-sigma*sqrt(tenor1)              #计算参数 d2
        ...:         value_caplet=L*tau*exp(-R*tenor2)*(F*norm.cdf(d1)-Rk*norm.cdf(d2))   #利率上限
单元价值
        ...:         value_floorlet=L*tau*exp(-R*tenor2)*(Rk*norm.cdf(-d2)-F*norm.cdf(-d1))  #利率下限
单元价值
        ...:         if typ=='caplet':                    #针对利率上限单元
        ...:             return value_caplet
        ...:         else:                                #针对利率下限单元
        ...:             return value_floorlet
```

在以上的自定义函数 **cap_floorlet** 中，通过输入本金、无风险收益率、远期利率、行权价格、远期利率的年化波动率、定价日、利率重置日、收益支付日以及合约类型等参数，就可以迅速计算得到利率上限单元或利率下限单元的价值。

2. 针对任务 2

```
In [150]: Libor_list=pd.read_excel('C:/Desktop/Libor 和 Euribor.xlsx', sheet_name= "Sheet1",
header=0,index_col=0)    #导入 Libor 数据（Sheet1 工作表）
     ...: Libor_list.columns       #显示列名
Out[150]:
Index(['隔夜 Libor', '7 天期 Libor', '1 个月期 Libor', '3 个月期 Libor', '6 个月期 Libor',
       '12 个月期 Libor'],
      dtype='object')

In [151]: T_price=dt.datetime(2021,5,10)       #期权定价日
     ...: T_Libor1=dt.datetime(2021,4,15)      #利率上限期权定价日以前的最近一次利率重置日
     ...: T_Libor2=dt.datetime(2021,7,15)      #利率上限期权定价日以后的最近一次收益支付日或利率重置日
     ...: T_cap_end=dt.datetime(2021,10,15)    #利率上限期权到期日

In [152]: tenor1=(T_Libor2-T_price).days/365   #定价日距离收益支付日的期限（年）
     ...: tenor1                               #显示结果
Out[152]: 0.18082191780821918

In [153]: tenor2=(T_cap_end-T_price).days/365  #定价日距离利率上限期权到期日的期限（年）
     ...: tenor2
Out[153]: 0.4328767123287671

In [154]: Tlist_Libor=np.array([1/365,7/365,1/12,3/12,6/12,1])   #Libor 的现有期限
     ...: Tlist_Libor_new=np.array([1/365,7/365,1/12,tenor1,3/12,tenor2,6/12,1])  #新的期限

In [155]: def Forward_rate(R1,R2,T1,T2):        #在 6.2 节的自定义函数
     ...:     '''定义计算远期利率的函数
     ...:     R1: 代表期限为 T1 的零息利率（即期利率）
     ...:     R2: 代表期限为 T2 的零息利率（即期利率）
     ...:     T1: 代表零息利率 R1 的期限长度
     ...:     T2: 代表零息利率 R2 的期限长度'''
     ...:     forward=R2+(R2-R1)*T1/(T2-T1)     #计算远期利率的表达式
     ...:     return forward

In [156]: N=len(Libor_list.index)              #Libor 的样本交易日天数
     ...: FR_Libor=np.zeros(N)                 #构建有 N 个零元素的数组用于存放远期利率

In [157]: for i in range(N):                   #运用 for 语句计算每个交易日的 Libor 远期利率
     ...:     Libor_daily=np.array(Libor_list.iloc[i])   #取每个交易日的 Libor 并且转为数组格式
     ...:     f1=interp1d(x=Tlist_Libor,y=Libor_daily,kind='quadratic')#利用二阶样条曲线插值法
     ...:     Libor_daily_new=f1(Tlist_Libor_new)  #计算对应于新期限的 Libor
     ...:     Libor_tenor1=Libor_daily_new[3]   #对应于定价日距离收益支付日期限的 Libor
     ...:     Libor_tenor2=Libor_daily_new[5]   #对应于定价日距离期权到期日期限的 Libor
```

```
    ...:         FR_Libor[i]=Forward_rate(R1=Libor_tenor1,R2=Libor_tenor2,T1=tenor1,T2=tenor2)
#计算 Libor 远期利率

    In [158]: FR_Libor=pd.DataFrame(data=FR_Libor,index=Libor_list.index,columns=['Libor 远期利
率'])    #转为数据框格式
    ...: FR_Libor.plot(figsize=(9,6),title=u'Libor 远期利率走势',grid=True,fontsize=13)    #可视化
    ...: plt.ylabel(u'利润')
    Out[158]:
```

从图 12-7 不难看到，在 2020 年 1 月至 2021 年 5 月 10 日期间 Libor 远期利率基本处于下行通道中，这与全球面对新冠肺炎疫情而采用宽松的货币政策相吻合。

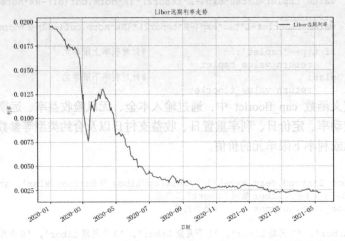

图 12-7　2020 年 1 月至 2021 年 5 月 10 日期间的 Libor 远期利率走势

```
    In [159]: return_FR_Libor=np.log(FR_Libor/FR_Libor.shift(1))    #测算远期利率的涨跌幅（日收益率）

    In [160]: sigma_FR_Libor=np.sqrt(252)*return_FR_Libor.std()    #Libor 远期利率的年化波动率
    ...: sigma_FR_Libor=float(sigma_FR_Libor)    #转为纯浮点型数据
    ...: print('Libor 远期利率的年化波动率',round(sigma_FR_Libor,6))
    Libor 远期利率的年化波动率 0.580622
```

通过以上的运算可以得到，Libor 远期利率的年化波动率为 58.06%左右，属于比较高的波动率水平。

3. 针对任务 3

```
    In [161]: y_list1=np.array([0.000200,0.000200,0.000400,0.000500,0.001600,0.003200])    #202
1 年 5 月 10 日美国国债收益率
    ...: T_list1=np.array([1/12,3/12,6/12,1,2,3])    #美国国债到期收益率的已有期限

    In [162]: f2=interp1d(x=T_list1,y=y_list1,kind='quadratic')    #利用二阶样条曲线插值法

    In [163]: T_list2=np.array([1/12,tenor1,3/12,tenor2,6/12,1,2,3])    #新的期限数组

    In [164]: y_list2=f2(T_list2)    #新的收益率
    ...: y_list2    #显示结果
    Out[164]:
    array([0.0002    , 0.00018291, 0.0002    , 0.00034825, 0.0004    ,
           0.0005    , 0.0016    , 0.0032    ])

    In [165]: par_cap=8e7    #利率上限期权的本金
    ...: K_cap=0.027    #上限利率（行权价格）

    In [166]: Libor3M_Apr15=Libor_list['3个月期Libor'].loc['2021-04-15']    #2021年4月15日3个月期Libor

    In [167]: FR_Libor_May10=FR_Libor.loc['2021-05-10']    #2021 年 5 月 10 日的 Libor 远期利率
    ...: FR_Libor_May10=float(FR_Libor_May10)    #转为纯浮点型数据

    In [168]: tenor3=(T_Libor2-T_Libor1).days/365    #利率重置日距离收益支付日的期限（年）

    In [169]: caplet1=par_cap*tenor3*np.exp(-tenor1*y_list2[1])*np.maximum(Libor3M_Apr15-K_cap,0)
#第 1 个利率上限单元的价值
```

```
     ...: caplet2=cap_floorlet(L=par_cap,R=y_list2[3],F=FR_Libor_May10,Rk=K_cap,
     ...:             sigma=sigma_FR_Libor,t0=T_price,t1=T_Libor2,
     ...:             t2=T_cap_end,typ='caplet')    #第2个利率上限单元的价值

In [170]: value_cap=caplet1+caplet2                      #计算利率上限期权的价值
     ...: print('针对K银行2021年5月10日利率上限期权价值（空头）',-value_cap)
针对K银行2021年5月10日利率上限期权价值（空头） -9.978917173902355e-21
```

通过以上的运算可以看到，对于 K 银行而言，利率上限期权的价值可以忽略不计。

4. 针对任务 4

```
In [171]: Euribor_list=pd.read_excel('C:/Desktop/Libor    和    Euribor.xlsx', sheet_name=
"Sheet2",header=0,index_col=0)    #导入Euribor数据（Sheet2工作表）
     ...: Euribor_list.columns        #显示列名
Out[171]:
Index(['隔夜Euribor', '7天期Euribor', '1个月期Euribor', '3个月期Euribor', '6个月期Euribor',
      '12个月期Euribor'],
      dtype='object')

In [172]: T_Euribor1=dt.datetime(2020,12,8)#利率下限期权定价日以前的最近一次利率重置日
     ...: T_Euribor2=dt.datetime(2021,6,8)#利率下限期权定价日以后的最近一次收益支付日或利率重置日
     ...: T_floor_end=dt.datetime(2021,12,8)       #利率下限期权到期日

In [173]: tenor1=(T_Euribor2-T_price).days/365    #定价日距离收益支付日的期限（年）
     ...: tenor1                                   #显示结果
Out[173]: 0.07945205479452055

In [174]: tenor2=(T_floor_end-T_price).days/365    #定价日距离利率下限期权到期日的期限（年）
     ...: tenor2
Out[174]: 0.5808219178082191

In [175]: Tlist_Euribor=np.array([1/365,7/365,1/12,3/12,6/12,1])    #Euribor的现有期限
     ...: Tlist_Euribor_new=np.array([1/365,7/365,tenor1,1/12,3/12,6/12,tenor2,1])   #新的期限

In [176]: N=len(Euribor_list.index)           #Euribor的样本交易日天数
     ...: FR_Euribor=np.zeros(N)              #构建有N个零元素的数组用于存放远期利率

In [177]: for i in range(N):                  #运用for语句计算每个交易日的Euribor远期利率
     ...:     Euribor_daily=np.array(Euribor_list.iloc[i]) #取每个交易日的Euribor并且转为数组格式
     ...:     f3=interp1d(x=Tlist_Euribor,y=Euribor_daily,kind='quadratic')   #利用二阶样条
曲线插值法
     ...:     Euribor_daily_new=f3(Tlist_Euribor_new)  #计算对应于新期限的Euribor
     ...:     Euribor_tenor1=Euribor_daily_new[2]  #对应于定价日距离收益支付日限的Euribor
     ...:     Euribor_tenor2=Euribor_daily_new[-2] #对应于定价日距离期权到期日限的Euribor
     ...:     FR_Euribor[i]=Rf(R1=Euribor_tenor1,R2=Euribor_tenor2,T1=tenor1,T2=tenor2)
#计算Euribor远期利率

In [178]: FR_Euribor=pd.DataFrame(data=FR_Euribor,index=Euribor_list.index,columns=['Euri
bor远期利率'])    #转为数据框格式

In [179]: return_FR_Euribor=np.log(FR_Euribor/FR_Euribor.shift(1)) #测算远期利率的涨跌幅（日收益率）

In [180]: sigma_FR_Euribor=np.sqrt(252)*return_FR_Euribor.std() #Euribor远期利率的年化波动率
     ...: sigma_FR_Euribor=float(sigma_FR_Euribor)        #转为纯浮点型数据
     ...: print('Euribor远期利率的年化波动率',round(sigma_FR_Euribor,6))
Euribor远期利率的年化波动率 1.557956

In [181]: y_list3=np.array([-0.006257,-0.006478,-0.006652,-0.006783,-0.006947,-0.006679])
#2021年5月10日欧元区公债到期收益率
     ...: T_list3=np.array([3/12,6/12,9/12,1,2,3])    #欧元区公债到期收益率的已有期限

In [182]: f4=interp1d(x=T_list3,y=y_list3,kind='quadratic')    #利用二阶样条曲线插值法

In [183]: T_list4=np.array([3/12,6/12,tenor2,9/12,1,2,3])   #新的期限数组

In [184]: y_list4=f4(T_list4)              #新的收益率
     ...: y_list4                          #显示结果
Out[184]:
```

```
array([[-0.006257  , -0.006478  , -0.00653927, -0.006652  , -0.006783  ,
        -0.006947  , -0.006679  ]])

In [185]: par_floor=1.2e8                    #利率下限期权的本金
     ...: K_floor=-0.0040                    #下限利率（行权价格）

In [186]: Euribor6M_Dec8=Euribor_list['6个月期 Euribor'].loc['2020-12-08'] #2020年12月8日
6个月期 Euribor

In [187]: FR_Euribor_May10=FR_Euribor.loc['2021-05-10']  #2021年5月10日的 Euribor 远期利率
     ...: FR_Euribor_May10=float(FR_Euribor_May10)         #转为纯浮点型数据

In [188]: tenor3=(T_Euribor2-T_Euribor1).days/365        #利率重置日距离收益支付日的期限（年）

In [189]: floorlet1=par_floor*tenor3*np.exp(-tenor1*y_list4[0])*np.maximum(K_floor-Euribo
r6M_Dec8,0)  #第1个利率下限单元的价值
     ...: floorlet2=cap_floorlet(L=par_floor,R=y_list4[2],F=FR_Euribor_May10,Rk=K_floor, sigma=
sigma_FR_Euribor,t0=T_price,t1=T_Euribor2,t2=T_floor_end,typ='floorlet')   #第2个利率下限单元的价值

In [190]: value_floor=floorlet1+floorlet2          #计算利率下限期权的价值
     ...: print('针对K银行2021年5月10日利率下限期权价值（空头）',-value_floor)
针对K银行2021年5月10日利率下限期权价值（空头）-47225.57053204591
```

根据以上的运算结果，针对 K 银行而言，在 2021 年 5 月 10 日利率下限期权带来了超过 4.7 万欧元的浮亏。

12.11 利率互换期权定价的编程——以 Shibor 互换期权为案例

12.11.1 案例详情

N 银行是总部位于苏州的一家商业银行，在 2020 年 7 月份顺利取得在全国银行间同业拆借中心开展利率期权业务的交易资格。

P 组织是总部位于美国华盛顿的国际开发机构，根据 2018 年 9 月 8 日中国人民银行、财政部联合发布的《全国银行间债券市场境外机构债券发行管理暂行办法》，允许 P 组织在全国银行间债券市场发行人民币债券。在 2020 年 8 月初，P 组织董事会决定在两年后通过全国银行间债券市场尝试发行以 3 个月期 Shibor 作为票面利率的人民币浮动利率债券，预计的发行金额为人民币 10 亿元。由于担心该浮动利率债券支付的票面利息会受到 3 个月期 Shibor 波动的不利影响，该组织将会在债券发行时通过利率互换合约将浮动利率转换为固定利率。但是新的问题又随之产生，两年后的利率互换合约在固定利率方面可能会对 P 组织不利（比如该固定利率大幅提高），因此，P 组织希望通过全国银行间同业拆借中心达成利率互换期权合约。经过广泛询价，P 组织发现 N 银行针对利率互换期权的报价相对更加公允，因此在 2020 年 8 月 18 日双方达成了利率互换期权合约，关于该合约的要素信息可以详见表 12-32。

表 12-32 N 银行与 P 组织之间达成的利率互换期权合约要素信息

合约要素	要素情况
期权合约起始日	2020 年 8 月 18 日
期权合约到期日	2022 年 8 月 18 日
合约本金	人民币 10 亿元
利率互换合约期限	3 年（到期日 2025 年 8 月 18 日）
期权合约多头	P 组织
期权合约空头	N 银行
利率互换合约固定利率	3.25%

续表

合约要素	要素情况
利率互换合约浮动利率	3 个月期 Shibor
利息交换频次	按季度交换利息
固定利率支付方 浮动利率收取方	P 组织
固定利率收取方 浮动利率支付方	N 银行

假定你是 N 银行分管衍生产品业务的副行长，近期正在审批拟提交给江苏银保监局关于 N 银行开展利率互换期权业务情况的书面报告，该报告涉及上述这笔利率互换期权在 2021 年 7 月 9 日的估值数据。

同时，报告提到在估值过程中，针对远期互换利率的计算，运用中国外汇交易中心对外公布的 3 个月期 Shibor 互换定盘曲线数据，并且运用二阶样条曲线插值法计算所需期限的互换利率。在计算远期互换利率百分比变动的波动率时，采用了 2020 年 1 月至 2021 年 7 月 9 日期间的 3 个月期 Shibor 互换定盘曲线日数据，完整的数据存放于 Excel 文件中，表 12-33 中仅列出了部分日数据。

表 12-33　3 个月期 Shibor 互换定盘曲线部分日数据（2020 年 1 月至 2021 年 7 月 9 日）

日期	6 个月	9 个月	1 年	2 年	3 年	4 年	5 年	7 年	10 年
2020-01-02	2.9363%	2.9300%	2.9413%	3.0588%	3.1925%	3.3088%	3.4188%	3.5700%	3.7200%
2020-01-03	2.9088%	2.9125%	2.9316%	3.0575%	3.1838%	3.3025%	3.4163%	3.5825%	3.7550%
2020-01-06	2.8750%	2.8638%	2.8888%	3.0200%	3.1500%	3.2725%	3.3750%	3.5550%	3.7150%
……									
2021-07-07	2.5513%	2.6500%	2.7425%	2.9463%	3.1125%	3.2463%	3.3575%	3.5271%	3.6996%
2021-07-08	2.5063%	2.5842%	2.6617%	2.8548%	3.0043%	3.1328%	3.2440%	3.4086%	3.5775%
2021-07-09	2.5177%	2.6013%	2.6788%	2.8613%	3.0013%	3.1288%	3.2338%	3.3927%	3.5625%

数据来源：中国外汇交易中心。

报告还提到在估值时，针对无风险收益率运用了国债到期收益率，可根据表 12-34 中的国债到期收益率数据运用二阶样条曲线插值法计算所需期限的无风险收益率。

表 12-34　2021 年 7 月 9 日国债到期收益率数据

指标名称	隔夜	1 个月	2 个月	3 个月	6 个月	9 个月	1 年	2 年	3 年	5 年
国债到期 收益率	1.7250%	1.7488%	1.7801%	1.8171%	2.0607%	2.1270%	2.3474%	2.5764%	2.7377%	2.8888%

数据来源：中国债券信息网。

为了亲自验证该数据的正确性，你需要通过 Python 完成以下的 3 个编程任务。

12.11.2　编程任务

【任务 1】为了高效地对利率互换期权进行定价，通过 Python 自定义一个测算利率互换期权价值的函数，在该函数中允许输入包括期权定价日、期权到期日等日期参数；同时，为了迅速测算远期互换利率，通过 Python 自定义一个测算该利率的函数，同样在该函数中允许输入期权定价日、期权到期日等日期参数。

【任务 2】导入存放 2020 年 1 月至 2021 年 7 月 9 日期间 3 个月期 Shibor 互换定盘曲线数据的 Excel 文件，运用二阶样条曲线插值法计算所需期限的互换利率；然后，结合任务 1 自定义的函数测算出远期互换利率，并测算出远期互换利率百分比变动的波动率。

【任务 3】根据表 12-34，运用二阶样条曲线插值法测算用于利率互换期权估值的相关期限无风险收益率；然后，结合任务 1 的自定义函数和任务 2 的波动率数值结果，测算 N 银行 2021 年 7 月

9 日利率互换期权的价值。

12.11.3 编程提示

为了便于 Python 编程，给出针对利率互换期权的定价公式，并且分为以下的两种情形。

情形 1：利率互换期权的多头在利率互换合约中支付固定利率、收取浮动利率。

假定有一份利率互换期权，期权定价日为 t_0，同时，期权合约约定期权多头（买方）在期权到期日（行权日）t_1 有权持有一份期限为 n 年的利率互换合约，设定 $t = t_1 - t_0$，t 就是期权的剩余期限。

利率互换合约约定期权多头支付固定利率 s_K，同时获得浮动利率；互换合约的名义本金为 L，每年利率支付频次（复利频次）为 m。在利率互换期权定价中，如果考虑利率互换合约的计息依据实际天数就会大大增加定价的复杂程度，并且按实际天数计息对定价结果的影响并不显著，因此通常假定每次计息天数均相同。据此，在期权被行权的情形下，利率互换合约的第 i 期利息支付日就是 $t_1 + i / m$，其中 $i = 1, 2, \cdots, mn$。期权定价日距离第 i 期利息支付日的期限用 T_i 表示，并且 $T_i = t + i / m$。

参考布莱克模型，可以得到支付固定利率 s_k 的利率互换期权的价值 swaption 就是

$$swaption = \sum_{i=1}^{mn} e^{-R_i T_i} \frac{L}{m}[s_f N(d_1) - s_k N(d_2)] \qquad （式 12-29）$$

其中，

$$d_1 = \frac{\ln(s_f / s_k) + \sigma^2 t / 2}{\sigma \sqrt{t}}$$

$$d_2 = \frac{\ln(s_f / s_k) - \sigma^2 t / 2}{\sigma \sqrt{t}} = d_1 - \sigma \sqrt{t}$$

在（式 12-29）中，R_i 是期限长度为 T_i 的连续复利的无风险收益率，s_f 就是在利率互换期权合约定价日测算的远期互换利率，σ 是远期互换利率的波动率，注意该波动率实质上是远期互换利率每日百分比变化的年化波动率。需要注意的是，远期互换利率 s_f 的表达式如下：

$$s_f = \frac{(1 + s_0 / m)^{-mt} - (1 + s_{mn} / m)^{-m(t+n)}}{\sum_{i=1}^{mn}(T_i - T_{i-1})(1 + s_i / m)^{-(mt+i)}} = \frac{(1 + s_0 / m)^{-mt} - (1 + s_{mn} / m)^{-m(t+n)}}{(1/m)\sum_{i=1}^{mn}(1 + s_i / m)^{-(mt+i)}} \qquad （式 12-30）$$

s_0 表示在定价日观察到的或者通过插值法得到的期限为 t 的互换利率，同理，s_i 表示在定价日观察到的或者是通过插值法得到的期限为 T_i 的互换利率，s_{mn} 就表示期限为 $T_{mn} = t + n$ 的互换利率，而 $T_0 = t$。此外，互换利率的复利频次是每年 m 次。

情形 2：利率互换期权的多头在利率互换合约中收取固定利率、支付浮动利率。

假定利率互换期权的多头在期权行权后的利率互换合约中，收取固定利率 s_k，并且支付浮动利率，其他的变量与情形 1 的保持一致。参考布莱克模型，可以得到有权收取固定利率 s_k 的利率互换期权的价值 swaption 就是

$$swaption = \sum_{i=1}^{mn} e^{-R_i T_i} \frac{L}{m}[s_k N(-d_2) - s_f N(-d_1)] \qquad （式 12-31）$$

12.11.4 参考代码与说明

1. 针对任务 1

```
In [191]: def swaption(L,Sf,Sk,m,sigma,t0,t1,n,R_list,direction):
     ...:     '''定义计算利率互换期权价值的函数
     ...:     L: 代表利率互换期权合约的本金
     ...:     Sf: 代表远期互换利率
     ...:     Sk: 代表利率互换合约的固定利率
     ...:     m: 代表每年利率支付频次（复利频次）
```

```
        ...:        sigma: 代表远期互换利率的年化波动率
        ...:        t0: 代表期权合约的定价日, 以 datetime 格式输入
        ...:        t1: 代表期权合约的到期日, 格式与 t0 相同
        ...:        n: 代表对应利率互换合约的期限长度（年）
        ...:        R_list: 代表期权定价日距离利率互换每期利息支付日的期限所对应的无风险收益率（连续复利）, 以
数组格式输入
        ...:        direction: 代表期权多头是否在利率互换中支付固定利率 Sk, direction='pay'代表支付固定利
率, 其他则代表收取固定利率'''
        ...:        from numpy import arange,exp,log,sqrt #从 NumPy 模块中导入 arange、exp、log 和 sqrt 函数
        ...:        from scipy.stats import norm     #从 SciPy 的子模块 stats 中导入 norm 函数
        ...:        t=(t1-t0).days/365              #期权剩余期限（年）
        ...:        d1=(log(Sf/Sk)+pow(sigma,2)*t/2)/(sigma*sqrt(t))   #计算参数 d1
        ...:        d2=d1-sigma*sqrt(t)            #计算参数 d2
        ...:        T_list=t+arange(1,m*n+1)/m #创建期权定价日距离利率互换每笔利息支付日的期限 Ti 的数组
        ...:        if direction=='pay':            #期权多头在利率互换中是支付固定利率 Sk
        ...:            value=np.sum(exp(-R_list*T_list)*L*(Sf*norm.cdf(d1)-Sk*norm.cdf(d2))/m)
#计算期权价值
        ...:        else:                          #期权多头在利率互换中是收取固定利率 Sk
        ...:            value=np.sum(exp(-R_list*T_list)*L*(Sk*norm.cdf(-d2)-Sf*norm.cdf(-d1))/m)
#计算期权价值
        ...:        return value

In [192]: def forward_swaprate(S_list,t0,t1,n,m):
        ...:        '''定义计算远期互换利率的函数
        ...:        S_list: 代表在利率互换期权定价日观察到不同期限的互换利率, 以数组等格式输入
        ...:        t0: 代表期权合约的定价日, 以 datetime 格式输入
        ...:        t1: 代表期权合约的到期日, 格式与 t0 相同
        ...:        n: 代表利率互换合约的期限长度（年）
        ...:        m: 代表每年利率支付频次（复利频次）'''
        ...:        t=(t1-t0).days/365              #期权剩余期限（年）
        ...:        t_list=m*t+np.arange(1,m*n+1)  #考虑复利频次的期限数组
        ...:        A=pow(1+S_list[0]/m,-m*t)-pow(1+S_list[-1]/m,-m*(t+n))  #（式 12-30）的分子
        ...:        B=(1/m)*np.sum(pow(1+S_list[1:]/m,-t_list))   #（式 12-30）的分母
        ...:        value=A/B                      #计算远期互换利率
        ...:        return value
```

　　在以上自定义函数 swaption 中, 输入合约本金、远期互换利率、固定利率、利率支付频次、年化波动率、期权定价日、期权到期日、利率互换合约期限长度、无风险收益率、期权多头是否支付固定利率等参数, 就可以快速得到利率互换期权定价的结果。

　　在以上自定义函数 forward_swaprate 中, 输入互换利率、期权定价日、期权到期日、利率互换合约期限长度以及利率支付频次等参数, 就可以迅速测算出远期互换利率的数值结果。

2. 针对任务 2

```
In [193]: rate_list=pd.read_excel('C:/Desktop/3 个月期 Shibor 互换定盘曲线.xlsx', sheet_name=
"Sheet1",header=0,index_col=0)   #导入利率互换定盘曲线数据
        ...: rate_list.columns                  #显示列名
Out[193]: Index(['6 个月期', '9个月期', '1 年期', '2 年期', '3 年期', '4 年期', '5 年期', '7 年期',
'10 年期'], dtype='object')

In [194]: T_price=dt.datetime(2021,7,9)        #利率互换期权合约定价日
        ...: T_end=dt.datetime(2022,8,18)       #利率互换期权合约到期日

In [195]: T1=(T_end-T_price).days/365          #利率互换期权合约的剩余期限（年）
        ...: T1                                 #显示结果
Out[195]: 1.1095890410958904

In [196]: T_list1=np.array([0.5,0.75,1,2,3,4,5,7,10])   #利率互换定盘曲线的已有期限
        ...: T_list2=np.array([0.5,0.75,1,T1,T1+0.25,T1+0.5,T1+0.75,2,T1+1,T1+1.25,
        ...:              T1+1.5,T1+1.75,3,T1+2,T1+2.25,T1+2.5,T1+2.75,4,T1+3,
        ...:              5,7,10])              #新的期限数组

In [197]: N=len(rate_list.index)               #3 个月期 Shibor 互换定盘曲线的样本交易日天数
        ...: FR_swap=np.zeros(N)               #构建有 N 个零元素的数组用于存放远期利率

In [198]: freq=4                               #每年利息交换频次（按季交换利息）
        ...: T2=3                              #利率互换合约期限（年）
```

```
In [199]: for i in range(N):                    #运用 for 语句计算每个交易日的远期互换利率
     ...:     rate_daily1=np.array(rate_list.iloc[i])   #取每个交易日的利率互换曲线数据并且转为数组格式
     ...:     f1=interp1d(x=T_list1,y=rate_daily1,kind='quadratic')   #利用二阶样条曲线插值法
     ...:     rate_daily2=f1(T_list2)              #计算对应于新期限的利率
     ...:     rate_daily3=np.append(rate_daily2[3:7],rate_daily2[8:12])  #通过 append 函数存
放对应于定价日距离期权到期日期限以及定价日距离每期利息交换日期限的互换利率数组
     ...:     rate_daily3=np.append(rate_daily3,rate_daily2[13:17])
     ...:     rate_daily3=np.append(rate_daily3,rate_daily2[-4])
     ...:     FR_swap[i]=forward_swaprate(S_list=rate_daily3,t0=T_price,t1=T_end,n=T2, m=
freq)   #计算远期互换利率

In [200]: FR_swap=pd.DataFrame(data=FR_swap,index=rate_list.index,columns=['远期互换利率'])
转为数据框格式
     ...: FR_swap.plot(figsize=(9,6),title=u'远期互换利率走势',grid=True,fontsize=12)    #可视化
     ...: plt.ylabel(u'利率')
Out[200]:
```

从图 12-8 可以看到，远期互换利率呈现出"先抑后扬"的走势，也就是一开始从约 3.5% 下探至 2.25% 附近，随后反弹至最高突破 3.75%，然后略有回落。

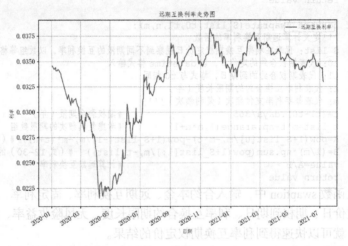

图 12-8　2020 年 1 月至 2021 年 7 月 9 日期间的远期互换利率走势

```
In [201]: return_FR_swap=np.log(FR_swap/FR_swap.shift(1))   #测算远期互换利率的涨跌幅（日收益率）

In [202]: sigma_FR_swap=np.sqrt(252)*return_FR_swap.std()       #远期互换利率的年化波动率
     ...: sigma_FR_swap=float(sigma_FR_swap)              #转为纯浮点型数据
     ...: print('远期互换利率的年化波动率',round(sigma_FR_swap,6))
远期互换利率的年化波动率 0.273405
```

通过以上的运算可以得到，远期互换利率的年化波动率达到 27.3405%。

3. 针对任务 3

```
In [203]: y_list1=np.array([0.01725,0.017488,0.017801,0.018171,0.020607,0.02127,0.023474,
0.025764,0.027377,0.028888]) #2021 年 7 月 9 日国债到期收益率
     ...: T_list3=np.array([1/365,1/12,2/12,3/12,6/12,9/12,1,2,3,5])    #国债到收益率的已有期限

In [204]: f2=interp1d(x=T_list3,y=y_list1,kind='quadratic')           #利用二阶样条曲线插值法

In [205]: T_list4=np.array([1/365,1/12,2/12,3/12,6/12,9/12,1,T1+0.25,T1+0.5,T1+0.75,
     ...:                   2,T1+1,T1+1.25,T1+1.5,T1+1.75,3,T1+2,T1+2.25,T1+2.5,
     ...:                   T1+2.75,T1+3,5])            #新的期限数组

In [206]: y_list2=f2(T_list4)                        #新的收益率
     ...: y_list2                                   #显示结果
Out[206]:
array([0.01725   , 0.017488  , 0.017801  , 0.018171  , 0.020607  ,
       0.02127   , 0.023474  , 0.02542846, 0.0255726 , 0.02565745,
       0.025764  , 0.02587659, 0.02623001, 0.0266999 , 0.02714786,
```

```
        0.027377  , 0.02754463, 0.02789021, 0.02818461, 0.02842783,
        0.02861986, 0.028888  ])

In [207]: y_list3=np.append(y_list2[7:10],y_list2[11:15])  #通过 append 函数存放相关期限的无风险
收益率数组
     ...: y_list3=np.append(y_list3,y_list2[16:21])

In [208]: par=1e9                        #利率互换期权的本金
     ...: swap_rate=0.0325               #利率互换合约的固定利率（互换利率）

In [209]: FR_swap_Jun9=FR_swap.loc['2021-07-09']    #2021 年 7 月 9 日的远期互换利率
     ...: FR_swap_Jun9=float(FR_swap_Jun9)           #转为纯浮点型数据

In [210]: value_swaption=swaption(L=par,Sf=FR_swap_Jun9,Sk=swap_rate,m=freq,
     ...:                         sigma=sigma_FR_swap,t0=T_price,t1=T_end,n=T2,
     ...:                         R_list=y_list3,direction='pay')  #测算利率互换期权价值
     ...: print('2021 年 7 月 9 日针对 N 银行利率互换期权合约的价值',round(-value_swaption,2))
2021 年 7 月 9 日针对 N 银行利率互换期权合约的价值 -11092910.87
```

通过以上的运算可以最终得到，在 2021 年 7 月 9 日，针对 N 银行而言，利率互换期权合约带来了约 1109.29 万元的浮亏。

12.12　本章小结

利用期权可以构造出不同风险特征和收益特点的交易策略，不同交易策略可以满足策略实施者的不同需求；同时，由期权的特点也衍生出创新的金融理论和全新的金融产品。无论是交易策略还是产品定价，Python 均可以充分发挥其长处。在本章中，借助 11 个原创案例共计 35 个编程任务，读者可以掌握如下的知识点和技能。

（1）期权价差策略。常用的期权价差策略包括牛市价差策略、熊市价差策略、蝶式价差策略以及日历价差策略等，价差策略的重要特点是运用相同类型的期权（看涨期权或看跌期权）但不同方向的头寸（多头和空头）构建。

（2）期权组合策略。比较常用的期权组合策略是跨式组合策略和宽跨式组合策略，组合策略的重要特点就是运用不同类型的期权但采用相同的头寸方向构建，跨式组合策略的特点在于针对不同类型的期权，期权执行价格是相同的，宽跨式组合策略则是运用不同执行价格的期权。

（3）默顿模型。默顿模型的核心思想是将企业的股东权益（股票）等价于以企业价值作为基础资产、以债券面值作为行权价格的欧式看涨期权，因此可以结合企业的股票价格以及企业相应的财务数据测算出风险中性的违约概率。

（4）可转换债券定价。可转换债券由于具备债性、股性以及可转换性等特征，在定价方面会比较复杂，最常用的定价方法是二叉树模型。此外，在每一个二叉树的节点上均要同时考虑转换为股票的价值、被赎回的价值以及普通债券价值。

（5）期货期权的定价。期货期权按照是否能够提前行权，可以划分为欧式期货期权和美式期货期权，针对欧式期货期权的定价通常采用布莱克模型，针对美式期货期权的定价则运用二叉树模型。

（6）利率期权的定价。利率期权的类型包括利率上限期权、利率下限期权以及利率互换期权等，利率期权的定价会涉及远期利率以及远期利率波动率的计算，这在一定程度上增加了定价的复杂性。

到这里，你已经完成了第 12 章全部案例的练习，相信你已经掌握了开展期权交易的策略以及延伸运用的 Python 编程技术，下面就向最后的第 13 章吹响"总攻"的集结号吧！

13

第 13 章
风险价值的 Python 编程案例

本章导言

金融业是经营风险的行业，有效、准确地测度风险不仅关乎一家金融机构的生存，而且维系着整个金融业的稳定。"如何才能精准地测度整个投资组合的风险"曾经是长期困扰金融业从业者的一大难题，1990 年美国摩根大通首创的风险价值（Value at Risk，VaR）为有效解决这一难题带来了曙光。风险价值的简洁性、易懂性让这一风险管理工具在短短数年内风靡全球金融业，并且时至今日依然经久不衰，因此本章的案例将聚焦于风险价值测度的 Python 编程。

本章包含 7 个原创案例共计 22 个编程任务，通过这些案例的训练，读者应能够熟练掌握运用 Python 测算正常市场条件下的风险价值的方法（方差-协方差法、历史模拟法、蒙特卡罗模拟法等）、风险价值模型的合理性检验、投资组合的压力测试、信用风险价值的测度以及压力风险价值的测度等 Python 编程技术。下面通过表 13-1 梳理出本章的结构安排。

表 13-1　第 13 章的结构安排

序号	案例标题	学习目标	编程任务数量	读者扮演的角色
1	方差-协方差法测度风险价值的编程——以 QFII 重仓股为案例	掌握风险价值的方差-协方差法的数学表达式以及相关 Python 编程技术	3 个	投资经理
2	历史模拟法测度风险价值的编程——以基金重仓股为案例	掌握风险价值的历史模拟法的建模思路以及相关 Python 编程技术	3 个	风险经理
3	蒙特卡罗模拟法测度风险价值的编程——以社保重仓股为案例	掌握风险价值的蒙特卡罗模拟法的建模思路以及相关 Python 编程技术	3 个	基金经理
4	风险价值模型检验的编程——以阳光私募基金重仓股为案例	掌握风险价值模型合理性的验证方法以及相关 Python 编程技术	3 个	权益风险总监
5	投资组合压力测试的编程——以蓝筹股与利率债为案例	掌握设置压力情景的思路、压力测试的建模方法以及相关 Python 编程技术	3 个	首席风险官
6	信用风险价值的编程——以 AAA 评级债券投资组合为案例	掌握信用风险价值的概念、建模思路以及相关 Python 编程技术	4 个	执行委员会主席
7	压力风险价值的编程——以伯克希尔·哈撒韦公司重仓股为案例	掌握压力风险价值的概念、建模思路以及相关 Python 编程技术	3 个	董事会主席
合计			22 个	

在开始练习本章的案例之前，建议读者先学习《基于 Python 的金融分析与风险管理（第 2 版）》第 15 章的相关内容。

13.1 方差-协方差法测度风险价值的编程——以 QFII 重仓股为案例

13.1.1 案例详情

A 公司是总部位于北京的一家信托公司，驰骋金融市场近 40 年，致力于成为全球财富管理服务的提供商。为了提高公司自有资金收益水平并且保持自有资金具有较高的流动性，公司将自有资金主要用于配置 A 股股票。受限于公司自身的投资研究水平，遵循的投资逻辑是密切跟踪 QFII 集中配置的 A 股股票，并且基于这些重仓股构建自有资金的投资组合。

假定你是该公司的投资经理，负责公司的股票投资工作。根据 A 股上市公司 2021 年半年报披露的信息，截止到 2021 年 6 月末，QFII 配置的股票资产中，持股比例超过 5%（占公司股票发行规模）并且不少于 4 家 QFII 同时持有的股票数量达到了 11 只，按照股票上市日不晚于 2019 年 1 月 1 日的原则以及基于这些上市公司的最新基本面情况，你从这些股票中精选了 5 只拟投资的股票，分别是透景生命、双环传动、回天新材、迈为股份以及飞科电器。

对此，你结合这些重仓股的基本面以及 A 公司自有资金的实际情况，向公司的投资决策委员会提交了一份运用公司自有资金配置这些股票的书面建议方案，总投资金额为 2 亿元，股票配置的时间为 2021 年 10 月 8 日。表 13-2 列出了这些股票在投资组合中拟配置的权重以及 2019 年 1 月至 2021 年 9 月期间部分日收盘价数据，完整的数据存放在 Excel 文件中。

表 13-2　投资组合中拟配置股票的权重以及 2019 年 1 月至 2021 年 9 月的部分日收盘价　单位：元/股

日期	透景生命〔代码：300642〕权重比例30%	双环传动〔代码：002472〕权重比例26%	回天新材〔代码：300041〕权重比例21%	迈为股份〔代码：300751〕权重比例14%	飞科电器〔代码：603868〕权重比例9%
2019-01-02	36.1100	5.6600	6.7100	125.6900	37.0400
2019-01-03	36.8800	5.7200	6.7400	126.6100	35.9600
2019-01-04	37.8700	5.9600	6.8700	135.3600	36.2400
……	……	……	……	……	……
2021-09-28	69.4800	21.7500	15.4500	1089.6840	39.9500
2021-09-29	64.4040	21.5500	14.9200	1087.2000	39.5200
2021-09-30	65.8440	23.4900	15.2500	1097.1540	39.1300

注：针对迈为股份，其公司在 2021 年 5 月 18 日以资本公积金形式向全体股东每 10 股转增 8 股，因此，从 2021 年 5 月 18 日开始的股票价格按照复权后的价格展示；针对透景生命，其公司在 2021 年 9 月 16 日以资本公积金形式向全体股东每 10 股转增 8 股，因此，从 2021 年 9 月 16 日开始的股票价格按照复权后的价格展示。相关计算公式如下：复权后股票价格=股票行情价格×1.8。
数据来源（不含权重数据）：上海证券交易所、深圳证券交易所。

在公司投资决策委员会审议该配置方案时，作为该委员会成员之一的首席风险官提出，为了应对未来投资中可能出现的风险，要求你运用风险价值测算该投资组合的风险，并且在测算风险价值的过程中建议采用**方差-协方差法**（variance-covariance method），同时将相关测算结果补充至原有的配置方案中。为此，你需要借助 Python 完成 3 个编程任务。

13.1.2 编程任务

【任务 1】为了今后计算的便利，需要在 Python 中自定义一个运用方差-协方差法测算风险价值的函数。

【任务 2】导入包含2019年1月至2021年9月期间这些股票日收盘价数据的 Excel 文件，同时结合任务1自定义的函数，分别计算在持有期为1天和10天、置信水平为95%和99%的情况下投资组合的风险价值。

【任务 3】当持有期取值是位于[1,30]的等差数列时，计算在置信水平分别为 95%和 99%条件下投资组合的风险价值；同时，当置信水平取值是位于[95%,99%]的等差数列时，计算持有期分别为1天和10天的投资组合风险价值；最后，将相关的结果进行可视化。为了对比的需要，建议通过1×2的子图模式依次展示持有期与风险价值的关系（第1张子图）、置信水平与风险价值的关系（第2张子图）。

13.1.3　编程提示

在本案例中，需要运用利用方差-协方差法计算风险价值的公式。假定 VaR 表示投资组合持有期等于1天的风险价值，V_P 表示投资组合的最新市值，X 表示置信水平，z_c 表示标准正态分布条件下 c 的分位数并且 $c = 1 - X$，$E(R_P)$ 表示投资组合的期望收益率（用以往平均日收益率代替），σ_P 表示投资组合收益率的日波动率，则用方差-协方差法计算风险价值的数学表达式如下：

$$VaR = V_P[z_c\sigma_P - E(R_P)] \qquad （式 13-1）$$

同时，假设投资组合由 N 个资产组成，$E(R_i)$ 表示投资组合中第 i 个资产（证券）的期望收益率（依然用以往平均日收益率代替），w_i 表示第 i 个资产在投资组合中的权重，$Cov(R_i,R_j)$ 表示投资组合中第 i 个资产与第 j 个资产收益率之间的协方差，其中 $i = 1,2,\cdots,N$，$j = 1,2,\cdots,N$，因此（式 13-1）中的变量 $E(R_P)$ 和 σ_P 的表达式如下：

$$E(R_P) = \sum_{i=1}^{N} w_i E(R_i) \qquad （式 13-2）$$

$$\sigma_p = \sqrt{\sum_{i=1}^{N}\sum_{j=1}^{N} w_i w_j \, Cov(R_i, R_j)} \qquad （式 13-3）$$

此外，针对同一种方法计算得到的风险价值，在相同置信水平下，持有期为 N 天的风险价值与持有期为1天的风险价值之间近似满足如下的平方根法则：

$$N天的VaR = \sqrt{N} \times 1天的VaR \qquad （式 13-4）$$

13.1.4　参考代码与说明

1．针对任务 1

```
In [1]: import numpy as np
   ...: import pandas as pd
   ...: import matplotlib.pyplot as plt
   ...: from pylab import mpl
   ...: mpl.rcParams['font.sans-serif']=['FangSong']
   ...: mpl.rcParams['axes.unicode_minus'] = False
   ...: from pandas.plotting import register_matplotlib_converters
   ...: register_matplotlib_converters()

In [2]: def VaR_VarCov(S,W,R,N,X):
   ...:     '''定义运用方差-协方差法计算风险价值（VaR）的函数
   ...:     S: 代表投资组合的最新市值
   ...:     W: 代表投资组合中每个资产的权重，以数组格式输入
   ...:     R: 代表投资组合中每个资产的日收益率序列，以数据框格式输入
   ...:     N: 代表投资组合的持有期，用天数表示
   ...:     X: 代表计算风险价值的置信水平'''
   ...:     #为了清晰展示代码编写的逻辑，分为以下两个步骤
   ...:     #第1步：计算投资组合的相关参数
   ...:     R_mean=R.mean()           #投资组合每个资产的日平均收益率
   ...:     Rp=np.sum(W*R_mean)       #投资组合的日平均收益率
   ...:     R_cov=R.cov()             #每个资产之间的协方差矩阵
   ...:     Vp=np.sqrt(np.dot(W,np.dot(R_cov,W.T)))  #按各资产权重计算投资组合收益率的波动率
   ...:     #第2步：计算投资组合的风险价值
```

```
...:     import scipy.stats as st          #导入 SciPy 模块的统计子模块 stats
...:     z=st.norm.ppf(q=1-X)              #计算标准正态分布 1-X 的分位数
...:     z=np.abs(z)                       #对分位数取绝对值
...:     VaR=np.sqrt(N)*S*(z*Vp-Rp)        #计算风险价值的数值
...:     return VaR
```

在以上自定义的函数 **VaR_VarCov** 中，只需要输入投资组合的最新市值、投资组合中每个资产的权重、每个资产的日收益率序列、持有期以及置信水平等参数，就可以很方便地获取运用方差-协方差法计算得到的在某个持有期和某一置信水平条件下的风险价值。

2. 针对任务 2

```
In [3]: P_stock=pd.read_excel('C:/Desktop/QFII 重仓股的日收盘价数据.xlsx', sheet_name="Sheet1",
header=0,index_col=0) #导入外部数据

In [4]: (P_stock/P_stock.iloc[0]).plot(figsize=(9,6),grid=True)    #将首个交易日数据归一化并进行可视化
Out[4]:
```

从图 13-1 中可以清楚地看到，在 2019 年 1 月至 2021 年 9 月期间内，迈为股份的股价走势最为强劲，涨幅超过 7 倍，给投资者带来的财富收益最大；飞科电器股价的表现最糟糕，几乎是在原地打转；其他 3 只股票价格在该期间收获了 1 倍至 3 倍的涨幅，这说明股票投资中择股的重要性。

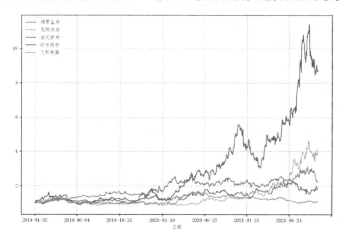

图 13-1 2019 年 1 月至 2021 年 9 月股票日收盘价走势（将首个交易日价格归一化）

```
In [5]: R_stock=np.log(P_stock/P_stock.shift(1))      #股票日收益率时间序列
...:    R_stock=R_stock.dropna()                      #删除缺失值所在的行

In [6]: value=2e8                                      #投资组合最新市值 2 亿元
...:    weight=np.array([0.30,0.26,0.21,0.14,0.09])   #投资组合中每只股票的权重
...:    D1=1                                           #持有期为 1 天
...:    D2=10                                          #持有期为 10 天
...:    X1=0.95                                        #置信水平为 95%
...:    X2=0.99                                        #置信水平为 99%

In [7]: VaR95_1day=VaR_VarCov(S=value,W=weight,R=R_stock,N=D1,X=X1)   #持有期为 1 天、置信水平
为 95%的风险价值
...:    VaR99_1day=VaR_VarCov(S=value,W=weight,R=R_stock,N=D1,X=X2)   #持有期为 1 天、置信水平为
99%的风险价值
...:    VaR95_10day=VaR_VarCov(S=value,W=weight,R=R_stock,N=D2,X=X1)  #持有期为 10 天、置信水平
为 95%的风险价值
...:    VaR99_10day=VaR_VarCov(S=value,W=weight,R=R_stock,N=D2,X=X2)  #持有期为 10 天、置信水平
为 99%的风险价值
...:    print('方差-协方差法计算持有期为 1 天、置信水平为 95%的风险价值',round(VaR95_1day,2))
...:    print('方差-协方差法计算持有期为 1 天、置信水平为 99%的风险价值',round(VaR99_1day,2))
...:    print('方差-协方差法计算持有期为 10 天、置信水平为 95%的风险价值', round(VaR95_10day,2))
...:    print('方差-协方差法计算持有期为 10 天、置信水平为 99%的风险价值', round(VaR99_10day,2))
方差-协方差法计算持有期为 1 天、置信水平为 95%的风险价值  5768837.19
方差-协方差法计算持有期为 1 天、置信水平为 99%的风险价值  8286858.81
方差-协方差法计算持有期为 10 天、置信水平为 95%的风险价值 18242664.96
方差-协方差法计算持有期为 10 天、置信水平为 99%的风险价值 26205348.48
```

从以上的输出结果可以看到，配置方案中的投资组合在1个交易日内，有95%的可能性亏损不会超过576.88万元，有99%的可能性亏损不会超过828.69万元；在10个交易日内，有95%的可能性亏损不会超过1824.27万元，有99%的可能性亏损不会超过2620.53万元。

3. 针对任务3

```
In [8]: D_list=np.arange(1,31)                    #设置不同持有期的数组
   ...: X_list=np.linspace(0.95,0.99,50)          #设置不同置信水平的数组

In [9]: VaR95_list=VaR_VarCov(S=value,W=weight,R=R_stock,N=D_list,X=X1)    #置信水平为95%、但
有不同持有期的风险价值数组
   ...: VaR99_list=VaR_VarCov(S=value,W=weight,R=R_stock,N=D_list,X=X2)    #置信水平为99%、但
有不同持有期的风险价值数组
   ...: VaR_1day_list=VaR_VarCov(S=value,W=weight,R=R_stock,N=D1,X=X_list)#持有期为1天、但
有不同置信水平的风险价值数组
   ...: VaR_10day_list=VaR_VarCov(S=value,W=weight,R=R_stock,N=D2,X=X_list)#持有期为10天、
但有不同置信水平的风险价值数组

In [10]: plt.figure(figsize=(10,6))
   ...: plt.subplot(1,2,1)           #第1行、第1列的子图
   ...: plt.plot(D_list,VaR95_list,'r-',label=u'置信水平为95%的风险价值',lw=2.0)
   ...: plt.plot(D_list,VaR99_list,'b-',label=u'置信水平为99%的风险价值',lw=2.0)
   ...: plt.xticks(fontsize=12)
   ...: plt.xlabel(u'持有期（天数）',fontsize=12)
   ...: plt.yticks(fontsize=12)
   ...: plt.ylabel(u'风险价值',fontsize=12)
   ...: plt.title(u'持有期与风险价值的关系', fontsize=12)
   ...: plt.legend(fontsize=12)
   ...: plt.grid()
   ...: plt.subplot(1,2,2)           #第1行、第2列的子图
   ...: plt.plot(X_list,VaR_1day_list,'r-',label=u'持有期为1天的风险价值',lw=2.0)
   ...: plt.plot(X_list,VaR_10day_list,'b-',label=u'持有期为10天的风险价值',lw=2.0)
   ...: plt.xticks(fontsize=12)
   ...: plt.xlabel(u'置信水平',fontsize=12)
   ...: plt.yticks(fontsize=12)
   ...: plt.title(u'置信水平与风险价值的关系', fontsize=12)
   ...: plt.legend(fontsize=12)
   ...: plt.grid()
   ...: plt.show()
```

通过观察图13-2，可以得到以下3个有价值的结论。

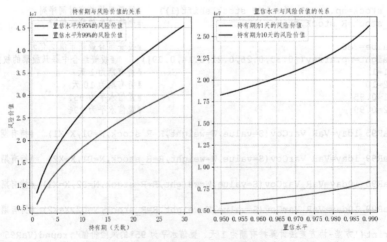

图13-2 持有期、置信水平与风险价值的关系

一是投资组合的风险价值是关于持有期变量、置信水平变量的递增函数。

二是根据第1张子图（持有期与风险价值的关系），伴随着持有期拉长，不同置信水平条件下风险价值之间的差异会逐步拉大，在图中就呈现出一个"喇叭口"形状。

三是根据第 2 张子图（置信水平与风险价值的关系），当投资组合的持有期越长时，风险价值对置信水平的敏感性（即图中曲线的斜率）也就越高。

13.2 历史模拟法测度风险价值的编程——以基金重仓股为案例

13.2.1 案例详情

B 公司是总部位于广州的一家金融投资公司，经过了 20 余年的发展，已经形成了综合金融、产融合作、具有陆港两地特色优势的多元金融投资集团。为了提高公司自有资金的收益水平并且保持自有资金具有较高的流动性，该公司将自有资金主要用于配置 A 股股票，遵循的投资逻辑是依据国内公募基金对外披露的重仓股票来配置投资组合。

通过研究国内公募基金 2021 年上半年报对外披露的信息，B 公司发现基金持股比例超过 30%的股票有 84 只。按照股票上市日期不晚于 2017 年并且结合上市公司的基本面情况，B 公司在 2021年 9 月末构建了包含百润股份、中科电气、振华科技、赣锋锂业、健帆生物以及天华超净共计 6 只A 股股票的投资组合，总投资金额为 5 亿元。表 13-3 列出了这些股票在投资组合中拟配置的权重以及 2017 年 1 月至 2021 年 9 月期间部分日收盘价数据，完整的数据存放在 Excel 文件中。

表 13-3　股票配置的权重和 2017 年 1 月至 2021 年 9 月期间股票的部分日收盘价　　　　单位：元/股

日期	百润股份 （代码：002568） 权重比例 22%	中科电气 （代码：300035） 权重比例 20%	振华科技 （代码：000733） 权重比例 17%	赣锋锂业 （代码：002460） 权重比例 16%	健帆生物 （代码：300529） 权重比例 13%	天华超净 （代码：300390） 权重比例 12%
2017-01-03	20.3000	15.1100	18.1500	26.5400	47.3400	12.6800
2017-01-04	20.4600	15.3500	18.3500	28.2700	48.1700	12.9000
2017-01-05	20.5200	15.4900	18.8900	28.1500	47.0700	12.8200
……	……	……	……	……	……	……
2021-09-28	70.7000	30.9200	99.6600	159.6900	57.8000	105.4800
2021-09-29	69.0000	28.6300	96.8800	152.9700	57.3000	93.5000
2021-09-30	74.4900	30.5200	100.2200	162.9400	58.5600	107.3500

数据来源（不含权重数据）：上海证券交易所、深圳证券交易所。

假定你是 B 公司的一位风险经理，主要负责针对股票投资的日常风险管理工作。根据公司首席风险官的要求，为了能够有效应对未来可能出现的极端风险，你需要运用风险价值并采用历史模拟法（historical method）测量该投资组合的风险，因此需要运用 Python 完成 3 个编程任务。

13.2.2 编程任务

【任务 1】为了今后能够高效地计算风险价值，需要在 Python 中自定义一个运用历史模拟法测算风险价值的函数。

【任务 2】导入包含 2017 年 1 月至 2021 年 9 月期间股票日收盘价数据的 Excel 文件，同时运用任务 1 自定义的函数，分别计算在持有期为 1 天和 10 天、置信水平为 95%和 99%条件下投资组合的风险价值。

【任务 3】为了进行对比，公司首席风险官还要求选取 2019 年 1 月至 2021 年 9 月作为测算风险价值的新时间区间，并且依据这一新的时间区间重新用历史模拟法测算在持有期为 1 天和 10 天、置信水平为 95%和 99%条件下投资组合的风险价值。

13.2.3 编程提示

在历史模拟法中，假定在投资组合中共有 N 个资产，R_{it} 表示投资组合中第 i 个资产在过去第 t 个交易日的收益率，并且 $i=1,2,\cdots,N$，$t=1,2,\cdots,T$，同时假设风险价值计算日是第 T 个交易日，第 T 个交易日的投资组合市值用 S_{PT} 表示，第 i 个资产在第 T 个交易日的权重用 w_i 表示，模拟得到过去第 t 个交易日投资组合收益 ΔS_{Pt} 的表达式如下：

$$\Delta S_{Pt} = \sum_{i=1}^{N} w_i R_{it} S_{PT} \qquad (\text{式 } 13\text{-}5)$$

需要注意的是，下标 t 取值越小就表示该交易日距离风险价值计算日（第 T 个交易日）越远，相反，取值越大则表示该交易日距离风险价值计算日（第 T 个交易日）越近。

然后，将模拟测算的过去 T 个交易日投资组合收益金额由大到小排序并形成基于过去交易日数据的投资组合收益分布，持有期为 1 天、置信水平为 95% 的风险价值对应于收益分布中的 5% 分位数（取正数），持有期为 1 天、置信水平为 99% 的风险价值则对应于分布中的 1% 分位数（取正数）。

13.2.4 参考代码与说明

1. 针对任务 1

```
In [11]: def VaR_History(S,W,R,N,X):
    ...:     '''定义运用历史模拟法计算风险价值的函数
    ...:     S: 代表投资组合的最新市值
    ...:     W: 代表投资组合每个资产的最新权重，以数组格式输入
    ...:     R: 代表投资组合每个资产的日收益率序列，以数据框格式输入
    ...:     N: 代表投资组合持有期，用天数表示
    ...:     X: 代表计算风险价值的置信水平'''
    ...:     #为了更清晰地展示代码编写的逻辑，分为以下两个步骤
    ...:     #第 1 步: 计算投资组合模拟的历史市值
    ...:     value_asset=S*W                          #计算得到每个资产最新市值的数组
    ...:     profit_port=np.dot(R,value_asset)        #计算整个投资组合的历史收益金额
    ...:     #第 2 步: 计算投资组合的风险价值
    ...:     VaR_1day=np.abs(np.percentile(a=profit_port,q=(1-X)*100))#计算持有期为 1 天的风险价值
    ...:     VaR_Ndays=np.sqrt(N)*VaR_1day            #计算持有期为 N 天的风险价值
    ...:     return VaR_Ndays
```

在以上自定义的函数 VaR_History 中，只需要输入投资组合的最新市值、投资组合中每个资产的最新权重、每个资产的日收益率序列、持有期以及置信水平等参数，就可以快速获取运用历史模拟法计算得到的风险价值。

2. 针对任务 2

```
In [12]: P_stock=pd.read_excel('C:/Desktop/基金重仓股日收盘价数据.xlsx', sheet_name="Sheet1",
header=0,index_col=0)                              #导入外部数据
    ...: R_stock=np.log(P_stock/P_stock.shift(1))     #股票日收益率序列
    ...: R_stock=R_stock.dropna()                      #删除缺失值所在的行

In [13]: value_port=5e8                                #投资组合最新市值为 5 亿元
    ...: weight=np.array([0.22,0.20,0.17,0.16,0.13,0.12])  #每只股票的权重
    ...: D1=1                                           #持有期为 1 天
    ...: D2=10                                          #持有期为 10 天
    ...: X1=0.95                                        #置信水平为 95%
    ...: X2=0.99                                        #置信水平为 99%

In [14]: VaR95_1day=VaR_History(S=value_port,W=weight,R=R_stock,N=D1,X=X1)    #持有为 1 天、置信
水平为 95% 的风险价值
    ...: VaR99_1day=VaR_History(S=value_port,W=weight,R=R_stock,N=D1,X=X2)    #持有为 1 天、置信
水平为 99% 的风险价值
    ...: VaR95_10day=VaR_History(S=value_port,W=weight,R=R_stock,N=D2,X=X1)   #持有为 10 天、置信
水平为 95% 的风险价值
    ...: VaR99_10day=VaR_History(S=value_port,W=weight,R=R_stock,N=D2,X=X2)   #持有为 10 天、置信
水平为 99% 的风险价值
```

```
...: print('历史模拟法计算持有期为1天、置信水平为95%的风险价值',round(VaR95_1day,2))
...: print('历史模拟法计算持有期为1天、置信水平为99%的风险价值',round(VaR99_1day,2))
...: print('历史模拟法计算持有期为10天、置信水平为95%的风险价值', round(VaR95_10day,2))
...: print('历史模拟法计算持有期为10天、置信水平为99%的风险价值', round(VaR99_10day,2))
历史模拟法计算持有期为1天、置信水平为95%的风险价值  18215201.42
历史模拟法计算持有期为1天、置信水平为99%的风险价值  34623260.75
历史模拟法计算持有期为10天、置信水平为95%的风险价值  57601524.53
历史模拟法计算持有期为10天、置信水平为99%的风险价值  109488363.98
```

从以上的计算结果可以发现，在投资组合的最新市值为 5 亿元的情况下，在 1 个交易日内，有 95%的可能性投资组合的亏损不超过 1821.52 万元，有 99%的可能性亏损不超过 3462.33 万元；在 10 个交易日内，有 95%的可能性投资组合的亏损不超过 5760.15 万元，有 99%的可能性最大亏损不超过 1.09 亿元。

3. 针对任务 3

```
In [15]: R_stock_new=R_stock.loc['2019-01-01':'2021-09-30']  #截取2019年1月至2021年9月每
只股票的日收益率序列
```

```
In [16]: VaR95_1day_new=VaR_History(S=value_port,W=weight,R=R_stock_new,N=D1,X=X1)  #持有期
为1天、置信水平为95%的风险价值
...: VaR99_1day_new=VaR_History(S=value_port,W=weight,R=R_stock_new,N=D1,X=X2)  #持有期
为1天、置信水平为99%的风险价值
...: VaR95_10day_new=VaR_History(S=value_port,W=weight,R=R_stock_new,N=D2,X=X1)  #持有期
为10天、置信水平为95%的风险价值
...: VaR99_10day_new=VaR_History(S=value_port,W=weight,R=R_stock_new,N=D2,X=X2)  #持有期
为10天、置信水平为99%的风险价值
...: print('新时间区间内用历史模拟法计算持有期为1天、置信水平为95%的风险价值', round(VaR95_1day_new,2))
...: print('新时间区间内用历史模拟法计算持有期为1天、置信水平为99%的风险价值', round(VaR99_1day_new,2))
...: print('新时间区间内用历史模拟法计算持有期为10天、置信水平为95%的风险价值', round(VaR95_10day_new,2))
...: print('新时间区间内用历史模拟法计算持有期为10天、置信水平为99%的风险价值', round(VaR99_10day_new,2))
新时间区间内用历史模拟法计算持有期为1天、置信水平为95%的风险价值  18909851.52
新时间区间内用历史模拟法计算持有期为1天、置信水平为99%的风险价值  35857077.18
新时间区间内用历史模拟法计算持有期为10天、置信水平为95%的风险价值  59798201.01
新时间区间内用历史模拟法计算持有期为10天、置信水平为99%的风险价值  113390034.13
```

从以上的输出结果可以看到，当时间区间重新选择为 2019 年 1 月至 2021 年 9 月时，运用历史模拟法得到的风险价值相比任务 2（运用 2017 年 1 月至 2021 年 9 月）的风险价值略有提高。表 13-4 比较了两个不同时间区间并采用历史模拟法所得到的风险价值。

表 13-4 选取不同时间区间并运用历史模拟法得到的风险价值

| 持有期 | 置信水平 | 选择的时间区间 | |
		2017 年 1 月至 2021 年 9 月	2019 年 1 月至 2021 年 9 月
1 天	95%	1821.52 万元	1890.99 万元
	99%	3462.33 万元	3585.71 万元
10 天	95%	5760.15 万元	5979.82 万元
	99%	1.09 亿元	1.13 亿元

从表 13-4 可以得出结论，运用历史模拟法得到的风险价值会受到所选择的时间区间影响，并且有时候敏感程度还可能比较高。因此，在运用历史模拟法的过程中，对时间区间的选择需要十分谨慎，否则可能会高估或者低估投资的风险。

13.3 蒙特卡罗模拟法测度风险价值的编程——以社保重仓股为案例

13.3.1 案例详情

C 公司是总部位于上海的一家私募基金管理公司，公司将风险防范放在首位，同时兼顾组合的盈利空间和流动性。公司在 2021 年 10 月发行了一只私募证券投资基金，该基金的投资逻辑主要是

参考已对外披露的全国社保基金重仓股进行资产配置。

根据 Wind 统计，全国社保基金在 2021 年 6 月末配置的股票资产中，持股比例超过 8%（占公司股票发行规模）的上市公司股票数量达到了 16 只。按照股票首次公开发行（Initial Public Offerings，IPO）不晚于 2018 年 1 月的择股原则，并且结合对上市公司基本面的最新研判，C 公司从这 16 只股票中精选了 7 只构建一个投资组合，这些股票分别是菲利华、皮阿诺、云图控股、凌霄泵业、激智科技、人福医药以及我武生物。表 13-5 列出了在 2021 年 10 月末该基金投资组合中每只股票的权重以及 2018 年 1 月至 2021 年 10 月期间的部分日收盘价数据。此外，该基金在 2021 年 10 月末的市值是 7.6 亿元。

表 13-5 投资组合中每只股票的权重以及 2018 年 1 月至 2021 年 10 月末的部分日收盘价数据 单位：元/股

日期	菲利华 代码：（300395） 权重比例 20%	皮阿诺 代码：（002853） 权重比例 17%	云图控股 代码：（002539） 权重比例 15%	凌霄泵业 代码：（002884） 权重比例 14%	激智科技 代码：（300566） 权重比例 12%	人福医药 代码：（600079） 权重比例 11%	我武生物 代码：（300357） 权重比例 11%
2018-01-02	16.7300	33.8800	6.5100	52.6900	38.1000	18.2200	50.0700
2018-01-03	17.2400	33.5600	6.4100	52.7200	38.3800	18.3700	49.9200
2018-01-04	17.1500	32.7800	6.3300	52.4700	38.4000	18.3300	49.4500
……	……	……	……	……	……	……	……
2021-10-27	53.7900	14.5000	16.8900	20.6500	22.0600	20.4100	52.9400
2021-10-28	54.3400	14.4100	15.3000	20.8000	21.4000	20.2500	53.0200
2021-10-29	55.7600	14.9000	16.0200	21.9600	21.8700	21.0800	53.6500

数据来源（不含权重数据）：上海证券交易所、深圳证券交易所。

为了更加准确地评估整个投资组合的风险状况，努力提升投资团队的风险管理水平，你作为负责管理该只基金投资的基金经理，希望采用蒙特卡罗模拟法（Monte Carlo Simulation Method，MCSM）计量 2021 年 10 月末该基金的风险价值。对此，你需要运用 Python 完成 3 个编程任务。

13.3.2 编程任务

【任务 1】为了计算风险价值的便捷，需要在 Python 中自定义运用蒙特卡罗模拟法测度风险价值的函数，同时假定每只股票收益率均服从标准正态分布。

【任务 2】导入包含 2018 年 1 月至 2021 年 9 月股票日收盘价数据的 Excel 文件，通过任务 1 自定义的函数，同时假定模拟次数为 1 万，分别计算在持有期为 1 天和 10 天、置信水平为 95% 和 99% 情况下投资组合的风险价值。

【任务 3】为了进一步提高计算结果的精确程度，将模拟次数分别增加至 10 万、50 万和 100 万，重新计算在持有期为 1 天和 10 天、置信水平为 95% 和 99% 情况下投资组合的风险价值。

13.3.3 编程提示

针对蒙特卡罗模拟法，具体的建模思路如下：假设一个投资组合由 M 个资产组成，S_i 表示第 i 个资产的当前价值，S_p 表示投资组合的当前价值，第 i 个资产价值在一个交易日内的百分比变化（收益率）用 x_i 表示。用蒙特卡罗模拟法计算投资组合的风险价值时，分为如下 6 个步骤。

第 1 步：利用第 i 个资产的当前价值 S_i 加总计算出投资组合的当前价值 $S_P = \sum_{i=1}^{M} S_i$。

第 2 步：在第 i 个资产价值的日百分比变化 x_i 所服从的分布中进行 1 次抽样并得到 x_i^j，上标 j 表示第 j 次抽样并且 $j = 1, 2, \cdots, N$，其中 N 表示设定的模拟次数（即模拟的路径数量）。

第 3 步：由 x_i^j 模拟计算得到本次抽样中第 i 个资产在下一个交易日的收益额 $x_i^j S_i$。

第 4 步：计算得到在本次抽样中，模拟的整个投资组合在下一个交易日的价值变动 $\Delta S_P^j = \sum_{i=1}^{M} x_i^j S_i$。

第 5 步：根据设定的模拟次数重复上面的第 2 步至第 4 步，比如模拟次数是 1 万（ $N=10000$ ），则就需要重复第 2 步至第 4 步共计 1 万次，并且将 ΔS_P^i 的金额由大到小进行排序，从而建立投资组合在下一个交易日的收益额 ΔS_P 的概率分布。

第 6 步：持有期为 1 天、置信水平为 X 的投资组合风险价值对应于在 ΔS_P 分布中的 X 分位数。

此外，在模拟过程中需运用金融资产价格服从的随机过程公式，具体就是

$$p_{t+\Delta t} = p_t\, e^{\left(\mu - \frac{1}{2}\sigma^2\right)\Delta t + \sigma\varepsilon_t\sqrt{\Delta t}} \qquad\text{（式 13-6）}$$

其中，$p_{t+\Delta t}$ 和 p_t 分别表示在 $t+\Delta t$ 时刻和 t 时刻的股票价格，（式 13-6）与 8.6.3 小节的（式 8-7）是相似的。

13.3.4 参考代码与说明

1. 针对任务 1

```
In [17]: def VaR_MCSM(S,P,W,R,N,X,I):
    ...:     '''定义运用蒙特卡罗模拟法计算风险价值的函数
    ...:     同时假定资产收益率服从标准正态分布
    ...:     S: 代表投资组合的最新市值
    ...:     P: 代表投资组合每个资产的最新价格，以数组或者数据框格式输入
    ...:     W: 代表投资组合每个资产的最新权重，以数组格式输入
    ...:     R: 代表投资组合每个资产的日收益率序列，以数据框格式输入
    ...:     N: 代表投资组合的持有期，用天数表示
    ...:     X: 代表计算风险价值的置信水平
    ...:     I: 代表蒙特卡罗模拟的次数'''
    ...:     #为了更清晰地展示设置代码的逻辑过程，分为以下 3 个步骤
    ...:     #第 1 步：设置蒙特卡罗模拟的参数
    ...:     import numpy.random as npr    #导入 NumPy 的子模块 random
    ...:     R_mean=R.mean()*252           #计算每个资产的年化平均收益率
    ...:     R_vol=R.std()*np.sqrt(252)    #计算每个资产收益率的年化波动率
    ...:     dt=1/252                      #设定一个交易日的步长
    ...:     N_assets=len(R.columns)       #投资组合中资产的个数
    ...:     epsilon=npr.standard_normal(size=I)    #从标准正态分布中抽取随机数
    ...:     #第 2 步：计算下一个交易日每个资产的价格
    ...:     P_new=np.zeros(shape=(I,N_assets))    #创建放置下一个交易日每个资产价格的初始数组
    ...:     for i in range(N_assets):             #用 for 语句快速计算下一个交易日资产价格
    ...:         P_new[:,i]=P[i]*np.exp((R_mean[i]-0.5*R_vol[i]**2)*dt+ R_vol[i]*epsilon*np.sqrt(dt))
    ...:     S_delta=np.dot(P_new/P-1,W*S)         #计算模拟的下一个交易日投资组合盈亏金额
    ...:     #第 3 步：计算投资组合的风险价值
    ...:     VaR_1day=np.abs(np.percentile(a=S_delta,q=(1-X)*100))#计算持有期为 1 天的风险价值
    ...:     VaR_Ndays=np.sqrt(N)*VaR_1day         #计算持有期为 N 天的风险价值
    ...:     return VaR_Ndays
```

以上自定义的函数 **VaR_MCSM** 中，只需要输入投资组合的最新市值、投资组合中每个资产的最新价格、每个资产的最新权重、每个资产的日收益率序列、持有期、置信水平以及模拟次数等参数，就可以快速获取运用蒙特卡罗模拟法计算得到的风险价值。

此外，需要引起大家注意的是，由于每一次的随机数是随机生成的，因此重复运用蒙特卡罗模拟法得到的每一次风险价值数据是存在差异的。

2. 针对任务 2

```
In [18]: Price_stocks=pd.read_excel('C:/Desktop/社保基金重仓股的日收盘价数据.xlsx', sheet_name=
"Sheet1",header=0,index_col=0) #导入外部数据
    ...: R_stocks=np.log(Price_stocks/Price_stocks.shift(1))    #股票日收益率时间序列
    ...: R_stocks=R_stocks.dropna()        #删除缺失值所在的行

In [19]: value_port=7.6e8                  #投资组合最新市值 7.6 亿元
    ...: weight=np.array([0.20,0.17,0.15,0.14,0.12,0.11,0.11])    #投资组合中每只股票的权重
    ...: Price_end=np.array(Price_stocks.iloc[-1])    #取 2021 年 10 月末的股价并且以数组格式存放

In [20]: D1=1                              #持有期为 1 天
    ...: D2=10                             #持有期为 10 天
    ...: X1=0.95                           #置信水平为 95%
```

```
        ...: X2=0.99                           #置信水平为 99%
        ...: I1=10000                          #模拟次数为 1 万

    In [21]: VaR95_1day=VaR_MCSM(S=value_port,P=Price_end,W=weight,R=R_stocks,N=D1,X=X1, I=I1)
#持有期为 1 天、置信水平为 95%的风险价值
        ...: VaR99_1day=VaR_MCSM(S=value_port,P=Price_end,W=weight,R=R_stocks,N=D1,X=X2, I=I1)
#持有期为 1 天、置信水平为 99%的风险价值
        ...: VaR95_10day=VaR_MCSM(S=value_port,P=Price_end,W=weight,R=R_stocks,N=D2,X=X1, I=I1)
#持有期为 10 天、置信水平为 95%的风险价值
        ...: VaR99_10day=VaR_MCSM(S=value_port,P=Price_end,W=weight,R=R_stocks,N=D2,X=X2, I=I1)
#持有期为 10 天、置信水平为 99%的风险价值
        ...: print('蒙特卡罗模拟法(模拟 1 万次)计算持有期为 1 天、置信水平为 95%的风险价值', round(VaR95_1day,2))
        ...: print('蒙特卡罗模拟法(模拟 1 万次)计算持有期为 1 天、置信水平为 99%的风险价值', round(VaR99_1day,2))
        ...: print('蒙特卡罗模拟法(模拟 1 万次)计算持有期为 10 天、置信水平为 95%的风险价值', round(VaR95_10day,2))
        ...: print('蒙特卡罗模拟法(模拟 1 万次)计算持有期为 10 天、置信水平为 99%的风险价值', round(VaR99_10day,2))
    蒙特卡罗模拟法(模拟 1 万次)计算持有期为 1 天、置信水平为 95%的风险价值  40092908.38
    蒙特卡罗模拟法(模拟 1 万次)计算持有期为 1 天、置信水平为 99%的风险价值  56179386.14
    蒙特卡罗模拟法(模拟 1 万次)计算持有期为 10 天、置信水平为 95%的风险价值 127178545.43
    蒙特卡罗模拟法(模拟 1 万次)计算持有期为 10 天、置信水平为 99%的风险价值 175289961.93
```

根据以上在运用蒙特卡罗模拟法并模拟 1 万次的情况下输出的结果,可以得出以下的结论:在投资组合市值为 7.6 亿元的情况下,在未来 1 个交易日内,有 95%的可能性亏损不超过 4009.29 万元,有 99%的可能性亏损不超过 5617.94 万元;在未来 10 个交易日内,有 95%的可能性亏损不超过 1.27 亿元,有 99%的可能性亏损不超过 1.75 亿元。需要注意的是,由于生成的数是随机的,因此每次运用蒙特卡罗模拟法计算得到的风险价值会有差异,但是差异通常较小。

3. 针对任务 3

```
    In [22]: I2=100000                         #模拟次数为 10 万

    In [23]: VaR95_1day_1e5=VaR_MCSM(S=value_port,P=Price_end,W=weight,R=R_stocks,N=D1, X=X1,
I=I2)   #持有期为 1 天、置信水平为 95%的风险价值
        ...: VaR99_1day_1e5=VaR_MCSM(S=value_port,P=Price_end,W=weight,R=R_stocks,N=D1, X=X2,
I=I2)   #持有期为 1 天、置信水平为 99%的风险价值
        ...: VaR95_10day_1e5=VaR_MCSM(S=value_port,P=Price_end,W=weight,R=R_stocks,N=D2, X=X1,
I=I2)   #持有期为 10 天、置信水平为 95%的风险价值
        ...: VaR99_10day_1e5=VaR_MCSM(S=value_port,P=Price_end,W=weight,R=R_stocks,N=D2, X=X2,
I=I2)   #持有期为 10 天、置信水平为 99%的风险价值
        ...: print('蒙特卡罗模拟法(模拟 10 万次)计算持有期为 1 天、置信水平为 95%的风险价值', round(VaR95_1day_1e5,2))
        ...: print('蒙特卡罗模拟法(模拟 10 万次)计算持有期为 1 天、置信水平为 99%的风险价值', round(VaR99_1day_1e5,2))
        ...: print('蒙特卡罗模拟法(模拟 10 万次)计算持有期为 10 天、置信水平为 95%的风险价值', round(VaR95_10day_1e5,2))
        ...: print('蒙特卡罗模拟法(模拟 10 万次)计算持有期为 10 天、置信水平为 99%的风险价值', round(VaR99_10day_1e5,2))
    蒙特卡罗模拟法(模拟 10 万次)计算持有期为 1 天、置信水平为 95%的风险价值  39548257.52
    蒙特卡罗模拟法(模拟 10 万次)计算持有期为 1 天、置信水平为 99%的风险价值  54978154.3
    蒙特卡罗模拟法(模拟 10 万次)计算持有期为 10 天、置信水平为 95%的风险价值 125261782.03
    蒙特卡罗模拟法(模拟 10 万次)计算持有期为 10 天、置信水平为 99%的风险价值 174598852.75


    In [24]: I3=500000                         #模拟次数为 50 万

    In [25]: VaR95_1day_5e5=VaR_MCSM(S=value_port,P=Price_end,W=weight,R=R_stocks,N=D1, X=X1,
I=I3)   #持有期为 1 天、置信水平为 95%的风险价值
        ...: VaR99_1day_5e5=VaR_MCSM(S=value_port,P=Price_end,W=weight,R=R_stocks,N=D1, X=X2,
I=I3)   #持有期为 1 天、置信水平为 99%的风险价值
        ...: VaR95_10day_5e5=VaR_MCSM(S=value_port,P=Price_end,W=weight,R=R_stocks,N=D2, X=X1,
I=I3)   #持有期为 10 天、置信水平为 95%的风险价值
        ...: VaR99_10day_5e5=VaR_MCSM(S=value_port,P=Price_end,W=weight,R=R_stocks,N=D2, X=X2,
I=I3)   #持有期为 10 天、置信水平为 99%的风险价值
        ...: print('蒙特卡罗模拟法(模拟 50 万次)计算持有期为 1 天、置信水平为 95%的风险价值', round(VaR95_1day_5e5,2))
        ...: print('蒙特卡罗模拟法(模拟 50 万次)计算持有期为 1 天、置信水平为 99%的风险价值', round(VaR99_1day_5e5,2))
        ...: print('蒙特卡罗模拟法(模拟 50 万次)计算持有期为 10 天、置信水平为 95%的风险价值', round(VaR95_10day_5e5,2))
        ...: print('蒙特卡罗模拟法(模拟 50 万次)计算持有期为 10 天、置信水平为 99%的风险价值', round(VaR99_10day_5e5,2))
    蒙特卡罗模拟法(模拟 50 万次)计算持有期为 1 天、置信水平为 95%的风险价值  39534171.57
    蒙特卡罗模拟法(模拟 50 万次)计算持有期为 1 天、置信水平为 99%的风险价值  55030360.8
    蒙特卡罗模拟法(模拟 50 万次)计算持有期为 10 天、置信水平为 95%的风险价值 125369459.93
    蒙特卡罗模拟法(模拟 50 万次)计算持有期为 10 天、置信水平为 99%的风险价值 175015931.18

    In [26]: I4=1000000                        #模拟次数 100 万次
```

```
In [27]: VaR95_1day_1e6=VaR_MCSM(S=value_port,P=Price_end,W=weight,R=R_stocks,N=D1, X=X1,
I=I4)    #持有期为1天、置信水平为95%的风险价值
    ...: VaR99_1day_1e6=VaR_MCSM(S=value_port,P=Price_end,W=weight,R=R_stocks,N=D1, X=X2,
I=I4)    #持有期为1天、置信水平为99%的风险价值
    ...: VaR95_10day_1e6=VaR_MCSM(S=value_port,P=Price_end,W=weight,R=R_stocks,N=D2, X=X1,
I=I4)    #持有期为10天、置信水平为95%的风险价值
    ...: VaR99_10day_1e6=VaR_MCSM(S=value_port,P=Price_end,W=weight,R=R_stocks,N=D2, X=X2,
I=I4)    #持有期为10天、置信水平为99%的风险价值
    ...: print('蒙特卡罗模拟法(模拟100万次)计算持有期为1天、置信水平为95%的风险价值', round(VaR95_1day_1e6,2))
    ...: print('蒙特卡罗模拟法(模拟100万次)计算持有期为1天、置信水平为99%的风险价值', round(VaR99_1day_1e6,2))
    ...: print('蒙特卡罗模拟法(模拟100万次)计算持有期为10天、置信水平为95%的风险价值', round(VaR95_10day_1e6,2))
    ...: print('蒙特卡罗模拟法(模拟100万次)计算持有期为10天、置信水平为99%的风险价值', round(VaR99_10day_1e6,2))
蒙特卡罗模拟法(模拟100万次)计算持有期为1天、置信水平为95%的风险价值 39553898.24
蒙特卡罗模拟法(模拟100万次)计算持有期为1天、置信水平为99%的风险价值 55245512.79
蒙特卡罗模拟法(模拟100万次)计算持有期为10天、置信水平为95%的风险价值 125405635.6
蒙特卡罗模拟法(模拟100万次)计算持有期为10天、置信水平为99%的风险价值 174422206.56
```

根据以上蒙特卡罗模拟法输出的结果，表 13-6 梳理出了在不同模拟次数以及不同持有期和置信水平条件下，计算得到的投资组合风险价值。

表 13-6　运用蒙特卡罗模拟法（不同模拟次数）计算得到的投资组合风险价值

在不同持有期和置信水平下的风险价值	不同模拟次数得到的风险价值			
	1 万次	10 万次	50 万次	100 万次
持有期为 1 天、置信水平为 95%的风险价值	4009.29 万元	3954.83 万元	3953.42 万元	3955.39 万元
持有期为 1 天、置信水平为 99%的风险价值	5617.94 万元	5497.82 万元	5503.03 万元	5524.55 万元
持有期为 10 天、置信水平为 95%的风险价值	1.27 亿元	1.25 亿元	1.25 亿元	1.25 亿元
持有期为 10 天、置信水平为 99%的风险价值	1.75 亿元	1.75 亿元	1.75 亿元	1.74 亿元

注：由于是随机抽样，因此每次运用蒙特卡罗模拟法得到的风险价值是存在变化的。

从表 13-6 中的数据可以得出两个结论：一是对于较低模拟次数（比如 1 万次）与较高模拟次数（比如 100 万次），所得到的风险价值存在较大的差异；二是当模拟次数达到 50 万及以上时，得到的风险价值的差异就变得较小。

13.4　风险价值模型检验的编程——以阳光私募基金重仓股为案例

13.4.1　案例详情

D 公司是总部位于杭州的一家金融控股公司，践行"金融为实体经济服务"的理念，实施"大布局、大整合、大协同"三大工程。该公司偏好于运用自有资金配置 A 股股票以提升潜在的收益回报，在构建投资股票池过程中将充分参考国内阳光私募基金持有的 A 股重仓股。

根据 A 股上市公司对外披露的年报以及 Wind 统计，2020 年 6 月末国内阳光私募基金配置的股票资产中，持股比例超过 20%（占公司股票发行规模）的重仓股一共有 11 只。D 公司的权益投资部门根据投资风格、风险偏好并结合上市公司的基本面情况从这 11 只股票中精选出 7 只进行配置并长期持有，这些股票依次是道森股份、博雅生物、启迪药业、新华百货、华控赛格、禾盛新材以及金字火腿，同时为了增厚投资的安全垫，也配置了工银纯债基金（开放式债券型基金）。

D 公司投资的初始日期是 2020 年 9 月 30 日并且按照收盘价买入。表 13-7 列出了在 D 公司的投资组合中每只股票的持有数量以及 2018 年 1 月至 2021 年 10 月的部分日收盘价数据，全部数据

存放于 Excel 文件中。此外，由于 D 公司始终奉行价值投资的理念，因此从 2020 年 9 月末至 2021 年 10 月末期间一直未调整投资组合中的股票以及持有数量。

表 13-7　股票名称、持股数量以及 2018 年 1 月至 2021 年 10 月部分日收盘价数据　单位：元/股

日期	道森股份 （代码：603800） 持有 220 万股	博雅生物 （代码：300294） 持有 100 万股	启迪药业 （代码：000590） 持有 290 万股	新华百货 （代码：600785） 持有 170 万股	华控赛格 （代码：000068） 持有 380 万股	禾盛新材 （代码：002290） 持有 310 万股	金字火腿 （代码：002515） 持有 250 万股
2018-01-02	16.5500	31.4500	15.2500	21.0800	5.4000	13.1000	8.3000
2018-01-03	16.5500	31.1100	15.1700	21.3700	5.3900	13.1400	8.5200
2018-01-04	16.7800	31.2500	14.9800	21.1500	5.3700	13.4500	8.4500
……	……	……	……	……	……	……	……
2020-09-30	10.6500	40.2500	9.6000	15.2200	3.1400	4.8800	6.2000
……	……	……	……	……	……	……	……
2021-10-27	19.3600	39.3500	7.7300	12.6000	2.8000	7.5200	4.8800
2021-10-28	19.9900	38.1700	7.6200	12.6000	2.8300	7.2700	4.8300
2021-10-29	18.5100	39.2000	7.7400	12.3400	2.8900	7.3400	4.9900

注：表中的持有数量是 2020 年 9 月 30 日的数据并且此后一直保持不变。
数据来源（不包括持有数量）：上海证券交易所、深圳证券交易所。

　　假定你担任 D 公司的权益风险总监，日常的工作就是负责监测并计量公司权益投资业务的风险。根据公司风险管理制度的要求，在 2021 年 10 月末需要开展针对风险价值模型合理性的检验，进而定期评估风险价值模型的有效性。因此，你需要运用 Python 完成 3 个编程任务。

13.4.2　编程任务

　　【任务 1】导入包含 2018 年 1 月至 2021 年 10 月期间表 13-7 中各只股票日收盘价数据的 Excel 文件，计算 D 公司在 2020 年 9 月 30 日初始的投资金额；同时，基于 2018 年 1 月至 2020 年 9 月 30 日的数据并且运用 13.1 节至 13.3 节自定义的计算风险价值的函数，依次采用方差-协方差法、历史模拟法以及蒙特卡罗模拟法（模拟次数为 10 万次），计算持有期为 1 天、置信水平分别为 95%和 99%的投资组合风险价值（即 2020 年 9 月 30 日的投资组合风险价值）。

　　【任务 2】通过 Python 自定义一个检验风险价值模型合理性的函数，要求该函数输出两个结果：一是在新样本数据中超出风险价值的天数；二是该天数占整个交易日天数（新样本数据）的比重。

　　【任务 3】以 2020 年 10 月至 2021 年 10 月期间的数据作为测试的新样本数据，并且投资组合中每只股票的持有数量保持不变，运用任务 2 自定义的检验函数，判断任务 1 中运用不同模型得到投资组合风险价值的合理性。

13.4.3　编程提示

　　风险价值模型合理性的检验逻辑如下：假定计算得到投资组合持有期为 1 天、置信水平为 X 的风险价值用 V 表示；选取一个新的观测期间，新期间可以与原有观测期间重叠或者不重叠；假定新期间的交易日总天数是 D_1，在新期间内测算出每日的投资组合损失超出 V 的天数是 D_2，分以下两种情形进行判断。

　　情形 1：如果 $\dfrac{D_2}{D_1} < 1-X$，可以认为计算风险价值的模型或方法是合理的。

　　情形 2：如果 $\dfrac{D_2}{D_1} > 1-X$，有必要对计算风险价值的模型产生怀疑，只有对模型进行一定的校

正后方可使用。

13.4.4 参考代码与说明

1. 针对任务 1

```
In [28]: price=pd.read_excel('C:/Desktop/阳光私募基金重仓股日收盘价数据.xlsx', sheet_name="Sheet1",
header=0,index_col=0) #导入外部数据

In [29]: share=np.array([2.2e6,1e6,2.9e6,1.7e6,3.8e6,3.1e6,2.5e6]) #投资组合中每只股票持有数量的数组

In [30]: value_port=np.sum(share*price.loc['2020-09-30']) #计算投资的初始金额
    ...: print('投资组合的初始投资金额（2020年9月30日）',value_port)
投资组合的初始投资金额（2020年9月30日） 159954000.0
```

通过以上的计算可以看到，D 公司投资组合的初始投资金额为 1.60 亿元左右。

```
In [31]: price_list1=price.loc['2018-01-01':'2020-09-30']  #截取2018年至2020年9月股票价格时间序列

In [32]: R_list1=np.log(price_list1/price_list1.shift(1)) #2018年至2020年9月股票收益率时间序列
    ...: R_list1=R_list1.dropna()    #删除缺失值所在的行

In [33]: weight=share*price.loc['2020-09-30']/value_port   #投资组合中每只股票的权重
    ...: print('投资组合中每只股票的权重\n',weight)
投资组合中每只股票的权重
道森股份      0.146480
博雅生物      0.251635
启迪药业      0.174050
新华百货      0.161759
华控赛格      0.074596
禾盛新材      0.094577
金字火腿      0.096903
Name: 2020-09-30, dtype: float64
```

从以上的权重输出结果来看，在整个投资组合中，博雅生物的占比最高，其占比为 25.16%左右，相比之下，华控赛格的占比最低，不到 7.50%。

```
In [34]: days=1    #持有期为1天
    ...: X1=0.95   #置信水平为95%
    ...: X2=0.99   #置信水平为99%

In [35]: VaR95_VarCov=VaR_VarCov(S=value_port,W=weight,R=R_list1,N=days,X=X1) #运用方差-协
方差法计算持有期为1天、置信水平为95%的风险价值
    ...: VaR99_VarCov=VaR_VarCov(S=value_port,W=weight,R=R_list1,N=days,X=X2) #运用方差-协
方差法计算持有期为1天、置信水平为99%的风险价值
    ...: print('运用方差-协方差法计算持有期为1天、置信水平为95%的风险价值', round(VaR95_VarCov,2))
    ...: print('运用方差-协方差法计算持有期为1天、置信水平为99%的风险价值', round(VaR99_VarCov,2))
运用方差-协方差法计算持有期为1天、置信水平为95%的风险价值 4640969.66
运用方差-协方差法计算持有期为1天、置信水平为99%的风险价值 6534308.05

In [36]: VaR95_History=VaR_History(S=value_port,W=weight,R=R_list1,N=days,X=X1)    #运用历
史模拟法计算持有期为1天、置信水平为95%的风险价值
    ...: VaR99_History=VaR_History(S=value_port,W=weight,R=R_list1,N=days,X=X2)    #运用历
史模拟法计算持有期为1天、置信水平为99%的风险价值
    ...: print('运用历史模拟法计算持有期为1天、置信水平为95%的风险价值', round(VaR95_History,2))
    ...: print('运用历史模拟法计算持有期为1天、置信水平为99%的风险价值', round(VaR99_History,2))
运用历史模拟法计算持有期为1天、置信水平为95%的风险价值 4810580.08
运用历史模拟法计算持有期为1天、置信水平为99%的风险价值 8113687.3

In [37]: I_random=1000000                          #模拟次数为100万
    ...: price_Sep30=np.array(price.loc['2020-09-30'])   #选取2020年9月30日股票价格

In [38]: VaR95_MCSM=VaR_MCSM(S=value_port,P=price_Sep30,W=weight,R=R_list1, N=days,X=X1,I
=I_random)  #运用蒙特卡罗模拟法计算持有期为1天、置信水平为95%的风险价值
    ...: VaR99_MCSM=VaR_MCSM(S=value_port,P=price_Sep30,W=weight,R=R_list1, N=days,X=X2,I
=I_random)  #运用蒙特卡罗模拟法计算持有期为1天、置信水平为99%的风险价值
    ...: print('运用蒙特卡罗模拟法计算持有期为1天、置信水平为95%的风险价值', round(VaR95_MCSM,2))
    ...: print('运用蒙特卡罗模拟法计算持有期为1天、置信水平为99%的风险价值', round(VaR99_MCSM,2))
运用蒙特卡罗模拟法计算持有期为1天、置信水平为95%的风险价值 7225169.7
运用蒙特卡罗模拟法计算持有期为1天、置信水平为99%的风险价值 10090880.45
```

表 13-8 依据以上的输出结果，汇总并梳理了运用不同的方法测算得到的投资组合风险价值。从表中不难发现，无论是置信水平为 95%还是 99%的风险价值，运用蒙特卡罗模拟法计算得到的结果都是最大的，运用方差-协方差法得到的结果则最小。

表 13-8 不同方法计算得到的投资组合风险价值（投资组合初始成本 1.60 亿元）

不同持有期与置信水平下的风险价值	方差-协方差法	历史模拟法	蒙特卡罗模拟法（模拟 100 万次）
持有期为 1 天、置信水平为 95%的风险价值	464.10 万元	481.06 万元	722.52 万元
持有期为 1 天、置信水平为 99%的风险价值	653.43 万元	811.37 万元	1009.09 万元

注：由于是随机抽样，因此每次运用蒙特卡罗模拟得到的风险价值是存在变化的。

2. 针对任务 2

```
In [39]: def VaR_test(VaR,profit,X):
    ...:     '''自定义检验风险价值模型合理性的函数
    ...:     VaR: 代表持有期为 1 天的风险价值
    ...:     profit: 代表用于检验的收益额时间序列，以数组或数据框格式输入
    ...:     X: 代表计算风险价值的置信水平'''
    ...:     n=len(profit)           #用于检验的收益额时间序列的交易日数量
    ...:     a=0                     #设置一个标量用于计算日亏损额超出风险价值的天数
    ...:     for i in range(n):
    ...:         if profit[i]<-VaR:   #如果日亏损额超出风险价值
    ...:             a=a+1
    ...:         else:
    ...:             pass
    ...:     ratio=a/n                #计算日亏损额超出风险价值的天数占全部天数的比例
    ...:     if ratio<1-X:
    ...:         result='合理'
    ...:     else:
    ...:         result='不合理'
    ...:     return [a,ratio,result]   #输出日亏损额超出风险价值的天数、该天数占全部天数比重以及结论
```

在以上自定义的 VaR_test 函数中，只需要输入风险价值、投资组合收益额时间序列以及置信水平这 3 个参数，就可以高效地检验出在新的观测期间采用不同方法计算得到的风险价值是否合理。

3. 针对任务 3

```
In [40]: price_list2=price.loc['2020-09-30':'2021-10-29']   #截取 2020 年 9 月 30 日至 2021 年 10 月股票价格

In [41]: price_diff=price_list2.diff()        #计算 2020 年 9 月 30 日至 2021 年 10 月股价每日变化金额
    ...: price_diff=price_diff.dropna()        #删除缺失值所在的行

In [42]: profit_port=np.sum(price_diff*share,axis=1)   #2020 年 10 月至 2021 年 10 月投资组合的日收益额序列

In [43]: test_VarCov95=VaR_test(VaR=VaR95_VarCov,profit=profit_port,X=X1)   #回溯检验方差-协方差法得到的持有期为 1 天、置信水平为 95%的风险价值
    ...: test_VarCov99=VaR_test(VaR=VaR99_VarCov,profit=profit_port,X=X2)   #回溯检验方差-协方差法得到的持有期为 1 天、置信水平为 99%的风险价值
    ...: print('运用方差-协方差法得到的持有期为 1 天、置信水平为 95%的风险价值的检验结果\n', test_VarCov95)
    ...: print('运用方差-协方差法得到的持有期为 1 天、置信水平为 99%的风险价值的检验结果\n', test_VarCov99)
运用方差-协方差法得到的持有期为 1 天、置信水平为 95%的风险价值的检验结果
 [6, 0.023255813953488372, '合理']
运用方差-协方差法得到的持有期为 1 天、置信水平为 99%的风险价值的检验结果
 [2, 0.007751937984496124, '合理']

In [44]: test_History95=VaR_test(VaR=VaR95_History,profit=profit_port,X=X1)   #回溯检验历史模拟法得到的持有期为 1 天、置信水平为 95%的风险价值
    ...: test_History99=VaR_test(VaR=VaR99_History,profit=profit_port,X=X2)   #回溯检验历史模拟法得到的持有期为 1 天、置信水平为 99%的风险价值
    ...: print('运用历史模拟法得到的持有期为 1 天、置信水平为 95%的风险价值的检验结果\n', test_History95)
    ...: print('运用历史模拟法得到的持有期为 1 天、置信水平为 99%的风险价值的检验结果\n', test_History99)
运用历史模拟法得到的持有期为 1 天、置信水平为 95%的风险价值的检验结果
 [6, 0.023255813953488372, '合理']
运用历史模拟法得到的持有期为 1 天、置信水平为 99%的风险价值的检验结果
 [1, 0.003875968992248062, '合理']
```

```
In [45]: test_MCSM95=VaR_test(VaR=VaR95_MCSM,profit=profit_port,X=X1)    #回溯检验蒙特卡罗模拟
法得到的持有期为 1 天、置信水平为 95%的风险价值
    ...: test_MCSM99=VaR_test(VaR=VaR99_MCSM,profit=profit_port,X=X2)    #回溯检验蒙特卡罗模拟
法得到的持有期为 1 天、置信水平为 99%的风险价值
    ...: print('运用蒙特卡罗模拟法得到的持有期为 1 天、置信水平为 95%的风险价值的检验结果\n', test_MCSM95)
    ...: print('运用蒙特卡罗模拟法得到的持有期为 1 天、置信水平为 99%的风险价值的检验结果\n', test_MCSM99)
运用蒙特卡罗模拟法得到的持有期为 1 天、置信水平为 95%的风险价值的检验结果
    [1, 0.003875968992248062, '合理']
运用蒙特卡罗模拟法得到的持有期为 1 天、置信水平为 99%的风险价值的检验结果
    [0, 0.0, '合理']
```

根据以上的输出，运用 3 种不同方法所得到的结果均通过了合理性检验。在这种情况下，通常依据"最小化原则"，选择风险价值最小的模型测算风险价值，从而尽量减少风险价值对资本的占用，最大化地发挥资本的作用。

综上所述，针对 D 公司的证券投资组合，选择运用方差-协方差法计算的风险价值作为日常的风险管理工具更合适，以此配置的风险资本将比较合理。

13.5　投资组合压力测试的编程——以蓝筹股与利率债为案例

13.5.1　案例详情

E 公司是注册在上海自贸区的一家合资证券公司，致力于成为一家"机制灵活、管理规范、服务卓越、经营稳健"的现代投资公司。该公司自营业务的投资组合在 2021 年 11 月末配置了 4 只 A 股蓝筹股和 4 只利率债，其中，蓝筹股分别是中国石化、中国中免、长江电力以及恒瑞医药，利率债分别是 14 附息国债 12、16 附息国债 23、20 天津债 56 以及 17 福建 11。

表 13-9 列出了这 4 只股票与沪深 300 指数在 2019 年 1 月至 2021 年 11 月期间的部分日收盘价以及投资组合中股票的持股数量，全部收盘价数据存放于 Excel 文件中。此外，表 13-10 列出了 2021 年 11 月末投资组合中 4 只债券的要素信息以及持有面值。

表 13-9　4 只蓝筹股和沪深 300 指数在 2019 年 1 月至 2021 年 11 月期间部分日收盘价以及最新持股数量

日期	中国石化 （代码：600028） 持有 720 万股	中国中免 （代码：601888） 持有 110 万股	长江电力 （代码：600900） 持有 470 万股	恒瑞医药 （代码：600276） 持有 160 万股	沪深 300 指数 （代码：000300） 无
2019-01-02	5.0100	59.8000	15.4200	52.9700	2969.5353
2019-01-03	5.0400	56.9800	15.5700	51.0700	2964.8421
2019-01-04	5.1000	57.1000	15.3200	54.3500	3035.8741
……	……	……	……	……	……
2021-11-26	4.0900	211.3200	19.5300	52.3500	4860.1265
2021-11-29	4.0600	203.3000	19.5300	51.0900	4851.4230
2021-11-30	4.0400	205.4500	19.5300	50.1700	4832.0260

注：股票收盘价的单位是"元/股"。
数据来源：上海证券交易所。

表 13-10　4 只利率债的要素信息以及持有面值（2021 年 11 月 30 日）

债券简称	到期日	票面利率	付息次数（每年）	到期收益率（连续复利）	债券价格（全价，元/张）	持有面值
14 附息国债 12	2024-06-19	4.00%	2 次	2.4766%	105.5322	1.2 亿元
16 附息国债 23	2026-11-03	2.70%	2 次	2.6875%	100.2575	1.5 亿元
20 天津债 56	2025-07-07	2.84%	1 次	2.9064%	100.9024	0.8 亿元
17 福建 11	2027-07-24	4.08%	2 次	3.0043%	106.9760	0.6 亿元
合计						4.1 亿元

数据来源（不含持有面值）：上海清算所。

根据中国证监会的监管要求，E 公司在 2021 年 11 月末需要对公司的自营业务投资组合开展压力测试并形成书面报告提交至监管机构，在压力测试中根据以往金融市场的波动情况设置了以下的压力情景，具体见表 13-11。

表 13-11 针对投资组合设置的压力情景以及相关参数

压力情景类型	未来一周沪深 300 指数下跌幅度	未来一周国债收益率上涨情况
轻度压力情景	下跌 10%	上涨 25 个基点（b.p.）
中度压力情景	下跌 15%	上涨 35 个基点（b.p.）
重度压力情景	下跌 20%	上涨 45 个基点（b.p.）

假定你是 E 公司的首席风险官，正在审核风险管理部提交的压力测试报告，为了确保报告中相关分析结果的准确性，你希望亲自运用 Python 进行验证，因此需要完成以下 3 个编程任务。

13.5.2 编程任务

【任务 1】导入包含 2019 年 1 月至 2021 年 11 月期间表 13-9 中的股票和沪深 300 指数日收盘价数据的 Excel 文件，计算投资组合中持有股票的总市值以及投资组合中股票持仓的贝塔风险暴露金额。

【任务 2】利用表 13-10 中的信息，计算投资组合中持有债券的总市值以及债券持仓的利率风险暴露金额，为了计算便利仅考虑债券的久期，暂不考虑凸性。

【任务 3】基于任务 1 和任务 2 计算得到的风险暴露金额，结合表 13-11 中设置的压力情景参数，依次计算在轻度压力情景、中度压力情景以及重度压力情景下，投资组合的盈亏金额以及收益率。

13.5.3 编程任务

- 针对任务 1，假定投资组合中有 N 只股票，β_i 代表第 i 只股票的贝塔值，p_i 代表第 i 只股票的最新价格，s_i 代表投资组合中第 i 只股票持股数量，并且 $i=1,2,\cdots,N$，投资组合中股票持仓的贝塔风险暴露金额就等于 $\sum_{i=1}^{N}\beta_i p_i s_i$。

- 针对任务 2，假定投资组合中有 M 只债券，D_i 代表第 i 只债券的麦考利久期，p_i 代表第 i 只债券的价格（全价），v_i 代表投资组合中持有第 i 只债券的面值金额，并且 $i=1,2,\cdots,M$，投资组合中持有债券的总市值以及债券持仓的利率风险暴露金额就等于 $\sum_{i=1}^{M}D_i p_i v_i/100$。

13.5.4 参考代码与说明

1. 针对任务 1

```
In [46]: price_stock=pd.read_excel('C:/Desktop/4 只蓝筹股与沪深 300 指数日收盘价数据.xlsx', sheet_name="Sheet1",header=0,index_col=0) #导入外部数据
    ...: price_stock.columns      #输出列名
Out[46]: Index(['中国石化', '中国中免', '长江电力', '恒瑞医药', '沪深 300 指数'], dtype='object')

In [47]: share_stock=np.array([7.2e6,1.1e6,4.7e6,1.6e6])  #投资组合中每只股票持有数量的数组
    ...: price_end=price_stock.loc['2021-11-30']      #2021 年 11 月 30 日的股票和指数价格序列

In [48]: value_stock=np.sum(share_stock*price_end[:4])  #2021 年 11 月 30 日投资组合中的股票市值
    ...: print('2021 年 11 月 30 日投资组合中的股票市值',round(value_stock,2))
2021 年 11 月 30 日投资组合中的股票市值 427146000.0
```

通过以上的输出可以得到，在 2021 年 11 月末，E 公司自营业务投资组合中的股票市值为 4.27 亿元左右。

```
In [49]: def Beta_calculate(stock,index):
    ...:      '''定义计算单只股票贝塔值的函数
    ...:      stock: 代表股票收益率的时间序列（因变量），以数据框类型输入
```

```
    ...:     index: 代表股票指数收益率的时间序列（自变量），以数据框类型输入 '''
    ...:     import statsmodels.api as sm        #导入 statsmodels 的子模块 api
    ...:     index_addcons=sm.add_constant(index)  #为自变量的样本值增加一列常数项
    ...:     model=sm.OLS(endog=stock,exog=index_addcons)  #构建普通最小二乘法的线性回归模型
    ...:     result=model.fit()                  #拟合线性回归模型
    ...:     return result.params[1]             #输出贝塔值
```

为了更加高效地计算每只股票的贝塔值，通过 Python 自定义一个计算股票贝塔值的函数 Beta_calculate，在该函数中只需要输入相关股票的收益率时间序列以及股票指数收益率时间序列就可以快速得出股票的贝塔值。

```
In [50]: return_stock=np.log(price_stock/price_stock.shift(1))  #股票和指数的日收益率时间序列
    ...: return_stock=return_stock.dropna()      #删除缺失值所在的行

In [51]: name_stock=(return_stock.columns)[0:4]  #取 4 只股票的证券名称
    ...: Beta_list=np.zeros(len(name_stock))      #创建存放每只股票贝塔值的初始数组

In [52]: for i in range(len(name_stock)):
    ...:     Beta=Beta_calculate(stock=return_stock.iloc[:,i],index=return_stock.iloc[:,-1])
    ...:     Beta_list[i]=Beta
    ...:     print(name_stock[i],'贝塔值',round(Beta_list[i],4))
中国石化 贝塔值 0.3774
中国中免 贝塔值 1.2823
长江电力 贝塔值 0.2351
恒瑞医药 贝塔值 0.8543

In [53]: Beta_exposure=np.sum(Beta_list*share_stock*price_end[0:4])  #计算 2021 年 11 月 30 日
投资组合中股票的贝塔风险暴露金额
    ...: print('2021 年 11 月 30 日投资组合中股票持仓的贝塔风险暴露金额', round(Beta_exposure,2))
2021 年 11 月 30 日投资组合中股票持仓的贝塔风险暴露金额 390934980.6
```

通过计算得到投资组合中股票持仓的贝塔风险暴露金额为 3.91 亿元左右，就数值而言略低于股票市值 4.27 亿元，并且该风险暴露金额意味着当沪深 300 指数上涨 1%时，投资组合中股票持仓将盈利 391 万元（3.91 亿元×1%）左右，相反当沪深 300 指数下跌 1%时，投资组合中股票持仓将亏损 391 万元左右。

2. 针对任务 2

```
In [54]: import datetime as dt                  #导入 datetime 模块

In [55]: def Macaulay_Duration(c,m,y,t0,t1):
    ...:     '''构建计算债券麦考利久期的函数
    ...:     c: 表示债券的票面利率
    ...:     m: 表示债券票息的每年支付次数，并且次数不超过 2 次
    ...:     y: 表示债券的到期收益率（连续复利）
    ...:     t0: 表示计算债券久期的时点，以 datetime 格式输入
    ...:     t1: 表示债券到期日，以时间对象格式输入'''
    ...:     from numpy import exp,arange,sort    #导入 NumPy 模块的 exp、arange 和 sort 函数
    ...:     import math                          #导入 math 模块
    ...:     tenor=(t1-t0).days/365               #计算债券剩余期限（年）
    ...:     if math.modf(tenor)[0]>0.5:          #小数位小于 0.5
    ...:         N=m*math.ceil(tenor)             #计算得到剩余票息支付次数
    ...:     else:                                #小数位大于等于 0.5
    ...:         N=m*math.floor(tenor)+1          #计算得到剩余票息支付次数
    ...:     T_list=arange(N)/m                   #构建一个期限数组
    ...:     T_list=sort(tenor-T_list)            #债券的剩余每次票息支付的期限数组
    ...:     par=100                              #表示债券本金
    ...:     value=par*(sum(exp(-y*T_list)*c/m)+exp(-y*T_list[-1]))  #计算债券价值
    ...:     coupon_PV=sum(T_list*exp(-y*T_list)*par*c/m)  #计算债券剩余票息贴现值的期限加权平均
    ...:     par_PV=T_list[-1]*par*exp(-y*T_list[-1])  #计算债券本金贴现值乘期限
    ...:     duration=(coupon_PV+par_PV)/value
    ...:     return duration                      #输出债券的麦考利久期

In [56]: t_pricing=dt.datetime(2021,11,30)       #计算债券久期的日期

In [57]: t_end=np.array([dt.datetime(2024,6,19),dt.datetime(2026,11,3),
    ...:     dt.datetime(2025,7,7),dt.datetime(2027,7,24)])  #4 只利率债的到期日

In [58]: coupon=np.array([0.04,0.027,0.0284,0.0408])  #4 只利率债的票面利率
```

```
In [59]: freq=np.array([2,2,1,2])                    #4 只利率债票面利率每年支付频次

In [60]: YTM=np.array([0.024766,0.026875,0.029064,0.030043])  #4 只利率债到期收益率

In [61]: par=np.array([1.2e8,1.5e8,8e7,6e7])         #持有债券的面值金额

In [62]: price_bond=np.array([105.5322,100.2575,100.9024,106.9760])  #4 只利率债的价格

In [63]: duration=np.zeros_like(price_bond)          #创建存放债券久期的初始数组

In [64]: for i in range(len(duration)):              #运用 for 语句计算每只利率债的久期
    ...:     duration[i]=Macaulay_Duration(c=coupon[i],m=freq[i],y=YTM[i],t0=t_pricing, t1=t_end[i])

In [65]: value_bond=np.sum(price_bond*par/100)       #计算投资组合中持有债券的市值
    ...: print('2021 年 11 月 30 日投资组合中债券持仓的市值',round(value_bond,2))
2021 年 11 月 30 日投资组合中债券持仓的市值 421932410.0

In [66]: duration_exposure=np.sum(duration*price_bond*par/100)  #计算投资组合中债券的利率风险暴露金额
    ...: print('2021 年 11 月 30 日投资组合中债券持仓的利率风险暴露金额', round(duration_exposure,2))
2021 年 11 月 30 日投资组合中债券持仓的利率风险暴露金额 1605319531.02
```

通过以上的输出可以看到，在整个投资组合中，债券的市值约为 4.22 亿元，但是债券持仓的利率风险暴露金额则高达 16.05 亿元，原因是投资组合中配置的债券久期比较长。这也就意味着当债券到期收益率上涨 1 个基点（1 b.p.）时，债券持仓将亏损 16.05 万元左右（16.05亿元×0.01%），相反当到期收益率下跌 1 个基点（1 b.p.）时，债券持仓将盈利 16.05 万元左右。

3. 针对任务 3

```
In [67]: HS300_change_light=-0.1          #轻度压力情景下沪深 300 指数的跌幅
    ...: HS300_change_middle=-0.15        #中度压力情景下沪深 300 指数的跌幅
    ...: HS300_change_heavy=-0.2          #重度压力情景下沪深 300 指数的跌幅

In [68]: YTM_change_light=0.0025          #轻度压力情景下债券到期收益率上涨的基点数
    ...: YTM_change_middle=0.0035         #中度压力情景下债券到期收益率上涨的基点数
    ...: YTM_change_heavy=0.0045          #重度压力情景下债券到期收益率上涨的基点数

In [69]: loss_stock_light=Beta_exposure*HS300_change_light    #轻度压力情景下投资组合中股票的亏损额
    ...: loss_stock_middle=Beta_exposure*HS300_change_middle  #中度压力情景下投资组合中股票的亏损额
    ...: loss_stock_heavy=Beta_exposure*HS300_change_heavy    #重度压力情景下投资组合中股票的亏损额

In [70]: loss_bond_light=-duration_exposure*YTM_change_light   #轻度压力情景下投资组合中债券的亏损额
    ...: loss_bond_middle=-duration_exposure*YTM_change_middle  #中度压力情景下投资组合中债券的亏损额
    ...: loss_bond_heavy=-duration_exposure*YTM_change_heavy    #重度压力情景下投资组合中债券的亏损额

In [71]: loss_port_light=loss_stock_light+loss_bond_light      #轻度压力情景下整个投资组合的亏损额
    ...: loss_port_middle=loss_stock_middle+loss_bond_middle   #中度压力情景下整个投资组合的亏损额
    ...: loss_port_heavy=loss_stock_heavy+loss_bond_heavy      #重度压力情景下整个投资组合的亏损额

In [72]: value_port=value_stock+value_bond        #2021 年 11 月 30 日整个投资组合的总市值

In [73]: print('轻度压力情景下整个投资组合亏损额',round(loss_port_light,2))
    ...: print('轻度压力情景下整个投资组合亏损比例',round(loss_port_light/value_port,4))
    ...: print('中度压力情景下整个投资组合亏损额',round(loss_port_middle,2))
    ...: print('中度压力情景下整个投资组合亏损比例',round(loss_port_middle/value_port,4))
    ...: print('重度压力情景下整个投资组合亏损额',round(loss_port_heavy,2))
    ...: print('重度压力情景下整个投资组合亏损比例',round(loss_port_heavy/value_port,4))
轻度压力情景下整个投资组合亏损额  -43106796.89
轻度压力情景下整个投资组合亏损比例 -0.0508
中度压力情景下整个投资组合亏损额  -64258865.45
中度压力情景下整个投资组合亏损比例 -0.0757
重度压力情景下整个投资组合亏损额  -85410934.01
重度压力情景下整个投资组合亏损比例 -0.1006
```

为了更好地展示不同压力情景与投资组合盈亏情况之间的关系，根据以上计算的结果，表 13-12 汇总并梳理了针对不同压力情景下整体投资组合的亏损金额与亏损比例。对于 E 公司的管理层而言，压力测试的结果可为整个公司做好应对极端情形的风险管控预案提供量化分析基础。

表 13-12 不同压力情景对应的整个投资组合的盈亏情况

压力情景类型	未来一周沪深300指数下跌幅度	未来一周国债收益率上涨情况	整体投资组合亏损金额	整体投资组合亏损比例
轻度压力情景	下跌 10%	上涨 25 个基点（b.p.）	−4310.68 万元	−5.08%
中度压力情景	下跌 15%	上涨 35 个基点（b.p.）	−6425.89 万元	−7.57%
重度压力情景	下跌 20%	上涨 45 个基点（b.p.）	−8541.09 万元	−10.06%

13.6 信用风险价值的编程——以 AAA 评级债券投资组合为案例

13.6.1 案例详情

F 公司是一家总部位于北欧的全球大型主权投资基金管理公司，其基金产品的宗旨是"为子子孙孙创造并守护金融财富"。受惠于该基金所在国家与中国之间紧密的双边关系，该基金管理公司长期重视对 A 股市场和债券市场的投资。截止到 2021 年 12 月 31 日，该基金配置的中国企业债券价值共计人民币 140 亿元，基于审慎的风险偏好，其全部配置了信用评级为 AAA、发债主体是大型央企的企业债券，并且涉及 38 家发债主体，其中配置的中国石油化工集团有限公司（简称"中国石化"）发行的债券占比最大，达到 15%。

假定你是该基金的执行委员会主席（chairman of the executive board），目前正在审核由固定收益投资部提交的中国企业债券投资组合评估报告，在该报告中运用了基于 **Vasicek 模型**的信用风险价值作为评估债券投资组合信用风险的指标，信用风险价值的持有期是 1 年、置信水平是 99.9%。

在报告中提到，为了便于测算不同发债主体之间违约概率的相关性，运用了**单因子的高斯相依（Copula）模型**，同时，将中国石化 A 股股票周收益率与中证全指周收益率之间的相关系数用于整体描述不同发债主体之间违约概率的相关性。因此，整理了 2016 年至 2021 年期间中国石化与中证全指的周收盘价数据并存放于 Excel 文件中，表 13-13 列出了部分周收盘价数据。

表 13-13 2016 年至 2021 年中国石化、中证全指的部分周收盘价数据

日期	中国石化	中证全指
2016-01-08	4.7700	4874.6500
2016-01-15	4.4600	4420.9880
2016-01-22	4.4700	4474.6310
……	……	……
2021-12-17	4.2000	5951.2860
2021-12-24	4.2100	5896.6385
2021-12-31	4.2300	5969.8001

注：股票收盘价的单位是"元/股"。
数据来源：同花顺。

同时，报告还提到，测算违约概率运用了中国债券信息网对外发布的 AAA 信用评级企业债到期收益率和国债到期收益率，2021 年 12 月 31 日 1 年期 AAA 信用评级企业债到期收益率为 2.7483%，1 年期国债到期收益率是 2.2429%，并且假定 AAA 信用评级企业债的违约回收率为 70%。

为了能够亲自验证报告中涉及的信用风险价值数据，你需要运用 Python 完成以下 4 个编程任务。

13.6.2 编程任务

【任务 1】为了能够迅速地测算出整个投资组合的信用风险价值或者单只债券对整体信用风险价

值的贡献金额，需用通过 Python 自定义一个函数。

【任务 2】导入存放 2016 年至 2021 年期间中国石化与中证全指周收盘价数据的 Excel 文件，计算该股票与指数周收益率之间的相关系数，该相关系数将将用于整体衡量债券投资组合不同发债主体之间违约的相关性。

【任务 3】运用债券利差测算 AAA 信用评级企业债的违约概率，需要注意在测算违约概率时，期限长度与信用风险价值的持有期保持一致，也就是 1 年。

【任务 4】结合任务 1 的自定义函数、任务 2 测算的违约相关性以及任务 3 得到的违约概率，测算该债券投资组合整体的信用风险价值；此外，中国石化的企业债券是该债券投资组合中持仓占比最大的单只债券，因此测算该债券对于投资组合整体信用风险价值的贡献金额。

13.6.3 编程提示

为了编程的需要，下面给出关于信用风险价值的数学表达式。同时做出两个具有相等性的假设：一是每只债券的违约概率都是相等的，二是每两只债券之间的相关系数也都相等。

假定变量 X 代表置信水平，$N(\ )$ 代表标准正态分布的累积分布函数，$N^{-1}(\ )$ 代表标准正态分布累积分布函数的反函数（即分位点函数）；在 T 时刻之前出现违约的概率用 $C(T)$ 表示，$C(T)=1-\mathrm{e}^{-\lambda T}$，其中 λ 代表债券的连续复利违约概率；此外，ρ 代表任意两只债券之间的违约 Copula 相关系数；违约概率的阈值 $V(X,T)$ 表达式如下：

$$V(X,T) = N\left(\frac{N^{-1}(C(T))+\sqrt{\rho}N^{-1}(X)}{\sqrt{1-\rho}}\right) \qquad (式 13\text{-}7)$$

假定 L 代表投资组合的总金额，R 代表债券的违约回收率，针对持有期为 T 年、置信水平为 X 的投资组合信用风险价值 CVaR，可以估计为

$$CVaR = L(1-R)V(X,T) \qquad (式 13\text{-}8)$$

此外，每只金额为 L_i 的债券对于整个组合信用风险价值的贡献 $CVaR_i$ 就是

$$CVaR_i = L_i(1-R)V(X,T) \qquad (式 13\text{-}9)$$

13.6.4 参考代码与说明

1. 针对任务 1

```
In [74]: def CVaR(T,X,L,Li,R,Lambda,rou):
   ...:     '''定义计算投资组合信用风险价值或者单只债券对整体信用风险价值贡献金额的函数
   ...:     T: 代表信用风险价值的持有期，单位是年
   ...:     X: 代表信用风险价值的置信水平
   ...:     L: 代表整个投资组合的总金额，L='Na'代表该参数不适用
   ...:     Li: 代表投资组合中单只债券的金额，Li='Na'代表该参数不适用
   ...:     R: 代表投资组合中单只债券的违约回收率并且每只债券的违约回收率均相等
   ...:     Lambda: 代表投资组合中单只债券连续复利的年化违约概率并且每只债券的年化违约概率均相等
   ...:     rou: 代表投资组合中任意两只债券之间的违约相关系数并且每两只债券之间的违约相关系数均相等'''
   ...:     from scipy.stats import norm   #导入 SciPy 的统计子模块 stats 的函数 norm
   ...:     from numpy import exp          #导入 NumPy 模块的函数 exp
   ...:     C=1-exp(-Lambda*T)            #计算每只债券的累计违约概率
   ...:     V=norm.cdf((norm.ppf(C)+pow(rou,0.5)*norm.ppf(X))/pow(1-rou,0.5))#计算阈值V(T,X)
   ...:     if Li=='Na':                 #需要计算整个投资组合的信用风险价值
   ...:         VaR=L*(1-R)*V            #计算整个投资组合的信用风险价值
   ...:         return VaR
   ...:     else:                        #需要计算单只债券对整体信用风险价值的贡献金额
   ...:         VaRi=Li*(1-R)*V          #计算单只债券对整体信用风险价值的贡献金额
   ...:         return VaRi
```

在以上自定义的函数 CVaR 中，输入持有期、置信水平、整个投资组合的总金额、投资组合中的单只债券的金额、违约回收率、年化违约概率以及违约相关系数等参数，就可以测算出整个投资组合的信用风险价值或者单只债券对整体信用风险价值的贡献金额。

2. 针对任务 2

```
In [75]: price_list=pd.read_excel('C:/Desktop/中国石化与中证全指的周收盘价数据.xlsx',sheet_name=
"Sheet1", header=0, index_col=0)    #导入收盘价数据
    ...: (price_list/price_list.iloc[0]).plot(figsize=(9,6),title=u'中国石化与中证全指的周收
盘价的走势对比', grid=True,fontsize=13)    #可视化
Out[75]:
```

从图 13-3 中可以看到，在 2016 年至 2021 年期间，在部分期间内中国石化 A 股股票与中证全指的周收盘价在走势上是存在一定的趋同性的，但是在部分期间内走势又存在一定的分化，因此可以推测出两者的相关系数并不高。

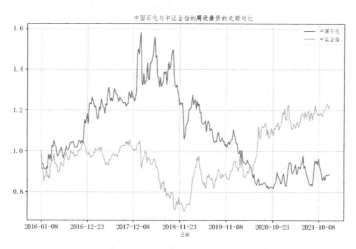

图 13-3　中国石化与中证全指的周收盘价的走势（将首个交易日指数归一化）

```
In [76]: R_list=np.log(price_list/price_list.shift(1))    #计算日收益率

In [77]: corr=R_list.corr()    #测算相关系数
    ...: corr    #输出结果
Out[77]:
         中国石化    中证全指
中国石化   1.000000  0.435758
中证全指   0.435758  1.000000

In [78]: corr_default=corr.iloc[0,-1]    #取中国石化与中证全指之间的相关系数作为违约相关系数
    ...: corr_default=float(corr_default)    #转为纯浮点型数据
    ...: print('投资组合不同债券之间的违约相关系数',round(corr_default,6))
投资组合不同债券之间的违约相关系数  0.435758
```

从以上的运算结果不难看到，在债券投资组合中，任意两只债券之间的违约相关系数均假定是完全相等的，并且约等于 0.4358。

3. 针对任务 3

```
In [79]: import datetime as dt    #导入 datetime 模块

In [80]: def Prob_Default(y1,y2,R,t0,t1):    #7.7 节自定义的函数
    ...:     '''定义通过债券价格计算债券主体连续复利违约概率的函数
    ...:     y1: 代表无风险的零息利率（国债到期收益率），并且是连续复利的
    ...:     y2: 代表存在信用风险的债券到期收益率，并且是连续复利的
    ...:     R: 代表债券的违约回收率
    ...:     t0: 代表测算违约概率的日期，以 datetime 格式输入
    ...:     t1: 代表债券到期日，格式与 t0 保持一致'''
    ...:     from numpy import exp,log    #从 NumPy 模块导入 exp、log 函数
    ...:     T=(t1-t0).days/365    #计算债券的剩余期限（年）
    ...:     A=(exp(-y2*T)-R*exp(-y1*T))/(1-R)    #违约概率公式即（式 7-12）中圆括号内的表达式
    ...:     prob=-log(A)/T-y1    #计算连续复利的违约概率表达式
    ...:     return prob

In [81]: T_price=dt.datetime(2021,12,31)    #信用风险价值的估值日期
```

```
      ...: T_end=dt.datetime(2022,12,31)           #到期日（按照持有期为1年计算）

In [82]: recovery=0.7                              #违约回收率

In [83]: y_TB=0.022429                             #1年期的国债到期收益率
      ...: y_AAA=0.027483                           #1年期的 AAA 信用评级企业债到期收益率

In [84]: PD_AAA=Prob_Default(y1=y_TB,y2=y_AAA,R=recovery,t0=T_price,t1=T_end)   #测算 AAA 信
用评级企业债的违约概率
      ...: print('AAA信用评级企业债的违约概率',round(PD_AAA,6))
AAA信用评级违约债的违约概率  0.016947
```

通过以上的运算可以得到，信用评级 AAA 的企业债违约概率是 1.6947%。

4. 针对任务 4

```
In [85]: tenor=1                       #信用风险价值的持有期
      ...: confidence=0.999            #信用风险价值的置信水平
      ...: value_port=1.4e10          #债券投资组合的总价值

In [86]: CVaR_port=CVaR(T=tenor,X=confidence,L=value_port,Li='Na',R=recovery,
      ...:             Lambda=PD_AAA,rou=corr_default) #债券投资组合的信用风险价值
      ...: print('整个债券投资组合的信用风险价值',round(CVaR_port,2))
      ...: print('信用风险价值占投资组合价值的比重',round(CVaR_port/value_port,6))
整个债券投资组合的信用风险价值   1911207346.39
信用风险价值占投资组合价值的比重  0.136515

In [87]: percent=0.15                  #债券投资组合中持仓最大的债券比重
      ...: value_bond=value_port*percent  #债券投资组合中持仓最大的债券价值

In [88]: CVaR_bond=CVaR(T=tenor,X=confidence,L='Na',Li=value_bond,R=recovery,
      ...:             Lambda=PD_AAA,rou=corr_default) #单只债券对组合信用风险价值的贡献
      ...: print('持仓最大的债券对投资组合信用风险价值的贡献金额',round(CVaR_bond,2))
持仓最大的债券对投资组合信用风险价值的贡献金额  286681101.96
```

从以上的运算可以看到，整个投资组合的信用风险价值高达 19.11 亿元，占整个投资组合价值的比重约为 13.65%。同时，中国石化的企业债券作为持仓最大的债券，对投资组合信用风险价值的贡献金额约为 2.87 亿元。

13.7 压力风险价值的编程——以伯克希尔·哈撒韦公司重仓股为案例

13.7.1 案例详情

G 公司是总部位于美国内布拉斯加州奥马哈（Omaha）的一家资产管理公司，该公司管理层中的多位成员是投资大师沃伦·巴菲特（Warren Buffett）的忠实拥趸。为了向大师致敬，该公司近期推出了一款模仿巴菲特的伯克希尔·哈撒韦公司（Berkshire Hathaway Inc.）的投资组合进行资产配置的基金产品。

2021 年 11 月 15 日伯克希尔·哈撒韦公司向美国证券交易委员会提交的 13F 持仓报告（Form 13F）显示，截止到 2021 年 9 月末，在公司投资组合中，权重排名前 7 位的重仓股依次是苹果、美国银行、美国运通、可口可乐、卡夫亨氏、穆迪以及威瑞森通信。因此，F 公司的这款基金就仅配置这 7 只股票，采用的配置策略就是将伯克希尔·哈撒韦公司投资组合中这些股票的权重等比例放大并且权重之和等于 100%。

表 13-14 列出了 2021 年 12 月末该基金在投资组合中配置的相关股票权重、这些股票对应于当年 9 月末伯克希尔·哈撒韦公司投资组合中的权重以及 2018 年至 2021 年期间部分日收盘价，全部股价数据存放于 Excel 文件中。此外，2021 年 12 月末 G 公司该基金投资组合的市值是 6 亿美元。

表 13-14　G 公司基金产品的投资组合中配置的相关股票名称、

表 13-14　G 公司基金产品的投资组合中配置的相关股票名称、
权重以及 2018 年至 2021 年期间部分日收盘价　　　　　　　单位：美元/股

证券名称	苹果公司	美国银行	美国运通	可口可乐	卡夫亨氏	穆迪	威瑞森通信
证券代码	AAPL	BAC	AXP	KO	KHC	MCO	VZ
在 G 公司基金产品投资组合中的权重	51.42%	17.57%	10.41%	8.59%	4.91%	3.59%	3.51%
在伯克希尔·哈撒韦公司投资组合中的权重	42.73%	14.60%	8.65%	7.14%	4.08%	2.98%	2.92%
2018-01-02	172.2600	29.9000	98.9400	45.5400	77.0200	146.1300	53.5300
2018-01-03	172.2300	29.8000	99.5500	45.4400	77.0100	148.8600	52.4300
2018-01-04	173.0300	30.1900	100.8500	46.0800	77.9100	151.6000	52.6000
……	……	……	……	……	……	……	……
2021-12-29	717.5200	44.6300	163.8300	58.9500	35.8100	398.0600	52.3600
2021-12-30	712.8000	44.5300	164.1600	58.7800	35.6600	391.0600	52.2500
2021-12-31	710.2800	44.4900	163.6000	59.2100	35.9000	390.5800	51.9600

注 1：苹果公司在 2020 年 8 月 31 日对股票实施了 1 : 4 拆分，也就是将 1 股拆分为 4 股，因此，为了保持一致性，2020 年 8 月 31 日及以后的苹果公司股价数据均是股票收盘价乘以 4。

注 2：在 G 公司基金产品投资组合中的股票权重是 2021 年 12 月 31 日的数据，并且权重合计等于 100%；在伯克希尔·哈撒韦公司投资组合中的股票权重是 2021 年 9 月 30 日的数据。

数据来源（不含权重）：纽约证券交易所、纳斯达克。

假定你是 G 公司的董事会主席，正在审阅公司关于该基金投资组合的风险管理报告。在该报告中，列出了投资组合的风险价值和**压力风险价值**（stressed VaR），为了亲自验证这些风险价值数据的准确性，你需要运用 Python 完成 3 个编程任务。

13.7.2　编程任务

【任务 1】导入包含 2018 年至 2021 年期间股票日收盘价数据的 Excel 文件，对股票日收盘价进行可视化（将 2018 年首个交易日价格归一化），并且计算这些股票的平均年化收益率、收益率的年化波动率以及收益率的相关系数。

【任务 2】运用 13.1 节至 13.3 节中自定义的计算风险价值的函数，依次采用方差-协方差法、历史模拟法以及蒙特卡罗模拟法（模拟 100 万次），计算持有期分别为 1 天和 10 天、置信水平分别为 95% 和 99% 的投资组合风险价值。

【任务 3】在 2007 年至 2008 年期间，美国爆发了震惊全球的次贷危机，这次危机对欧美股市产生了严重的负面影响，导致欧美主要股票指数大幅下跌，表 13-15 梳理了 2007 年至 2008 年期间欧美主要股指的跌幅情况。因此，将 2007 年至 2008 年作为压力期间，导入包含 2007 年至 2008 年期间股票日收盘价数据的 Excel 文件，计算持有期分别为 1 天和 10 天、置信水平分别为 95% 和 99% 的投资组合压力风险价值。需要注意的是，卡夫亨氏是由卡夫食品与亨氏公司于 2015 年合并成立的新公司，并且新公司股票于 2015 年 7 月 6 日在纳斯达克挂牌交易，这次合并由卡夫食品占据主导地位，因此在测算压力风险价值的过程中，选取了 2007 年至 2008 年期间卡夫食品的股票价格。

表 13-15　2007 年至 2008 年期间欧美主要股指的跌幅

指数名称	道琼斯指数	标普 500 指数	纳斯达克综指	CAC40 指数	富时 100 指数	DAX 指数	多伦多综指
所属国家	美国	美国	美国	法国	英国	德国	加拿大
区间涨跌幅	−29.58%	−36.31%	−34.71%	−41.93%	−28.72%	−27.08%	−30.37%

数据来源：同花顺。

13.7.3　编程提示

压力风险价值是指当市场变量处于一定压力条件（比如极端市场行情）时，通过历史模拟法计算得到的风险价值。根据该定义可知，计算压力风险价值的建模思路与 13.2 节中运用历史模拟法计算风险价值的思路是比较相似的。当然，计算压力风险价值的关键与核心是如何寻找到合适的压力期间，最常规的做法是直接选取在现实金融市场中出现极端事件的期间，例如，1997 年的亚洲金融危机、2001 年美国"9·11"恐怖袭击、美国次贷危机、欧洲主权债务危机（简称"欧债危机"）等事件发生的期间。在本案例中，选取了美国次贷危机期间的股票价格数据作为测算压力风险价值的依据。

13.7.4 参考代码与说明

1. 针对任务 1

```
In [89]: price_stock=pd.read_excel('C:/Desktop/伯克希尔哈撒韦公司重仓股日收益价数据.xlsx',sheet_name=
"Sheet1",header=0,index_col=0)        #导入数据
```

```
In [90]: (price_stock/price_stock.iloc[0]).plot(figsize=(9,6),grid=True)   #将首个交易日价格
归一化并且进行可视化
Out[90]:
```

从图 13-4 中不难看出，在 2018 年至 2021 年期间内，这 7 只股票中苹果公司和穆迪的走势相对比较强劲，卡夫亨氏的表现最不尽如人意。

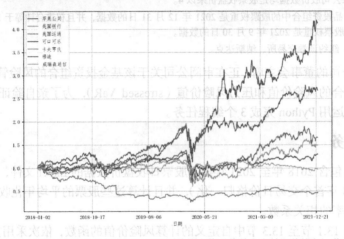

图 13-4　2018 年至 2021 年期间 7 只股票价格走势（将首个交易日价格归一化）

```
In [91]: return_stock=np.log(price_stock/price_stock.shift(1))  #股票日收益率时间序列
    ...: return_stock=return_stock.dropna()          #删除缺失值所在的行
```

```
In [92]: return_mean=return_stock.mean()        #计算每只股票的日平均收益率
    ...: print('2018 年至 2021 年期间平均年化收益率\n',round(return_mean*252,4))
2018 年至 2021 年期间平均年化收益率
苹果公司      0.3545
美国银行      0.0995
美国运通      0.1259
可口可乐      0.0657
卡夫亨氏     -0.1910
穆迪         0.2460
威瑞森通信   -0.0074
dtype: float64
```

```
In [93]: volatility=return_stock.std()        #计算每只股票收益率的日波动率
    ...: print('2018 年至 2021 年期间收益率的年化波动率\n',round(np.sqrt(252)*volatility,4))
2018 年至 2021 年期间收益率的年化波动率
苹果公司      0.3293
美国银行      0.3615
美国运通      0.3752
可口可乐      0.2227
卡夫亨氏      0.3491
穆迪         0.3174
威瑞森通信    0.1934
```

```
dtype: float64

In [94]: corr_stock=return_stock.corr()         #计算每只股票收益率的相关系数
    ...: print('2018年至2021年期间每只股票收益率的相关系数\n',round(corr_stock,4))
2018年至2021年期间每只股票收益率的相关系数
            苹果公司  美国银行  美国运通  可口可乐  卡夫亨氏   穆迪   威瑞森通信
苹果公司      1.0000  0.4614  0.4483  0.4006  0.3496  0.6115  0.2698
美国银行      0.4614  1.0000  0.7995  0.5297  0.4166  0.5766  0.4193
美国运通      0.4483  0.7995  1.0000  0.5754  0.3634  0.6158  0.3910
可口可乐      0.4006  0.5297  0.5754  1.0000  0.4499  0.5446  0.5515
卡夫亨氏      0.3496  0.4166  0.3634  0.4499  1.0000  0.3893  0.3700
穆迪        0.6115  0.5766  0.6158  0.5446  0.3893  1.0000  0.3728
威瑞森通信   0.2698  0.4193  0.3910  0.5515  0.3700  0.3728  1.0000
```

基于以上的计算结果可以发现，在 2018 年至 2021 年期间，只有卡夫亨氏和威瑞森通信的年化平均收益率为负数，其他股票的年化平均收益率均为正数.

同时，就波动率而言，只有可口可乐、威瑞森通信的波动率低于 30%，其他 5 只股票的波动率均超过 30%，美国运通的波动率最高。

此外，从相关系数的角度分析，美国银行、美国运通以及穆迪这 3 只与金融行业息息相关的股票相关性较高。这在一定程度上表明，巴菲特投资的部分重仓股存在较高的收益相关性，风险分散化程度并不是很高。

2. 针对任务 2

```
In [95]: value_port=6e8                          #投资组合的市值为6亿美元
    ...: weight=np.array([0.5142,0.1757,0.1041,0.0859,0.0491,0.0359,0.0351])  #投资组合中每
只股票的权重

In [96]: D1=1                    #持有期为1天
    ...: D2=10                   #持有期为10天
    ...: X1=0.95                 #置信水平为95%
    ...: X2=0.99                 #置信水平为99%

In [97]: VaR95_1day_VarCov=VaR_VarCov(S=value_port,W=weight,R=return_stock,N=D1,X=X1)
#运用方差-协方差法计算持有期为1天、置信水平为95%的风险价值
    ...: VaR99_1day_VarCov=VaR_VarCov(S=value_port,W=weight,R=return_stock,N=D1,X=X2)
#运用方差-协方差法计算持有期为1天、置信水平为99%的风险价值
    ...: VaR95_10day_VarCov=VaR_VarCov(S=value_port,W=weight,R=return_stock,N=D2,X=X1)
#运用方差-协方差法计算持有期为10天、置信水平为95%的风险价值
    ...: VaR99_10day_VarCov=VaR_VarCov(S=value_port,W=weight,R=return_stock,N=D2,X=X2)
#运用方差-协方差法计算持有期为10天、置信水平为99%的风险价值
    ...: print('运用方差-协方差法计算持有期为1天、置信水平为95%的风险价值', round(VaR95_1day_VarCov,2))
    ...: print('运用方差-协方差法计算持有期为1天、置信水平为99%的风险价值', round(VaR99_1day_VarCov,2))
    ...: print('运用方差-协方差法计算持有期为10天、置信水平为95%的风险价值', round(VaR95_10day_VarCov,2))
    ...: print('运用方差-协方差法计算持有期为10天、置信水平为99%的风险价值', round(VaR99_10day_VarCov,2))
运用方差-协方差法计算持有期为1天、置信水平为95%的风险价值  15807253.42
运用方差-协方差法计算持有期为1天、置信水平为99%的风险价值  22571256.5
运用方差-协方差法计算持有期为10天、置信水平为95%的风险价值  49986924.36
运用方差-协方差法计算持有期为10天、置信水平为99%的风险价值  71376580.19

In [98]: VaR95_1day_History=VaR_History(S=value_port,W=weight,R=return_stock,N=D1,X=X1)
#运用历史模拟法计算持有期为1天、置信水平为95%的风险价值
    ...: VaR99_1day_History=VaR_History(S=value_port,W=weight,R=return_stock,N=D1,X=X2)
#运用历史模拟法计算持有期为1天、置信水平为99%的风险价值
    ...: VaR95_10day_History=VaR_History(S=value_port,W=weight,R=return_stock,N=D2,X=X1)
#运用历史模拟法计算持有期为10天、置信水平为95%的风险价值
    ...: VaR99_10day_History=VaR_History(S=value_port,W=weight,R=return_stock,N=D2,X=X2)
#运用历史模拟法计算持有期为10天、置信水平为99%的风险价值
    ...: print('运用历史模拟法计算持有期为1天、置信水平为95%的风险价值', round(VaR95_1day_History,2))
    ...: print('运用历史模拟法计算持有期为1天、置信水平为99%的风险价值', round(VaR99_1day_History,2))
    ...: print('运用历史模拟法计算持有期为10天、置信水平为95%的风险价值', round(VaR95_10day_History,2))
    ...: print('运用历史模拟法计算持有期为10天、置信水平为99%的风险价值', round(VaR99_10day_History,2))
运用历史模拟法计算持有期为1天、置信水平为95%的风险价值  14063011.96
运用历史模拟法计算持有期为1天、置信水平为99%的风险价值  29291995.27
运用历史模拟法计算持有期为10天、置信水平为95%的风险价值  44471148.56
```

运用历史模拟法计算持有期为 10 天、置信水平为 95%的风险价值 92629422.26

```
In [99]: I_random=1000000                          #模拟 100 万次

In [100]: price_end=price_stock.loc['2021-12-31']  #取 2021 年 12 月 31 日的股票价格
    ...: price_end=np.array(price_end)             #转化为数组类型

In [101]: VaR95_1day_MCSM=VaR_MCSM(S=value_port,P=price_end,W=weight,R=return_stock,N=
D1,X=X1,I=I_random)   #运用蒙特卡罗模拟法计算持有期为 1 天、置信水平为 95%的风险价值
    ...: VaR99_1day_MCSM=VaR_MCSM(S=value_port,P=price_end,W=weight,R=return_stock,N=
D1,X=X2,I=I_random)    #运用蒙特卡罗模拟法计算持有期为 1 天、置信水平为 95%的风险价值
    ...: VaR95_10day_MCSM=VaR_MCSM(S=value_port,P=price_end,W=weight,R=return_stock,N=
D2,X=X1,I=I_random)    #运用蒙特卡罗模拟法计算持有期为 1 天、置信水平为 95%的风险价值
    ...: VaR99_10day_MCSM=VaR_MCSM(S=value_port,P=price_end,W=weight,R=return_stock,N=
D2,X=X2,I=I_random)    #运用蒙特卡罗模拟法计算持有期为 1 天、置信水平为 95%的风险价值
    ...: print('运用蒙特卡罗模拟法计算持有期为 1 天、置信水平为 95%的风险价值', round(VaR95_1day_MCSM,2))
    ...: print('运用蒙特卡罗模拟法计算持有期为 1 天、置信水平为 99%的风险价值', round(VaR99_1day_MCSM,2))
    ...: print('运用蒙特卡罗模拟法计算持有期为 10 天、置信水平为 95%的风险价值', round(VaR95_10day_MCSM,2))
    ...: print('运用蒙特卡罗模拟法计算持有期为 10 天、置信水平为 99%的风险价值', round(VaR99_10day_MCSM,2))
运用蒙特卡罗模拟法计算持有期为 1 天、置信水平为 95%的风险价值   19579917.42
运用蒙特卡罗模拟法计算持有期为 1 天、置信水平为 99%的风险价值   27599528.73
运用蒙特卡罗模拟法计算持有期为 10 天、置信水平为 95%的风险价值   61955758.03
运用蒙特卡罗模拟法计算持有期为 10 天、置信水平为 99%的风险价值   87199628.94
```

3. 针对任务 3

```
In [102]: price_crisis=pd.read_excel('C:/Desktop/伯克希尔哈撒韦公司重仓股日收益价数据（2007 年至
2008 年）.xlsx',sheet_name="Sheet1",header=0,index_col=0) #导入压力期间数据
    ...: (price_crisis/price_crisis.iloc[0]).plot(figsize=(9,6),grid=True)  #将首个交易日
价格归一化并进行可视化
    Out[102]:
```

从图 13-5 中不难看出，由于次贷危机源于美国金融机构对信用衍生产品的滥用，因此此次危机对金融机构股价的负面影响是最大的。在次贷危机期间，美国银行、美国运通以及穆迪的股价大幅跳水并且下跌幅度超过 70%。相比之下，苹果公司和可口可乐的股价上演了过山车式的行情，它们在 2018 年末的股价接近于 2017 年初。

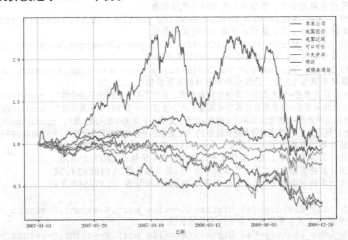

图 13-5 美国次贷危机期间（2007 至 2008 年）相关股票价格的走势（将 2007 年首个交易日价格归一化）

```
In [103]: return_crisis=np.log(price_crisis/price_crisis.shift(1))  #次贷危机期间股票日收益率时间序列
    ...: return_crisis=return_crisis.dropna()                      #删除缺失值所在的行

In [104]: return_crisis_mean=return_crisis.mean()                  #计算每只股票的日平均收益率
    ...: print('美国次贷危机期间股票平均年化收益率\n',round(return_crisis_mean*252,4))
美国次贷危机期间股票平均年化收益率
苹果公司      0.0092
美国银行     -0.6672
美国运通     -0.5911
可口可乐     -0.0354
```

```
卡夫食品      -0.1415
穆迪          -0.6277
威瑞森通信    -0.0548
dtype: float64

In [105]: volatility_crisis=return_crisis.std()                    #计算每只股票收益率的日波动率
     ...: print('美国次贷危机期间股票收益率的年化波动率\n', round(np.sqrt(252)*volatility_crisis,4))
美国次贷危机期间股票收益率的年化波动率
苹果公司      0.4964
美国银行      0.7262
美国运通      0.5586
可口可乐      0.2679
卡夫食品      0.2681
穆迪          0.5843
威瑞森通信    0.3368
dtype: float64

In [106]: corr_crisis=return_crisis.corr()                        #计算每只股票收益率的相关系数
     ...: print('美国次贷危机期间每只股票收益率的相关系数\n',round(corr_crisis,4))
美国次贷危机期间每只股票收益率的相关系数
              苹果公司    美国银行    美国运通    可口可乐    卡夫食品      穆迪   威瑞森通信
苹果公司        1.0000    0.4638    0.5334    0.3906    0.3489    0.4258   0.4454
美国银行        0.4638    1.0000    0.7569    0.3940    0.5125    0.6147   0.5620
美国运通        0.5334    0.7569    1.0000    0.5107    0.5666    0.6534   0.6409
可口可乐        0.3906    0.3940    0.5107    1.0000    0.5536    0.4592   0.5694
卡夫食品        0.3489    0.5125    0.5666    0.5536    1.0000    0.5361   0.5967
穆迪          0.4258    0.6147    0.6534    0.4592    0.5361    1.0000   0.5864
威瑞森通信 0.4454    0.5620    0.6409    0.5694    0.5967    0.5864   1.0000

In [107]: VaR95_1day_Stress=VaR_History(S=value_port,W=weight,R=return_crisis,N=D1,X=X1)
#计算持有期为1天、置信水平为95%的压力风险价值
     ...: VaR99_1day_Stress=VaR_History(S=value_port,W=weight,R=return_crisis,N=D1,X=X2)
#计算持有期为1天、置信水平为99%的压力风险价值
     ...: VaR95_10day_Stress=VaR_History(S=value_port,W=weight,R=return_crisis,N=D2,X=X1)
#计算持有期为10天、置信水平为95%的压力风险价值
     ...: VaR99_10day_Stress=VaR_History(S=value_port,W=weight,R=return_crisis,N=D2,X=X2)
#计算持有期为10天、置信水平为99%的压力风险价值
     ...: print('次贷危机期间持有期为1天、置信水平为95%的压力风险价值', round(VaR95_1day_Stress,2))
     ...: print('次贷危机期间持有期为1天、置信水平为99%的压力风险价值', round(VaR99_1day_Stress,2))
     ...: print('次贷危机期间持有期为10天、置信水平为95%的压力风险价值', round(VaR95_10day_Stress,2))
     ...: print('次贷危机期间持有期为10天、置信水平为99%的压力风险价值', round(VaR99_10day_Stress,2))
次贷危机期间持有期为1天、置信水平为95%的压力风险价值    24302619.47
次贷危机期间持有期为1天、置信水平为99%的压力风险价值    47641295.16
次贷危机期间持有期为10天、置信水平为95%的压力风险价值   76851630.64
次贷危机期间持有期为10天、置信水平为99%的压力风险价值   150655003.39
```

为了便于对比分析，表 13-16 整理了前面任务 2 和任务 3 输出的关于风险价值的计算结果。从表中可以比较清晰地看到，压力风险价值要远远高于正常条件下计算得到的风险价值。

表 13-16   运用不同方法计算得到的风险价值以及压力风险价值

持有期与置信水平	运用方差-协方差法计算得到的风险价值	运用历史模拟法计算得到的风险价值	运用蒙特卡罗模拟法计算得到的风险价值	压力风险价值
持有期为 1 天、置信水平为 95%	1580.73 万美元	1406.30 万美元	1957.99 万美元	2430.26 万美元
持有期为 1 天、置信水平为 99%	2257.13 万美元	2929.20 万美元	2759.95 万美元	4764.13 万美元
持有期为 10 天、置信水平为 95%	4998.69 万美元	4447.11 万美元	6195.58 万美元	7685.16 万美元
持有期为 10 天、置信水平为 99%	7137.66 万美元	9262.94 万美元	8719.96 万美元	1.51 亿美元

注：由于是随机抽样，因此每次运用蒙特卡罗模拟法得到的风险价值是存在差异的。

因此，通过以上的分析，可以做出这样的推断：在爆发金融危机的极端市场中，即便是顶级投资大师的重仓股也会面临较高的亏损，而这恰好印证了"覆巢之下，焉有完卵"。因此，金融风险十分重要，风险管理的重要性也就不言而喻了。

13.8 本章小结

本章从单一的金融产品拓展到整个投资组合，案例围绕着测度投资组合的风险价值这一极其重要的风险管理工具展开。读者通过本章 7 个原创案例共计 22 个编程任务，可掌握如下的知识点以及技能。

（1）**测度市场风险价值**。在正常市场条件下，测度市场风险价值的方法包括方差-协方差法、历史模拟法以及蒙特卡罗模拟法这 3 种，运用不同方法所得到的风险价值存在着差异。

（2）**风险价值模型检验**。可通过对模型测算得到的风险价值结果与投资组合实际交易日发生的损益进行比较，从而检验风险价值模型的可靠性。通常以亏损金额超过风险价值的交易日天数占样本期间交易日天数的比重作为衡量标准，该比重大于 1 减去置信水平，表明模型不可接受；相反，该比重小于 1 减去置信水平，就表明模型是可以接受的。

（3）**投资组合压力测试**。压力测试的情景通常可以划分为轻度情景、中度情景以及重度情景这 3 类，可根据不同的情景测算投资组合可能面临的亏损。压力测试是风险价值模型的有益补充。

（4）**测度信用风险价值**。信用风险价值与市场风险价值之间存在着较大的差异，在测度信用风险价值的过程中，需要测算出投资组合中单个资产的违约概率以及不同资产之间的违约相关系数。

（5）**测度压力风险价值**。压力风险价值是通过历史模拟法测算出的在一定压力市场（极端市场）条件下的风险价值，选择的压力市场条件可以借鉴过往金融市场中已经出现过的极端市场条件。

到这里，你已经完成了对本书全部的 119 个原创编程案例的练习，相信你已经能够娴熟和自如地运用 Python 开展日常的金融分析与风险管理工作了。